（总第33期）中英文对照 Chinese/English（No.33）

天津统计年鉴 2017

TIANJIN STATISTICAL YEARBOOK 2017

天津市统计局　国家统计局天津调查总队　编

Compiled by Tianjin Municipal Bureau of Statistics &
Survey Office of the National Bureau of Statistics in Tianjin

图书在版编目（CIP）数据

天津统计年鉴. 2017 : 汉英对照 / 天津市统计局, 国家统计局天津调查总队编. -- 北京 : 中国统计出版社, 2017.11
ISBN 978-7-5037-8265-7

Ⅰ. ①天… Ⅱ. ①天… ②国… Ⅲ. ①统计资料－天津－2017－年鉴－汉、英 Ⅳ. ①C832.21-54

中国版本图书馆 CIP 数据核字(2017)第 184770 号

天津统计年鉴-2017

作　　者/ 天津市统计局　国家统计局天津调查总队
责任编辑/ 佘竞雄　熊　威
责任校对/ 戴　华
装帧设计/ 王　芳
出版发行/ 中国统计出版社
地　　址/ 北京市丰台区西三环南路甲 6 号　邮政编码/100073
电　　话/ 邮购（010）63376909　书店（010）68783171
网　　址/ http://www.zgtjcbs.com
印　　刷/ 河北鑫兆源印刷有限公司
经　　销/ 新华书店
开　　本/ 890mm×1240mm　1/16
字　　数/ 974 千字
印　　张/ 30.5
版　　别/ 2017 年 11 月第 1 版
版　　次/ 2017 年 11 月第 1 次印刷
定　　价/ 420.00 元 （含光盘）

本书附同版本 CD-ROM 一张，光盘内容以书面文字为准。
如有印装差错，由本社发行部调换。

《天津统计年鉴 2017》编辑委员会

Tianjin Statistical Yearbook 2017 Editorial Board and Staf

编者说明

一、《天津统计年鉴》是一部全面反映天津市国民经济和社会发展情况的大型资料性年刊，创刊于 1984 年，逐年出版，形成系列。2017 版《天津统计年鉴》系统收录了天津市 2016 年经济、社会各方面的统计数据，以及其他重要历史年份的全市主要统计数据。全书中英文对照，配有光盘。

二、本年鉴文字资料主要登载有《2016 年天津市国民经济和社会发展统计公报》、《2016 年天津经济形势分析》。为方便读者使用，书的篇目索引标明了全书结构。在书中每篇后附有主要统计指标解释。

三、本年鉴的统计数据主要取自各专业统计年报，少部分取自抽样调查数据和专业部门统计数据。

四、本年鉴所使用的度量衡单位均采用国际统一标准计量单位；行业分类标准采用《国民经济行业分类》(GB/T 4754-2011)；人均指标采用常住人口计算。

五、本年鉴中部分数据的合计数和相对数由于四舍五入取舍不同而产生的计算误差，均未做机械调整。

六、本年鉴表中的符号使用说明："空格"表示该项统计指标无数据、数据不足本表最小单位数或数据不详；"#"表示其中的主要项。

七、由于与不同年份有关专业的普查、调查、清查结果相衔接，以及国家统计制度变化和有关主管部门提供的统计数据有调整等原因，年鉴中部分指标的历史年度数据会有变动。读者在使用历史资料时，凡以前年度的年鉴与本年鉴数据有出入的，均以本年鉴为准。

八、《天津统计年鉴》自公开出版以来，得到了国内外广大读者的关心和支持，对本年鉴的内容和编辑工作提出了许多宝贵意见，对此我们深表谢意。限于我们的水平，书中难免有不足之处，敬请广大读者继续给予批评指正，帮助我们进一步改进年鉴编辑工作、提高年鉴编辑水平，更好地为广大读者服务。

Preface

I. *Tianjin Statistical Yearbook* is a large-sized statistics publication to reflect various aspects of Tianjin's economic and social development, which was started in 1984 and published year after year, having formed a series of yearbooks. *Tianjin Statistical Yearbook 2017* takes Tianjin economic and social statistics of 2016 systematically, and other statistics of main years. The book is written in Chinese & English, and is equipped with electric CD.

II. Written materials in the book include *Statistical Communique on the 2016 National Economic and Social Development of Tianjin, Analysis of Tianjin Economic Situation 2016.* In order to help readers using these statistical materials better, Subject Index is used to describe the framework of the book, and Explanatory Notes on Main Statistical Indicators are attached after each chapter.

III. The major data sources of this book are obtained from annual professional statistical report, a few from sample surveys and departments' statistics.

IV. The units of measurement used in this book are internationally stander measurement units; sector listed in this table is classified by the standard of GB/T 4754-2011. When calculating per capital indicators, we use permanent population.

V. Statistical discrepancies due to rounding are not adjusted in this book.

VI. Notations used in this book: "blank" indicates the data not available or the figure is not large enough to be measured with the smallest unit in the table. "#' indicates the major items of the total.

VII. As a result of keeping consistent with data of census, surveys and checks, the change of national statistics system and adjustment of figures provided by departments some data in this yearbook is different from former yearbook. When using historical data, users should take the data of this book as standard.

VIII. Since Tianjin Statistical Yearbook had been published openly, we have been concerned and supported by the readers at home and abroad. They advance much valuable suggestion on content and edition of the yearbook, we deeply thanks for this all. Based on our limited level, perhaps there are some mistakes in this book, we welcome all of the readers give us your criticism in order to help us further improving our edition level, and providing services for the readers better.

篇目索引

篇 目	起始页码

SUBJECT INDEX

目　录
CONTENTS

第一篇　综　合

Chapter 1 General Survey

第二篇　国民经济核算

Chapter 2 National Accounts

第三篇 人 口

Chapter 3 Population

第四篇 就业和劳动工资

Chapter 4 Employment and Remuneration

第五篇　固定资产投资和房地产

Chapter 5 Investment in Fixed Assets and Real Estate

第六篇　对外经济贸易和旅游

Chapter 6 Foreign Trade, Economic Cooperation and Tourism

第七篇 能源生产和消费

Chapter 7 Energy Production and Consumption

第八篇 财 政

Chapter 8 Government Finance

第九篇 价格指数

Chapter 9 Price Indices

第十篇 人民生活

Chapter 10 People’s Living Conditions

第十一篇　资源环境和公共设施

Chapter 11 Resources Environment and Public Facilities

第十二篇 农 业

Chapter 12 Agriculture

第十三篇 工 业

Chapter 13 Industry

第十四篇　建筑业

Chapter 14 Construction

第十五篇 批发和零售业与住宿和餐饮业

Chapter 15 Wholesale and Retail Trade, Accommodation and Catering Services

第十六篇　交通运输和邮电

Chapter 16 Transportation, Post and Telecommunication Services

第十七篇　金融业

Chapter 17 Financial Intermediation

第十八篇　教育和科技

Chapter 18 Education, Science and Technology

第十九篇 卫生和社会服务

Chapter 19 Public Health and Social Services

第二十篇　文化和体育

Chapter 20 Culture and Sports

第二十一篇 公共管理及其他

Chapter 21 Public Management and Others

第二十二篇　各区基本情况

Chapter 22 Basic Statistics on Districts

2016年天津市国民经济和社会发展统计公报

天津市统计局

国家统计局天津调查总队

2017年3月3日

2016年，全市上下认真贯彻中央和市委市政府决策部署，牢固树立和落实新发展理念，主动适应经济发展新常态，牢牢把握天津发展的历史性窗口期，积极推进京津冀协同发展，扎实推进供给侧结构性改革，经济保持平稳增长，社会事业不断完善，人民生活水平持续提升，"十三五"实现良好开局。

一、综合

全年全市生产总值（GDP）17885.39亿元，按可比价格计算，比上年增长9.0%。其中，第一产业增加值220.22亿元，增长3.0%；第二产业增加值8003.87亿元，增长8.0%；第三产业增加值9661.30亿元，增长10.0%。三次产业结构为1.2:44.8:54.0。

图1　2012-2016年全市生产总值和服务业比重

财政收支增势平稳。全年一般公共预算收入2723.46亿元，增长10.0%。其中，税收收入1624.18亿元，增长12.1%，占一般公共预算收入的59.6%。从主体税种看，增值税455.80亿元，增长36.4%；企业所得税278.42亿元，增长7.1%；个人所得税96.78亿元，增长18.4%。民生支出不断扩大。全年一般公共预算支出3700.68亿元，增长6.3%。其中，社会保障和就业支出378.27亿元，增长20.2%；医疗卫生支出206.07亿元，增长10.8%；住房保障支出66.75亿元，增长31.9%。

投资保持较快增长。全年全社会固定资产投资14629.22亿元，增长12.0%。在固定资产投资（不含农户）中，第一产业投资289.15亿元，增长19.5%；第二产业投资3940.48亿元，增长6.5%；第三产业投资10376.56亿元，增长14.0%，比重达到71.0%，比上年提高1.3个百分点。实体投资主体地位进一步显现，完成投资9590.06亿元，增长17.2%，占固定资产投资的65.7%；基础设施投资2716.12亿元，占固定资产投资的18.6%。

图2　2012-2016年全社会固定资产投资和实体投资

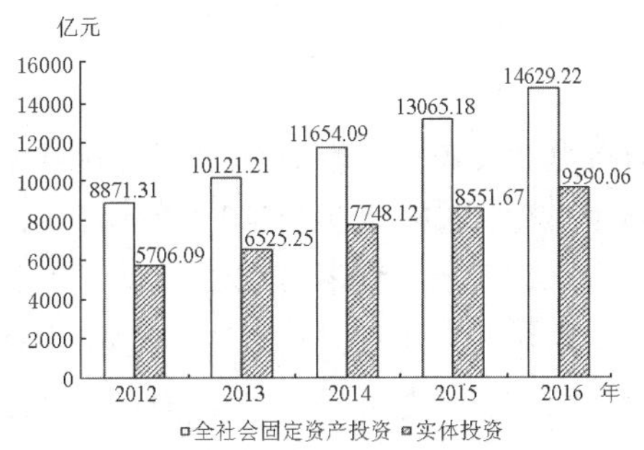

供给侧结构性改革初现成效。钢铁行业"去产能"提前完成370万吨粗钢产能年度压减任务，生铁、粗钢、平板玻璃等产量分别下降15.0%、11.5%和1.5%。"降成本"工作扎实开展，推出两批40项降成本措施，减轻企业负担近600亿元，规模以上工业企业百元主营业务收入成本比年初下降2.28元。商务楼宇"去库存"效果显著，累计盘活空置楼宇440万平方米。"去杠杆"稳步推进，年末规模以上工业企业资产负债率为61.9%，比年初降低1.0个百分点。投资领域"补短板"力度加大，科研技术服务、租赁和商务服务、农林牧渔、文化体育娱乐等方面投资分别增长1.1倍、58.5%、22.4%和25.1%。

民营经济发展势头较好。全年新注册民营市场主体16.59万户，占全市新注册市场主体的98.0%。民营经济增加值8579.87亿元，增长13.2%，占全市比重达到48.0%。民营工业增加值增长16.7%，快于规模以上工业8.3个百分点，比重达到45.6%，比上年提高 0.6 个百分点；民间投资增长 7.6%，比重达到 55.8%；民营企业出口 113.82 亿美元，增长 2.4%，占全市出口的 25.7%，比上年提高 4.0 个百分点。

消费价格基本稳定。全年居民消费价格上涨 2.1%，涨幅比上年提高 0.4 个百分点。八大类商品和服务价格“六升二降”。生产价格降幅收窄。工业生产者出厂价格下降 2.1%，降幅比上年收窄 7.6 个百分点；工业生产者购进价格下降 1.7%，降幅比上年收窄 5.9 个百分点。

表 1　2016 年居民消费价格涨幅

指　标	比上年上涨（%）
居民消费价格	2.1
其中：食品烟酒	2.1
衣　着	0.1
居　住	3.6
生活用品及服务	-0.6
交通和通信	-1.7
教育文化和娱乐	0.6
医疗保健	8.8
其他用品和服务	3.8

二、农业

农业稳步发展。全年农业总产值 494.44 亿元，增长 3.3%。其中，种植业产值 247.49 亿元，增长 5.1%；林业产值 8.35 亿元，增长 7.9%；畜牧业产值 140.85 亿元，下降 0.7%；渔业产值 85.80 亿元，增长 3.2%；农林牧渔服务业产值 11.95 亿元，增长 7.5%。

主要农副产品产量保持稳定。全年粮食总产量 196.37 万吨，增长 8.0%；蔬菜产量 453.36 万吨，增长 2.7%；水产品产量 40.18 万吨，增长 0.1%；禽蛋产量 20.63 万吨，增长 2.1%；牛奶产量 68.02 万吨，与上年持平。

表 2　2016 年主要农副产品产量

产品名称	单位	产量	比上年增长（%）
粮　食	万吨	196.37	8
蔬　菜	万吨	453.36	2.7
肉　类	万吨	45.45	-0.6
水产品	万吨	40.18	0.1
# 海水产品	万吨	7.62	32.2
淡水产品	万吨	32.56	0.1
禽　蛋	万吨	20.63	2.1
牛　奶	万吨	68.02	持平

现代都市型农业结构进一步优化。按照减粮、增菜、增林果、增水产品的“一减三增”思路，发展设施农业、节水农业、绿色农业，新建农业物联网试验基地 10 个。宝坻、武清和蓟州区被列为国家农村产业融合发展试点示范区。重点打造蓟州乡村旅游、武清运河休闲旅游带、宝坻潮白河休闲观光廊道等，全市休闲农业直接从业人员超过 6.7 万人。

三、工业和建筑业

全年工业增加值 7238.70 亿元，增长 8.3%；其中，规模以上工业增加值增长 8.4%。规模以上工业总产值 29443.00 亿元，增长 5.7%。

先进制造业发展向好。全年装备制造业增加值占规模以上工业的 36.1%，拉动全市工业增长 3.7 个百分点，比上年提高 1.6 个百分点，其中汽车制造、航空航天、电气机械、专用设备等行业分别增长 11.9%、14.9%、22.3%和 12.2%。消费品制造业增加值占全市工业的 20.8%，比上年提高 1.6 个百分点。优势产业增加值占全市工业的 91.0%，其中，航空航天、新材料以及生物医药等新兴产业合计增加值占全市工业的 16.5%，拉动全市工业增长 2.1 个百分点，比上年提高 0.9 个百分点。

新产品产量快速增长。全年生产节能与新能源汽车 4.79 万辆，增长 8.1 倍；城市轨道车辆实现从无到有，生产 311 辆；工业机器人 33 套，增长 26.9%；光纤、太阳能电池产量分别增长 28.2%和 8.8%。汽车、钢材、服装等产量分别增长 0.3%、5.5%和 19.2%，天然原油、移动通信手持机等产量分别下降 6.4%、31.5%。

表 3　2016 年主要工业产品产量

产品名称	单位	产量	比上年增长（%）
天然原油	万吨	3273.26	-6.4
精制食用植物油	万吨	747.75	-1.9
服　装	亿件	2.85	19.2
汽　油	万吨	229.06	-6.8
水　泥	万吨	788.61	1.4
平板玻璃	万重量箱	3094.19	-1.5
生　铁	万吨	1660.77	-15
粗　钢	万吨	1798.93	-11.5
钢　材	万吨	8667.05	5.5
发动机	万千瓦	4902.57	12.6
汽　车	万辆	53.26	0.3
#节能与新能源汽车	辆	47894	8.1 倍
两轮脚踏自行车	万辆	2756.63	-1.5
光纤	万千米	2377.92	28.2
光缆	万芯千米	848.22	23.1
太阳能电池	万千瓦	54.79	8.8
移动通信手持机（手机）	万部	4973.46	-31.5
#智能手机	万部	4283.65	-37.3
集成电路	亿块	15.98	7.3
光电子器件	亿只	120.03	8.2

企业效益总体平稳。全年规模以上工业企业利润总额 1984.87 亿元，同比下降 0.8%。在 39 个工业行业大类中，有 37 个行业盈利，其中 22 个行业利润增长，汽车、食品、石油加工、医药、化学原料等行业分别增长 11.0%、17.1%、18.5%、21.0%和 28.0%。六大高耗能行业利润同比下降 1.2%，其中，黑色金属冶炼和压延加工、电力热力生产和供应等行业分别下降 21.2%和 23.3%。

建筑业稳定发展。全年建筑业增加值 786.89 亿元，增长 7.6%。建筑业总产值 4891.81 亿元，增长 9.0%；其中，在外省市完成产值 2015.25 亿元，增长 22.1%，比重达到 41.2%，比上年提高 4.4 个百分点。房屋建筑施工面积 17036.16 万平方米，增长 8.9%；竣工面积 3428.73 万平方米，下降 3.3%。截至年末，全市总承包和专业承包建筑业中具有特级、一级和二级资质企业 714 家，比上年末增加 25 家。

四、批发零售和住宿餐饮

全年批发和零售业增加值 2185.72 亿元，增长 5.1%；住宿和餐饮业增加值 262.58 亿元，增长 5.0%。

商贸经济平稳运行。全年批发和零售业商品销售额 45887.32 亿元，增长 7.7%；其中，金属材料、石油及制品、煤炭及制品、化工材料及制品四大类生产资料商品销售额合计 22264.26 亿元，增长 1.4%，占限额以上销售额的 64.7%；粮油食品、服装、日用品、家电、药品等生活类商品销售额 5442.19 亿元，增长 15.3%，占限上销售额的 15.8%，比重比上年提高 1.0 个百分点。全市亿元以上批发市场实现交易额 2201.49 亿元，增长 2.2%。社会消费品零售总额 5635.81 亿元，增长 7.2%。

互联网零售快速发展。推动商业线上线下融合发展，全年限上单位网上零售额 383.14 亿元，增长 44.6%，占限上社会消费品零售总额的 12.1%，比重比上年提高 3.2 个百分点，网上零售规模超十亿企业达到 10 家。

大众餐饮消费保持活跃。全年住宿和餐饮业营业额 829.65 亿元，增长 10.8%。其中，限额以下住宿和餐饮业营业额 679.17 亿元，增长 13.1%，占全市营业额的 81.9%；限额以上住宿和餐饮业营业额 150.48 亿元，增长 1.4%。

五、交通、邮电和旅游

全年交通运输、仓储和邮政业增加值 769.87 亿元，增长 5.1%。

交通运输稳步发展。全年货运量 51579.86 万吨，其中，公路 32841 万吨，铁路 8149.16 万吨，水运 9514.53 万吨。货物周转量 2116.89 亿吨公里，其中，公路 372.49 亿吨公里，铁路 207.36 亿吨公里，水运 1530.05 亿吨公里。客运量 1.99 亿人次，增长 0.8%；旅客周转量 481.44 亿人公里，增长 9.1%。港口货物吞吐量 5.51 亿吨，增长 1.9%；集装箱吞吐量 1451.90 万标准箱，增长 2.9%。机场旅客吞吐量 1687.19 万人次，增长 17.9%；货邮吞吐量 23.71 万吨，增长 9.1%。新辟公交线路 48 条，优化调整 47 条，运营线路总计 763 条，运营公交车 12699 辆。全年公交客运量 14.99 亿人次，下降 4.5%；地铁客运量 2.77 亿人次，增长 7.8%。截至年末，全市民用汽车保有量 273.75 万辆，其中私人汽车 234.45 万辆；民用轿车 182.23 万辆，其中私人轿车 165.41 万辆。

邮政电信快速发展。全年邮电业务总量 483.85 亿元，增长 50.5%。其中，电信业务总量 397.33 亿元，增长 51.9%；邮政业务总量 86.52 亿元，增长 44.1%。全年快递业务量 4.10 亿件，增长 60.0%。年末移动电话用户 1499.82 万户，增长 6.7%；短信业务总量 38.51 亿条，下降 18.8%。年末互联网宽带接入用户 283.90 万户，光纤接入用户 263.60 万户。

旅游业较快增长。全年接待入境旅游者 335.01 万人次，增长 2.8%；其中，外国人 309.04 万人次，增长 2.8%。旅游外汇收入 35.57 亿美元，增长 7.9%。接待国内游客增长 10.3%，国内旅游收入增长 12.7%。出境游 42.43 万人次，增长 17.7%。邮轮旅游快速升温，接待到港国际邮轮 142 艘次，进出境旅客 71.5 万人次。年末全市共有星级宾馆 87 家；旅行社 447 家，其中有出境资质的 52 家；A 级及以上景区 107 个。

六、金融

全年金融业增加值 1735.33 亿元，增长 9.1%。截至年末，全市金融机构（含外资）本外币各项存款余额 30067.03 亿元，比年初增加 1917.66 亿元。各项贷款余额 28754.04 亿元，比年初增加 2759.37 亿元。加快金融创新运营示范区建设。天津滨海国家自主创新示范区和天津银行列入全国首批“投贷联动”试点。全年天津股权交易所成交金额 7.61 亿元，天津铁合金交易所成交金额 13.3 亿元，天津渤海商品交易所成交金额 1822.13 亿元。

上市挂牌企业快速增长。全年新增上市公司和新三板挂牌企业83家，年末全市上市公司和新三板挂牌企业累计达到220家，天津银行在港交所成功上市，实现我市金融企业上市零的突破。年末证券帐户438.96万户，增长16.0%。全年各类证券交易额43811.79亿元，下降34.6%。其中，股票交易额26160.21亿元，下降48.9%；债券交易额15702.39亿元，增长19.9%；基金交易额1926.83亿元，下降30.3%。期货市场成交额60286.78亿元，下降55.5%。

保险市场增势良好。全年原保险保费收入529.49亿元，增长32.9%。其中，人身险收入401.93亿元，增长44.6%；财产险收入127.56亿元，增长6.1%。赔付支出177.67亿元，增长27.3%。其中，人身险赔付83.27亿元，增长14.0%；财产险赔付94.41亿元，增长42.1%。

七、开发开放

招商引资取得新提升。围绕汽车、航空航天等产业链招商深入推进，外资在融资租赁、商业保理领域的聚集效应进一步增强。全年新批外商投资企业1106家，合同外资额308.26亿美元，实际直接利用外资101.00亿美元，增长12.2%。其中，服务业实际直接利用外资67.41亿美元，增长60.0%。全市实际利用内资4536.53亿元，增长12.0%。

对外投资合作实现新跨越。全年新设境外企业机构219家，中方投资额261.95亿美元，增长2.5倍。对外承包工程新签合同额26.48亿美元，完成营业额62.92亿美元，增长32.1%。截至年末，对外承包工程和劳务合作在外人员1.38万人。积极融入"一带一路"建设，有序推进中蒙俄经济走廊建设，开工建设埃及苏伊士经贸合作区拓展区，印尼聚龙产业园获批国家级境外经贸合作区。

外贸结构调整取得新进展。全年外贸进出口总额1026.51亿美元，下降10.2%。其中，进口583.65亿美元，下降7.6%；出口442.86亿美元，下降13.4%。从出口方式看，一般贸易出口210.42亿美元，占全市出口的47.5%，比上年提高4.4个百分点；加工贸易出口202.28亿美元，占全市出口的45.7%。从出口市场看，对部分"一带一路"沿线国家出口增长，对俄罗斯、泰国和印度尼西亚出口分别增长1.5倍、11.3%和15.0%。以外贸综合服务企业、跨境电子商务为代表的新型贸易业态快速发展。

自贸区制度创新持续推进。投资贸易便利化水平显著提高。对外商投资实行准入前国民待遇加负面清单管理模式，全年新登记市场主体1.36万户，新设外资企业846家，实际直接利用外资25.01亿美元；新设境外企业机构90家，中方投资额119.94亿美元，占全市的45.8%。获批跨境电商综合试验区，建立国际贸易单一窗口，全年平行进口汽车入境申报4.18万辆。人民银行支持自贸试验区建设的"金改30条"超70%已落地，跨境本外币资金池、跨境融资等创新业务取得明显成效。飞机、船舶、海洋工程钻井平台等租赁业务继续保持全国领先地位。

八、京津冀协同发展

协同发展取得新突破。深入贯彻落实重大国家战略，围绕中央对天津功能定位，出台了加快建设"一基地三区"的实施意见。积极主动承接非首都功能，与北京市签署建设滨海—中关村科技园合作协议，与河北省签署"1+4"合作协议，启动实施对口帮扶承德市工作，密切与京冀深度对接合作。全年引进京冀投资项目2701个，投资额1994.09亿元，占全市实际利用内资的44.0%。

重点领域加速推进。设立100亿元京津冀产业结构调整引导基金，助推区域内产业优化升级，中船重工融资租赁、中国能建电力工程技术创新产业园等一批产业合作项目签约落地。京秦高速天津段建成通车，京唐铁路开工建设，一批"瓶颈路"顺利打通，天津港与唐山港组建津唐国际集装箱码头公司，京津冀首个海铁联运集装箱中心站开通运营。京津冀海关区域通关一体化改革继续深化，京津实现离境退税互联互通，天津口岸进出口总额中，来自北京与河北的货物比重达到32.5%。生态环保联防联控不断深化，统一执行区域重污染天气预警标准，PM2.5浓度连续三年下降。

九、城市建设、环境保护和安全生产

综合交通建设成效显著。城市路网建设进度加快，外环线改造道路工程基本完成。地铁6号线首开段通车试运营，新增通车里程28公里，地铁5号线、4号线、10号线和1号线东延按计划稳步推进。大北环铁路、西南环线基本建成，南北货运大通道初步形成。天津机场新增通航城市21个，新增加密航线87条。截至年末，全市公路里程16764公里，比上年末增加214公里，其中，高速公路1208公里。

“智慧天津”建设取得新进展。互联网出口带宽6100G，带宽接入能力 100Mbps，光纤入户能力 818万户，成为国内首个实现全光网络的城市。3G网络覆盖全市域，4G 网络覆盖城区和主要乡镇，建设“i-Tianjin”公共免费WiFi，开通网络热点超过10万个。

公用事业不断完善。全年全社会用电量807.93亿千瓦时，增长0.9%；其中，城乡居民生活用电量92.82亿千瓦时，增长6.3%。供热旧管网改造完成100公里，新增供热面积149.77万平方米。自来水供水总量8.66亿立方米，自来水综合生产能力456.55万立方米/日。城市生活垃圾无害化处理率 92.13%，污水处理率91.94%。

房地产市场活跃。全年房地产业增加值795.78亿元，增长17.5%。房地产开发投资2300.01亿元，增长22.9%。商品房销售面积2711.08万平方米，增长53.1%；销售额3478.22亿元，增长94.3%。全年存量房交易面积 1829.9 万平方米，增长 41.9%；交易额2210.1亿元，增长71.3%。

生态建设力度加大。“四清一绿”行动深入实施，以燃煤、扬尘、机动车、工业排放为重点，全力推进大气污染防治防控，改燃供热锅炉和工业锅炉366座，淘汰老旧车16.5万辆。全年空气质量达标天数226天；PM2.5、PM10年均浓度分别下降1.4%、11.2%。启动实施“水十条”，综合治理河道13条。道路交通噪声平均声级68.0分贝，中心城区区域环境噪声平均声级54.0分贝。年末全市共有环境监测站19个，国家生态示范区1个，自然保护区8个，自然保护区面积9.06万公顷。建成区绿地率 31.71%，人均公园绿地面积9.29平方米。

安全生产形势总体平稳。按照《安全天津建设纲要》，严格落实安全生产责任，持续开展安全生产大检查和危化品企业专项整治。全年对4百余家危险化学品企业进行取缔、关闭、转产或搬迁，全年发生工矿商贸生产安全事故95起，没有发生重特大事故。

十、教育和科学技术

教育事业蓬勃发展。截至年末，全市共有普通高校55所，中等职业教育学校104所，普通中学516所，小学857所。全年招收研究生1.87万人，在学研究生5.45万人，毕业生1.70万人。普通高校本专科招生14.61万人，在校生51.38万人，毕业生13.79万人。中等职业教育招生4.54万人，在校生12.29万人，毕业生3.70万人。普通中学招生13.57万人，在校生42.04万人，毕业生14.10万人。小学招生11.56万人，在校生63.12万人，毕业生8.41万人。成人高校招生2.38万人，在校生5.95万人，毕业生3.20万人。特殊教育学校20所，在校生3489人。幼儿园在园幼儿26.67万人。

加快创新型城市建设。自主创新示范区建设全面推进，引进清华大学电子信息研究院等一批高水平研发机构，新建产学研用创新联盟30家，众创空间达到139家，滨海新区TjAb众创空间成为全国首批国家专业化众创空间。全年新增科技型中小企业14737家，其中规模过亿元企业456家，累计分别达到8.8万家和3902家。截至年末，全市国家高新技术企业3265家。全年受理专利申请10.65万件；专利授权3.97万件，其中发明专利5185件；年末有效专利12.48万件，其中发明专利2.27万件。年末全市共有国家重点实验室12个，国家部委级重点实验室49个，国家级工程（技术）研究中心36个，国家级企业技术中心45个。

科技创新取得新成果。全市12项科技成果获得国家科学技术奖，其中，技术发明奖2项，科技进步奖10项，涉及装备制造、生物医药、新材料等多个领域。全年完成市级科技成果2622项，其中，属于国际领先水平80项，达到国际先进水平390项。全年签订技术合同13060项，合同成交额602.32亿元，增长11.7%；技术交易额435.70亿元，增长4.1%。

人才聚集效应增强。深入实施“千企万人”计划和人才“绿卡”制度，出台杰出人才培养计划，实施加快引进海外高端人才三年推进计划，全年从国外引进人才1802人。新建博士后工作站19个，年末博士后流动站77个、工作站227个，在站博士后1100人。

十一、文化、卫生和体育

文化服务水平提升。全年发行文化惠民卡 10 万张，成功举办首届天津市民艺术节，天津图书馆与全市公共图书馆实现通借通还。截至年末，全市共有艺术表演团体86个，文化馆19个，博物馆22个，公共图书馆31个，街乡镇综合文化站236个。全年摄制电影故事片12部。全市共有广播节目10套，市级电视节目11套。全年出版图书6403万册，期刊3175.86万册，报纸5.66亿份。

卫生服务不断完善。启动健康天津建设，中医二附院竣工，黄河道医院等建设项目基本完成。截至年末，全市共有各类卫生机构 5442 个，比上年末增加221个；其中，医院、卫生院571个，社区卫生服务中心114个，卫生防疫防治机构24个，妇幼保健机构21个，村卫生室2528个。卫生机构床位6.58万张，比上年末增加0.21万张；其中，医院、卫生院6.18万张，社区卫生服务中心0.29万张。卫生技术人员9.49万人，比上年末增加0.42万人；其中，执业（助理）医师3.78万人，注册护士3.61万人。全年无偿献血17.3万人次。

体育事业取得新成绩。在第31届里约奥运会上，天津体育健儿获得1金、1银，与兄弟省市联合培养运动员获得2金、2铜。成功举办2016天津国际马拉松赛等大型赛事。新建东丽湖、金钟新市镇2个体育公园，新建更新900个社区健身园，启动“迎全运”全民健身系列活动，举办第六届“体彩杯”全民健身运动会。

十二、人口就业、人民生活和社会保障

人口规模继续扩大。截至年末，全市常住人口1562.12万人，比上年末增加15.17万人；其中，外来人口507.54万人，增加7.19万人，占常住人口增量的47.4%。常住人口中，城镇人口1295.47万人，城镇化率为82.93%；65岁及以上人口156.09万人，占10.0%。常住人口出生率7.37‰，死亡率5.54‰，自然增长率1.83‰。年末全市户籍人口1044.40万人。

就业形势总体稳定。实施大学生创业引领计划，促进各类群体自主创业，深入实施百万技能人才培训福利计划。全年新增就业48.9万人，城镇登记失业率为3.5%。截至年末，全市就业人口总量达到902.42万人。

居民收支平稳增长。落实城乡居民增收措施，企业养老金实现十二连增，最低工资标准提高至1950元。据抽样调查，全年全市居民人均可支配收入34074元，增长8.9%。全市居民人均消费支出26129元，增长8.1%，其中，交通通信、医疗保健、教育文化娱乐支出分别增长17.8%、15.1%和14.7%。

社会保障能力不断提升。截至年末，全市参加医疗保险人数1066.78万人，比上年末增加12.67万人；参加基本养老保险人数773.5万人，增加87.22万人；参加城镇职工工伤保险人数388.11万人，增加2.5万人；参加城镇职工失业保险人数302.5万人，增加7.18万人；参加城镇职工生育保险人数284.96万人，增加15.23万人。探索居家、社区、机构三个层面医养结合模式，加快养老服务设施建设，年末全市老年日间照料服务中心达1184个、床位7496张。

注：1.本公报中数据均为初步统计数。
2.全市生产总值、各产业增加值绝对数按现价计算，增长速度按不变价计算。
3.邮电业务总量按2010年不变价格计算。
4.中等职业教育包括普通中专、成人中专、职业高中和技工学校。
5.从2016年起，发布城乡可比的新口径全市居民人均可支配收入和人均消费支出。

2016年天津经济形势分析

2016年，面对错综复杂的国内外经济形势，全市上下在市委市政府的领导下，牢固树立和贯彻落实新发展理念，主动适应经济发展新常态，积极推进京津冀协同发展，扎实推进供给侧结构性改革，经济保持平稳增长，“十三五”实现良好开局。

一、经济运行主要特点

（一）经济运行总体平稳

经济保持平稳增长。2016年，全市生产总值17885.39亿元，按可比价格计算，增长9.0%。其中，第一产业增加值220.22亿元，增长3.0%；第二产业增加值8003.87亿元，增长8.0%；第三产业增加值9661.30亿元，增长10.0%。就业形势总体稳定。实施积极的就业创业政策，城镇新增就业48.9万人，城镇登记失业率控制在3.5%。全市法人单位就业人口中，第三产业从业人员比重为58.4%，比上年提高2.6个百分点。消费价格涨势平稳。各月居民消费价格累计涨幅保持在2%左右，全年上涨2.1%，涨幅比上年提高0.4个百分点。其中，服务价格刚性上涨是拉动价格总水平上涨的重要原因，涨幅为3.7%，对CPI的影响程度为73.9%。节能降耗扎实推进。规模以上工业综合能耗下降6.6%，万元工业增加值能耗下降13.9%，降幅分别比上年扩大1.4个和0.7个百分点。减煤措施不断发力，规模以上工业煤炭消费量比上年减少287.56万吨。加大清洁能源供热面积，天然气消费量不断增加，天然气占一次能源消费量的11.8%，比上年提高2.3个百分点。

（二）产业转型不断推进

工业转型升级稳步推进。2016年，规模以上工业增加值增长8.4%，39个行业大类中，35个行业实现不同程度增长，其中24个行业增速超过全市平均水平。工业发展的主动力，已经由原油与冶金等传统产业向以装备制造与消费品制造为主的制造业转变。装备制造业拉动有力，增加值占规模以上工业的36.1%，拉动工业增长3.7个百分点，比上年提高1.6个百分点；其中汽车制造业贡献突出，拉动工业增长1.0个百分点。消费品制造业增势良好，增加值占规模以上工业的20.8%，比上年提高1.6个百分点，拉动工业增长2.5个百分点，提高0.9个百分点。优势产业发展向好，优势产业增加值占规模以上工业的91.0%，其中航空航天、新材料和生物医药等新兴产业合计增加值占全市工业的16.5%，拉动工业增长2.1个百分点，比上年提高0.9个百分点；机械装备和汽车等现代产业合计增加值占20.8%，拉动工业增长2.2个百分点，比上年提高1.0个百分点；石油化工和冶金等传统产业合计增加值占27.8%，拉动工业增长1.1个百分点，回落3.4个百分点。

服务业支撑作用增强。2016年，服务业增加值占全市生产总值的比重达54.0%，比上年提高1.9个百分点。商贸流通规模持续扩大，批发和零售业增加值2185.72亿元，增长5.1%；批发和零售业销售额45887.32亿元，增长7.7%。金融市场运行平稳，金融业增加值1735.33亿元，增长9.1%；年末金融机构（含外资）本外币存款余额首次突破3万亿元，达到30067.03亿元，增长6.8%，贷款余额28754.04亿元，增长10.6%；新增上市公司和新三板挂牌企业83家，达到220家。现代物流稳步发展，交通运输、仓储和邮政业增加值769.87亿元，增长5.1%；港口货物和集装箱吞吐量保持双增势头，分别达到5.51亿吨、1451.90万标准箱；机场货邮吞吐量23.71万吨，增长9.1%；快递业务量达到4.1亿件，增长60.0%。信息消费快速增长，智能手机普及和“互联网+”迅猛发展带动信息消费提速，电信业务总量增长52.4%，比上年加快26.3个百分点。房地产市场较快增长，房地产业增加值795.78亿元，增长17.5%，比上年提高10.7个百分点。新兴服务业增势良好，1-11月，规模以上营利性服务业营业收入1496.52亿元，增长35.7%，其中互联网和相关服务业、租赁和商务服务业、软件和信息技术服务业分别增长77.8%、41.8%和14.6%。

（三）内需结构优化升级

投资结构持续优化。2016年，全社会固定资产投资14629.22亿元，增长12.0%。服务业投资贡献突出，在固定资产投资（不含农户）中，第三产业投资

10376.56亿元，增长14.0%，比重达到71.0%，比上年提高1.3个百分点，对全市投资增长的贡献率达81.6%；其中科技服务、批发零售、租赁和商务服务等行业投资分别增长1.1倍、61.3%和58.5%。实体投资主体地位进一步巩固，完成投资9590.06亿元，增长17.2%，占全社会投资的65.7%，比上年提高3个百分点。“三新”产业投资增势迅猛，高技术制造业投资444.76亿元，增长34.8%；高技术服务业投资530.39亿元，增长39.8%。房地产市场持续升温。房地产开发投资2300.01亿元，增长22.9%；商品房销售面积2711.08万平方米，销售额3478.22亿元，分别增长53.1%、94.3%。

消费升级趋势明显。2016年，社会消费品零售总额5635.81亿元，增长7.2%。文化、体育娱乐等商品旺销，限额以上体育娱乐用品零售额增长29.4%；休闲、享受类商品销售较好，化妆品、电子音像制品零售额分别增长6.4%和8.6%。房地产市场活跃带动相关消费持续火热，建筑及装潢材料、家电和音像器材零售额分别增长39.9%和13.0%。汽车消费保持稳定增长，零售额951.76亿元，增长17.3%。旅游市场活跃，刺激消费增长，邮轮母港接待邮轮总数创历史新高，机场旅客吞吐量突破1600万人次，达到1687.19万人次，增长17.9%。大众餐饮消费保持活跃，限额以下住宿餐饮业营业额679.17亿元，增长13.1%，高于全市平均增幅2.3个百分点，占全市营业额的81.9%。高端餐饮转型成效明显，限额以上住宿餐饮业实现小幅增长，营业额150.48亿元，增长1.4%。

（四）动能转换加快推进

创新驱动引领发展。国家自主创新示范区和“一区二十一园”建设有序推进，聚集清华大学天津高端装备研究院等新型研发机构近30家，组建产学研用创新联盟30个，建成运营众创空间139个。科技型企业保持强劲发展势头，全年新增科技型中小企业1.47万家，其中规模过亿元企业456家，累计分别达到8.80万家和3902家，国家级高新技术企业超过3200家。科技创新成果丰硕，研发出大功率火箭贮箱制造等一批国际领先的技术和产品，12家国家重点实验室转化科技成果485项。

新经济加速发展。新产业快速成长，2016年，高技术制造业增加值占全市工业比重为12.6%。代表新技术发展方向的产品发展良好，生产节能与新能源汽车4.79万辆，增长8.1倍；城市轨道车辆从无到有，生产311辆；工业机器人33套，增长26.9%；光纤、光缆、太阳能电池产量分别增长28.2%、23.1%和8.8%。新业态迅速壮大，全市开展网上零售业务的限额以上批发零售企业增至43家，零售额达到383.14亿元，增长44.6%，占限上社零额的比重达到12.1%，比上年提高3.2个百分点。新商业模式加速发展，集购物、餐饮、文化、娱乐等多业态于一体的城市商业综合体零售额增长较快。

（五）双向开放取得实效

京津冀协同发展提速推进。主动承接非首都功能疏解，深化产业、交通、生态三个重点领域合作。从产业合作看，滨海－中关村科技园正式揭牌运营，未来科技城起步建设；京冀在津投资项目2701个，到位资金1994.09亿元，占全市利用内资的44%，全市企业到河北投资金额400多亿元；与河北签署“1+4”合作协议，启动对口帮扶承德市工作。从交通发展看，京津实现离境退税互联互通，天津口岸进出口总额中，来自北京与河北的货物比重为32.5%；京秦高速天津段建成通车，京唐铁路开工建设。从生态保护看，生态环保联防联控全面加强，京津冀及周边地区协同治污力度不断加大。

扩大对外开放合作。自贸区引进外资成效显著，全年新批外商投资企业846家，合同外资额239.97亿美元，占全市的77.8%；实际直接利用外资25.01亿美元，占全市的24.8%。深度融入“一带一路”建设，深化与沿线国家投资贸易合作，中蒙俄经济走廊建设有序推进，国际道路货运开通试运行。

外贸出口降幅收窄。2016年，外贸进出口总额1026.51亿美元，下降10.2%。其中，进口583.65亿美元，下降7.6%；出口442.86亿美元，下降13.4%，降幅比年初收窄12.6个百分点。从出口方式看，一般贸易出口210.42亿美元，占全市出口的47.5%，比上年提高4.4个百分点；加工贸易出口202.28亿美元，占全市出口的45.7%。从出口市场看，对部分“一带一路”沿线国家出口增长，对俄罗斯、泰国和印度尼西亚出口超过10亿美元，分别增长1.5倍、11.3%和15.0%。

（六）改革红利不断释放

民营经济发展势头较好。商事改革激发市场活力，在全国率先实施“五证合一、一照一码”登记制度，“大众创业、万众创新”全面开展，进一步激发了全市民间创业热情。全年新增市场主体16.93万户，其中民营市场主体16.59万户，比重达到98.0%。民营经济主要指标领先增长，民营经济增加值占全市比重提高到48%；民营工业增加值增长16.7%，快于规模以上工业8.3个百分点，比重达到45.6%，比上年提高 0.6 个百分点；民营商品销售额增长 20.7%，快于限额以上销售额 13.8 个百分点，比重达到 47.3%，比上年提高 4.5 个百分点。在全市出口下降的情况下，民营企业出口实现增长，增速为 2.4%；占全市出口的 25.7%，比上年提高 4 个百分点。

供给侧结构性改革初见成效。“去产能”进展明显，压减粗钢产能 370 万吨，产能过剩产品持续减产，生铁、粗钢产量分别下降 15.0%、11.5%。房地产“去库存”效果显现，商品房待售面积比上年下降 16.6%，其中住宅待售面积下降 32.5%，累计盘活空置楼宇 440 万平方米。“去杠杆”稳步推进，11 月末规模以上工业企业资产负债率为 62.3%，比年初降低 0.6 个百分点。企业成本持续下降，推出两批 40 项降成本措施，减轻企业负担近 600 亿元；1-11 月规模以上工业企业百元主营业务收入成本比年初下降 1.6 元。投资领域“补短板”力度加大，科技服务、租赁和商务服务、农林牧渔和文化体育娱乐方面投资分别增长 1.1 倍、58.5%、22.4%和 25.1%。

二、需要重点关注的几个问题

（一）工业生产下行压力不减

一是传统产业拉动减弱。2016 年，石油化工和冶金产业合计增加值占全市工业的 27.8%，拉动全市工业增长 1.1 个百分点，比上年回落 3.4 个百分点，全年原油产量 3273.26 万吨，比上年下降 6.4%；轻纺工业增加值占全市工业的 15.9%，拉动全市工业增长 2.0 个百分点，回落 0.7 个百分点。二是工业发展后劲不足。从投资看，工业固定资产投资增速仅为 5.0%，低于全市平均水平 6.9 个百分点。从新增企业看，全年新增 482 户，比上年减少 42 户；拉动全市工业增长 1.5 个百分点，回落 0.3 个百分点。三是工业出口仍呈下降趋势。规模以上工业出口交货值 2619.40 亿元，比上年下降 10.0%。涉及出口的 31 个行业大类中，19 个行业出口交货值增速下降，影响全市工业出口增长 12.1 个百分点。

（二）发展效益有待进一步提高

一是工业利润同比下降。1-11 月份，全市规模以上工业利润同比下降 0.9%，比去年同期(1.6%)回落 2.5 个百分点，低于全国平均水平 10.3 个百分点。受产能过剩、资金紧张以及环保限产等因素的影响，黑色金属冶炼和压延加工业、有色金属冶炼和压延加工业部分企业利润明显下滑，两行业合计利润总额同比下降 25.8%，影响全市利润增长 3.5 个百分点。二是财政收入增速放缓。受产业结构调整、市场需求不足等因素影响，钢铁冶金、石油加工等传统行业效益下滑，税收呈下降趋势，加之“营改增”带来的减税效应，全市一般公共预算收入增长 10.0%，比上年回落 1.6 个百分点。

（三）民间投资意愿不强

一是民间投资户主要集中在传统行业。虽然一些新兴产业投资增长迅速，但总量偏低，高技术服务业投资占全市第三产业投资比重为 3.6%，高技术制造业投资占全市制造业投资比重为 8.6%，房地产开发投资对民间投资增长的贡献为 44.7%。二是民间投资项目融资难。从项目建设的资金来源看，民间投资项目自有资金比重过大，自有资金占资金来源的比重为 87.1%，远高于全市平均水平（53.9%）；贷款的比重仅为 9.5%，远低于全市平均水平（20.3%），“一高一低”凸显了民间投资项目的融资难困境。三是投资项目规模偏小。项目投资规模的大小在一定程度上反映项目投资主体的资本、技术、管理等综合实力以及承受风险的能力。从在建项目的平均规模来看，民间投资项目平均单体项目规模为 0.72 亿元，低于全市项目的平均规模（1.34 亿元）。

（四）外贸出口持续低迷

一是出口增速延续负增长态势。2016 年，全市外贸出口始终低迷，在政府出台一系列政策措施的引导促进下，全年外贸出口下降 13.4%，降幅虽较年初有所收窄，但与上年相比，扩大 10.7 个百分点。二是外资企业出口降幅扩大。外资企业在全市外贸出口中占比高、影响大，2016 年，全市外商及港澳台商企业出口下降 17.3%，降幅比年初扩大 1.4 个百分点，占全市出口的比重为 60.0%，比年初回落 1.1 个百分点。三是出口市场走势分化。传统市场中，对欧盟、美国、韩国、日本出口分别下降 14.3%、12.8%、17.1%、10.3%。四大市场合计占全市出口的 42.5%。新兴市场中，对东盟、巴西出口分别下降 23.6%和 29.9%，对俄罗斯出口增长 1.5 倍。

（李娜　刘永明）

TIANJIN STATISTICAL YEARBOOK

第一篇　综　合

Chapter 1　General Survey

1-1 行政建制(2016年底)

Administrative Divisions, End of 2016

单位：个(unit)

项　目	Item	街道办事处 Subdistrict Offices	居民委员会 Residents' Committees	镇政府 Town Governments	乡政府 Township Governments	村民委员会 Village Committees
全市总计	**Total**	**118**	**1690**	**124**	**3**	**3681**
和平区	Heping District	6	63			
河东区	Hedong District	13	153			
河西区	Hexi District	13	197			
南开区	Nankai District	12	171			
河北区	Hebei District	10	114			
红桥区	Hongqiao District	11	171			
东丽区	Dongli District	11	133			48
西青区	Xiqing District	4	61	7		151
津南区	Jinnan District	2	73	8		153
北辰区	Beichen District	7	112	9		126
武清区	Wuqing District	6	67	24		685
宝坻区	Baodi District	8	48	16		765
滨海新区	Binhai New Area	14	230	5		139
宁河区	Ninghe District		26	14		282
静海区	Jinghai District		41	16	2	383
蓟州区	Jizhou District	1	30	25	1	949

资料来源：天津市民政局
Source: Tianjin Municipal Civil Affairs Bureau

1-2 土地面积

Area of Land

项　目	Item	面积(平方公里) Area(sq.km)		占全市土地总面积比重(%) Percentage to Total Area (%)	
		2015	2016	2015	2016
全市土地总面积	**Total Land Area**	**11916.85**	**11916.85**	**100.0**	**100.0**
农用地	**Land for Agricultural Production**	**6982.29**	**6943.34**	**58.6**	**58.3**
耕　地	Cultivated Land	4371.82	4369.24	36.7	36.7
园　地	Garden Plot	302.43	297.25	2.5	2.5
林　地	Afforested Land	550.95	548.14	4.6	4.6
其他农用地	Others	1757.09	1728.71	14.7	14.5
建设用地	**Land for Construction**	**4093.33**	**4143.87**	**34.3**	**34.8**
居民点及工矿用地	Land for Residents and Industry	3276.12	3309.26	27.5	27.8
交通用地	Land for Transportation	283.86	300.29	2.4	2.5
水利设施用地	Land for Water Conservancy	533.35	534.31	4.5	4.5
未利用地面积	**Unused Area**	**841.24**	**829.65**	**7.1**	**7.0**
未利用土地	Unused Soil	162.05	157.56	1.4	1.3
其他土地	Other Land	679.18	672.09	5.7	5.6

资料来源：天津市国土资源和房屋管理局
Source: Tianjin Municipal Bureau of Land Resources and Housing Administration

1–3 各月份气象资料(2016年)

Meteorological Data of Each Month,2016

月 份 Month	平均气温 Average Temperature (℃)	最高气温 Highest Temperature (℃)	最低气温 Lowest Temperature (℃)	平均相对湿度 Average Relative Humidity (%)	日照时数(小时) Hours of Sunshine (hour)	降水量(毫米) Precipitation (mm)	一日最大降水量(毫米) Largest Precipitation in One Day (mm)	平均风速(米/秒) Average Wind Speed (m/sec)
全 年 Year	**13.6**	**37.0**	**-18.6**	**59.0**	**2411.4**	**654.3**	**247.3**	**2.1**
一 月 January	-4.4	7.4	-18.6	47.4	182.4	2.0	3.3	2.3
二 月 February	1.0	12.6	-12.7	41.0	225.9	15.6	20.6	2.4
三 月 March	9.0	25.8	-7.1	41.0	252.7	0.0	0.3	2.4
四 月 April	16.2	32.6	1.4	44.5	269.9	7.5	11.1	2.7
五 月 May	21.1	36.2	5.8	47.8	268.8	40.5	25.0	2.6
六 月 June	25.0	37.0	12.2	61.4	221.9	107.7	68.5	2.2
七 月 July	27.3	36.6	18.3	76.4	172.6	260.6	247.3	2.1
八 月 August	26.9	36.2	13.8	74.5	199.7	122.3	98.8	1.7
九 月 September	22.5	34.0	5.5	67.5	217.4	48.0	73.3	1.8
十 月 October	14.0	28.5	-2.6	71.2	137.8	31.6	31.0	2.0
十一月 November	5.0	16.5	-10.0	68.2	136.1	14.6	18.2	2.0
十二月 December	0.3	11.5	-11.3	67.2	126.3	3.9	4.5	1.6

1–4 各区气象资料(2016年)

Meteorological Data by District,2016

地 区 Region	全年平均气温 Annual Average Temperature (℃)	平均相对湿度 Average Relative Humidity (%)	日照时数(小时) Hours of Sunshine (hour)	降水量(毫米) Precipitation (mm)	无霜期(天) Non-frosting Period (day)	雾天数(天) Foggy Days (day)
市 区 Urban District	14.9	51		731.4		17
东丽区 Dongli District	13.9	57	2513.4	685.3	291	11
西青区 Xiqing District	13.8	58	2327.4	608.6	291	25
津南区 Jinnan District	13.8	51	2535.9	622.0	303	19
北辰区 Beichen District	13.2	59	2515.1	624.2	307	39
武清区 Wuqing District	13.2	60	2236.5	598.6	312	30
宝坻区 Baodi District	12.4	63	2627.3	640.5	280	69
滨海新区 Binhai New Area	13.7	62	2366.6	693.9	297	19
# 塘 沽 Tanggu	14.0	58	2539.6	732.3	304	24
汉 沽 Han'gu	13.2	63	2244.0	678.6	280	17
大 港 Dagang	13.9	64	2316.1	670.8	307	15
宁河区 Ninghe District	13.1	61	2186.0	617.4	280	16
静海区 Jinghai District	14.0	61	2437.0	634.3	304	22
蓟州区 Jizhou District	14.1	53	2459.0	658.4	280	11

资料来源：天津市气象信息中心
Source: Tianjin Meteorological Information Center

1-5 国民经济和社会发展总量与速度指标

指标	Item	1978	2000
人口与就业	**Population and Employment**		
人　口(万人)	**Population(10 000 persons)**		
年末常住人口	Year-end Resident Permanent	724.27	1001.14
# 城镇人口	Urban		724.83
年末户籍人口	Year-end Registered Population	724.27	912.00
就　业(万人)	**Employment(10 000 persons)**		
社会从业人员	Number of Employment Personnel	366.70	486.89
# 城镇非私营单位从业人员	Employment Personnel in Urban Non-Private Units	217.40	201.75
城镇登记失业人数	Registrated Unemployment in Urban Areas		10.50
宏观经济	**Macro Economy**		
国民经济核算	**National Accounting**		
全市生产总值(亿元)	Gross Domestic Product(100 million yuan)	82.65	1701.88
第一产业	Primary Industry	5.03	73.69
第二产业	Secondary Industry	57.53	863.83
第三产业	Tertiary Industry	20.09	764.36
人均生产总值(元)	Per Capita GDP (yuan)		
(按常住人口计算)	(Calculated by Resident Population)	1133	17353
固定资产投资	**Investment in Fixed Assets**		
全社会固定资产投资总额(亿元)	Total Investment in Fixed Assets(100 million yuan)	20.30	608.80
# 地　方	Local Govemment	10.03	463.83
城镇房地产开发	Real Estate Development		133.93
全社会房屋竣工面积(万平方米)	Floor Space of Buildings Completed (10 000 sq.m)		1459.36
消　费(亿元)	**Consumption(100 million yuan)**		
社会消费品零售总额	Total Retail Sales of Consumer Goods	25.20	736.63
对外贸易(亿美元)	**Foreign Trade(USD 100 million)**		
货物进出口总额	Total Value of Imports and Exports	9.88	171.57
出口额	Exports	8.65	86.29
进口额	Imports	1.24	85.28

注：1.本表价值指标除邮电业务总量按不变价格计算外，其余均按当年价格计算。邮电业务总量2000年及以前按1990年不变价格计算，2001—2010年按2000年不变价格计算，2011年起按2010年不变价格计算。表16—10和16—11同。2.本表速度指标中，全市生产总值及三次产业增加值、农林牧渔业总产值、工业总产值、公共财政收支、邮电业务总量指标均按可比价格计算。固定资产投资平均增长速度按累计法计算。以下各表同。3.农村居民人均可支配收入2011年以前为农村居民人均纯收入。4.2016年起，化学需氧量排放量、二氧化硫排放量指标调整统计口径，数据与上年不可比。

Principal Aggregate Indicators on Nationnal Economic and Social Development and Growth Rates

总量指标 Aggregate Data			指数(%)(2016为以下各年) Index (%) (2016 as Percentage of the Following Years)				平均增长速度(%) Average Annual Growth Rate (%)		
2010	2015	2016	1978	2000	2010	2015	1979–2016	2001–2016	2011–2016
1299.29	1546.95	1562.12	215.7	156.0	120.2	101.0	2.0	2.8	3.1
1033.59	1278.40	1295.47	364.7	178.7	125.3	101.3	3.5	3.7	3.8
984.85	1026.90	1044.40	144.2	114.5	106.0	101.7	1.0	0.9	1.0
728.70	896.80	902.42	246.1	185.3	123.8	100.6	2.4	3.9	3.6
205.65	294.78	286.04	131.6	141.8	139.1	97.0	0.7	2.2	5.7
16.10	25.08	25.77		245.4	160.1	102.8		5.8	8.2
9357.64	16837.86	17885.39	5845.6	806.0	196.5	109.1	11.3	13.9	11.9
145.58	208.82	220.22	719.0	182.3	120.5	103.0	5.3	3.8	3.2
4937.50	7918.10	7571.35	6618.3	982.1	200.0	108.4	11.7	15.3	12.2
4274.56	8710.94	10093.82	6558.4	676.5	195.1	110.0	11.6	12.7	11.8
74048	109916	115053	2741.6	509.2	159.8	107.5	9.1	10.7	8.1
6511.42	13065.18	14629.22	72065.1	2403.0	224.7	112.0	19.0	23.5	15.1
5762.13	12272.36	13956.89	139151.4	3009.1	242.2	113.7	21.2	25.3	16.8
866.64	1871.55	2300.01		1717.3	265.4	122.9		20.0	18.1
3380.87	5388.00	5381.75		368.8	159.2	99.9		8.5	8.1
2902.55	5257.28	5635.81	22364.3	765.1	194.2	107.2	15.3	13.6	11.7
822.01	1143.47	1026.51	10389.8	598.3	124.9	89.8	13.0	11.8	3.8
375.17	511.83	442.86	5119.8	513.2	118.0	86.5	10.9	10.8	2.8
446.84	631.64	583.65	47068.5	684.4	130.6	92.4	17.6	12.8	4.6

Note:a) Figures in value terms in this table are at current prices, except that on the business value of post and telecommunication services which is at 1990 constant prices before 2000 and at 2000 constant prices from 2000 to 2010.Since 2011, it was calculated at 2010 constant prices. Same as table 16-10 and 16-11.b)The indices and growth rates of the follow indicators are calculated at constant prices: Gross Domestic Product and value-added of the three strata of industry,Gross Output Value of Agriculture,Forestry,Animal Husbandry and Fishery,Gross Output Value of Industry,Public Finale Revenue and penditure,business Value of Post and Telecommunication Services. The average annual growth rate of total investment in fixed assets is calculated at the accumulate method.Same as following next.c)Before 2011, Per Capita Annual Disposable Income of Rural Residents refers to per capita annual net income of rural households.d)Since 2016,the data of COD of Waste Water Discharged and Sulphur Dioxide in Waste Gas adopt new coverage,and the datum are incomparable to previous year.

1-5续表1

指　标	Item	1978	2000
实际利用外资额(亿美元)	**Actually Utilization of Foreign Capital(USD 100 million)**		
外商直接投资	Foreign Direct Investments		25.60
财　政(亿元)	**Government Finance(100 million yuan)**		
一般公共预算收入	General Public Budget Revenue	39.25	133.61
一般公共预算支出	General Public Budget Expenditure	14.51	187.05
物价总指数(上年=100)	**Price Indices(preceding year=100)**		
居民消费价格指数	Consumer Price Index	100.0	99.60
商品零售价格指数	Retail Price Index	100.0	98.60
能源生产与消费(万吨标准煤)	**Production and Consumption of Energy(10 000 tons of SCE)**		
一次能源生产量	Primary Energy Production		1201.94
能源终端消费量	Energy Final Consumption		2553.60
产　业	**Industry**		
农　业(亿元)	**Agriculture(100 million yuan)**		
农林牧渔业总产值	Gross Output Value of Agriculture, Forestry, Animal Husbandry and Fishery	6.72	156.30
工　业(亿元)	**Industry(100 million yuan)**		
工业总产值	Gross Output Value of Industry	157.90	3080.74
轻工业	Light Industry	81.47	1263.10
重工业	Heavy Industry	76.43	1817.64
建筑业(亿元)	**Construction(100 million yuan)**		
建筑业总产值	Gross Output Value	8.78	238.10
交通运输、邮政业和信息传输	**Transportation,Postal and Information Transmission**		
港口货物吞吐量(万吨)	Volume of Freight Handled at Coastal Ports (10 000 tons)	1131	9582.00
集装箱吞吐量(万TEU)	Handled Containers(10 000TEU)	1	171.00
邮电业务总量(亿元)	Business Value of Post and Telecommunication Services (100 million yuan)	0.27	75.37
移动电话年末用户(万户)	Number of Mobile Telephone Subscribers at Year-end (10 000 subscribers)		122.80
固定电话年末用户(万户)	Number of Fixed Telephone Subscribers at Year-end (10 000 subscribers)	8.36	247.06
旅游业	**Tourism**		
入境旅游过夜游客(万人次)	Number of Tourists(Overnight Visitors)(10 000 person-times)		15.97
国际旅游外汇收入(万美元)	Foreign Exchange Earnings from International Tourism (USD 10 000)		23176.00
金融业(亿元)	**Financial Intermediation(100 million yuan)**		
中资金融机构人民币存款年末余额	RMB Deposits Balance of Chinese Financial Institutions year-end	33.24	2281.55
中资金融机构人民币贷款年末余额	RMB Loans Balance of Chinese Financial Institutions year-end	80.14	1863.60
股票筹资额	Raised Capital of Listed Companies		32.79
保险公司保费金额	Insurance Premium of Insurance Companies		31.47
保险公司赔款及给付金额	Indemnity Expenditure and Payment of Insurance Companies		7.20

Continued

总量指标 Aggregate Data			指数(%)(2016为以下各年) Index(%)(2016 as Percentage of the Following Years)				平均增长速度(%) Average Annual Growth Rate (%)		
2010	2015	2016	1978	2000	2010	2015	1979–2016	2001–2016	2011–2016
108.49	211.34	101.00		926.2	218.6	112.2		14.9	13.9
1068.81	2667.11	2723.50	12350.6	2038.4	254.8	110.0	13.5	20.7	16.9
1376.84	3232.35	3699.43	30300.3	1977.8	268.7	106.3	16.2	20.5	17.9
103.50	101.70	102.10	635.4	141.9	117.5	102.1	5.0	2.2	2.7
103.40	100.30	100.50	401.6	117.1	111.6	100.5	3.7	1.0	1.8
5236.12	5338.18	5017.52		417.5	95.80	94.0		9.3	-0.7
5860.20	8078.04	8041.43		314.9	137.22	99.5		7.4	5.4
317.33	467.44	494.44	1097.1	191.1	121.9	103.3	6.5	4.1	3.4
17107.19	30014.89	29678.12	22240.5	1334.1	189.9	105.7	15.3	17.6	11.3
2800.45	6814.00	7363.14	13955.8	910.3	268.6	111.5	13.9	14.8	17.9
14306.74	23200.89	22314.98	29403.0	1642.4	175.5	104.1	16.1	19.1	9.8
2424.49	4488.90	4891.81	55715.4	2054.5	201.8	109.0	18.1	20.8	12.4
41325.00	54051.00	55056.00	4867.9	574.6	133.2	101.9	10.8	11.5	4.9
1008.00	1411.00	1452.00	145200.0	849.1	144.0	102.9	21.1	14.3	6.3
435.16	321.81	484.37	324344.4	2373.4	303.3	150.5	23.7	21.9	20.3
1089.56	1405.80	1499.80		1221.3	137.7	106.7		16.9	5.5
366.83	343.77	311.30	3723.7	126.0	84.9	109.4	10.0	1.5	-2.7
59.89	78.53	82.43		516.2	137.6	105.0		10.8	5.5
141951.00	329811.00	355687.26		1534.7	250.6	107.8		18.6	16.5
15912.21	26754.31	28676.38	86270.7	1256.9	180.2	107.2	19.5	17.1	10.3
12864.75	24104.91	27019.19	33715.0	1449.8	210.0	112.1	16.6	18.2	13.2
361.66	393.62	418.13		1275.2	115.6	106.2		17.2	2.4
214.01	398.34	529.49		1682.5	247.4	132.9		19.3	16.3
54.19	139.53	177.67		2467.6	327.9	127.3		22.2	21.9

1-5续表2

指　标	Item	1978	2000
教育、科技、文化	Education, Science and Technology and Culture		
教　育	Education		
在校学生数(万人)	Students Enrollment(10 000 persons)	162.30	162.22
专任教师数(万人)	Full-time Teachers(10 000 persons)	9.25	11.07
科　技(亿元)	Science and Technology		
研究与试验发展经费支出	Expenditures on Research and Development(100 million yuan)		24.69
文　化	Culture		
图书出版总印数(万册)	Number of Books Published(10 000 copies)	7367	5881
电视节目制作时间(万小时)	Time for TV Programs Production(10 000 hours)		
人民生活	People's Living Conditions		
婚姻家庭	Marriages and Divorces, Family Size		
城镇居民平均每户家庭人口(人)	Average Household Size in Urban Areas(person)		3.08
农村居民平均每户常住人口(人)	Average Household Size in Rural Areas(person)	5.80	3.69
结婚登记总数(对)	Registered Number of Marriages(couples)	63599	61416
离婚数(对)	Number of Divorces(couples)	1481	13338
生　活	Living		
城镇居民人均可支配收入(元)	Per Capita Annual Disposable Income of Urban Residents(yuan)	388	8141
农村居民人均可支配收入(元)	Per Capita Annual Disposable Income of Rural Residents(yuan)	153	4370
中资金融机构人民币储蓄存款余额(亿元)	RMB Deposit Balance of Saving Deposits of Chinese Financial Institutions(100 million yuan)	4.02	1172.40
社会保险(亿元)	Social Insurance(100 million yuan)		
社会保险基金收入	Revenue of Social Insurance Fund		
社会保险基金支出	Expenses of Social Insurance Fund		
卫　生	Health Care		
医院、卫生院(个)	Number of Hospitals(unit)	310	488
执业(助理)医师(万人)	Number of Licensed (Assistant) Doctors(10 000 persons)	1.58	3.00
医院、卫生院床位数（万张）	Number of Beds of Hospitals(10 000 units)	1.73	3.88
城市市政建设	Municipal Works		
自来水供水总量(亿吨)	Annual Supply of Tap Water(100 million tons)	2.16	6.11
天然气销售量(亿立方米)	Volume of Natural Gas Supply(100 million cu.m)	2.05	2.35
供热面积(万平米)	Heating Area(10 000 sq.m)		3260
年末实有铺装道路长度(公里)	Length of Paved Roads at Year-end(km)	764	3602
排水管道长度(公里)	Length of Sewer Pipelines(km)	1051	7032
年末公共交通车辆运营数(辆)	Number of Public Vehicles in Operation at Year-end(unit)	1205	5358
城市绿地面积(平方公里)	Areas of Green Land (sq.km)		17.70
环　境	Environment		
废水中化学需氧量排放量(万吨)	COD Discharge of Waste Water(10 000 tons)		
废气中二氧化硫排放量(万吨)	Sulphur Dioxide Emission of Waste Gas(10 000 tons)		

Continued

总量指标 Aggregate Data			指数(%)(2016为以下各年) Index(%)(2016 as Percentage of the Following Years)				平均增长速度(%) Average Annual Growth Rate (%)		
2010	2015	2016	1978	2000	2010	2015	1979–2016	2001–2016	2011–2016
152.94	165.51	168.28	103.7	103.7	110.0	101.7	0.1	0.2	1.6
11.56	12.17	12.29	132.9	111.0	106.3	101.0	0.8	0.7	1.0
229.56	510.18	537.32		2176.3	234.1	105.3		21.2	15.2
3774	5520	6425	87.2	109.3	170.2	116.4	-0.4	0.6	9.3
2.2	3.3	3.3			150.0	100.0			7.0
2.86	2.78	2.82		91.6	98.6	101.4		-0.5	-0.2
3.35	3.25	3.29	56.7	89.2	98.2	101.2	-1.5	-0.7	-0.3
86799	101238	98164	154.3	159.8	113.1	97.0	1.1	3.0	2.1
28132	51446	65217	4403.6	489.0	231.8	126.8	10.5	10.4	15.0
24293	34101	37110	9564.4	455.8	152.8	108.8	12.8	9.9	7.3
11801	18482	20076				108.6			
5525.28	8721.52	9105.15	226496.4	776.6	164.8	104.4	22.5	13.7	8.7
	882.00	1062.58				120.5			
	816.03	1026.47				125.8			
438	546	571	184.2	117.0	130.4	104.6	1.6	1.0	4.5
2.85	3.59	3.78	239.2	126.0	132.6	105.3	2.3	1.5	4.8
4.41	5.97	6.18	357.2	159.3	140.1	103.5	3.4	3.0	5.8
7.72	8.53	8.70	402.8	142.4	112.7	102.0	3.7	2.2	2.0
15.80	29.74	33.09	1614.1	1408.1	209.4	111.3	7.6	18.0	13.1
24034	37678	41833		1283.2	174.1	111.0		17.3	9.7
5439	7636	7888	1032.5	219.0	145.0	103.3	6.3	5.0	6.4
15140	19543	20951	1993.4	297.9	138.4	107.2	8.2	7.1	5.6
7928	11619	12699	1053.9	237.0	160.2	109.3	6.4	5.5	8.2
77.01	86.76	93.68		529.3	121.6	106.4		11.0	3.3
13.20	20.91	10.33							
23.52	18.59	6.85							

1–6 各时期国民经济主要指标年均增长速度

Annual Increase Rate of National Economy In Different Period

单位：%(%)

时期	Period		全市生产总值 Gross Domestic Product	第一产业 Primary Industry	第二产业 Secondary Industry	第三产业 Tertiary Industry	一般公共预算收入 General Public Budget Revenue
"恢复"时期	Rehibilatation Period	1950-1952	17.6	11.4	19.7	15.9	106.6
"一五"时期	First Five-year Plan Period	1953-1957	13.5	6.5	17.3	10.3	15.5
"二五"时期	Second Five-year Plan Period	1958-1962	-1.7	-2.9	-0.7	-2.9	4.1
"调整"时期	Adjustment Period	1963-1965	15.5	21.2	19.3	6.0	10.9
"三五"时期	Third Five-year Plan Period	1966-1970	8.3	-1.1	10.7	5.1	16.0
"四五"时期	Fourth Five-year Plan Period	1971-1975	7.2	3.2	10.3	7.2	6.9
"五五"时期	Fifth Five-year Plan Period	1976-1980	7.4	1.8	7.3	9.0	0.9
"六五"时期	Sixth Five-year Plan Period	1981-1985	9.3	7.7	8.6	11.6	3.3
"七五"时期	Seventh Five-year Plan Period	1986-1990	5.2	7.5	4.1	7.6	-1.4
"八五"时期	Eighth Five-year Plan Period	1991-1995	11.7	4.6	11.7	13.4	21.2
"九五"时期	Ninth Five-year Plan Period	1996-2000	11.3	5.2	11.3	12.2	15.9
"十五"时期	Tenth Five-year Plan Period	2001-2005	14.1	5.6	16.5	11.8	24.3
"十一五"时期	Eleventh Five-year Plan Period	2006-2010	16.3	2.9	18.0	14.7	29.8
"十二五"时期	Twelfth Five-year Plan Period	2011-2015	12.5	3.2	13.0	12.1	20.1

注："十二五"时期以前一般公共预算收支为全市财政收支口径。
Note: Before the twelfth five-year plan period, the general public budget revenue and expenditure are the city's financial revenue and expenditure.

1–6续表 *Continued*

单位：%(%)

时期	Period		一般公共预算支出 General Public Budget Expenditures	工业总产值 Gross Output Value of Industry	全社会固定资产投资 Total Investment in Fixed Assets	社会消费品零售总额 Total Retail Sales of Consumer Goods	外贸出口总额 Exports
"恢复"时期	Rehibilatation Period	1950-1952	81.7	38.5	17.5		
"一五"时期	First Five-year Plan Period	1953-1957	8.6	16.6	20.8	5.5	5.5
"二五"时期	Second Five-year Plan Period	1958-1962	8.8	0.4	24.4	0.8	-1.2
"调整"时期	Adjustment Period	1963-1965	12.0	15.5	26.4	4.0	13.5
"三五"时期	Third Five-year Plan Period	1966-1970	12.8	10.3	6.7	3.7	-1.4
"四五"时期	Fourth Five-year Plan Period	1971-1975	10.6	8.5	22.0	7.8	19.4
"五五"时期	Fifth Five-year Plan Period	1976-1980	6.7	6.0	6.5	8.8	14.8
"六五"时期	Sixth Five-year Plan Period	1981-1985	12.9	9.7	20.8	9.3	-5.7
"七五"时期	Seventh Five-year Plan Period	1986-1990	8.3	10.6	6.7	6.5	9.1
"八五"时期	Eighth Five-year Plan Period	1991-1995	17.6	20.7	36.8	9.2	10.9
"九五"时期	Ninth Five-year Plan Period	1996-2000	18.3	15.2	10.6	14.8	23.5
"十五"时期	Tenth Five-year Plan Period	2001-2005	19.9	21.5	19.4	14.4	26.0
"十一五"时期	Eleventh Five-year Plan Period	2006-2010	33.1	21.5	32.7	16.0	6.5
"十二五"时期	Twelfth Five-year Plan Period	2011-2015	18.6	12.4	15.5	10.3	6.4

注：本表社会消费品零售总额年平均增速均已扣除价格因素。
Note: The average increase rates of Total Retail Sales of Consumer Goods have deducted price sectors.

1-7 国民经济和社会发展结构指标

Structural Indicators of National Economy and Social Development

单位：%(%)

指 标	Item	2000	2010	2015	2016
人 口	**Population**				
常住人口	Resident Permanent				
城 镇	Urban	72.4	79.6	82.6	82.9
乡 村	Rural	27.6	20.4	17.4	17.1
户籍人口	Grouped by Sex				
男 性	Male	50.5	50.3	50.1	50.1
女 性	Female	49.5	49.7	49.9	49.9
就 业	**Employment**				
社会从业人员	Grouped by Industry				
第一产业	Primary Industry	16.7	10.1	7.4	7.2
第二产业	Secondary Industry	45.6	41.5	35.7	34.0
第三产业	Tertiary Industry	37.7	48.4	56.9	58.8
国民经济核算	**National Accounting**				
全市生产总值	Grouped by Industry				
第一产业	Primary Industry	4.3	1.5	1.2	1.2
第二产业	Secondary Industry	50.8	52.8	47.0	42.4
第三产业	Tertiary Industry	44.9	45.7	51.8	56.4
投 资	**Investment**				
产业结构	Grouped by Industry				
第一产业	Primary Industry	0.9	1.5	1.8	2.0
第二产业	Secondary Industry	48.7	45.2	39.3	26.9
第三产业	Tertiary Industry	50.4	53.3	58.9	71.1
资金使用	Use of Funds				
建设工程	Construction	54.4	55.3	57.5	55.3
安装工程	Installation	5.3	4.3	6.7	7.3
设备工器具购置	Purchase of Equipment and Instruments	26.1	18.6	17.5	19.7
其他费用	Others	14.2	21.7	18.2	17.8
财 政	**Government Finance**				
一般公共预算收入	General Public Budget Revenue				
# 增值税(25%)	Value-added Tax (25%)	19.5	11.2	9.4	16.7

1–7续表1 *Continued*

单位：%(%)

指　标	Item	2000	2010	2015	2016
营业税	Business Tax	28.6	26.6	18.8	9.3
企业所得税	Income Tax of Enterprises	21.9	11.8	9.7	10.2
个人所得税	Individual Income Tax	8.5	4.0	3.1	3.6
利用外资	**Utilization of Foreign Capital**				
实际利用外资	Foreign Capital Actually Used				
对外借款	Foreign Loans	9.4	1.9	5.5	42.7
直接利用外资	Foreign Direct Investment	90.6	98.1	94.5	57.3
能　源	**Energy**				
能源使用	Energy Consumption				
第一产业	Primary Industry	2.3	1.4	1.3	1.4
第二产业	Secondary Industry	61.5	72.2	70.8	69.2
第三产业	Tertiary Industry	24.9	15.0	15.3	16.3
生活消费	Living Consumption	11.4	11.5	12.5	13.2
农　业	**Agriculture**				
农林牧渔业产值	Gross Output Value of FFAF				
农　业	Farming	53.4	53.0	50.9	49.4
林　业	Forestry	0.9	0.7	1.7	1.7
牧　业	Animal Husbandry	33.1	27.6	27.9	28.5
渔　业	Fishery	12.6	15.8	17.2	18.0
农林牧渔服务业	FFAF Services		2.9	2.3	2.4
工　业	**Industry**				
全部工业总产值	Gross Output Value of Industry				
轻工业	Light Industry	41.0	16.4	22.7	24.8
重工业	Heavy Industry	59.0	83.6	77.3	75.2
建筑业	**Construction**				
建筑业总产值	Gross Output Value of Construction				
房屋和土木工程建筑业	Building and Civil Engineering	81.4	81.9	85.9	86.3
建筑安装业	Equipment Installation	16.6	10.7	8.2	7.6
其他建筑业	Others	2.0	5.3	5.9	6.1
交通运输业	**Transportation**				
货运量	Freight Traffic				
铁　路(天津地区)	Railway (Tianjin Area)	11.6	18.3	15.8	15.8

1−7续表2 *Continued*

单位：%(%)

指 标	Item	2000	2010	2015	2016
公 路	Highway	70.7	50.1	63.4	63.7
水运、民航	Waterway and Civil Aviation	15.7	28.6	18.7	18.5
管道运输	Pipelines	1.9	3.0	2.2	2.1
国内商业	**Domestic Trade**				
社会消费品零售总额	Total Retail Sales of Consumer Goods				
批发和零售业	Wholesale and Retail Trade	51.5	88.3	88.8	90.0
住宿和餐饮业	Accommodation and Catering Services	10.7	11.7	11.2	10.0
其他行业	Others	37.8			
对外经济贸易	**Foreign Trade and Economic Cooperation**				
进出口贸易总额	Imports and Exports				
出口总额	Exports	50.3	45.6	44.8	43.1
进口总额	Imports	49.7	54.4	55.2	56.9
国际旅游	**International Tourism**				
来津旅游人员	Tourists in Tianjin				
外国人	Foreigners	81.8	88.0	88.0	87.2
港澳台同胞	Compatriots from Hong Kong, Macao and Taiwan	18.2	12.0	12.0	12.8
金融业	**Financial Intermediation**				
金融机构存款余额	Deposits of Financial Institutions				
中资金融机构	Chinese Financial Institutions		98.1	98.3	98.5
外资金融机构	Foreign Financial Institutions		1.9	1.7	1.5
金融机构贷款余额	Loans of Financial Institutions				
中资金融机构	Chinese Financial Institutions		97.4	98.0	98.5
外资金融机构	Foreign Financial Institutions		2.6	2.0	1.6
教 育	**Education**				
在校学生	Student Enrollment				
大学生	University and College Students	7.3	28.1	31.0	30.5
中学生	Secondary School Students	48.5	38.8	32.6	32.0
小学生	Primary School Students	44.2	33.1	36.4	37.5

1−7续表3 *Continued*

单位：%(%)

指　标	Item	2000	2010	2015	2016
专任教师	Full-time Teachers by Type				
大　学	University and College	9.2	24.3	25.6	24.8
中　学	Secondary Schools	48.6	43.4	41.4	41.4
小　学	Primary Schools	42.2	32.3	33.0	33.8
科　技	**Science and Technology**				
研究与试验发展经费内部支出	R&D Internal Expenditures				
基础研究	Basic Research		4.1	4.1	5.6
应用研究	Applied Research		16.5	14.8	11.1
试验发展	Experimental Development		79.4	81.2	83.3
卫　生	**Health Care**				
卫生机构	Structure of Health Care Institutions				
# 医院、卫生院	Hospitals and Health Care Centers	16.4	16.3	10.5	10.5
卫生技术人员	Structure of Medical Technical Personnel				
# 执业(助理)医师	Licensed (Assistant) Doctors	46.1	40.7	39.5	39.8
注册护士	Registered Nurses	33.3	34.5	37.3	38.0
生　活	**People's Life**				
城镇居民消费	Consumption of Urban Residents				
食品烟酒	Food	40.1	35.9	32.2	30.6
衣　着	Clothing	8.9	9.4	8.2	7.5
用品及其他	Articles for Daily Use and Others	41.8	45.0	38.0	40.1
居　住	Residence	9.2	9.8	21.6	21.8
农村居民消费	Consumption of Rural Residents				
食品烟酒	Food	42.6	39.0	33.1	31.3
衣　着	Clothing	9.3	9.0	7.2	6.8
用品及其他	Articles for Daily Use and Others	19.0	26.5	37.7	41.8
居　住	Residence	29.1	25.5	22.0	20.1
环　境	**Environment**				
空气质量	Air Quality				
二级和好于二级的天数	Days of Grade II and Better than Grade II		84.4	60.3	61.7

注：2013年起执行新《环境空气质量标准》(GB3095−2012)，空气质量达到及好于二级的天数与以前年度不可比。

Note:The data of this table dicharge new Ambient Air Quality Standard(GB3095-2012) since 2013,the indicator of Days of Grade II and Better than Grade II is not comparable with the previous year.

1–8 国民经济和社会发展比例和效益指标

Main Indicators of Proportion and Benefit in National Economy and Social Development

单位：%(%)

指 标	Item	2000	2010	2015	2016
人 口	**Population**				
出生率(‰)	Birth Rate (‰)	7.72	8.18	5.84	7.37
死亡率(‰)	Death Rate (‰)	6.17	5.58	5.61	5.54
自然增长率(‰)	Natural Growth Rate (‰)	1.55	2.60	0.23	1.83
就 业	**Employment**				
城镇登记失业率	Unemployment Rate Registered in Urban Areas	3.2	3.6	3.5	3.5
国民经济核算	**National Accounting**				
经济增长贡献率	Contribution to Gross Domestic Product				
第一产业	Primary Industry	1.8	0.3	0.3	0.4
第二产业	Secondary Industry	61.9	66.7	53.3	43.2
第三产业	Tertiary Industry	36.3	33.0	46.4	56.4
固定资产投资	**Investment in Fixed Assets**				
全社会固定资产投资相当于全市生产总值比例	Proportion of Total Investment in Fixed Assets to GDP	35.8	69.6	77.6	81.8
新增固定资产交付使用率	Rate of Newly Increased Fixed Assets Transferred and in Use	71.3	50.6	49.1	63.7
财 政	**Government Finance**				
一般公共预算收入相当于全市生产总值比例	Proportion of General Public Budget Revenue to GDP	7.9	11.4	15.8	15.2
一般公共预算支出相当于全市生产总值比例	Proportion of General Public Budget Expenditure to GDP	11.0	14.7	19.2	20.7
实际利用外资	**Utilization of Foreign Capital**				
直接利用外资额相当于签约额比例	Proportion of Acutal Direct Utilization of Foreign Captial to Foreign Investment Contracted	55.7	70.9	67.4	32.8
能 源	**Energy**				
能源消费弹性系数	Elasticity Ratio of Energy Consumption	0.87	0.92	0.15	
单位生产总值能耗(吨标准煤/万元)	Energy Consumption per Unit of GDP (ton of SCE/10 000 yuan)	1.64	0.74	0.50	0.46

1-8续表1 *Continued*

指　标	Item	2000	2010	2015	2016
农　业	**Agriculture**				
每公顷耕地农业机械总动力(千瓦)	Total Power of Agricultural Machinery per Hectare of Cultivated Land (kw)	14.0	14.7	14.0	12.0
每公顷播种面积农产品产量(吨)	Output of Crops per Hectare of Sown Area (ton)				
粮　食	Grain	3.6	5.1	5.2	5.5
棉　花	Cotton	1.2	1.2	1.4	1.6
油　料	Oil-bearing Crops	1.3	2.9	3.2	2.4
规模以上工业	**Industry**				
总资产贡献率(%)	Ratio of Total Assets to Industrial Output Value (%)	8.9	17.3	14.6	14.6
成本费用利润率(%)	Ratio of Pre-tax Profits to Industrial Cost (%)	6.5	9.8	8.7	8.7
资金利税率(%)	Ratio of Profits and Taxes to Total Assets (%)	9.0	18.3	14.7	15.0
建筑业	**Construction**				
产值利润率(%)	Value of Machinery per Labour (10 000 yuan/person)	1.1	2.7	3.6	2.0
产值利税率(%)	Ratio of Profits and Taxes to Gross Output Value (%)	4.0	6.0	6.3	4.0
全员劳动生产率(万元/人)	Overall Labour Productivity (10 000 yuan/person)	8.68	37.03	49.53	49.23
邮电通信业	**Post and Telecommunication Services**				
电话普及率(含移动电话)(部/百人)	Access to Telephones (include mobile phone) (set/100 persons)	46.6	112.1	113.1	115.9
移动电话普及率(部/百人)	Access to Mobile Phones (set/100 persons)	12.3	83.9	90.9	96.0
每一邮电局所服务面积(平方公里)	Average Service Area per Post and Telecommunications Office (sq. km)	21.2	14.1	13.6	11.4
对外经济贸易	**Foreign Trade and Economic Cooperation**				
进出口总额相当于全市生产总值比例(%)	Proportion of Total Value of Imports & Exports in Foreign Trade to GDP (%)	83.5	60.3	42.9	37.9
出口总额相当于全市生产总值比例(%)	Proportion of Total Value of Exports to GDP (%)	42.0	27.5	19.2	16.3
国际旅游	**International Tourism**				
每一来津游客花费(美元)	Expenditure per Tourist in Tianjin (USD)	651	855	1012	1062

1-8续表2 *Continued*

单位：%(%)

指　　标	Item	2000	2010	2015	2016
金融业	**Financial Intermediation**				
金融机构存款相当于全市生产总值比例	Deposits of Financial Institutions as Percentage of GDP	134.1	176.3	167.2	168.1
金融机构贷款相当于全市生产总值比例	Loans of Financial Institutions as Percentage of GDP	109.6	147.2	154.4	160.8
教　育	**Education**				
新增劳动力平均受教育年限(年)	Average Year of Education of Newly Increased Labour (year)		14.68	15.43	15.36
学龄儿童毛入学率	Percentage of School-aged Children Enrolled	99.99	122.95	103.86	105.11
初中毕业升学率	Percentage of Entering Senior Secondary Schools	89.4	110.26	98.71	98.50
各级普通学校生师比	Student-teacher Ratio	15	13	14	14
科　技	**Science**				
研究与实验发展经费支出相当于全市生产总值比例	R&D Expenditures as Percentage of GDP	1.5	2.5	3.0	3.0
卫　生	**Health Care**				
平均每个医院负担人口(万人)	Average Burden Population of Each Hospital (person)	1.87	2.86	2.81	2.72
病床周转次数(次)	Turnover of Beds (time)	13	23	25	26
病床使用率	Utilization Rate of Beds	56	78	76	77
文　化	**Culture**				
每百万人有艺术表演团体(个)	Number of Troupes per Million Persons (unit)	1.6	1.3	1.0	1.0
每百万人有公共图书馆(个)	Number of Public Libraries per Million Persons (unit)	3.2	2.5	2.0	2.0
每百万人有博物馆(个)	Number of Museums per Million Persons (unit)	1.4	1.4	1.4	1.4
婚　姻	**Marriages and Divorces**				
粗离婚率(‰)	Grude Divorce Rate (‰)	1.4	2.2	3.4	4.2
生　活	**People's Life**				
城镇与农村居民收入增长率比例(以农村居民收入指数为100)	Proportion of Growth Rate of Annual Income of Urban Residents to the Growth Rate of Annual Income of Rural Residents (rural=100)	98.7	102.7	99.6	100.2
环境保护	**Environmental Protection**				
污水处理率	Percentage of Sewage Treatment	58.8	85.3	91.6	92.1
工业固体废物综合利用率	Rate of Comprehensive Utilization of Industrial Waste Residue	88.0	98.6	98.6	99.0

1-9 平均每天社会经济活动(2013—2016年)

Average Daily Social and Economic Activities,2013-2016

指 标	Item	单 位	Unit	2013	2014	2015	2016
全市每天创造的财富	**Daily Production**						
全市生产总值	Gross Domestic Product	万 元	10 000 yuan	402464	438438	461311	488672
第一产业	Primary Industry	万 元	10 000 yuan	5122	5477	5721	6017
第二产业	Secondary Industry	万 元	10 000 yuan	204385	217357	216934	206867
第三产业	Tertiary Industry	万 元	10 000 yuan	192957	215604	238656	275787
一般公共预算收入	General Public Budget Revenue	万 元	10 000 yuan	56961	65489	73072	74413
主要工业产品产量	Output of Major Industrial Products						
粗 钢	Crude Steel	万 吨	10 000ton	6.32	6.27	5.67	4.92
钢 材	Steel Products	万 吨	11 000ton	19.09	20.00	22.43	23.68
水 泥	Cement	万 吨	12 000ton	2.66	2.62	2.13	2.15
天然原油	Crude Petroleum Oil	万 吨	13 000ton	8.34	8.42	9.58	8.94
原 盐	Salt	吨	ton	4240	4489	4702	4328
发电量	Electricity	万千瓦时	10 000 kwh	17096	17114	17032	16833
汽 车	Motor Vehicle	辆	unit	1525	1404	1454	1455
彩色电视机	Color Television	台	set	7592	7649	6735	6123
自行车	Bicycle	万 辆	10 000unit	6.70	6.83	7.23	7.53
微波炉	Microwave Oven	万 台	10 000set	2.22	2.07	1.90	1.90
移动电话机	Mobile Phone	万 部	10 000unit	28.99	26.72	20.04	13.59
布	Cloth	万 米	10 000 m	58	63	68	66
纱	Yarn	吨	ton	138	233	294	345
农用化肥	Chemical Fertilizer	吨	ton	437	448	358	367
化学农药原药	Chemical Pesticide	吨	ton	35	23	25	23
硫 酸	Sulfuric Acid	吨	ton	769	671	523	561
烧 碱	Caustic Soda	吨	ton	3494	2906	2651	2056
合成洗涤剂	Synthetic Detergents	吨	ton	589	1328	1597	1341
饮料酒	Alcoholic Beverage	千 升	kl	850	873	976	1029
主要农产品产量	Output of Major Farm Products						
粮 食	Grain	吨	ton	4787	4821	4979	5365
棉 花	Cotton	吨	ton	133	105	70	64
油 料	Oil-bearing Crops	吨	ton	16	14	12	44
肉 类	Meat	吨	ton	1273	1272	1253	1243
蛋 类	Eggs	吨	ton	518	532	553	564
奶 类	Milk	吨	ton	1878	1888	1863	1858
蔬 菜	Vegetables	吨	ton	12467	12608	12097	12305
水产品	Aquatic Products	吨	ton	1092	1118	1099	1078

1—9续表 *Continued*

指　　标	Item	单　位	Unit	2013	2014	2015	2016
全市每天消费量	**Daily Consumption**						
最终消费支出	Final Consumption Expenditure	亿　元	100 million yuan	16.69	18.52	19.99	21.89
居民消费支出	Households Consumption	亿　元	100 million yuan	11.63	13.05	14.06	15.40
农村居民	Rural	亿　元	100 million yuan	1.23	1.35	1.47	1.62
城镇居民	Urban	亿　元	100 million yuan	10.40	11.70	12.59	13.78
政府消费支出	Government Consumption	亿　元	100 million yuan	5.06	5.47	5.92	6.49
社会消费品零售总额	Total Retail Sales of Consumer Goods	亿　元	100 million yuan	12.25	12.98	14.40	15.40
生活用煤、气、水、电	Coal, Gas, Water & Electricity for Living						
煤　炭	Coal	万　吨	10 000 tons	0.18	0.19	0.21	0.20
液化石油气	Liquid Petroleum Gas	吨	ton	218	241	263	304
天然气和煤气	Natural Gas and Coal Gas	万立方米	10 000 cu. m	134	141	151	154
水	Water	万　吨	10 000 tons	94.5	97.8	104.7	106.8
电	Electricity	万千瓦时	10 000 kwh	2060	2140	2392	2536
每天其他经济活动	**Other Daily Economic Activities**						
社会货物运输量	Freight Traffic	万　吨	10 000 tons	141	140	146	141
客运量	Passenger Traffic	万人次	10 000 person-times	80.9	53.7	54.2	54.5
港口货物吞吐量	Freight Handled at Ports	万　吨	10 000 tons	137	148	148	150
邮电业务总量(不变价)	Total Business Value of Post and Telecommunication Services (constant price)	万　元	10 000 yuan	5370	6708	8817	13234
出版图书	Books Published	万　册	10 000 copies	14	12	15	18
出版报纸	Newspapers Issued	万　份	10 000 copies	224	209	170	135
出版期刊	Magazines Issued	万　册	10 000 copies	11	11	9	8
邮寄函件	Letters Delivered	万　件	10 000 copies	47	55	85	141
外贸出口总额	Total Value of Exports in Foreign Trade	万美元	USD 10 000	13432	14410	14023	1200
实际利用外资额	Foreign Capital Actually Used	万美元	USD 10 000	4725	5586	6129	4819
全社会房屋竣工面积	Floor Space of Buildings Completed	万平方米	10 000 sq. m	12.10	14.52	14.76	14.70
接待来津国际旅游人数(过夜)	Accommodated International Tourists (Stay for Night)	人　次	person-time	2078	2100	2152	2252
每天人口和婚姻动态	**Daily Population Changes And Marriages**						
出生人口	Births	人	person	333	335	245	313
死亡人口	Deaths	人	person	242	248	235	235
结婚对数	Marriages	对	couple	281	272	277	268
离婚对数	Divorces	对	couple	121	119	141	178

1-10 国民经济主要指标人均水平(2013—2016年)

Per Capita Annual Level of Main Indicators of National Economy,2013-2016

指　标	Item	单　位	Unit	2013	2014	2015	2016
全市生产总值	Gross Domestic Product	万　元	10 000 yuan	10.18	10.71	10.99	11.51
一般公共预算收入	General Public Budget Revenue	万　元	10 000 yuan	1.44	1.60	1.74	1.75
一般公共预算支出	General Public Budget Expenditure	万　元	10 000 yuan	1.77	1.93	2.11	2.38
全社会固定资产投资	Total Investment in Fixed Assets	万　元	10 000 yuan	7.02	7.80	8.53	9.41
工业总产值	Gross Output Value of Industry	万　元	10 000 yuan	18.91	19.86	19.59	19.09
主要工业产品产量	Output of Major Industrial Products						
天然原油	Crude Petroleum Oil	吨	ton	2.11	2.06	2.28	2.11
天然气	Natural Gas	立方米	cu. m	130	142	134	127
发电量	Electricity	千瓦时	kwh	4325	4180	4058	3963
粗　钢	Crude Steel	吨	ton	1.60	1.53	1.35	1.16
钢　材	Steel Products	吨	ton	4.83	4.89	5.34	5.58
水　泥	Cement	吨	ton	0.67	0.64	0.51	0.51
布	Cloth	米	m	15	15	16	16
纱	Yarn	公　斤	kg	3.5	5.7	7.0	8.1
农林牧渔业总产值	Gross Output Value of FFAF	元	yuan	2858	2956	3051	3181
主要农产品产量	Output of Major Farm Products						
粮　食	Grain	公　斤	kg	121	118	119	126
棉　花	Cotton	公　斤	kg	3.4	2.6	1.7	1.5
油　料	Oil-bearing Crops	公　斤	kg	0.4	0.3	0.3	1.0
蔬　菜	Vegetables	公　斤	kg	315	308	288	290
肉　类	Meat	公　斤	kg	32	31	30	29
蛋　类	Eggs	公　斤	kg	13	13	13	13
奶　类	Milk	公　斤	kg	48	46	44	44
水产品	Aquatic Products	公　斤	kg	28	27	26	25
鲜　果	Fresh Fruits	公　斤	kg	19	21	21	21
社会消费品零售总额	Total Retail Sales of Consumer Goods	万　元	10 000 yuan	3.1	3.17	3.43	3.63
外贸出口总额	Total Value of Exports in Foreign Trade	美　元	USD	3398	3519	3341	2849
社会货物运输量	Freight Traffic	吨	ton	35.8	34.1	34.7	33.2
年末储蓄存款	Year-end Saving Deposit Balance	万　元	10 000 yuan	5.23	5.28	5.74	5.98

1-11 天津在全国的地位

Position of Tianjin in the Whole Nation

指 标	Item	2015		2016	
		天 津 Tianjin	占全国比 重(%) As Percentage to Nation (%)	天 津 Tianjin	占全国比 重(%) As Percentage to Nation (%)
年末常住人口(万人)	**Resident Permanent(year-end) (10 000 persons)**	**1546.95**	**1.1**	**1562.12**	**1.1**
社会从业人员(万人)	**Total Employment Personnel (10 000 persons)**	**896.80**	**1.2**	**902.42**	**1.2**
全市生产总值(亿元)	**Gross Domestic Product (100 million yuan)**	**16837.86**	**2.4**	**17885.39**	**2.4**
第一产业	Primary Industry	208.82	0.3	220.22	0.3
第二产业	Secondary Industry	7918.10	2.8	7571.35	2.6
第三产业	Tertiary Industry	8710.94	2.5	10093.82	2.6
人均生产总值(元)	**Per Capita GDP (yuan)**	**109916**	**高59665元**	**115053**	**高61073元**
城镇居民人均可支配收入(元)	**Per Capita Annual Disposable Income of Urban Resident (yuan)**	**34101**	**高2906元**	**37110**	**高3494**
财政、金融(亿元)	**Government Finance and Financial Intermediation (100 million yuan)**				
一般公共预算收入	General Public Budget Revenue	2667.11	3.2	2723.50	3.1
一般公共预算支出	General Public Budget Expenditure	3232.35	2.2	3699.43	2.3
金融机构本外币存款余额	Balance of RMB and Foreign Currency Deposits	28149.37	2.0	30067.03	1.9
金融机构本外币贷款余额	Balance of RMB and Foreign Currency Loans	25994.68	2.6	28754.04	2.6
保费收入	Premium	398.34	1.6	529.49	1.7
主要工业产品产量	**Output of Major Industrial Products**				
天然原油(万吨)	Crude Petroleum Oil (10 000 tons)	3496.77	16.3	3273.26	16.4
发电量(亿千瓦小时)	Electricity (100 million kwh)	621.68		616.09	1.0
天然气(亿立方米)	Natural Gas (100 million cu. m)	20.54	1.5	19.69	1.4
原 盐(万吨)	Salt (10 000 tons)	171.63	2.9	158.39	2.5
化学纤维(万吨)	Chemical Fibers (10 000 tons)	11.06	0.2	9.57	0.2
乙 烯(万吨)	Ethylene (10 000 tons)	129.89	7.6	114.44	6.4
纱(万吨)	Yarn (10 000 tons)	10.72	0.3	12.64	0.3
布(亿米)	Cloth (100 million m)	2.49	0.3	2.43	0.3
生 铁(万吨)	Pig Iron (10 000 tons)	1953.21	2.8	1660.77	2.4
粗 钢(万吨)	Crude Steel (10 000 tons)	2068.91	2.6	1798.93	2.2
汽 车(万辆)	Motor Vehicles (10 000 units)	53.08	2.2	53.26	1.9
自行车(万辆)	Bicycles (10 000 units)	2637.31	47.7	2756.63	52.0
房间空气调节器(万台)	Air Conditioners (10 000 sets)	242.35	1.7	175.43	1.2

1-11续表 *Continued*

指　标	Item	2015 天津 Tianjin	2015 占全国比重(%) As Percentage to Nation (%)	2016 天津 Tianjin	2016 占全国比重(%) As Percentage to Nation (%)
移动电话机(万部)	Mobile Phones (10 000 units)	7315.62	4.0	4973.46	2.4
集成电路(亿块)	Integrated Circuits (100 million units)	14.90	1.4	15.98	1.2
主要农产品产量(万吨)	**Output of Major Farm Products (10 000 tons)**				
粮　食	Grain	181.75	0.3	196.37	0.3
肉　类	Meat	45.75	0.5	45.51	0.5
禽　蛋	Eggs	20.20	0.7	20.63	0.7
水产品	Aquatic Products	40.12	0.6	39.44	0.6
全社会固定资产投资额(亿元)	**Total Investment in Fixed Assets (100 million yuan)**	**13065.18**	**2.3**	**14629.22**	**2.4**
# 房地产开发投资额	Real Estate Development	1871.55	1.9	2300.01	2.2
运输、邮政、电信	**Transportation, Post & Telecommunication Services**				
沿海主要港口货物吞吐量(万吨)	Freight Handled in Major Coastal Harbors (10 000 tons)	54051	6.9	55056	6.8
社会货物运输量(万吨)	Freight Traffic (10 000 tons)	53179	1.3	51580	1.2
邮电业务总量(亿元)	Business Value of Post & Telecommunication Services (100 million yuan)	321.81	1.1	484.37	1.1
商业、外贸、外经	**Commerce, Foreign Trade & Economic Cooperation**				
社会消费品零售总额(亿元)	Total Retail Sales of Consumer Goods (100 million yuan)	5257.28	1.7	5635.81	1.7
外贸出口总额(亿美元)	Total Value of Exports in Foreign Trade (USD 100 million)	511.83	2.3	442.86	2.1
实际直接利用外资额(亿美元)	Actual Direct Utilization of Foreign Capital (USD 100 million)	211.34	16.7	101.00	8.0
教育、科技、卫生、文化	**Education, Science & Technology, Health Care, Culture**				
高等学校在校学生数(万人)	Number of Students Enrollment in the Institutions of Higher Education(10 000 persons)	51.29	2.0	51.38	1.9
研究与试验发展经费支出(亿元)	R&D Expenditures (100 million yuan)	510.18	3.6	537.32	3.4
技术市场交易额(亿元)	Transaction Value in Technical Market (100 million yuan)	418.35	4.3	435.70	3.8
专利申请授权量(件)	Patent Applications Granted (item)	37342	2.2	39734	2.3
医　院(个)	Number of Hospitals (unit)	401	1.5	421	1.4
医院床位(万张)	Number of Hospital Beds (10 000 units)	5.56	1.0	6.18	1.1
图书出版数(万册)	Number of Books Published (10 000 copies)	5520	0.7	6425	0.7
期刊出版数(万册)	Number of Magazines Issued (10 000 copies)	3143	1.0	3100	1.1
报纸出版数(亿份)	Number of Newspapers Issued (100 million copies)	6.19	1.4	4.95	1.3

1-12 法人和产业活动单位数(2016年底)(按登记注册类型分)

Number of Judicial Entities and Establishments, End of 2016(Grouped by Registered Type)

单位：个(unit)

项 目	Item	合 计 Total	法人单位 Judicial Entities	# 企业法人 Enterprise Judicial Entities	产业活动单位 Establishments
总 计	**Total**	**385904**	**348598**	**324143**	**37306**
内资企业	**Domestic-funded**	**373039**	**340125**	**315723**	**32914**
国 有	State-owned	19868	12825	3541	7043
集 体	Collective-owned	6181	4894	4387	1287
股份合作	Cooperative	1292	927	907	365
联营企业	Joint Ownership Enterprises	1179	1024	972	155
国有联营	State Joint Ownership	87	61	60	26
集体联营	Collective Joint Ownership	319	260	243	59
国有与集体联营	State-owned and Collective Joint Ownership	51	39	34	12
其他联营	Others	722	664	635	58
有限责任公司	Limited Liability Corporations	72511	65885	65774	6626
国有独资公司	Sole State-owned Corporations	931	669	667	262
其他有限责任公司	Other Limited Liability Corporations	71580	65216	65107	6364
股份有限公司	Share Holding Corporations Ltd.	5840	2932	2911	2908
私营企业	Private Enterprises	228598	217691	216933	10907
私营独资	Sole Private Enterprises	21118	20319	19959	799
私营合伙	Private Partnership	4936	4810	4630	126
私营有限责任公司	Private Limited Liability Corporations	199471	189767	189561	9704
私营股份有限公司	Private Share Holding Corporations Ltd.	3073	2795	2783	278
其 他	Others	37570	33947	20298	3623
港、澳、台商投资企业	**Enterprises with Investment from Hong Kong, Macao and Taiwan**	**4477**	**2691**	**2677**	**1786**
与港澳台商合资经营	Hong Kong, Macao and Taiwan Joint Venture	1285	1013	1011	272
与港澳台商合作经营	Hong Kong, Macao and Taiwan Cooperative Operation	134	47	46	87
港澳台商独资	Hong Kong, Macao and Taiwan Funded Solely	2689	1518	1508	1171
港澳台商投资股份有限公司	Hong Kong, Macao and Taiwan Share Holding Corporations Ltd.	205	68	68	137
其他港澳台投资	Others	164	45	44	119
外商投资企业	**Foreign Funded Enterprises**	**8388**	**5782**	**5743**	**2606**
中外合资经营	Chinese-foreign Joint Venture	2109	1661	1646	448
中外合作经营	Chinese-foreign Cooperative Operation	179	137	134	42
外资企业	Foreign Investment Enterprise	5416	3687	3670	1729
外商投资股份有限公司	Foreign-funded Share Holding Corporations Ltd.	399	147	146	252
其他外商投资	Others	285	150	147	135

1-13 法人活动单位数(2016年底)(按行业类别分)

Number of Judicial Entities, End of 2016(Grouped by Sector)

单位：个(unit)

项目	Item	合计 Total	法人单位 Judicial Entities	#企业法人 Enterprise Judicial Entities	产业活动单位 Establishments
总计	**Total**	**385904**	**348598**	**324143**	**37306**
农、林、牧、渔业	**Farming, Forestry, Animal Husbandry and Fishery**	**9155**	**9072**	**4977**	**83**
农业	Farming	5313	5292	2601	21
林业	Forestry	721	714	398	7
畜牧业	Animal Husbandry	1477	1447	926	30
渔业	Fishery	868	865	614	3
农、林、牧、渔服务业	FFAF Services	776	754	438	22
采矿业	**Minerals Mining**	**228**	**148**	**148**	**80**
煤炭开采和洗选业	Mining and Washing of Coal	21	14	14	7
石油和天然气开采业	Extraction of Petroleum and Natural Gas	32	15	15	17
黑色金属矿采选业	Mining and Processing of Ferrous Metal Ores	16	16	16	
有色金属矿采选业	Mining and Processing of Non-Ferrous Metal Ores	5	5	5	
非金属矿采选业	Mining and Processing of Nonmetal Ores	61	43	43	18
开采辅助活动	Mining Assistant Activities	83	46	46	37
其他采矿业	Mining of Other Ores	10	9	9	1
制造业	**Manufacturing**	**57797**	**55836**	**55835**	**1961**
农副食品加工业	Processing of Food from Agricultural Products	1342	1291	1291	51
食品制造业	Manufacture of Food	1236	1162	1162	74
酒、饮料和精制茶制造业	Manufacture of Alcohol, Beverages and Refined Tea	326	298	298	28
烟草制品业	Manufacture of Tobacco	2	2	2	
纺织业	Manufacture of Textile	1243	1220	1220	23
纺织服装、服饰业	Manufacture of Textile Wearing and Apparel	1990	1940	1940	50
皮革、毛皮、羽毛及其制品和制鞋业	Manufacture of Leather, Fur, Feather and Related Products, Footware	445	434	434	11
木材加工及木、竹、藤、棕、草制品业	Processing of Timber, Manufacture of Wood, Bamboo, Rattan, Palm and Straw Products	942	929	929	13
家具制造业	Manufacture of Furniture	1185	1161	1161	24
造纸和纸制品业	Manufacture of Paper and Paper Products	1611	1592	1592	19
印刷和记录媒介复制业	Printing, Reproduction of Recording Media	1382	1349	1349	33
文教、工美、体育和娱乐用品制造业	Manufacture of Articles for Culture, Education, Industrial Art, Sport Activity and Amusement	1833	1805	1805	28
石油加工、炼焦和核燃料加工业	Processing of Petroleum, Coking, Processing of Nuclear Fuel	269	252	252	9

1-13续表1 *Continued*

单位：个(unit)

项　　目	Item	合　计 Total	法人单位 Judicial Entities	#企业法人 Enterprise Judicial Entities	产业活动单位 Establishments
化学原料和化学制品制造业	Manufacture of Raw Chemical Materials and Chemical Products	2981	2850	2850	131
医药制造业	Manufacture of Medicines	495	462	462	33
化学纤维制造业	Manufacture of Chemical Fibers	66	62	62	4
橡胶和塑料制品业	Manufacture of Rubber and Plastic	3326	3228	3228	98
非金属矿物制品业	Manufacture of Non-metallic Mineral Products	2722	2618	2617	104
黑色金属冶炼和压延加工业	Smelting and Pressing of Ferrous Metals	1727	1685	1685	42
有色金属冶炼和压延加工业	Smelting and Pressing of Non-ferrous Metals	691	672	672	19
金属制品业	Manufacture of Metal Products	8211	8030	8030	181
通用设备制造业	Manufacture of General Purpose Machinery	7083	6862	6862	221
专用设备制造业	Manufacture of Special Purpose Machinery	4667	4475	4475	192
汽车制造业	Manufacture of Motorcar	1427	1352	1352	75
铁路、船舶、航空航天和其他运输设备制造业	Railway, Watercraft, Aerospace and Other Transport Equipment	2207	2144	2144	63
电气机械和器材制造业	Manufacture of Electrical Machinery and Equipment	2931	2785	2785	146
计算机、通信和其他电子设备制造业	Manufacture of Computers, Communication and Other Electronic Equipment	2075	1934	1934	141
仪器仪表制造业	Manufacture of Measuring Instruments	990	944	944	46
其他制造业	Other Manufacturing	1112	1075	1075	37
废弃资源综合利用业	Comprehensive Recycling of Waste	450	443	443	7
金属制品、机械和设备修理业	Metal Products, Machine and Equipment Repair	830	780	780	50
电力、热力、燃气及水生产和供应业	**Production and Supply of Electricity, Heat, Gas and Water**	**938**	**691**	**679**	**247**
电力、热力生产和供应业	Production and Supply of Electric Power and Heat Power	489	360	350	129
燃气生产和供应业	Production and Supply of Gas	228	132	132	96
水的生产和供应业	Production and Supply of Water	221	199	197	22
建筑业	**Construction**	**18881**	**17099**	**17099**	**1782**
房屋建筑业	Building Engineering	3546	3027	3027	519
土木工程建筑业	Civil Engineering	4238	3679	3679	559
建筑安装业	Building Installation	3806	3502	3502	304
建筑装饰和其他建筑业	Building Decoration and Others	7291	6891	6891	400

1-13续表2 *Continued*

单位：个(unit)

项 目	Item	合 计 Total	法人单位 Judicial Entities	# 企业法人 Enterprise Judicial Entities	产业活动单位 Establishments
批发和零售业	**Wholesale and Retail Trade**	**117468**	**107443**	**107443**	**10025**
批发业	Wholesale	86044	82671	82671	3373
零售业	Retail	31424	24772	24772	6652
交通运输、仓储和邮政业	**Transportation, Storage and Post Services**	**18587**	**16506**	**16410**	**2081**
铁路运输业	Railway Transport	178	143	143	35
道路运输业	Highway Transport	5380	4923	4867	457
水上运输业	Waterway Transport	515	439	432	76
航空运输业	Air Transport	179	140	136	39
管道运输业	Pipeline Transport	32	27	27	5
装卸搬运和运输代理业	Load & Unload and Transportation Agent	8738	7874	7862	864
仓储业	Storage Services	2869	2680	2671	189
邮政业	Post Services	696	280	272	416
住宿和餐饮业	**Accommodation and Catering Services**	**6922**	**5123**	**4933**	**1799**
住宿业	Accommodation	1217	972	926	245
餐饮业	Catering Services	5705	4151	4007	1554
信息传输、软件和信息技术服务业	**Information Transmitting, Software and Information Technology Services**	**15260**	**14116**	**13976**	**1144**
电信、广播电视和卫星传输服务	Telecommunication, Broadcast Television and Satellite Transmission Services	815	264	254	551
互联网和相关服务	Internet and Relative Services	1463	1359	1318	104
软件和信息技术服务业	Software and Information Technology Services	12982	12493	12404	489
金融业	**Financial Intermediation**	**8717**	**4635**	**4571**	**4082**
货币金融服务	Monetary and Financial Services	4589	1724	1691	2865
资本市场服务	Capital Market Services	1645	1341	1320	304
保险业	Insurance	1008	243	238	765
其他金融业	Others	1475	1327	1322	148
房地产业	**Real Estate**	**11394**	**9244**	**9144**	**2150**
租赁和商务服务业	**Leasing and Business Services**	**45109**	**41342**	**40201**	**3767**
租赁业	Leasing Services	4417	4233	4189	184
商务服务业	Business Services	40692	37109	36012	3583

1-13续表3 *Continued*

单位：个(unit)

项 目	Item	合 计 Total	法人单位 Judicial Entities	#企业法人 Enterprise Judicial Entities	产业活动单位 Establishments
科学研究和技术服务业	**Scientific Research and Technical Services**	**34010**	**32611**	**31230**	**1399**
研究与试验发展	R&D	1970	1886	1780	84
专业技术服务业	Special Technical Services	10885	10067	9497	818
科技推广和应用服务业	Science and Technology Generalizing and Application Services	21155	20658	19953	497
水利、环境和公共设施管理业	**Management for Water Conservancy, Environment and Public Facilities**	**2242**	**2030**	**1462**	**212**
水利管理业	Management for Water Conservancy	413	335	117	78
生态保护和环境治理业	Ecological Protection and Management for Environment	208	196	157	12
公共设施管理业	Management for Public Facilities	1621	1499	1188	122
居民服务、修理和其他服务业	**Resident Services，Repair and Other Services**	**10577**	**9806**	**9364**	**771**
居民服务业	Resident Services	3836	3427	3156	409
机动车、电子产品和日用产品修理业	Motor Vehicle, Electronic Products and Household Products Repair Industry	2548	2420	2384	128
其他服务业	Others	4193	3959	3824	234
教 育	**Education**	**5267**	**4403**	**995**	**864**
卫生和社会工作	**Health Care and Social Work**	**3530**	**1832**	**612**	**1698**
卫 生	Health Care	3042	1402	555	1640
社会工作	Social Work	488	430	57	58
文化、体育和娱乐业	**Culture, Sports and Recreational Services**	**6022**	**5750**	**5046**	**272**
新闻和出版业	News Publication	204	185	103	19
广播、电视、电影和影视录音制作业	Broadcast, TV, Movies, Video and Record Production Industry	601	557	496	44
文化艺术业	Culture and Art	2937	2864	2592	73
体 育	Sports	660	597	432	63
娱乐业	Recreational Services	1620	1547	1423	73
公共管理、社会保障和社会组织	**Public Management,Social Security and Social Organizations**	**13800**	**10911**	**18**	**2889**
中国共产党机关	Chinese Communist Party Agencies	266	203		63
国家机构	Government Agencies	4475	2726		1749
人民政协、民主党派	The People's Political Consultative Conference Committees and Democratic Parties	80	68		12
社会保障	Social Security	357	157	18	200
群众团体、社会团体和其他成员组织	Mass Organizations, Social Organizations and Other Groups	2776	2284		492
基层群众自治组织	Grass-roots Mass Autonomy Organizations	5846	5473		373

主要统计指标解释

国民经济行业分类

《国民经济行业分类》（GB/T 4754-2011）是由国家统计局组织修订，2011 年 4 月 29 日经国家质检总局和国家标准化委员会批准发布，自 2012 年定期报表开始使用的。此次修订《国民经济行业分类》，门类、大类的调整在参考联合国 ISIC Rev.4 的同时，更多的是考虑部门管理和统计工作需要；中类的调整多为部门管理需要；小类的调整除考虑上述因素外，还要保证与联合国标准的对接转换。修订后的《国民经济行业分类》（GB/T 4754-2011）共有门类 20 个，大类 96 个，中类 432 个，小类 1094 个。

三次产业划分

《三次产业划分规定》是根据修订的《国民经济行业分类》（GB/T 4754-2011）的基础上制定的。

第一产业是指农、林、牧、渔业（不含农、林、牧、渔服务业）；第二产业是指采矿业（不含开采辅助活动），制造业（不含金属制品、机械和设备修理业），电力、热力、燃气及水生产和供应业，建筑业；第三产业即服务业，是指除第一产业、第二产业以外的其他行业。第三产业包括：批发和零售业，交通运输、仓储和邮政业，住宿和餐饮业，信息传输、软件和信息技术服务业，金融业，房地产业，租赁和商务服务业，科学研究和技术服务业，水利、环境和公共设施管理业，居民服务、修理和其他服务业，教育，卫生和社会工作，文化、体育和娱乐业，公共管理、社会保障和社会组织，国际组织，以及农、林、牧、渔业中的农、林、牧、渔服务业，采矿业中的开采辅助活动，制造业中的金属制品、机械和设备修理业。

登记注册类型

指企业或企业产业活动单位的登记注册类型，按其在工商行政管理机关登记注册的类型填写。机关、事业单位和社会团体及其他组织的登记注册类型，按其主要经费来源和管理方式，根据实际情况，比照《关于划分企业登记注册类型的规定》确定。

工商行政管理部门对企业（单位）登记注册的类型分为以下几种。

国有企业 指企业全部资产归国家所有，并按《中华人民共和国企业法人登记管理条例》规定登记注册的非公司制的经济组织。不包括有限责任公司中的国有独资公司。

集体企业 指企业资产归集体所有，并按《中华人民共和国企业法人登记管理条例》规定登记注册的经济组织。

股份合作企业 指以合作制为基础，由企业职工共同出资入股，吸收一定比例的社会资产投资组建，实行自主经营，自负盈亏，共同劳动，民主管理，按劳分配与按股分红相结合的一种集体经济组织。

联营企业 指两个及两个以上相同或不同所有制性质的企业法人或事业单位法人，按自愿、平等、互利的原则，共同投资组成的经济组织。联营企业包括国有联营企业、集体联营企业、国有与集体联营企业和其他联营企业。

有限责任公司 指根据《中华人民共和国公司登记管理条例》规定登记注册，由两个以上，五十个以下的股东共同出资，每个股东以其所认缴的出资额对公司承担有限责任，公司以其全部资产对其债务承担责任的经济组织。有限责任公司包括国有独资公司以及其他有限责任公司。

股份有限公司 指根据《中华人民共和国公司登记管理条例》规定登记注册，其全部注册资本由等额股份构成并通过发行股票筹集资本，股东以其认购的股份对公司承担有限责任，公司以其全部资产对其债务承担责任的经济组织。

私营企业 指由自然人投资设立或由自然人控股，以雇佣劳动为基础的营利性经济组织。包括按照《公司法》、《合伙企业法》、《私营企业暂行条例》以及《个人独资企业法》规定登记注册的私营独资企业、私营合伙企业、私营有限责任公司、私营股份有限公司和个人独资企业。

其他内资企业 指上述第（1）条至第（7）条之外的其他内资经济组织。

与港澳台商合资经营企业 指港澳台地区投资者与内地的企业依照《中华人民共和国中外合资经营企业法》及有关法律的规定，按合同规定的比例投资设立，分享利润和分担风险的企业。

与港澳台商合作经营企业 指港澳台地区投资者与内地企业依照《中华人民共和国中外合作经营企业法》及有关法律的规定，依照合作合同的约定进行投资或提供条件设立，分配利润、分担风险和亏损的企业。

港澳台商独资经营企业 指依照《中华人民共和国外资企业法》及有关法律的规定，在内地由港澳台地区投资者全额投资设立的企业。

港澳台商投资股份有限公司 指根据国家有关规定，经商务部（原外经贸部）批准设立，并且其中港、澳、台商的股本占公司注册资本的比例达 25%以上的股份有限公司。凡其中港、澳、台商的股本占公司注册资本的比例小于 25%的，属于内资中的股份有限公司。

其他港、澳、台商投资企业 指在中国境内参照《外国企业或个人在中国境内设立合伙企业管理办法》和《外商投资合伙企业登记管理规定》，依法设立的港、澳、台商投资合伙企业。

中外合资经营企业 指外国企业或外国人与中国内地

企业依照《中华人民共和国中外合资经营企业法》及有关法律的规定，按合同规定的比例投资设立，分享利润和分担风险的企业。

中外合作经营企业 指外国企业或外国人与中国内地企业依照《中华人民共和国中外合作经营企业法》及有关法律的规定，依照合作合同的约定进行投资或提供条件设立，分配利润、分担风险和亏损的企业。

外资企业 指依照《中华人民共和国外资企业法》及有关法律的规定，在中国内地由外国投资者全额投资设立的企业。

外商投资股份有限公司 指根据国家有关规定，经商务部（原外经贸部）批准设立，并且其中外资的股本占公司注册资本的比例达25%以上的股份有限公司。凡其中外资股本占公司注册资本的比例小于25%的，属于内资中的股份有限公司。

其他外商投资企业 指在中国境内依照《外国企业或个人在中国境内设立合伙企业管理办法》和《外商投资合伙企业登记管理规定》，依法设立的外商投资合伙企业。

经济类型

本《年鉴》中的经济类型分组，从1998年开始是在企业登记注册类型分组基础上的再加工，其中国有经济包括国有企业、国有独资和国有与国有联营企业；集体经济包括集体企业、股份合作企业和集体与集体联营企业。私有经济包括私营企业和个体经营。

城乡划分标准

根据国务院国函[2008]60号文件中《统计上划分城乡的规定》，城乡划分标准为：以我国的行政区划为基础，以民政部门确认的居民委员会和村民委员会辖区为划分对象，以实际建设为划分依据，将我国的地域划分为城镇和乡村。

实际建设是指已建成或在建的公共设施、居住设施和其它设施。

城镇包括城区和镇区。

城区是指在市辖区和不设区的市，区、市政府驻地的实际建设连接到的居民委员会和其他区域。

镇区是指在城区以外的县人民政府驻地和其他镇，政府驻地的实际建设连接到居民委员会和其他区域。与政府驻地的实际建设不连接，且常住人口在3000人以上的独立的工矿区、开发区、科研单位、大专院校等特殊区域及农场、林场的场部驻地视为镇区。

乡村是指该规定划定的城镇以外的区域。

现行价格（或称当年价格）

指报告期的实际价格，如工业品的出厂价格，农副产品的收购价格，商业的零售价格等。它反映当年的实际情况，使国民经济各项指标互相衔接，便于对生产、流通、分配、消费之间进行综合平衡。

可比价格

指计算各种总量指标所采用的扣除了价格变动因素的价格，可进行不同时期总量指标的对比。按可比价格计算总量指标有两种方法：一种是直接用产品产量乘某一年的不变价格计算；另一种是用价格指数进行缩减。

平均增长速度

平均增长速度表明社会经济现象在一个较长的时期内逐期平均增长变化的程度，它不能根据各个环比增长速度直接求得，但与平均发展速度之间存在着一定的数量关系：

平均增长速度＝平均发展速度－1

平均发展速度是一种根据环比发展速度计算的序时平均数，由于各时期对比的基础不同，所以计算平均发展速度不能采用一般的序时平均数的计算方法，计算方法分为水平法和累计法。水平法，又称几何平均法，即将环比发展速度按连乘法用几何平均数公式计算。累计法，也称方程法，根据一段时期内各年发展水平总和与基期水平的关系，列出方程式计算平均发展速度。水平法着重考虑最后一年所达到的发展水平；累计法着重考虑整个时期累计发展水平的总量。

本《年鉴》内所列的平均增长速度，除固定资产投资用“累计法”计算外，其余均用“水平法”计算。从某年到某年平均增长速度的年份，均不包括基期年在内。如建国四十三年以来的平均增长速度是以1949年为基期计算的，则写为1950-1992年平均增长速度，其余类推。

Explanatory Notes on Main Statistical Indicators

Industrial Classification of National Economy

The *Industrial Classification of National Economy* (GB/T 4754-2011) is introduced starting from the compilation of 2012 annual statistics. The revision, was organized by the National Bureau of Statistics, and the new Classification was promulgated by the General Administration of Quality Supervision, Inspection and Quarantine, together with Standardization Administration on April 29, 2011. The revision taking into more consideration of demand of management and statistic than ISIC/Rev.4 of the United Nations in major divisions and divisions, and the demand of management is more considered in major groups, besides aforesaid factors, combine with ISIC/Rev.4 of the United Nations is ensured in groups.The revised version of the *Industrial Classification of the National Economy* (GB/T 4754-2011) is composed of 20 major divisions, 96 divisions, 432 major groups and 1094 groups.

Category of Three Industries

Regulation on Classification of Three Strata of Industry are established according to the standard of the *Industrial Classification of the National Economy* (GB/T 4754-2011).

Primary Industry includes agriculture, forestry, animal husbandry and fishery（excluding of service industry of agriculture, forestry, animal husbandry and fishery.

Secondary Industry includes minerals mining (excluding mining auxiliary activities), manufacturing (excluding metal products, machinery and equipment repair), production and supply of electricity, heat, gas and water and construction.

Tertiary Industry namely service industry, includes all other industries not included in primary or secondary industry, including wholesale and retail trade; transportation, storage and post services; accommodation and catering services; information transmitting, software and information technology services; finance; real estate; leasing and business services; scientific research and technical services; management for water conservancy, environment and public facilities; resident services, repair and other services; education; health care and social work; culture, sports and recreational services; public management, social security and social organizations, and service industry of agriculture, forestry, animal husbandry and fishery, mining auxiliary activities of minerals mining, metal products, machinery and equipment repair of manufacturing.

Registration Status

Judicial Entities and Establishments grouped by Registered Type in industrial and commercial administration agencies. For the Registered Type of government agencies, institutions and social organizations, which are classified mainly by their sources of funding and manner of management. According to the actual instance, confirming in accordance with *Provisions on the registration of enterprises registered type*.

Enterprises (units) are grouped by the fllowing several Registered Type in industrial and commercial administration agencies:

State-owned Enterprises refer to non-corporation economic units where the entire assets are owned by the state and which have registered in accordance with the *Regulation of the People's Republic of China on the Management of Registration of Corporate Enterprises*. Excluded from this category are sole state-funded corporations in the limited liability corporations.

Collective-owned Enterprises refer to economic units where the assets are owned collectively and which have registered in accordance with the *Regulation of the People's Republic of China on the Management of Registration of Corporate Enterprises*.

Cooperative Enterprises refer to a form of collective economic units (enterprises) where capitals come mainly from employees as their shares, with certain proportion of capital from the outside, where production is organized on the basis of independent operation, independent accounting for profits and losses, joint work, democratic management, and a distribution system that integrates remuneration according to work with divided according to capital share.

Joint Ownership Enterprise refer to economic units established by two or more corporate enterprises or corporate institutions of the same or different ownership, through joint investment on the basis of equality, voluntory participution and mutual benefits. They include state joint ownership enterprises, collective joint ownership enterprises, joint state-collective enterprises, and other joint ownership enterprises.

Limited Liability Corporations refer to economic units established with investment from 2-50 investors and registered in accordance with the *Regulation of the People's Republic of China on the Management of Registration of Corporate Enterprises*, each investor bearing limited liability to the corporation depending on its share of investment, and the corporation bearing liability to its debt to the maximum of its total assets. Limited liability corporations include exclusive state-funded limited liability corporations and other limited liability corporations.

Share-holding Corporations Ltd. refer to economic units registered in accordance with the *Regulation of the People's Republic of China on the Management of Registration of Corporate Enterprises*, with total registered capitals divided into equal shares and raised through issuing stocks. Each investor bears limited liability to the corporation depending on the holding of shares, and the corporation bears liability to its debt to the maximum of its total assets.

Private Enterprises refer to profit-making economic units invested and established by natural persons, or controlled by natural persons using employed labour. Included in this category are private-owned enterprises, private partnership enterprises, private limited liability corporations, private share-holding corporations Ltd. and sole private enterprises registered in accordance with the *Corporation Law*, *Partnership Enterprises Law*, *Interim Regulations on Private Enterprises* and *sole proprietorship enterprise law*.

Other Domestic-funded Enterprises refer to domestic-funded economic units other than those mentioned above from one to seven.

Joint Venture Enterprises with Funds from Hong Kong, Macao and Taiwan refer to Enterprises established by investors from Hong Kong, Macao and Taiwan with enterprises in the mainland of china in accordance with the *law of the people's Republic of China on Sino-foreign joint ventures* and other relevant laws, Where the establishment of the investment and the sharing of profits and risks are stipulated under joint venture contract.

Cooperative Enterprises with Funds From Hong Kong, Macao and Taiwan established by investors from Hong Kong, Macao and Taiwan with enterprises in the mainland of china in accordance with the *law of the people's Republic of China on Sino-foreign Contractual Joint Venture* and other relevant laws, Where the investment or provision of facilities and the sharing of profits, risks and deficits are stipulated under cooperative contract.

Enterprise with Sole Investment from Hong Kong, Macao and Taiwan refer to enterprises established in the mainland of china with exclusive investment from investors from Hong Kong, Macao and Taiwan in accordance with the *law of the people's Republic of China on Wholly Foreign-owned Enterprises* and other relevant laws.

Share-holding Corporation Ltd. With Investment from Hong Kong, Macao and Taiwan refer to share-holding corporations Ltd. Established with the approval from Ministry of Commerce of the People's Republic of China (the former Ministry of Foreign Trade and Economic) Relations in line with relevant state regulations, where the share of investment from Hong Kong, Macao and Taiwan businessmen exceeds 25% of the total registered capital of the corporation. In case the share of investment from Hong Kong, Macao and Taiwan is less than 25% of the total registered capital, the enterprise is to be classified as domestic-funded share-holding corporation Ltd.

Other Enterprises with Funds From Hong Kong, Macao and Taiwan refer to partnership enterprises with investments from Hong Kong, Macao and Taiwan established within the territory of China in accordance with *Administrative Measures on the Establishment of Partnership Enterprises in China by Foreign Enterprise or Foreign Individuals* and *Regulation for the Administration of the Registration of Foreign-invested Partnership Enterprise*.

Joint Venture Enterprise with Foreign Investment refer to enterprises jointly established by foreign enterprises or foreigners with enterprises in the mainland of China in accordance with the *Law of the People's Republic of China on Sino-foreign Contractual Joint Venture* and other relevant laws, where the investment or provision of facilities and the sharing of profits and risks are stipulated under cooperative contracts.

Cooperative Enterprise with Foreign Investment refer to enterprise jointly established by foreign enterprises or foreigners with enterprises in the mainland of China in accordance with the *Law of the People's Republic of China on Sino-foreign Contractual Joint Venture* and other relevant laws, where the investment or provision of facilities and the sharing of profits, risks and deficits are stipulated under cooperative contracts.

Enterprises with Sole Foreign Investment refer to enterprise established in the mainland of China with exclusive investment from foreign investors in accordance with the *Law of the People's Republic of China on Wholly Foreign-owned Enterprises* and other relevant laws.

Share-holding Corporations Ltd. With Foreign Investment refer to share-holding corporations Ltd. Established with the approval from Ministry of Commerce of the People's Republic of China (the former Ministry of Foreign Trade and Economic) Relations in line with relevant state regulations, where the share of investment from foreign investors exceeds 25% of the total registered capital of the corporation. In case the share of foreign investment is less than 25% of the total registered capital, the enterprise is to be classified as domestic-funded share-holding corporation Ltd.

Other Enterprises with Foreign Funds refer to partnership enterprises established within the territory of China in accordance with *Administrative Measures on the Establishment of Partnership Enterprises in China by Foreign Enterprises or Foreign Individuals* and *Regulations for the Administration of the Registration of Foreign-invested Partnership Enterprises*.

Type of Ownership

The *Yearbook*'s economic type classified as various type in accordance with registered categories of enterprises after 1998. In which, state-owned economy refer to state-owned enterprises, sole state-funded enterprises, state joint ownership enterprises; collective-owned economy refer to collective-owned enterprises, cooperative enterprises, collective joint ownership enterprises; private economy refer to private enterprises and individual.

The Division Standard of Urban and Rural Areas

According to the *Regulation on the Division of Urban and Rural Areas in Statistics of State Department* No.60 [2008], the division standard of Urban and Rural Areas is as follows: based on the administrative division, with the residents' committee and village committee areas confirmed by The Department of Civil Affairs as the division objects, with the actual construction as the division basis, our region is divided into urban and rural areas.

The actual construction refers to the public facilities, residential facilities and other facilities which are completed or under construction.

Urban Area including city and township.

City refers to the residents' committee and other areas connected with the actual construction of district and municipal government in the districts of city and the city without districts.

Township refers to the residents' committee and other areas connected with the actual construction of district and municipal government outside city zones and other areas. Township also including the independent mining areas, development areas, scientific research units, universities and other special areas, as well as the station of farms and forest farms, which are not connected with the actual construction of government and the resident population is more than 3000 people.

Rural areas refer to the areas besides urban areas defined by the regulation.

Actual Price (current price)

includes all other industries not included in primary or secondary industry, including transport, storage, post services; information transmitting, computer services and software; wholesale and retail trade; accommodation and catering services; finance; real estate; leasing and business services; scientific research, technical services and geological prospecting; management for water conservancy, environment and public facilities; resident services and other social services; education; health care, social security and social welfare; culture, sports and recreational services; public management and social organizations and so on.

Constant Price

refer to prices that are used to remove the factors of price change in calculating economic aggregates, so as to facilitate comparison of aggregates over time. Two methods are used for calculating economic aggregates at constant prices, a) Multiplying the output of products by their constant prices of certain year; b) Deflation of data at current prices by relevant price index.

Average Annual Increase Rate

shows the average growth rate of social and economic development during a longer period. It can not be directly calculated by chain based growth rate. The relation is:

Average Annual Growth Rate = Average Speed of Development−1

Average speed of development is the time series average of speed which calculated by chain based. Because the reference bases during the different periods are not same, average speed of development can not be calculated by the general method. Level approach and accumulative approach for calculating average speed of development rate are applied. The "level approach", or the method of calculating the geometric average, is derived by the formula of geometric average of the chain-based speeds of development, or comparing the level of the last year of the interval with that of the beginning year; the other is called the "accumulative approach" or the "algebraic average", "equation" method, which is derived by the summation of the actual figure of each year in the interval divided by the figure in the base year. The level approach focuses on the level of the last year, while the accumulative approach emphasizes the aggregate development in the duration.

The average annual growth rates listed in the *Yearbook* are calculated by the level approach except for the growth rate of investment in fixed assets. The base year is not listed in the duration for which average annual growth rates are computed. For instance, the average annual growth rate of the 43 years since 1949 is shown as the average annual growth rate of 1950-1992 without showing the base year 1949.

第二篇　国民经济核算

Chapter 2　National Accounts

2-1 全市生产总值(1978—2016年)

Gross Domestic Product,1978-2016

单位：亿元(100 million yuan)

年 份 Year	全市生产总值 Gross Domestic Product	第一产业 Primary Industry	第二产业 Secondary Industry	第三产业 Tertiary Industry	# 工 业 Industry	# 建筑业 Construction	人均生产总值(元) GDP Per Capita (yuan)	社会劳动生产率(元/人) Society Labour Productivity (yuan/person)
1978	82.65	5.03	57.53	20.09	54.39	3.14	1133	2300
1979	93.01	6.54	64.82	21.65	61.01	3.81	1241	2489
1980	103.53	6.53	72.56	24.44	67.48	5.08	1357	2671
1981	107.96	5.18	76.97	25.81	71.06	5.91	1458	2672
1982	114.11	7.00	79.86	27.24	72.30	7.56	1469	2737
1983	123.42	7.60	84.47	31.35	76.69	7.78	1555	2883
1984	147.53	11.13	96.47	39.93	87.97	8.50	1853	3342
1985	175.78	12.95	114.92	47.91	104.80	10.12	2169	3892
1986	194.74	16.51	123.33	54.90	111.90	11.43	2352	4220
1987	220.12	19.63	138.02	62.47	125.05	12.97	2621	4694
1988	259.71	26.21	160.96	72.54	146.73	14.23	3035	5549
1989	283.49	26.85	177.54	79.10	160.73	16.81	3261	6064
1990	310.95	27.32	181.38	102.25	165.59	15.79	3487	6617
1991	342.65	29.26	196.60	116.79	179.75	16.85	3777	7216
1992	411.04	30.26	233.41	147.37	212.80	20.61	4481	8516
1993	538.94	35.40	308.40	195.14	280.73	27.67	5800	10901
1994	732.89	46.55	414.95	271.39	371.43	43.52	7751	14426
1995	931.97	60.80	518.55	352.62	467.93	50.62	9769	18126
1996	1121.93	67.67	609.10	445.16	549.81	59.29	11734	21842
1997	1264.63	69.52	676.01	519.10	609.65	66.36	13142	24668
1998	1374.60	74.14	697.99	602.47	622.15	75.84	14243	26915
1999	1500.95	71.14	758.51	671.30	682.52	75.99	15405	29539
2000	1701.88	73.69	863.83	764.36	785.96	77.87	17353	34208
2001	1919.09	78.73	959.06	881.30	869.15	89.91	19141	39357
2002	2150.76	84.21	1069.08	997.47	968.44	100.64	21387	43851
2003	2578.03	89.91	1337.31	1150.82	1217.88	119.43	25544	51380
2004	3141.35	105.28	1708.02	1328.05	1571.42	136.60	30874	60487
2005	3947.94	112.38	2165.83	1669.73	1988.23	177.60	38206	73772
2006	4518.94	103.35	2497.92	1917.67	2301.70	196.22	42672	81758
2007	5320.68	110.19	2941.83	2268.66	2710.25	231.58	48591	90422
2008	6811.52	122.58	3776.90	2912.04	3484.72	292.18	59463	108012
2009	7627.52	128.85	4063.96	3434.71	3696.46	367.50	63453	115181
2010	9357.64	145.58	4937.50	4274.56	4505.67	431.83	74048	133127
2011	11480.32	159.72	6058.88	5261.72	5558.00	500.88	86518	153906
2012	13110.87	171.60	6828.04	6111.23	6282.56	545.48	94741	167412
2013	14689.94	186.96	7460.06	7042.92	6864.65	628.01	101824	177995
2014	16002.98	199.90	7933.53	7869.55	7271.68	696.08	107078	185577
2015	16837.86	208.82	7918.10	8710.94	7196.54	740.31	109916	189828
2016	17885.39	220.22	7571.35	10093.82	6805.13	786.89	115053	198813

注：2004年及以后数据，按照国家方法制度的调整重新修订。表2-2至表2-14同。
Note:Data from 2004 are revised according to the adjustment of the national method system. Same as table 2-2 to 2-14.

2-2 全市生产总值构成(1978—2016年)

Composition of Gross Domestic Product,1978-2016

单位：%(%)

年 份 Year	全市生产总值 Gross Domestic Product	第一产业 Primary Industry	第二产业 Secondary Industry	第三产业 Tertiary Industry	# 工 业 Industry	# 建筑业 Construction
1978	100	6.1	69.6	24.3	65.8	3.8
1979	100	7.0	69.7	23.3	65.6	4.1
1980	100	6.3	70.1	23.6	65.2	4.9
1981	100	4.8	71.3	23.9	65.8	5.5
1982	100	6.1	70.0	23.9	63.4	6.6
1983	100	6.2	68.4	25.4	62.1	6.3
1984	100	7.5	65.4	27.1	59.6	5.8
1985	100	7.4	65.4	27.2	59.6	5.8
1986	100	8.5	63.3	28.2	57.4	5.9
1987	100	8.9	62.7	28.4	56.8	5.9
1988	100	10.1	62.0	27.9	56.5	5.5
1989	100	9.5	62.6	27.9	56.7	5.9
1990	100	8.8	58.3	32.9	53.2	5.1
1991	100	8.5	57.4	34.1	52.5	4.9
1992	100	7.4	56.8	35.8	51.8	5.0
1993	100	6.6	57.2	36.2	52.1	5.1
1994	100	6.4	56.6	37.0	50.7	5.9
1995	100	6.5	55.7	37.8	50.2	5.5
1996	100	6.0	54.3	39.7	49.0	5.3
1997	100	5.5	53.5	41.0	48.2	5.3
1998	100	5.4	50.8	43.8	45.3	5.5
1999	100	4.7	50.6	44.7	45.5	5.1
2000	100	4.3	50.8	44.9	46.2	4.6
2001	100	4.1	50.0	45.9	45.3	4.7
2002	100	3.9	49.7	46.4	45.0	4.7
2003	100	3.5	51.9	44.6	47.3	4.6
2004	100	3.3	54.4	42.3	50.0	4.3
2005	100	2.8	54.9	42.3	50.4	4.5
2006	100	2.3	55.3	42.4	50.9	4.3
2007	100	2.1	55.3	42.6	50.9	4.4
2008	100	1.8	55.4	42.8	51.2	4.3
2009	100	1.7	53.3	45.0	48.5	4.8
2010	100	1.5	52.8	45.7	48.1	4.6
2011	100	1.4	52.8	45.8	48.4	4.4
2012	100	1.3	52.1	46.6	47.9	4.2
2013	100	1.3	50.8	47.9	46.7	4.3
2014	100	1.2	49.6	49.2	45.4	4.3
2015	100	1.2	47.0	51.8	42.7	4.4
2016	100	1.2	42.4	56.4	38.0	4.4

2-3 全市生产总值指数(1978—2016年)

Indices of Gross Domestic Product,1978-2016

上年=100(preceding year = 100)

年 份 Year	全市生产总值 Gross Domestic Product	第一产业 Primary Industry	第二产业 Secondary Industry	第三产业 Tertiary Industry	# 工 业 Industry	# 建筑业 Construction	人均生产总值 GDP Per Capita	社会劳动生产率 Society Labour Productivity
1978	120.9	115.6	123.3	116.0	121.1	167.9	119.6	117.1
1979	110.0	117.4	110.4	107.0	110.4	110.7	107.1	105.9
1980	110.0	99.8	111.4	108.7	110.6	122.0	108.0	106.0
1981	104.8	79.1	107.0	104.8	106.6	112.2	108.0	100.5
1982	104.3	112.9	103.5	105.3	102.4	117.5	99.4	101.1
1983	108.3	109.2	106.0	114.8	106.0	106.3	106.0	105.5
1984	119.3	122.8	116.6	125.9	117.5	106.2	118.9	115.6
1985	110.6	121.1	110.5	108.8	110.0	116.5	108.7	108.1
1986	105.8	108.0	105.5	106.0	105.0	111.8	103.6	103.6
1987	107.6	106.0	108.3	106.3	108.2	108.9	106.1	105.9
1988	105.8	107.7	107.7	100.4	108.3	101.2	103.8	106.0
1989	101.6	111.4	98.1	109.3	97.8	101.2	100.0	101.8
1990	105.4	104.6	101.1	116.4	102.0	91.6	102.7	104.8
1991	106.0	103.4	105.5	107.5	105.8	102.1	104.2	104.9
1992	111.7	100.7	111.5	114.6	112.4	101.2	110.4	109.8
1993	112.1	107.4	112.9	111.7	113.6	103.6	110.6	109.4
1994	114.3	105.3	114.7	115.6	114.1	122.7	112.3	111.2
1995	114.9	106.3	114.1	117.9	114.5	109.9	113.9	113.5
1996	114.3	108.2	114.3	115.4	114.6	110.1	114.0	114.4
1997	112.1	107.7	111.7	113.4	111.8	110.1	111.4	112.3
1998	109.3	106.7	107.4	113.0	107.0	112.7	109.0	109.9
1999	110.0	100.1	111.7	108.9	112.6	99.2	109.0	110.5
2000	110.8	103.7	111.5	110.5	112.2	100.9	110.0	113.1
2001	112.0	106.3	112.8	111.7	112.7	114.3	109.6	114.3
2002	112.7	106.1	114.3	111.4	114.6	112.2	112.3	111.9
2003	114.8	106.1	118.0	111.9	118.6	112.4	114.4	112.2
2004	115.8	105.1	119.8	111.9	121.5	101.7	114.9	111.8
2005	115.1	104.3	118.0	112.2	118.3	113.5	113.4	111.7
2006	114.8	103.4	116.3	113.7	116.2	117.0	112.0	111.2
2007	115.6	101.2	116.7	115.0	117.3	110.5	111.8	108.6
2008	116.7	103.2	118.3	115.3	119.0	109.8	111.6	108.9
2009	116.6	103.4	118.1	115.2	118.5	113.8	111.2	111.1
2010	117.6	103.3	120.4	114.2	120.9	112.7	111.8	110.8
2011	116.6	103.8	118.5	114.8	119.5	108.5	111.1	109.9
2012	114.0	103.0	115.5	112.6	116.1	108.5	109.3	108.6
2013	112.5	103.7	112.2	113.2	112.8	111.4	107.9	106.8
2014	110.1	102.9	110.0	110.5	110.1	109.2	106.3	105.4
2015	109.4	102.5	109.2	109.7	109.3	107.8	106.7	106.3
2016	109.1	103.0	108.4	110.0	108.5	107.6	107.5	107.6

注：本表数据按可比价格计算，表2—4至2—7同。
Note: Data in this table are calculated at constant prices. Same as table 2-4 to 2-7.

2-4 全市生产总值指数(1979—2016年)

Indices of Gross Domestic Product,1979-2016

1978年=100(year of 1978=100)

年 份 Year	全市生产总值 Gross Domestic Product	第一产业 Primary Industry	第二产业 Secondary Industry	第三产业 Tertiary Industry	# 工 业 Industry	# 建筑业 Construction
1979	110.0	117.4	110.4	107.0	110.4	110.7
1980	121.0	117.2	123.0	116.3	122.1	135.1
1981	126.8	92.7	131.6	121.9	130.2	151.5
1982	132.3	104.6	136.2	128.4	133.3	178.0
1983	143.2	114.3	144.4	147.3	141.3	189.3
1984	170.9	140.3	168.3	185.5	166.0	201.0
1985	189.0	169.9	186.0	201.8	182.6	234.2
1986	200.0	183.5	196.2	213.9	191.7	261.8
1987	215.2	194.5	212.5	227.4	207.5	285.1
1988	227.6	209.5	228.9	228.3	224.7	288.5
1989	231.3	233.4	224.5	249.6	219.7	292.0
1990	243.8	244.1	227.0	290.5	224.1	267.5
1991	258.4	252.4	239.5	312.3	237.1	273.1
1992	288.6	254.2	267.0	357.9	266.5	276.3
1993	323.5	273.0	301.5	399.8	302.8	286.3
1994	369.8	287.5	345.8	462.1	345.5	351.3
1995	424.9	305.6	394.6	544.8	395.6	386.1
1996	485.7	330.6	451.0	628.7	453.3	425.1
1997	544.4	356.1	503.8	713.0	506.8	468.0
1998	595.1	379.9	541.0	805.7	542.3	527.4
1999	654.6	380.3	604.4	877.4	610.6	523.2
2000	725.3	394.4	673.9	969.5	685.1	527.9
2001	812.3	419.2	760.1	1082.9	772.1	603.4
2002	915.5	444.8	868.8	1206.4	884.9	677.0
2003	1051.0	472.0	1025.2	1350.0	1049.4	761.0
2004	1217.0	496.0	1228.2	1510.6	1275.1	773.9
2005	1400.8	517.3	1449.3	1694.9	1508.4	878.4
2006	1608.1	534.9	1685.5	1927.1	1752.8	1027.7
2007	1858.9	541.3	1967.0	2216.2	2056.0	1135.6
2008	2169.4	558.7	2326.9	2555.2	2446.7	1246.9
2009	2529.5	577.7	2748.1	2943.6	2899.3	1419.0
2010	2974.7	596.7	3308.7	3361.6	3505.3	1599.2
2011	3468.5	619.4	3920.9	3859.1	4188.8	1735.1
2012	3954.1	638.0	4528.6	4345.4	4863.2	1882.6
2013	4448.3	661.8	5082.8	4918.5	5483.4	2096.8
2014	4897.6	681.0	5591.1	5435.0	6037.2	2289.7
2015	5358.0	698.1	6105.5	5962.2	6598.6	2468.3
2016	5845.6	719.0	6618.3	6558.4	7159.5	2655.9

2-5 按产业分全市生产总值及增速

Gross Domestic Product and Growth Rate by Industry

单位：亿元(100 million yuan)

项　目	Item	2015	2016	2016 比2015年 增长(%) Increase Rate in 2016 over 2015(%)
全市生产总值	**Gross Domestic Product**	**16837.86**	**17885.39**	**9.1**
农、林、牧、渔业	Farming, Forestry, Animal Husbandry and Fishery	210.51	222.05	3.0
工　业	Industry	7196.54	6805.13	8.5
建筑业	Construction	740.31	786.89	7.6
批发和零售业	Wholesale and Retail Trade	2070.04	2256.54	5.1
交通运输、仓储和邮政业	Transportation, Storage and Post Services	729.09	725.31	5.1
住宿和餐饮业	Accommodation and Catering Services	248.01	292.11	5.0
信息传输、软件和信息技术服务业	Information Transmitting, Software and Information Technology Services	268.23	378.52	30.4
金融业	Finance Intermediation	1603.23	1793.57	9.1
房地产业	Real Estate	618.25	805.92	17.5
租赁和商务服务业	Leasing and Business Services	735.95	917.83	14.5
科学研究、技术服务业	Scientific Research, Technical Services	762.90	913.35	13.6
水利、环境和公共设施管理业	Management for Water Conservancy, Environment and Public Facilities	174.98	197.93	8.7
居民服务、修理和其他服务业	Resident Services，Repair and Other Services	443.22	553.17	15.5
教　育	Education	379.75	290.79	5.7
卫生和社会工作	Health Care and Social Work	183.98	420.02	8.0
文化、体育和娱乐业	Culture, Sports and Recreational Services	98.11	150.49	11.4
公共管理、社会保障和社会组织	Public Management,Social Security and Social Organizations	374.76	429.24	8.2
第三次产业分	**Grouped by Three Industry**			
第一产业	Primary Industry	208.82	220.22	3.0
第二产业	Secondary Industry	7918.10	7571.35	8.4
第三产业	Tertiary Industry	8710.94	10093.82	10.0

2-6 三次产业贡献率(1996—2016年)

Share of the Contributions of the Three Strata of Industry to the Increase of GDP,1996-2016

单位：%(%)

年 份 Year	全市生产总值 Gross Domestic Product	第一产业 Primary Industry	第二产业 Secondary Industry	第三产业 Tertiary Industry	# 工 业 Industry
1996	100	3.6	58.1	38.3	55.1
1997	100	3.8	56.4	39.8	53.0
1998	100	4.1	45.7	50.2	40.3
1999	100	0.1	66.5	33.4	66.9
2000	100	1.8	61.9	36.3	61.6
2001	100	2.3	54.2	43.5	48.8
2002	100	2.0	57.8	40.2	53.4
2003	100	1.5	63.1	35.4	59.2
2004	100	1.1	67.0	31.9	66.5
2005	100	0.9	65.6	33.5	62.0
2006	100	0.6	60.3	39.1	55.1
2007	100	0.2	59.5	40.3	56.4
2008	100	0.4	61.3	38.3	58.8
2009	100	0.4	62.0	37.6	58.5
2010	100	0.3	66.7	33.0	63.8
2011	100	0.4	58.9	40.7	56.6
2012	100	0.3	59.2	40.5	56.6
2013	100	0.3	52.9	46.8	50.8
2014	100	0.3	53.5	46.2	50.4
2015	100	0.3	53.3	46.4	50.1
2016	100	0.4	43.2	56.4	39.7

注：产业贡献率指各产业增加值增量与GDP增量之比。

Note: Share of the contributions of the three strata of industry refers to the proportion of the increment of value added of each industry to the increment of GDP.

2-7 三次产业对全市生产总值增长的拉动(1996—2016年)

Contribution of the Three Strata of Industry to GDP Growth,1996-2016

单位：百分点 (percentage point)

年 份 Year	全市生产总值 Gross Domestic Product	第一产业 Primary Industry	第二产业 Secondary Industry	第三产业 Tertiary Industry	# 工 业 Industry
1996	14.3	0.5	8.3	5.5	7.9
1997	12.1	0.5	6.8	4.8	6.4
1998	9.3	0.4	4.2	4.7	3.7
1999	10.0		6.7	3.3	6.7
2000	10.8	0.2	6.7	3.9	6.7
2001	12.0	0.3	6.5	5.2	5.9
2002	12.7	0.2	7.4	5.1	6.8
2003	14.8	0.2	9.3	5.3	8.8
2004	15.8	0.2	10.6	5.0	10.5
2005	15.1	0.1	9.9	5.1	9.4
2006	14.8	0.1	8.9	5.8	8.2
2007	15.6		9.3	6.3	8.8
2008	16.7	0.1	10.2	6.4	9.8
2009	16.6	0.1	10.3	6.2	9.7
2010	17.6	0.1	11.7	5.8	11.2
2011	16.6	0.1	9.8	6.7	9.4
2012	14.0		8.3	5.7	7.9
2013	12.5		6.6	5.9	6.4
2014	10.1		5.4	4.7	5.1
2015	9.4		5.0	4.4	4.7
2016	9.1		3.9	5.2	3.6

注：产业拉动指GDP增长速度与各产业贡献率之乘积。

Note: Contribution of the three strata of industry to GDP growth refers to the growth rate of GDP multiplying the shares of each industry.

2-8 全市生产总值项目结构(1978—2016年)

Components of Gross Domestic Product, 1978-2016

单位：亿元 (100 million yuan)

年 份 Year	全市生产总值 Gross Domestic Product	劳动者报酬 Compensation of Employees	固定资产折旧 Depreciation of Fixed Assets	生产税净额 Net Taxes on Production	营业盈余 Operating Surplus
1978	82.65	26.80	6.10	15.68	34.07
1979	93.01	31.64	6.80	16.28	38.29
1980	103.53	31.35	8.75	19.99	43.44
1981	107.96	31.40	10.40	17.92	48.24
1982	114.11	34.42	11.97	17.68	50.04
1983	123.42	36.21	13.83	20.95	52.43
1984	147.53	51.85	14.58	23.44	57.66
1985	175.78	51.45	17.97	30.39	75.97
1986	194.74	63.11	23.09	32.29	76.25
1987	220.12	76.71	23.41	34.24	85.76
1988	259.71	90.11	27.10	41.82	100.68
1989	283.49	103.47	44.91	43.63	91.48
1990	310.95	135.54	48.41	43.64	83.36
1991	342.65	144.25	55.15	51.14	92.11
1992	411.04	166.13	68.74	61.39	114.78
1993	538.94	223.72	72.44	83.56	159.22
1994	732.89	319.98	99.10	117.22	196.59
1995	931.97	417.02	139.84	150.51	224.6
1996	1121.93	534.48	178.28	160.57	248.60
1997	1264.63	634.76	189.31	186.38	254.18
1998	1374.60	699.85	210.58	223.85	240.32
1999	1500.95	748.05	217.46	274.62	260.82
2000	1701.88	715.11	264.63	328.92	393.22
2001	1919.09	774.46	308.13	387.17	449.33
2002	2150.76	835.23	358.80	416.97	539.76
2003	2578.03	892.22	446.50	534.87	704.44
2004	3141.35	1050.14	502.06	571.81	1017.34
2005	3947.94	1427.03	555.09	748.40	1217.42
2006	4518.94	1584.83	630.60	798.75	1504.76
2007	5320.68	1880.89	799.98	926.88	1712.93
2008	6811.52	2506.58	791.43	1013.49	2500.02
2009	7627.52	2836.97	1031.08	1159.32	2600.15
2010	9357.64	3556.17	1235.54	1402.91	3163.02
2011	11480.32	4378.14	1508.71	1771.81	3821.66
2012	13110.87	5040.37	1625.28	2138.15	4307.07
2013	14689.94	5755.57	1758.44	2431.55	4744.38
2014	16002.98	6300.31	1924.24	2614.63	5163.8
2015	16837.86	6723.99	1983.92	2741.47	5388.48
2016	17885.39	7190.75	2137.97	2926.94	5629.73

2-9 支出法全市生产总值(1978—2016年)

Gross Domestic Product by Expenditure Approach, 1978-2016

年 份 Year	全市生产总值(亿元) Gross Domestic Product (100 million yuan)	最终消费支出 Final Consumption Expenditures	资本形成总额 Gross Capital Formation	货物和服务净出口 Net Exports of Goods and Services	最终消费率(消费率)(%) Final Consumption Rate (%)	资本形成率(投资率)(%) Capital Formation Rate (%)
1978	82.65	32.84	23.20	26.60	39.7	28.1
1979	93.01	37.00	29.15	26.86	39.8	31.3
1980	103.53	43.18	31.25	29.10	41.7	30.2
1981	107.96	47.37	21.04	39.56	43.9	19.5
1982	114.11	50.74	29.52	33.85	44.5	25.9
1983	123.42	56.98	35.66	30.78	46.2	28.9
1984	147.53	64.46	40.48	42.60	43.7	27.4
1985	175.78	77.11	77.04	21.63	43.9	43.8
1986	194.74	88.68	87.99	18.08	45.5	45.2
1987	220.12	104.60	79.15	36.36	47.5	36.0
1988	259.71	136.15	124.97	-1.42	52.4	48.1
1989	283.49	154.26	120.22	9.01	54.4	42.4
1990	310.95	156.64	117.15	37.16	50.4	37.7
1991	342.65	180.50	139.66	22.50	52.7	40.8
1992	411.04	208.00	195.63	7.41	50.6	47.6
1993	538.94	268.45	273.03	-2.54	49.8	50.7
1994	732.89	357.37	371.57	3.95	48.8	50.7
1995	931.97	448.41	442.66	40.89	48.1	47.5
1996	1121.93	568.13	515.08	38.72	50.6	45.9
1997	1264.63	639.97	572.73	51.93	50.6	45.3
1998	1374.60	690.48	622.39	61.74	50.2	45.3
1999	1500.95	791.24	616.57	93.14	52.7	41.1
2000	1701.88	888.69	699.20	113.99	52.2	41.1
2001	1919.09	998.52	798.30	122.27	52.0	41.6
2002	2150.76	1093.52	899.38	157.86	50.8	41.8
2003	2578.03	1251.64	1123.09	203.31	48.6	43.6
2004	3141.35	1456.18	1459.01	226.16	46.4	46.4
2005	3947.94	1634.16	1711.62	602.16	41.4	43.4
2006	4518.94	1909.31	2039.57	570.06	42.3	45.1
2007	5320.68	2237.56	2493.71	589.41	42.1	46.9
2008	6811.52	2735.39	3503.43	572.70	40.2	51.4
2009	7627.52	3106.20	4749.96	-228.64	40.7	62.3
2010	9357.64	3813.95	6022.02	-478.33	40.8	64.4
2011	11480.32	4618.34	7295.84	-433.86	40.2	63.6
2012	13110.87	5352.39	7991.04	-232.56	40.8	60.9
2013	14689.94	6091.78	8794.19	-196.03	41.5	59.9
2014	16002.98	6759.60	9424.12	-180.74	42.2	58.9
2015	16837.86	7294.78	9864.66	-321.58	43.3	58.6
2016	17885.39	8012.04	10584.13	-710.78	44.8	59.2

2-10 最终消费支出及构成(1978—2016年)

Final Consumption Expenditures and Composition, 1978-2016

年 份 Year	最终消费支出(亿元) Final Consumption Expenditures (100 million yuan)	居民消费支出 Households Consumption Expenditures	农村居民 Rural Households	城镇居民 Urban Households	政府消费支出 Government Consumption Expenditures	构成(%)(最终消费=100) Composition(%)(Final Consumption Expenditures=100) 居民消费支出 Households Consumption Expenditures	政府消费支出 Government Consumption Expenditures
1978	32.84	29.18	6.02	23.17	3.66	88.9	11.1
1979	37.00	32.89	6.94	25.95	4.11	88.9	11.1
1980	43.18	39.04	8.24	30.80	4.14	90.4	9.6
1981	47.37	40.96	8.91	32.05	6.41	86.5	13.5
1982	50.74	44.24	10.87	33.37	6.50	87.2	12.8
1983	56.98	49.26	11.71	37.55	7.72	86.5	13.5
1984	64.46	54.72	14.11	40.60	9.74	84.9	15.1
1985	77.11	65.85	16.11	49.74	11.26	85.4	14.6
1986	88.68	75.23	16.90	58.33	13.45	84.8	15.2
1987	104.60	83.68	18.65	65.04	20.92	80.0	20.0
1988	136.15	106.89	23.11	83.78	29.26	78.5	21.5
1989	154.26	120.21	25.53	94.68	34.05	77.9	22.1
1990	156.64	128.34	24.97	103.37	28.30	81.9	18.1
1991	180.50	145.40	27.19	118.21	35.10	80.6	19.4
1992	208.00	165.82	30.02	135.81	42.18	79.7	20.3
1993	268.45	209.91	36.35	173.56	58.54	78.2	21.8
1994	357.37	275.17	42.69	232.48	82.20	77.0	23.0
1995	448.41	363.08	54.73	308.35	85.33	81.0	19.0
1996	568.13	444.16	69.12	375.04	123.97	78.2	21.8
1997	639.97	508.09	77.01	431.08	131.88	79.4	20.6
1998	690.48	537.84	82.59	455.25	152.64	77.9	22.1
1999	791.24	578.26	86.74	491.51	212.98	73.1	26.9
2000	888.69	641.32	94.59	546.72	247.37	72.2	27.8
2001	998.52	717.67	102.28	615.39	280.85	71.9	28.1
2002	1093.52	759.69	107.68	652.01	333.83	69.5	30.5
2003	1251.64	839.81	115.72	724.09	411.83	67.1	32.9
2004	1456.18	989.69	146.49	843.20	466.49	68.0	32.0
2005	1634.16	1107.30	157.42	949.88	526.86	67.8	32.2
2006	1909.31	1264.93	167.02	1097.91	644.38	66.3	33.7
2007	2237.56	1482.36	188.04	1294.32	755.20	66.2	33.8
2008	2735.39	1822.30	222.78	1599.52	913.09	66.6	33.4
2009	3106.20	2054.14	250.73	1803.41	1052.06	66.1	33.9
2010	3813.95	2531.77	277.14	2254.63	1282.18	66.4	33.6
2011	4618.34	3068.73	332.88	2735.85	1549.61	66.4	33.6
2012	5352.39	3653.68	384.20	3269.48	1698.71	68.3	31.7
2013	6091.78	4245.66	449.93	3795.73	1846.12	69.7	30.3
2014	6759.60	4764.10	492.21	4271.89	1995.50	70.5	29.5
2015	7294.78	5132.24	535.22	4597.02	2162.54	70.4	29.6
2016	8012.04	5636.28	593.90	5042.38	2375.76	70.3	29.7

2-11 最终消费支出指数(1979—2016年)

Final Consumption Indices, 1979-2016

1978=100(year of 1978=100)

年 份 Year	最终消费支出 Final Consumption Expenditures	居民消费支出 Households Consumption Expenditures	农村居民 Rural Households	城镇居民 Urban Households	政府消费支出 Government Consumption Expenditures
1979	112.6	111.7	115.5	110.4	111.0
1980	124.4	122.4	130.5	119.7	106.0
1981	135.2	128.3	141.1	124.0	161.7
1982	145.4	138.4	164.9	129.3	163.1
1983	162.3	152.6	182.1	142.4	192.8
1984	182.5	169.3	220.0	151.9	239.1
1985	197.7	184.6	240.0	165.4	242.7
1986	210.5	194.7	248.4	176.4	270.3
1987	235.2	204.9	254.6	188.2	393.0
1988	260.8	222.9	279.0	204.2	467.3
1989	257.9	219.1	275.1	200.5	472.5
1990	257.9	224.4	262.7	211.7	471.5
1991	272.1	231.8	270.4	218.9	540.8
1992	283.6	237.8	276.3	224.8	594.4
1993	307.9	254.4	283.8	244.2	677.0
1994	337.8	272.0	297.1	262.5	810.4
1995	358.4	292.7	322.1	281.9	821.7
1996	409.7	330.1	368.8	316.6	978.7
1997	452.3	369.4	404.2	356.5	1033.5
1998	495.7	397.8	440.5	382.8	1201.9
1999	567.6	423.3	469.2	407.3	1695.9
2000	628.3	458.9	511.4	440.7	1977.4
2001	689.9	499.2	545.6	482.6	2218.7
2002	760.2	524.7	580.0	505.8	2686.8
2003	861.3	570.3	617.7	553.3	3280.6
2004	967.3	650.8	644.9	640.2	3575.9
2005	1075.6	723.0	682.9	716.4	3976.4
2006	1241.3	814.9	714.4	815.2	4791.6
2007	1405.1	925.7	771.5	932.6	5390.5
2008	1631.4	1083.1	860.2	1096.8	6177.5
2009	1877.7	1239.1	982.3	1255.8	7190.6
2010	2236.4	1484.4	1053.1	1523.3	8470.5
2011	2575.8	1709.2	1206.1	1755.1	9761.7
2012	2885.1	1959.8	1363.7	2015.9	10422.6
2013	3183.8	2197.5	1537.5	2259.0	11108.9
2014	3456.4	2402.3	1687.2	2468.3	11872.5
2015	3743.3	2616.1	1840.5	2687.7	12679.8
2016	4050.2	2835.9	2002.5	2913.5	13656.1

2-12 资本形成总额和指数(1978—2016年)

Gross Capital Formation and Indices, 1978-2016

年 份 Year	资本形成总额(亿元) Gross Capital Formation (100 million yuan)	固定资本形成总额 Gross Fixed Capital Formation	存货增加 Change in Inventory	总指数(1990年=100) Index of Gross Capital Formation (year of 1990 = 100)	固定资本形成总额 Gross Fixed Capital Formation	存货增加 Change in Inventory
1978	23.20	15.56	7.64			
1979	29.15	20.06	9.09			
1980	31.25	21.45	9.80			
1981	21.04	20.98	0.06			
1982	29.52	27.15	2.37			
1983	35.66	32.11	3.55			
1984	40.48	40.84	-0.36			
1985	77.04	56.72	20.32			
1986	87.99	63.68	24.31			
1987	79.15	68.49	10.66			
1988	124.97	81.26	43.71			
1989	120.22	80.07	40.15			
1990	117.15	82.25	34.90	100.0	100.0	100.0
1991	139.66	120.99	18.67	115.6	137.2	57.1
1992	195.63	155.33	40.30	140.8	155.0	102.4
1993	273.03	206.55	66.48	156.3	167.7	125.5
1994	371.57	289.87	81.70	186.9	202.0	145.8
1995	442.66	350.69	91.97	215.5	236.3	157.0
1996	515.08	412.74	102.34	243.5	269.2	170.7
1997	572.73	466.89	105.84	274.5	308.4	176.7
1998	622.39	537.14	85.25	305.2	358.7	148.4
1999	616.57	530.23	86.34	305.8	356.9	156.1
2000	699.20	583.24	115.96	342.5	389.8	204.2
2001	798.30	675.74	122.56	392.5	451.0	221.0
2002	899.38	777.53	121.85	447.5	521.3	229.6
2003	1123.09	990.57	132.52	545.9	647.5	246.1
2004	1459.01	1244.26	214.75	615.8	683.1	422.6
2005	1711.62	1496.22	215.40	736.5	840.9	410.3
2006	2039.56	1795.42	244.14	861.7	995.6	436.6
2007	2493.71	2249.48	244.23	1019.4	1199.7	429.2
2008	3503.43	3091.53	411.90	1350.7	1557.2	700.4
2009	4749.95	4367.95	382.00	1890.6	2241.7	736.1
2010	6022.02	5564.18	457.85	2323.5	2773.0	832.5
2011	7295.84	6771.42	524.42	2665.8	3192.1	916.4
2012	7991.04	7457.37	533.67	2914.4	3506.2	942.2
2013	8794.19	8186.26	607.93	3210.6	3870.3	1009.5
2014	9424.12	8781.12	643.00	3506.1	4220.0	1126.1
2015	9864.66	9361.38	503.28	3741.0	4599.8	853.6
2016	10584.13	10113.89	470.24	3999.1	4954.0	775.9

2-13 最终消费支出和资本形成总额对全市生产总值增长的贡献率和拉动(1978—2016年)

Share and Contribution of Final Consumption Expenditures and Gross Capital Formation to GDP Growth, 1978-2016

年份 Year	最终消费支出 Final Consumption Expenditures		资本形成总额 Gross Capital Formation	
	贡献率(%) Share (%)	拉动(百分点) Contribution (percentage point)	贡献率(%) Share(%)	拉动(百分点) Contribution (percentage point)
1978	25.2	5.3		
1979	64.4	6.4		
1980	46.6	4.7		
1981	93.7	4.5		
1982	77.4	3.3		
1983	79.4	6.6		
1984	33.8	6.5		
1985	43.2	4.6		
1986	63.9	3.7		
1987	77.8	5.9		
1988	102.0	5.9		
1989	-47.6	-0.8		
1990	33.8	1.8		
1991	49.4	3.0	113.9	6.8
1992	19.0	2.2	60.9	7.1
1993	38.6	4.7	33.4	4.0
1994	34.2	4.9	53.7	7.7
1995	20.5	3.1	42.5	6.3
1996	44.3	6.3	37.7	5.4
1997	40.1	4.9	43.7	5.3
1998	45.2	4.2	53.8	5.0
1999	62.6	6.3	0.1	0.0
2000	45.3	4.9	40.1	4.3
2001	38.4	4.6	47.4	5.7
2002	34.7	4.4	44.3	5.6
2003	39.4	5.8	60.7	9.0
2004	35.7	5.6	36.6	5.8
2005	34.7	5.2	52.4	7.9
2006	42.1	6.2	49.4	7.3
2007	35.1	5.5	50.8	7.9
2008	39.1	6.5	89.0	14.9
2009	36.7	6.1	121.5	20.2
2010	43.1	7.6	79.5	14.0
2011	37.2	6.2	57.1	9.5
2012	34.5	4.8	42.1	5.9
2013	32.8	4.1	49.4	6.2
2014	32.8	3.3	54.0	5.5
2015	33.8	3.2	42.3	4.0
2016	39.0	3.5	44.0	4.0

注：本表数据按可比价格计算。

Note: Data in this table are calculated at constant prices.

2-14 居民消费水平(1978—2016年)

Households Consumption Expenditure, 1978-2016

年份 Year	绝对数(元) Level(yuan)			城乡消费水平对比(农村居民=1) Urban/Rural Consumption Ratio (Rural Households=1)	指数(1978年=100) Index(year of 1978 =100)		
	全市居民 All Households	农村居民 Rural Households	城镇居民 Urban Households		全市居民 All Households	农村居民 Rural Households	城镇居民 Urban Households
1978	400	193	572	2.97	100.0	100.0	100.0
1979	439	223	603	2.70	108.7	115.0	104.6
1980	511	269	686	2.55	117.1	131.0	109.2
1981	553	294	732	2.49	121.2	142.0	110.2
1982	569	356	701	1.97	128.6	163.4	112.4
1983	621	382	767	2.01	139.0	179.0	120.8
1984	688	461	806	1.75	152.5	215.5	126.3
1985	812	534	964	1.80	164.2	237.9	132.8
1986	909	562	1085	1.93	171.3	245.5	138.9
1987	996	611	1196	1.96	177.6	246.5	146.8
1988	1249	754	1501	1.99	190.4	267.4	156.1
1989	1382	839	1644	1.96	184.9	263.9	149.5
1990	1439	812	1755	2.16	186.1	248.1	155.2
1991	1603	881	1967	2.23	189.7	253.1	158.2
1992	1808	979	2219	2.27	193.3	258.4	160.4
1993	2259	1186	2794	2.36	205.3	264.3	172.6
1994	2911	1395	3688	2.64	218.0	275.9	183.8
1995	3806	1797	4826	2.68	233.5	298.9	195.9
1996	4646	2286	5785	2.53	256.6	335.9	212.8
1997	5280	2568	6567	2.56	286.9	368.8	239.0
1998	5570	2776	6843	2.46	307.8	403.1	254.5
1999	5935	2943	7255	2.47	325.7	430.9	267.2
2000	6540	3246	7942	2.45	351.7	472.3	286.2
2001	7271	3542	8837	2.50	382.0	505.8	311.4
2002	7654	3757	9237	2.46	399.9	538.7	323.8
2003	8373	4074	10067	2.47	431.9	575.4	349.4
2004	9267	4422	11109	2.51	446.4	673.2	345.0
2005	10216	4748	12255	2.58	488.4	712.3	378.1
2006	11402	5221	13527	2.59	536.1	772.3	410.9
2007	12933	5864	15264	2.60	588.8	832.0	449.9
2008	15207	7090	17662	2.49	657.6	946.7	495.4
2009	16335	7891	18769	2.38	717.2	1069.2	534.7
2010	19183	8755	21989	2.51	816.1	1150.5	607.7
2011	22161	10470	25079	2.40	894.9	1332.5	656.6
2012	24699	12939	27450	2.12	983.9	1521.1	714.2
2013	28221	16211	30896	1.91	1058.2	1712.7	760.6
2014	30619	18373	33281	1.81	1116.7	1850.8	798.8
2015	32595	19922	35290	1.77	1186.6	2005.1	845.3
2016	36257	22194	39181	1.77	1267.9	2190.9	899.4

注：1.本表绝对数按当年价格计算，指数按可比价格计算。2.城乡消费水平对比未剔除城乡价格不可比的因素。

Note: a) Absolute figures in this table are calculated at current prices, while indices are calculated at constant prices.

b) The effect of price differentials between urban andrural areas has not been removed in the calculation of the urban/rural consumption ratio.

主要统计指标解释

生产总值

指按市场价格计算的一个国家（或地区）所有常驻单位在一定时期内生产活动的最终成果。

从价值形态看，它是所有常驻单位在一定时期内所生产的全部货物和服务价值超过同期投入的全部非固定资产货物和服务价值的差额，即所有常驻单位的增加值之和；从收入形态看，它是所有常驻单位在一定时期内所创造并分配给常驻单位和非常驻单位的初次分配收入之和；从产品形态看，它是最终使用的货物和服务减去进口货物和服务。在实际核算中，其三种表现形态体现为三种计算方法，即生产法、收入法和支出法。三种方法分别从不同的方面反映生产总值及其构成。根据国务院和国家统计局有关我国 GDP 核算和数据发布制度的规定，天津市国内生产总值自 2004 年起更名为“天津市生产总值”简称“天津市 GDP”。

劳动者报酬

指劳动者因从事生产活动所获得的全部报酬。包括劳动者获得的各种形式的工资、奖金和津贴，既包括货币形式的，也包括实物形式的，还包括劳动者所享受的公费医疗和医药卫生费、上下班交通补贴和单位支付的社会保险费、住房公积金等。

固定资产折旧

指一定时期内为弥补固定资产损耗按照核定的固定资产折旧率提取的固定资产折旧，或按国民经济核算统一规定的折旧率虚拟计算的固定资产折旧。它反映了固定资产在当期生产中的转移价值。各类企业和企业化管理的事业单位的固定资产折旧是指实际计提的折旧费；不计提折旧的政府机关、非企业化管理的事业单位和居民住房的固定资产折旧是按照统一规定的折旧率和固定资产原值计算的虚拟折旧。原则上，固定资产折旧应按固定资产的重置价值计算，但是目前我国尚不具备对全社会固定资产进行重估价的基础，所以暂时只能采用这种办法。

生产税净额

指生产税减生产补贴后的余额。生产税指政府对生产单位生产、销售和从事经营活动以及因从事生产活动使用某些生产要素（如固定资产、土地、劳动力）所征收的各种税、附加费和规费。生产补贴与生产税相反，指政府对生产单位的单方面转移支付，因此视为负生产税，包括政策亏损补贴、价格补贴等。

营业盈余

指常驻单位创造的增加值扣除劳动者报酬、生产税净额和固定资产折旧后的余额。它相当于企业的营业利润加上生产补贴，但要扣除从利润中开支的工资和福利等。

最终消费支出

指常驻单位在一定时期内对于货物和服务的全部最终消费支出，也就是常驻单位为满足物质、文化和精神生活的需要，从本国经济领土和国外购买的货物和服务的支出。不包括非常驻单位在本国经济领土内的消费支出。最终消费分为居民消费和政府消费。

居民消费支出

指常住住户对货物和服务的全部最终消费支出。它除了常住住户直接以货币形式购买货物和服务的消费之外，还包括以其他方式获得的货物和服务的消费，即单位以实物报酬及实物转移的形式提供给劳动者的货物和服务；住户生产并由住户自己消费的货物和服务，其中的服务仅指住户的自有住房服务和支付报酬的家庭服务；金融机构提供的金融媒介服务；保险公司提供的保险服务。

政府消费支出

指政府部门为全社会提供公共服务的消费支出和免费或以较低价格向住户提供的货物和服务的净支出。前者等于政府服务的产出价值减去政府单位所获得的经营收入后的价值，政府服务的产出价值等于它的经常性业务支出加上固定资产折旧；后者等于政府部门免费或以较低价格向住户提供的货物和服务的市场价值减去向住户收取的价值。

资本形成总额

指常驻单位在一定时期内获得的减去处置的固定资产加存货的净变动额，包括固定资本形成总额和存货增加。

固定资本形成总额

指生产者在一定时期内获得的固定资产减处置的固定资产的价值总额，固定资产是通过生产活动生产出来的，其使用年限在一年以上，单位价值在规定标准以上的资产，不包括自然资产。固定资本形成总额可分为有形固定资本形成总额和无形固定资本形成总额。有形固定资本形成总额包括一定时期内完成的建筑工程、安装工程、设备工器具购置（减处置）价值以及土地改良、新增役、种、奶、毛、娱乐用牲畜和新增经济林木价值。无形固定资本形成总额包括矿藏的勘探、计算机软件等获得减处置。

存货增加

指常驻单位在一定时期内存货实物量变动的市场价值，即期末价值减期初价值的差额，再扣除当期由于价格变动而产生的持有收益。存货增加可以是正值，也可以是负值；正值表示存货增加，负值表示存货减少。它包括生产单位购进的原材料、燃料和储备物资等存货，以及生产单位生产的产成品、在制品存货等。

货物和服务净出口

指货物和服务出口减货物和服务进口的差额。出口包括常驻单位向非常驻单位出售和无偿转让的各种货物和服务的价值；进口包括常驻单位从非常驻单位购买或无偿得到的各种货物和服务的价值。由于服务活动的提供与使用同时发生，因此服务的进出口业务并不发生出入境现象，一般把常驻单位从国外得到的服务作为进口，常驻单位向国外提供的服务作为出口。货物的出口和进口都按离岸价格计算。在计算地区货物和服务净出口时，还包括地区间货物和服务的流入流出。用公式表示：

货物和服务净出口（净流出）＝货物和服务出口（流出）—进口（流入）

Explanatory Notes on Main Statistical Indicators

Gross Domestic Product

refers to the final products at market prices produced by all resident units in a country (or a region) during a certain period of time.

From the aspect of value added form, GDP refers to the total value of all products and services produced by all resident units during a certain period of time minus total value of inputs of non-fixed-assets products and services or the summation of the value added of all resident units; the form of products refers to all final goods and services minus imports of goods and services. In the practice of national accounting, it is calculated by three approaches, i.e. product approach, income approach and expenditure approach, respectively, to reflect Gross Product and its composition of different aspects. According to the national regulations of GDP, since 2004, Tianjin Gross Product Value is called Tianjin GDP for short.

Compensation of Employees

refers to the whole payment of various forms earned by the labourers from the productive activities they are engaged in. It includes wages, bonuses and allowances the labourers earned in monetary form and in kind. It also includes the free medical services provided to the labourers and the medicine expenses, traffic subsidies, social insurance fee and housing provident fund paid by the labourer's working units for them.

Depreciation of Fixed Assets

refers to the depreciation of fixed assets of a given period, drawn in accordance with the stipulated depreciation rate for the purpose of compensating the wear loss of the fixed assets or the depreciation of fixed assets calculated in a fictitious way in accordance with the stipulated unified depreciation rate in the national economic accounting system. It reflects the value of transfer of the fixed assets in the production of the current period. The depreciation of fixed assets in various enterprises and institutions managed as enterprises refers to the depreciation expenses actually drawn. In government agencies and institutions not managed as enterprises which do not draw the depreciation expenses, as well as for the houses of residents, the depreciation of fixed assets is the imputed depreciation, which is calculated in accordance with the stipulated unified depreciation rate. In principle, the depreciation of fixed assets should be calculated on the basis of the re-purchased value of the fixed assets. However, there is no actual condition to re-evaluate all the fixed assets in China. Therefore, this method is temporarily adopted at present.

Net Taxes on Production

refer to the residual of the taxes on production minus the subsidies on production. The taxes on production refers to the various taxes, extra charges and fees levied on the production units on their production, sale and business activities as well as on some sectors of production, such as fixed assets, land and labour force, used in the production activities they are engaged in. In contrast to the taxes on production, the subsidies on production refer to the unilateral transfer of part of the government's revenue to the production units and are therefore regarded as negative taxes on production. They include subsidies on the loss due to implementation of government policies, price subsidies, etc.

Operating Surplus

refers to the balance of the value added created by the resident units deducting the labourer's remuneration, net taxes on production and the depreciation of fixed assets. It is equivalent to the business profit of the enterprises plus subsidies on production, but the wages and welfare expenses paid from the profits should be deducted.

Final Consumption Expenditures

refer to the total expenditure of resident units on final consumption of goods and services in a certain period, namely the expenditure of the resident units for purchases of goods and services from domestic economic territory and abroad to meet the requirements of material, cultural and spiritual life. It excludes the consumption expenditure of non-resident units on consumption in the economic territory of the country. The final consumption is classified into households' consumption and government consumption.

Households Consumption Expenditures

refer to the total expenditure of resident households on the final consumption of goods and services. In addition to the consumption of goods and services bought by the households directly with money, the households consumption also includes expenditure on goods and services obtained by the households on other ways, i.e. the goods and services provided to the households by the units in the form of payment in kind and transfer in kind; the goods and services produced and consumed by the households themselves, in which the services refer only to the owner-occupied housing and domestic services provided by the paid household workers; financial intermediate services provided by financial institutions; insurance services provided by insurance companies.

Government Consumption Expenditures

refer to the expenditure on the consumption of the public services provided by the government to the whole society and the net expenditure on the goods and services provided by the government to the households at free charge or lower prices. The former equals to the output value of the government services minus the value of operating income obtained by the government departments, the output value of the government services equals to its current operating expenditure plus depreciation of fixed assets. The latter equals to the market value of the goods and services provided by the government free of charge or at low prices to the households minus the value received by the government from the households.

Gross Capital Formation

refers to the fixed assets acquired minus those disposed and the net value of inventory, including the total fixed assets formation and the increase in inventory.

Gross Fixed Capital Formation

refers to the value of fixed assets acquired minus those disposed of during a given period. Fixed assets are the assets produced through production activities with specified unit value which could be used for over one year, excluding natural assets. Total fixed capital formation can be categorized into total tangible assets formation and total intangible assets formation. The total tangible assets formation include the value of the construction projects, installation projects completed and the equipment, apparatus and instruments purchased as well as the value of land improved, the value of draught animals, breeding stock, animal for milk, wool and for recreational animals purpose and the newly increased forest with economic value during a given period. The total intangible assets formation includes the prospecting of minerals, the acquisition of computer software minus the disposal of them.

Change in Inventory

refers to the market value of the change in inventory of resident units during a given period, i.e. the difference of value between the beginning and the end of the period minus the current gains due to the change in prices. The increase in inventory can be positive or negative. A positive value indicates the increase in inventory while a negative value indicates the decrease in stock. The inventory includes the raw materials, fuel and reserve materials purchased by the production units as well as the inventory of finished products, semi-finished products, etc.

Net Exports of Goods and Services

refer to the balance of the exports of goods and services minus the imports of goods and services. The imports include the value of various goods and services sold or gratuitously transferred by the resident units to the non-resident units. The imports include the value of various goods and services purchased or gratuitously acquired by the resident units from the non-resident units. Because the provision of services and the use of them happen simultaneously, the import and export of services do not appear to have the phenomena of crossing the border of the country. The acquisition of services by the resident units from abroad is usually treated as import while the acquisition of services by non-resident units in this country is usually treated as export. The export and import of goods are calculated at FOB. The formula for calculating is as followed:

Net Export of Goods and Services = Value of Export of Goods and Service - Value of Import of Goods and Services

第三篇　人　口

Chapter 3　Population

3-1 人口主要指标(2001—2016年)

Main Statistics on Population,2001-2016

年 份 Year	常住人口 (万人) Permanent Population (10 000 persons)	户籍人口 (万人) Registered Population (10 000 persons)	户籍户数 (万户) Registered Households (10 000households)	人口密度 (人/平方公里) Population Density (person/sq.km)	人 口 出生率 (‰) Birth Rate (‰)	人 口 死亡率 (‰) Death Rate (‰)	人口自然 增长率(‰) Natural Growth Rate (‰)
2001	1004.06	913.98	295.63	854	7.58	5.94	1.64
2002	1007.18	919.05	299.67	856	7.49	6.04	1.45
2003	1011.30	926.00	303.27	860	7.14	6.04	1.10
2004	1023.67	932.55	316.62	870	7.31	5.97	1.34
2005	1043.00	939.31	322.95	887	7.44	6.01	1.43
2006	1075.00	948.89	328.66	914	7.67	6.07	1.60
2007	1115.00	959.10	333.42	948	7.91	5.86	2.05
2008	1176.00	968.87	337.49	1000	8.13	5.94	2.19
2009	1228.16	979.84	341.90	1044	8.30	5.70	2.60
2010	1299.29	984.85	345.83	1105	8.18	5.58	2.60
2011	1354.58	996.44	350.27	1152	8.58	6.08	2.50
2012	1413.15	993.20	351.24	1202	8.75	6.12	2.63
2013	1472.21	1003.97	356.60	1252	8.28	6.00	2.28
2014	1516.81	1016.66	362.63	1290	8.19	6.05	2.14
2015	1546.95	1026.90	370.58	1315	5.84	5.61	0.23
2016	1562.12	1044.40	379.17	1328	7.37	5.54	1.83

注：1人口密度2005年以后按市民政局行政区划面积计算，2005年以前按市规划局土地面积计算。此表人口密度为常住口径。2人口自然变动“三率”为历年人口抽样调查数据。

Note: a)After 2005, the population density is calculated with administrative areas measured by Tianjin Municipal Civil Affairs Bureau,and those before 2005 are calculated with areas measured by Tianjin Planning Bureau. The population density in this table is calculated at permanent coverage. b)The three rates of population changing are obtained from population sample surveys.

3-2 户籍人口构成及户规模(2001—2016年)

Composition of Registered Population and Household Size,2001-2016

单位：%(%)

年 份 Year	按户口性质分 By Registered Character		按性别分 By Sex		性别比 (女=100) Sex Ratio (Female=100)	家庭平均户规模 (人/户) Average Family Household Size (person/household)
	非农业 Non-agricultural	农 业 Agricultural	男 性 Male	女 性 Female		
2001	58.56	41.44	50.48	49.52	101.92	3.09
2002	58.88	41.12	50.45	49.55	101.84	3.07
2003	59.37	40.63	50.47	49.53	101.89	3.05
2004	59.64	40.36	50.46	49.54	101.86	2.95
2005	59.87	40.13	50.44	49.56	101.77	2.91
2006	60.18	39.82	50.41	49.59	101.65	2.89
2007	60.51	39.49	50.38	49.62	101.52	2.88
2008	60.72	39.28	50.35	49.65	101.42	2.87
2009	61.08	38.92	50.32	49.68	101.30	2.87
2010	61.37	38.63	50.29	49.71	101.15	2.85
2011	61.61	38.39	50.27	49.73	101.11	2.84
2012	62.06	37.94	50.21	49.79	100.84	2.83
2013	62.97	37.03	50.18	49.82	100.72	2.82
2014	63.45	36.55	50.16	49.84	100.64	2.80
2015	63.94	36.06	50.15	49.85	100.60	2.77
2016			50.13	49.87	100.50	2.75

3-3 各区户籍人口户数、人口数及人口密度

Registered Households, Population and Population Density by Region

地 区	Region	年末户数 (万户) Year-end Households (10 000 households)		年末人口数 (万人) Year-end Population (10 000 persons)		年平均人口 (万人) Average Annual Population (10 000 persons)	人口密度 (人/平方公里) Population Density (person/ sq.km)
		2015	2016	2015	2016	2016	2016
全市总计	**Total**	**370.58**	**379.17**	**1026.90**	**1044.40**	**1035.65**	**888**
# 市内六区	Six Urban Districts	150.95	153.42	399.61	403.67	401.64	22797
和平区	Heping District	14.32	14.67	41.57	42.32	41.95	42317
河东区	Hedong District	29.74	30.20	75.08	75.79	75.44	19124
河西区	Hexi District	29.44	30.00	82.14	83.20	82.67	21888
南开区	Nankai District	31.99	32.63	86.23	87.28	86.76	22641
河北区	Hebei District	24.60	24.89	62.93	63.42	63.18	21410
红桥区	Hongqiao District	20.86	21.03	51.66	51.66	51.66	24297
东丽区	Dongli District	14.37	14.82	36.72	37.70	37.21	788
西青区	Xiqing District	14.26	14.85	38.85	40.23	39.54	710
津南区	Jinnan District	15.62	16.11	43.62	44.83	44.23	1156
北辰区	Beichen District	15.55	16.06	39.37	40.39	39.88	854
武清区	Wuqing District	28.65	29.53	90.08	92.27	91.18	586
宝坻区	Baodi District	22.47	22.71	70.11	71.10	70.61	471
滨海新区	Binhai New Area	45.96	47.88	123.92	128.18	126.05	574
宁河区	Ninghe District	14.20	14.37	39.73	40.00	39.87	309
静海区	Jinghai District	21.23	21.51	59.23	59.79	59.51	405
蓟州区	Jizhou District	27.32	27.91	85.66	86.24	85.95	543

3-4 按性别、城乡分的户籍人口数(2016年)

Registered Population by Sex and Residence,2016

单位：万人(10 000 persons)

地　区	Region	男 性 Male	女 性 Female	性别比 (女=100) Sex atio (Female=100)	城 镇 Urban	乡 村 Rural
全 市 总 计	**Total**	**523.51**	**520.89**	**100.50**	**731.04**	**313.36**
# 市内六区	Six Urban Districts	200.35	203.32	98.54	403.67	
和平区	Heping District	20.37	21.95	92.80	42.32	
河东区	Hedong District	38.06	37.73	100.87	75.79	
河西区	Hexi District	40.83	42.37	96.37	83.20	
南开区	Nankai District	43.30	43.98	98.45	87.28	
河北区	Hebei District	31.86	31.56	100.95	63.42	
红桥区	Hongqiao District	25.93	25.73	100.78	51.66	
东丽区	Dongli District	18.83	18.87	99.79	24.15	13.55
西青区	Xiqing District	19.85	20.38	97.40	34.13	6.10
津南区	Jinnan District	22.35	22.48	99.42	36.11	8.72
北辰区	Beichen District	20.09	20.30	98.97	16.49	23.90
武清区	Wuqing District	45.86	46.41	98.81	32.26	60.01
宝坻区	Baodi District	35.72	35.38	100.96	21.98	49.12
滨海新区	Binhai New Area	66.04	62.14	106.28	111.14	17.04
宁河区	Ninghe District	20.21	19.79	102.12	16.00	24.00
静海区	Jinghai District	30.35	29.44	103.09	9.17	50.62
蓟州区	Jizhou District	43.86	42.38	103.49	25.94	60.30

3-5 各种特征年龄组的户籍人口(2016年)

Registered Population by Age Groups,2016

单位：万人(10 000 persons)

年龄组	Age Groups	合计 Total	#市内六区 Six Urban Districts	男性 Male	#市内六区 Six Urban Districts	女性 Female	#市内六区 Six Urban Districts
按学龄人口分组	**Grouped by School Age**						
0-2岁	Age 0-2	28.89	10.16	15.03	5.24	13.86	4.92
3-5岁	Age 3-5	30.55	10.33	16.05	5.37	14.50	4.96
6-14岁	Age 6-14	72.99	19.19	38.60	9.97	34.39	9.22
15-17岁	Age 15-17	23.82	5.47	12.47	2.81	11.35	2.66
18-21岁	Age 18-21	40.28	9.35	20.73	4.70	19.55	4.65
按婚育人口分组	**Grouped by Marriage Age and Child-bearing Age**						
进入法定婚龄人口	Reaching Legal Marriage Age	10.95	2.66	5.81	1.46	5.14	1.20
育龄妇女人口(15-49岁)	Women at Child-bearing Age (between 15-49)	246.21	83.88			246.21	83.88
按劳龄人口分组	**Grouped by Labour Age**						
进入劳龄人口	Reaching Labour Age						
国内标准(16岁)	Domestic Standard(16 years old)	7.80	1.92	4.10	0.98	3.70	0.94
国际标准(15岁)	International Standard(15 years old)	7.86	1.71	4.13	0.89	3.73	0.82
劳动年龄内人口	Within Labour Age						
国内标准	Domestic Standard	623.56	223.52	335.33	122.48	288.23	101.04
国际标准	International Standard	758.47	287.75	380.10	143.69	378.37	144.06
退出劳龄人口	Over Labour Age						
国内标准	Domestic Standard	17.21	7.51	9.18	4.37	8.03	3.14
国际标准	International Standard	12.47	6.23	6.11	3.01	6.36	3.22
按老年人口分组	**Grouped by Aged Population**						
60岁及以上人口	Age 60 and over	225.88	118.03	108.88	56.39	117.00	61.64
占总人口比重(%)	Proportion in Total (%)	21.85	29.24	21.02	28.15	22.68	30.32
65岁及以上人口	Age 65 and over	142.86	76.22	68.24	36.06	74.62	40.16
占总人口比重(%)	Proportion in Total (%)	13.82	18.88	13.17	18.00	14.47	19.75
80岁及以上人口	Age 80 and over	31.24	21.52	14.46	9.76	16.78	11.76
占总人口比重(%)	Proportion in Total (%)	3.02	5.33	2.79	4.87	3.25	5.78

注：劳动年龄内人口的国内标准指男16-59岁,女16-54岁；国际标准指男女均为15-64岁。

Note: Domestic standard of within labour age refers to the age of between 16-59 for male, and the age of 16-54 for female. International standard of within labour refers to the age of between 15-64 both male and female.

3-6 常住人口主要数据(2013—2016年)

Main Statistics on Permanent Population,2013-2016

指　标	Item	2013	2014	2015	2016
常住人口(万人)	**Permanent Population (10 000 persons)**	**1472.21**	**1516.81**	**1546.95**	**1562.12**
按性别分	By Sex				
男　性	Male	794.57	822.00	863.37	849.05
女　性	Female	677.64	694.81	683.58	713.07
性别比(女=100)	Sex Ratio (Female = 100)	117.26	118.31	126.30	119.07
按户别分组	By Household Type				
家庭户	Family	1147.10	1179.35	1153.87	1147.54
集体户	Collective	325.11	337.46	393.08	414.58
按城乡分组	By Residence				
城　镇	Urban Population	1207.36	1248.04	1278.40	1295.47
占总人口比重(%)	Proportion in Total (%)	82.01	82.28	82.64	82.93
乡　村	Rural Population	264.85	268.77	268.55	266.65
按年龄分组	By Age				
0–14岁	Age 0-14	145.46	148.50	151.76	154.96
15–64岁	Age 15-64	1167.13	1199.03	1246.53	1251.07
65岁及以上	Age 65 and over	159.62	169.28	148.66	156.09
人口负担系数(%)	**Population Dependency Ratio (%)**				
人口总负担系数	Total Dependency Ratio	26.14	26.50	24.10	24.87
负担少儿系数	Children Dependency Ratio	12.46	12.39	12.17	12.39
负担老年系数	The Aged Dependency Ratio	13.68	14.11	11.93	12.48
老少比	Ratio of Aged to Children	109.73	113.99	97.96	100.93
常住人口户数(万户)	**Number of Households (10 000 households)**	**457.09**	**470.51**	**470.78**	**473.77**
家庭户	Family Households	417.48	428.85	409.53	408.38
集体户	Collective Households	39.61	41.66	61.25	65.39
家庭平均户规模(人/户)	**Average Family Size (person/household)**	**2.75**	**2.75**	**2.82**	**2.81**
人口变动情况(万人)	**Change of Population (10 000 persons)**				
出生人口	Birth	11.95	12.24	8.95	11.46
死亡人口	Death	8.66	9.04	8.59	8.61
净迁入人口	Net Immigration	440.91	476.18	500.35	507.54
人口密度(人/平方公里)	**Population Density (person/sq. km)**	**1252**	**1290**	**1315**	**1328**

注：1.此表根据人口普查及人口变动调查数据推算。下表同。2.此表人口密度为常住口径。

Note：a)Data in this table are predicted according to population census and population change survey. Same as following next. b)The population density in this table is calculated at permanent coverage.

3-7 各区常住人口(2013—2016年)

Permanent Population by Region,2013-2016

单位：万人(10 000 persons)

地 区	Region	2013	2014	2015	2016
全市总计	**Total**	**1472.21**	**1516.81**	**1546.95**	**1562.12**
# 市内六区	Six Urban Districts	490.91	504.69	488.12	492.53
和平区	Heping District	36.42	37.81	34.90	35.19
河东区	Hedong District	96.68	98.85	96.69	97.61
河西区	Hexi District	98.29	101.52	98.30	99.25
南开区	Nankai District	114.03	116.91	113.57	114.55
河北区	Hebei District	87.77	90.84	88.51	89.24
红桥区	Hongqiao District	57.72	58.76	56.15	56.69
东丽区	Dongli District	68.96	71.70	75.37	76.04
西青区	Xiqing District	78.11	80.94	84.24	85.37
津南区	Jinnan District	68.41	70.89	88.74	89.41
北辰区	Beichen District	78.20	80.85	85.21	86.40
武清区	Wuqing District	110.25	113.43	118.11	119.96
宝坻区	Baodi District	88.15	90.04	91.39	92.98
滨海新区	Binhai New Area	278.72	289.43	297.01	299.42
宁河区	Ninghe District	45.82	47.46	49.16	49.57
静海区	Jinghai District	74.87	76.67	78.21	79.29
蓟州区	Jizhou District	89.81	90.71	91.39	91.15

3-8 计划生育情况(2013—2016)

Family Planning,2013-2016

单位：万人(10 000 persons)

指 标	Item	2013	2014	2015	2016
出生人口	Birth	8.81	9.68	7.72	11.01
已婚育龄妇女人数	Married Women at Child-bearing Age	167.35	164.23	163.19	167.27
领取独生子女证人数	Married Couples with One-child Certificate	65.84	65.94	65.52	
政策生育率(%)	Family Planning Rate (%)	98.38	98.45	98.05	99.74
一孩率(%)	One-child Rate (%)	82.03	80.23	73.25	61.44
二孩率(%)	Two-child Rate (%)	17.96	19.75	26.72	37.56
多孩率(%)	Multi-child Rate (%)	0.01	0.02	0.03	1.00

资料来源：天津市卫生和计划生育委员会
Source: Tianjin Municipal Committee of Public Health and Family Planning

3-9 人口婚姻情况(2013—2016年)

Marriage Registration,2013-2016

指 标	Item	2013	2014	2015	2016
登记结婚对数(对)	**Marriages(couple)**	**102574**	**99394**	**101238**	**98164**
#恢复结婚对数	Remarriage with Former Spouse	7920	10147	12812	16023
涉外婚姻登记	Chinese-Foreigner Marriages	373	363	340	316
按婚前状况分	**Grouped by Pre-marriage Condition**				
初婚人数(万人)	First Marriages (10 000 persons)	16.99	17.39	17.49	16.15
再婚人数(万人)	Remarriages (10 000 persons)	3.52	2.48	2.76	3.49
离婚对数(对)	**Divorces (couple)**	**44093**	**43342**	**51446**	**65217**
法院判决离婚	Mediated by the Court	4371	4388	4939	5053
民政协议离婚	Approved by Civil Administration Agencies	39722	38954	46507	60164

资料来源：天津市高级人民法院和天津市民政局
Source:Tianjin Mmunicipal Higher People's Court and Tianjin Municipal Civil Affairs Bureau

3-10 按年龄分的6岁及以上各种受教育程度人口(2016年)

Education Status of Population Aged 6 and over by Age,2016

单位：人(person)

年 龄 Age	6岁及以上人口 Aged 6 and over	# 小 学 Primary School	# 初 中 Junior Middle School	# 高 中 Senior Middle School	# 大学专科 Junior College	# 大学本科 Undergraduate College	# 研究生 Postgraduate
全市总计							
Total	**68589**	**11105**	**23720**	**15136**	**7451**	**8256**	**756**
6–9	2314	2000	17	1			
10–14	2457	1428	981	35	1	3	
15–19	2846	45	621	1356	251	565	
20–24	4574	47	833	943	1038	1632	67
25–29	6715	165	2051	1654	1330	1325	155
30–34	6765	194	1899	1423	1290	1694	233
35–39	5567	271	2126	1186	859	968	128
40–44	5380	484	2378	1138	581	680	80
45–49	5634	706	2781	1103	439	492	42
50–54	6293	740	2808	1879	417	327	30
55–59	5359	770	2025	1944	321	135	9
60–64	5650	1246	2617	1067	373	132	5
65+	9036	3008	2585	1406	550	303	6
# 女 性							
Female	**32958**	**5539**	**10453**	**7159**	**3767**	**4235**	**343**
6–9	1131	976	7	1			
10–14	1185	677	479	23	1	1	
15–19	1433	18	246	662	153	353	
20–24	2233	16	304	383	596	890	39
25–29	3059	54	773	687	718	737	77
30–34	3156	59	748	642	691	890	117
35–39	2490	78	875	560	431	485	51
40–44	2395	157	1066	550	270	316	30
45–49	2548	337	1221	522	197	229	16
50–54	2991	349	1290	968	200	122	10
55–59	2695	454	963	985	125	54	2
60–64	2871	716	1268	502	176	49	
65+	4772	1649	1212	675	210	109	1

注：此表为2016年人口抽样调查加权数据，合计数与分项数据有出入，表3-11至3-13相同。

Note: Data in this table are obtained from population sample survey in 2016 by weighting. The composite count differs from the itemized data. Same as table 3-11 to 3-13.

3-11 按年龄分的15岁及以上各种婚姻状况人口(2016年)

Marriage Status of Population Aged 15 and over by Age,2016

单位：人(person)

年 龄 Age	15岁及以上 人口合计 Aged 15 and over	未 婚 Unmarried	有配偶 Married	离 婚 Divorces	丧 偶 Widowed
全市总计					
Total	**63818**	**10883**	**48381**	**1300**	**3254**
15-19	2846	2817	26		2
20-24	4574	4009	558	7	
25-29	6715	2456	4177	74	8
30-34	6765	877	5729	146	13
35-39	5567	272	5106	171	18
40-44	5380	145	5027	177	30
45-49	5634	100	5286	190	58
50-54	6293	65	5898	203	127
55-59	5359	40	4963	141	214
60-64	5650	30	5149	91	380
65+	9036	72	6461	99	2404
# 女 性					
Female	**30642**	**5039**	**22610**	**678**	**2316**
15-19	1433	1421	12		1
20-24	2233	1921	308	4	
25-29	3059	1032	1990	30	7
30-34	3156	399	2685	64	8
35-39	2490	119	2280	80	11
40-44	2395	64	2215	94	23
45-49	2548	33	2362	111	42
50-54	2991	16	2782	106	87
55-59	2695	12	2439	78	165
60-64	2871	9	2542	53	267
65+	4772	14	2995	58	1705

3-12 按地区分的家庭户规模(2016年)

Family Households by Size and Region,2016

单位：户(household)

地 区	Region	合 计 Total	一人户 One-person	二人户 Two-person	三人户 Three-person	四人户 Four-person
全市总计	**Total**	**23515**	**9621**	**10744**	**3039**	**109**
和平区	Heping District	360	151	168	41	
河东区	Hedong District	1930	861	877	187	5
河西区	Hexi District	1714	650	831	226	7
南开区	Nankai District	1837	823	850	162	2
河北区	Hebei District	1909	907	818	182	1
红桥区	Hongqiao District	1241	642	513	84	1
东丽区	Dongli District	1136	551	484	100	1
西青区	Xiqing District	955	387	486	82	
津南区	Jinnan District	954	398	449	106	1
北辰区	Beichen District	1382	427	662	286	7
武清区	Wuqing District	1722	414	787	488	33
宝坻区	Baodi District	1220	487	554	169	10
滨海新区	Binhai New Area	4003	1759	1882	351	12
宁河区	Ninghe District	654	160	313	176	5
静海区	Jinghai District	1354	584	640	129	1
蓟州区	Jizhou District	1143	418	432	269	24

3-13 按地区分有65岁及以上老年人口的家庭户(2016年)

Households with Population Aged 65 and over by Region,2016

单位：户 (household)

地 区	Region	合 计 Total	# 单身老人户 Single	# 一对老夫妇户 One Couple	# 一个老人与亲属户 One Aged Population and Relatives	# 二个老人与亲属户 Two Aged Population and Relatives
全市总计	**Total**	**6276**	**1195**	**1638**	**11**	**34**
和平区	Heping District	145	33	38	1	1
河东区	Hedong District	486	104	103	3	7
河西区	Hexi District	571	93	129		4
南开区	Nankai District	613	123	155		7
河北区	Hebei District	585	143	151	1	6
红桥区	Hongqiao District	384	92	97	2	1
东丽区	Dongli District	226	44	64		1
西青区	Xiqing District	161	29	60		
津南区	Jinnan District	201	36	72	1	
北辰区	Beichen District	358	33	78		1
武清区	Wuqing District	515	59	93		
宝坻区	Baodi District	309	55	90	1	1
滨海新区	Binhai New Area	836	174	274	2	4
宁河区	Ninghe District	162	9	41		
静海区	Jinghai District	372	112	118		
蓟州区	Jizhou District	351	53	74		2

主要统计指标解释

常住人口

指实际经常居住在某地区半年以上的人口。按人口普查和抽样调查规定，主要包括：(1) 除离开本地半年以上（不包括在国外工作或学习的人）的全部常住本地的户籍人口；(2) 户口在外地，但在本地居住半年以上者，或离开户口地半年以上而调查时在本地居住的人口；(3) 调查时居住在本地，但在任何地方都没有登记常住户口，如手持户口迁移证、出生证、退伍证、劳改劳教释放证等尚未办理常住户口的人，即所谓“口袋户口”的人。

人口密度

指单位土地面积上的人口数。通常使用常住人口计算人口密度，用于说明人口的拥挤程度。以每平方公里的居民人数来表示。计算公式：

$$人口密度=\frac{常住人口}{总土地面积}$$

人口出生率（又称粗出生率）

指在一定时期内(通常为一年)一定地区的出生人数与同期内平均人数(或期中人数)之比，用千分率表示。本资料中的出生率指年出生率，其计算公式为：

$$人口出生率=\frac{年出生人数}{年平均人数}\times1000‰$$

公式中：出生人数指活产婴儿，即胎儿脱离母体时(不管怀孕月数)，有过呼吸或其他生命现象。年平均人数指年初、年底人口数的平均数，也可用年中人口数代替。

人口死亡率（又称粗死亡率）

指在一定时期内(通常为一年)一定地区的死亡人数与同期内平均人数(或期中人数)之比，用千分率表示。本资料中的死亡率指年死亡率，其计算公式为：

$$人口死亡率=\frac{年死亡人数}{年平均人数}\times1000‰$$

人口自然增长率

指在一定时期内(通常为一年)人口自然增加数(出生人数减死亡人数)与该时期内平均人数(或期中人数)之比，用千分率表示。计算公式为：

$$人口自然增长率=\frac{本年出生人数-本年死亡人数}{年平均人数}\times1000‰$$

$$=人口出生率-人口死亡率$$

总负担系数

指14岁及以下少年儿童人口数和65岁及以上老年人口数与15-64岁劳动力年龄人口数的比例。表明的是每百名劳动年龄人口负担多少非劳动年龄人口。计算公式：

$$总负担系数=\frac{14岁及以下人数+65岁以上人数}{16-64岁人数}\times100\%$$

法定婚龄、劳龄人口

我国进入婚龄法定人口标准为男22岁、女20岁；进入劳龄人口、劳动年龄内人口、退出劳龄人口的国内标准分别是男16岁、16-59岁、60岁和女16岁、16-54岁、55岁；国际标准男女均为15岁、15-64岁、65岁。

Explanatory Notes on Main Statistical Indicators

Permanent Population

refers to the total number of people alive at a given area over half a year. According to the regulation of population census and sample survey, permanent resident population include (1) registered population in this area except those who have left this area over half a year (exclude those going abroad to work or study). (2) population with residence registered in other area, but having actually resided in this area over half a year or having left place of residence registration over half a year and resided in this area during the period of population survey. (3) population with residence registration in this enumeration area not yet settled, i.e. residence card on hand, migration certificate, birth certificate, demobilized soldier card, release certificate, etc.

Population Density

refers to the total number of people within unit land area. Usually, population density is calculated with permanent resident population and indicates crowd degree of population. It is often expressed in the number of people per square kilometer. The following formula is used:

$$\text{Population Density} = \frac{\text{Permanent Resident Population}}{\text{Total Area of land}}$$

Birth Rate (or Crude Birth Rate)

refers to the ratio of the number of births to the average population (or mid-period population) during a certain period of time (usually a year), expressed in ‰. Birth rate in the chapter refers to annual birth rate. The following formula is used:

$$\text{Birth Rate} = \frac{\text{Number of Births}}{\text{Annual Average Population}} \times 1000‰$$

Number of births in the formula refers to live births, i.e. when a baby has breathed or showed any vital phenomena regardless of the length of pregnancy. Annual average population is the average of the number of population at the beginning of the year and that at the end of the year. Sometimes it is substituted by the mid-year population.

Death Rate (or Crude Death Rate)

refers to the ratio of the number of deaths to the average population (or mid-period population) during a certain period of time (usually a year), expressed in ‰. Death rate in the chapter refers to annual death rate. The following formula is used:

$$\text{Death Rate} = \frac{\text{Number of Deaths}}{\text{Annual Average Population}} \times 1000‰$$

Natural Growth Rate of Population

refers to the ratio of natural increase in population (number of births minus number of deaths) in a certain period of time (usually a year) to the average population (or mid-period population) of the same period, expressed in ‰. The following formula is applied:

$$\text{Natural Growth Rate of Population} = \frac{(\text{Number of Births} - \text{Number of Deaths})}{\text{Annual Average Population}} \times 1000‰$$

$$\text{Natural Growth Rate of Population} = \text{Birth Rate} - \text{Death Rate}$$

Total Dependency Ratio

refers to the ratio of children aged 0-14 and elderly population aged 65 and over to the working-age population aged 15-64. It describes in general the number of non-working-age population that every 100 people at working ages will take care of. The following formula is used:

$$\text{Gross Dependency Ratio} = \frac{(\text{Population Aged } 0-14) + (\text{Population Aged 65 and over})}{\text{Population Aged } 15-64} \times 100\%$$

Legal Marriage Age, Labour Age Population

The standard of legal marriage age is 22 for male and 20 for female. The domestic standard of “reaching labour age”, “within labour age” and “over labour age” are 16, 16 to 59, 60 for male respectively and 16, 16 to 54, 55 for female respectively; the international standard of these items are 15, 15-64 and 65 respectively for both male and female.

第四篇　就业和劳动工资

Chapter 4　Employment and Remuneration

4-1 社会从业人员(1996—2016年)

Total Employment Personnel,1996-2016

单位：万人(10 000 persons)

年份 Year	劳动力资源总数 Number of Labour Force	社会从业人员合计 Number of Employment Personnel	按城乡分 Grouped by Urban and Rural Areas					
			城镇 Urban Areas	国有单位 State-owned Units	集体单位 Collective -owned Units	其他 Others	私营单位及个体 Private Units and Self-employed Individuals	乡村 Rural Areas
1996	708.80	512.00	317.10	199.10	62.80	31.00	24.20	194.90
1997	716.26	513.33	318.60	196.16	58.19	35.80	28.45	194.73
1998	728.68	508.10	312.65	183.49	53.00	41.58	34.58	195.45
1999	740.76	508.14	313.89	176.54	47.54	49.80	40.01	194.25
2000	753.27	486.89	296.61	163.84	40.58	55.37	36.82	190.28
2001	761.11	488.34	295.37	153.25	32.13	60.94	49.05	192.97
2002	771.69	492.61	295.71	137.81	26.60	82.54	48.76	196.90
2003	793.86	510.90	299.95	128.52	22.80	93.72	54.91	210.95
2004	798.43	527.78	302.47	126.36	20.21	103.59	52.31	225.31
2005	858.88	542.52	312.76	99.18	11.31	148.01	54.26	229.76
2006	888.51	562.92	402.12	97.34	30.00	158.21	116.57	160.80
2007	933.57	613.93	447.97	95.58	29.73	185.00	137.66	165.96
2008	987.97	647.32	477.69	96.97	26.75	202.06	151.91	169.63
2009	1036.53	677.13	505.84	90.22	23.77	212.79	179.06	171.29
2010	1096.78	728.70	545.70	90.24	22.68	227.71	205.07	183.00
2011	1161.01	763.16	580.24	90.94	27.18	230.41	231.71	182.92
2012	1214.46	803.14	621.29	94.65	29.29	249.11	248.24	181.85
2013	1268.21	847.46	663.88	99.04	30.17	244.14	290.53	183.58
2014	1307.61	877.21	691.45	85.67	25.62	278.35	301.81	185.76
2015	1330.98	896.80	710.67	72.97	20.40	303.84	313.46	186.13
2016	1338.69	902.42	717.30	68.69	15.49	307.08	326.04	185.12

4-1续表 *Continued*

年 份 Year	按三次产业分 Grouped by Three Industries					
	绝对数(万人) Number(10 000 persons)			构成(%) Composition in Percentage(%)		
	第一产业 Primary Industry	第二产业 Secondary Industry	第三产业 Tertiary Industry	第一产业 Primary Industry	第二产业 Secondary Industry	第三产业 Tertiary Industry
1996	82.10	241.40	188.50	16.0	47.2	36.8
1997	81.26	235.69	196.38	15.8	45.9	38.3
1998	80.88	233.21	194.01	15.9	45.9	38.2
1999	79.57	230.33	198.24	15.7	45.3	39.0
2000	81.29	222.15	183.45	16.7	45.6	37.7
2001	82.70	212.65	192.99	16.9	43.6	39.5
2002	82.25	205.38	204.98	16.7	41.7	41.6
2003	83.19	219.44	208.27	16.3	42.9	40.8
2004	82.83	223.89	221.06	15.7	42.4	41.9
2005	81.79	227.38	233.35	15.1	41.9	43.0
2006	81.11	234.85	246.96	14.4	41.7	43.9
2007	76.98	261.35	275.60	12.5	42.6	44.9
2008	76.30	271.90	299.12	11.8	42.0	46.2
2009	75.70	281.01	320.42	11.2	41.5	47.3
2010	73.85	302.33	352.52	10.1	41.5	48.4
2011	73.18	315.99	373.99	9.6	41.4	49.0
2012	71.23	330.89	401.02	8.9	41.2	49.9
2013	68.99	353.85	424.62	8.1	41.8	50.1
2014	67.98	341.51	467.72	7.7	38.9	53.4
2015	66.17	320.16	510.47	7.4	35.7	56.9
2016	65.10	306.41	530.91	7.2	34.0	58.8

注：1. 1998–2004年城镇从业人员中包括由于各种原因已经离开本人的生产或工作岗位，但仍与本单位保留劳动关系的职工。2. 从2006年起社会从业人员城乡划分执行新划分标准。

Note: a) From 1998 to 2004, the number of employment personnel in urban units includes those staff and workers who still keep their relationship with their units, but have left their working post at there. b) Since 2006, the division of employment personnel has adopted the new standard.

4-2 城镇非私营单位从业人员(1996—2016年)

Employment Personnel in Urban Non-private Units,1996-2016

单位：万人(10 000 persons)

年 份 Year	合 计 Total	按三次产业分 Grouped by Three Industries			按登记注册类型分 Grouped by Registration Status		
		第一产业 Primary Industry	第二产业 Secondary Industry	第三产业 Tertiary Industry	国有单位 State-owned Units	集体单位 Collective-owned Units	其他单位 Others
总 计 Total							
1996	283.98	1.73	163.07	119.18	194.32	59.62	30.04
1997	281.34	1.71	158.68	120.95	191.64	55.28	34.42
1998	218.56	1.43	113.47	103.66	144.18	36.26	38.12
1999	211.76	1.10	110.27	100.39	135.08	30.46	46.22
2000	201.75	1.11	105.63	95.01	125.00	25.82	50.93
2001	192.30	1.09	99.82	91.39	116.24	20.05	56.00
2002	185.50	1.09	92.68	91.73	107.79	16.47	61.24
2003	191.01	0.97	97.60	92.44	101.57	13.95	75.49
2004	193.91	0.87	96.82	96.22	102.09	12.46	79.36
2005	194.12	0.81	97.52	95.79	99.18	11.33	83.61
2006	195.00	0.73	98.37	95.90	97.34	9.61	88.05
2007	200.22	0.74	99.31	100.17	96.69	8.75	94.78
2008	200.61	0.71	94.13	105.77	87.45	7.90	105.26
2009	201.65	0.74	96.18	104.73	81.21	4.76	115.68
2010	205.65	0.71	97.74	107.20	80.79	4.30	120.56
2011	268.24	0.60	157.84	109.80	85.88	8.83	173.53
2012	289.07	0.55	162.64	125.88	89.74	7.98	191.35
2013	302.44	0.53	165.47	136.44	77.85	7.10	217.49
2014	295.51	0.50	161.37	133.64	75.14	7.62	212.75
2015	294.78	0.53	151.34	142.91	72.36	6.49	215.93
2016	286.04	0.85	136.35	148.84	68.71	5.69	211.64
# 女 性 Female							
1996	120.23	0.57	69.84	49.82	77.39	28.59	14.25
1997	118.75	0.55	67.48	50.72	76.61	26.15	15.99
1998	89.89	0.46	46.11	43.32	56.17	15.93	17.79
1999	82.95	0.31	41.33	41.31	51.80	13.22	17.93
2000	77.28	0.33	38.85	38.10	47.26	10.76	19.26
2001	77.40	0.36	40.09	36.95	43.26	8.11	26.03
2002	73.59	0.33	36.00	37.26	39.60	6.52	27.47
2003	76.27	0.28	38.49	37.50	37.73	5.33	33.21
2004	73.66	0.26	35.30	38.10	37.56	4.39	31.71
2005	68.66	0.23	33.01	35.42	33.94	4.09	30.63
2006	70.28	0.22	33.95	36.11	33.13	3.41	33.74
2007	71.27	0.21	33.21	37.85	33.30	3.04	34.93
2008	77.02	0.22	32.07	44.73	33.69	2.87	40.46
2009	67.84	0.22	30.62	37.00	27.43	1.87	38.54
2010	75.10	0.21	32.80	42.09	30.03	1.67	43.40
2011	90.91	0.19	49.27	41.45	29.39	2.48	59.04
2012	94.44	0.15	48.91	45.38	30.20	2.15	62.09
2013	105.69	0.16	50.27	55.26	29.88	1.70	74.11
2014	104.09	0.15	50.63	53.31	28.28	1.97	73.84
2015	102.83	0.17	46.17	56.49	28.68	1.65	72.50
2016	102.55	0.28	41.30	60.97	28.31	1.48	72.76

注：1. 1998年以前为职工人数。2. 2011年起城镇非私营单位从业人员中含劳务派遣人员，统计在在岗职工中。下表同。

Note: a) The data before 1998 of this table refer to staff and workers. b) Data of employment personnel in urban non-private units include labour dispatch from 2011, which are calculated in on-post workers and staff.Same as the following next.

4-3 按国民经济行业分各类从业人员(2016年)

Employment Personnel Grouped by Sector,2016

单位：万人(10 000 persons)

项　目 Item	社会从业人员 Employment Personnel	城镇非私营单位从业人员 Employment Personnel in Urban Non-private Units	在岗职工人数 On-post Staff and Workers	其他从业人员 Other Employment Personnel
总　计 **Total**	**902.42**	**286.04**	**270.30**	**15.74**
按三次产业分 **Grouped by Three Industries**				
第一产业 Primary Industry	65.10	0.85	0.81	0.04
第二产业 Secondary Industry	306.41	136.35	131.84	4.51
第三产业 Tertiary Industry	530.91	148.84	137.65	11.19
按国民经济行业分 **Grouped by Sector**				
农、林、牧、渔业 Farming, Forestry, Animal Husbandry and Fishery	65.10	0.85	0.81	0.04
采矿业 Minerals Mining	8.94	4.40	4.33	0.07
制造业 Manufacturing	211.85	99.42	97.81	1.61
电力、热力、燃气及水生产和供应业 Production and Supply of Electricity, Heat, Gas and Water	7.09	4.35	4.14	0.21
建筑业 Construction	78.53	28.18	25.56	2.62
批发和零售业 Wholesale and Retail Trade	145.02	18.21	17.65	0.56
交通运输、仓储和邮政业 Transportation, Storage and Post Services	52.12	14.67	14.31	0.36
住宿和餐饮业 Accommodation and Catering Services	41.99	5.07	4.10	0.97
信息传输、软件和信息技术服务业 Information Transmitting, Software and Information Technology Services	18.92	4.85	4.82	0.03
金融业 Finance Intermediation	21.63	16.01	12.35	3.66
房地产业 Real Estate	26.54	7.96	7.49	0.47
租赁和商务服务业 Leasing and Business Services	46.41	9.27	8.76	0.51
科学研究和技术服务业 Scientific Research and Technical Services	37.69	11.49	10.90	0.59
水利、环境和公共设施管理业 Management for Water Conservancy, Environment and Public Facilities	7.79	4.42	3.73	0.69
居民服务、修理和其他服务业 Resident Services, Repair and Other Services	53.38	9.37	8.65	0.72
教　育 Education	32.38	17.96	17.20	0.76
卫生和社会工作 Health Care and Social Work	17.78	10.09	9.44	0.65
文化、体育和娱乐业 Culture, Sports and Recreational Services	6.07	2.12	1.97	0.15
公共管理、社会保障和社会组织 Public Management, Social Security and Social Organizations	23.19	17.35	16.28	1.07

4-4 社会从业人员

Number of Employment Personnel

单位：万人(10 000 persons)

项　目	Item	2015	2016	2016比2015年增长(%) Increase Rate in 2016 over 2015(%)
总　计	**Total**	**896.80**	**902.42**	**0.6**
按城乡划分	**Grouped by Urban and Rural Areas**			
城　镇	Urban Areas	710.67	717.30	0.9
国有单位	State-owned Units	72.97	68.69	-5.9
集体单位	Collective-owned Units	20.40	15.49	-24.1
私营单位	Private Units	188.27	197.14	4.7
个　体	Individuals	125.19	128.90	3.0
其　他	Others	303.84	307.08	1.1
乡　村	Rural Areas	186.13	185.12	-0.5
按国民经济行业分	**Grouped by Sector**			
农、林、牧、渔业	Farming, Forestry, Animal Husbandry and Fishery	66.17	65.10	-1.6
采矿业	Minerals Mining	10.17	8.94	-12.1
制造业	Manufacturing	221.83	211.85	-4.5
电力、热力、燃气及水生产和供应业	Production and Supply of Electricity, Heat, Gas and Water	7.07	7.09	0.3
建筑业	Construction	81.09	78.53	-3.2
批发和零售业	Wholesale and Retail Trade	143.76	145.02	0.9
交通运输、仓储和邮政业	Transportation, Storage and Post Services	50.03	52.12	4.2
住宿和餐饮业	Accommodation and Catering Services	38.85	41.99	8.1
信息传输、软件和信息技术服务业	Information Transmitting, Software and Information Technology Services	14.88	18.92	27.2
金融业	Finance Intermediation	18.76	21.63	15.3
房地产业	Real Estate	24.10	26.54	10.1
租赁和商务服务业	Leasing and Business Services	43.40	46.41	6.9
科学研究和技术服务业	Scientific Research and Technical Services	37.03	37.69	1.8
水利、环境和公共设施管理业	Management for Water Conservancy, Environment and Public Facilities	7.69	7.79	1.3
居民服务、修理和其他服务业	Resident Services, Repair and Other Services	53.02	53.38	0.7
教　育	Education	31.93	32.38	1.4
卫生和社会工作	Health Care and Social Work	17.58	17.78	1.1
文化、体育和娱乐业	Culture, Sports and Recreational Services	6.27	6.07	-3.2
公共管理、社会保障和社会组织	Public Management, Social Security and Social Organizations	23.17	23.19	0.1

4-5 城镇非私营单位从业人员
Number of Employment Personnel in Urban Non-Private Units

单位：万人(10 000 persons)

项　目	Item	2015	2016	2016比2015年增长(%) Increase Rate in 2016 over 2015(%)
总　计	**Total**	**294.78**	**286.04**	**-3.0**
按登记注册类型分	**Grouped by Registration Status**			
国有单位	State-owned Units	72.36	68.71	-5.0
集体单位	Collective-owned Units	6.49	5.69	-12.3
其他单位	Others	215.93	211.64	-2.0
# 外商及港澳台商投资单位	Units with Funds from Foreign Countries, Hong Kong, Macao & Taiwan	80.83	77.00	-4.7
股份有限公司	Share Holding Corporations Ltd.	26.91	27.25	1.3
按国民经济行业分	**Grouped by Sector**			
农、林、牧、渔业	Farming, Forestry, Animal Husbandry and Fishery	0.53	0.85	60.4
采矿业	Minerals Mining	6.50	4.40	-32.3
制造业	Manufacturing	110.78	99.42	-10.3
电力、热力、燃气及水生产和供应业	Production and Supply of Electricity, Heat, Gas and Water	4.52	4.35	-3.8
建筑业	Construction	29.54	28.18	-4.6
批发和零售业	Wholesale and Retail Trade	17.85	18.21	2.0
交通运输、仓储和邮政业	Transportation, Storage and Post Services	15.01	14.67	-2.3
住宿和餐饮业	Accommodation and Catering Services	5.18	5.07	-2.1
信息传输、软件和信息技术服务业	Information Transmitting, Software and Information Technology Services	4.35	4.85	11.5
金融业	Finance Intermediation	12.13	16.01	32.0
房地产业	Real Estate	7.34	7.96	8.4
租赁和商务服务业	Leasing and Business Services	8.20	9.27	13.0
科学研究和技术服务业	Scientific Research and Technical Services	11.32	11.49	1.5
水利、环境和公共设施管理业	Management for Water Conservancy, Environment and Public Facilities	4.13	4.42	7.0
居民服务、修理和其他服务业	Resident Services, Repair and Other Services	10.99	9.37	-14.7
教　育	Education	17.97	17.96	-0.1
卫生和社会工作	Health Care and Social Work	9.71	10.09	3.9
文化、体育和娱乐业	Culture, Sports and Recreational Services	2.21	2.12	-4.1
公共管理、社会保障和社会组织	Public Management, Social Security and Social Organizations	16.52	17.35	5.0
按企业、事业、机关分	**Grouped by Enterprise, Institution and Government Agency**			
# 企　业	Enterprises	243.13	233.88	-3.8
中　央	Central	33.98	33.27	-2.1
地　方	Local	209.15	200.61	-4.1
# 国　有	State-owned	15.60	14.22	-8.8
# 事　业	Institutions	35.91	35.75	-0.4
中　央	Central	2.08	2.08	
地　方	Local	33.83	33.67	-0.5
# 机　关	Government Agencies	14.36	14.28	-0.6
中　央	Central	1.21	1.13	-6.6
地　方	Local	13.15	13.15	

4-6 城镇非私营单位在岗职工

Number of On-post Staff and Workers in Urban Non-Private Units

单位：万人(10 000 persons)

项　目	Item	2015	2016	2016比2015年增长(%) Increase Rate in 2016 over 2015(%)
总　计	**Total**	**278.22**	**270.30**	**-2.8**
按登记注册类型分	**Grouped by Registration Status**			
国有单位	State-owned Units	67.71	64.41	-4.9
集体单位	Collective-owned Units	6.03	5.29	-12.3
其他单位	Others	204.48	200.60	-1.9
# 外商及港澳台商投资单位	Units with Funds from Foreign Countries, Hong Kong, Macao & Taiwan	79.15	75.26	-4.9
股份有限公司	Share Holding Corporations Ltd.	22.98	23.28	1.3
按国民经济行业分	**Grouped by Sector**			
农、林、牧、渔业	Farming, Forestry, Animal Husbandry and Fishery	0.49	0.81	65.3
采矿业	Minerals Mining	6.40	4.33	-32.3
制造业	Manufacturing	109.09	97.81	-10.3
电力、热力、燃气及水生产和供应业	Production and Supply of Electricity, Heat, Gas and Water	4.35	4.14	-4.8
建筑业	Construction	26.43	25.56	-3.3
批发和零售业	Wholesale and Retail Trade	17.27	17.65	2.2
交通运输、仓储和邮政业	Transportation, Storage and Post Services	14.68	14.31	-2.5
住宿和餐饮业	Accommodation and Catering Services	4.25	4.10	-3.5
信息传输、软件和信息技术服务业	Information Transmitting, Software and Information Technology Services	4.33	4.82	11.3
金融业	Finance Intermediation	8.68	12.35	42.3
房地产业	Real Estate	6.93	7.49	8.1
租赁和商务服务业	Leasing and Business Services	7.74	8.76	13.2
科学研究和技术服务业	Scientific Research and Technical Services	10.37	10.90	5.1
水利、环境和公共设施管理业	Management for Water Conservancy, Environment and Public Facilities	3.35	3.73	11.3
居民服务、修理和其他服务业	Resident Services, Repair and Other Services	10.38	8.65	-16.7
教　育	Education	16.99	17.20	1.2
卫生和社会工作	Health Care and Social Work	9.04	9.44	4.4
文化、体育和娱乐业	Culture, Sports and Recreational Services	2.06	1.97	-4.4
公共管理、社会保障和社会组织	Public Management, Social Security and Social Organizations	15.39	16.28	5.8

4-7 城镇非私营单位其他从业人员

Number of Other Employment Personnel in Urban Non-Private Units

单位：万人(10 000 persons)

项 目	Item	2015	2016	2016比2015年增长(%) Increase Rate in 2016 over 2015(%)
总 计	**Total**	**16.56**	**15.74**	**-5.0**
按登记注册类型分	**Grouped by Registration Status**			
国有单位	State-owned Units	4.65	4.30	-7.5
集体单位	Collective-owned Units	0.46	0.40	-13.0
其他单位	Others	11.45	11.04	-3.6
# 外商及港澳台商投资单位	Units with Funds from Foreign Countries, Hong Kong, Macao & Taiwan	1.69	1.74	3.0
股份有限公司	Share Holding Corporations Ltd.	3.93	3.97	1.0
按国民经济行业分	**Grouped by Sector**			
农、林、牧、渔业	Farming, Forestry, Animal Husbandry and Fishery	0.04	0.04	
采矿业	Minerals Mining	0.10	0.07	-30.0
制造业	Manufacturing	1.69	1.61	-4.7
电力、热力、燃气及水生产和供应业	Production and Supply of Electricity, Heat, Gas and Water	0.17	0.21	23.5
建筑业	Construction	3.11	2.62	-15.8
批发和零售业	Wholesale and Retail Trade	0.57	0.56	-1.8
交通运输、仓储和邮政业	Transportation, Storage and Post Services	0.33	0.36	9.1
住宿和餐饮业	Accommodation and Catering Services	0.93	0.97	4.3
信息传输、软件和信息技术服务业	Information Transmitting, Software and Information Technology Services	0.03	0.03	
金融业	Finance Intermediation	3.46	3.66	5.8
房地产业	Real Estate	0.41	0.47	14.6
租赁和商务服务业	Leasing and Business Services	0.46	0.51	10.9
科学研究和技术服务业	Scientific Research and Technical Services	0.94	0.59	-37.2
水利、环境和公共设施管理业	Management for Water Conservancy, Environment and Public Facilities	0.78	0.69	-11.5
居民服务、修理和其他服务业	Resident Services, Repair and Other Services	0.60	0.72	20.0
教 育	Education	0.98	0.76	-22.4
卫生和社会工作	Health Care and Social Work	0.68	0.65	-4.4
文化、体育和娱乐业	Culture, Sports and Recreational Services	0.15	0.15	
公共管理、社会保障和社会组织	Public Management, Social Security and Social Organizations	1.13	1.07	-5.3

4-8 私营单位从业人员

Number of Employment Personnel in Private Units

单位：万人(10 000 persons)

项　目	Item	2015	2016	2016比2015年增长(%) Increase Rate in 2016 over 2015(%)
总　计	**Total**	**190.27**	**197.14**	**3.6**
按国民经济行业分	**Grouped by Sector**			
农、林、牧、渔业	Farming, Forestry, Animal Husbandry and Fishery	0.31	0.40	29.0
采矿业	Minerals Mining	0.04	0.04	
制造业	Manufacturing	69.73	65.47	-6.1
电力、热力、燃气及水生产和供应业	Production and Supply of Electricity, Heat, Gas and Water	0.17	0.25	47.1
建筑业	Construction	25.03	23.66	-5.5
批发和零售业	Wholesale and Retail Trade	35.19	38.29	8.8
交通运输、仓储和邮政业	Transportation, Storage and Post Services	9.07	9.98	10.0
住宿和餐饮业	Accommodation and Catering Services	5.25	5.43	3.4
信息传输、软件和信息技术服务业	Information Transmitting, Software and Information Technology Services	9.36	11.23	20.0
金融业	Finance Intermediation	0.47	0.69	46.8
房地产业	Real Estate	6.60	7.25	9.8
租赁和商务服务业	Leasing and Business Services	12.03	14.94	24.2
科学研究和技术服务业	Scientific Research and Technical Services	9.49	11.72	23.5
水利、环境和公共设施管理业	Management for Water Conservancy, Environment and Public Facilities	0.70	0.84	20.0
居民服务、修理和其他服务业	Resident Services, Repair and Other Services	4.19	4.19	
教　育	Education	0.83	0.86	3.6
卫生和社会工作	Health Care and Social Work	0.91	0.95	4.4
文化、体育和娱乐业	Culture, Sports and Recreational Services	0.86	0.91	5.8
公共管理、社会保障和社会组织	Public Management, Social Security and Social Organizations	0.04	0.04	

4-9 城镇登记失业人员情况(2012—2016年)

Basic Statistics on Registered Unemployed Personnel in Urban Area,2012-2016

单位：万人(10 000 persons)

指　　标 Item	2012	2013	2014	2015	2016
新登记失业人数					
Number of Newly Registered Unemployed Personnel	**9.62**	**9.65**	**12.14**	**10.21**	**9.71**
# 女　性					
Female	4.85	4.58	5.48	5.37	4.20
# 由就业转失业人数					
Unemployment Turned from Employment	5.90	6.06	7.30	5.83	6.96
本期失业人员就业人数					
Newly Employed Personnel Turning from Unemployment	**9.33**	**8.36**	**11.30**	**7.66**	**9.00**
期末实有登记失业人数					
Registered Unemployed Personnel at Year-end	**20.40**	**21.69**	**22.52**	**25.08**	**25.77**
# 女　性					
Female	10.76	11.26	11.56	13.16	13.06
# 长期失业者					
Long-term Unemployed Personnel	9.08	9.13	9.02	9.02	9.03
登记失业率(%)					
Registered Unemployed Rate (%)	**3.6**	**3.6**	**3.6**	**3.5**	**3.5**

资料来源：天津市人力资源和社会保障局，表4—10、4—11同。
Source: Tianjin Municipal Human Resources & Social Security Bureau. Same as table 4-10 and table 4-11.

4-10 新增就业情况(2012—2016年)

Statistics on Newly Increased Employment,2012-2016

单位：万人(10 000 persons)

指　　标 Item	2012	2013	2014	2015	2016
新增就业人数					
Persons Newly Employed	**47.26**	**48.58**	**48.76**	**48.85**	**48.90**
失业人员					
Unemployed	10.01	10.02	10.11	10.10	10.11
# 就业困难人员					
Persons With Employment Difficulty	3.77	4.35	4.11	2.89	3.94
其他人员					
Others	37.25	38.56	38.65	38.75	38.79
# 新生劳动力					
The New Labor Force	13.66	13.77	9.85	10.64	11.64
农村转移劳动力					
Rural Immigrant Labor	7.50	7.83	7.85	7.89	7.91

4-11 职业技能培训与就业服务情况(2012—2016年)

Statistics on Vocational Skill Training and Employment Service,2012-2016

项　目 Item	2012	2013	2014	2015	2016
参加职业技能鉴定人次(人次)					
Persons Attending Vocational Technical Appraisal (person-time)	**191208**	**253806**	**230868**	**364215**	**440797**
初级工					
Junior Worker	62282	94186	92897	163889	232498
中级工					
Middle Worker	57393	81431	73440	107468	126060
高级工					
Senior Worker	46876	43036	34495	70703	63312
技　师					
Technician	15756	23168	18962	14600	10855
高级技师					
Senior Technician	8901	11985	11074	7555	8072
取得职业资格证书人数(人)					
Persons Gaining Vocational Certificate (person)	**182396**	**245144**	**216846**	**329722**	**421401**
初级工					
Junior Worker	59441	91644	88417	153874	222268
中级工					
Middle Worker	55073	79242	70055	101390	120513
高级工					
Senior Worker	45626	41837	32450	59599	60526
技　师					
Technician	15003	22404	16401	9238	10377
高级技师					
Senior Technician	7253	10017	9523	5621	7717
人力资源市场情况(万人次)					
Human Resource Market (10 000 person-times)					
进场择业洽谈人次					
Number of Person-times Entering for Interview	230.20	215.90	211.41	264.94	409.84
达成初步意向人次					
Number of Person-times Reached Initial Intent	60.83	59.01	59.78	80.18	130.59

4-12 城镇非私营单位从业人员工资总额(1996—2016年)

Total Remuneration of Employment Personnel in Urban Non-Private Units,1996-2016

单位：亿元(100 million yuan)

年 份 Year	合 计 Total	按三次产业分 Grouped by Three Industries			按登记注册类型分 Grouped by Registration Status		
		第一产业 Primary Industry	第二产业 Secondary Industry	第三产业 Tertiary Industry	国有单位 State-owned Units	集体单位 Collective-owned Units	其他单位 Others
1996	212.05	0.96	116.32	94.77	154.34	27.14	30.57
1997	223.25	1.04	118.71	103.50	160.47	26.46	36.32
1998	225.39	1.07	118.56	105.75	151.80	23.94	49.64
1999	234.42	0.97	121.53	111.92	151.93	21.25	61.23
2000	253.53	1.07	131.15	121.32	161.86	19.86	71.82
2001	277.56	1.16	137.48	138.92	176.26	16.86	84.44
2002	304.23	1.38	145.74	157.11	182.27	15.47	106.49
2003	350.60	1.32	172.76	176.53	194.80	15.49	140.32
2004	407.99	1.38	199.12	207.49	222.60	16.21	169.18
2005	458.26	1.32	219.72	237.23	247.30	16.69	194.27
2006	530.29	1.35	256.63	272.31	283.31	17.99	229.16
2007	653.05	1.66	310.10	341.29	337.13	19.71	296.21
2008	795.85	2.04	355.56	438.25	375.36	20.86	399.63
2009	886.51	2.36	393.49	490.66	389.47	14.81	482.23
2010	1051.19	2.90	456.50	591.79	456.02	17.98	577.19
2011	1462.12	2.85	796.63	662.64	530.32	32.24	899.56
2012	1778.12	2.92	936.98	838.22	606.47	34.18	1137.47
2013	2053.76	2.96	1056.37	994.43	593.71	31.64	1428.41
2014	2154.03	3.20	1081.30	1069.53	631.30	35.33	1487.40
2015	2373.07	3.70	1126.97	1242.40	675.26	32.79	1665.02
2016	2484.25	5.86	1037.39	1441.00	741.21	27.70	1715.34

注：1. 1998—2010年为劳动报酬总额。2. 2008年以前国有单位从业人员工资总额包括登记注册类型为国有独资公司的单位。下同。

Note: a) Data from 1998 to 2010 of this table refer to total wages of staff and workers. b) Total remuneration of employment personnel in state-owned units before 2008 includes figures of sole state-owned corporations. Same as following next.

4-13 城镇非私营单位从业人员平均工资(1996—2016年)

Average Remuneration of Employment Personnel in Urban Non-Private Units,1996-2016

单位：元 (yuan)

年份 Year	合计 Total	按三次产业分 Grouped by Three Industries			按登记注册类型分 Grouped by Registration Status		
		第一产业 Primary Industry	第二产业 Secondary Industry	第三产业 Tertiary Industry	国有单位 State-owned Units	集体单位 Collective-owned Units	其他单位 Others
1996	7643	5710	7131	7787	8072	4745	10522
1997	8238	6476	7691	8372	8689	5083	10599
1998	9895	7541	9778	10062	10169	6020	12818
1999	11046	8476	11000	11127	11169	6821	13601
2000	12414	9414	12259	12622	12690	7485	14317
2001	14242	10333	13503	15107	14823	8159	15263
2002	16223	12492	15432	17081	16632	9152	17449
2003	18511	13257	17772	19357	18929	10865	19424
2004	21146	15450	20398	21972	22031	12545	21421
2005	24122	15954	23370	24936	24832	14693	24583
2006	27628	17975	26711	28631	29135	17752	27081
2007	33312	23040	32051	34624	34894	21539	32814
2008	39990	28373	37685	42163	42962	25113	38673
2009	43937	31834	40588	47143	47895	29018	41806
2010	51489	40221	46615	56090	56635	37686	48557
2011	54867	46948	50477	61322	61701	35213	52489
2012	61514	52939	57146	67303	68231	40494	59326
2013	67773	55191	63171	73512	75881	41094	65797
2014	72773	62672	66253	80854	84254	44964	69763
2015	80090	68883	73154	87673	93641	47413	76632
2016	86305	68864	74653	97344	107720	48344	80417

注：1998—2010年为人均劳动报酬。

Note: Data from 1998 to 2010 refer to average wages.

4-14 城镇非私营单位从业人员工资总额

Total Remuneration of Employment Personnel in Urban Non-Private Units

单位：亿元(100 million yuan)

项目	Item	2015	2016	2016比2015年增长(%) Increase Rate in 2016 over 2015(%)
总计	**Total**	**2373.07**	**2484.25**	**4.7**
按登记注册类型分	**Grouped by Registration Status**			
国有单位	State-owned Units	675.26	741.21	9.8
集体单位	Collective-owned Units	32.79	27.70	-15.5
其他单位	Others	1665.02	1715.34	3.0
# 外商及港澳台商投资单位	Units with Funds from Foreign Countries, Hong Kong, Macao & Taiwan	647.09	626.18	-3.2
股份有限公司	Share Holding Corporations Ltd.	260.67	279.96	7.4
按国民经济行业分	**Grouped by Sector**			
农、林、牧、渔业	Farming, Forestry, Animal Husbandry and Fishery	3.70	5.86	58.4
采矿业	Minerals Mining	70.17	42.28	-39.7
制造业	Manufacturing	812.20	740.87	-8.8
电力、热力、燃气及水生产和供应业	Production and Supply of Electricity, Heat, Gas and Water	52.17	54.09	3.7
建筑业	Construction	192.43	200.15	4.0
批发和零售业	Wholesale and Retail Trade	119.62	139.13	16.3
交通运输、仓储和邮政业	Transportation, Storage and Post Services	131.86	134.57	2.1
住宿和餐饮业	Accommodation and Catering Services	21.69	22.57	4.1
信息传输、软件和信息技术服务业	Information Transmitting, Software and Information Technology Services	57.59	67.12	16.5
金融业	Finance Intermediation	125.31	169.29	35.1
房地产业	Real Estate	56.53	67.82	20.0
租赁和商务服务业	Leasing and Business Services	61.11	76.89	25.8
科学研究和技术服务业	Scientific Research and Technical Services	140.37	149.59	6.6
水利、环境和公共设施管理业	Management for Water Conservancy, Environment and Public Facilities	32.07	37.00	15.4
居民服务、修理和其他服务业	Resident Services, Repair and Other Services	43.43	40.22	-7.4
教育	Education	175.02	206.34	17.9
卫生和社会工作	Health Care and Social Work	101.34	115.16	13.6
文化、体育和娱乐业	Culture, Sports and Recreational Services	19.74	23.94	21.3
公共管理、社会保障和社会组织	Public Management, Social Security and Social Organizations	156.72	191.36	22.1
按企业、事业、机关分	**Grouped by Enterprise, Institution and Government Agency**			
# 企业	Enterprises	1871.15	1897.60	1.4
中央	Central	334.70	362.66	8.4
地方	Local	1536.45	1534.94	-0.1
# 国有	State-owned	104.85	103.08	-1.7
# 事业	Institutions	354.31	404.91	14.3
中央	Central	23.11	28.35	22.7
地方	Local	331.20	376.56	13.7
# 机关	Government Agencies	138.76	166.37	19.9
中央	Central	10.91	12.80	17.3
地方	Local	127.85	153.57	20.1

4-15 城镇非私营单位从业人员平均工资

Average Remuneration of Employment Personnel in Urban Non-Private Units

单位：元(yuan)

项　目	Item	2015	2016	2016比2015年增长(%) Increase Rate in 2016 over 2015(%)
总　计	**Total**	**80090**	**86305**	**7.8**
按登记注册类型分	**Grouped by Registration Status**			
国有单位	State-owned Units	93641	107720	15.0
集体单位	Collective-owned Units	47413	48344	2.0
其他单位	Others	76632	80417	4.9
# 外商及港澳台商投资单位	Units with Funds from Foreign Countries, Hong Kong, Macao & Taiwan	75848	82436	8.7
股份有限公司	Share Holding Corporations Ltd.	81254	101976	25.5
按国民经济行业分	**Grouped by Sector**			
农、林、牧、渔业	Farming, Forestry, Animal Husbandry and Fishery	68883	68864	
采矿业	Minerals Mining	105647	94379	-10.7
制造业	Manufacturing	71931	73550	2.3
电力、热力、燃气及水生产和供应业	Production and Supply of Electricity, Heat, Gas and Water	116003	125996	8.6
建筑业	Construction	64141	67943	5.9
批发和零售业	Wholesale and Retail Trade	66710	75098	12.6
交通运输、仓储和邮政业	Transportation, Storage and Post Services	89389	91615	2.5
住宿和餐饮业	Accommodation and Catering Services	39538	43403	9.8
信息传输、软件和信息技术服务业	Information Transmitting, Software and Information Technology Services	134331	137440	2.3
金融业	Finance Intermediation	112059	117489	4.8
房地产业	Real Estate	76842	84337	9.8
租赁和商务服务业	Leasing and Business Services	75266	83380	10.8
科学研究和技术服务业	Scientific Research and Technical Services	123312	128067	3.9
水利、环境和公共设施管理业	Management for Water Conservancy, Environment and Public Facilities	77459	82499	6.5
居民服务、修理和其他服务业	Resident Services, Repair and Other Services	39631	41777	5.4
教　育	Education	97847	115539	18.1
卫生和社会工作	Health Care and Social Work	105452	115367	9.4
文化、体育和娱乐业	Culture, Sports and Recreational Services	87264	111368	27.6
公共管理、社会保障和社会组织	Public Management, Social Security and Social Organizations	95834	110749	15.6
按企业、事业、机关分	**Grouped by Enterprise, Institution and Government Agency**			
企　业	Enterprises	76423	80412	5.2
中　央	Central	99387	107807	8.5
地　方	Local	72765	75857	4.2
# 国　有	State-owned	66694	70688	6.0
事　业	Institutions	98908	113911	15.2
中　央	Central	110896	136265	22.9
地　方	Local	98167	112521	14.6
机　关	Government Agencies	97445	117437	20.5
中　央	Central	90920	112736	24.0
地　方	Local	98046	117846	20.2

4-16 城镇非私营单位在岗职工工资总额

Total Remuneration of On-post Staff and Workers in Urban Non-Private Units

单位：亿元 (100 million yuan)

项　目	Item	2015	2016	2016比2015年增长(%) Increase Rate in 2016 over 2015(%)
总　计	**Total**	**2277.96**	**2385.51**	**4.7**
按登记注册类型分	**Grouped by Registration Status**			
国有单位	State-owned Units	657.75	723.63	10.0
集体单位	Collective-owned Units	31.07	26.22	-15.6
其他单位	Others	1589.14	1635.66	2.9
# 外商及港澳台商投资单位	Units with Funds from Foreign Countries, Hong Kong, Macao & Taiwan	617.66	599.25	-3.0
股份有限公司	Share Holding Corporations Ltd.	241.34	256.65	6.3
按国民经济行业分	**Grouped by Sector**			
农、林、牧、渔业	Farming, Forestry, Animal Husbandry and Fishery	3.57	5.74	60.8
采矿业	Minerals Mining	69.79	41.95	-39.9
制造业	Manufacturing	785.84	717.44	-8.7
电力、热力、燃气及水生产和供应业	Production and Supply of Electricity, Heat, Gas and Water	51.68	53.40	3.3
建筑业	Construction	178.46	186.09	4.3
批发和零售业	Wholesale and Retail Trade	115.35	134.96	17.0
交通运输、仓储和邮政业	Transportation, Storage and Post Services	130.09	132.53	1.9
住宿和餐饮业	Accommodation and Catering Services	19.62	20.53	4.6
信息传输、软件和信息技术服务业	Information Transmitting, Software and Information Technology Services	56.51	66.39	17.5
金融业	Finance Intermediation	109.27	146.41	34.0
房地产业	Real Estate	54.74	65.81	20.2
租赁和商务服务业	Leasing and Business Services	58.46	73.48	25.7
科学研究和技术服务业	Scientific Research and Technical Services	132.98	145.02	9.1
水利、环境和公共设施管理业	Management for Water Conservancy, Environment and Public Facilities	29.34	34.36	17.1
居民服务、修理和其他服务业	Resident Services, Repair and Other Services	41.41	37.25	-10.0
教　育	Education	171.65	202.98	18.3
卫生和社会工作	Health Care and Social Work	97.92	111.64	14.0
文化、体育和娱乐业	Culture, Sports and Recreational Services	18.53	22.30	20.3
公共管理、社会保障和社会组织	Public Management, Social Security and Social Organizations	152.75	187.23	22.6

4-17 城镇非私营单位在岗职工平均工资

Average Remuneration of On-post Staff and Workers In Urban Non-Private Units

单位：元(yuan)

项　目	Item	2015	2016	2016比2015年增长(%) Increase Rate in 2016 over 2015(%)
总　计	**Total**	**81486**	**87806**	**7.8**
按登记注册类型分	**Grouped by Registration Status**			
国有单位	State-owned Units	97522	112231	15.1
集体单位	Collective-owned Units	48366	49253	1.8
其他单位	Others	77262	81022	4.9
# 外商及港澳台商投资单位	Units with Funds from Foreign Countries, Hong Kong, Macao & Taiwan	77447	80851	4.4
股份有限公司	Share Holding Corporations Ltd.	104775	109425	4.4
按国民经济行业分	**Grouped by Sector**			
农、林、牧、渔业	Farming, Forestry, Animal Husbandry and Fishery	71764	70814	-1.3
采矿业	Minerals Mining	106609	95662	-10.3
制造业	Manufacturing	70773	72434	2.3
电力、热力、燃气及水生产和供应业	Production and Supply of Electricity, Heat, Gas and Water	118402	130000	9.8
建筑业	Construction	66564	69817	4.9
批发和零售业	Wholesale and Retail Trade	66584	75430	13.3
交通运输、仓储和邮政业	Transportation, Storage and Post Services	90316	92570	2.5
住宿和餐饮业	Accommodation and Catering Services	45040	49174	9.2
信息传输、软件和信息技术服务业	Information Transmitting, Software and Information Technology Services	132742	136867	3.1
金融业	Finance Intermediation	137683	135623	-1.5
房地产业	Real Estate	78944	87262	10.5
租赁和商务服务业	Leasing and Business Services	76376	84461	10.6
科学研究和技术服务业	Scientific Research and Technical Services	126712	130761	3.2
水利、环境和公共设施管理业	Management for Water Conservancy, Environment and Public Facilities	86860	90654	4.4
居民服务、修理和其他服务业	Resident Services, Repair and Other Services	39889	41920	5.1
教　育	Education	101395	118876	17.2
卫生和社会工作	Health Care and Social Work	109584	119822	9.3
文化、体育和娱乐业	Culture, Sports and Recreational Services	89569	111446	24.4
公共管理、社会保障和社会组织	Public Management, Social Security and Social Organizations	100204	115266	15.0

4-18 城镇非私营单位其他从业人员工资总额

Total Remuneration of Other Employment Personnel in Urban Non-Private Units

单位：亿元(100 million yuan)

项　目	Item	2015	2016	2016比2015年增长(%) Increase Rate in 2016 over 2015(%)
总　计	**Total**	**95.10**	**98.74**	**3.8**
按登记注册类型分	**Grouped by Registration Status**			
国有单位	State-owned Units	17.51	17.58	0.4
集体单位	Collective-owned Units	1.71	1.48	-13.5
其他单位	Others	75.88	79.68	5.0
# 外商及港澳台商投资单位	Units with Funds from Foreign Countries, Hong Kong, Macao & Taiwan	29.42	26.93	-8.5
股份有限公司	Share Holding Corporations Ltd.	19.33	23.31	20.6
按国民经济行业分	**Grouped by Sector**			
农、林、牧、渔业	Farming, Forestry, Animal Husbandry and Fishery	0.12	0.12	
采矿业	Minerals Mining	0.38	0.33	-13.2
制造业	Manufacturing	26.36	23.43	-11.1
电力、热力、燃气及水生产和供应业	Production and Supply of Electricity, Heat, Gas and Water	0.49	0.69	40.8
建筑业	Construction	13.97	14.06	0.6
批发和零售业	Wholesale and Retail Trade	4.27	4.17	-2.3
交通运输、仓储和邮政业	Transportation, Storage and Post Services	1.76	2.04	15.9
住宿和餐饮业	Accommodation and Catering Services	2.07	2.04	-1.4
信息传输、软件和信息技术服务业	Information Transmitting, Software and Information Technology Services	1.08	0.73	-32.4
金融业	Finance Intermediation	16.04	22.88	42.6
房地产业	Real Estate	1.80	2.01	11.7
租赁和商务服务业	Leasing and Business Services	2.64	3.41	29.2
科学研究和技术服务业	Scientific Research and Technical Services	7.39	7.00	-38.2
水利、环境和公共设施管理业	Management for Water Conservancy, Environment and Public Facilities	2.73	2.64	-3.3
居民服务、修理和其他服务业	Resident Services, Repair and Other Services	2.02	2.97	47.0
教　育	Education	3.37	3.36	-0.3
卫生和社会工作	Health Care and Social Work	3.44	3.52	2.3
文化、体育和娱乐业	Culture, Sports and Recreational Services	1.21	1.64	34.5
公共管理、社会保障和社会组织	Public Management, Social Security and Social Organizations	3.96	4.13	4.3

4-19 城镇非私营单位其他从业人员平均工资

Average Remuneration of Other Employment Personnel in Urban Non-Private Units

单位：元(yuan)

项 目	Item	2015	2016	2016比2015年增长(%) Increase Rate in 2016 over 2015(%)
总 计	**Total**	**56787**	**60178**	**6.0**
按登记注册类型分	**Grouped by Registration Status**			
国有单位	State-owned Units	37532	40590	8.1
集体单位	Collective-owned Units	34916	36415	4.3
其他单位	Others	65461	69721	6.5
# 外商及港澳台商投资单位	Units with Funds from Foreign Countries, Hong Kong, Macao & Taiwan	155816	146242	-6.1
股份有限公司	Share Holding Corporations Ltd.	51632	58292	12.9
按国民经济行业分	**Grouped by Sector**			
农、林、牧、渔业	Farming, Forestry, Animal Husbandry and Fishery	31897	29757	-6.7
采矿业	Minerals Mining	39699	34381	-13.4
制造业	Manufacturing	140380	139170	-0.9
电力、热力、燃气及水生产和供应业	Production and Supply of Electricity, Heat, Gas and Water	36724	37236	1.4
建筑业	Construction	43781	50129	14.5
批发和零售业	Wholesale and Retail Trade	70328	65729	-6.5
交通运输、仓储和邮政业	Transportation, Storage and Post Services	50850	54805	7.8
住宿和餐饮业	Accommodation and Catering Services	18346	19874	8.3
信息传输、软件和信息技术服务业	Information Transmitting, Software and Information Technology Services	361312	222532	-38.4
金融业	Finance Intermediation	49408	63326	28.2
房地产业	Real Estate	42433	40226	-5.2
租赁和商务服务业	Leasing and Business Services	56950	65365	14.8
科学研究和技术服务业	Scientific Research and Technical Services	83165	77493	-6.8
水利、环境和公共设施管理业	Management for Water Conservancy, Environment and Public Facilities	35817	38007	6.1
居民服务、修理和其他服务业	Resident Services, Repair and Other Services	35003	40065	14.5
教 育	Education	35178	42925	22.0
卫生和社会工作	Health Care and Social Work	50874	52966	4.1
文化、体育和娱乐业	Culture, Sports and Recreational Services	62564	110311	76.3
公共管理、社会保障和社会组织	Public Management, Social Security and Social Organizations	35751	39882	11.6

主要统计指标解释

劳动力资源

指在劳动年龄内，具有劳动能力，在正常情况下，可能或实际参加社会劳动的总人口数。具体的范围是：劳动年龄内(16 周岁及以上)，有劳动能力、实际参加社会劳动和未参加社会劳动的人员。

社会从业人员

指在劳动年龄内，有劳动能力，参加社会劳动取得劳动报酬或经营收入的人员。具体指非私营城镇单位从业人员，乡镇企业从业人员，乡村农林牧渔劳动者，私营、个体雇员，私营、个体雇主以及其他从业人员。从空间范围上讲社会从业人员既包括城镇中的从业人员，又包括乡村中的从业人员。

城镇非私营单位从业人员

指在各类法人单位工作，并由单位支付劳动报酬的人员，包括在岗职工和其他从业人员。

在岗职工　是指在本单位工作且与本单位签订劳动合同，并由单位支付各项工资和社会保险、住房公积金的人员，以及上述人员中由于学习、病伤产假等原因暂未工作，仍由单位支付工资的人员。为准确反映行业用工情况，从 2011 年起，将在岗职工中的劳务派遣人员进行了单独统计。

其他从业人员　是指除在岗职工以外，实际参加本单位生产或工作并从本单位取得劳动报酬的人员。具体包括：非全日制人员、聘用的正式离退休人员、兼职人员和第二职业者，以及在本单位工作的外籍和港澳台方人员。

城镇私营和个体从业人员

指在工商管理部门注册登记，其经营地址设在县城关镇(含城关镇)以上的私营企业从业人员；包括私营企业投资者和雇工。

城镇个体从业人员指在工商管理部门注册登记，并持有城镇户口或在城镇长期居住，经批准从事个体工商经营的从业人员；包括个体经营者和在个体工商户劳动的家庭帮工和雇工。

城镇登记失业人员

指有非农业户口，在一定的劳动年龄（16 岁至退休年龄）内，有劳动能力，无业且要求就业，并在当地劳动保障机构进行求职登记的人员。

城镇登记失业率

指报告期末城镇登记失业人数占期末从业人员总数与期末实有城镇登记失业人数之和的比重。计算公式：

$$城镇登记失业率=\frac{期末实有城镇登记失业人数}{期末从业人员总数+期末实有城镇失业人数}\times 100\%$$

工资总额

根据《关于工资总额组成的规定》，工资总额是指本单位在报告期内（季度或年度）直接支付给本单位人员的劳动报酬总额。

工资总额由基本工资、绩效工资、工资性津贴和补贴、其他工资四部分组成。工资总额不包括病假、事假等情况的扣款。

基本工资　也可称为标准工资、合同工资、谈判工资。指本单位在报告期内（季度或年度）支付给本单位就业人员的按照法定工作时间提供正常工作的劳动报酬。各单位给个人确定的底薪可作为基本工资。包括工龄工资（年功工资）。基本工资不含定时、定额发放的各种奖金、各种津贴和补贴、加班工资，也不包括补发的上一季度或上一年度的基础工资。

绩效工资　也可称为效益工资、业绩工资。指根据本单位利润增长和工作业绩定期支付给本单位就业人员的奖金；支付给本单位从业人员的超额劳动报酬和增收节支的劳动报酬。具体包括：值加班工资、绩效奖金（如年度、季度、月度等）、全勤奖、生产奖、节约奖、劳动竞赛奖和其他名目的奖金；以及某工作事项完成后的提成工资、年底双薪等。但不包括入股分红、股权激励兑现的钱和各种资本性收益。

工资性津贴和补贴　指本单位制定的员工相关工资政策中，为补偿本单位就业人员特殊或额外的劳动消耗和因其他特殊原因支付的津贴，以及为保证其工资水平不受物价影响而支付的物价补贴。具体包括：补偿特殊或额外劳动消耗的津贴及岗位性津贴、保健性津贴、技术性津贴、地区津贴和其他津贴；如过节费、通讯补贴、交通补贴、不休假补贴、无食堂补贴、单位发的可自行支配的住房补贴以及上的各种商业性保险等。上述各种项目均包括货币性质的，也包括实物性质的和各种形式的充值卡、购物卡（券）等。

其他工资　指上述基本工资、绩效工资、工资性津贴和补贴三类工资均不能包括的发给就业人员的工资，如补发上一年度的工资等。

平均工资

是指从业人员在报告期内平均每人所得工资额。计算公式为：

$$平均工资=\frac{从业人员工资总额}{从业人员年平均人数}$$

Explanatory Notes on Main Statistical Indicators

Labour Force

refer to the number of population at working ages (aged 16 and over) who have capacity for physical labour, have engaged in social labour or not.

Employment Personnel

refer to the persons aged 16 and over who are engaged in social labour and receive remuneration payment or earn business income, including employment personnel worked in non-private units in urban areas, employment personnel worked in township enterprises, rural labour engaged in farming, forestry, animal husbandry and fishery, employees in private enterprises and individual economy, employers of private enterprises and individual economy and other employment personnel. Social employment personnel include not only those in urban areas, but also those in rural areas.

Emplayment Personel in Urban Non-private Units

refers to the persons who work in various legal person units and receive payment from the units, including on-post staff and workers and other employment personnel.

On-post Staff and Workers refer to staff and workers working in the units, signed working contracts and received wages, social insurance and housing fund, including those receive wages from units but are temporarily absent from work for reasons of study, work or on sick, injury or maternal leave. In order to accurately reflect the employment situation of the industry, from 2011 onwards, we have carried out separate statistics of the labor dispatch personnel in the on-post staff and workers.

Other Employment Personnel refer to the personnel out of on-post staff and workers, which are working in the units and receiving wages or other forms of payment, including part-time staff, re-employed retirees, employees holding the second job, and foreigners and Chinese compatriots from Hong Kong, Macao, and Taiwan working in the units.

Employment Personnel in Private Enterprises and Individual Economy in Urban Area

refer to the employment personnel in the private enterprises which have been registered at the departments of industrial and commercial administration and are situated at a town (i.e. at the town where the county government is located) for business operation or at urban areas with the level higher than a county town, including investor of the enterprises and persons employed.

The individual economy in urban areas refer to persons who hold the certificates of residence in urban areas or have resided in the urban areas for a long time and have been registered at the departments of industrial and commercial administration and approved to be engaged in individual industrial or commercial business, including self-employed persons as well as helpers and hired labourers who work in the individual households engaged in industrial or commercial business.

Registered Unemployed Personnel in Urban Area

refer to the persons who are registered as permanent residents in the urban areas engaged in non-agricultural activities, aged within the range of working age (16-retired age), capable to labour, unemployed but desirous to be employed and have been registered at the local employment service agencies to apply for a job.

Registered Unemployed Rate in Urban Area

refers to the ratio of the number of the registered unemployed persons to the sum of the number of employed persons and the registered unemployed persons. The formula is as follows:

$$\textit{Registered Urban Unemployment Rate} = \frac{\textit{Number of Urban Registered Unemployed Persons}}{\textit{Urban Employed Persons} + \textit{Number of Urban Registered Unemployed Persons}} \times 100\%$$

Total Remuneration

It is revised according to the *Provisions on the Composition of Total Wages* refers to the total remuneration payment to all employed persons in various units during the reporting period (by quarter or by year).

Total remuneration consist of basic salary, performance pay, wage-equivalent subsidy and other wages, excluding the deduction of sick leave, personal leave and others.

Salary can also be called as the standard wage, contract wage or negotiation wage. It refers to the remuneration payment to the employed persons in the units, who provide normal work in accordance with the statutory working hours during the reporting period (by quarter or by year). Basic wage is the basic salary determined by the unit, including the seniority wage, excluding the timing and fixed payment of bonuses, allowances and subsidies, overtime wages, and the basic wages of the last quarter or last year.

Performance Pay can also be called as the benefit wage or achievement wage. It refers to the bonuses payment to the employed persons according to the unit profit growth and work performance, the excess labor remuneration and remuneration of increasing revenue and reducing expenditure paid to the employed persons. It includes the duty wage, overtime wage, performance bonus (the annual, quarterly, monthly), full attendance award, production award, economy award, labor contest award and other awards, the percentage wage after the completion of a work and the double pay in the end, but does not include the bonus shares, equity incentive cash money and other capital gains.

Wage-equivalent Subsidy refer to according to the employee wage policy of the unit, the allowance of compensating for the employed persons of special or extra labor and paying for other special reasons, and the price subsidies for ensuring that the wage level is not affected by the price. It includes the allowance of compensating for special or extra labor and post allowance, health care allowance, technical allowance, area allowance and other allowance, such as festival bonus, communication subsidy, traffic subsidy, holiday subsidy, no canteen subsidy, housing subsidy and various commercial insurance. All the above items include money, real objects and various forms of recharge cards and shopping cards (tickets).

Other Wages refer to the wages paid to the employed persons that not included in the basic Salary, performance pay, wage-equivalent subsidy, such as the reissue salary of the last year.

Average Wage

refer to the average per capita income wage in report period. The formula is as follows:

$$\text{average Wage} = \frac{\text{the total remuneration of the employment personnel}}{\text{the average number of employment personnel}}$$

第五篇　固定资产投资和房地产

Chapter 5　Investment in Fixed Assets and Real Estate

5-1 主要年份全社会固定资产投资

Total Investment in Fixed Assets in Main Years

单位：亿元(100 million yuan)

指　标	Item	2005	2010	2015	2016
投资总额	**Total Investment**	**1516.84**	**6511.42**	**13065.18**	**14629.22**
按登记注册类型分	**Grouped by Registered Status**				
内资企业	Domestic-funded Enterprises	1276.27	6020.36	12316.84	13648.23
国　有	State-owned Enterprises	422.99	2582.90	3175.04	2093.53
集　体	Collective-owned Enterprises	120.85	360.33	737.04	511.51
股份合作	Cooperative Enterprises	13.08	25.33	45.80	13.22
私营企业	Private Enterprises	140.34	532.07	3192.39	3756.98
股份有限公司	Share Holding Corporations Ltd.	166.68	479.69	423.13	465.08
有限责任公司	Limited Liability Corporations	380.28	1948.34	4199.03	6262.04
# 国有独资公司	Sole State-funded Corporations	194.04	401.01	279.32	421.11
联营企业	Joint Ownership Enterprises	12.22	20.45	98.27	55.64
# 国有联营	State Joint Ownership Enterprises	9.96	7.32	4.56	0.39
其　他	Others	19.83	71.25	446.14	490.23
港、澳、台商投资企业	Enterprises with Investment from Hong Kong, Macao and Taiwan	49.65	168.53	346.85	489.88
外商投资企业	Foreign Funded Enterprises	161.63	296.17	375.65	435.68
个体经济	Individuals	29.29	26.36	25.84	55.43
按隶属关系分	**Grouped by Administrative Relationship**				
中　央	Central Government	227.99	749.29	792.82	672.33
地　方	Local Government	1288.85	5762.13	12272.36	13956.89
按构成分	**Grouped by Composition of Use**				
建筑工程	Construction	852.60	3602.65	7518.52	8086.34
安装工程	Installation	75.59	281.52	879.90	1062.37
设备工器具购置	Purchases of Equipment and Instruments	316.10	1213.53	2292.41	2875.78
其他费用	Others	272.55	1413.72	2374.35	2604.73
按三次产业分	**Grouped by Industry**				
第一产业	Primary Industry	13.71	95.37	235.78	289.15
第二产业	Secondary Industry	614.63	2945.99	5134.03	3940.48
第三产业	Tertiary Industry	888.50	3470.06	7695.37	10399.59

注：2011年起固定资产投资统计起点由原来50万元调整为500万元，下表同。

Note: The coverage of investment in fixed assets change from 0.5 million yuan to 5 million yuan from 2011. Same as following next.

5-2 全社会固定资产投资(2000—2016年)

Total Investment in Fixed Assets,2000-2016

单位：亿元(100 million yuan)

年 份 Year	总 计 Total	固定资产投资(不含农户) Non-agricultural	# 房地产开发 Real Estate Development	农 户 Agricultural
固定资产投资 **Investment in Fixed Assets**				
2000	608.80	595.70	133.93	13.10
2001	705.10	688.70	161.27	16.40
2002	811.26	791.25	175.84	20.01
2003	1046.72	1023.86	211.39	22.86
2004	1258.98	1231.78	263.92	27.20
2005	1516.84	1487.55	327.54	29.29
2006	1849.80	1819.80	402.32	30.00
2007	2388.63	2355.92	505.30	32.71
2008	3404.10	3370.95	653.72	33.15
2009	5006.32	4977.32	735.18	29.00
2010	6511.42	6485.06	866.64	26.36
2011	7510.67	7483.69	1080.04	26.98
2012	8871.31	8849.79	1260.00	21.52
2013	10121.21	10091.04	1480.82	30.17
2014	11654.09	11626.27	1699.65	27.82
2015	13065.18	13047.76	1871.55	17.42
2016	14629.22	14606.19	2300.01	23.03
新增固定资产 **Newly Increased Fixed Assets**				
2000	434.28	427.14	102.11	7.14
2001	476.92	460.52	99.62	16.40
2002	537.98	517.97	112.09	20.01
2003	656.99	634.13	155.38	22.86
2004	696.56	669.36	94.79	27.20
2005	847.79	820.98	265.97	26.81
2006	1423.73	1393.73	396.10	30.00
2007	1302.95	1272.17	506.91	30.78
2008	1873.10	1842.20	504.29	30.90
2009	2574.48	2546.39	609.89	28.09
2010	3296.45	3270.27	736.06	26.18
2011	3666.76	3641.21	1226.25	25.55
2012	4464.90	4443.25	1066.49	21.65
2013	5852.86	5822.69	1308.04	30.17
2014	6614.94	6587.12	1061.31	27.82
2015	8126.67	8109.25	1167.32	17.42
2016	9323.11	9300.08	1286.60	23.03

5-3 按行业分全社会固定资产投资

Total Investment in Fixed Assets by Sector

单位：亿元(100 million yuan)

行　业 Sector	2015	2016	2016比2015年增长(%) Increase Rate in 2016 over 2015(%)
总　计 **Total**	**13065.18**	**14629.22**	**12.0**
农、林、牧、渔业 Farming, Forestry, Animal Husbandry and Fishery	235.78	332.79	41.1
采矿业 Minerals Mining	291.74	161.79	-44.5
制造业 Manufacturing	4308.74	3309.30	-23.2
电力、热力、燃气及水生产和供应业 Production and Supply of Electricity, Heat, Gas and Water	480.74	357.82	-25.6
建筑业 Construction	52.81	131.04	148.2
批发和零售业 Wholesale and Retail Trade	471.45	868.67	84.3
交通运输、仓储和邮政业 Transportation, Storage and Post Services	860.77	787.50	-8.5
住宿和餐饮业 Accommodation and Catering Services	82.69	67.97	-17.8
信息传输、软件和信息技术服务业 Information Transmitting, Software and Information Technology Services	171.37	173.61	1.3
金融业 Finance Intermediation	31.00	21.24	-31.5
房地产业 Real Estate	3085.31	3343.09	8.4
租赁和商务服务业 Leasing and Business Services	744.95	2574.28	245.6
科学研究和技术服务业 Scientific Research and Technical Services	104.50	306.27	193.1
水利、环境和公共设施管理业 Management for Water Conservancy, Environment and Public Facilities	1638.85	1662.01	1.4
居民服务、修理和其他服务业 Resident Services, Repair and Other Services	85.45	172.48	101.9
教　育 Education	176.59	140.38	-20.5
卫生和社会工作 Health Care and Social Work	88.66	55.68	-37.2
文化、体育和娱乐业 Culture, Sports and Recreational Services	95.65	119.69	25.1
公共管理、社会保障和社会组织 Public Management, Social Security and Social Organizations	58.12	43.61	-25.0

5–4 按行业分全社会民间固定资产投资

Total Private Investment in Fixed Assets by Sector

单位：亿元(100 million yuan)

行业 Sector	2015	2016	2016比2015年增长(%) Increase Rate in 2016 over 2015(%)
总计 **Total**	**7588.90**	**8167.98**	**7.6**
农、林、牧、渔业 Farming, Forestry, Animal Husbandry and Fishery	202.94	274.96	35.5
采矿业 Minerals Mining	21.76	3.92	-82.0
制造业 Manufacturing	3333.63	2837.41	-14.9
电力、热力、燃气及水生产和供应业 Production and Supply of Electricity, Heat, Gas and Water	112.86	88.43	-21.6
建筑业 Construction	47.02	82.33	75.1
批发和零售业 Wholesale and Retail Trade	430.30	785.81	82.6
交通运输、仓储和邮政业 Transportation, Storage and Post Services	220.53	266.83	21.0
住宿和餐饮业 Accommodation and Catering Services	68.97	66.79	-3.2
信息传输、软件和信息技术服务业 Information Transmitting, Software and Information Technology Services	57.15	130.89	129.0
金融业 Finance Intermediation	11.71	11.65	-0.5
房地产业 Real Estate	1611.03	1610.96	
租赁和商务服务业 Leasing and Business Services	595.98	944.81	58.5
科学研究和技术服务业 Scientific Research and Technical Services	86.01	233.91	172.0
水利、环境和公共设施管理业 Management for Water Conservancy, Environment and Public Facilities	567.68	539.68	-4.9
居民服务、修理和其他服务业 Resident Services, Repair and Other Services	58.53	150.22	156.6
教育 Education	70.63	36.35	-48.5
卫生和社会工作 Health Care and Social Work	17.60	17.46	-0.8
文化、体育和娱乐业 Culture, Sports and Recreational Services	46.82	62.80	34.1
公共管理、社会保障和社会组织 Public Management, Social Security and Social Organizations	27.77	22.75	-18.1

5-5 按行业分全社会新增固定资产

Total Investment in Newly Increased Fixed Assets by Sector

单位：亿元(100 million yuan)

行　业 Sector	2015	2016	2016比2015年增长(%) Increase Rate in 2016 over 2015(%)
总　计 **Total**	**8126.67**	**9323.11**	**14.7**
农、林、牧、渔业 Farming, Forestry, Animal Husbandry and Fishery	213.39	256.49	20.2
采矿业 Minerals Mining	28.88	101.90	252.9
制造业 Manufacturing	2946.82	2265.76	-23.1
电力、热力、燃气及水生产和供应业 Production and Supply of Electricity, Heat, Gas and Water	183.58	147.53	-19.6
建筑业 Construction	38.87	102.89	164.7
批发和零售业 Wholesale and Retail Trade	448.24	641.76	43.2
交通运输、仓储和邮政业 Transportation, Storage and Post Services	390.76	331.02	-15.3
住宿和餐饮业 Accommodation and Catering Services	87.09	60.63	-30.4
信息传输、软件和信息技术服务业 Information Transmitting, Software and Information Technology Services	103.42	132.21	27.8
金融业 Finance Intermediation	14.30	13.41	-6.2
房地产业 Real Estate	1937.06	1570.72	-18.9
租赁和商务服务业 Leasing and Business Services	367.66	2382.49	548.0
科学研究和技术服务业 Scientific Research and Technical Services	82.48	183.13	122.0
水利、环境和公共设施管理业 Management for Water Conservancy, Environment and Public Facilities	972.06	819.95	-15.6
居民服务、修理和其他服务业 Resident Services, Repair and Other Services	81.15	154.12	89.9
教　育 Education	65.03	62.64	-3.7
卫生和社会工作 Health Care and Social Work	68.12	27.25	-60.0
文化、体育和娱乐业 Culture, Sports and Recreational Services	54.59	39.94	-26.8
公共管理、社会保障和社会组织 Public Management, Social Security and Social Organizations	43.18	29.27	-32.2

5-6 固定资产投资及新增固定资产(不含农户)

Investment in Fixed Assets and Newly Increased Fixed Assets(Non-agricultural)

单位：亿元(100 million yuan)

项 目	Item	2015	2016	2016比2015年增长(%) Increase Rate in 2016 over 2015(%)
固定资产投资	**Total Investment in Fixed Assets**	**13047.76**	**14606.19**	**11.9**
按三次产业分	**Grouped by Industry**			
第一产业	Primary Industry	192.01	289.15	50.6
第二产业	Secondary Industry	5119.90	3940.48	-23.0
第三产业	Tertiary Industry	7735.85	10376.56	34.1
按隶属关系分	**Grouped by Administrative Relationship**			
中 央	Central Government	792.82	672.33	-15.2
地 方	Local Government	12254.94	13933.86	13.7
按建设性质分	**Grouped by Type of Construction**			
# 新 建	New Construction	7359.39	7213.46	-2.0
改、扩建及其他	Expansion, Reconstruction and Others	3816.82	5092.72	33.4
按构成分	**Grouped by Composition of Use**			
建筑工程	Construction	7507.18	8074.09	7.6
安装工程	Installation	879.90	1062.37	20.7
设备工器具购置	Purchases of Equipment and Instruments	2287.04	2866.43	25.3
其他费用	Others	2373.64	2603.30	9.7
按登记注册类型分	**Grouped by Registered Status**			
内资企业	Domestic-funded Enterprises	12316.84	13648.24	10.8
国 有	State-owned Enterprises	3175.04	2093.53	-34.1
集 体	Collective-owned Enterprises	737.04	511.52	-30.6
股份合作	Cooperative Enterprises	45.80	13.22	-71.1
私营企业	Private Enterprises	3192.39	3756.98	17.7
股份有限公司	Share Holding Corporations Ltd.	423.13	465.08	9.9
有限责任公司	Limited Liability Corporations	4199.03	6262.04	49.1
# 国有独资公司	Sole State-funded Corporations	279.32	421.11	50.8
联营企业	Joint Ownership Enterprises	98.27	55.64	-43.4
# 国有联营	State Joint Ownership Enterprises	4.56	0.39	-91.5
其 他	Others	446.14	490.23	9.9
港、澳、台商投资企业	Enterprises with Investment from Hong Kong, Macao and Taiwan	346.85	489.88	41.2
外商投资企业	Foreign Funded Enterprises	375.65	435.68	16.0
个体经营	Self-employed Enterprises	8.42	32.40	284.9
新增固定资产	**Newly Increased Fixed Assets**	**8109.26**	**9300.08**	**14.7**
第一产业	Primary Industry	180.62	221.38	22.6
第二产业	Secondary Industry	3184.61	2607.17	-18.1
第三产业	Tertiary Industry	4744.02	6471.54	36.4
固定资产交付使用率(%)	**Rate of Fixed Assets Put into Use (%)**	**62.2**	**63.7**	

注：表中按建设性质分组数据不含房地产开发投资。
Note: Investment grouped by type of construction of this table excludes real estate development.

5-7 按行业分固定资产投资(不含农户)

Investment in Fixed Assets by Sector(Non-agricultural)

单位：亿元(100 million yuan)

行业 Sector	2015	2016	2016比2015年增长(%) Increase Rate in 2016 over 2015(%)
总计 **Total**	**13047.76**	**14606.19**	**11.9**
农、林、牧、渔业 Farming, Forestry, Animal Husbandry and Fishery	234.25	329.55	40.7
采矿业 Minerals Mining	291.74	161.80	-44.5
制造业 Manufacturing	4303.04	3307.96	-23.1
电力、热力、燃气及水生产和供应业 Production and Supply of Electricity, Heat, Gas and Water	480.74	357.82	-25.6
建筑业 Construction	52.63	130.64	148.3
批发和零售业 Wholesale and Retail Trade	470.51	868.21	84.5
交通运输、仓储和邮政业 Transportation, Storage and Post Services	859.33	779.87	-9.2
住宿和餐饮业 Accommodation and Catering Services	82.67	67.97	-17.8
信息传输、软件和信息技术服务业 Information Transmitting, Software and Information Technology Services	171.37	173.61	1.3
金融业 Finance Intermediation	31.00	21.24	-31.5
房地产业 Real Estate	3078.23	3333.38	8.3
租赁和商务服务业 Leasing and Business Services	744.90	2574.24	245.6
科学研究和技术服务业 Scientific Research and Technical Services	104.50	306.27	193.1
水利、环境和公共设施管理业 Management for Water Conservancy, Environment and Public Facilities	1638.85	1662.01	1.4
居民服务、修理和其他服务业 Resident Services, Repair and Other Services	84.98	172.27	102.7
教育 Education	176.59	140.38	-20.5
卫生和社会工作 Health Care and Social Work	88.66	55.68	-37.2
文化、体育和娱乐业 Culture, Sports and Recreational Services	95.65	119.70	25.1
公共管理、社会保障和社会组织 Public Management, Social Security and Social Organizations	58.12	43.61	-25.0

5-8 按制造业行业分固定资产投资(不含农户)

Investment in Fixed Assets of Manufacturing(Non-agricultural)

单位：亿元(100 million yuan)

行　业	Sector	2015	2016	2016比2015年增长(%) Increase Rate in 2016 over 2015(%)
总　计	**Total**	**4303.04**	**3307.96**	**-23.1**
农副食品加工业	Processing of Food from Agricultural Products	117.02	68.00	-41.9
食品制造业	Manufacture of Food	82.29	95.46	16.0
酒、饮料和精制茶制造业	Manufacture of Alcohol, Beverage and Refined Tea	21.15	22.23	5.1
烟草制品业	Manufacture of Tobacco			
纺织业	Manufacture of Textile	35.34	42.66	20.7
纺织服装、服饰业	Manufacture of Textile Wearing and Apparel	63.32	72.96	15.2
皮革、皮毛、羽毛及其制品和制鞋业	Manufacture of Leather, Fur, Feather and Related Products, Footware	12.42	12.30	-0.9
木材加工及木、竹、藤、棕、草制品业	Processing of Timber, Manufacture of Wood, Bamboo, Rattan, Palm and Straw Products	44.20	34.78	-21.3
家具制造业	Manufacture of Furniture	58.93	61.41	4.2
造纸及纸制品业	Manufacture of Paper and Paper Products	56.05	61.87	10.4
印刷和记录媒介的复制	Printing, Reproduction of Recording Media	18.84	30.14	60.0
文教、工美、体育和娱乐用品制造业	Manufacture of Articles for Culture, Education and Industrial Arts, Sport Activity, Amusement Manufacturing	48.17	35.50	-26.3
石油加工、炼焦及核燃料加工业	Processing of Petroleum, Coking, Processing of Nuclear Fuel	21.42	27.00	26.0
化学原料及化学制品制造业	Manufacture of Raw Chemical Materials and Chemical Products	69.84	78.32	12.1
医药制造业	Manufacture of Medicines	72.79	61.53	-15.5
化学纤维制造业	Manufacture of Chemical Fibers	0.08	5.10	6273.1
橡胶和塑料制品业	Manufacture of Rubber and Plastic	119.59	140.90	17.8
非金属矿物制品业	Manufacture of Non-metallic Mineral Products	198.95	168.61	-15.3
黑色金属冶炼及压延加工业	Smelting and Pressing of Ferrous Metals	106.89	125.06	17.0
有色金属冶炼及压延加工业	Smelting and Pressing of Non-Ferrous Metals	137.05	127.00	-7.3
金属制品业	Manufacture of Metal Products	288.18	320.51	11.2
通用设备制造业	Manufacture of General Purpose Machinery	731.80	323.76	-55.8
专用设备制造业	Manufacture of Special Purpose Machinery	546.72	255.64	-53.2
汽车制造业	Manufacture of Motorcar	207.12	213.80	3.2
铁路、船舶、航空航天和其他运输设备制造业	Ralway, Watercraft, Aerospace and Other Transport Equipment	98.83	74.67	-24.4
电气机械及器材制造业	Manufacture of Electrical Machinery and Equipment	195.46	255.48	30.7
计算机、通信和其他电子设备制造业	Manufacture of Computers, Communication and Other Electronic Equipment	291.17	241.27	-17.1
仪器仪表制造业	Manufacture of Measuring Instruments	48.90	43.71	-10.6
其他制造业	Other Manufacture	499.10	171.15	-65.7
废弃资源综合利用业	Comprehensive Recycling of Waste	103.16	123.98	20.2
金属制品、机械和设备修理业	Metal Products, Machine and Equipment Repair	8.24	13.15	59.6

5-9 按行业分新增固定资产(不含农户)

Newly Increased Fixed Assets by Sector(Non-agricultural)

单位：亿元(100 million yuan)

行　业 Sector	2015	2016	2016比2015年增长(%) Increase Rate in 2016 over 2015(%)
总　计 **Total**	**8109.26**	**9300.08**	**14.7**
农、林、牧、渔业 Farming, Forestry, Animal Husbandry and Fishery	211.86	253.25	19.5
采矿业 Minerals Mining	28.88	101.90	252.9
制造业 Manufacturing	2941.11	2264.42	-23.0
电力、热力、燃气及水生产和供应业 Production and Supply of Electricity, Heat, Gas and Water	183.58	147.53	-19.6
建筑业 Construction	38.69	102.49	164.9
批发和零售业 Wholesale and Retail Trade	447.29	641.30	43.4
交通运输、仓储和邮政业 Transportation, Storage and Post Services	389.31	323.39	-16.9
住宿和餐饮业 Accommodation and Catering Services	87.07	60.63	-30.4
信息传输、软件和信息技术服务业 Information Transmitting, Software and Information Technology Services	103.42	132.20	27.8
金融业 Finance Intermediation	14.30	13.41	-6.2
房地产业 Real Estate	1929.99	1561.01	-19.1
租赁和商务服务业 Leasing and Business Services	367.61	2382.46	548.1
科学研究和技术服务业 Scientific Research and Technical Services	82.48	183.13	122.0
水利、环境和公共设施管理业 Management for Water Conservancy, Environment and Public Facilities	972.06	819.95	-15.6
居民服务、修理和其他服务业 Resident Services, Repair and Other Services	80.68	153.90	90.8
教　育 Education	65.03	62.64	-3.7
卫生和社会工作 Health Care and Social Work	68.12	27.25	-60.0
文化、体育和娱乐业 Culture, Sports and Recreational Services	54.59	39.93	-26.9
公共管理、社会保障和社会组织 Public Management, Social Security and Social Organizations	43.18	29.27	-32.2

5-10 按制造业行业分新增固定资产(不含农户)

Newly Increased Fixed Assets of Manufacturing(Non-agricultural)

单位：亿元(100 million yuan)

行 业	Sector	2015	2016	2016比2015年增长(%) Increase Rate in 2016 over 2015(%)
总 计	**Total**	**2941.11**	**2264.42**	**-23.0**
农副食品加工业	Processing of Food from Agricultural Products	68.98	55.79	-19.1
食品制造业	Manufacture of Food	62.19	69.97	12.5
酒、饮料和精制茶制造业	Manufacture of Alcohol, Beverage and Refined Tea	23.24	19.75	-15.0
烟草制品业	Manufacture of Tobacco			
纺织业	Manufacture of Textile	34.02	37.86	11.3
纺织服装、服饰业	Manufacture of Textile Wearing and Apparel	53.03	61.56	16.1
皮革、皮毛、羽毛及其制品和制鞋业	Manufacture of Leather, Fur, Feather and Related Products, Footware	9.54	7.19	-24.6
木材加工及木、竹、藤、棕、草制品业	Processing of Timber, Manufacture of Wood, Bamboo, Rattan, Palm and Straw Products	37.40	22.69	-39.3
家具制造业	Manufacture of Furniture	67.65	49.24	-27.2
造纸及纸制品业	Manufacture of Paper and Paper Products	45.78	44.26	-3.3
印刷和记录媒介的复制	Printing, Reproduction of Recording Media	9.30	19.48	109.5
文教、工美、体育和娱乐用品制造业	Manufacture of Articles for Culture, Education and Industrial Arts, Sport Activity, Amusement Manufacturing	24.31	23.61	-2.9
石油加工、炼焦及核燃料加工业	Processing of Petroleum, Coking, Processing of Nuclear Fuel	18.40	14.67	-20.2
化学原料及化学制品制造业	Manufacture of Raw Chemical Materials and Chemical Products	51.90	50.09	-3.5
医药制造业	Manufacture of Medicines	45.10	28.68	-36.4
化学纤维制造业	Manufacture of Chemical Fibers	0.08	2.29	2766.9
橡胶和塑料制品业	Manufacture of Rubber and Plastic	130.61	92.43	-29.2
非金属矿物制品业	Manufacture of Non-metallic Mineral Products	150.01	124.29	-17.1
黑色金属冶炼及压延加工业	Smelting and Pressing of Ferrous Metals	85.94	118.21	37.5
有色金属冶炼及压延加工业	Smelting and Pressing of Non-Ferrous Metals	54.35	23.14	-57.4
金属制品业	Manufacture of Metal Products	292.63	235.03	-19.7
通用设备制造业	Manufacture of General Purpose Machinery	311.66	233.77	-25.0
专用设备制造业	Manufacture of Special Purpose Machinery	285.02	161.04	-43.5
汽车制造业	Manufacture of Motorcar	215.25	133.74	-37.9
铁路、船舶、航空航天和其他运输设备制造业	Ralway, Watercraft, Aerospace and Other Transport Equipment	117.04	47.26	-59.6
电气机械及器材制造业	Manufacture of Electrical Machinery and Equipment	124.14	190.02	53.1
计算机、通信和其他电子设备制造业	Manufacture of Computers, Communication and Other Electronic Equipment	181.41	131.26	-27.6
仪器仪表制造业	Manufacture of Measuring Instruments	20.48	31.88	55.7
其他制造业	Other Manufacture	314.26	110.94	-64.7
废弃资源综合利用业	Comprehensive Recycling of Waste	99.77	119.68	20.0
金属制品、机械和设备修理业	Metal Products, Machine and Equipment Repair	7.64	4.59	-39.9

5-11 能源工业固定资产投资(不含农户)

Investment in Fixed Assets of Energy Industry(Non-agricultural)

单位：亿元(100 million yuan)

行 业	Sector	2015	2016	2016比2015年增长(%) Increase Rate in 2016 over 2015(%)
总 计	**Total**	**763.86**	**538.18**	**-29.5**
石油和天然气开采业	Petroleum and Natural Gas Extraction	261.70	153.36	-41.4
电力、热力生产和供应业	Production and Supply of Electric Power and Heat Power	293.62	283.88	-3.3
燃气生产和供应业	Production and Supply of Gas	68.87	35.88	-47.9
水的生产和供应业	Production and Supply of Water	118.25	38.05	-67.8
石油加工、炼焦及核燃料加工业	Processing of Petroleum, Coking and Processing of Nuclear Fuel	21.42	27.00	26.0
能源投资占固定资产投资（不含农户）比重(%)	**As Percentage of Energy Investment in Fixed Assets (Excluding Rural Households) (%)**	**5.9**	**3.7**	

5-12 城市基础设施固定资产投资

Urban Infrastructure Investment in Fixed Assets

单位：亿元(100 million yuan)

行 业	Sector	2015	2016	2016比2015年增长(%) Increase Rate in 2016 over 2015(%)
总 计	**Total**	**2898.13**	**2716.12**	**-6.3**
交通运输、仓储和邮政业	Transportation, Storage and Post Services	859.33	779.87	-9.2
电信、广播电视和卫星传输服务	Telecommunication, Broadcast Television and Satellite Transmission Services and Other Information	69.27	36.93	-46.7
互联网和相关服务	Internet and Relative Services	15.58	31.44	101.8
电力、热力生产和供应业	Production and Supply of Electric Power and Heat Power	293.62	283.88	-3.3
燃气生产和供应业	Production and Supply of Gas	68.87	35.88	-47.9
水的生产和供应业	Production and Supply of Water	118.25	38.05	-67.8
公共设施管理	Management for Public Facilities	1473.22	1510.05	2.5
城市基础设施占固定资产投资（不含农户）比重(%)	**As Percentage of Urban Infrastructure Investment in Fixed Assets (Excluding Rural Housebolds) (%)**	**22.2**	**18.6**	

5-13 全社会房屋施工和竣工面积

Floor Space of Buildings under Construction and Completed

单位：万平方米(10 000 sq. m)

项　目	Item	2015	2016	2016比2015年增长(%) Increase Rate in 2016 over 2015(%)
房屋施工面积	**Floor Space of Building under Construction**	**22239.19**	**19543.67**	**-12.1**
# 住　宅	Residential Buildings	9251.78	7350.08	-20.6
# 农村农户	Rural Area	513.62	104.22	-79.7
# 住　宅	Residential Buildings	193.30	88.18	-54.4
房屋竣工面积	**Floor Space of Building Completed**	**5388.00**	**5381.75**	**-0.1**
# 住　宅	Residential Buildings	2843.69	2317.74	-18.5
# 农村农户	Rural Area	249.71	80.17	-67.9
# 住　宅	Residential Buildings	126.98	72.15	-43.2

5-14 固定资产投资资金来源(不含农户)

Source of Funds for Investment in Fixed Assets (Non-agricultural)

单位：亿元(100 million yuan)

项　目	Item	2015	2016	2016比2015年增长(%) Increase Rate in 2016 over 2015(%)
资金来源合计	**Total Funds**	**15326.85**	**17870.66**	**16.6**
上年末结余资金	Balance of Funds Brought Forward from Previous Year	1447.75	1765.87	22.0
本年资金来源小计	Subtotal of the Sources of Funds in Current Year	13879.10	16104.79	16.0
国家预算内资金	State Budgetary Appropriation	155.72	295.57	89.8
国内贷款	Domestic Loans	2285.28	3541.42	55.0
债　券	Bonds		1.14	
利用外资	Foreign Investment	101.35	122.06	20.4
# 外商直接投资	Foreign Direct Investment	27.17	22.78	-16.2
自筹资金	Fundraising	9722.44	9397.57	-3.3
# 企事业单位自有资金	Owned by Enterprises and Institutions	2047.21	2443.26	19.3
其他资金	Others	1614.31	2747.03	70.2

5-15 按行业分固定资产投资资金来源(不含农户)(2016年)

行 业 Sector	资金来源合 计 Total Funds	上年末结余资金 Balance of Funds Brought Forward from Previous Year	本年资金来源小计 Subtotal of the Sources of Funds in Current Year	国家预算内资金 State Budgetary Appropriation
总 计 **Total**	**17870.66**	**1765.87**	**16104.79**	**295.57**
农、林、牧、渔业 Farming, Forestry, Animal Husbandry and Fishery	333.49	0.58	332.92	7.81
采矿业 Minerals Mining	161.80	2.05	159.75	
制造业 Manufacturing	3278.50	37.56	3240.94	2.02
电力、热力、燃气及水生产和供应业 Production and Supply of Electricity, Heat, Gas and Water	350.05	9.53	340.51	30.28
建筑业 Construction	129.42	0.55	128.88	
批发和零售业 Wholesale and Retail Trade	868.38	3.24	865.14	0.02
交通运输、仓储和邮政业 Transportation, Storage and Post Services	805.83	37.91	767.92	139.37
住宿和餐饮业 Accommodation and Catering Services	65.59	4.39	61.20	
信息传输、软件和信息技术服务业 Information Transmitting, Software and Information Technology Services	172.51	2.98	169.53	
金融业 Finance Intermediation	20.29	1.19	19.10	
房地产业 Real Estate	6756.83	1492.17	5264.66	
租赁和商务服务业 Leasing and Business Services	2583.66	108.05	2475.61	2.81
科学研究和技术服务业 Scientific Research and Technical Services	308.83	3.23	305.60	0.45
水利、环境和公共设施管理业 Management for Water Conservancy, Environment and Public Facilities	1512.96	30.60	1482.36	77.99
居民服务、修理和其他服务业 Resident Services, Repair and Other Services	174.18	3.10	171.08	4.39
教 育 Education	132.74	8.45	124.28	18.07
卫生和社会工作 Health Care and Social Work	53.92	6.32	47.60	2.72
文化、体育和娱乐业 Culture, Sports and Recreational Services	120.54	11.06	109.48	7.17
公共管理、社会保障和社会组织 Public Management, Social Security and Social Organizations	41.15	2.93	38.22	2.47

Source of Funds for Investment in Fixed Assets by Sector,2016(Non-agricultural)

单位：亿元(100 million yuan)

国内贷款 Domestic Loans	债　券 Bonds	利用外资 Foreign Investment	# 外　商 直接投资 Foreign Direct Investment	自筹资金 Fundraising	# 企事业单位 自有资金 Owned by Enterprises and Institutions	其他资金 Others
3541.42	**1.14**	**122.06**	**22.78**	**9397.57**	**2443.26**	**2747.03**
32.39		0.50		256.51	52.44	35.71
0.16		14.31		145.28	90.12	
116.06		88.76	20.69	2974.16	847.65	59.93
108.08				192.89	36.39	9.27
4.63		0.49		120.26	21.31	3.49
22.86		0.91		766.13	193.77	75.21
121.91	0.51	4.22	0.54	476.46	125.78	25.44
0.20				61.00	29.23	
2.35				165.48	71.08	1.71
0.24				18.86	1.46	
1384.56		2.05	0.02	1425.61	419.58	2452.44
1268.25		9.86	1.53	1181.60	185.63	13.08
14.92		0.95		287.31	116.86	1.97
421.59	0.63			922.34	132.78	59.82
1.68				163.75	65.28	1.26
10.17				93.12	16.75	2.92
13.57				29.58	7.51	1.73
12.23				88.33	13.53	1.75
5.56				28.89	16.11	1.30

5−16 按行业分固定资产投资施工项目个数(不含农户)

Number of Investment Projects under Construction in Fixed Assets by Sector(Non-agricultural)

单位：个(unit)

行　业 Sector	2015	2016	2016比2015年增长(%) Increase Rate in 2016 over 2015(%)
总　计 Total	**10138**	**16027**	**58.1**
农、林、牧、渔业 Farming, Forestry, Animal Husbandry and Fishery	530	904	70.6
采矿业 Minerals Mining	13	13	
制造业 Manufacturing	4149	5911	42.5
电力、热力、燃气及水生产和供应业 Production and Supply of Electricity, Heat, Gas and Water	373	465	24.7
建筑业 Construction	61	192	214.8
批发和零售业 Wholesale and Retail Trade	635	1732	172.8
交通运输、仓储和邮政业 Transportation, Storage and Post Services	565	720	27.4
住宿和餐饮业 Accommodation and Catering Services	131	153	16.8
信息传输、软件和信息技术服务业 Information Transmitting, Software and Information Technology Services	175	271	54.9
金融业 Finance Intermediation	20	29	45.0
房地产业 Real Estate	346	480	38.7
租赁和商务服务业 Leasing and Business Services	380	736	93.7
科学研究和技术服务业 Scientific Research and Technical Services	119	534	348.7
水利、环境和公共设施管理业 Management for Water Conservancy, Environment and Public Facilities	2080	2924	40.6
居民服务、修理和其他服务业 Resident Services, Repair and Other Services	153	435	184.3
教　育 Education	183	227	24.0
卫生和社会工作 Health Care and Social Work	76	101	32.9
文化、体育和娱乐业 Culture, Sports and Recreational Services	79	120	51.9
公共管理、社会保障和社会组织 Public Management, Social Security and Social Organizations	70	80	14.3

注：本表不含房地产开发企业，下表同。

Note: The data of this table excludes real estate enterprises.Same as fllowing next.

5-17 按行业分固定资产投资建成投产项目个数(不含农户)

Number of Investment Projects in Fixed Assets Completed and Put into Use by Sector(Non-agricultural)

单位：个(unit)

行　业　Sector	2015	2016	2016比2015年增长(%) Increase Rate in 2016 over 2015(%)
总　计 **Total**	**7229**	**11681**	**61.6**
农、林、牧、渔业 Farming, Forestry, Animal Husbandry and Fishery	487	737	51.3
采矿业 Minerals Mining	3	12	300.0
制造业 Manufacturing	2978	4558	53.1
电力、热力、燃气及水生产和供应业 Production and Supply of Electricity, Heat, Gas and Water	186	335	80.1
建筑业 Construction	56	165	194.6
批发和零售业 Wholesale and Retail Trade	573	1253	118.7
交通运输、仓储和邮政业 Transportation, Storage and Post Services	295	458	55.3
住宿和餐饮业 Accommodation and Catering Services	88	135	53.4
信息传输、软件和信息技术服务业 Information Transmitting, Software and Information Technology Services	137	223	62.8
金融业 Finance Intermediation	9	23	155.6
房地产业 Real Estate	197	278	41.1
租赁和商务服务业 Leasing and Business Services	272	690	153.7
科学研究和技术服务业 Scientific Research and Technical Services	86	403	368.6
水利、环境和公共设施管理业 Management for Water Conservancy, Environment and Public Facilities	1477	1714	16.0
居民服务、修理和其他服务业 Resident Services, Repair and Other Services	109	373	242.2
教　育 Education	130	140	7.7
卫生和社会工作 Health Care and Social Work	40	70	75.0
文化、体育和娱乐业 Culture, Sports and Recreational Services	56	75	33.9
公共管理、社会保障和社会组织 Public Management, Social Security and Social Organizations	50	39	-22.0

5-18 地方固定资产投资(不含农户)

Local Investment in Fixed Assets (Non-agricultural)

单位：亿元(100 million yuan)

项　　目	Item	2015	2016	2016比2015年增长(%) Increase Rate in 2016 over 2015(%)
总　　计	**Total**	**12254.94**	**13933.86**	**13.7**
按构成分	**Grouped by Composition of Use**			
建筑工程	Construction	7082.39	7804.34	10.2
安装工程	Installation	817.32	951.78	16.5
设备工器具	Equipment and Instruments	2155.21	2686.84	24.7
其他费用	Others	2200.03	2490.90	13.2
按建设性质分	**Grouped by Type of Construction**			
新　建	New Construction	6735.34	6876.56	2.1
扩　建	Expansion	740.41	793.44	7.2
改　建	Reconstruction	1148.46	1087.40	-5.3
其　他	Others	1759.18	2876.45	63.5
按行业分	**Grouped by Sector**			
农、林、牧、渔业	Farming, Forestry, Animal Husbandry & Fishery	234.25	329.55	40.7
采矿业	Minerals Mining	30.04	6.29	-79.1
制造业	Manufacturing	4210.98	3216.00	-23.6
电力、热力、燃气及水生产和供应业	Production and Supply of Electricity,Heat, Gas and Water	333.84	214.27	-35.8
建筑业	Construction	50.98	129.36	153.7
批发和零售业	Wholesale and Retail Trade	470.38	864.36	83.8
交通运输、仓储和邮政业	Transportation, Storage and Post Services	782.94	751.80	-4.0
住宿和餐饮业	Accommodation and Catering Services	82.67	67.97	-17.8
信息传输、软件和信息技术服务业	Information Transmitting, Software and Information Technology Services	115.05	139.73	21.5
金融业	Finance Intermediation	21.77	19.51	-10.4
房地产业	Real Estate	2995.37	3328.34	11.1
租赁和商务服务业	Leasing and Business Services	725.41	2422.05	233.9
科学研究和技术服务业	Scientific Research and Technology Service	96.64	270.38	179.8
水利、环境和公共设施管理业	Management for Water Conservancy, Environment and Public Facilities	1638.45	1653.19	0.9
居民服务、修理和其他服务业	Resident Services,Repair and Other Services	84.71	172.07	103.1
教　育	Education	140.32	131.44	-6.3
卫生和社会工作	Health Care and Social Work	87.67	54.85	-37.4
文化、体育和娱乐业	Culture, Sports and Recreational Services	95.65	119.70	25.1
公共管理、社会保障和社会组织	Public Management，Social Security and Social Organizations	57.82	43.02	-25.6

注：本表中按建设性质分组数据未含房地产开发投资。
Note:Investment grouped by type of construction excludes real estate development.

5-19 房地产开发投资、建设情况(2000—2016年)

Investment and Construction of Real Estate Development,2000-2016

单位：亿元(100 million yuan)

年 份 Year	本年完成投资额 Investment Completed in Current Year	住 宅 Residential Buildings	办公楼 Office Buildings	商业营业用房 Buildings for Business Use	其 他 Others
2000	133.93	90.02	3.13	7.18	33.60
2001	161.27	96.40	4.52	15.65	44.70
2002	175.84	103.18	7.51	14.72	50.43
2003	211.39	150.93	7.78	24.26	28.43
2004	263.92	175.24	15.75	28.24	44.69
2005	327.54	234.92	11.95	41.74	38.92
2006	402.32	311.34	23.74	35.66	31.58
2007	505.30	342.82	34.55	63.76	64.17
2008	653.72	459.33	30.97	79.87	83.55
2009	735.18	494.86	32.83	97.32	110.18
2010	866.64	565.39	77.18	127.35	96.72
2011	1080.04	689.08	109.84	176.79	104.33
2012	1260.00	843.05	85.70	155.31	175.94
2013	1480.82	986.28	99.91	165.29	229.34
2014	1699.65	1122.26	123.58	217.93	235.88
2015	1871.55	1251.53	107.70	249.01	263.31
2016	2300.01	1598.27	124.64	252.44	324.66

5-19续表 *Continued*

单位：万平方米(10 000 sq. m)

年　份 Year	施工面积 Floor Space of Building under Construction	#住　宅 Residential Buildings	竣工面积 Floor Space of Building Completed	#住　宅 Residential Buildings
2000	1783.00	1582.15	583.51	532.63
2001	1863.48	1590.62	690.48	626.63
2002	2135.56	1746.13	746.44	673.00
2003	2314.43	1953.50	911.27	750.67
2004	2865.55	2352.98	1108.13	1014.46
2005	3470.57	2827.87	1479.22	1270.96
2006	4142.60	3396.45	1520.24	1308.95
2007	4836.49	3744.87	1704.36	1398.61
2008	5704.27	4306.33	1799.37	1492.54
2009	6052.16	4517.83	1902.06	1580.82
2010	7160.75	5117.60	2098.55	1603.65
2011	9233.98	6623.95	2102.79	1645.10
2012	9864.22	6923.52	2542.75	1913.97
2013	10892.17	7562.48	2805.37	2117.66
2014	10652.37	7204.46	2924.82	2130.25
2015	10230.22	6968.75	2903.57	2182.99
2016	9349.76	6311.70	2914.25	2189.14

5-20 房地产开发投资情况

Investment in Real Estate Development

单位：亿元(100 million yuan)

项 目	Item	2015	2016	2016比2015年增长(%) Increase Rate in 2016 over 2015(%)
本年完成投资额	**Investment Completed in Current Year**	**1871.55**	**2300.01**	**22.9**
按隶属关系分	**Grouped by Administrative Relationship**			
中 央	Central Government			
地 方	Local Government	1871.55	2300.01	22.9
按登记注册类型分	**Grouped by Registered Status**			
内资企业	Domestic-funded Enterprises	1621.93	2032.47	25.3
国 有	State-owned Enterprises	34.30	38.75	13.0
集 体	Collective-owned Enterprises	0.55	0.53	-3.5
股份合作	Cooperative Enterprises		0.30	-
联营企业	Joint Ownership Enterprises	1.85	0.39	-79.2
有限责任公司	Limited Liability Corporations	1173.40	1511.74	28.8
# 国有独资公司	Sole State-funded Corporations	122.13	124.50	1.9
股份有限公司	Share Holding Corporations Ltd.	57.75	42.34	-26.7
私营企业	Private Enterprises	352.87	416.09	17.9
其 他	Others	1.20	22.33	1760.5
港、澳、台商投资企业	Enterprises with Investment from Hong Kong, Macao and Taiwan	195.81	202.45	3.4
外商投资企业	Foreign Funded Enterprises	53.81	65.09	21.0
按构成分	**Grouped by Composition of Use**			
建筑工程	Construction	1244.65	1283.02	3.1
安装工程	Installation	83.65	126.92	51.7
设备工器具	Equipment and Instruments	13.04	13.13	0.7
其他费用	Others	530.21	876.94	65.4
按工程用途分	**Grouped by Use of Projects**			
住 宅	Residential Buildings	1251.53	1598.27	27.7
# 别墅、高档公寓	Villa, Top Grade Apartment	51.61	92.75	79.7
办公楼	Office Buildings	107.70	124.64	15.7
商业营业用房	Houses for Business Use	249.01	252.44	1.4
其 他	Others	263.31	324.66	23.3
本年新增固定资产	**Newly Increased Fixed Assets in Current Year**	**1167.32**	**1286.60**	**10.2**

5-21 房地产开发建设情况

Construction of Real Estate Development

项　目	Item	2015	2016	2016比2015年增长(%) Increase Rate in 2016 over 2015(%)
施工房屋面积(万平方米)	**Floor Space of Buildings under Construction (10 000 sq. m)**	**10230.22**	**9349.76**	**-8.6**
住　宅	Residential Buildings	6968.75	6311.70	-9.4
办公楼	Office Buildings	872.41	723.32	-17.1
商业营业用房	Houses for Business Use	1163.11	1162.28	-0.1
其　他	Others	1225.95	1152.45	-6.0
竣工房屋面积(万平方米)	**Floor Space of Buildings Completed(10 000 sq. m)**	**2903.57**	**2914.25**	**0.4**
住　宅	Residential Buildings	2182.99	2189.14	0.3
办公楼	Office Buildings	171.18	143.22	-16.3
商业营业用房	Houses for Business Use	247.78	293.59	18.5
其　他	Others	301.62	288.31	-4.4
竣工房屋价值(亿元)	**Value of Buildings Completed(100 million yuan)**	**996.00**	**1081.20**	**8.6**
住　宅	Residential Buildings	688.36	743.92	8.1
办公楼	Office Buildings	101.07	63.39	-37.3
商业营业用房	Houses for Business Use	114.59	151.37	32.1
其　他	Others	92.00	122.52	33.2
资金来源合计(亿元)	**Total Funds(100 million yuan)**	**4234.38**	**5678.05**	**34.1**
上年末结余资金	Balance of Funds Brought Forward from Previous Year	1025.72	1280.83	24.9
本年资金来源合计	Subtotal of the Sources of Funds in Current Year	3208.66	4397.22	37.0
国内贷款	Domestic Loans	954.00	1066.99	11.8
利用外资	Foreign Investment	6.54	2.05	-68.6
# 外商直接投资	Foreign Direct Investment	4.84	0.02	-99.6
自筹资金	Fundraising	932.39	899.63	-3.5
# 企事业单位自有资金	Owned by Enterprises and Institutions	345.11	310.53	-10.0
其他资金	Others	1315.72	2428.54	84.6

5-22 房地产销售情况

Basic Statistics on Real Estate Sales

项　　目	Item	2015	2016	2016比2015年增长(%) Increase Rate in 2016 over 2015(%)
商品房销售面积(万平方米)	**Floor Space of Commercial Houses Sold(10 000 sq. m)**	**1771.07**	**2711.08**	**53.1**
住　宅	Residential Buildings	1668.18	2521.87	51.2
办公楼	Office Buildings	15.93	31.06	95.0
商业营业用房	Houses for Business Use	56.34	95.55	69.6
其　他	Others	30.62	62.60	104.4
商品房销售额(亿元)	**Total Sales of Commercial Houses(100 million yuan)**	**1790.01**	**3478.22**	**94.3**
住　宅	Residential Buildings	1646.43	3245.60	97.1
办公楼	Office Buildings	24.71	44.71	81.0
商业营业用房	Houses for Business Use	73.91	124.91	69.0
其　他	Others	44.97	63.00	40.1

5-23 房地产物业管理情况(2014—2016年)

Basic Statistics on Real Estate Property Management,2014-2016

指　　标　Item	2014	2015	2016
企业总数(个) Number of Enterprises(unit)	1282	1415	1607
物业管理项目个数(个) Number of Projects Managed(unit)	3911	3819	4138
房屋建筑面积(万平方米) Floor Space of Buildings(10 000 sq. m)	34842.06	36371.00	38379.00
住　宅 Residential Buildings	27108.00	28400.00	29903.00
办公用房 Office Buildings	2981.63	2890.00	3147.00
商业营业用房 Houses for Business Use	1415.56	2606.00	2735.00
工业仓储用房 Houses for Industry and Storage	2294.73	1396.00	1501.00
其　他 Others	1042.14	1079.00	793.00
从业人员(人) Employment Personnel(person)	145169	156448	172431
# 管理人员 Administrative Personnel	16850	20754	38437
年经营收入(亿元) Annual Income(100 million yuan)	75.22	81.97	87.60
从业人员报酬(亿元) Remuneration of Employment Personnel(100 million yuan)	27.16	33.86	36.21

5-24 建设项目主要新增生产能力(2016年)

Main Newly Increased Production Capacity of Construction Projects,2016

生产能力名称	Item	建设规模 Construction Size	累计新增生产能力 Accumulated Production Capacity Newly Increased
天然原油开采(万吨/年)	Crude Petroleum Oil Extraction(10 000 ton/year)	180.00	180.00
铜加工材(万吨/年)	Copper Material Production (10 000 ton/year)	35.00	34.20
火力发电(万千瓦)	Thermal Power (10 000 kw)	450.00	176.50
输电线路长度(110千伏及以上)(公里)	Transmission Line Length (110kv and above) (km)	1239.68	823.18
合成橡胶(吨/年)	Synthetic Rubber (ton/year)	3700.00	3700.00
塑料树脂及共聚物(吨/年)	Plastic Colophony and Polymer (ton/year)	377.00	177.00
新建公路(公里)	Length of New Roads (km)	197.00	118.00
# 高速公路	Expressway	38.50	38.50
改建公路(公里)	Length of Rebuilt Roads (km)	581.48	419.58
# 一级公路	First Class	136.88	34.58
客车制造(辆/年)		1300	300
新(扩)建港口码头	Newly Built and Expanded Ports		
吞吐量(万吨/年)	Handling Capacity (10 000 tons/year)	1370.00	721.00
泊　位(个)	Berths (unit)	11	10
城市污水处理能力(万吨/日)	Disposal Capacity of Sewage in City (10 000 tons/day)	106.86	32.07

5-25 农村农户固定资产投资

Total Investment in Fixed Assets of Agricultural Households in Rural Area

项　目	Item	2015	2016
投 资 额 (亿元)	**Total Investment (100 million yuan)**	**17.42**	**23.03**
按主要行业分	**Grouped by Sector**		
# 农、林、牧、渔业	Farming, Forestry, Animal Husbandry, Fishery	1.53	3.24
工　业	Industry	5.71	1.34
交通运输、仓储和邮政业	Transportation, Storage and Post Services	1.45	7.63
房地产业	Real Estate	7.07	9.71
房屋面积(万平方米)	**Floor Space of Buildings (10 000 sq.m)**		
施工面积	Under Construction	139.00	104.22
# 住　宅	Residential Buildings	103.00	88.18
竣工面积	Completed	97.00	80.17
# 住　宅	Residential Buildings	83.00	72.15

主要统计指标解释

全社会固定资产投资

是以货币形式表现的在一定时期内全社会建造和购置固定资产的工作量以及与此有关的费用的总称。该指标是反映固定资产投资规模、结构和发展速度的综合性指标，又是观察工程进度和考核投资效果的重要依据。

固定资产投资（不含农户）

是以货币形式表现的在一定时期内完成的建造和购置固定资产的工作量以及与此有关的费用的总称。

房地产开发投资

指各种登记注册类型的房地产开发法人单位统一开发的包括统代建、拆迁还建的住宅、厂房、仓库、饭店、宾馆、度假村、写字楼、办公楼等房屋建筑物，配套的服务设施，土地开发工程（如道路、给水、排水、供电、供热、通讯、平整场地等基础设施工程）和土地购置的投资；不包括单纯的土地开发和交易活动。

民间固定资产投资

指具有集体、私营、个人性质的内资企事业单位以及由其控股（包括绝对控股和相对控股）的企业单位在中华人民共和国境内建造或购置固定资产的投资。

固定资产投资的资金来源

指固定资产投资单位在报告期收到的（以到账为准），用于固定资产建造和购置的各种货币资金。包括国家预算资金、国内贷款、债券、利用外资、自筹资金和其他资金。

国家预算资金　包括中央预算资金和地方预算资金。国家预算包括一般预算、政府性基金预算、国有资本经营预算和社保基金预算。各类预算中用于固定资产投资的资金全部作为国家预算资金填报，其中一般预算中用于固定资产投资的部分包括基建投资、车购税、灾后恢复重建基金和其他财政投资。各级政府债券也应归入国家预算资金。

国内贷款　指报告期固定资产投资单位向银行及非银行金融机构借入的用于固定资产投资的各种国内借款，包括银行利用自有资金及吸收存款发放的贷款、上级主管部门拨入的国内贷款、国家专项贷款（包括煤代油贷款、劳改煤矿专项贷款等），地方财政专项资金安排的贷款、国内储备贷款、周转贷款等。

债券　指企业（公司）或金融机构为筹集用于固定资产投资的资金向投资者出具的承诺按一定发行条件还本付息的债券凭证，包括金融债券和企业债券（由国家发展改革委员会和中国证券监督管理委员会批准发行）。

利用外资　指报告期收到的境外（包括外国及港澳台地区）资金(包括设备、材料、技术在内)。包括对外借款(外国政府、国际金融组织贷款、出口信贷、外国银行商业贷款、对外发行债券和股票)、外商直接投资及外商其他投资（包括利用外商投资收益在国内进行固定资产再投资活动的资金）。不包括我国自有外汇资金(包括国家外汇、地方外汇、留成外汇、调剂外汇和中国银行自有资金发行的外汇贷款等)。计算利用外资时，需要折算成人民币，折算中所使用的外汇汇率按现汇计算，即按使用外汇时的汇率计算。

自筹资金　指固定资产投资单位在报告期收到的，由各企事业单位筹集用于固定资产投资的资金，包括各类企、事业单位的自有资金和从其他单位筹集的用于固定资产投资的资金，但不包括各类财政性资金、从各类金融机构借入资金和国外资金。与原有的自筹资金概念相比，最大的变化是地方财政资金全部归为国家预算资金，自筹资金中不再含有财政资金。

其他资金　指在报告期收到的除以上各种资金之外的用于固定资产投资的资金。包括社会集资、个人资金、无偿捐赠的资金及其他单位拨入的资金等。

固定资产投资按构成分

建筑工程　指各种房屋、建筑物的建造工程，又称建筑工程量。这部分投资额必须兴工动料，通过施工活动才能实现。建筑工程包括各种房屋的建造；设备基础及各种窑炉的砌筑工程和金属结构工程；为施工而进行的建筑场地布置、工程地质勘探、平整场地、施工临时用水、电、气、路和清理绿化等；矿井的开凿，铁路、公路、桥梁、水利及防空、地下建筑等特殊工程。

安装工程　指各种设备、装置的安装工程，又称安装工作量。在安装工程投资额中，不包括被安装设备本身的价值。安装工程包括生产、动力、起重、运输、传动和医疗试验等各种需安装设备的装配和安装，与设备相连的工作台、梯子、栏杆以及管线敷设、保温、油漆、防腐和单机试运系统联动无负荷试运工作（不包括投料试运）。

设备、工具、器具购置　指建设单位或企、事业单位购置或自制的，达到固定资产标准的设备、工具、器具的价值。但新建单位、扩建单位的新建车间，按照设计和计划要求购置或自制的全部设备、工具、器具，不论是否达到固定资产标准均计入“设备、工具、器具购置”中。

其他费用　指在固定资产建造和购置过程中发生的，除建筑安装工程和设备、工器具购置投资完成额以外的费用。包括土地购置费（建设用地费）、旧建筑物购置费（房屋建筑物购置费）等。

固定资产投资按建设性质分

新建 一般是指从无到有"平地起家"开始建设的项目。有的项目原有基础很小，经扩大建设后，其新增加的固定资产价值（原值）超过原有固定资产价值三倍以上的也应算为新建。

扩建 指为扩大原有产品生产能力或增加新的产品能力，在厂内或其他地点增建主要生产车间（或主要工程），独立的生产线等。事业单位和行政单位在原单位增建业务用房，也作为扩建。

改建和技术改造 指现有企、事业单位对原有设施进行技术改造或更新（包括相应配套的辅助性生产、生活设施建设）的建设项目。有的还充分发挥现有的生产能力，进行填平补齐而增建不直接增加本单位主要产品生产能力的车间等，也属于改建。

新增固定资产

指报告期内已经完成建造和购置过程，并交付生产或使用单位的固定资产价值，包括建成投入生产或交付使用的工程投资和达到固定资产标准的设备、工具、器具的投资以及有关的摊入费用。属于增加固定资产价值的其他建设费用应随同交付使用的工程一并计入新增的固定资产。

固定资产交付使用率

指报告期内新增固定资产与同期完成投资额的比率。它是反映各个时期固定资产动用速度，衡量建设过程中投资效果的一个综合性指标。

商品房销售面积

指报告期内出售商品房屋的合同总面积(即双方签署的正式买卖合同中所确定的建筑面积)。由现房销售建筑面积和期房销售建筑面积两部分组成。

商品房销售额

指报告期内出售商品房屋的合同总价款(即双方签署的正式买卖合同中所确定的合同总价)。该指标与商品房销售面积同口径，由现房销售额和期房销售额两部分组成。

Explanatory Notes on Main Statistical Indicators

Total Investment in Fixed Assets

refers to the volume of activities in construction and purchases of fixed assets of the whole country and related fees, expressed in monetary terms during the reference period. It is a comprehensive indicator which shows the size, structure and growth of the investment in fixed assets, providing a basis for observing the progress of construction projects and evaluating results of investment.

Investment in Fixed Assets (Excluding Rural Households)

refers to the total amount of construction and acquisition of fixed assets completed in a monetary form and the total amount of costs associated with it during a given period.

Investment in Real Estate Development

refers to investment by real estate development companies, commercialized buildings construction companies and other real estate development units of various types of ownership in the construction of buildings, such as residential buildings, factory buildings, warehouses, hotels, guesthouses, holiday villages, office buildings, the complementary service facilities and land development projects, such as roads, water supply, water drainage, power supply, heating supply, telecommunications, land leveling and other infrastructural projects. It does not include activities in pure land development and transactions.

Private Fixed Asset Investment

refers to the domestic enterprise and institutions of collective or private or individual, as well as its holding (including absolute holding and relative holding) enterprises within the territory of PRC construction or purchase of fixed assets investment.

Source of Funds for Investment in Fixed Assets

refers to the funds used to establish or buy fixed assets by the investment units in report period, included the state budget, domestic loans, bonds, foreign investment, self-raised funds, and others.

State Budgetary Appropriation consists of central budgetary appropriation and local budgetary appropriation. National budget includes the general budget, government fund budget, state-owned capital management budget and social security funds. In various types of budget, funds used for investment in fixed assets are all calculated as state budgetary appropriation. And general budget used for investment in fixed assets includes infrastructure investment, vehicle purchase tax, post-earthquake recovery and reconstruction funds and other financial investments. Government bonds of all levels are also included in the state budgetary appropriation.

Domestic Loans refer to loans of various forms borrowed by investing units from banks and non-bank financial institutions during the reference period for the purpose of investment in fixed assets, including the bank loans of its own funds and deposits, the domestic loans appropriated by the superior competent department, the national special loans (including coal oil loans, the special loans for reform-through-labour coal mine), the loans of local financial special funds, the domestic bank loans, revolving credits, etc.

Bonds refer to the voucher issued enterprise (company) or financial institutions in order to raise funds with commit of payback with interests according to certain conditions, including the financial bonds and enterprise bonds (approved by the National Development and Reform Commission and the China Securities Regulatory Commission).

Foreign Investment refers to overseas (foreign regions, Hong Kong, Macao and Taiwan) funds received during the reference period (covering equipment, materials and technology), including foreign borrowings (loans from foreign governments and international financial institutions, export credit, commercial loans from foreign banks, issue of bonds and stocks overseas), foreign direct investment and other foreign investments (including using revenue of foreign investment to invest in the domestic fixed assets). Excluded from this category is capital in foreign exchanges owned by China (foreign exchanges owned by the central and local governments, foreign exchanges retained by enterprises, foreign exchanges by enterprises through the regulating mechanism, loans in foreign exchanges issued by the Bank of China with its own fund, etc.). In calculating the utilization of foreign capital, foreign currencies are converted into Chinese RMB applying the current exchange rate when the foreign capitals are actually used.

Fundraising refer to funds for investment in fixed assets raised by enterprises and institutions and received by investing units during the reference period, including self-raised funds of enterprises and institutions, funds raised from other units for investment in fixed assets, excluding government financial capital, funds borrowed from various financial institutions and foreign funds. Compared with the original fundraising concept, the biggest change is that the local finance all belong to the state budget funds and the fundraising do not contain financial funds.

Others refer to funds for investment in fixed assets received from sources other than those listed above, including funds raised from individuals and through social donations, and funds transferred from other units.

Investment in Fixed Assets by Composition of Use

Construction refers to the construction of various houses and buildings, it also is called the work volume of construction, including construction of various houses, equipment foundations and industrial kilns and stoves, preparation works for project construction, and clearing up works post project construction, geological examination, land-leveling, water, electricity, gas road-cleaning, planting trees, drilling of mines, pavement of railways and roads, highway, bridge, construction of projects of water conservancy, construction of underground air-raid shelters and construction of other special projects.

Installation refers to the installation of various kinds of equipment and instruments (work volume of installation). The value of equipment installed is excluded in the value of installation projects. Including various kinds of equipment, i.e. production, power-driven, lifting, transport, transmission, medical experiment etc. and working table, stepladder railing, putting up of pipes, keep warm, paint, rot-proofing, try operation (excluding put in material try operation).

Purchases of Equipment and Instruments refer to the total value of equipment, tools, and vessels purchased or self-produced by construction units, enterprises or institutions, which come up to standards for fixed assets. Equipment, tools and vessels purchased or self- produced for new workshops by newly established or expanded units are categorized as "purchase of equipment and instruments" no matter whether they come up to the standards for fixed assets or not.

Others refer to investment in assets construction and purchases excluded in above items, including land acquisition costs (costs of land for construction use), old building purchase costs (building purchase costs), etc.

Investment in Fixed Assets by Type of Construction

New Construction refers to newly constructed units. In the case, in which the value of the original fixed assets is quite small, and the value of newly added fixed assets exceeds the original ones by three times, the expansion construction is considered as new construction.

Expansion Construction refers to construction of new major production workshop or independent production line within a factory or in other locations, or construction of a branch factory so as to increase the production capacity of the original products. Newly constructed business houses in institutions and administrative organizations are also classified as expansion.

Reconstruction and Technical Innovation refers to construction of technical innovation and transformation of the existing equipment and technical conditions undertaken by enterprises and institutions, (including accessory facilities for production and living purposes). The construction of new workshops for improving existing production capacity rather than increasing production capacity is also considered as reconstruction.

Newly Increased Fixed Assets

refers to the newly increased value of fixed assets finished construction and purchase in the reference period and delivered to the production or use units, including the value of projects completed and put into production, the value of equipment, tools, and vessels considered as fixed assets, as well as the relevant expenses as investment in fixed assets. Other construction expenses to increase the volume in fixed assets should be calculated into newly increased fixed assets with the project put in use.

Rate of Fixed Assets Put into Use

refers to the ratio of the newly increased fixed assets to the total investment made in the same period. This is a comprehensive indicator, reflecting the speed of the employment of fixed assets and the investment efficiency.

Floor Space of Commercial Houses Sold

refers to total contracted area of commercialized housing (the area of floor space as designated in the formal contracts signed by both sides) during the reference time. It is constituted by floor space of completed housing and floor space of future housing.

Sales of Commercial Houses

refer to the total contracted value (the value of sales/purchase for selling/purchase of commercialized housing as designated in the contract signed by both sides) during the reference time. This indicator has the same coverage as the area of commercialized housing sold, which is constituted by floor space of completed housing and floor space of housing yet to be completed.

第六篇　对外经济贸易和旅游

Chapter 6　Foreign Trade, Economic Cooperation and Tourism

6-1 对外贸易进出口总额(2000—2016年)

Total Value of Imports and Exports in Foreign Trade,2000-2016

年 份 Year	绝对数(亿美元) Absolute Value(USD 100 million)			增长速度(%)(比上年) Increase Rate(%)(Over Preceding Year)		
	进出口总额 Imports & Exports	出口总额 Exports	进口总额 Imports	进出口总额 Imports & Exports	出口总额 Exports	进口总额 Imports
2000	171.57	86.29	85.28	36.1	36.3	36.0
2001	181.86	95.02	86.85	6.0	10.1	1.8
2002	228.27	115.95	112.32	25.5	22.0	29.3
2003	293.71	143.74	149.97	28.7	24.0	33.5
2004	420.19	208.65	211.54	43.2	45.4	41.4
2005	533.87	274.15	259.72	27.1	31.4	22.8
2006	645.73	335.40	310.33	21.0	22.3	19.5
2007	715.50	381.61	333.89	10.8	13.8	7.6
2008	805.39	422.29	383.10	12.6	10.7	14.7
2009	639.44	299.85	339.59	-20.6	-29.0	-11.4
2010	822.01	375.17	446.84	28.8	25.5	31.7
2011	1033.91	444.98	588.93	25.9	18.7	32.0
2012	1156.23	483.14	673.09	11.8	8.6	14.3
2013	1285.28	490.25	795.03	11.2	1.5	18.1
2014	1339.12	525.97	813.16	4.2	7.3	2.3
2015	1143.47	511.83	631.64	-14.6	-2.7	-22.3
2016	1026.51	442.86	583.65	-10.2	-13.4	-7.6

注：自1998年始，用海关数据。表6-2同。
Note: From 1998, data of this table are provided by Tianjin Customs. Same as table 6-2.

6-2 天津口岸进出口总额(2000—2016年)

Total Value of Imports and Exports in Tianjin Port,2000-2016

年 份 Year	按美元计算(亿美元) Calculated by USD (USD 100 million)			按人民币计算(亿元) Calculated by RMB (100 million yuan)		
	进出口总额 Imports & Exports	出口总额 Exports	进口总额 Imports	进出口总额 Imports & Exports	出口总额 Exports	进口总额 Imports
2000	298.03	165.29	132.74	2479.60	1375.20	1104.40
2001	323.71	178.13	145.58	2679.30	1474.40	1204.90
2002	365.35	190.55	174.80	3025.46	1577.94	1447.52
2003	461.67	259.57	202.10	3831.86	2154.43	1677.43
2004	677.66	384.80	292.86	5608.66	3184.80	2423.86
2005	819.29	446.83	372.46	6711.38	3660.30	3051.08
2006	1018.85	571.24	447.61	8122.07	4553.81	3568.26
2007	1290.00	752.87	537.13	9616.05	5612.12	4003.93
2008	1631.02	940.98	690.04	11137.09	6425.29	4711.80
2009	1242.24	612.04	630.20	8484.50	4180.23	4304.27
2010	1641.10	794.41	846.69	10935.57	5293.60	5641.97
2011	1972.49	959.19	1013.29	12497.50	6077.33	6420.10
2012	2042.52	980.13	1062.40	12838.26	6160.61	6677.72
2013	2148.15	997.14	1151.01	13189.64	6122.44	7067.20
2014	2285.04	1097.98	1187.06	14037.81	6744.73	7293.09
2015	1874.29	994.30	879.99	11622.68	6162.81	5459.87
2016	1702.35	873.68	828.68	11233.21	5754.27	5478.94

6-3 利用外资情况(1996—2016年)

Utilization of Foreign Capital,1996-2016

单位：万美元,%(USD 10 000,%)

年份 Year	直接利用外资合同额 Foreign Direct Investment Contracted		实际直接利用外资 Foreign Direct Investment		实际借用国外资金 Actually Used Foreign Loans	
	绝对数 Absolute Value	增长速度(比上年) Increase Rate (Over Preceding Year)	绝对数 Absolute Value	增长速度(比上年) Increase Rate (Over Preceding Year)	绝对数 Absolute Value	增长速度(比上年) Increase Rate (Over Preceding Year)
1996	392431	1.9	200587	31.9	97771	65.9
1997	385066	-1.9	251135	25.2	91166	-6.8
1998	363729	-5.5	251803	0.3	53984	-40.8
1999	362034	-0.5	253203	0.6	21332	-60.5
2000	460000	27.1	256000	1.1	26467	24.1
2001	463000	0.7	322000	25.8	7688	-71.0
2002	581220	25.5	380591	18.2	6310	-17.9
2003	351297	74.3	163325	62.9	7225	14.5
2004	558855	59.1	247243	51.4	22993	218.2
2005	732281	31.0	332885	34.6	31688	37.8
2006	811156	10.8	413077	24.1	23819	-24.8
2007	1151856	42.0	527776	27.8	18257	-23.4
2008	1325629	15.1	741978	40.6	17701	-22.9
2009	1383817	4.4	901985	21.6	6933	-60.8
2010	1529569	10.5	1084872	20.3	20983	202.7
2011	1683700	10.1	1305602	20.4	18378	-12.4
2012	1858541	10.4	1501633	15.0	14867	-19.1
2013	2073332	11.6	1682897	12.1	41791	181.1
2014	2281979	10.1	1886676	12.1	152250	264.3
2015	3135740	37.4	2113444	12.0	123549	-18.9
2016	3082564	-1.7	1010045	12.2	753599	510.0

注：2016年直接利用外资统计口径依商务部统计制度进行了调整，增速为可比口径，表6—9、6—10、6—12同。

Note:The statistics caliber of Foreign Direct Investment was adjusted by statistics system of commerce department in 2016,the growth rate is comparable coverage.Same as table 6-9, 6-10 and 6-12.

6–4 对外贸易进出口总额(2016年)

Total Value of Imports and Exports in Foreign Trade,2016

单位：万美元(USD 10 000)

项　目	Item	进出口总额 Imports & Exports	出口总额 Exports	进口总额 Imports
合　计	**Total**	**10265085**	**4428616**	**5836469**
折合人民币(万元)	Be Equivalent to RMB(10 000 yuan)	67759325	29180836	38578489
按口岸分	**By Port**			
本口岸	Local Port	7480451	3244788	4235663
外口岸	Outside Port	2784634	1183828	1600806
按经营单位分	**By Managing Unit**			
# 国有企业	State-owned Enterprises	1892568	634474	1258095
集体企业	Collective-ownedEnterprises	52361	46817	5544
私营企业	PrivateEnterprises	2668666	1091358	1577309
外资企业	ForeignFundedEnterprises	5649040	2655926	2993114
中外合资企业	Joint Venture Enterprises	2559350	1207090	1352261
中外合作企业	Cooperative Operation Enterprises	23731	5414	18317
外商独资企业	Foreign-funded Sole Enterprises	3065959	1443422	1622536
按贸易性质分	**By Way of Trade**			
# 一般贸易	General Trade	4963550	2104158	2859392
加工贸易	Processing trade	3457821	2022816	1435006
进料加工	Processing Using Import Material	3158525	1960501	1198024
来料加工	Processing Using Provided Material	299297	62315	236981
外商投资企业进口设备	Equipment Imports of Foreign-funded Enterprises	539		539
对外承包工程出口货物	Merchandise Exports of Contracted Foreign Projects	121432	121432	
租赁贸易	Leasing Trade	3242	3079	163
保税区仓储进出境货物	Goods Passed in and out of Free Trade Zone	105297	17808	87489
保税区仓储转口货物	Goods Transited in Free Trade Zone	1581375	153302	1428073
按商品类别分	**By Category of Commodities**			
# 机电产品	Mechanical and Electronic Products	6673547	3042608	3630939
# 高新技术产品	High & New Technology Products	3887415	1534828	2352587

注：机电产品、高新技术产品进出口数据来自于天津市商务委员会。

Note: The source of data of Mechanical and Electvonic Products and High & New Technology Products is Tianjin Municipal Commission of Commerce.

6−5 对外贸易分国别(地区)进出口总额(2016年)

Total Value of Imports and Exports in Foreign Trade by Country(Region),2016

单位：万美元(USD 10 000)

国别(地区)	Country(Region)	进出口总额 Imports & Exports	出口总额 Exports	进口总额 Imports
合　计	**Total**	**10265085**	**4428616**	**5836469**
亚　洲	**Asia**	**4711596**	**2266998**	**2444598**
# 中国香港	Hong Kong,China	248963	238755	10208
印　度	India	150502	126927	23576
印度尼西亚	Indonesia	156402	105670	50732
伊　朗	Iran	43267	39049	4218
日　本	Japan	941291	302247	639043
马来西亚	Malaysia	208676	90158	118518
菲律宾	The Philippines	124546	79369	45177
新加坡	Singapore	161736	80754	80982
韩　国	Repubilc of Korea	1245363	319438	925925
泰　国	Thailand	160037	108581	51457
阿拉伯联合酋长国	The United Arab Emirates	144874	119639	25235
越　南	Vietnam	365281	286702	78580
中国台湾	Taiwan,China	266484	89063	177421
非　洲	**Africa**	**275546**	**199666**	**75880**
# 阿尔及利亚	Algeria	17610	17599	10
安哥拉	Angola	4287	4252	35
埃　及	Egypt	24329	23491	839
加　纳	Ghana	9938	9735	203
尼日利亚	Nigeria	15441	14944	497
南　非	South Africa	74773	31749	43024

6–5续表 *Continued*

单位：万美元(USD 10 000)

国别(地区)	Country(Region)	进出口总额 Imports & Exports	出口总额 Exports	进口总额 Imports
欧　洲	**Europe**	**2155782**	**821122**	**1334660**
# 英　国	United Kingdom	196936	56460	140476
德　国	Germany	557783	126244	431538
法　国	France	360628	56395	304233
意大利	Italy	85757	42713	43044
荷　兰	Netherlands	95668	64415	31253
俄罗斯	Russia	198295	167262	31033
乌克兰	Ukraine	34879	7493	27386
捷克共和国	The Czech Republic	34013	26614	7399
斯洛伐克共和国	The Slovak Republic	81528	24406	57122
比利时	Belgium	48259	32001	16258
丹　麦	Denmark	130375	21415	108961
葡萄牙	Portugal	28001	6708	21292
西班牙	Spain	66381	35660	30722
奥地利	Austria	33114	22806	10308
匈牙利	Hungary	13522	7504	6017
拉丁美洲	**Latin America**	**763541**	**364013**	**399528**
# 阿根廷	Argentina	37785	28974	8812
巴　西	Brazil	330642	63790	266851
北美洲	**North America**	**1766187**	**671175**	**1095012**
# 加拿大	Canada	130272	44419	85853
美　国	United States	1635864	626755	1009109
大洋洲及太平洋岛屿	**Oceania and Pacific Isands**	**592377**	**105644**	**486734**
# 澳大利亚	Australia	545994	92291	453703
新西兰	New Zealand	42183	9666	32517

6-6 天津口岸进出口商品检验情况(2012—2016年)

Inspection of Imports and Exports Commodities in Tianjin Port,2012-2016

单位：批、万美元(batch, USD 10 000)

项　目	Item	2012	2013	2014	2015	2016
进口商品检验	**Imports Inspection**					
批　数	Batches	285568	297459	294818	224302	240059
# 不合格	Disqualification	12730	12173	17247	18627	24643
金　额	Value	6047115	6214797	6239995	4319154	3935237
# 不合格	Disqualification	774333	897551	907590	733145	718333
出口商品检验	**Exports Inspection**					
批　数	Batches	324295	232924	74363	64223	63186
# 不合格	Disqualification	247	562	600	488	500
金　额	Value	2355930	1437013	477552	386620	334325
# 不合格	Disqualification	1548	18814	4672	6295	4374

6-7 本市在境外设立企业和机构情况

Municipal Overseas Enterprises and Agencies

项　目	Item	2015	2016	至2016年底累计 Accumulated at the end of 2016
企业和机构总计(个)	Total (unit)	197	219	1809
企　业	Enterprises	196	212	1536
机　构	Agencies	1	7	273
投资总额(万美元)	Total Investment (USD 10 000)	2054096	3981070	7133846
# 中方投资额	Chinese Investment	746086	2619514	4339669
中方投资占比重(%)	Proportion of Chinese Investment (%)	36.3	65.8	60.8
投资国家和地区(个)	Number of Countries and Regions Invested (unit)	42	42	110

6-8 直接利用外资签约情况(2014—2016年)
Utilization of Foreign Direct Investment,2014-2016

单位：万美元 (USD 10 000)

项　目	Item	2014	2015	2016	2016比2015年增长(%) Increased Rate in 2016 over 2015(%)
合 同 数(个)	**Number of Contracts(item)**	**674**	**1035**	**1106**	**6.9**
#合资企业	Joint Venture Enterprises	203	379	560	47.8
合作企业	Cooperative Operation Enterprises	2	8	1	-87.5
独资企业	Sole Foreign-funded Enterprises	469	644	540	-16.2
合同外资金额	**Foreign Investment Contracted**	**2281979**	**3135740**	**3082564**	**-1.7**
#合资企业	Joint Venture Enterprises	425706	697344	908505	30.3
合作企业	Cooperative Operation Enterprises	15018	18148	40100	121.0
独资企业	Sole Foreign-funded Enterprises	1841255	2386446	2050744	-14.1

6-9 实际利用外资情况(2013—2016年)
Foreign Capital Actually Used,2013-2016

单位：万美元 (USD 10 000)

项　目 Item	2013	2014	2015	2016	2016比2015年增长(%) Increased Rate in 2016 over 2015(%)
总　计 Total	**1724688**	**2038926**	**2236993**	**1763645**	
借用国外资金 Foreign Loans	**41791**	**152250**	**123549**	**753599**	**510.0**
外国政府贷款 Foreign Government Loans	934	2809	174		
外国银行商业贷款 Commercial Loans from Foreign Banks	40857	149441	123375	753599	510.8
直接利用外资 Foreign Direct Investment	**1682897**	**1886676**	**2113444**	**1010046**	**12.2**
合资企业 Joint Venture Enterprises	529060	551517	659091	293680	3.1
合作企业 Cooperative Operation Enterprises	33719	27810	21531	4935	-38.2
独资企业 Sole Foreign-funded Enterprises	1120118	1307350	1411266	610440	2.3

6–10 借用国外资金情况

Borrowing Foreign Capital

单位：万美元 (USD 10 000)

项　目 Item	上年结转资金 Capital Carried from Last Year		当年新增借款 New Increased Loans		偿还本金 Repaid Principals	
	2015	2016	2015	2016	2015	2016
国外贷款合计						
Total Loans	**75293**	**163671**	**123549**	**753599**	**115368**	**212715**
按债务期限分						
By Period of Debt						
中长期						
Long-term & Medium-term	68246	67676	109194	506355	107010	91901
短　期						
Short-term	7047	95995	14355	247244	8358	120814
按借款方式分						
By Mode of Borrowing						
外国政府贷款						
Government Loans	23419	19878	174		2716	2763
出口信贷						
Export Credit	224	127			136	73
外国银行商业贷款						
Commercial Loans of Foreign Banks	43822	143666	123375	753599	111990	209879

6–10续表　*Continued*

单位：万美元 (USD 10 000)

项　目 Item	外汇汇率差额 Margin of Foreign Exchange Rate		期末借款余额 Loaned Balance of Year-end		偿还利息 Repaid Interests	
	2015	2016	2015	2016	2015	2016
国外贷款合计						
Total Loans	**-999**	**39**	**82475**	**704594**	**469**	**552**
按债务期限分						
By Period of Debt						
中长期						
Long-term & Medium-term	-998	39	69432	482169	459	552
短　期						
Short-term	-1		13043	222425	10	
按借款方式分						
By Mode of Borrowing						
外国政府贷款						
Government Loans	-1002	-347	19875	16768	286	258
出口信贷						
Export Credit	-21	1	67	55	7	1
外国银行商业贷款						
Commercial Loans of Foreign Banks	24	385	55231	687771	105	293

6-11 外商及港澳台商投资企业投资情况(2016年)

Investment of Foreign-funded and Hong Kong, Macao and Taiwan Funded Enterprises,2016

项　目 Item	签订合同项目(个) Number of Contracts Signed (item)		合同外资额(万美元) Foreign Investment Contracted (USD 10 000)		实际直接利用外资(万美元) Acutal Direct Utilization of Foreign Capital (USD 10 000)	
	2016	至2016年底累计 Accumulated by the End of 2016	2016	至2016年底累计 Accumulated by the End of 2016	2016	至2016年底累计 Accumulated by the End of 2016
总　计						
Total	**1106**	**26889**	**3082564**	**26143666**	**1010046**	**16204119**
按投资方式分						
By Mode of Investment						
合资企业						
Joint Venture Enterprises	560	9330	908505	5744918	293680	4829085
合作企业						
Cooperative Operation Enterprises	1	689	40100	787317	4935	456550
独资企业						
Sole Foreign-funded Enterprises	540	16826	2050744	19291901	610440	10609025
按行业分						
By Sector						
# 农、林、牧、渔业						
Farming, Forestry, Animal Husbandry and Fishery	5	177	59793	144128	11933	77101
制造业						
Manufacturing	49	12392	160206	7887511	321766	7849484
建筑业						
Construction	1	423	66	288092		157999
批发和零售贸易及餐饮业						
Wholesale, Retail Trade and Catering	169	7016	120974	2568923	29187	1211779
交通运输、仓储业和邮政业						
Transportation, Storage and Post Services	17	554	77735	1669308	58979	961128
房地产业						
Real Estate	3	976	87289	2682810	59590	1916035
租赁和商务服务业						
Leasing and Business Services	199	2294	370009	4049175	125498	1503431

6–11续表 Continued

项 目 Item	签订合同项目(个) Number of Contracts Signed (item)		合同外资额(万美元) Foreign Investment Contracted (USD 10 000)		实际直接利用外资(万美元) Acutal Direct Utilization of Foreign Capital Contracted (USD 10 000)	
	2016	至2016年底累计 Accumulated by the End of 2016	2016	至2016年底累计 Accumulated by the End of 2016	2016	至2016年底累计 Accumulated by the End of 2016
按国别(地区)分						
By Country (Region)						
#中国香港						
HongKong,China	781	9392	2795742	14591082	663210	7508080
日 本						
Japan	24	2229	61770	1311376	99518	1311248
美 国						
United States	34	3546	22652	1996727	15971	870464
韩 国						
Republic of Korea	71	3445	34098	1412726	51146	1348843
新加坡						
Singapore	21	905	34795	948210	39509	929109
中国台湾						
Taiwan,China	46	2123	8920	624807	31222	405990
德 国						
Germany	12	392	17309	408110	47928	311638
英 国						
United Kingdom	14	369	4763	463470	13270	251791
法 国						
France	7	214	971	115095	4256	113537
意大利						
Italy	4	160	1970	89652	1875	42931
荷 兰						
Holland	3	135	1601	143897	10222	138212
加拿大						
Canada	17	654	7129	179503	5172	95466

6-12 A级及以上和重点旅游景区情况(2014-2016年)

Statistics for Key Sight Spots above Grade A,2014-2016

单位：个(unit)

项　　目	Item	2014	2015	2016	2016比2015年增长(%) Increase Rate in 2016 over 2015(%)
A级旅游景点数(个)	Scenic Spots of A Level and above(unit)	106	112	107	-4.5
# 5A级景点	AAAAA-Level	2	2	2	
4A级景点	AAAA-Level	32	33	32	-3.0
3A级景点	AAA-Level	48	51	49	-3.9
2A级景点	AA-Level	24	26	24	-7.7

6-13 接待入境旅游人数和居住天数(2013—2016年)

Number of International Tourists and Dwelling Days,2013-2016

单位：人次、天(person-time, day)

项　　目	Item	2013	2014	2015	2016
接待人数总计(含不过夜)	**Total Tourists (include not staying for night)**	**2645357**	**2961726**	**3260131**	**3350113**
接待入境旅游者人数(过夜)	Accommodated Tourists (stay for night)	758594	766326	785331	824313
外国人	Foreigners	660355	674931	690810	718904
# 日　本	Japan	208259	214630	220859	217215
韩　国	Republic of Korea	149099	148426	158130	170432
菲律宾	Philippines	2678	3112	60538	2960
新加坡	Singapore	21065	21676	21294	20018
泰　国	Thailand	3862	4604	61238	2266
印度尼西亚	Indonesia	1557	2199	7867	1612
美　国	United States	63921	63895	59878	58089
加拿大	Canada	8524	8645	9447	9518
英　国	United Kingdom	15635	16915	15615	16476
法　国	France	9881	9985	11371	12190
德　国	Germany	22921	27511	26212	24056
意大利	Italy	4394	3942	5920	4362
俄罗斯	Russia	2370	4829	18748	2939
澳大利亚	Australia	15022	13650	14720	16350
港澳台同胞	Hong Kong, Macao and Taiwan Compatriots	98239	91395	94521	105409
星级宾馆平均每人居住天数	**Per Capita Staying Days in Star Level Hotels**	**2.1**	**1.9**	**2.0**	**2.0**

6-14 接待入境旅游外汇收入(2013—2016年)

Foreign Exchange Earning from International Tourists,2013-2016

单位：万美元(USD 10 000)

项　目	Item	2013	2014	2015	2016
总　计	**Total**	**259139**	**299210**	**329811**	**355687**
长途交通	Long-distance Transportation	78323	106047	127996	137419
飞　机	Civil Aviation	63099	79457	84321	90516
火　车	Railway	3851	10939	12408	13319
汽　车	Motor Vehicles	6590	8628	9414	10118
海　运	Sea Transportation	4782	7024	21854	23467
游　览	Tour	10614	15435	13015	14124
住　宿	Accommodation	31759	37760	38034	40844
餐　饮	Catering Service	20000	24598	23976	25885
娱　乐	Entertainment	13783	18237	15447	16677
购　物	Shopping	69175	59045	64530	70100
邮电通讯	Posts and Telecommunications	5743	5892	7086	7688
市内交通	Local Transportation	7582	7754	6886	7546
其　他	Others	22161	24442	32841	35403

6-15 国内旅游者来津人数和人均消费支出

Numer of Domesitic Tourists Visiting Tianjin and Per Capita Comsumption Expenditures

项　目	Item	2015	2016
国内旅游人数(万人次)	**Number of Domestic Tourists Visiting Tianjin(10 000 person-times)**	**17059**	**18811**
外省市来津旅游人数	Number of Tourists from other Provinces Visiting Tianjin	10871	12036
本市市民在津旅游人数	Number of Local Tourists	6187	6775
国内旅游者人均消费支出(元)	**Consumption Expenditure Per Person (yuan)**	**1478**	**1552**
国内旅游者消费支出(亿元)	**Consumption Expenditure(100 million yuan)**	**2590.63**	**2919.06**
住　宿	Accommodation	287.10	356.19
餐　饮	Catering Service	394.94	493.58
游　览	Tour	221.68	296.92
购　物	Shopping	764.69	871.11
娱　乐	Entertainment	99.35	118.74
交　通	Transportation	694.19	672.32
邮电通讯	Posts and Telecommunications	7.75	7.73
其　他	Others	120.93	102.47

6-16 天津与国外结成友好城市一览表

List of Foreign Sister Cities with Tianjin

友好城市 Sister City	国别 County of Origin	缔结时间 Time of Conclusion	友好城市 Sister City	国别 County of Origin	缔结时间 Time of Conclusion
神户市 Kobe	日本 Japan	1973年6月24日 June24,1973	乌兰巴托市 Ulan Bator	蒙古 Mongolia	1992年9月27日 Sept. 27, 1992
费城 Philadelphia	美国 United States	1980年2月10日 Feb. 10, 1980	哈尔科夫市 Kharkov	乌克兰 Ukraine	1993年6月14日 June 14,1993
墨尔本市 Melbourne	澳大利亚 Australia	1980年5月5日 May 5,1980	延雪平市 Jon Koping	瑞典 Sweden	1993年9月23日 Sept. 23, 1993
四日市市 Yokkaichi	日本 Japan	1980年10月28日 Oct. 28, 1980	仁川市 Inchon	韩国 Republic of Korea	1993年12月7日 Dec. 7, 1993
萨拉热窝市 Sarajevo	波黑 Bosnia and Herzegovina	1981年5月28日 May 28,1981	萨尔州 State of Saarland	德国 Germany	1994年9月28日 Sept. 28, 1994
北加莱海峡大区 Region Nord Pas de Calais	法国 France	1984年10月10日 Oct. 10, 1984	罗兹市 Lodz	波兰 Poland	1994年10月11日 Oct. 11, 1994
伦巴第大区 Lombardia Region	意大利 Italy	1985年5月9日 May 9,1985	里约热内卢州 Rio de Janeiro	巴西 Brazil	1995年4月18日 Apr. 18, 1995
格罗宁根市 Groningen	荷兰 Netherlands	1985年9月12日 Sept. 12, 1985	橘郡 Orange County	美国 United States	1997年8月1日 Aug. 1, 1997
千叶市 Chiba	日本 Japan	1986年5月7日 May 7,1986	亚马逊州 State of Amazon	巴西 Brazil	1997年10月20日 Oct. 20, 1997
普罗夫迪夫大区 Plovdiv	保加利亚 Bulgaria	1989年10月15日 Oct. 15, 1989	海防市 Haiphong City	越南 Vietnam	1999年1月8日 Jan. 8, 1999
伊兹密尔市 Izmir	土耳其 Turkey	1991年9月23日 Sept. 23, 1991	南浦市 NaPuShi	朝鲜 Democratic People's Republic of Korea	2002年8月11日 Aug.11,2002
阿比让市 La Ville D' abidjan	科特迪瓦 Côte d'Lvoire	1992年9月26日 Sept. 26, 1992			

6-17 对外经济合作(2014—2016年)

Economic Cooperation with Foreign Countries or Regions,2014-2016

项目	Item	2014	2015	2016
对外承包工程	**Contracted Foreign Projects**			
签订合同份数(个)	Number of Contracts(unit)	100	215	78
签订合同金额(万美元)	Contracted Value(USD 10 000)	380264	310838	264840
完成营业额(万美元)	Fulfilling Value(USD 10 000)	403259	476260	629220
年末在外劳动人数(人)	Number of Outside Labours at Year-end(person)	11374	12428	13307
对外劳务合作	**Labour Cooperation**			
合同工资(万美元)	Wages Contracted(USD 10 000)	98987	479	222
实际收入(万美元)	Actual Income(USD 10 000)	13675	994	491
年末在外劳动人数(人)	Number of Outside Labours at Year-end(person)	7029	1779	496

注：2015、2016年对外劳务合作指标不含海员。
Note: Labour Cooperation of 2015、2016 does not contin sailor.

6-18 按国别(地区)分对外承包工程、劳务合作(2016年)

Contracted Foreign Projects and Labour Cooperation by Country(Region),2016

国别(地区)	Country (Region)	对外承包工程 Contracted Foreign Projects		劳务合作 Labour Cooperation
		合同个数(个) Number of Projects Coutracts (unit)	合同金额(万美元) Contracted Value (USD 10 000)	新签劳务人员合同工资总额(万美元) Total Wages Contracted of New Labour (USD 10 000)
合　计	**Total**	**78**	**264840**	**222**
亚　洲	**Asia**	**40**	**143572**	**165**
# 沙特阿拉伯	Saudi Arabia	5	15577	
伊拉克	Iraq	6	24798	
伊　朗	Iran	4	5933	
卡塔尔	Qatar	3	9915	
阿拉伯联合酋长国	The United Arab Emirates	8	15587	
印度尼西亚	Indonesia	5	7676	
马来西亚	Malaysia		4201	
缅　甸	Myanmar	2	3109	
土耳其	Turkey		1536	
欧　洲	**European**	**5**	**27793**	
非　洲	**Africa**	**12**	**19462**	**57**
# 刚果(布)	The Republic of Congo	1	2185	
尼日利亚	Nigeria	1	3604	
拉丁美洲	**Latin America**	**20**	**72604**	
# 委内瑞拉	Venezuela	16	64966	
墨西哥	Mexico	2	5466	
大洋洲	**Oceania**	**1**	**1409**	

6-19 服务外包情况

Statistics on Service Outsourcing

单位：亿美元(USD 100 million)

项　目	Item	2015	2016	2016比2015年增长(%) Increased Rate in 2016 over 2015(%)
接包合同额	**Contracted Value of Service Outsourcing**	**21.80**	**25.40**	**16.6**
# 离岸接包合同额	Contracted Value of Offshore Service Outsourcing Contracted	10.80	15.00	38.6
接包执行额	**Actual Value of Service Outsourcing**	**21.60**	**20.50**	**-5.0**
# 离岸接包执行额	Actual Value of Offshore Service Outsourcing	9.70	10.20	5.1

6-20 实际利用内资额(2012—2016年)

Domestic Capital Actually Used,2012-2016

单位：亿元(100 million yuan)

地　区	Region	2012	2013	2014	2015	2016
全市总计	**Total**	**2600.67**	**3120.82**	**3600.32**	**4049.28**	**4536.53**
中心城区	**Central Districts**	**539.53**	**567.75**	**636.61**	**738.86**	**796.20**
和平区	Heping District	110.43	112.51	120.14	133.64	141.03
河东区	Hedong District	90.71	100.10	120.09	132.05	141.02
河西区	Hexi District	102.52	112.30	120.27	133.65	141.03
南开区	Nankai District	77.32	77.92	97.56	131.41	141.01
河北区	Hebei District	110.25	112.09	115.11	132.05	141.01
红桥区	Hongqiao District	48.30	52.83	63.44	76.07	91.10
滨海新区	**Binhai New Area**	**584.97**	**738.26**	**892.45**	**1000.75**	**1122.00**
其他区	**Other Districts**	**1476.17**	**1814.82**	**2071.27**	**2309.66**	**2618.33**
东丽区	Dongli District	198.37	223.08	263.14	296.27	341.04
西青区	Xiqing District	157.18	247.56	266.76	297.66	341.06
津南区	Jinnan District	203.28	242.66	264.07	297.63	341.06
北辰区	Beichen District	202.19	220.25	263.40	296.59	341.04
武清区	Wuqing District	202.28	243.32	265.40	298.32	341.07
宝坻区	Baodi District	202.88	235.91	264.10	296.93	341.05
宁河区	Ninghe District	75.74	110.94	143.95	161.01	179.00
静海区	Jinghai District	64.08	91.03	120.10	135.13	150.00
蓟州区	Jizhou District	170.17	200.06	220.34	230.13	243.00

注：滨海新区数据不含东丽区无瑕街、津南区葛沽镇数据。
Note: Data of Binhai New Area exclude figures of Wuxia Street, Dongli District and Gegu Town, Jinnan District.

6-21 外省市在津投资情况

Domestic Capital from Other Provinces and Municipalities

地 区	Region	项目数(个) Number of Contracts(unit)		实际利用内资额(万元) Total Capital Actually Used (10 000 yuan)	
		2015	2016	2015	2016
总 计	**Total**	**2256**	**7908**	**40492795**	**45365322**
北京市	Beijing	402	970	13985407	16996427
河北省	Hebei	461	1731	3428211	2944468
山西省	Shanxi	59	224	583333	620226
内蒙古自治区	Inner Mongolia	58	269	391166	621547
辽宁省	Liaoning	54	252	2304504	1372758
吉林省	Jilin	60	283	372215	1629409
黑龙江省	Heilongjiang	100	476	503394	486185
上海市	Shanghai	76	159	2902712	3900197
江苏省	Jiangsu	81	253	1173232	1080009
浙江省	Zhejiang	76	227	2896783	2243954
安徽省	Anhui	45	250	181924	325500
福建省	Fujian	113	230	1572771	1296897
江西省	Jiangxi	25	125	272701	479238
山东省	Shandong	191	720	1183014	935542
河南省	Henan	105	457	768684	757369
湖北省	Hubei	44	193	331698	441433
湖南省	Hunan	36	155	636150	607067
广东省	Guangdong	127	265	4149396	3745630
广西壮族自治区	Guangxi	8	31	431176	419660
海南省	Hainan	5	22	272580	846945
重庆市	Chongqing	13	136	148612	994070
四川省	Sichuan	37	191	330673	525761
贵州省	Guizhou	9	27	241617	408253
云南省	Yunnan	6	19	155460	14708
陕西省	Shanxi	27	87	196890	140955
甘肃省	Gansu	8	74	18055	93272
青海省	Qinghai	4	11	5571	67059
宁夏回族自治区	Ningxia	8	23	37700	53116
新疆维吾尔自治区	Xinjiang	13	45	248178	1233629
西藏自治区	Xizang	5	3	768988	84038

主要统计指标解释

外贸进出口总额

指海关统计中按经营单位即进出口企业在海关注册地的行政区域口径统计的数据，它反映的是天津行政辖区内各类具有进出口经营权企业（外贸企业）的进出口。它不包含外省市外贸企业途经天津口岸由天津海关结关放行及统计的进出口商品，但包含天津外贸企业经由非天津口岸进出口结关放行及统计的商品。

口岸进出口总额

指由海关统计的天津口岸实际进出的货物总金额。包括天津经营单位和其他省市经营单位经天津口岸实现的进出口货物总额。我国规定出口货物按离岸价格统计，进口货物按到岸价格统计。

利用外资

包括三部分，一是借用国外资金；二是直接利用投资；三是其他利用投资。外资包括现金、实物、工业产权或专有技术等。凡是本年内实际投资（不论是执行本年签订的协议或是执行过去几年签订的协议）均应计算在内。

借用国外资金　指由我国政府、部门、企业或其他经济组织从境外借入的资金或在境外发行的外币债券。按借款类别不同划分为：外国政府贷款、国际金融组织贷款、外国银行商业贷款、出口信贷和其他：包括对外发行债券、股票等。本年鉴公布的我市的对外借款统计数据中，不含外国及港、澳、台在津投资企业的对外借款。

直接利用投资　指国外及港澳台地区的法人和自然人按照我国有关政策、法规在中国大陆地区以现金、实物、无形资产等各种方式投资于非上市公司中的全部投资及在单个外国投资者所占股权比例不低于10%的上市公司中的投资。

直接利用外资合同额

是根据外商投资企业合同（章程）规定，外方投资者应缴付的注册资本。包括外方从企业获得的利润对企业的再投资以及批准的企业投资总额内的外方股东贷款（2002年以前还包括以企业名义从境内外借入的其他外资）。

实际利用外资

包括借用国外资金、直接利用投资和其他利用投资三部分实际到位的外资。借用国外资金按实际提取或拨交的使用数、直接利用投资按外方实际到位资金统计（以会计师事务所出具的验资报告为准）、其他利用投资按到位数计算。

对外承包工程

包括对外承包公司以招标议标承包方式承揽的下列业务：(1) 承包国外工程建设项目。(2) 承包我国对外经济援助项目。(3) 承包我国驻外机构的工程建设项目。(4) 承包我国境内利用外资进行建设的工程项目。(5) 与外国承包公司合营或联合承包工程项目时我国公司分包部分。(6) 以服务成果向业主收费的技术服务项目（包括承担地形地貌测绘；地质资源勘探与普查；建设区域规划；提供设计文件、图纸、生产工艺技术资料和工程技术经济咨询；工程项目的可行性考察、研究和评估；进行技术指导和培训人员等）。(7) 对外承包兼营的房屋开发业务。对外承包工程的营业额是以货币表现的本期内完成的对外承包工程的工作量，包括以前年度签订的合同和本年度新签订的合同在报告期完成的工作量。

对外劳务合作

指以收取工资的形式向业主或承包商提供技术和劳动服务的活动。天津对外承包公司在境外开办的合营企业，天津公司同时又提供劳务的，其劳务部分也纳入劳务合作统计。劳务合作营业额按报告期内向雇主提交的结算数（包括工资、加班费和奖金等）统计。

Explanatory Notes on Main Statistical Indicators

Total Value of Imports and Exports in Foreign Trade

is offered by Customs authorities, covering the operations units, or the enterprises involved in import and export, that have registered in the administrative regions where the Customs operate. It reflects the import and export of all the enterprises with import and export rights (foreign trade enterprises) under the administration of Tianjin Municipality. It excludes those commodities of foreign trade enterprises from out of town that underwent customs clearance at Tianjin ports but includes commodities of foreign trade enterprises of Tianjin that underwent customs clearance in non-Tianjin ports.

Total Value of Imports and Exports in Port

is offered by customs authorities, refer to the value of commodities imported into and exported from Tianjin Port. It includes the value of commodities imported into and exported from Tianjin Port of Tianjin business units and business units of other provinces (municipalities). In accordance with the stipulation of the Chinese government, imports are calculated at CIF, while exports are calculated at FOB.

Utilization of Foreign Investment

includes foreign borrowing, foreign direct investment, and other foreign investment. Foreign capital includes cash, material objects, industrial property right, special technique, etc. It includes actual investment in current year or signed in previous years.

Foreign Loans refer to funds borrowed from abroad by the Chinese government, departments, enterprises and other economic units, foreign currency bond issued abroad. Grouped by the category of borrowing, it includes (a) loans of foreign governments, (b) loans of international financial institutions, (c) commercial loans of foreign banks, (d) export credit of foreign banks, (e) bonds, shares issued abroad, etc. The data in this yearbook excludes foreign borrowing of foreign funded and Hong Kong, Macao and Taiwan funded enterprises.

Foreign Direct Investment refers to the investment inside China by foreign funded and Hong Kong, Macao and Taiwan funded enterprises, economic organizations or individuals, following the relevant policies and laws of China and using cash, material objects, intangible assets for the investment of corporations that are not listed in stock market, share ownership of single foreign investor is not lower than 10%.

Foreign Direct Investment Contracted

refers to the total registered capital that according to the contract, foreign investor should provide. It includes re-investment of foreign investor using the profits obtained from enterprise, loans of foreign shareholder among the total investment (also includes other investment of enterprise borrowed from China and abroad before 2002).

Foreign Capital Actually Used

refers to the actual investment of foreign borrowing, foreign direct investment and other investment by foreign enterprises. It includes actual withdraw of foreign borrowing, actual capital of foreign direct investment (in accordance with the capital report of Accountant Services), actual capital of other investment by foreign enterprises.

Contracted Foreign Projects

refer to projects undertaken by Chinese contractors (project contracting companies) through bidding process. They include: (1) overseas civil engineering construction projects financed by foreign investors. (2) overseas projects financed by the Chinese government through its foreign-aid programs. (3) construction projects of Chinese diplomatic missions, trade offices and other institutions stationed abroad. (4) construction projects in China financed by foreign investment. (5) sub-construction to be taken by Chinese-contractors through a joint umbrella project with foreign contractor. (6) technical assistance projects in the form of service results and chargeable to the owners (such as topographic surveying, geological prospecting, development zone programming, provision of documents, blueprint, materials on production process, technical consultation, project feasibility studies and evaluation, personnel training, etc.). (7) housing developing projects. The business turnover from international contracting is the work of contracted projects completed during the reporting period, expressed in monetary terms, including completed work on project contracts signed in previous years.

Overseas Labour Cooperation

refers to activities of providing technology and labour services to employers or contractors by collecting salaries and wages. Labour services provided by Tianjin's international contrasting corporations to their overseas joint ventures shall be included into the statistics of overseas serviced. The business turn over of overseas labour services is the settlement price (including salaries, overtime pay and bonuses) submitted to the employers during the reporting period.

TIANJIN STATISTICAL YEARBOOK

第七篇　能源生产和消费

Chapter 7　Energy Production and Consumption

7-1 一次能源生产量及构成(1996—2016年)

Primary Energy Production and Composition,1996-2016

年 份 Year	一次能源生产量 (万吨标准煤) Primary Energy Production (10 000 tons of SCE)	占能源生产总量的比重(%) As Percentage of Total Energy Production (%)		
		原 油 Crude Oil	天然气 Natural Gas	其 他 Others
1996	1036.17	89.15	10.85	
1997	1014.77	90.93	9.07	
1998	1079.73	91.46	8.54	
1999	1084.63	90.45	9.55	
2000	1201.94	90.81	9.19	
2001	1494.84	92.73	7.27	
2002	1844.92	94.16	5.84	
2003	1983.56	94.80	5.20	
2004	2171.94	95.12	4.88	
2005	2663.93	95.61	4.39	
2006	2915.55	95.21	4.79	
2007	2926.45	93.94	6.06	
2008	3034.76	93.86	6.14	
2009	3471.63	94.52	5.48	
2010	5007.63	95.08	4.57	0.36
2011	4833.38	94.40	5.10	0.50
2012	4708.80	94.00	5.29	0.71
2013	4634.41	93.85	5.38	0.77
2014	4726.73	92.93	5.95	1.12
2015	5338.18	93.58	5.12	1.30
2016	5017.52	93.20	5.22	1.58

7-2 能源终端消费量(1996—2016年)

Final Consumption of Energy,1996-2016

单位：万吨标准煤(10 000 tons of SCE)

年 份 Year	能源终端消费量 Final Consumption of Energy	第一产业 Primary Industry	第二产业 Secondary Industry	第三产业 Tertiary Industry	生活消费 Living Consumption
1996	2374.07	70.72	1735.50	311.33	256.52
1997	2312.79	44.76	1605.60	420.96	241.47
1998	2353.71	44.00	1588.62	437.27	283.82
1999	2352.21	53.61	1435.11	535.14	328.35
2000	2553.60	58.17	1570.08	635.23	290.12
2001	2724.32	68.83	1694.78	608.05	352.66
2002	2966.56	76.64	1935.92	575.96	378.04
2003	3017.40	59.60	2032.00	510.68	415.12
2004	3391.92	58.49	2352.44	549.38	431.61
2005	3496.31	62.79	2387.19	585.46	460.87
2006	3870.90	65.65	2705.14	619.03	481.08
2007	4213.73	67.99	2968.06	660.24	517.44
2008	4606.24	67.13	3227.71	733.20	578.19
2009	5023.03	71.91	3484.93	797.31	668.89
2010	5860.20	78.19	4229.19	881.82	671.01
2011	6551.11	87.38	4834.50	932.94	696.29
2012	7054.97	94.20	5161.27	1016.81	782.69
2013	7694.82	99.20	5647.54	1104.01	844.07
2014	7955.00	101.42	5794.56	1163.80	895.22
2015	8078.04	105.05	5721.45	1237.85	1013.69
2016	8041.43	109.68	5562.62	1309.13	1060.00

7–3 综合能源平衡表(标准量)

Overall Energy Balance Sheet(Standard Equivalent)

单位：万吨标准煤(10 000 tons of SCE)

项　　目	Item	2015	2016
可供本地区消费的能源量	**Volume of Energy Available for Consumption**	**8260.13**	**8244.68**
年初库存量	Stock at the Beginning of the Year	755.04	641.20
一次能源生产量	Primary Energy Output	5338.18	5017.52
外省(区、市)调入量	Inflow from Other Provinces(Regions, Cities)	11586.56	13627.87
进口量	Import	2603.91	1856.04
我轮、机在外国加油量	Our Steamship and Plane Oiled Abroad	6.21	4.04
本市调出量(–)	Outflow to Other Provinces(Regions, Cities)(–)	-11401.77	-12150.76
出口量(–)	Export(–)	-69.97	-82.42
外轮、机在本市加油量(–)	Foreign Steamship and Plane Oiled in Tianjin(–)	-76.26	-6.74
年末库存量(–)	Stock at Year-end(–)	-481.78	-662.06
加工转换投入(–)产出(+)量	**Input(–) or Output(+) of Processing and Transformation**	**-7.90**	**-13.70**
火力发电	Thermal Power		
供　热	Heating	-130.89	-134.59
煤炭洗选	Separation Coal		
炼　焦	Coke Making	-17.51	-18.55
炼油及煤制油	Oil Refining	345.36	271.52
# 油品再投入量(–)	Input of Oil(–)	-449.13	-352.76
制　气	Gas Making		
# 焦炭再投入量(–)	Input of Coke(–)		
天然气液化	Liquefaction of Natural Gas	-0.06	-0.07
煤制品加工	Processing of Coal Products		
回收能	Recovery of Energy	244.33	220.76
损失量	**Loss Volume**	**174.19**	**189.55**
终端消费量	**Final Consumption**	**8078.04**	**8041.43**
农、林、牧、渔业	Pagriculture,Forestry,Animal Husbandry & Fishery Industry	105.05	109.68
工　业	Industry	5490.57	5325.38
建筑业	Construction	230.88	237.24
交通运输、仓储和邮政业	Transportation, Storage and Post Services	514.96	530.41
批发和零售业、住宿和餐饮业	Wholesale & Retail Trade, Accommodation & Catering Services	254.88	268.30
其　他	Others	468.02	510.42
生活消费	Living Consumption	1013.69	1060.00
平衡差额	**Balance**		
消费量合计	**Total Consumption**	**8260.13**	**8244.68**

7-4 能源消耗基本情况(1996—2016年)
Basic Statistics on Energy Consumption,1996-2016

年 份 Year	能源消耗(万吨标准煤) Energy Consumption (10 000 tons of SCE)	# 工 业 Industry	电力消耗(亿千瓦小时) Electricity Power Consumption (100 million kwh)	# 工 业 Industry
1996	2500.22	1816.55	187.51	111.35
1997	2452.34	1698.19	194.09	142.45
1998	2502.24	1698.82	200.38	147.43
1999	2553.07	1608.66	211.19	151.09
2000	2793.71	1776.94	236.55	171.83
2001	2918.04	1855.60	250.47	181.89
2002	3022.15	1969.20	281.00	205.33
2003	3147.89	2087.98	313.00	230.16
2004	3566.46	2434.60	350.97	259.61
2005	3709.37	2514.64	384.84	281.00
2006	4099.61	2832.18	433.65	318.43
2007	4431.08	3071.12	494.71	364.93
2008	4805.21	3281.78	515.89	372.77
2009	5242.55	3545.55	550.16	386.54
2010	6084.89	4275.61	645.74	462.64
2011	6781.35	4868.74	695.16	501.45
2012	7325.56	5226.37	743.19	526.67
2013	7881.83	5621.84	794.48	566.36
2014	8145.06	5768.23	823.94	588.65
2015	8260.13	5672.66	851.13	592.45
2016	8244.68	5528.62	861.60	585.73

7-4续表 *Continued*

年 份 Year	单位生产总值能耗(吨标准煤/万元) Energy Consumption per Unit of GDP (ton of SCE/10 000 yuan)	单位生产总值电耗(千瓦小时/万元) Electricity Power Consumption per Unit of GDP (kwh/10 000 yuan)	单位工业增加值能耗(吨标准煤/万元) Energy Consumption per Unit of Value Added of Industry (ton of SCE/10 000 yuan)	单位工业增加值电耗(千瓦小时/万元) Electricity Power Consumption per Unit of Value Added of Industry (kwh/10 000 yuan)
1996	2.19	1646.08	3.49	2141.55
1997	1.92	1520.31	2.92	2450.07
1998	1.79	1434.95	2.73	2369.84
1999	1.66	1374.94	2.30	2156.90
2000	1.64	1389.94	2.26	2186.25
2001	1.53	1313.51	2.09	2053.52
2002	1.41	1308.20	1.94	2023.65
2003	1.28	1268.95	1.74	1912.95
2004	1.25	1228.33	1.67	1776.40
2005	0.95	985.34	1.28	1435.17
2006	0.91	967.64	1.25	1400.18
2007	0.86	955.77	1.15	1369.86
2008	0.80	855.59	1.04	1178.52
2009	0.75	782.89	0.95	1032.97
2010	0.66	700.03	0.97	1048.87
2011	0.63	647.24	0.93	952.99
2012	0.60	607.78	0.86	864.32
2013	0.57	577.31	0.82	824.34
2014	0.54	544.29	0.76	778.87
2015	0.50	514.23	0.69	717.66
2016	0.46	478.11	0.73	774.88

注：1. 能源消耗指标采用等价值计量。2. 单位生产总值、工业增加值的能耗和电耗2005年以前年份为2000年可比价，2005—2009年为2005年可比价，2010年—2015年为2010年可比价，2016年为2015年可比价。3. 2016年计算所使用的GDP为快报数。

Note: a) Indicators of energy consumption are converted into same value. b) Before 2005, energy or electricity power consumption of GDP,energy or electricity power consumption of value added in industry are calculated at 2000 constant prices;data of 2005-2009 are calculated at 2005 constant prices;data of 2010-2015 are calculated at 2010;data of 2016 are calculated at 2015 constant prices. c)Gross Domestic Product Obtained from Statistics Bulletin in 2016.

7-5 电力平衡表(2012—2016年)

Electricity Balance Sheet,2012-2016

单位：亿千瓦小时(100 million kwh)

项　　目 Item	2012	2013	2014	2015	2016
可 供 量					
Total Energy Available for Consumption	**743.19**	**794.48**	**823.94**	**851.13**	**861.60**
生产量					
Output	612.75	624.82	626.16	642.96	644.61
火力发电					
Thermal Power	607.89	619.05	619.85	635.88	635.62
其他发电					
Others	4.86	5.77	6.31	7.08	8.99
外省(区、市)调入量					
Inflow from Other Provinces (Regions, Cities)	131.19	170.39	198.58	209.05	217.96
本市调出量					
Outflow to Other Provinces (Regions, Cities)	0.75	0.73	0.80	0.88	0.97
消 费 量					
Total Energy Consumption	**743.19**	**794.48**	**823.94**	**851.13**	**861.60**
在消费量中					
Consumption by Sector					
农、林、牧、渔、水利业					
Farming, Forestry, Animal Husbandry, Fishery and Water Conservancy	13.62	14.58	14.89	15.34	16.08
工　业					
Industry	550.61	566.36	588.65	592.45	585.73
建筑业					
Construction	14.01	14.43	13.52	14.65	11.38
交通运输、仓储和邮政业					
Transportation, Storage and Post Services	24.84	22.77	24.91	34.47	38.27
批发和零售业、住宿和餐饮业					
Wholesale & Retail Trade, Accommodation & Catering Services	32.44	35.27	32.39	32.41	33.92
其　他					
Others	57.92	65.90	71.48	74.51	83.40
生活消费					
Living Consumption	73.69	75.17	78.10	87.30	92.82
在消费量中					
Consumption by Usage					
终端消费					
Final Consumption	695.80	747.15	775.18	802.95	812.74
# 工　业					
Industry	479.28	519.03	539.89	544.27	536.87
输配电损失量					
Losses in Transmission	47.39	47.33	48.76	48.18	48.86
平衡差额					
Balance					

7-6 能源消费弹性系数(1996—2016年)

Elasticity of Energy Consumption,1996-2016

年 份 Year	能源消费比上年增长(%) Increase Rate of Energy Consumption over Preceding Year(%)	电力消费比上年增长(%) Increase Rate of Electricity Power Consumption over Preceding Year(%)	生产总值比上年增长(%) Increase Rate of GDP over Preceding Year (%)	能源消费弹性系数 Elasticity Ratio of Energy Consumption	电力消费弹性系数 Elasticity Ratio of Electricity Consumption
1996	-2.7	4.8	14.3		0.33
1997	-1.9	3.5	12.1		0.29
1998	2.0	3.2	9.3	0.22	0.34
1999	2.0	5.4	10.0	0.20	0.54
2000	9.4	12.0	10.8	0.87	1.11
2001	4.5	5.9	12.0	0.37	0.49
2002	3.6	12.2	12.7	0.28	0.96
2003	4.2	11.4	14.8	0.28	0.77
2004	13.3	12.1	15.8	0.84	0.77
2005	4.0	9.7	14.9	0.27	0.65
2006	10.5	12.7	14.7	0.72	0.86
2007	10.0	14.1	15.5	0.64	0.91
2008	8.4	4.3	16.5	0.51	0.26
2009	9.1	6.6	16.5	0.55	0.40
2010	16.1	17.4	17.4	0.92	1.00
2011	11.4	7.7	16.4	0.70	0.47
2012	8.0	6.9	13.8	0.58	0.50
2013	7.6	6.9	12.5	0.61	0.55
2014	3.3	3.7	10.0	0.33	0.37
2015	1.4	3.3	9.3	0.15	0.35
2016	-0.2	1.2	9.1		0.14

7-7 能源消费量(2012—2016年)

Energy Consumption,2012-2016

品 种 Item	单 位 Unit	2012	2013	2014	2015	2016
合 计 Total	**万吨标准煤 10 000 tons of SCE**	**7325.56**	**7881.83**	**8145.06**	**8260.13**	**8244.68**
煤 炭 Coal	万 吨 10 000 tons	5233.37	5278.67	5027.28	4538.83	4230.16
焦 炭 Coke	万 吨 10 000 tons	882.72	955.48	954.39	904.69	887.29
原 油 Crude Oil	万 吨 10 000 tons	1544.62	1759.15	1603.17	1616.72	1433.60
燃料油 Fuel Oil	万 吨 10 000 tons	102.79	86.93	78.20	94.14	45.33
汽 油 Gasoline	万 吨 10 000 tons	180.07	212.24	226.82	263.73	274.49
煤 油 Kerosene	万 吨 10 000 tons	29.41	56.12	59.85	65.78	82.02
柴 油 Diesel Oil	万 吨 10 000 tons	307.63	324.65	334.43	353.43	370.35
天然气 Natural Gas	亿立方米 100 million cu. m	32.05	37.27	45.09	63.62	74.06
电 力 Electricity	亿千瓦小时 100 million kwh	743.19	794.48	823.94	851.13	861.60

7-8 生活能源消费量(2012—2016年)

Energy Consumption for Non-production Purpose,2012-2016

品 种 Item	单 位 Unit	2012	2013	2014	2015	2016
合 计 Total	**万吨标准煤 10 000 tons of SCE**	**782.69**	**844.07**	**895.22**	**1013.69**	**1060.00**
煤 炭 Coal	万 吨 10 000 tons	67.60	64.30	68.49	78.16	73.83
液化石油气 LPG	万 吨 10 000 tons	6.66	7.96	8.81	9.60	11.13
天然气和煤气 Natural Gas and Coal Gas	亿立方米 100 million cu. m	4.70	4.89	5.16	5.51	5.62
热 力 Heat	万百万千焦 10 000 million kJ	7735.00	8361.81	8726.63	9312.40	9612.76
电 力 Electricity	亿千瓦小时 100 million kwh	73.69	75.17	78.10	87.30	92.82

7-9 人均生活能源消费量(1996—2016年)

Annual per Capita Energy Consumption for Non-production Purpose,1996-2016

年 份 Year	平均每人生活消费能源(千克标准煤) Annual Per Capita Consumption for Non-production Purpose(kg of SCE)	煤 炭(千克) Coal(kg)	电 力(千瓦小时) Electricity (kwh)	液化石油气(千克) LPG(kg)	天然气和煤气(立方米) Natural Gas and Coal Gas(cu. m)
1996	271	203	179	6	20
1997	254	178	116	5	21
1998	297	134	215	5	20
1999	343	124	251	18	21
2000	296	102	252	12	44
2001	352	88	261	11	45
2002	376	79	292	10	38
2003	411	91	314	11	30
2004	424	83	329	9	28
2005	446	75	367	6	37
2006	454	64	406	6	35
2007	473	56	434	5	32
2008	505	46	467	5	33
2009	556	52	537	5	32
2010	531	50	533	5	33
2011	525	48	500	5	33
2012	566	49	532	5	34
2013	585	45	521	6	34
2014	599	46	523	6	35
2015	662	51	570	6	36
2016	682	47	597	7	36

7-10 工业行业主要能源终端消费量(2016年)

The Final Consumption of Main Energy by Industrial Sector,2016

行业	Sector	煤炭(万吨) Coal (10 000 tons)	焦炭(万吨) Coke (10 000 tons)	原油(万吨) Crude Oil (10 000 tons)	汽油(万吨) Gasoline (10 000 tons)
总计	**Total**	**693.88**	**870.46**	**9.72**	**9.43**
煤炭开采和洗选业	Mining and Washing of Coal				0.06
石油和天然气开采业	Extraction of Petroleum and Natural Gas			8.34	0.33
黑色金属矿采选业	Mining and Processing of Ferrous Metal Ores	0.02	29.56		0.03
非金属矿采选业	Mining and Processing of Nonmetal Ores	0.82			0.02
开采辅助活动	Mining Assistant Activities	0.15			0.28
农副食品加工业	Processing of Food from Agricultural Products	6.93			0.26
食品制造业	Manufacture of Foods	11.18			0.29
酒、饮料和精制茶制造业	Manufacture of Alcohol, Beverages and Refined Tea	1.44			0.05
烟草制品业	Manufacture of Tobacco				
纺织业	Manufacture of Textile	1.90			0.05
纺织服装、服饰业	Manufacture of Textile Wearing Apparel	2.22			0.28
皮革、毛皮、羽毛及其制品和制鞋业	Manufacture of Leather, Fur, Feather and Related Products, Footware	0.49			0.16
木材加工及木、竹、藤、棕、草制品业	Processing of Timber, Manufacture of Wood, Bamboo, Rattan, Palm and Straw Products				0.02
家具制造业	Manufacture of Furniture	0.23			0.11
造纸及纸制品业	Manufacture of Paper and Paper Products	5.71			0.23
印刷和记录媒介复制业	Printing, Reproduction of Recording Media	0.13			0.08
文教、工美、体育和娱乐用品制造业	Manufacture of Articles For Culture, Education and Industrial Arts, Sport Activities, Amusement Manufacturing	1.43			0.14
石油加工、炼焦和核燃料加工业	Processing of Petroleum, Coking, Processing of Nuclear Fuel	0.53		1.34	0.07
化学原料和化学制品制造业	Manufacture of Raw Chemical Materials and Chemical Products	141.61	0.03		0.31
医药制造业	Manufacture of Medicines	4.10	0.07		0.08
化学纤维制造业	Manufacture of Chemical Fibers	0.45			0.01
橡胶和塑料制品业	Manufacture of Rubber and Plastic	9.83			0.34
非金属矿物制品业	Manufacture of Non-metallic Mineral Products	30.78			0.44
黑色金属冶炼和压延加工业	Smelting and Pressing of Ferrous Metals	442.80	840.24		0.26
有色金属冶炼和压延加工业	Smelting and Pressing of Non-ferrous Metals	7.59	0.21		0.06
金属制品业	Manufacture of Metal Products	8.80	0.02		0.70
通用设备制造业	Manufacture of General Purpose Machinery	0.33	0.10		0.50
专用设备制造业	Manufacture of Special Purpose Machinery	3.05	0.02	0.04	1.57
汽车制造业	Manufacture of Motorcar	2.52			0.67
铁路、船舶、航空航天和其他运输设备制造业	Railway, Watercraft, Aerospace and Other Transport Equipment	0.80			0.19
电气机械和器材制造业	Manufacture of Electrical Machinery and Equipment	0.82			0.61
计算机、通信和其他电子设备制造业	Manufacture of Computers, Communication and Other Electronic Equipment	0.05			0.32
仪器仪表制造业	Manufacture of Measuring Instruments				0.22
其他制造业	Other Manufacturing	0.14			0.03
废弃资源综合利用业	Comprehensive Recycling of Waste	0.77	0.21		0.03
金属制品、机械和设备修理业	Metal Products, Machine and Equipment Repair				
电力、热力的生产和供应业	Production and Supply of Electric Power and Heat Power	6.22			0.39
燃气生产和供应业	Production and Supply of Gas				0.15
水的生产和供应业	Production and Supply of Water	0.04			0.09

7-10续表1 *Continued*

行 业	Sector	柴 油 (万吨) Diesel Oil (10 000 tons)	燃料油 (万吨) Fuel Oil (10 000 tons)	天然气 (亿立方米) Natural Gas(100 million cu. m)
总 计	**Total**	**40.04**	**7.37**	**25.54**
煤炭开采和洗选业	Mining and Washing of Coal			
石油和天然气开采业	Extraction of Petroleum and Natural Gas	6.44		1.75
黑色金属矿采选业	Mining and Processing of Ferrous Metal Ores	0.23		0.01
非金属矿采选业	Mining and Processing of Nonmetal Ores	0.10		0.02
开采辅助活动	Mining Assistant Activities	0.56		0.06
农副食品加工业	Processing of Food from Agricultural Products	0.20		0.18
食品制造业	Manufacture of Foods	0.08		0.65
酒、饮料和精制茶制造业	Manufacture of Alcohol, Beverages and Refined Tea	0.12		0.19
烟草制品业	Manufacture of Tobacco			0.05
纺织业	Manufacture of Textile	0.02		0.07
纺织服装、服饰业	Manufacture of Textile Wearing Apparel	0.07		0.07
皮革、毛皮、羽毛及其制品和制鞋业	Manufacture of Leather, Fur, Feather and Related Products, Footware	0.01		0.01
木材加工及木、竹、藤、棕、草制品业	Processing of Timber, Manufacture of Wood, Bamboo, Rattan, Palm and Straw Products	0.02		0.04
家具制造业	Manufacture of Furniture	0.06		0.04
造纸及纸制品业	Manufacture of Paper and Paper Products	0.14		0.12
印刷和记录媒介复制业	Printing, Reproduction of Recording Media	0.05		0.09
文教、工美、体育和娱乐用品制造业	Manufacture of Articles For Culture, Education and Industrial Arts, Sport Activities, Amusement Manufacturing	0.06	0.03	0.14
石油加工、炼焦和核燃料加工业	Processing of Petroleum, Coking, Processing of Nuclear Fuel	0.33	0.36	2.74
化学原料和化学制品制造业	Manufacture of Raw Chemical Materials and Chemical Products	0.44	0.03	3.47
医药制造业	Manufacture of Medicines	0.04		0.54
化学纤维制造业	Manufacture of Chemical Fibers	0.01		
橡胶和塑料制品业	Manufacture of Rubber and Plastic	0.25		0.71
非金属矿物制品业	Manufacture of Non-metallic Mineral Products	5.88	6.84	2.13
黑色金属冶炼和压延加工业	Smelting and Pressing of Ferrous Metals	0.91		5.14
有色金属冶炼和压延加工业	Smelting and Pressing of Non-ferrous Metals	0.51		1.41
金属制品业	Manufacture of Metal Products	0.65		2.56
通用设备制造业	Manufacture of General Purpose Machinery	0.22		0.51
专用设备制造业	Manufacture of Special Purpose Machinery	21.56		0.27
汽车制造业	Manufacture of Motorcar	0.23	0.03	1.57
铁路、船舶、航空航天和其他运输设备制造业	Railway, Watercraft, Aerospace and Other Transport Equipment	0.10	0.06	0.25
电气机械和器材制造业	Manufacture of Electrical Machinery and Equipment	0.19		0.27
计算机、通信和其他电子设备制造业	Manufacture of Computers, Communication and Other Electronic Equipment	0.09		0.30
仪器仪表制造业	Manufacture of Measuring Instruments			0.01
其他制造业	Other Manufacturing	0.14		0.01
废弃资源综合利用业	Comprehensive Recycling of Waste	0.06	0.02	0.13
金属制品、机械和设备修理业	Metal Products, Machine and Equipment Repair			
电力、热力的生产和供应业	Production and Supply of Electric Power and Heat Power	0.24		
燃气生产和供应业	Production and Supply of Gas	0.01		0.03
水的生产和供应业	Production and Supply of Water	0.02		

7-10续表2 *Continued*

行　业	Sector	热　力(万百万千焦) Heat (10 000 million kJ)	电　力(亿千瓦时) Electricity (100 million kwh)	其他石油制品(万吨) Other Petroleum Products (10 000 tons)
总　计	**Total**	**8251.21**	**536.87**	**399.47**
煤炭开采和洗选业	Mining and Washing of Coal		1.62	
石油和天然气开采业	Extraction of Petroleum and Natural Gas	45.53	16.79	
黑色金属矿采选业	Mining and Processing of Ferrous Metal Ores		5.06	
非金属矿采选业	Mining and Processing of Nonmetal Ores	202.25	1.33	
开采辅助活动	Mining Assistant Activities	109.96	0.95	
农副食品加工业	Processing of Food from Agricultural Products	524.30	6.88	
食品制造业	Manufacture of Foods	516.19	7.66	
酒、饮料和精制茶制造业	Manufacture of Alcohol, Beverages and Refined Tea	68.57	3.63	
烟草制品业	Manufacture of Tobacco		0.25	
纺织业	Manufacture of Textile	19.17	4.38	
纺织服装、服饰业	Manufacture of Textile Wearing Apparel	6.81	2.32	
皮革、毛皮、羽毛及其制品和制鞋业	Manufacture of Leather, Fur, Feather and Related Products, Footware	1.97	0.53	
木材加工及木、竹、藤、棕、草制品业	Processing of Timber, Manufacture of Wood, Bamboo, Rattan, Palm and Straw Products		0.52	
家具制造业	Manufacture of Furniture	4.34	1.73	
造纸及纸制品业	Manufacture of Paper and Paper Products	20.91	13.77	
印刷和记录媒介复制业	Printing, Reproduction of Recording Media	17.12	2.29	
文教、工美、体育和娱乐用品制造业	Manufacture of Articles For Culture, Education and Industrial Arts, Sport Activities, Amusement Manufacturing	4.46	2.80	
石油加工、炼焦和核燃料加工业	Processing of Petroleum, Coking, Processing of Nuclear Fuel	1444.15	21.10	17.91
化学原料和化学制品制造业	Manufacture of Raw Chemical Materials and Chemical Products	4399.54	61.38	381.51
医药制造业	Manufacture of Medicines	135.13	6.04	
化学纤维制造业	Manufacture of Chemical Fibers	0.98	0.25	
橡胶和塑料制品业	Manufacture of Rubber and Plastic	53.94	18.40	
非金属矿物制品业	Manufacture of Non-metallic Mineral Products	1.34	14.32	
黑色金属冶炼和压延加工业	Smelting and Pressing of Ferrous Metals	84.84	101.32	0.03
有色金属冶炼和压延加工业	Smelting and Pressing of Non-ferrous Metals	3.09	7.50	
金属制品业	Manufacture of Metal Products	18.39	30.47	
通用设备制造业	Manufacture of General Purpose Machinery	37.53	14.28	
专用设备制造业	Manufacture of Special Purpose Machinery	58.59	10.99	0.01
汽车制造业	Manufacture of Motorcar	175.50	29.21	0.01
铁路、船舶、航空航天和其他运输设备制造业	Railway, Watercraft, Aerospace and Other Transport Equipment	16.81	5.01	
电气机械和器材制造业	Manufacture of Electrical Machinery and Equipment	18.26	16.93	
计算机、通信和其他电子设备制造业	Manufacture of Computers , Communication and Other Electronic Equipment	34.48	22.25	
仪器仪表制造业	Manufacture of Measuring Instruments	8.20	0.42	
其他制造业	Other Manufacturing	2.98	1.65	
废弃资源综合利用业	Comprehensive Recycling of Waste	5.40	1.47	
金属制品、机械和设备修理业	Metal Products, Machine and Equipment Repair	0.69	0.11	
电力、热力的生产和供应业	Production and Supply of Electric Power and Heat Power	198.73	96.26	
燃气生产和供应业	Production and Supply of Gas		0.13	
水的生产和供应业	Production and Supply of Water	11.06	4.87	

主要统计指标解释

能源生产总量

指一定时期内全市一次能源生产量的总和。该指标是观察全市能源生产水平、规模、过程、构成和发展速度的总量指标。一次能源生产量包括原煤、原油、天然气、水电、核能及其他动力能(如风能、地热能等)发电量，不包括低热值燃料生产量、生物质能、太阳能等的利用和由一次能源加工转换而成的二次能源产量。

能源消费总量

指全市国民经济各行业和居民家庭在一定时期消费的各种能源的总和。能源消费总量分为三部分，即终端能源消费量、能源加工转换损失量和损失量。

终端能源消费量

指一定时期内全市各行业和居民生活消费的各种能源在扣除了用于加工转换二次能源消费量和损失量以后的数量。

能源加工转换损失量

指一定时期内全市投入加工转换的各种能源数量之和与产出各种能源产品之和的差额。该指标是观察能源在加工转换过程中损失量变化的指标。

能源损失量

指一定时期内能源在输送、分配、储存过程中发生的损失和由客观原因造成的各种损失量，不包括各种气体能源放空、放散量。

能源生产弹性系数

是能源生产量的增长与国民经济增长之间的比值。计算公式为：

$$能源生产弹性系数=\frac{能源生产总量年平均增长速度}{国民经济年平均增长速度}$$

采用地区生产总值指标计算国民经济年平均增长速度。

电力生产弹性系数

是电力生产量的增长与国民经济增长之间的比值。计算公式为：

$$电力生产弹性系数=\frac{电力生产量年平均增长速度}{国民经济年平均增长速度}$$

能源消费弹性系数

是能源消费增长速度与国民经济增长速度之间的比值。计算公式为：

$$能源消费弹性系数=\frac{能源消费量年平均增长速度}{国民经济年平均增长速度}$$

电力消费弹性系数

是电力消费增长速度与国民经济增长速度之间的比值。计算公式为：

$$电力消费弹性系数=\frac{电力消费量年平均增长速度}{国民经济年平均增长速度}$$

Explanatory Notes on Main Statistical Indicators

Total Energy Production

refers to the total production of primary energy by all energy producing enterprises in the city in a given period of time. It is a comprehensive indicator to show the capacity, scale, process, composition and development of energy production of the country. The production of primary energy includes that of coal, crude oil, natural gas, hydropower and electricity generated by nuclear energy and other means such as wind power and geothermal power. However, it excludes the production of fuels of low calorific value, bio-energy, solar energy and the secondary energy converted from the primary energy.

Total Energy Consumption

refers to the total consumption of energy of various kinds of national economy industries and residents in the city in a given period of time. Total energy consumption can be divided into three parts: final energy consumption, loss during the process of energy conversion, and energy loss.

Final Consumption of Energy

refers to the total energy consumption by various industries and households in the city in a given period of time, but excludes the consumption in conversion of the primary energy into the secondary energy and the loss in the process of energy conversion.

Loss During the Process of Energy Conversion

refers to the total input of various kinds of energy for conversion, minus the total output of various kinds of energy in the city in a given period of time. It is an indicator to show the loss that occurs during the process of energy conversion.

Energy Loss

refers to the total of the loss of energy during the course of energy transport, distribution and storage and the loss caused by any objective reason in a given period of time. The loss of various kinds of gas due to gas discharges and stocktaking is excluded.

Elasticity Ratio of Energy Production

is the ratio between the growth rate of energy production and the growth rate of the national economy. The formula is:

$$\text{Elasticity Ratio of Energy Production} = \frac{\text{Average Annual Growth Rate of Energy Production}}{\text{Average Annual Growth Rate of National Economy}}$$

The gross domestic products (GDP) is used to calculate the average annual growth rate of national economy.

Elasticity Ratio of Electricity Production

is the ratio between the growth rate of electricity production and the growth rate of the national economy. The formula is:

$$\text{Elasticity Ratio of Electricity Production} = \frac{\text{Average Annual Growth Rate of Electricity Production}}{\text{Average Annual Growth Rate of National Economy}}$$

Elasticity Ratio of Energy Consumption

is the ratio between the growth rate of energy consumption and the growth rate of the national economy. The formula is:

$$\text{Elasticity Ratio of Energy Consumption} = \frac{\text{Average Annual Growth Rate of Energy Consumption}}{\text{Average Annual Growth Rate of National Economy}}$$

Elasticity Ratio of Electricity Consumption

is the ratio between the growth rate of electricity consumption and the growth rate of the national economy. The formula is:

$$\text{Elasticity Ratio of Electricity Consumption} = \frac{\text{Average Annual Growth Rate of Electricity Consumption}}{\text{Average Annual Growth Rate of National Economy}}$$

第八篇　财　政

Chapter 8　Government Finance

8-1 财政收支(1996—2016年)

Finance Revenue & Expenditure,1996-2016

单位：亿元(100 million yuan)

年 份 Year	一般公共预算收入 General Public Budget Revenue	# 增值税 Value-added Tax	# 营业税 Business Tax	# 企业所得税 Income Tax of Enterprises	# 个人所得税 Individual Income Tax	一般公共预算支出 General Public Budget Expenditure
1996	76.02	17.25	24.67	19.06	5.30	110.19
1997	89.91	17.30	27.60	21.48	6.49	122.78
1998	101.40	18.99	30.71	20.34	7.91	137.93
1999	112.81	20.83	33.88	24.02	8.86	157.41
2000	133.61	26.12	38.16	29.25	11.34	187.05
2001	163.64	34.87	42.99	39.38	16.58	234.67
2002	171.83	38.73	51.65	26.24	13.20	265.21
2003	204.53	45.19	64.32	23.80	12.53	312.08
2004	246.18	35.17	78.39	32.12	15.98	375.02
2005	331.85	64.24	96.45	41.11	18.82	442.12
2006	417.05	80.67	115.92	53.20	21.21	543.12
2007	540.44	94.81	146.38	76.41	29.36	674.33
2008	675.62	109.68	179.85	103.70	32.17	867.72
2009	821.99	99.08	223.62	95.56	35.66	1124.28
2010	1068.81	119.20	283.87	125.89	42.96	1376.84
2011	1455.13	141.32	352.86	182.95	52.01	1796.33
2012	1760.02	149.87	400.90	187.70	49.56	2143.21
2013	2079.07	225.88	425.17	204.38	58.31	2549.21
2014	2390.35	252.92	478.47	234.91	71.98	2884.70
2015	2667.11	252.04	501.41	260.00	81.77	3232.35
2016	2723.50	455.80	252.34	278.46	96.78	3699.43
比上年增长(%) Increase Rate over Preceding Year (%)						
1996	29.0	3.6	24.2	50.4	40.4	21.9
1997	18.3	0.3	11.9	12.7	22.5	11.4
1998	12.8	9.8	11.3	-5.3	21.9	6.9
1999	11.3	9.7	10.3	18.1	12.1	14.1
2000	18.4	25.4	12.6	21.8	27.9	17.1
2001	22.5	33.5	12.7	34.6	46.2	27.3
2002	16.9	11.1	20.1	9.6	23.1	13.0
2003	24.8	16.7	24.5	13.6	18.7	17.8
2004	28.9	16.7	21.9	34.8	27.5	20.2
2005	28.2	21.8	23.0	27.8	17.5	17.9
2006	25.7	25.6	20.2	29.8	12.7	22.8
2007	29.7	17.5	26.3	44.4	38.4	24.2
2008	25.1	15.7	22.9	36.2	9.6	25.4
2009	21.6	-9.7	24.3	-8.4	10.8	21.3
2010	30.1	20.3	26.9	32.6	20.5	23.1
2011	36.1	18.6	24.3	45.3	21.1	28.2
2012	21.0	6.1	13.6	2.7	-4.7	19.2
2013	18.1	50.7	6.1	8.9	17.6	18.9
2014	15.0	11.9	12.6	15.1	23.5	15.2
2015	11.6	-0.3	4.8	10.7	13.6	12.0
2016	10.0	36.4	-28.6	7.1	18.4	6.3

资料来源：天津市财政局

Source: Tianjin Municipal Finance Bureau

注：1.本表中增长速度均按可比口径计算，表8-2至8-3同。2. 2002年开始中央与地方实施所得税收入分享改革，所得税中央与地方分享比例2002年为5：5，2003年以来为6：4，下表同。

Note: a) Increase rate is calculated on the basis of constant coverage. Same as following table 8-2 to 8-3. b) The distribution of income tax reformed in 2002 central government and local government share the income tax at equal share of 50% each in 2002, central government shares 60% and local government shares 40% since 2003. Same as following next.

8-2 财政收入

Government Revenue

单位：亿元(100 million yuan)

项 目	Item	2015	2016	2016比2015年增长(%) Increase Rate in 2016 over 2015(%)
一、一般公共预算收入	**General Public Budget Revenue**	**2667.11**	**2723.50**	**10.0**
按科目分	**By Subject**			
税收收入	Revenue from Taxes	1578.07	1624.22	12.1
# 增值税	Value-added Tax	252.04	455.80	36.4
营业税	Business Tax	501.41	252.34	-28.6
企业所得税	Income Tax of Enterprises	260.00	278.46	7.1
个人所得税	Individual Income Tax	81.76	96.78	18.4
非税收入	Non-tax Income	1089.05	1099.28	7.0
专项收入	Special Project Income	161.50	204.54	26.7
行政事业性收费收入	Income from Administrative Fees	208.99	170.90	-18.2
罚没收入	Penalty and Confiscatory Income	22.40	31.78	41.9
国有资本经营收入	State-owned Capital Operation Income	27.85	32.75	17.6
国有资源(资产)有偿使用收入	Paid Use of State-owned Resources(assets) Income	449.44	404.95	-9.9
其他非税收入	Others	218.87	254.36	16.2
按级次分	**By Level**			
市级一般公共预算收入	General Public Budget Revenue at City Level	943.17	967.91	8.0
区级一般公共预算收入	General Public Budget Revenue at District Level	1723.94	1755.59	11.1
二、政府性基金收入	**Governmental Fund Revenue**	**729.57**	**918.80**	**25.9**
市级政府性基金收入	Governmental Fund Revenue at City Level	443.90	503.69	13.5
区级政府性基金收入	Governmental Fund Revenue at District Level	285.67	415.11	45.3
三、地方上划中央收入	**Revenue Transferred to Central Government**	**1107.68**	**1205.30**	**8.8**

8-3 财政支出

Government Expenditure

单位：亿元(100 million yuan)

项　目	Item	2015	2016	2016比2015年增长(%) Increase Rate in 2016 over 2015(%)
一、一般公共预算支出	**General Public Budget Expenditure**	**3232.35**	**3699.43**	**6.3**
按科目分	**By Subject**			
# 一般公共服务	General Public Service	178.30	192.20	9.1
公共安全	Public Safety	157.87	177.40	11.8
教　育	Education	507.44	502.49	6.7
科学技术	Science and Technology	120.82	125.17	12.1
文化体育与传媒	Culture, Sports and Media	51.73	57.16	10.5
社会保障和就业	Social Security and Employment	314.77	377.92	20.2
医疗卫生与计划生育	Health Care and Family Planning	195.02	203.23	10.8
节能环保	Energy Conservation and Environmental Protection	73.10	65.63	11.9
城乡社区事务	Urban & Rural Community Affairs	922.16	1146.48	9.8
农林水事务	Agriculture, Forestry and Water Conservancy Affairs	156.08	161.02	9.5
交通运输	Transportation	98.88	111.52	11.5
资源勘探信息等	Resource Exploration and Power Information and so on	204.30	220.79	8.1
按级次分	**By Level**			
市级一般公共预算支出	General Public Budget Expenditure at City Level	1171.06	1239.41	5.8
区级一般公共预算支出	General Public Budget Expenditure at District Level	2061.29	2460.02	6.7
二、政府性基金支出	**Governmental Fund Expenditure**	**708.45**	**697.14**	**-1.6**
市级政府性基金支出	Governmental Fund Expenditure at City Level	425.38	354.34	-16.7
区级政府性基金支出	Governmental Fund Expenditure at District Level	283.07	342.80	21.1

注：考虑新增政府债券等因素影响，2016年支出增幅按可比口径计算。

Note:Considering the Impact of New Government Bonds and so on, the Increase in Expenditure in 2016 is Calculated on a Comparable Basis.

8-4 区级财政收入(2016年)

Finance Revenue at District Level,2016

单位：万元(10 000 yuan)

地　区	Region	一般公共预算收入 General Public Budget Revenue	税收收入 Revenue from Taxes	增值税 Value-added Tax	营业税 Business Tax	企业所得税 Income Tax of Enterprises
总　计	**Total**	**17555860**	**10279045**	**2240495**	**1237373**	**1721903**
和平区	Heping District	935634	548183	79225	75139	61656
河东区	Hedong District	588761	369726	48687	52852	30581
河西区	Hexi District	894088	726181	105948	112856	122116
南开区	Nankai District	748158	479213	71318	53090	48348
河北区	Hebei District	609642	312308	64780	31254	28527
红桥区	Hongqiao District	287596	178379	25935	31893	18699
东丽区	Dongli District	787855	573316	106911	93627	74889
西青区	Xiqing District	1165518	721174	145054	112701	103183
津南区	Jinnan District	612518	377617	75689	51058	48998
北辰区	Beichen District	931163	483811	115747	49545	50092
武清区	Wuqing District	1260096	891541	198414	129143	141473
宝坻区	Baodi District	647230	379105	75882	23110	30655
滨海新区	Binhai New Area	6729838	3610826	979274	336669	896969
宁河区	Ninghe District	294641	112473	23004	19420	9165
静海区	Jinghai District	648705	358665	96155	42016	30492
蓟州区	Jizhou District	414417	156527	28472	23000	26060

8-4续表1 *Continued*

单位：万元(10 000 yuan)

地　区	Region	个人所得税 Individual Income Tax	城市维护建设税 Tax on Urban Maintenance and Construction	契　税 Deed Tax	其他各项税收收入 Other Kinds of Taxes	非税收入 Non-tax Income
总　计	**Total**	**409562**	**879150**	**1696684**	**2093878**	**7276815**
和平区	Heping District	20334	30787	93797	187245	387451
河东区	Hedong District	12637	22648	135713	66608	219035
河西区	Hexi District	22149	45908	165733	151471	167907
南开区	Nankai District	20519	26479	145205	114254	268945
河北区	Hebei District	7712	13010	110349	56676	297334
红桥区	Hongqiao District	4937	12700	48268	35947	109217
东丽区	Dongli District	11461	61486	112937	112005	214539
西青区	Xiqing District	15295	61791	139364	143786	444344
津南区	Jinnan District	8671	31301	85646	76254	234901
北辰区	Beichen District	10895	43963	113786	99783	447352
武清区	Wuqing District	58427	82860	135670	145554	368555
宝坻区	Baodi District	6204	41612	66887	134755	268125
滨海新区	Binhai New Area	199622	352040	249933	596319	3119012
宁河区	Ninghe District	1904	9308	26459	23213	182168
静海区	Jinghai District	5546	32928	41793	109735	290040
蓟州区	Jizhou District	3249	10329	25144	40273	257890

8-4续表2 *Continued*

单位：万元(10 000 yuan)

地 区	Region	专项收入 Special Project Income	行政事业性收费收入 Income from Administrative Fees	罚没收入 Penalty and Confiscatory Income	国有资源(资产)有偿使用及经营 Paid Use of State-owned Resources (assets) Income	其他各项非税收入 Other Kinds of Non-tax Income
总 计	**Total**	**991836**	**612128**	**210034**	**3780651**	**1682166**
和平区	Heping District	28959	4557	2319	771	350845
河东区	Hedong District	20158	11090	3549	16286	167952
河西区	Hexi District	40901	14554	4868	25675	81909
南开区	Nankai District	25333	13423	4840	1299	224050
河北区	Hebei District	11928	19365	2377	249051	14613
红桥区	Hongqiao District	10493	7833	2511	85151	3229
东丽区	Dongli District	69195	30688	3550	4087	107019
西青区	Xiqing District	171354	29335	12574	1576	229505
津南区	Jinnan District	38184	108027	2275	86281	134
北辰区	Beichen District	40897	19861	2610	217302	166682
武清区	Wuqing District	89727	131347	12435	558	134488
宝坻区	Baodi District	80162	-260	117456	69777	990
滨海新区	Binhai New Area	288908	107168	18837	2525848	178251
宁河区	Ninghe District	10019	13777	3604	151713	3055
静海区	Jinghai District	51818	63035	8902	163428	2857
蓟州区	Jizhou District	13800	38328	7327	181848	16587

8-5 区级财政支出(2016年)

Finance Expenditure at District Level,2016

单位：万元(10 000 yuan)

地区	Region	一般公共预算支出 General Public Budget Expenditure	一般公共服务 General Public Service	公共安全 Public Safety	教育 Education	科学技术 Science and Technology
总计	**Total**	**24600195**	**1317906**	**957602**	**3355151**	**799574**
和平区	Heping District	1181832	55179	57203	229957	34851
河东区	Hedong District	931392	41696	49525	138539	12222
河西区	Hexi District	864774	138909	67019	215233	30474
南开区	Nankai District	964958	50882	62035	134949	19443
河北区	Hebei District	864888	44917	43027	215431	10309
红桥区	Hongqiao District	521407	39344	47945	116671	8210
东丽区	Dongli District	1019291	46818	44242	132108	37124
西青区	Xiqing District	1573298	69952	58502	104981	32348
津南区	Jinnan District	1095015	43894	45885	124549	22090
北辰区	Beichen District	1148048	51659	44629	121081	25531
武清区	Wuqing District	1763212	70272	49835	229034	18987
宝坻区	Baodi District	1099254	84433	42110	206163	15734
滨海新区	Binhai New Area	9055349	448284	240749	912048	495937
宁河区	Ninghe District	561255	33275	26587	102401	7443
静海区	Jinghai District	1007967	50228	32823	164430	15377
蓟州区	Jizhou District	948255	48164	45486	207576	13494

8-5续表1 *Continued*

单位：万元(10 000 yuan)

地 区	Region	文化体育与传媒 Culture, Sports and Media	社会保障和就业 Social Security and Employment	医疗卫生与计划生育 Health Care and Family Planning	节能环保 Energy Conservation and Environmental Protection
总 计	**Total**	**266705**	**1661583**	**1388069**	**328858**
和平区	Heping District	10016	131728	77952	5529
河东区	Hedong District	5126	140227	43289	1681
河西区	Hexi District	19577	136390	55949	6027
南开区	Nankai District	10234	138175	83561	2867
河北区	Hebei District	4681	112763	96075	1715
红桥区	Hongqiao District	4624	84283	35941	1544
东丽区	Dongli District	14463	91177	60576	13064
西青区	Xiqing District	21044	77764	67257	11249
津南区	Jinnan District	5186	51092	89571	14160
北辰区	Beichen District	5264	152890	64022	17020
武清区	Wuqing District	14828	100474	99015	21893
宝坻区	Baodi District	8064	70926	67545	20878
滨海新区	Binhai New Area	120100	179301	323894	143491
宁河区	Ninghe District	5640	48651	52011	10920
静海区	Jinghai District	8546	62463	74223	26657
蓟州区	Jizhou District	9312	83279	97188	30163

8-5续表2 *Continued*

单位：万元(10 000 yuan)

地 区	Region	城乡社区事务 Urban & Rural Community Affairs	农林水、国土海洋气象和粮油物资储备等事务 Agriculture, Forestry and Water Conservancy, Land,Sea and Meteorology, Reserves of Cereals, Oils and Material	资源勘探信息、商业服务业、金融监管、交通运输等事务 Resource Exploration and Power Information, Business Services, Financial Supervision, Transportation	其他支出 Others
总 计	**Total**	**9432636**	**1189748**	**2698375**	**1203988**
和平区	Heping District	187068	1583	299357	91409
河东区	Hedong District	163557	111622	35661	188247
河西区	Hexi District	76462	32567	11491	74676
南开区	Nankai District	146881	131732	10411	173788
河北区	Hebei District	165175	1726	166101	2968
红桥区	Hongqiao District	106962	1210	30895	43778
东丽区	Dongli District	250877	42786	197263	88793
西青区	Xiqing District	938334	138084	53579	204
津南区	Jinnan District	265683	27475	403530	1900
北辰区	Beichen District	515090	70353	72568	7941
武清区	Wuqing District	932773	162889	24175	39037
宝坻区	Baodi District	264018	107885	166913	44585
滨海新区	Binhai New Area	4587955	150647	1033472	419471
宁河区	Ninghe District	188921	50129	24865	10412
静海区	Jinghai District	375143	78465	112174	7438
蓟州区	Jizhou District	267737	80595	55920	9341

主要统计指标解释

财政收入

指国家可直接支配的财力，主要包括税收收入和其他收入两大类。1994 年我国统一实行分税制财政体制，按税种分为上划中央收入和地方财政收入。上划中央收入包括：增值税的 75%和消费税的 100%等；地方财政收入包括：增值税的 25%、营业税（不含银行总行、铁道、保险总公司的营业税）、地方企业交纳的企业所得税、外商投资企业和外国企业所得税、个人所得税、土地使用税、固定资产投资方向调节税、城市维护建设税（不含银行总行、铁道、保险总公司集中交纳的部分）、资源税（不包括海洋石油资源税）、房产税、车船使用税、印花税、屠宰税、农牧业税、耕地占用税、契税、遗产和赠与税、土地增值税、国有土地有偿使用收入以及基金收入等。地方财政收入加上划中央收入为全市财政收入。需要指出的是 1994 年以后地方财政收入与以前实行的总额分成财政体制下的地方财政收入在内容和范围上有一定差别，历年数据不完全可比。

一般公共预算收入

是通过一定的形式和程序，由各级财政部门组织并纳入预算管理的各项收入，也就是会计制度改革以前所称的“预算收入”。

政府性基金收入

是按规定收取，转入或通过当年财政安排，由财政管理并具有指定用途的政府性基金预算收入等。

一般公共预算支出

是各级财政部门对集中的一般预算收入有计划地分配和使用而安排的支出。

政府性基金支出

是各级财政部门用基金预算收入安排的支出。

Explanatory Notes on Main Statistical Indicators

Government Revenue

refers to the revenue of the government directly disposable finance, including various tax revenue and other revenue. In accordance with the classification of the structure of the government finance in 1994 on the basis of the classification of channels for collection of tax revenue, the revenue of the central government and the revenue of the local governments have different coverage. Revenue of the central government includes 75% of the value added tax and 100% of the value consumption tax, etc. The revenue of the local governments includes 25% of the value added tax, business tax (excluding business taxes of head offices of bank, profits of railways, head office of insurance company), income tax of the local enterprises subordinated to the local government, income tax of foreign, Hong Kong, Macao and Taiwan funded enterprises, personal income tax, tax on the use of urban land, tax on the adjustment of the investment in fixed assets, tax on town maintenance and construction, tax on resources (excluding tax on ocean petroleum resources), tax on real estates, tax on the use of vehicles and ships, stamp tax, slaughter tax, tax on agriculture and animal husbandry, tax on the occupancy of cultivated land, contract tax, inheritance tax, gift tax, land value added tax, income of non-gratuitous use on the state-owned land and income of funds. Total of government revenue included the revenue of the central government and the revenue of the local governments. Now the content and coverage of the local financial revenue is different from that before 1994, please pay attention to distinguish when you use.

General Public Budget Revenue

refers to financial revenue with budgetary management through certain form and procedure by financial departments at each level, also called "budgetary revenue" before reformation of accounting system.

Governmental Fund Revenue

refers to government fund budgetary revenue with financial management and assigned uses gathered by rules or through financial arrangement.

General Public Budget Expenditure

refers to expenditure distributed and used from general budgetary financial revenue by financial departments at each level.

Governmental Fund Expenditure

refers to expenditure arranged from fund budgetary revenue by financial departments at each level.

第九篇　价格指数

Chapter 9　Price Indices

9-1 居民消费价格和商品零售价格指数(1978—2016年)

Consumer and Retail Price Indices,1978-2016

年 份 Year	上年=100 Preceding Year=100		1978年=100 Year of 1978 = 100		1990年=100 Year of 1990 = 100	
	商品零售价格指数 Retail Price Index	居民消费价格指数 Consumer Price Index	商品零售价格指数 Retail Price Index	居民消费价格指数 Consumer Price Index	商品零售价格指数 Retail Price Index	居民消费价格指数 Consumer Price Index
1978	100.0	100.0	100.0	100.0		
1979	101.1	101.0	101.1	101.0		
1980	105.5	105.1	106.7	106.2		
1981	101.5	101.3	108.3	107.5		
1982	100.5	100.5	108.8	108.1		
1983	100.5	100.5	109.3	108.6		
1984	101.8	101.8	111.3	110.6		
1985	113.9	113.1	126.8	125.0		
1986	107.2	106.8	135.9	133.6		
1987	106.9	106.8	145.3	142.6		
1988	117.7	116.9	171.0	166.7		
1989	115.1	114.7	196.8	191.2		
1990	102.7	103.0	202.1	197.0	100.0	100.0
1991	108.0	110.2	218.3	217.1	108.0	110.2
1992	109.4	111.4	238.8	241.8	118.2	122.8
1993	114.3	117.6	273.0	284.4	135.0	144.4
1994	115.6	124.0	315.6	352.6	156.1	179.0
1995	110.6	115.3	349.0	406.6	172.7	206.4
1996	105.1	109.0	366.8	443.2	181.5	225.0
1997	100.7	103.1	369.4	456.9	182.7	232.0
1998	96.6	99.5	356.8	454.6	176.5	230.8
1999	97.5	98.9	347.9	449.6	172.1	228.3
2000	98.6	99.6	343.1	447.8	169.7	227.3
2001	98.6	101.2	338.2	453.2	167.3	230.1
2002	97.4	99.6	329.5	451.4	163.0	229.2
2003	97.4	101.0	320.9	455.9	158.7	231.4
2004	100.8	102.3	323.5	466.4	160.0	236.8
2005	99.9	101.5	323.1	473.4	159.8	240.3
2006	100.4	101.5	324.4	480.5	160.5	243.9
2007	103.2	104.2	334.8	500.7	165.6	254.2
2008	105.1	105.4	351.9	527.7	174.1	267.9
2009	98.9	99.0	348.0	522.4	172.2	265.2
2010	103.4	103.5	359.8	540.7	178.1	274.5
2011	104.7	104.9	376.7	567.2	186.5	288.0
2012	103.0	102.7	388.0	582.5	192.1	295.8
2013	101.7	103.1	394.6	600.6	195.4	305.0
2014	100.9	101.9	398.2	612.0	197.2	310.8
2015	100.3	101.7	399.4	622.4	197.8	316.1
2016	100.5	102.1	401.6	635.4	198.9	322.7

9-2 居民消费价格分类指数(2016年)

Consumer Price Indices by Category,2016

上年=100(Preceding Year = 100)

项　目 Item	2016	项　目 Item	2016
居民消费价格总指数 Consumer Price Index	**102.1**	4.衣着加工服务费 Clothing Manufacturing Services	103.7
# 服务项目价格指数 Services	103.7	5.鞋　类 Shoes	99.7
一、食品烟酒 Food,Tobacco and Liquor	**102.1**	**三、居　住 Residence**	**103.6**
1.食　品 Food	102.8	1.租赁房房租 Rent of Rental Housing	103.9
粮　食 Grain	100.6	2.住房保养维修及管理 Housing Maintenance and Management	101.4
薯　类 Tuber	106.1	3.水电燃料 Water, Electricity and Fuels	99.8
豆　类 Beans	101.0	4.自有住房 Private Housing	104.9
食用油 Edible Oil	99.7	**四、生活用品及服务 Household Articles and Services**	**99.4**
菜 Vegetables	107.0	1.家具及室内装饰品 Furniture and Interior Decoration	98.0
畜肉类 Meat	107.3	2.家用器具 Household Appliances	97.9
禽肉类 Poultry	101.0	3.家用纺织品 Home Textiles	100.7
水产品 Aquatic Products	106.6	4.家庭日用杂品 Family Daily Groceries	99.7
蛋　类 Eggs	95.4	5.个人护理用品 Personal Care Articles	100.5
奶　类 Milk	98.8	6.家庭服务 Household Services	101.6
干鲜瓜果类 Dried and Fresh Melons and Fruits	97.6	**五、交通和通信 Transportation and Communication**	**98.3**
糖果糕点类 Confectionery	101.3	1.交　通 Transportation	98.2
调味品 Flavoring	103.4	2.通　信 Communication	98.6
其他食品类 Other Foods	101.0	**六、教育文化和娱乐 Education, Culture and Recreation**	**100.6**
2.茶及饮料 Tea and Beverages	100.2	1.教　育 Education	100.8
3.烟　酒 Tobacco and Liquor	101.3	2.文化娱乐 Cultural and Recreational Articles	100.4
烟　草 Tobacco	102.2	**七、医疗保健 Health Cares**	**108.8**
酒　类 Liquor	100.3	1.药品及医疗器具 Medicine and Medical Instrument	101.3
4.在外餐饮 Dining out	100.8	2.医疗服务 Health Services	117.7
二、衣　着 Clothing	**100.1**	**八、其他用品和服务 Miscellanous Goods and Services**	**103.8**
1.服　装 Garments	99.9	1.其他用品类 Other Goods	107.7
2.服装材料 Clothing Material	101.7	2.其他服务类 Other Services	100.9
3.其他衣着及配件 Other Clothing and Accessories	101.6		

9-3 商品零售价格分类指数(2012-2016年)

Retail Price Indices by Category,2012-2016

上年=100(Preceding Year = 100)

项 目 Item	2012	2013	2014	2015	2016
商品零售价格指数					
Retail Price Index	**103.0**	**101.7**	**100.9**	**100.3**	**100.5**
1.食 品					
Food	**106.5**	**105.8**	**103.0**	**101.7**	**102.3**
粮 食					
Grain	102.4	108.7	103.4	101.8	100.8
薯 类					
Tuber					106.1
豆 类					
Beans	103.2	108.0	106.3	102.6	101.0
食用油					
Edible Oil	103.7	98.7	93.6	98.1	99.7
菜					
Vegetables	119.6	110.0	95.4	106.8	107.0
畜肉类					
Meat					107.3
禽肉类					
Poultry					101.0
水产品					
Aquatic Products	106.7	100.9	106.8	98.1	106.7
蛋 类					
Eggs	101.7	102.2	111.1	90.8	95.4
奶 类					
Milk	101.9	103.5	108.3	99.0	98.8
干鲜瓜果					
Dried and Fresh Melons and Fruits	91.3	112.6	117.3	100.2	97.6
糖果糕点类					
Confectionery					101.3
调味品					
Flavoring	103.6	101.9	101.7	102.7	103.4
其他食品类					
Other Food	102.9	105.1	104.4	100.5	101.0
在外餐饮					
Dining Out	110.5	104.6	102.2	101.4	100.8
2.饮料、烟酒					
Beverage, Tobacco and Liquor	**105.2**	**101.8**	**99.4**	**102.0**	**101.1**
茶及饮料					
Tea and Beverage	106.4	104.6	101.6	102.2	100.2
烟 草					
Tobacco	98.1	100.2	99.6	103.5	102.2
酒 类					
Liquor	111.9	101.6	97.9	100.4	100.3

9-3续表1 *Continued*

上年=100 (Preceding Year=100)

项　　目 Item	2012	2013	2014	2015	2016
3.服装、鞋帽					
Garments, Shoes and Hats	**106.9**	**101.0**	**101.9**	**103.0**	**100.0**
服　装					
Garments	105.4	100.9	102.2	103.1	100.0
鞋袜帽					
Shoes, Socks and Hats	110.9	101.6	101.0	102.9	100.0
其它衣着配件					
Other Clothing and Accessories	106.2	90.7	101.9	97.0	100.4
4.纺织品					
Textiles	**102.3**	**103.5**	**100.4**	**104.5**	**101.2**
服装材料					
Clothing Materials	103.8	99.8	100.9	102.6	101.7
床上用品					
Bed Articles	101.9	104.4	100.3	105.0	101.1
5.家用电器及音像器材					
Household Appliances, Music and Video Equipment	**96.9**	**96.6**	**94.6**	**96.5**	**98.5**
家庭设备					
Household Facilities	99.9	99.3	99.1	98.0	97.9
文娱用耐用消费品					
Durable Consumer Goods for Cultural and Recreational Use	92.1	91.7	85.8	92.3	99.1
专业音像器材					
Music and Video Equipment	96.5	97.3	95.3	98.9	99.4
6.文化办公用品					
Cultural and Office Appliances	**94.6**	**97.7**	**96.4**	**97.2**	**100.3**
7.日用品					
Articles for Daily Use	**104.1**	**101.0**	**99.4**	**99.9**	**99.6**
日用百货					
General Merchandise for Daily Use	103.3	98.8	99.8	99.8	100.1
厨具餐具茶具					
Kitchen Ware,Tableware and Tea Set	100.1	100.7	102.0	100.5	99.6
清洗用品					
Washing Articles	109.3	104.3	100.9	99.0	98.1
其他日用品					
Other Articles for Daily Use	101.5	100.9	97.0	100.7	100.0
8.体育娱乐用品					
Sport and Recreation Articles	**100.4**	**107.6**	**99.9**	**102.7**	**102.1**
体育户外用品					
Sport Articles	104.5	108.8	100.2	101.9	99.8
娱乐用品					
Recreation Articles	98.5	107.1	99.8	103.1	102.3
9.交通、通信用品					
Transportation and Communication Articles	**96.6**	**96.8**	**101.1**	**97.7**	**99.5**

9–3续表2 *Continued*

上年=100(Preceding Year = 100)

项　目 Item	2012	2013	2014	2015	2016
交通运输机械 Transportation Machinery	98.3	97.1	101.2	97.7	99.5
通信器材 Communication Facilities	63.1	88.8	95.5	97.8	99.7
10.家　具 Furniture	**98.7**	**102.6**	**107.6**	**101.1**	**98.2**
11.化妆品 Cosmetics	**104.4**	**102.2**	**97.6**	**99.7**	**100.7**
12.金银饰品 Gold, Silver and Jewelry	**95.8**	**91.0**	**91.8**	**87.6**	**112.8**
13.中西药品及医疗保健用品 Traditional Chinese & Western Medicine and Medical, Health Care Goods	**103.6**	**101.9**	**101.4**	**101.9**	**101.3**
医疗卫生器具 Medical Apparatus	103.4	99.9	99.8	100.7	100.2
中　药 Traditional Chinese Medicines	102.5	104.3	103.2	102.6	102.7
西　药 Western Medicine	104.7	100.8	100.6	101.8	100.6
保健器具及用品 Health Care Facilities and Goods	102.2	100.1	99.5	100.4	101.9
14.书报杂志及电子出版物 Books, Newspapers and Magazines, Electronic Publications	**101.2**	**100.3**	**100.4**	**101.9**	**102.3**
教材及参考书 Teaching Materials and Reference Books	101.0	100.0	100.5	100.2	102.4
书报杂志 Books, Newspapers and Magazines	100.9	101.4	100.3	107.5	102.6
计算机办公软件 Computer Office Softwares	102.5	99.6	100.0	100.0	99.8
15.燃　料 Fuel	**102.2**	**99.8**	**102.8**	**90.0**	**96.9**
煤炭及制品 Coal and Related Products	100.7	96.7	97.9	97.9	101.0
石油及制品 Petroleum and Related Products	102.2	99.9	102.9	89.8	96.3
16.建筑材料及五金电料 Construction Materials and Hardware Materials	**101.1**	**102.4**	**101.0**	**99.4**	**99.8**
建筑装潢材料 Construction and Decoration Materials	101.1	102.9	101.2	99.2	99.6
五金水暖 Hardware Materials	101.0	99.3	100.0	100.6	100.1

9-4 工业生产者出厂价格指数(2012—2016年)

Producer Price Indices of Industrial Ex-factory Products, 2012-2016

上年=100(Preceding Year = 100)

项　　目 Item	2012	2013	2014	2015	2016
工业生产者出厂价格总指数					
General Producer Price Indices of Industrial Ex-factory Products	**97.0**	**97.0**	**96.3**	**90.3**	**97.9**
按轻重工业分					
Grouped by Light or Heavy Industries					
轻工业					
Light Industry	100.7	97.9	99.3	97.7	101.2
以农产品为原料					
Using Farm Products as Raw Materials	99.6	97.7	98.3	97.8	102.2
以非农产品为原料					
Using Non-farm Products as Raw Materials	101.8	98.0	100.3	97.5	99.5
重工业					
Heavy Industry	96.3	96.8	95.8	88.9	97.1
采掘业					
Mining and Quarrying Industry	97.9	98.4	96.1	63.6	85.9
原料工业					
Raw Materials Industry	98.1	96.7	95.4	84.9	98.2
加工工业					
Processing Industry	95.3	96.7	95.9	94.2	98.5
按生产生活资料分					
Grouped by Means of Production or Subsistence					
生产资料					
Production Goods	96.1	96.5	95.5	88.3	97.9
采掘业					
Mining and Quarrying Industry	97.9	98.4	96.1	63.6	85.9
原料工业					
Raw Materials Industry	98.1	96.6	95.4	84.7	97.9
加工工业					
Processing Industry	94.9	96.2	95.5	93.8	100.0
生活资料					
Consumer Goods	100.6	98.9	99.4	97.9	98.0
食　品					
Food	98.4	96.1	97.9	97.5	102.9
衣　着					
Clothing	103.9	102.4	100.4	101.5	100.2
一般日用品					
Daily Use Articles	100.5	100.3	100.5	100.6	99.2
耐用消费品					
Durable Consumer Goods	101.4	99.4	99.6	96.6	92.7

9-5 按行业分工业生产者出厂价格指数(2012—2016年)

Producer Price Indices of Industrial Ex-factory Products by Sector, 2012-2016

上年=100(Preceding Year = 100)

行 业 Sector	2012	2013	2014	2015	2016
煤炭开采和洗选业 Mining and Washing of Coal	95.3	92.9	88.5	81.3	83.4
石油和天然气开采业 Extraction of Petroleum and Natural Gas	96.1	93.5	94.9	53.9	86.7
黑色金属矿采选业 Mining and Processing of Ferrous Metal Ores	93.4	95.4	91.0	74.8	90.7
非金属矿采选业 Mining and Processing of Nonmetal Ores	102.8	102.0	102.4	91.4	76.6
开采辅助活动 Mining Assistant Activities	104.9	114.1	99.7	93.2	95.5
农副食品加工业 Processing of Food from Agricultural Products	96.3	90.8	91.9	92.2	106.1
食品制造业 Manufacture of Food	101.7	101.0	103.0	100.2	101.4
酒、饮料和精制茶制造业 Manufacturing of Alcohol, Beverages and Refined Tea	99.9	100.6	100.3	101.4	100.6
烟草制品业 Manufacture of Tobacco	102.0	100.4	100.0	100.0	100.0
纺织业 Manufacture of Textile	97.3	100.0	100.2	98.1	98.0
纺织服装、服饰业 Manufacturing of Textile Wearing and Apparel	104.3	103.2	99.6	100.9	100.2
皮革、毛皮、羽毛及其制品和制鞋业 Manufacturing of Leather, Fur, Feathers and Related Products, Footware	103.4	100.6	105.2	106.0	100.8
木材加工及木、竹、藤、棕、草制品业 Processing of Timber, Manufacture of Wood, Bamboo, Rattan, Palm and Straw Products	100.7	100.2	100.5	99.7	98.8
家具制造业 Manufacture of Furniture	100.2	99.4	100.3	99.2	100.4
造纸及纸制品业 Manufacture of Paper and Paper Products	100.0	97.8	99.3	98.8	101.1
印刷和记录媒介复制业 Printing, Reproduction of Recording Media	99.7	95.9	100.5	102.4	100.1
文教、工美、体育和娱乐用品制造业 Manufacture of Articles for Cultural, Education, Industrial Arts, Sport Acitivity and Amusement Manufacturing	99.2	98.9	102.7	100.8	101.0
石油加工、炼焦及核燃料加工业 Processing of Petroleum, Coking, Processing of Nuclear Fuel	103.2	96.6	95.4	75.3	93.1
化学原料及化学制品制造业 Manufacture of Raw Chemical Materials and Chemical Products	99.1	98.3	100.2	89.2	101.5

9–5续表 *Continued*

上年=100(Preceding Year = 100)

行　　业 Sector	2012	2013	2014	2015	2016
医药制造业 Manufacture of Medicines	102.4	100.9	99.7	101.2	98.0
化学纤维制造业 Manufacture of Chemical Fibers	103.1	96.2	99.2	95.8	85.9
橡胶和塑料制品业 Manufacture of Rubber and plastic	100.3	100.5	98.5	98.5	99.1
非金属矿物制品业 Manufacture of Non-metallic Mineral Products	97.1	96.9	99.0	98.9	98.4
黑色金属冶炼及压延加工业 Smelting and Pressing of Ferrous Metals	91.3	94.4	91.4	83.4	101.9
有色金属冶炼及压延加工业 Smelting and Pressing of Non-ferrous Metals	88.7	94.9	93.4	89.0	97.9
金属制品业 Manufacture of Metal Products	97.5	97.3	97.6	92.2	99.2
通用设备制造业 Manufacture of General Purpose Machinery	103.2	98.8	98.6	96.6	99.7
专用设备制造业 Manufacture of Special Purpose Machinery	99.8	97.8	98.5	98.9	96.9
汽车制造业 Manufacturing of Motorcar	99.1	100.0	99.9	98.0	98.7
铁路、船舶、航空航天和其他运输设备制造业 Railway, Watercraft, Aerospace and Other Transport Equipment	98.5	101.6	100.2	97.0	102.7
电气机械及器材制造业 Manufacture of Electrical Machinery and Equipment	98.1	97.8	99.0	98.0	98.4
计算机、通信和其他电子设备制造业 Manufactare of Computers, Communication and Other Electronic Equipment	90.7	94.1	92.2	96.6	92.6
仪器仪表制造业 Manufacturing of Measuring Instruments	104.6	95.1	94.8	97.2	101.4
其他制造业 Other Manufacturing	100.0	100.0	100.0	93.6	96.9
废弃资源综合利用业 Comprehensive Recycling of Waste	93.8	87.2	93.2	77.8	96.0
金属制品、机械和设备修理业 Metal Products, Machine and Equipment Repair	100.0	93.7	95.4	95.5	100.9
电力、热力生产和供应业 Production and Supply of Electric Power and Heat Power	106.5	100.5	105.7	99.5	100.7
燃气生产和供应业 Production and Supply of Gas	100.0	101.3	107.6	101.3	86.3
水的生产和供应业 Production and Supply of Water	106.9	100.8	101.7	100.0	100.0

9-6 工业生产者购进价格指数(2012—2016年)

Producer Price Indices of Industrial Purchase,2012-2016

上年=100(Preceding Year = 100)

项 目 Item	2012	2013	2014	2015	2016
工业生产者购进价格总指数 General Producer Price Indices of Industrial Purchase	**97.1**	**97.4**	**97.1**	**92.4**	**98.3**
燃料、动力类 Fuel and Power	101.3	95.9	97.0	81.7	93.2
黑色金属材料类 Ferrous Metals	91.7	95.7	93.8	86.3	102.4
有色金属材料及电线类 Non-ferrous Metals and Wires	91.5	95.0	95.2	94.6	98.4
化工原料类 Chemical Raw Materials	98.4	97.9	99.0	93.1	98.0
木材及纸浆类 Wood and Paper Pulps	102.1	97.3	100.4	98.7	98.2
建筑材料及非金属矿类 Construction Materials and Non-mental Ores	97.8	97.7	96.9	93.9	92.3
其他工业原材料及半成品类 Other Industrial Raw Materials and Semi-products	98.8	97.9	97.4	96.9	99.0
农副产品类 Farm and Sideline Products	93.2	97.8	97.9	94.1	102.7
纺织原料类 Textile Raw Materials	96.3	101.4	99.6	99.7	99.5

9-7 固定资产投资价格指数(2012—2016年)

Price Indices of Investment in Fixed Assets,2012-2016

上年=100(Preceding Year = 100)

项 目 Item	2012	2013	2014	2015	2016
固定资产投资价格总指数 General Price Index of Investment in Fixed Assets	**100.0**	**99.5**	**100.5**	**99.9**	**99.4**
建筑安装、装饰工程 Building Installation	100.1	99.3	100.5	99.6	98.9
# 人工费 Labour Cost	111.3	107.9	106.7	105.4	102.4
材料费 Materials Expense	97.6	97.0	98.7	98.1	97.9
机械费 Machinery Charge	102.7	102.1	101.8	100.2	99.6
设备工器具购置 Purchase of Equipment, Tools and Instruments	98.3	98.8	99.3	99.3	98.8
其他费用 Others	101.1	100.6	101.6	101.2	101.2

主要统计指标解释

商品零售价格指数

是反映一定时期内城乡商品零售价格变动趋势和程度的相对数。商品零售价格的变动直接影响到城乡居民的生活支出和国家的财政收入，影响居民购买力和市场供需的平衡，影响到消费与积累的比例关系。因此，该指数可以从一个侧面对上述经济活动进行观察和分析。

居民消费价格指数

是反映一定时期内城乡居民所购买的生活消费品价格和服务项目价格变动趋势和程度的相对数。该指数可以观察和分析消费品的零售价格和服务项目价格变动对城乡居民实际生活费支出的影响程度。

固定资产投资价格指数

反映一定时期内固定资产投资额价格变动趋势和程度的相对数。固定资产投资额是由建筑安装工程投资完成额、设备、工器具购置投资完成额和其他费用投资完成额三部分组成的。编制固定资产投资价格指数首先分别编制上述三部分投资的价格指数，然后采用加权算术平均法求出固定资产投资价格总指数。该指数可以准确地反映固定资产投资中涉及的各类商品和取费项目价格变动趋势和变动幅度，消除按现价计算的固定资产投资指标中的价格变动因素，真实地反映固定资产投资的规模、速度、结构和效益，为国家科学地制定、检查固定资产投资计划并提高宏观调控水平，为完善国民经济核算体系提供科学的、可靠的依据。

工业生产者出厂价格指数

反映一定时期内全部工业产品出厂价格总水平的变动趋势和程度的相对数，包括工业企业售给本企业以外所有单位的各种产品和直接售给居民用于生活消费的产品。通过工业生产者出厂价格指数能观察出厂价格变动对工业总产值的影响。

工业生产者购进价格指数

反映一定时期内全部工业企业作为生产投入，从物资交易市场和能源、原材料生产企业购买原材料、燃料和动力产品时，所支付的价格水平变动趋势和程度的相对数，是扣除工业企业物质消耗成本中的价格变动影响的重要依据。

Explanatory Notes on Main Statistical Indicators

Retail Price Index

reflects the trend and degree of change in retail prices of commodities during a given period. The change in retail prices of commodities directly affect the living expenses of urban and rural residents, government revenue, purchasing power of residents and the equilibrium of market supply and demand, and the ratio of consumption to accumulation. Therefore, the retail price indices are useful from an oblique perspective for observing and analyzing the changes of the above economic activities.

Consumer Price Index

reflects the trend and degree of changes in prices of consumer goods and services purchased by urban and rural households during a given period. It can be used to observe and analyze the impact degree of price changes in consumer goods and services on wages (in monetary terms) of actual living expenses of urban and rural residents.

Price Index of Investment in Fixed Assets

reflects the trend and degree of changes in prices of investment in fixed assets during a given period. The investment in fixed assets consists of three components, namely the investment in construction and installation, the investment in purchases of equipment and instrument, and the investment in other items. Price index of investment in fixed assets is calculated as the weighted arithmetic mean of the price indices of the three components of investment in fixed assets. Removing the factor of price change in the aggregates of investment at current prices, this indicator shows the changes in the prices of commodities and fees involved in the investment of fixed assets, and can be used to observe the actual size, growth, structure, and efficiency of investment in fixed assets and provides reliable and scientific data for government planning, management, decision making, and further improving the current national accounting system.

Producer Price Index of Industrial Ex-factory Products

reflects the trend and degree of changes in general ex-factory prices of all industrial products during a given period, including sales of industrial products by an industrial enterprise to all units outside the enterprise, as well as sales of consumer goods to residents. It can be used to analyze the impact of ex-factory prices on gross industrial output value.

Producer Price Index of Industrial Purchase

reflects the trend and degree of changes in purchasing price of raw material, fuel and power paid by industrial enterprises when they purchase production as input from the market or other energy and raw material producers during a given period, and provide basis for measuring the material consumption of industrial enterprises after removing influence of price from cost.

TIANJIN STATISTICAL YEARBOOK

第十篇　人民生活

Chapter 10　People's Living Conditions

10-1 城乡住户基本情况(2013-2016年)

Basic Statistics on Households of Urban and Rural,2013-2016

项　目 Item	单 位 Unit	2013	2014	2015	2016
调查样本户数	**户**				
Survey Sample Households	**households**	**3917**	**3916**	**3929**	**3958**
城镇住户	户				
Urban Households	households	2927	2931	2943	3014
农村住户	户				
Rural Households	households	990	985	986	944
调查样本户结构					
Structure of Survey Sample Households					
城镇住户	%				
Urban Households	%	74.7	74.8	74.9	76.1
农村住户	%				
Rural Households	%	25.3	25.2	25.1	23.9
住户基本情况					
Basic Statistics on Households					
户均常住人口	人/户				
Average Persons Per Permanent Household	person/households	2.93	2.93	2.90	2.93
户均就业人口	人/户				
Average Employees Per Household	person/households	1.64	1.62	1.55	1.56
平均每户就业人口比重	%				
Employees Percentage Per Household	%	56.00	55.30	53.70	53.20
平均每一就业者负担人口	人				
Persons Supported By Each Employee	person	1.79	1.81	1.86	1.88
常住居民收入与支出					
Revenue and Expenditure of Permanent Households					
全体居民人均可支配收入	元/人				
Per Capita Disposable Incomes of Whole Households	yuan/person	26359	28832	31291	34074
全体居民人均消费性支出	元/人				
Per Capita Living Expenditures of Whole Households	yuan/person	20419	22343	24162	26129
平均消费倾向	%				
Average Propensity to Consume	%	77.5	77.5	77.2	76.7

10-2 城乡住户住房基本情况构成(2014-2016年)

Composition of Basic Living Condition of Households,2014-2016

单位：%(%)

项　目	Item	2014	2015	2016
住户现住房居住空间样式	**Households housing style of living space**			
单栋楼房	Single Building	0.5	0.6	0.7
单栋平房	Single Bungalow	26.5	26.0	23.9
四居室及以上单元房	Four-room and More	0.2	0.2	0.2
三居室单元房	Three-room	8.4	8.6	9.0
二居室单元房	Two-room	42.3	44.5	45.9
一居室单元房	One-room	15.0	13.9	14.2
筒子楼或连片平房	Tube-shaped Apartment or Continuous Bungalow	7.0	5.4	5.5
其　他	Others	0.1	0.8	0.6
住户现住房房屋来源	**Households Living House Sources**			
租赁公房	Rental Publicly-owned Housing	15.7	13.3	10.6
租赁私房	Rental Private Housing	3.6	2.7	2.9
自建住房	Self-build Housing	28.1	27.2	25.7
购买商品房	Purchasing Commercial Housing	28.3	30.0	30.2
购买房改住房	Purchasing Housing Reform	10.5	12.9	14.2
购买保障性住房	Purchasing Indemnificatory Housing	1.1	1.8	2.4
拆迁安置房	Arrangement Housing For Dismantling	7.2	8.0	10.0
其　他	Others	5.5	4.1	4.0
住户主要饮用水来源情况	**Households Water Supply**			
经过净化处理的自来水	Purification Treatment Water	90.2	95.7	96.6
受保护的井水和泉水	The Protected Well Water and Spring Water	8.8	3.4	2.4
不受保护的井水和泉水	The Unprotected Well Water and Spring Water			
江河湖泊水	Rivers and Lakes Water			
收集雨水	The Gathered Rainwater			
桶装水	Bottled Water	1.0	0.9	1.0
其他水源	Others			

10−2续表 *Continued*

单位：%(%)

项　目	Item	2014	2015	2016
住户主要取暖用能源状况	**Households Energy for Heating**			
柴　草	Firewood Grass			
煤　炭	Coal	28.6	28.3	26.2
罐装液化石油气	Canned Liquefied Petroleum Gas			
管道液化石油气	Pipeline Liquefied Petroleum Gas			
管道煤气	Pipe Gas			
管道天然气	Pipeline Natural Gas			
电	Electric	1.9	0.8	1.3
燃料用油	Fuel oil			
沼　气	Biogas			
其　他	Others			
集中供暖	Central Heating	69.5	70.9	72.5
住户主要炊用能源状况	**Households Energy for Cooking**			
柴　草	Firewood Grass	1.5	1.4	0.2
煤　炭	Coal	1.7	2.4	2.1
罐装液化石油气	Canned Liquefied Petroleum Gas	26.0	25.3	24.8
管道液化石油气	Pipeline Liquefied Petroleum Gas			
管道煤气	Pipe Gas			
管道天然气	Pipeline Natural Gas	64.8	65.5	67.3
电	Electric	2.1	2.1	2.3
燃料用油	Fuel oil			
沼　气	Biogas			
其　他	Others			
无炊用行为	Central Heating	3.9	3.3	3.3
住户厕所类型	**Households Toilet Type**			
水冲式卫生厕所	Water Flush Sanitary Toilet	81.7	82.5	84.6
水冲式非卫生厕所	Water Flush Non Sanitary Toilet			
卫生旱厕	Sanitary Dry Lavatory	5.6	5.3	5.5
普通旱厕	General Dry Lavatory	8.7	7.8	7.2
无厕所	No Toilet	4.0	4.4	2.7
住户洗澡设施情况	**Households Bathing Facilities**			
统一供热水	Unified Supply of Hot Water	7.6	6.2	6.4
家庭自装热水器	Home Self Heater	85.2	87.9	88.2
其　他	Others	1.5	1.9	0.6
无洗澡设施	No Bathing Facilities	5.7	4.0	4.8

10-3 城镇住户基本情况(2001—2016年)

Basic Statistics on Urban Households,2001-2016

年份 Year	户均常住人口(人) Average Persons Per Permanent Household (person)	户均就业人口(人) Average Employees Per Household(person)	户均就业人口比重(%) Employees Percentage Per Household(%)	平均每一就业者负担人数(人) Persons Supported by Each Employee(person)
2001	3.09	1.59	51.5	1.94
2002	3.02	1.44	47.7	2.11
2003	2.99	1.41	47.2	2.12
2004	2.96	1.47	49.7	2.01
2005	2.92	1.45	49.7	2.01
2006	2.88	1.42	49.3	2.03
2007	2.89	1.46	50.5	1.98
2008	2.89	1.50	51.9	1.93
2009	2.88	1.50	52.1	1.92
2010	2.86	1.52	53.1	1.88
2011	2.84	1.51	53.2	1.88
2012	2.85	1.51	53.0	1.89
2013	2.78	1.49	53.6	1.87
2014	2.80	1.49	53.2	1.88
2015	2.78	1.43	51.4	1.94
2016	2.82	1.46	51.8	1.93

注：本表2001—2012年为城市居民抽样调查数据，自2013年起为一体化住户调查城镇常住居民(新口径)抽样调查数据。表10—4至10—8同。

Note: The data of this table are collected from sample survey of urban households,and permanent residents in cities and towns (new coverage) Sampling survey datum in interated household survey.Same as table 10-4 to 10-8.

10-4 城镇居民家庭平均每百户耐用消费品年末拥有量(2012—2016年)

Per 100 Urban Households Year-end Possessions of Major Durable Consumer Goods, 2012-2016

商品名称	Item	2012	2013	2014	2015	2016
摩托车(辆)	Motorcycle(unit)	0.4	6.0	6.6	6.2	3.4
助力车(辆)	Mini-motorcycle(unit)	27.9	34.6	37.4	34.8	36.5
家用汽车(辆)	Automobile(unit)	24.9	30.4	32.1	37.3	40.5
洗衣机(台)	Washing Machine(unit)	101.2	98.7	100.0	101.7	101.6
电冰箱、柜(台)	Refrigerator(unit)	107.7	100.6	103.1	102.7	102.5
彩色电视机(台)	Color TV Set(unit)	121.7	112.7	115.0	114.8	116.9
家用电脑(台)	Personal-computer(unit)	98.9	72.0	76.7	78.5	79.2
摄像机(台)	Vidicon(unit)	16.5	8.6	10.6	11.0	10.9
照相机(架)	Camera(unit)	59.1	40.0	41.1	35.2	32.7
微波炉(台)	Microwave Oven(unit)	88.9	75.5	77.5	78.2	79.3
空调器(台)	Air-conditioner(unit)	147.5	130.8	134.2	131.3	133.6
淋浴热水器(台)	Shower(unit)	94.5	91.1	93.7	92.2	92.3
固定电话(部)	Fixed Telephone(unit)	67.8	52.4	57.5	52.4	51.9
移动电话(部)	Mobile Telephone(unit)	225.0	215.6	220.4	219.5	220.3

10–5 城镇居民家庭人均收支及增幅(2001—2016年)

Per Capita Income & Expenditures and Increase Rate of Cities and towns Households,2001-2016

年 份 Year	人均可支配收入(元) Per Capita Annual Disposable Income (yuan)	人均消费性支出(元) Per Capita Annual Expenditures for Consumption (yuan)	人均可支配收入增幅(%) Increase Rate of per Capita Annual Disposable Income(%)		人均消费性支出增幅(%) Increase Rate of per Capita Annual Expenditures for Consumption(%)	
			扣除物价 Deducting Price Factor	未扣除物价 Including Price Factor	扣除物价 Deducting Price Factor	未扣除物价 Including Price Factor
2001	8959	6987	8.7	10.1	12.8	14.2
2002	9338	7192	12.1	11.6	5.8	5.4
2003	10313	7868	9.4	10.4	8.3	9.4
2004	11467	8802	8.7	11.2	9.4	11.9
2005	12639	9653	8.6	10.2	8.0	9.7
2006	14283	10548	11.3	13.0	7.7	9.3
2007	16357	12029	9.9	14.5	9.4	14.0
2008	19423	13422	12.6	18.7	5.9	11.6
2009	21402	14801	11.3	10.2	11.4	10.3
2010	24293	16562	9.7	13.5	8.1	11.9
2011	26921	18424	5.6	10.8	6.0	11.2
2012	29626	20024	7.2	10.1	5.8	8.7
2013	28980	22306	6.9	10.2	5.8	9.1
2014	31506	24290	6.7	8.7	6.9	8.9
2015	34101	26230	6.4	8.2	6.2	8.0
2016	37110	28345	6.6	8.8	5.9	8.1

10–6 城镇居民家庭人均可支配收入及构成(2013—2016年)

Per Capita Displsable Income of Urban Households and Composition,2013-2016

项 目	Item	2013	2014	2015	2016
人均可支配收入(元)	**Per Capita Annual Disposable Income (yuan)**	**28980**	**31506**	**34101**	**37110**
工资性收入	Wages and Salaries	17156	18797	21060	23207
经营净收入	Net Business Income	2272	2442	2458	2666
财产净收入	Net Income from Property	2862	3230	3400	3721
转移净收入	Net Income from Transfer	6690	7037	7183	7516
# 养老金或离退休金	Pensions and Retirement Pay	7106	7858	8387	8864
人均可支配收入构成(%)	**Composition of Per Capita Annual Disposable Income (%)**	**100.0**	**100.0**	**100.0**	**100.0**
工资性收入	Wages and Salaries	59.2	59.7	61.8	62.5
经营净收入	Net Business Income	7.8	7.8	7.2	7.2
财产净收入	Net Income from Property	9.9	10.2	10.0	10.0
转移净收入	Net Income from Transfer	23.1	22.3	21.0	20.3
# 养老金或离退休金	Pensions and Retirement Pay	24.5	24.9	24.6	23.9

10-7 城镇居民家庭人均消费性支出(2013-2016年)

Per Capita Consumption Expenditures of Urban Households,2013-2016

项目	Item	2013	2014	2015	2016
人均消费性支出(元)	**Per Capita Annual Consumption Expenditures (yuan)**	**22306**	**24290**	**26230**	**28345**
食品烟酒	Food Alcohol and Tobacco	7160	7943	8448	8680
衣着	Clothing	1819	2051	2144	2114
居住	Residence	4997	5320	5667	6187
生活用品及服务	Household Supplies and Services	1223	1387	1594	1664
交通和通信	Transportation and Communication	3056	3182	3403	3992
教育文化娱乐服务	Education,Culture and Recreation Services	1778	2013	2283	2644
医疗保健	Medicine and Medical Services	1562	1721	1888	2172
其他用品和服务	Other Commodities and Services	711	673	803	892

10-8 城镇居民人均食品消费量(2014-2016年)

Per Capita Annual Consumption on Food of Urban Households,2014-2016

单位：千克 (kg)

商品名称	Item	2014	2015	2016
粮食	Grain	110.8	114.4	116.5
谷物	Cereal	100.6	105.0	107.1
薯类	Tuber	2.8	2.7	2.8
豆类	Beans	7.4	6.7	6.6
食用油	Edible Oil	12.8	12.5	12.4
蔬菜及菜制品	Vegetables and Related Products	121.3	116.7	118.0
# 鲜菜	Fresh Vegetables	117.9	113.2	114.5
肉及制品	Meat and Related Products	24.4	26.1	27.4
# 猪肉	Pork	15.6	16.0	16.5
牛羊肉	Beef and Mutton	5.0	6.1	6.7
家禽及制品	Poultry and Related Products	5.1	5.2	5.9
水产品及制品	Aquatic and Related Products	17.1	17.6	17.9
蛋类及蛋制品	Eggs and Related Products	17.6	17.1	18.3
# 鲜蛋	Eggs	16.7	16.3	17.4
奶和奶制品	Milk and Related Products	19.9	19.5	20.3
干鲜瓜果类	Dried and Fresh Melons and Fruits	71.6	74.0	76.5
# 鲜瓜果	Fresh Melons and Fruits	65.2	67.6	69.2
糖果糕点类	Confectionery	8.6	8.7	9.0
白酒	Liquor	3.3	3.3	3.5

10-9 农村居民人均收支及增幅（2001—2016年）

Per Capita Income & Expenditures and Increase Rate of Rural Households, 2001-2016

年份 Year	人均可支配收入(元) Per Capita Annual Disposable Income (yuan)	人均消费性支出(元) Per Capita Annual Expenditures for Consumption (yuan)	人均可支配收入增幅(%) Increase Rate of per Capita Annual Disposable Income(%)	人均消费性支出增幅(%) Increase Rate of per Capita Annual Expenditures for Consumption(%)
2001	4825	2618	10.4	9.4
2002	5315	2778	10.2	6.1
2003	5861	3015	10.3	8.5
2004	6525	3297	11.3	9.4
2005	7202	3590	10.4	8.9
2006	7942	3829	10.3	6.7
2007	8752	4118	10.2	7.5
2008	9670	4593	10.5	11.5
2009	10675	4926	10.4	7.3
2010	11801	5606	10.5	13.8
2011	11891	6725	15.5	20.0
2012	13571	8337	14.1	24.0
2013	15353	12491	13.5	21.8
2014	17014	13739	10.8	10.0
2015	18482	14739	8.6	7.3
2016	20076	15912	8.6	8.0

注：2001—2010年为农村居民纯收入，其余年份为可支配收入，且自2013年起为一体化住户调查农村常住居民(新口径)抽样调查数据。
Note: The datum of this table are net incomes from 2001 to 2010,and disposable incomes in other years,and rural permanent residents (new Sampling survey datum in interated household survey since 2013.

10-10 农村住户基本情况(2001—2016年)

Basic Statistics on Rural Households,2001-2016

年份 Year	户均常住人口(人) Average Persons per Permanent Household (person)	户均就业人口(人) Average Employees per Household(person)	户均就业人口比重(%) Employees Percentage per Household(%)	平均每一就业者负担人数(人) Persons Supported by Each Employee(person)
2001	3.72	2.48	66.70	1.50
2002	3.64	2.46	67.60	1.48
2003	3.60	2.44	67.80	1.48
2004	3.56	2.41	67.70	1.48
2005	3.55	2.49	70.10	1.42
2006	3.47	2.48	71.50	1.40
2007	3.48	2.48	71.30	1.63
2008	3.44	2.45	71.20	1.56
2009	3.42	2.41	70.50	1.52
2010	3.35	2.38	71.00	1.45
2011	3.27	2.26	69.11	1.45
2012	3.26	2.25	69.02	1.45
2013	3.35	2.09	62.39	1.60
2014	3.32	2.01	60.50	1.65
2015	3.25	1.92	59.10	1.69
2016	3.29	1.87	56.80	1.76

10-11 农村居民人均可支配收入及消费性支出(2013—2016年)

Per Capita Disposable Income and Consumption Expenditures of Rural Households,2013-2016

单位：元(yuan)

项 目	Item	2013	2014	2015	2016
人均可支配收入	**Per Capita Annual Disposable Income**	**15353**	**17014**	**18482**	**20076**
工资性收入	Wages and Salaries	8898	9941	11032	12048
经营净收入	Net Business Income	4404	4791	4949	5310
财产净收入	Net Income from Property	694	799	775	894
转移净收入	Net Income from Transfer	1357	1483	1726	1824
# 养老金或离退休金	Pensions and Retirement Pay	890	999	1142	1558
人均消费性支出	**Per Capita Annual Consumption Expenditures**	**12491**	**13739**	**14739**	**15912**
食品烟酒	Food Alcohol and Tobacco	4132	4645	4878	4981
衣 着	Clothing	951	1013	1060	1088
居 住	Residence	2784	3036	3247	3198
生活用品及服务	Household Supplies and Services	767	891	954	1091
交通和通信	Transportation and Communication	1811	1813	2096	2647
教育文化娱乐服务	Education, Culture and Recreation Services	833	1041	1145	1299
医疗保健	Medicine and Medical Services	953	980	1060	1334
其他用品和服务	Other Commodities and Services	260	320	299	274

10-12 农村居民家庭每百户耐用消费品年末拥有量(2012—2016年)

Per 100 Rural Households Year-end Possessions of Durable Consumer Goods,2012-2016

商品名称	Item	2012	2013	2014	2015	2016
摩托车(辆)	Motorcycle (unit)	27.0	39.8	39.7	41.5	36.7
助力车(辆)	Mini-motorcycle(unit)	71.0	74.6	75.5	77.7	79.7
家用汽车(辆)	Automobile(unit)	18.0	24.0	27.5	32.6	36.4
洗衣机(台)	Washing Machine(unit)	100.0	98.1	98.0	99.2	99.3
电冰箱、柜(台)	Refrigerator(unit)	97.0	94.6	98.6	100.1	100.2
彩色电视机(台)	Color TV Set(unit)	125.0	119.8	120.3	121.6	119.6
家用电脑(台)	Personal-computer(unit)	44.0	42.6	45.5	44.2	45.3
摄像机(台)	Vidicon(unit)	2.0	1.6	1.6	7.0	4.5
照相机(架)	Camera(unit)	23.0	10.6	12.4	10.2	8.9
微波炉(台)	Microwave Oven(unit)	38.0	35.4	36.3	37.6	37.3
空调器(台)	Air-conditioner(unit)	75.0	71.2	71.1	75.4	76.9
淋浴热水器(台)	Shower(unit)	92.0	89.5	90.6	90.2	92.4
固定电话(部)	Fixed Telephone(unit)	56.0	57.7	67.0	72.7	63.0
移动电话(部)	Mobile Telephone(unit)	196.0	196.6	203.4	209.6	210.1

10−13 农村居民人均食品消费量(2014−2016年)

Per Capita Annual Consumption on Food of Rural Households,2014-2016

单位：千克 (kg)

商品名称	Item	2014	2015	2016
粮 食	Grain	140.9	143.2	142.9
谷 物	Cereal	134.4	135.7	135.1
薯 类	Tuber	2.0	2.7	2.8
豆 类	Beans	4.5	4.8	5.0
食用油	Edible Oil	10.3	10.5	10.1
蔬菜及菜制品	Vegetables and Related Products	90.3	95.8	97.2
# 鲜 菜	Fresh Vegetables	88.5	90.7	94.2
肉及制品	Meat and Related Products	21.3	20.9	21.6
# 猪 肉	Pork	15.0	14.7	14.0
牛羊肉	Beef and Mutton	2.9	2.9	3.3
家禽及制品	Poultry and Related Products	3.7	3.4	4.3
水产品及制品	Aquatic and Related Products	13.0	12.3	12.6
蛋类及蛋制品	Eggs and Related Products	13.2	15.1	15.5
# 鲜 蛋	Eggs	12.8	14.7	15.0
奶和奶制品	Milk and Related Products	10.6	11.0	10.9
干鲜瓜果类	Dried and Fresh Melons and Fruits	59.2	66.7	68.0
# 鲜瓜果	Fresh Melons and Fruits	54.1	60.4	62.1
糖果糕点类	Confectionery	6.3	6.3	6.1
白 酒	Liquor	4.6	4.8	4.4

主要统计指标解释

城乡一体化住户调查

从 2012 年四季度起，国家统计局对分别进行的城乡住户调查实施了一体化改革，统一了城乡居民收入指标名称、分类和统计标准，建立了城乡统一的一体化住户调查《住户收支与生活状况调查》，并据此获得居民有关数据。2013 年起开始实施，自 2014 年 1 季度起，开始发布一体化住户调查新口径收支数据。天津市共抽选 387 个调查小区、约 4000 个调查户，其中城镇约 3000 户、农村 1000 户。

常住成员

指住户成员中，经常在家居住、或者调查期内居住时间超过一半的人员，以及本住户供养的学生。常住成员是住户调查的对象。

可支配收入

指调查户在调查期内获得的、可用于最终消费支出和储蓄的总和，及调查户可以用来支配的收入。可支配收入既包括现金，也包括实物收入。按照收入的来源，可支配收入包含四项，分别为：工资性收入、经营净收入、财产净收入和转移净收入。

工资性收入

指就业人员通过各种途径得到的全部劳动报酬和各种福利，包括受雇于单位或个人、从事各种自由职业、兼职和零星劳动得到的全部劳动报酬和福利。

经营净收入

指住户或住户成员从事生产经营活动所获得的净收入，是全部经营收入中扣除经营费用、生产性固定资产折旧和生产税之后得到的净收入，包括第一、二、三产经营净收入。

财产净收入

指住户或住户成员将其所拥有的金融资产、住房等非金融资产和自然资源交由其他机构单位、住户或个人支配而获得的回报并扣除相关的费用之后得到的净收入。

转移性收入

指国家、单位、社会团体对住户的各种经常性转移支付和住户之间的经常性收入转移。

消费性支出

指住户用于满足家庭日常生活消费需要的全部支出，包括用于消费品的支出和用于服务性消费的支出。根据用途不同，消费支出可划分为食品烟酒、衣着、居住、生活用品及服务、交通通信、教育文化娱乐、医疗保健、其他用品及服务八大类。根据来源不同，消费支出可划分为现金消费支出、实物消费支出（含自产自用、来自单位、来自政府和其他社会组织）。

食品烟酒：指用于各种食品和烟草、酒类的支出，包括食品和烟酒两个中类。

衣着：指与居民穿着有关的支出，包括服装、服装材料、鞋类、其他衣类及配件、衣着相关加工服务的支出。

居住：指与居住有关的支出，包括房租、水、电、燃料、物业管理等方面的支出，也包括自有住房折算租金。

生活用品及服务：指家庭及个人的各类生活品及家庭服务。包括家具及室内装饰品、家用器具、家用纺织品、家庭日用杂品、个人用品和家庭服务。

交通和通信：指用于交通和通信工具及相关的各种服务费、维修费和车辆保险等支出。

教育文化娱乐服务：指用于教育和文化娱乐方面的支出。

医疗保健：指用于医疗和保健的药品、用品和服务的总费用。包括医疗器具及药品，以及医疗服务。

其他用品和服务：指无法直接归入上述各类支出的其他用品与服务支出。

自有住房折算净租金

指现住房产权为自有住房（含自建住房、自购商品房、自购房改住房、自购保障性住房、拆迁安置房、继承或获赠住房）的住户为自身消费提供住房服务的折算价值扣除折旧后得到的净租金。自有住房折算净租金是一种财产性实物收入。

自有住房折算租金

指现住房为自有住房（含自建住房、自购商品房、自购保障性住房、继承或获赠住房、免费借用房）的住户为自身消费提供住房服务的折算价值。目前自有住房折算租金采用折旧法计算。自有住房折算租金属于实物消费支出，不包括在现金消费支出中。

恩格尔系数

指食物支出金额在生活消费支出金额中所占的比例。计算公式为：

$$\text{恩格尔系数}=\frac{\text{食品支出金额}}{\text{生活消费支出金额}}\times 100\%$$

Explanatory Notes on Main Statistical Indicators

The Integration of Urban and Rural Household Survey

In the fourth quarter of 2012, the National Bureau of Statistics launched its reform on the household survey programme in order to produce aggregates with the same concepts and definitions for the urban and rural population. This new survey programme is an integrated one whereas there had existed two separate household surveys for the urban and rural households. The reform took a number of measures, including the integration of concepts, classification and standards, which provided a basis for producing data covering households. The survey implemented since 2013, and publish the new standard integrated household survey data since the first quarter of 2014. There were 387 survey drawing area, about 4000 households selected in Tianjin, which contain the urban 3000 households and the rural 1000 households.

Permanent Members

refers to household members, often living at home, or reside during the investigate period for more than half, and the students supported by the household. Permanent members of the household are the survey object.

Disposable Income

refers to the kind of income that households can have at their disposal. It includes income both in cash and in kind from four categories: income from wages and salaries, cash income from household operations, income from properties and income from transfers.

Wages and Salaries

refer to employment through various means to get all the labor remuneration and benefits, including employed by units or individuals, is engaged in a variety of freelancing, part-time and sporadic labor to get all the labor remuneration and welfare.

Net Business Income

refers to the net income earned by households or household members from production and management activities, which is all operating income deducted operating costs, productive fixed assets depreciation and production tax, and Including the first, second and tertiary industry business net income.

Property Income

refer to households or household members should be owned retribution by the financial assets, housing and other non-financial assets, natural resources for other agencies and institutions and deducting costs associated .

Transferred Income

refer to income transferred from state, unit, social organization to households or between different households.

Consumption Expenditures

refer to total expenditures of the households for consumption in daily life, which include for consumer goods and service consumer expenditures. According to different purposes, it is classified into 8 categories: food, alcohol and tobacco, clothing, household facilities and articles service, medicine and medical service, transportation and communication, recreation, education and culture service, residence, miscellaneous commodities services, including commodities and service as gift. According to different sources, consumer spending can be divided into cash consumption expenditure, material consumer expenditure (including produce their own, from units, from government and other social organizations)

Food, Alcohol and Tobacco: used for various food and tobacco, alcohol, including food and tobacco classes.

Clothing: refer to the related expenditure to the residents, including clothing, clothing materials, footwear and other clothing and accessories, clothing related processing services spending.

Residence: refers to the expenses related to the living, including rent, water, electricity, fuel, property management, also including home-ownership reduced rents.

Househald Supplies and Services: refers to the family and personal items and services. Such as furniture and interior decorations, home appliances, home textiles, home daily groceries, personal care and household services.

Transportation and Communication: refers to the expenditure on services, maintenance and vehicle insurance used in transportation and communication tools.

Education, Culture and Recreation Services: refers to spending for education, cultural and entertainment.

Medicine and Medical Services: refer to the total cost of goods and services used in medical treatment and health care drugs, including medical instruments and medicine and medical services.

Other Commoditiet and Services: refers to the other products and services which don't directly classify into all kinds of above.

Home-ownership Convert Net Rents

Refers to the households obtained net rents after deducting depreciation for their own consumption reduced net rental value, whose housing property is home-ownership (including the self-built housing, purchasing commodity house, purchasing housing reform, purchasing Indemnificatory housing, arrangement housing for dismantling, inheritance or gift). Home-ownership convert net rents are physical income from property.

Home-ownership Convert Rents

Refers to the households obtained rents for their own consumption reduced net rental value, whose housing property is home-ownership (including the self-built housing, purchasing commodity house, purchasing housing reform, purchasing Indemnificatory housing, arrangement housing for dismantling, inheritance or gift). Home-ownership convert rents is calculated by depreciation method. It belongs to the physial consumer expenditure, excluding expenditure in cash.

Engel's Coefficient

refers to the percentage of expenditure on food in the total living consumption expenditure, using the following for mula:

$$Engel's\ Coefficient = \frac{Expenditure\ on\ food}{Living\ consumption\ expenditure} \times 100\%$$

第十一篇　资源环境和公共设施

Chapter 11　Resources Environment and Public Facilities

11-1 城市建设用地(2014—2016年)

City Construction Land,2014-2016

单位：平方公里(sq.km)

指　　标	Item	2014	2015	2016
总　　计	**Total**	**860.52**	**900.61**	**961.65**
按行政区域分	**By Administrative Area**			
和平区	Heping District	9.72	9.72	9.72
河东区	Hedong District	35.47	34.56	38.94
河西区	Hexi District	36.14	36.14	36.14
南开区	Nankai District	37.91	38.31	39.37
河北区	Hebei District	28.43	28.43	28.46
红桥区	Hongqiao District	15.66	20.32	19.49
东丽区	Dongli District	65.53	75.23	76.09
西青区	Xiqing District	14.10	14.10	16.80
津南区	Jinnan District	22.50	35.22	30.77
北辰区	Beichen District	82.39	83.04	83.94
武清区	Wuqing District	77.20	78.87	83.02
宝坻区	Baodi District	19.82	20.61	60.81
滨海新区	Binhai New Area	341.93	351.40	367.38
宁河区	Ninghe District	25.40	25.40	23.81
静海区	Jinghai District	18.51	18.83	17.09
蓟州区	Jizhou District	29.81	30.43	29.82
按建设用途分	**By Use of Construction**			
居住用地	Dwelling	231.74	237.30	258.55
公共管理与公共服务用地	Public Facilities of Management and Service	62.22	67.94	78.40
商业服务业设施用地	Facilities for Business Services	48.65	49.13	69.30
工业用地	Industry	202.22	211.44	231.21
物流仓储用地	Warehouse	59.96	63.35	66.01
交通设施用地	Facilities for Traffic	150.96	159.16	138.03
公用设施用地	Public Facilities of Administration	23.84	24.28	26.47
绿　地	Green Land	80.93	88.01	93.68

资料来源：天津市城乡建设委员会，表11-3、11-4、11-6、11-8、11-9同。
Source: Tianjin Urban & Rural Construction Committee. Same as table 11-3, 11-4, 11-6, 11-8, 11-9.

11-2 城市房屋建筑面积(2014—2016年)

Floor Space of Buildings in City,2014-2016

单位：万平方米(10 000 sq.m)

指　　标	Item	2014	2015	2016
年末实有房屋建筑面积	**Total Floor Space of Buildings(year-end)**	**40805.99**	**42655.84**	**46548.40**
# 房管部门直管公产	Under House Management Department	2635.07	2583.66	2659.57
私　产	Private Property	25395.47	27296.73	29560.02
年末实有住宅建筑面积	**Floor Space of Residential Buildings(year-end)**	**24990.86**	**26420.20**	**28297.08**
# 房管部门直管公产	Under House Management Department	978.06	926.65	864.82
私　产	Private Property	22330.63	23811.39	25750.09

资料来源：天津市国土资源和房屋管理局
Source: Tianjin Municipal Bureau of Land Resources and Housing Administration

11-3 城市市政设施情况(2014—2016年)

Municipal Facilities in City,2014-2016

指 标	Item	单 位	Unit	2014	2015	2016
年末实有道路	**Road (year-end)**					
铺装道路长度	Length of Paved Roads	公 里	km	7275	7636	7888
铺装道路面积	Area of Paved Roads	万平方米	10 000 sq.m	13144	14019	14466
# 人行道面积	Area of Footway	万平方米	10 000 sq.m	3141.00	3299.84	3401.46
人均拥有道路面积	Per Capita Area of Paved Roads	平方米	sq.m	16.71	16.02	15.39
年末实有桥梁	**Bridges (year-end)**					
桥梁座数	Number of Bridges	座	unit	869	953	987
# 立交桥	Flyovers	座	unit	110	149	118
年末实有路灯盏数	**Number of Road Lamps (year-end)**	**万 盏**	**10 000 units**	**30.99**	**35.07**	**35.31**
排泄污水能力	**Capacity of Sewage Drainage**					
污水年排放量	Annual Volume of Sewage Drainage	万 吨	10 000 tons	82316	93979	99693
排水管道长度	Length of Drainpipe	公 里	km	18748	19543	20951
污水处理厂	Sewage Treatment Works	座	set	40	49	48
污水处理厂能力	Disposal Capacity of Sewage Treatment Works	万吨/日	10 000 tons/day	260.0	283.3	288.9
建成区排水管道密度	Density of Drainpipe in Developed Area	公里/平方公里	km/sq. km	23.52	22.07	20.79
污水处理率	**Percentage of Disposed Sewage Treatment**	**%**	**%**	**91.0**	**91.6**	**92.1**

11-4 城市自来水(2014—2016年)

Urban Tap Water,2014-2016

指 标	Item	单 位	Unit	2014	2015	2016
综合生产能力	Production Capacity	万吨／日	10 000 tons/day	447.15	456.55	454.55
供水管道	Length of Water Supply Pipelines	公 里	km	14369	16620	18249
供水总量	Total Annual Volume of Water Supply	万 吨	10 000 tons	81249	85260	87040
售水总量	Total Annual Volume of Water Sold	万 吨	10 000 tons	71085	74288	75650
# 生活用水	For Residential Use	万 吨	10 000 tons	35691	38202	39104
生产用水	For Productive Use	万 吨	10 000 tons	30036	30983	30989
用水人口	Number of Residents with Access to Tap Water	万 人	10 000 persons	786.49	875.24	940.09
人均日生活用水量	Per Capita Daily Living Consumption of Tap Water	公 斤	kg	124.33	119.58	113.96

11-5 城市燃气基本情况(2014—2016年)

Basic Statistics on Gas in City,2014-2016

项　目	Item	2014	2015	2016
液化石油气	**Liquefied Petroleum Gas**			
储气能力(吨)	Storage Capacity(ton)	6911	4957	8710
销售量(吨)	Volume of Gas Sold(ton)	43154	50494	54227
工业用	For Industrial Use	21417	21650	14213
民　用	For Residential Use	21737	28844	40014
用气户数(户)	Gas Users(household)	68598	126494	228499
工业用	For Industrial Use	3327	2862	3453
民　用	For Residential Use	65271	123632	225046
天然气	**Natural Gas**			
储气能力(万立方米)	Storage Capacity(10 000 cu. m)	116	792	778
管道长度(公里)	Length of Pipelines(km)	16108	19356	18671
销售量(万立方米)	Volume of Gas Sold(10 000 cu. m)	294473	297416	330923
居民家庭	Households	38530	36695	37669
集中供热	Centralized Heating	23329	55156	99935
燃气汽车	Compressed Natural Gas Vehicle	13750	12223	11002
其　他	Other	218864	193343	182317
用气户数(户)	Gas Users(household)	3408677	3711560	3932723
# 居民家庭	Households	3367442	3674178	3893627
用气普及率(%)	**Percentage of Population with Access to Gas(%)**	**100**	**100**	**100**

注：工业用液化石油气数据含福利、商业和其他用。
Note: Volume of liquefied petroleum gas sold for industrial use include those for welfare, commerce and other use.

11-6 城市集中供热(2014—2016年)

Heating in City,2014-2016

项　目	Item	单　位	Unit	2014	2015	2016
供热能力	Heating Capacity					
蒸　汽	Steam	吨/小时	ton/hour	3769	3568	3348
热　水	Hot Water	兆瓦/小时	mega watts/hour	22596	24261	26312
供热总量	Volume Supplied					
蒸　汽	Steam	万吉焦/年	10 000 gigajoules/year	1538	1329	1257
热　水	Hot Water	万吉焦/年	10 000 gigajoules/year	11524	12304	13634
管道长度	Length of Pipelines	公　里	km	17714	21045	22151
供热面积	Heating Area	万平方米	10 000 sq.m	34240	37678	41833
# 住　宅	Residential Buildings	万平方米	10 000 sq.m	25985	28485	31808

11-7 城市公共交通(2014—2016年)

Public Traffic in City,2014-2016

指　标	Item	单　位	Unit	2014	2015	2016
公共汽车	**Public Transportation Vehicles**					
运营车辆	Operation Vehicles	辆	unit	11164	11619	12699
线路条数	Number of Routes	条	route	657	715	763
线路长度	Length of Routes	公　里	km	14881	15866	17757
客运总量	Volume of Passengers	万人次	10 000 person-times	151012	157002	149935
日均乘客人数	Average Daily Passengers	万人次	10 000 person-times	413	430	411
每万人拥有公共交通车辆	Number of Public Transportation Vehicles per 10 000 Persons	标　台	unit	18.3	16.2	9.4
营运出租汽车	**Operating Taxis**	**辆**	**unit**	**31940**	**31940**	**31940**
轨道交通	**Subway**					
地　铁	**Metro**					
运营车辆	Operation Vehicles	节	car	450	450	780
运营线路长度	Length of Operation lines	公　里	km	86.9	86.9	115.2
客运总量	Volume of Passengers	万人次	10 000 person-times	25098	25638	27701
津滨轻轨	**Binhai Mass Trains**					
运营车辆	Operation Vehicles	节	car	176	176	152
运营线路长度	Length of Operation lines	公　里	km	52.2	52.2	52.2
客运总量	Volume of Passengers	万人次	10 000 person-times	4824	3077	3081

11-8 城市环境卫生事业发展情况(2014—2016年)

Development of Urban Environmental Sanitation,2014-2016

指　标	Item	单　位	Unit	2014	2015	2016
清运垃圾粪便工作量	**Volume of Garbage, Excrement and Urine Disposal**					
道路清扫保洁面积	Area of Road Cleaned	万平方米	10 000 sq.m	10879	11768	13125
生活垃圾清运量	Volume of Living Garbage Disposal	万　吨	10 000 tons	216	241	269
粪便清运量	Volume of Excrement and Urine Disposal	万　吨	10 000 tons	30	28	28
垃圾无害化处理量	Volume of Garbage Innocuous Disposal	万　吨	10 000 tons	209	223	253
生活垃圾无害化处理率	**Innocuous Disposal Rate of Living Garbage**	**%**	**%**	**97**	**93**	**94**
环境卫生设施	**Environmental Sanitation Facilities**					
公共厕所	Lavatories	座	unit	1266	1327	1358
垃圾无害化处理厂	Garbage Innocuous Disposal Plant	座	unit	8	9	9
无害化处理厂能力	Capacity of Innocuous Disposal Plant	吨/日	ton/day	9400	10191	10600
环卫职工人数	**Number of Environment Sanitation Staff & Workers**	**人**	**person**	**28539**	**21097**	**23236**

11-9 水资源情况(2002—2016年)
Water Resources,2002-2016

年 份 Year	水资源总量(亿立方米) Total Amount of Water Resources (100 million cu. m)	地表水 Surface Water	地下水 Underground Water	地表水与地下水资源重复量 Duplicated Measurement of Surface and Underground	人均水资源量(立方米/人) Per Capita Water Resources (cu.m/person)
2002	3.67	1.85	2.09	0.27	36.49
2003	10.60	6.15	4.82	0.37	105.03
2004	14.31	9.79	5.16	0.64	140.64
2005	10.63	7.13	4.44	0.94	102.87
2006	10.11	6.62	4.46	0.97	95.47
2007	11.31	7.50	4.76	0.95	103.29
2008	18.30	13.61	5.91	1.22	159.76
2009	15.24	10.59	5.60	0.95	126.80
2010	9.20	5.58	4.45	0.83	70.81
2011	15.38	10.89	5.22	0.73	113.54
2012	32.92	26.54	7.62	1.24	232.95
2013	14.64	10.80	5.01	1.17	145.82
2014	11.37	8.33	3.67	0.63	111.84
2015	12.82	8.70	4.87	0.75	124.84
2016	18.92	14.10	6.08	1.26	121.12

11-10 公园分布(2016年)
Distribution of Parks,2016

地 区	Region	公园个数(个) Number of Parks (unit)	地 区	Region	公园面积(公顷) Area of Parks (hectare)
合 计	**Total**	**113**	**合 计**	**Total**	**2201.76**
#和平区	Heping District	2	#和平区	Heping District	3.05
河东区	Hedong District	8	河东区	Hedong District	75.27
河西区	Hexi District	17	河西区	Hexi District	216.04
南开区	Nankai District	9	南开区	Nankai District	335.86
河北区	Hebei District	8	河北区	Hebei District	92.82
红桥区	Hongqiao District	8	红桥区	Hongqiao District	55.52
东丽区	Dongli District	3	东丽区	Dongli District	14.35
津南区	Jinnan District	2	津南区	Jinnan District	78.52
北辰区	Beichen District	2	北辰区	Beichen District	9.48
武清区	Wuqing District	9	武清区	Wuqing District	302.77
宝坻区	Baodi District	5	宝坻区	Baodi District	103.93
滨海新区	Binhai New Area	31	滨海新区	Binhai New Area	690.74

11-11 城市园林绿化情况(2014—2016年)

Parks, Gardens and Green Area in City,2014-2016

指 标	Item	2014	2015	2016
公 园(个)	Parks(unit)	94	98	115
花 圃(个)	Gardens(unit)	9	9	9
建成区园林绿地面积(公顷)	Total Area of Parks, Gardens and Green Area in Developed Area(hectare)	25307	28406	33068.62
公园绿地	Park Green Area	7652	8865	9629.75
生产绿地	Production Green Area	1494	923.28	1210.39
防护绿地	Protection Green Area	930	1165.41	1645.80
附属绿地	Accessorial Green Area	10618	12528.64	15074.86
其他绿地	Other Green Area	4613	5249.65	5507.82
年末实有树木(万株)	Trees(year-end)(10 000 trees)	6957.30	9155.35	9945.78
# 行道树	Roadside Trees	104.43	105.67	96.78
建成区绿化覆盖率(%)	Coverage Rate of Afforestation in Developed Area(%)	34.9	36.4	37.2
建成区绿地率(%)	Coverage Rate of Green Area in Developed Area(%)	31.8	32.1	32.8
人均公园面积(平方米)	Per Capita Area of Parks(sq. m)	9.7	10.1	10.6

11-12 供水用水情况(2002—2016年)

Water Supply and Water Use,2002-2016

单位：万立方米(10 000 cu. m)

年 份 地 区	Year Region	供用水总量 Watcr Supply & Use	地表水 Surface Water	地下水 Underground Water	农业用水 Agricultural Use
2002		199610	117421	82189	106244
2003		205118	133713	71405	114072
2004		219623	148932	70691	121529
2005		225193	160224	64969	135267
2006		224996	161001	63995	133965
2007		230060	164917	65143	138408
2008		214274	154793	59481	120603
2009		229204	172135	57069	128400
2010		217258	161585	55673	109653
2011		224569	169420	55149	115500
2012		212920	161926	50994	107793
2013		237560	180653	56907	121667
2014		240869	159382	53396	114012
2015		256750	178580	49235	123188
2016		272307	190734	47270	120490
东丽区	Dongli District	10944	8511	1179	1761
西青区	Xiqing District	18246	9905	1672	9161
津南区	Jinnan District	7798	4912	886	718
北辰区	Beichen District	9872	5442	930	1320
武清区	Wuqing District	33177	21581	9628	25367
宝坻区	Baodi District	51295	42958	6507	46711
滨海新区	Binhai New Area	47845	32369	4995	1876
宁河区	Ninghe District	19501	14100	4134	14943
静海区	Jinghai District	12257	6010	3247	7857
蓟州区	Jizhou District	17132	2571	13321	10776

资料来源：天津市水务局
Source:Tianjin Municipal Water Conservancy Bureau

11-13 水、大气、声、生态环境情况(2014—2016年)

Water, Atmospheric, Acoustic and Ecological Environment,2014-2016

指　标	Item	2014	2015	2016
水 环 境	**Water Environment Conditions**			
废水排放总量(万吨)	Volume of Waste Water Discharged (10 000 tons)	89361	93008	91534
工业源	Industrial Source	19011	18973	18022
城镇生活源	Urban Residential Source	70302	73972	73440
集中式治理设施	Centralized Treatment Facilities	48	63	72
化学需氧量排放量(吨)	COD of Waste Water Discharged (ton)	214328	209099	103331
工业源	Industrial Source	28269	28058	11023
城镇生活源	Urban Residential Source	80459	77944	77432
农业源	Agricultural Source	105058	102468	14749
集中式治理设施	Centralized Treatment Facilities	542	629	127
氨氮排放量(吨)	Emission of Ammonia and Nitrogen (ton)	24484	23844	15666
工业源	Industrial Source	3707	3501	1139
城镇生活源	Urban Residential Source	15456	15190	14417
农业源	Agricultural Source	5278	5104	89
集中式治理设施	Centralized Treatment Facilities	43	49	21
城市饮用水源地水质达标率(%)	Urban Drinking Water Sources Quality Rate (%)	100	100	100
近海海域功能区水质达标率(%)	Inshore Area Water Quality Rate (%)	33	31	51
大气环境	**Atmospheric Environment Conditions**			
空气质量状况	Ambient Air Quality			
可吸入颗粒物(毫克/立方米)	(PM10) Particulate Matters (milligram/cu. m)	0.133	0.116	0.103
二氧化硫(毫克/立方米)	(SO2) Sulphur Dioxide (milligram/cu. m)	0.049	0.029	0.021
二氧化氮(毫克/立方米)	(NO2) Nitrogen Dioxide (milligram/cu. m)	0.054	0.042	0.048
空气质量达到及好于二级的天数(天)	Days of Air Quality Equal to or Above Grade II (day)	175	220	226
环境空气质量优良率(%)	Ambient Air Quality Fine Rate (%)	47.9	60.3	61.7
废气主要污染物排放情况	Major Pollutant Emission			
二氧化硫排放量(吨)	Sulphur Dioxide in Waste Gas (ton)	209200	185900	68452
# 工业源	Industrial Source	195395	154605	54539
# 城镇生活源	Urban Residential Source	13767	13767	13879
# 集中式治理设施	Centralized Treatment Facilities	38	128	34
氮氧化物排放量(吨)	Emission of Nitrogen Oxides (ton)	282300	246800	141559
# 工业源	Industrial Source	216947	150210	85148
# 城镇生活源	Urban Residential Source	9516	9516	8308
# 机动车	Automobiles	55771	49487	48008
# 集中式治理设施	Centralized Treatment Facilities	66	202	95
烟(粉)尘排放量(吨)	Volume of Fumes (Dust) Emission (ton)	139453	100686	78110
工业源	Industrial Source	112129	73795	57280
城镇生活源	Urban Residential Source	21072	21072	15223
机动车	Automobiles	6244	5769	5600
集中式治理设施	Centralized Treatment Facilities	8	50	7
工业废气排放总量(亿标立方米)	Volume of Industrial Waste Gas Emission (100 million standard cu. m)	8800	8355	8099

注：2016年起，化学需氧量排放量及其分指标、氨氮排放量及其分指标、二氧化硫排放量及其分指标、氮氧化物排放量及其分指标、烟粉尘排放量及其分指标共24个指标数据按照环保部要求调整统计口径，变化较大，与上年数据不可比。

Note: Since 2016，The data of this table adopt new coverage according to Ministry of Environmental Protection of the People's Republic of China that is,Sulphur Dioxide in Waste Gas of Urban Residential Source,Emission of Nitrogen Oxides of Urban Residential Source,Volume of Fumes (Dust) Emission of Industrial Source and Urban Residential Source,Volume of Fumes (Dust) Emission have great change, datum are incomparable to previous year .

11-13续表 *Continued*

指　　标	Item	2014	2015	2016
声 环 境(分贝)	**Acoustic Environment Conditions(decibel)**			
道路交通噪声平均声级	Equivalent Sound Level of City Traffic Noise	67.5	67.7	65.7
中心城区区域环境噪声平均声级	Central Urban Area Average Environmental Noise Level	53.9	54.2	54.0
生态环境	**Ecological Environment Conditions**			
自然保护区(个)	Nature Reserves(unit)	8	8	8
# 国家级自然保护区	State-level Nature Reserves	3	3	3
自然保护区面积(万公顷)	Nature Reserves Area(10 000 hectares)	9.06	9.06	9.06

11-14　工业固体废物利用与处置情况(2014—2016年)

Utilization and Disposal of Industrial Waste Residue,2014-2016

单位：万吨(10 000 tons)

指　　标　Item	2014	2015	2016
工业固体废物产生量			
Amount of Industrial Waste Residue Produced	1746	1546	1489
# 危险废物			
Dangerous Waste	12.11	12.57	15.93
工业固体废物综合利用量			
Volume of Comprehensive Utilization of Industrial Waste Residue	1727	1524	1474
# 危险废物			
Dangerous Waste	3.99	3.15	3.25
工业固体废物综合利用率(%)			
Rate of Comprehensive Utilization of Industrial Waste Residue (%)	98.91	98.58	98.99
工业固体废物处置量			
Volume of Industrial Solid Waste Disposed	18.78	21.53	15.04
# 危险废物			
Dangerous Waste	8.15	9.43	12.68
工业固体废物处置率(%)			
Disposal Rate of Industrial Waste Residue (%)	1.07	1.39	1.01

11-15 建设项目环境管理情况(2014—2016年)

Implementation of Environmental Management on Construction Project,2014-2016

指 标	Item	2014	2015	2016
办理建设项目环境影响评价审批(项)	Approval of Assessment of Environment Effect of Construction Projects (unit)	2567	1833	1889
编制环境影响报告书(项)	Statements of Environment Effect (unit)	444	282	201
办理环保竣工验收项目(个)	Projects with Completed Environmental Protection Check and Acceptance (unit)	986	962	1100
应执行“三同时”项目数(个)	Number of Projects Executing "Three Meantime" (unit)	986	962	1100
实际执行“三同时”项目(个)	Number of Actual Executed Projects (unit)	986	962	1100
当年完成项目实际投资额(亿元)	Actual Investment of Projects (100 million yuan)	1436.43	1623.88	1700.21
# 环保工程实际投资额	Actual Investment of Protecting Environment Projects	95.41	89.90	40.64

注：“三同时”指同时设计、同时施工、同时使用。
Note: "Three Meantime" refers to design, construction, and use at the same time.

11-16 工业污染治理情况(2014—2016年)

Industrial Pollution Treatment Condition,2014-2016

指 标	Item	2014	2015	2016
工业污染治理情况(万元)	**Industrial Pollution Treatment Condition(10 0000 yuan)**			
本年完成投资	Investment Completed in Current Year	220923	240556	201978
治理废水	Treating Waste Water	12218	16532	2533
治理废气	Treating Waste Gas	151108	206340	68373
治理固体废物	Treating Waste Residue		1749	21
治理噪声	Treating Noise Pollution			10
其 他	Others	57597	15935	131041
本年安排治理项目(个)	Number of Treating Projects in Current Year(unit)	114	142	104
本年竣工项目	Number of Projects Completed in Current Year	117	110	91
治理废水	Treating Waste Water	17	18	6
治理废气	Treating Waste Gas	52	67	65
治理固体废物	Treating Waste Residue		3	
其 他	Others	48	22	20

主要统计指标解释

建成区

指城市行政区内实际已成片开发建设、市政公用设施和公共设施基本具备的区域。对核心城市，它包括集中连片的部分以及分散的若干个已经成片建设起来的市政公用设施和公共设施基本具备的地区；对一城多镇来说，它包括由几个连片开发建设起来的市政公用设施和公共设施基本具备的地区组成。因此建成区范围，一般是指建成区外轮廓线所能包括的地区，也就是这个城市实际建设用地所达到的范围。

水资源总量

一定区域内的水资源总量指当地降水形成的地表和地下产水量，即地表径流量与降水入渗补给量之和，不包括过境水量。

化学需氧量(COD)

测量有机和无机物质化学分解所消耗氧的质量浓度的水污染指数。

工业固体废物产生量

系指未被列入《国家危险废物名录》或者根据国家规定的危险废物鉴别标准（GB5085）、固体废物浸出毒性浸出方法（GB5086）及固体废物浸出毒性测定方法（GB/T 15555）鉴别方法判定不具有危险特性的工业固体废物。计算公式是：

工业固体废物产生量=（工业固体废物综合利用量-综合利用往年贮存量）+工业固体废物贮存量+（工业固体废物处置量-处置往年贮存量）+工业固体废物倾倒丢弃量

工业固体废物综合利用量

指报告期内企业通过回收、加工、循环、交换等方式，从固体废物中提取或者使其转化为可以利用的资源、能源和其他原材料的固体废物量(包括当年利用往年的工业固体废物贮存量)。如用作农业肥料、生产建筑材料、筑路等。综合利用量由产生固体废物的单位统计。

工业固体废物综合利用率

指工业固体废物综合利用量占工业固体废物产生量(包括综合利用往年贮存量)的百分率。计算公式为：

$$\text{工业固体废物综合利用率}=\frac{\text{工业固体废物综合利用量}}{\text{工业固体废物产生量}+\text{综合利用往年贮存量}}\times 100\%$$

噪声等效声级（LEQ）

指在规定的时间内，某一连续稳态声的A〔计权〕声压，具有与时变的噪声相同的均方A〔计权〕声压，则这一连续稳态声的声级，就是此时变噪声的等效声级。噪声等效声级(分贝)数值越小越好。

自然保护区

指对有代表性的自然生态系统、珍稀濒危野生动植物物种的天然分布区、水源涵养区、有特殊意义的自然历史遗迹等保护对象所在的陆地、陆地水体或海域，依法划出一定面积进行特殊保护和管理的区域。以县及县以上各级人民政府正式批准建立的自然保护区为准。风景名胜区、文物保护区不计在内。

Explanatory Notes on Main Statistical Indicators

Developed Area

refers to the land in administrative areas having been developed concentratedly with municipal public facilities. For core city, developed areas include concentrated areas and decentralized areas having basic perfect municipal public facilities; for the city with several towns, developed areas are composed of several concentrated areas with municipal public facilities. Therefore, the scope of developed areas refers to actual construction land of a city.

Total Water Resources

refer to the total volume of surface and underground water formed by precipitation in the local region, which equals to the sum of surface runoff and the infiltration supplement of underground water from precipitation, excluding crossing water.

Chemical Oxygen Demand (COD)

refers to the water pollution index of measuring the mass concentration of oxygen consumed in the chemical decomposition of organic and inorganic matter.

Industrial Solid Wastes Produced

refers to the industrial solid wastes that are not listed in the *National Catalogue of Hazardous Wastes*, or not regarded as hazardous according to the national hazardous waste identification standards (GB5085), solid waste-Extraction procedure for leaching toxicity (GB5086) and solid waste-Extraction procedure for leaching toxicity (GB/T 15555). The calculation formula is as followed:

Common Industrial Solid Wastes Produced = (common industrial solid wastes utilized-the proportion of utilized stock of previous years) + common industrial solid waste stock + (common industrial solid wastes disposed-the proportion of disposed stock of previous years) + common industrial solid wastes discharged.

Industrial Solid Wastes Comprehensively Utilized

refers to volume of solid wastes from which useful materials can be extracted or which can be converted into usable resources, energy or other materials by means of reclamation, processing, recycling and exchange (including utilizing in the year the stocks of industrial solid wastes of the previous year) during the report period, e.g. being used as agricultural fertilizers, building materials or as material for paving road. Examples of such utilization include fertilizers, building materials and road materials. The information shall be collected by the producing units of the wastes.

Ratio of Comprehensive Utilization of Industrial Waste Residue

refers to the percentage of industrial solid wastes utilized over industrial solid wastes produced (including stocks of the previous years). It is calculated as:

$$\text{Ratio of Comprehensive Utilization of Industrial Waste Residue} = \frac{\text{Volume of Industrial Solid Wastes Utilized}}{\text{Industrial Solid Wastes Produced} + \text{Stock of Previous Years}} \times 100\%$$

Level of Equivalent Noise (LEQ)

refers to the A sound pressure of a continuous steady state sound, in the specified time interval with the same mean square A sound pressure as the time variant noise. This sound level of a continuous steady state sound is the equivalent sound level of the time variant noise. The smaller of the value of noise equivalent sound level (dB), the better.

Natural Reserves

refers to certain areas of land, waters or sea that are representative in natural ecological systems, or are natural habitats for rare or endangered wild animals or plants, or water conservation zones, or the location of important natural or historic relics, which are marked by law and put under special protection and management. Natural reserves are designated by the formal approval of governments at and above county level. Scenic spots and cultural preservation zones are not included.

第十二篇　农　业

Chapter 12　Agriculture

12-1 农村经济主要指标

Major Indicators of Rural Economy

项 目	Item	2015	2016	2016比2015年增长(%) Increase Rate in 2016 over 2015(%)
农林牧渔业总产值(亿元)	**Gross Output Value of Farming, Forestry, Animal Husbandry and Fishery (100 million yuan)**	**467.44**	**494.44**	**3.3**
农 业	Farming	238.02	244.31	5.5
林 业	Forestry	7.74	8.35	7.9
牧 业	Animal Husbandry	130.23	140.86	-1.3
渔 业	Fishery	80.37	88.97	3.2
农林牧渔服务业	FFAF Services	11.08	11.95	7.5
农林牧渔业增加值(亿元)	**Value Added of Farming, Forestry, Animal Husbandry and Fishery (100 million yuan)**	**210.51**	**222.05**	**3.0**
农业机械及灌溉	**Agricultural Machinery and Irrigation**			
农机总动力(万千瓦)	Total Power of Agricultural Machinery (10 000 kw)	546.92	470.00	
大中型拖拉机(台)	Large and Medium-sized Tractors (set)	15047	15443	2.6
小型拖拉机(万台)	Mini-tractors (10 000 sets)	0.28	0.22	-21.4
年末实有机电井(眼)	Motor-pumped Well (year-end) (unit)	25830	26116	1.1
有效灌溉面积(万公顷)	Effective Irrigated Area (10 000 hectares)	30.89	30.66	-0.7
节水灌溉面积(万公顷)	Water-saving Irrigated Area (10 000 hectares)	20.10	22.75	13.2
水库总容量(万立方米)	Total Capacity of Reservoir(10 000 cu. m.)			
大型水库	Large Reservoir	223900	223900	
中型水库	Medium Reservoir	35254	35254	
农村用电量(万千瓦小时)	**Rural Electricity Consumption(10 000 kwh)**	**1024361**	**373805**	**-63.5**
农作物总播种面积(万公顷)	**Total Sown Areas of Farm Crops (10 000 hectares)**	**46.90**	**47.92**	**2.2**
# 粮 食	Grain	35.00	35.73	2.1
蔬 菜	Vegetables	8.61	8.32	-3.4
总产量(万吨)	**Yield of Farm Crops (10 000 tons)**			
# 粮 食	Grain	181.75	196.37	8.0
蔬 菜	Vegetables	441.54	450.36	2.0

注：1.农林牧渔业增长速度按可比价格计算，下表同。2.2016年农机总动力指标统计口径调整，与上年不可比。

Note:1.Increase rate of gross output value of farming, forestry, animal husbandry and fishery is calculated based on constant prices. Same as following next.2.The statistics caliber of Total Power of Agricultural Machinery was adjusted in 2016, the datums are not comparable to last year.

12-1续表 *Continued*

项　目	Item	2015	2016	2016比2015年增长(%) Increase Rate in 2016 over 2015(%)
水果产量(万吨)	**Yield of Fruits (10 000 tons)**	**62.69**	**59.35**	**-5.3**
# 果用瓜	Melon-Fruits	29.98	29.12	-2.9
年末实有林地面积(万公顷)	**Forest Area(year-end)(10 000 hectares)**	**25.91**		
# 当年造林面积(万公顷)	Afforested Area in Current Year (10 000 hectares)	0.80	0.93	16.3
畜牧业生产	**Production of Animal Husbandry**			
生猪年末存栏(万头)	Pigs in Hand (year-end) (10 000 heads)	196.94	190.60	-3.2
生猪当年出栏(万头)	Number of Slaughtered Pigs (10 000 heads)	378.00	374.79	-0.8
牛年末存栏(万头)	Cattle in Hand (year-end) (10 000 heads)	29.28	29.89	2.1
# 乳　牛	Cows	14.91	14.92	0.1
牛当年出栏(万头)	Number of Slaughtered Cattle (10 000 heads)	19.62	20.07	2.3
羊年末存栏(万只)	Sheep & Goats in Hand (year-end) (10 000 heads)	47.96	47.46	-1.0
羊当年出栏(万只)	Number of Slaughtered Sheep and Goats (10 000 heads)	68.58	68.79	0.3
家禽年末存栏(万只)	Poultry in Hand (year-end) (10 000 heads)	2793.15	2805.28	0.4
# 产蛋鸡	Hens	1330.29	1351.20	1.6
家禽当年出栏(万只)	Number of Slaughtered Poultry (10 000 heads)	8019.32	7910.60	-1.4
畜禽产品产量(万吨)	**Output of Animal and Poultry (10 000 tons)**			
肉类总产量	Output of Meat	45.75	45.51	-0.5
# 猪　肉	Pork	29.21	29.18	-0.1
牛羊肉	Beef and Mutton	5.00	5.07	1.4
禽　肉	Poultry	11.49	11.20	-2.5
禽蛋产量	Output of Poultry Eggs	20.20	20.63	2.1
奶类产量	Output of Milk	68.00	68.02	0.0
渔业生产	**Production of Fishery**			
水产养殖面积	Culture Areas of Aquatic Products			
(万公顷)	(10 000 hectares)	3.99	3.84	-3.8
# 淡　水	Fresh Water	3.67	3.52	-4.1
水产品产量(万吨)	Output of Aquatic Products (10 000 tons)	40.12	39.44	-1.7
# 淡　水	Fresh Water	32.53	32.47	-0.2

12-2 农业生产条件情况(2000—2016年)
Conditions of Agricultural Production,2000-2016

年 份 Year	年末实有常用耕地面积(万公顷) Cultivated Area (year-end) (10 000 hectares)	年末实有林地面积(万公顷) Forest Area (year-end) (10 000 hectares)	# 当年造林面积 Afforested Area in Current Year	水产养殖面积(万公顷) Culture Area of Aquatic Products (10 000 hectares)	有效灌溉面积(万公顷) Effective Irrigated Area (10 000 hectares)
2000	42.43	13.69	0.93	3.64	35.32
2001	42.39	14.19	0.50	3.67	35.43
2002	42.28	17.53	0.85	3.82	35.44
2003	41.85	18.21	0.69	3.83	35.41
2004	41.53	18.75	0.53	4.04	35.34
2005	41.45	19.05	0.36	4.17	35.52
2006		19.35	0.30	4.34	34.96
2007	40.60	18.73	0.51	4.19	34.93
2008	40.44	19.64	1.50	4.08	34.80
2009	40.26	21.26	1.62	4.31	34.76
2010	39.88	20.91	1.81	4.16	34.46
2011	39.65	21.19	0.86	4.04	33.80
2012	39.54	21.46	0.57	4.13	33.70
2013	39.25	22.17	0.74	4.12	30.89
2014	38.88	22.61	0.71	4.06	30.89
2015	38.96	25.91	0.80	3.99	30.89
2016	39.08		0.93	3.84	30.66

12-2续表 *Contiuned*

年 份 Year	农用机械总动力(万千瓦) Total Power of Agricultural Machinery (10 000 kw)	机耕面积(万公顷) Cultivated Area Using Machinery (10 000 hectares)	机播面积(万公顷) Sown Area Using Machinery (10 000 hectares)	化肥施用量(折纯)(万吨) Consumption of Chemical Fertilizers (Pureness) (10 000 tons)	农村用电量(万千瓦小时) Rural Electricity Consumption (10 000 kwh)
2000	593.40	39.62	25.73	16.64	354946
2001	603.32	37.26	24.11	17.31	377823
2002	612.72	38.17	23.95	17.59	402785
2003	601.66	37.05	23.57	17.80	423157
2004	608.13	37.35	27.66	22.85	484221
2005	611.94	37.62	28.94	23.29	522492
2006	603.39	37.74	29.91		
2007	604.90	37.71	34.32	25.82	525220
2008	596.60	36.04	36.31	25.88	457875
2009	595.00	36.14	36.69	25.96	513898
2010	587.79	37.65	40.23	25.54	509920
2011	583.87	37.53	41.78	24.39	512968
2012	568.13	37.07	41.98	24.45	516155
2013	554.18	36.23	41.90	24.34	692249
2014	552.41	38.19	41.91	23.30	1090388
2015	546.92	37.21	40.79	21.78	1024361
2016	470.00	31.65	38.86	21.36	373805

12-3 农林牧渔业总产值和增长速度(2000—2016年)

Gross Output Value and Increase Rate of Farming, Forestry, Animal Husbandry and Fishery,2000-2016

年 份 Year	合 计 Total	农 业 Farming	林 业 Forestry	牧 业 Animal Husbandry	渔 业 Fishery	农林牧渔服务业 FFAF Services
总 产 值(亿元) Gross Output Value (100 million yuan)						
2000	156.30	83.42	1.37	51.75	19.76	
2001	169.51	86.73	1.46	60.76	20.56	
2002	181.07	86.06	1.52	69.21	24.28	
2003	193.44	88.20	1.61	77.22	26.41	
2004	221.35	95.29	1.66	92.55	31.85	
2005	238.34	97.49	1.89	102.71	36.25	
2006	225.04	110.05	2.01	70.52	35.32	7.14
2007	240.74	117.60	2.08	76.93	36.13	8.00
2008	268.11	127.67	2.22	86.03	43.81	8.38
2009	281.65	139.70	2.22	83.57	47.53	8.64
2010	317.33	168.25	2.36	87.49	50.26	8.97
2011	349.48	179.87	2.46	98.52	58.61	10.03
2012	375.62	195.99	2.79	105.01	61.66	10.18
2013	412.36	217.16	3.09	108.63	73.20	10.28
2014	441.71	230.74	3.22	117.59	79.47	10.69
2015	467.44	238.02	7.74	130.23	80.37	11.08
2016	494.44	244.31	8.35	140.86	88.97	11.95
比上年增长(%) Increase Rate over Preceding Year (%)						
2000	4.2	-4.4	-5.7	19.6	6.1	
2001	8.0	4.1	7.2	15.9	3.0	
2002	6.0	-8.9	13.7	14.9	36.2	
2003	6.6		3.8	13.6	6.7	
2004	5.2	3.1	2.6	5.8	10.5	
2005	4.8	0.2	13.6	7.5	10.6	
2006	3.6	4.0	4.6	2.9	4.8	1.4
2007	1.5	2.1	4.6	-1.1	4.0	3.7
2008	3.3	3.1	6.2	3.5	3.4	2.0
2009	3.7	4.8	1.3	3.0	2.2	2.1
2010	3.5	4.6	3.1	2.4	2.2	2.8
2011	4.2	5.5	4.0	2.0	2.9	9.0
2012	3.2	1.8	8.2	6.6	2.3	0.4
2013	3.8	4.4	2.8	2.4	5.4	0.4
2014	3.0	3.3	3.5	2.9	2.2	2.0
2015	2.6	4.2	8.7	0.5	1.2	2.3
2016	3.3	5.5	7.9	-1.3	3.2	7.5

12-4 农林牧渔业总产值结构(2000—2016年)

Structure of Gross Output Value of Farming, Forestry, Animal Husbandry and Fishery,2000-2016

单位：%(%)

年 份 Year	合 计 Total	农 业 Farming	林 业 Forestry	牧 业 Animal Husbandry	渔 业 Fishery	农林牧渔服务业 FFAF Services
2000	100	53.4	0.9	33.1	12.6	
2001	100	51.2	0.9	35.8	12.1	
2002	100	47.5	0.8	38.3	13.4	
2003	100	45.6	0.8	39.9	13.7	
2004	100	43.1	0.7	41.8	14.4	
2005	100	40.9	0.8	43.1	15.2	
2006	100	48.9	0.9	31.3	15.7	3.2
2007	100	48.8	0.9	32.0	15.0	3.3
2008	100	47.6	0.8	32.1	16.3	3.2
2009	100	49.6	0.8	29.7	16.9	3.0
2010	100	53.0	0.7	27.6	15.8	2.9
2011	100	51.5	0.7	28.2	16.8	2.8
2012	100	52.2	0.7	28.0	16.4	2.7
2013	100	52.7	0.7	26.3	17.8	2.5
2014	100	52.2	0.7	26.6	18.0	2.5
2015	100	50.9	1.7	27.9	17.2	2.3
2016	100	49.4	1.7	28.5	18.0	2.4

12-5 农作物播种面积(2000—2016年)

Sown Areas of Farm Crops,2000-2016

单位：万公顷(10 000 hectares)

年 份 Year	合 计 Total	粮 食 Grain	棉 花 Cotton	油 料 Oil-bearing Crops	蔬 菜 Vegetables	其他农作物 Others
2000	53.31	34.59	1.51	2.63	12.83	1.75
2001	54.45	32.85	4.50	2.05	12.95	2.10
2002	52.28	31.13	4.48	1.89	12.84	1.94
2003	50.15	25.81	7.06	1.58	13.46	2.24
2004	50.43	26.35	8.69	0.61	13.19	1.59
2005	49.94	28.77	6.12	0.51	12.97	1.57
2006	42.98	28.43	6.89	0.20	6.38	1.08
2007	43.40	29.20	6.75	0.18	6.34	0.93
2008	44.63	29.35	6.92	0.18	7.22	0.96
2009	45.52	30.66	5.56	0.20	8.08	1.02
2010	45.93	31.18	5.18	0.22	8.49	0.86
2011	46.80	31.08	6.00	0.22	8.71	0.79
2012	47.90	32.29	5.54	0.19	8.89	0.99
2013	47.35	33.28	3.92	0.18	8.99	0.98
2014	47.90	34.58	3.02	0.17	9.01	1.12
2015	46.90	35.00	1.88	0.13	8.61	1.28
2016	47.92	35.73	1.42	0.67	8.32	1.78

12-6 主要农产品产量情况(2000—2016年)

Yield of Major Farm Crops,2000-2016

单位：万吨(10 000 tons)

年 份 Year	粮 食 Grain	# 小 麦 Wheat	# 玉 米 Corn	棉 花 Cotton	油 料 Oil-bearing Crops	蔬 菜 Vegetables
2000	124.05	59.91	40.95	1.75	3.31	530.60
2001	143.33	45.09	75.19	6.36	3.90	564.50
2002	137.82	44.11	71.05	6.24	3.40	584.31
2003	119.29	35.91	64.81	9.47	3.08	602.78
2004	125.27	37.81	70.71	12.03	1.55	585.43
2005	137.50	47.42	73.16	8.36	1.29	542.74
2006	141.90	49.90	79.70	9.50	0.50	275.50
2007	147.15	50.59	85.08	9.31	0.46	274.37
2008	148.93	52.47	84.29	8.29	0.48	314.16
2009	156.29	54.03	88.74	7.09	0.54	373.85
2010	159.74	53.20	92.74	6.27	0.64	419.31
2011	161.83	54.20	94.38	7.23	0.66	431.30
2012	161.76	55.76	92.45	5.76	0.56	447.70
2013	174.71	57.28	102.14	4.85	0.58	455.06
2014	175.95	58.62	101.40	3.82	0.52	460.20
2015	181.75	59.83	107.34	2.56	0.42	441.54
2016	196.37	60.89	118.10	2.33	1.60	450.36

12-6续表 *Continued*

单位：万吨(10 000 tons)

年 份 Year	肉 类 Meat	# 猪 肉 Pork	# 牛羊肉 Beef and Mutton	禽 蛋 Poultry Eggs	奶 类 Milk	水产品 Aquatic Products
2000	29.49	17.96	4.76	25.60	16.52	24.22
2001	36.40	21.92	5.97	26.00	24.06	26.46
2002	44.88	26.09	7.39	24.47	33.59	28.56
2003	52.41	30.56	8.53	24.25	43.23	29.83
2004	53.73	33.05	8.73	24.38	54.24	31.00
2005	57.78	35.63	9.28	23.47	63.41	33.81
2006	34.95	21.80	5.20	19.04	65.77	31.40
2007	33.76	20.45	5.25	19.43	67.21	32.50
2008	37.13	23.48	5.12	19.69	70.12	33.67
2009	39.50	25.66	5.03	19.60	68.70	34.17
2010	42.60	27.98	4.63	19.92	69.30	34.49
2011	42.92	27.63	4.57	19.26	69.39	35.21
2012	45.80	29.20	4.73	19.05	68.17	36.50
2013	46.48	29.82	4.77	18.89	68.53	39.86
2014	46.44	29.87	4.93	19.42	68.91	40.80
2015	45.75	29.21	5.00	20.20	68.00	40.12
2016	45.51	29.18	5.07	20.63	68.02	39.44

12-7 林业生产、果园面积及产量(2012—2016年)

Forestry Production, Orchard Areas and Output,2012-2016

项 目 Item	2012	2013	2014	2015	2016
年末实有林地面积(万公顷)					
Forestry Areas (year-end) (10 000 hectares)	**21.46**	**22.17**	**22.61**	**25.91**	
# 当年造林面积					
Afforested Areas in Current Year	0.57	0.73	0.71	0.80	0.93
封山育林面积(万公顷)					
Afforested Areas on Sealed Mountain (10 000 hectares)	**2.60**	**2.60**	**2.60**	**2.60**	**2.60**
# 育苗面积					
Areas Used for Cultivating Sapling	0.73	0.77	1.04	1.24	1.37
年末实有果园面积(万公顷)					
Areas of Orchards (year-end) (10 000 hectares)	**3.37**	**3.42**	**3.30**	**3.33**	**3.36**
干果产量(吨)					
Output of Dry Fruits (ton)	**1939**	**2149**	**2460**	**2794**	**2716**
#核 桃					
Walnuts	1012	1102	1271	1429	1331
栗 子					
Chestnuts	927	1047	1189	1365	1385
园林水果产量(吨)					
Output of Fruits in Orchards (ton)	**306225**	**275807**	**313224**	**327123**	**323756**
#苹 果					
Apples	49639	47644	50368	42792	53294
梨					
Pears	36218	36911	40028	46069	39922
桃					
Peaches	58060	58060	58571	62853	61188
鲜 枣					
Fresh Jujubes	34754	22828	38154	34812	36235
葡 萄					
Grapes	106929	92851	103784	110976	103633
柿 子					
Persimmons	8662	8307	9398	9111	15135

主要统计指标解释

农林牧渔业总产值

指以货币表现的农、林、牧、渔业全部产品和对农林牧渔业生产活动进行的各种支持性服务活动的价值总量，它反映一定时期内农林牧渔业生产总规模和总成果。从 2003 年起，执行新的国民经济行业分类标准，农林牧渔业总产值中包括了农林牧渔服务业产值。

农林牧渔业总产值的计算方法通常是按农、林、牧、渔业产品及其副产品的产量分别乘以各自单位产品价格求得；少数生产周期较长，当年没有产品或产品产量不易统计的，则采用间接方法匡算其产值；然后将四业产品产值相加即为农林牧渔业总产值。

农林牧渔业增加值

指各种经济类型的农业生产单位和农户从事农业生产经营活动所提供的社会最终产品的货币表现。其计算方法有两种，一是生产法：农林牧渔业增加值＝农林牧渔业总产值－农林牧渔业中间消耗；二是分配法：农林牧渔业增加值＝固定资产折旧＋劳动者报酬＋生产税净额（生产税－生产补贴）＋营业盈余。

农用化肥施用量

指本年内实际用于农业生产的化肥数量，包括氮肥、磷肥、钾肥和复合肥。化肥施用量要求按折纯量计算数量。折纯量是指把氮肥、磷肥、钾肥分别按含氮、含五氧化二磷、含氧化钾的百分之百成份进行折算后的数量。复合肥按其所含主要成分折算。公式为：

折纯量＝实物量×某种化肥有效成份含量的百分比

农业机械总动力

指主要用于农、林、牧、渔业的各种动力机械的动力总和。包括耕作机械、排灌机械、收获机械、农用运输机械、植物保护机械、牧业机械、林业机械、渔业机械和其他农业机械。不包括专门用于乡、镇、村、组办工业、基本建设、非农业运输、科学试验和教学等非农业生产方面用的动力机械与作业机械。

有效灌溉面积

指灌溉工程或设备已基本配套，有一定水源，土地比较平整，在一般年景可以进行正常灌溉的耕地面积。在一般情况下，有效灌溉面积应等于灌溉工程或设备已经配套，能够进行灌溉的水田和水浇地面积之和。

当年出栏头数

指农林牧渔企业生产单位饲养的，供屠宰并已出栏的全部牲畜头数。包括交售给国家，集市上出售的部分。

肉类总产量

指当年出栏并已屠宰的猪、牛、羊、马、骡、驴、家禽、兔等肉产量。即屠宰后除去头、蹄、下水后带骨肉的重量，也叫胴体重。

水产品产量

指本年度内捕捞的水产品（包括人工养殖并捕捞的水产品和捕捞天然生长的水产品）产量。不论自食或出售的，都应计算在内。用作继续扩大再生产的水产品（如鱼苗、鱼种、鱼饵及转塘鱼、存塘鱼等）不作水产品产量统计。在淡水生长的各种水生植物，如莲藕、菱角等，因属农作物范畴，均不包括在水产品产量之内。

园林水果产量

指本年度内从果树上收获的全部水果产量，不论自食的或出售的，都应计算在内。不包括果用瓜(如西瓜、甜瓜、白兰瓜、哈密瓜、脆瓜等)和主要作蔬菜食用的藕、西红柿等。也不包括采集的野生水果。水果的产量按鲜果计算，干枣、葡萄干、柿饼、桔饼等应统一折成鲜果计算。

Explanatory Notes on Main Statistical Indicators

Gross Output Value of Farming, Forestry, Animal Husbandry and Fishery

refers to the total value of products of farming, forestry, animal husbandry and fishery, and total value of services rendered to support farming, forestry, animal husbandry and fishery activities. It reflects the total scale and results of agricultural production during a given period. A new industrial classification of economic activities was introduced in 2003. Under the new classification, value of services to farming, forestry, animal husbandry and fishery is included in the gross output value of agriculture.

Gross output value of agriculture is obtained by first multiplying the output of each product or by product by its price, resulting in the output value of each single item. For a small number of products, annual output of which is not available or difficult to get due to the long production (growing) process involved, the output value is estimated through an indirect approach. The sum of output value of all products of farming, forestry, animal husbandry and fishery is then equal to the gross output value of agriculture.

Value-added of Farming, Forestry, Animal Husbandry and Fishery

refers to the final results of various agricultural production and trade units in monetary expression. It is calculated with two approaches. First, production approach, *value-added of farming, forestry, animal husbandry and fishery = gross output value of farming, forestry, animal husbandry and fishery - intermediate input of farming, forestry, animal husbandry and fishery.* Second, distribution approach, *value-added of farming, forestry, animal husbandry and fishery = depreciation of fixed assets + Labourers remuneration + net taxes on production (taxes on production - subsidies of production) + operating - surplus.*

Consumption of Chemical Fertilizers in Agriculture

refers to the quantity of chemical fertilizers applied in agriculture in the year, including nitrogenous fertilizer, phosphate fertilizer, potash fertilizer, and compound fertilizer. The consumption of chemical fertilizers is required in calculation to convert the gross weight into weight containing 100% effective component (e.g. 100% nitrogen content in nitrogenous fertilizer, 100% phosphorous pent oxide contents in phosphate fertilizer, 100% potassium oxide contents in potash fertilizer). Compound fertilizer is converted with its major component. The formula is:

Volume of effective component = physical quantity x effective component of certain chemical fertilizer (%)

Total Power of Agricultural Machinery

refers to total mechanical power of machinery used in farming, forestry, animal husbandry, and fishery, including ploughing, irrigation and drainage, harvesting, transport, plant protection, stock breeding, forestry and fishery and other agricultural machineries. Machinery employed for non-agricultural purposes, such as the machines used in township run and village-run industry, construction, non-agricultural transport, scientific experiments and teaching, are excluded.

Effective Irrigated Area

refers to areas that are effectively irrigated, i.e. level land which has water source and complete sets of irrigation facilities to lift and move adequate water for irrigation purpose under normal conditions. In general, irrigated area equal to the sum area of paddy fields and irrigated land for irrigated engineering or complete sets.

Number of Livestock Slaughtered

refers to the total number of animals for butchering by farming, forestry, animal husbandry and fishery, including parts of selling to country and markets.

Output of Meat

refers to output of butchered pork, beef, mutton, horse, mule, donkey, fowls, and rabbit in the current year, which is the heaviness minus head, hoof, offal, named nes weight also.

Output of Aquatic Products

refers to amount of fishing (including artificially cultured, naturally grown), in respective consumption by peasants themselves or sold. It excludes aquatic (i.e. fish fry, fish grows, fish bait and transferred fish from piscine, leave fish) for continuing expanded reproduction aquatic. Since various fresh water plants (i.e. lotus roots, water chestnut) are belong to farm crops, not included in aquatic products.

Yield of Fruits in Orchards

refer to total output of fruits harvested from fruit trees in current year, not only for eating but also for sale, but not include melon-fruits (for example, watermelon, muskmelon, honey dew melon, hami melon, crisp melon, etc.), vegetables such as lotus root, tomatoes and so on, and collection of wild fruits. Output of fruits is calculated as fresh fruits. Dried dates, raisins, persimmon, orange cake, etc. should be unified into fresh fruits in the calculation.

第十三篇 工 业

Chapter 13 Industry

13-1 工业总产值及增长速度(2000—2016年)

Gross Output Value and Increase Rate of Industry,2000-2016

年 份 Year	全部工业 Gross Industry			规模以上工业 Industry above Designated Size		
	合 计 Total	轻工业 Light Industry	重工业 Heavy Industry	合 计 Total	轻工业 Light Industry	重工业 Heavy Industry
绝 对 数(亿元) Gross Output Value (100 million yuan)						
2000	3080.74	1263.10	1817.64	2606.38	895.24	1711.14
2001	3366.53	1153.73	2212.80	2940.40	942.37	1998.03
2002	3717.72	1207.88	2509.84	3323.12	1012.41	2310.71
2003	4370.76	1254.68	3116.08	4049.61	1095.39	2954.22
2004	6186.04	1398.65	4787.39	5853.72	1265.73	4587.98
2005	7169.62	1569.06	5600.56	6774.10	1372.88	5401.23
2006	8907.45	1664.03	7243.42	8527.70	1475.67	7052.03
2007	10502.91	1967.37	8535.54	10075.07	1755.16	8319.91
2008	13042.91	2190.54	10852.37	12503.25	2099.90	10403.34
2009	13384.25	2290.38	11093.87	13083.63	2238.93	10844.70
2010	17107.19	2800.45	14306.74	16751.82	2731.22	14020.60
2011	21528.34	3746.71	17781.63	20862.74	3630.87	17231.87
2012	24194.13	4728.22	19465.91	23427.50	4578.40	18849.10
2013	27283.28	5861.38	21421.90	26514.51	5696.22	20818.29
2014	29686.33	6200.66	23485.67	28035.03	5855.75	22179.28
2015	30014.89	6814.00	23200.89	28242.13	6411.55	21830.58
2016	29678.12	7363.14	22314.98	27401.69	6798.36	20603.33
比上年增长(%) Increase Rate over Preceding Year(%)						
2000	17.5	19.7	16.0	17.7	15.3	19.3
2001	14.0	6.6	28.4	17.7	7.6	23.1
2002	19.6	13.3	23.7	22.8	17.1	26.0
2003	24.1	18.5	27.0	26.1	20.8	28.7
2004	31.0	19.4	35.5	31.8	19.2	36.3
2005	19.5	9.3	22.8	20.8	9.6	24.0
2006	25.1	6.1	29.3	25.3	12.4	28.3
2007	20.1	19.4	20.2	20.4	20.1	20.4
2008	23.7	25.1	23.4	24.6	27.0	24.1
2009	8.6	5.8	9.2	8.8	5.9	9.4
2010	31.4	23.5	33.1	31.7	23.6	33.4
2011	28.7	39.2	26.8	29.2	40.0	27.2
2012	14.8	28.7	11.9	14.9	29.3	11.9
2013	13.0	12.9	13.0	13.1	13.0	13.1
2014	7.3	7.9	7.1	7.3	7.9	7.1
2015	0.3	10.4	-1.8	0.3	10.6	-2.4
2016	5.7	11.5	4.1	5.7	11.8	3.9

注：1. 工业总产值增长速度按可比口径计算。2.本表统计范围2000年到2008年为全部国有及规模以上工业；2008年以后为规模以上工业，2008到2010年规模以上为年主营业务收入500万元以上，2011年起规模以上为年主营业务收入2000万元以上(下同)。

Note: a)Increase rate of gross output value of industry are calculated at constant prices.b)Data from 2000 to 2008 adopt coverage of all state-owned and above designated size industry.Data from 2008 adopt coverage of industry above designated size,which refers to enterprises with annual business revenue over 5 million yuan from 2008 to 2010 and over 20 million yuan since 2011(same as following next).

13-2 规模以上工业企业工业总产值

Gross Output Value of Industry above Designated Size

单位：亿元(100 million yuan)

项 目	Item	2015	2016	2016比2015年增长(%) Increase Rate in 2016 over 2015(%)
全市总计	**Total**	**28242.13**	**27401.69**	**5.7**
按登记注册类型分	**Grouped by Status of Registration**			
内资企业	Domestic-funded Enterprises	17951.86	18742.84	7.7
国 有	State-owned Enterprises	982.50	865.71	8.8
集 体	Collective-owned Enterprises	45.27	44.24	7.9
股份合作	Cooperative Enterprises	170.39	198.87	17.9
私营企业	Private Enterprises	6326.04	7038.59	15.2
股份有限公司	Share-holding Corporations Ltd.	2439.88	2367.66	-4.8
有限责任公司	Limited Liability Corporations	7979.58	8224.58	5.2
# 国有独资公司	Sole State-funded Corporations	1314.40	1044.67	-16.4
联营企业	Joint Ownership Enterprises	0.87	0.98	12.6
# 集体联营	Collective Joint Ownership Enterprises	0.87	0.98	12.6
其 他	Others	7.32	2.20	-47.4
港、澳、台商投资企业	Enterprises with Investment from Hong Kong, Macao and Taiwan	3139.38	2045.61	-0.3
外商投资企业	Foreign Funded Enterprises	7150.89	6613.25	3.5
按隶属关系分	**Grouped by Administrative Relationship**			
中 央	Central Industry	2528.19	2259.10	-13.5
地 方	Local Industry	25713.94	25142.59	7.3
按企业规模分	**Grouped by Size of Enterprises**			
大 型	Large-sized	14315.60	12984.25	-0.2
中 型	Medium-sized	6724.52	6903.75	7.2
小 型	Small-sized	6808.43	7057.18	14.6
微 型	Mini-sized	393.59	456.51	34.4
按企业控股情况分	**Grouped by Company Hholding Type**			
国有及国有控股企业	State-owned and State-holding Enterprises	7665.15	7408.20	-2.5
民营及民营控股企业	Private and Private Holding Enterprises	12062.06	13087.23	13.5
外商及港澳台商控股企业	Hong Kong, Macao,Taiwan and Foreign Funded Holding Enterprises	8514.92	6906.26	1.6

13-2续表 *Continued*

单位：亿元(100 million yuan)

项　目	Item	2015	2016	2016比2015年增长(%) Increase Rate in 2016 over 2015(%)
按行业分	**Grouped by Sector**			
煤炭开采和洗选业	Mining and Washing of Coal	718.33	9.63	-5.9
石油和天然气开采业	Extraction of Petroleum and Natural Gas	740.77	616.16	-16.8
黑色金属矿采选业	Mining and Processing of Ferrous Metal Ores	486.31	127.74	-2.4
非金属矿采选业	Mining and Processing of Nonmetal Ores	13.71	14.12	4.3
开采辅助活动	Mining Assistant Activities	75.73	252.09	-18.8
农副食品加工业	Processing of Food from Agricultural Products	989.73	978.45	13.4
食品制造业	Manufacture of Food	1391.44	1584.94	13.5
酒、饮料和精制茶制造业	Manufacture of Alcohol, Beverages and Refined Tea	167.35	223.26	21.3
烟草制品业	Manufacture of Tobacco	52.13	53.27	2.2
纺织业	Manufacture of Textile	122.14	89.88	7.8
纺织服装、服饰业	Manufacture of Textile Wearing and Apparel	366.99	421.97	16.8
皮革、毛皮、羽毛及其制品业和制鞋业	Manufacture of Leather, Fur, Feather and Related Products, Footware	79.92	111.90	37.7
木材加工和木、竹、藤、棕、草制品业	Processing of Timber, Manufacture of Wood, Bamboo, Rattan, Palm and Straw Products	17.95	21.28	3.7
家具制造业	Manufacture of Furniture	111.35	130.88	15.9
造纸及纸制品业	Manufacture of Paper and Paper Products	228.31	235.77	12.1
印刷和记录媒介复制业	Printing, Reproduction of Recording Media and	104.46	113.10	23.9
文教、工美、体育和娱乐用品制造业	Manufacture of Articles for Culture, Education Industrial Arts,Sport Activity, Amusement Manufacturing	532.47	513.22	9.2
石油加工、炼焦及核燃料加工业	Processing of Petroleum, Coking, Processing of Nuclear Fuel	1322.83	1256.77	-6.1
化学原料及化学制品制造业	Manufacture of Raw Chemical Materials and Chemical Products	1360.12	1428.47	7.3
医药制造业	Manufacture of Medicines	541.27	551.69	5.2
化学纤维制造业	Manufacture of Chemical Fibers	19.14	4.29	16.8
橡胶和塑料制品业	Manufacture of Rubber and Plastic	595.69	640.83	10.5
非金属矿物制品业	Manufacture of Non-metallic Mineral Products	400.31	437.58	9.4
黑色金属冶炼和压延加工业	Smelting and Pressing of Ferrous Metals	4334.27	4291.26	7.2
有色金属冶炼和压延加工业	Smelting and Pressing of Non-ferrous Metals	903.13	920.16	5.8
金属制品业	Manufacture of Metal Products	1330.83	1417.68	9.3
通用设备制造业	Manufacture of General Purpose Machinery	1199.93	1280.24	5.6
专用设备制造业	Manufacture of Special Purpose Machinery	1223.09	998.02	0.8
汽车制造业	Manufacture of Motorcar	2383.58	2512.59	11.7
铁路、船舶、航空航天和其他运输设备制造业	Railway, Watercraft, Aerospace and Other Transport Equipment	1203.86	1348.21	17.7
电气机械和器材制造业	Manufacture of Electrical Machinery and Equipment	1146.56	1311.24	16.1
计算机、通信和其他电子设备制造业	Manufacture of Computers, Communication and Other Electronic Equipment	2606.85	2025.05	-5.1
仪器仪表制造业	Manufacture of Measuring Instruments	78.27	66.60	-1.8
其他制造业	Other Manufacturing	115.85	126.28	7.8
废弃资源综合利用业	Comprehensive Recycling of Waste	266.87	237.05	-10.7
金属制品、机械和设备修理业	Metal Products, Machine and Equipment Repair	24.36	31.32	1.4
电力、热力生产和供应业	Production and Supply of Electric Power and Heat Power	827.55	843.81	2.1
燃气生产和供应业	Production and Supply of Gas	116.33	125.78	10.5
水的生产和供应业	Production and Supply of Water	42.36	49.13	3.5

13–3 规模以上工业主要产品生产能力

Production Capacity of Major Industrial Products above Designated Size

产品名称	Product	单 位	Unit	年平均生产能力 Annual Average Production Capacity
2015年	**Year of 2015**			
天然原油	Crude Petroleum Oil	万 吨	10 000 tons	3565.76
原油加工量	Crude Oil Processed	万 吨	10 000 tons	1893.00
发电量	Electricity	万千瓦	10 000 kw	1309.62
焦 炭	Coke	万 吨	10 000 tons	432.00
烧 碱	Caustic Soda	万 吨	10 000 tons	114.37
农用化肥	Chemical Fertilizer	万 吨	10 000 tons	15.30
初级形态塑料	Primary Plastic	万 吨	10 000 tons	361.50
化学纤维	Chemical Fiber	万 吨	10 000 tons	11.00
水 泥	Cement	万 吨	10 000 tons	1442.11
平板玻璃	Plate Glass	万重量箱	10 000 weight cases	4014.00
粗 钢	Crude Steel	万 吨	10 000 tons	3480.00
金属切削机床	Metal-cutting Machines	台	unit	1356
汽 车	Motor Vehicles	万 辆	10 000 units	91.35
# 轿 车	Cars	万 辆	10 000 units	80.50
太阳能电池	Solar Cell	万千瓦	10 000 kw	68.98
家用电冰箱	Household Refrigerators	万 台	10 000 units	73.00
房间空气调节器	Air Conditioners	万 台	10 000 units	340.00
微型计算机设备	Micro-computers	万 台	10 000 units	1500.00
移动通信手持机	Mobile Phones	万 台	10 000 units	12241.32
彩色电视机	Color Television Sets	万 台	10 000 units	265.00
2016年	**Year of 2016**			
天然原油	Crude Petroleum Oil	万 吨	10 000 tons	3792.44
原油加工量	Crude Oil Processed	万 吨	10 000 tons	1893.00
发电量	Electricity	万千瓦	10 000 kw	1366.12
焦 炭	Coke	万 吨	10 000 tons	432.00
烧 碱	Caustic Soda	万 吨	10 000 tons	114.00
农用化肥	Chemical Fertilizer	万 吨	10 000 tons	15.30
初级形态塑料	Primary Plastic	万 吨	10 000 tons	404.15
化学纤维	Chemical Fiber	万 吨	10 000 tons	10.00
水 泥	Cement	万 吨	10 000 tons	1235.33
平板玻璃	Plate Glass	万重量箱	10 000 weight cases	4014.00
粗 钢	Crude Steel	万 吨	10 000 tons	3084.00
金属切削机床	Metal-cutting Machines	台	unit	1308
汽 车	Motor Vehicles	万 辆	10 000 units	85.06
# 乘用车	Cars	万 辆	10 000 units	83.06
太阳能电池	Solar Cell	万千瓦	10 000 kw	136.88
家用电冰箱	Household Refrigerators	万 台	10 000 units	86.00
房间空气调节器	Air Conditioners	万 台	10 000 units	280.20
微型计算机设备	Micro-computers	万 台	10 000 units	750.00
移动通信手持机	Mobile Phones	万 台	10 000 units	10836.00
彩色电视机	Color Television Sets	万 台	10 000 units	250.00

13-4 规模以上工业主要产品产量(1996—2016年)

Output of Major Industrial Products above Designated Size,1996-2016

年 份 Year	布 (万米) Cloth (10 000 m)	纱 (万吨) Yarn (10 000 tons)	机制纸及纸板 (万吨) Machine-made Paper and Paperboards (10 000 tons)	合成洗涤剂 (万吨) Synthetic Detergents (10 000 tons)	饮料酒 (万千升) Alcoholic Beverage (10 000 kiloliters)	家用电冰箱 (万台) Household Refrigerators (10 000units)	电视机 (万台) Television Sets (10 000 units)	# 彩 色 电视机 Color Television Sets
1996	39662	10.51	45.89	12.07	10.72	0.29	157.34	117.80
1997	49845	13.61	40.56	10.28	13.73	0.69	84.36	59.16
1998	33326	8.37	33.64	9.65	15.25	2.29	82.94	47.87
1999	27308	8.45	25.50	8.75	14.21	9.93	84.67	50.34
2000	29217	8.80	25.18	7.19	15.75	8.42	94.27	72.28
2001	25861	8.13	20.63	5.68	20.71	3.85	66.24	51.42
2002	27082	9.18	27.98	5.41	20.64	19.14	87.06	76.35
2003	25114	7.47	17.76	5.09	24.72	29.17	121.09	112.41
2004	30805	7.51	36.03	5.04	23.65	28.25	110.99	109.42
2005	25850	7.32	18.89	1.40	20.81	19.30	66.01	64.90
2006	28346	7.62	26.71	0.74	29.80	9.34	98.51	98.11
2007	27783	7.28	33.90	0.58	35.27	50.03	153.75	153.75
2008	28934	4.95	41.38	0.83	31.62	59.38	203.58	203.58
2009	25819	4.32	33.06	0.67	41.02	53.87	140.50	140.50
2010	26352	3.81	91.82	0.58	43.57	62.84	212.67	212.67
2011	27792	3.08	125.86	0.62	41.82	49.37	186.61	186.61
2012	19854	3.05	222.80	1.38	33.20	51.41	192.80	192.80
2013	21221	5.05	241.66	21.49	31.04	49.26	277.10	277.10
2014	23100	8.51	249.72	48.48	31.86	45.37	279.20	279.20
2015	24946	10.72	249.26	58.30	35.61	58.41	245.84	245.84
2016	24279	12.64	285.00	49.08	37.67	64.29	224.10	224.10

13-4续表 *Continued*

年 份 Year	天然原油 (万吨) Crude Petroleum Oil (10 000 tons)	发电量 (亿千瓦小时) Electricity (100 million kwh)	粗 钢 (万吨) Crude Steel (10 000 tons)	水 泥 (万吨) Cement (10 000 tons)	硫 酸 (万吨) Sulfuric Acid (10 000 tons)	烧 碱 (万吨) Caustic Soda (10 000 tons)	农用化肥 (万吨) Chemical Fertilizer (10 000 tons)	化学农药原药 (万吨) Chemical Pesticide (10 000 tons)
1996	646.60	146.04	200.99	207.88	8.11	50.75	11.31	2.95
1997	645.90	166.53	236.79	209.00	11.33	44.15	10.91	3.27
1998	691.28	172.51	255.27	250.00	10.36	39.90	10.26	3.38
1999	686.72	182.56	317.69	240.51	11.47	47.04	26.82	3.68
2000	763.99	211.49	356.76	267.81	11.17	49.28	17.04	2.79
2001	970.29	217.43	395.30	338.99	11.27	49.39	14.91	0.71
2002	1215.94	268.83	482.58	377.75	12.15	63.65	16.03	3.30
2003	1316.30	319.95	565.95	449.31	10.96	79.89	16.40	2.10
2004	1446.21	339.76	788.48	520.52	9.99	81.14	15.96	0.44
2005	1782.89	365.70	955.28	519.15	11.95	80.45	16.94	1.26
2006	1943.09	359.24	1285.34	607.33	13.76	88.86	16.33	1.23
2007	1924.28	393.13	1602.13	611.44	26.90	134.49	21.62	1.60
2008	1993.86	382.12	1686.40	549.72	19.70	146.47	16.16	1.18
2009	2296.96	415.77	2124.20	690.87	29.16	109.32	15.19	0.67
2010	3332.73	589.08	2162.11	809.71	32.34	123.30	1.49	0.80
2011	3187.78	619.08	2295.75	765.53	39.60	129.63	6.35	0.38
2012	3098.30	589.70	2124.25	784.26	30.88	113.87	11.84	0.57
2013	3044.53	624.01	2305.06	971.50	28.06	127.53	15.95	1.28
2014	3074.84	624.66	2287.13	957.93	24.48	106.06	16.37	0.83
2015	3496.77	621.68	2068.91	777.59	19.08	96.77	13.06	0.92
2016	3273.26	616.09	1798.93	788.61	20.52	75.27	13.43	0.86

13-5 规模以上工业主要产品产量

Output of Major Industrial Products above Designated Size

产品名称	Product	单位	Unit	2015	2016	2016比2015年增长(%) Increase Rate in 2016 over 2015(%)
天然原油	Crude Petroleum Oil	万 吨	10 000 tons	3496.77	3273.26	-6.4
原油加工量	Crude Oil Processed	万 吨	10 000 tons	1590.77	1384.47	-13.0
发电量	Electricity	亿千瓦小时	100 million kwh	621.68	616.09	-0.9
天然气	Natural Gas	亿立方米	100 million cu.m	20.54	19.69	-4.2
原 盐	Salt	万 吨	10 000 tons	171.63	158.39	-7.7
精制食用植物油	Edible Vegetable Oil	万 吨	10 000 tons	761.93	747.75	-1.9
饮料酒	Alcoholic Beverage	万千升	10 000 kiloliters	35.61	37.67	5.8
# 啤 酒	Beer	万千升	10 000 kiloliters	31.34	31.95	1.9
方便面	Staple Food	万 吨	10 000 tons	25.72	25.08	-2.5
软饮料	Soft Drinking	万 吨	10 000 tons	478.91	587.82	10.4
纱	Yarn	万 吨	10 000 tons	10.72	12.64	23.8
布	Cloth	万 米	10 000 m	24946.13	24279.09	10.7
毛 线	Knitting Wool	万 吨	10 000 tons	0.20	0.20	2.0
呢 绒	Woolen Piece Goods	万 米	10 000 m	58.40	30.00	-48.6
服 装	Garments	万 件	10 000 pieces	21081.41	28505.22	19.2
机制纸及纸板	Machine-made Paper & Paperboards	万 吨	10 000 tons	249.26	285.00	2.1
焦 炭	Coke	万 吨	10 000 tons	195.92	204.78	4.5
硫 酸	Sulfuric Acid	万 吨	10 000 tons	19.08	20.52	7.5
纯 碱	Soda Ash	万 吨	10 000 tons	59.46	62.42	5.0
烧 碱	Caustic Soda	万 吨	10 000 tons	96.77	75.27	-22.2
乙 烯	Ethene	万 吨	10 000 tons	129.89	114.44	-11.9
农用化肥	Chemical Fertilizer	万 吨	10 000 tons	13.06	13.43	2.8
化学农药原药	Chemical Pesticide	吨	ton	9187.04	8550.64	-6.9
涂 料	Paint	万 吨	10 000 tons	24.92	34.77	13.8
初级形态塑料	Primary form of Plastic	万 吨	10 000 tons	381.49	323.91	-17.3
合成洗涤剂	Synthetic Detergents	万 吨	10 000 tons	58.30	49.08	-10.8
化学药品原药	Chemical Medicines	吨	ton	6108.42	6373.93	-3.8
中成药	Traditional Chinese Medicines	吨	ton	8562.04	8648.74	-2.5

注：工业产品产量增长速度按可比口径计算。
Note：Increase Rate of industrial products is calculated at constant coverage.

13-5续表 *Continued*

产品名称	Product	单 位	Unit	2015	2016	2016比2015年增长(%) Increase Rate in 2016 over 2015(%)
化学纤维	Chemical Fiber	万 吨	10 000 tons	11.06	9.57	-13.6
农用塑料薄膜	Plastic Film for Farm Use	吨	ton	51961.20	60311.90	16.1
水 泥	Cement	万 吨	10 000 tons	777.59	788.61	1.4
平板玻璃	Plate Glass	万重量箱	10 000 weight cases	3139.94	3094.19	-1.5
生 铁	Pig Iron	万 吨	10 000 tons	1953.21	1660.77	-15.0
粗 钢	Crude Steel	万 吨	10 000 tons	2068.91	1798.93	-11.5
钢 材	Rolled Steel	万 吨	10 000 tons	8186.16	8667.05	5.5
# 无缝钢管	Seamless Steel Pipe	万 吨	10 000 tons	266.77	247.15	-14.1
发动机	Internal Combustion Engines	万千瓦	10 000 kw	4352.94	4902.57	12.6
金属切削机床	Metal-cutting Machine	台	unit	610.00	962.00	18.8
电 梯	Elevator	万 台	10 000 units	3.72	4.29	16.7
医疗仪器设备及器械	Medical Equpment and Instrument	万 台	10 000 units	4.21	4.73	12.4
汽 车	Motor Vehicles	万 辆	10 000 units	53.08	53.26	0.3
# 轿 车	Cars	万 辆	10 000 units	49.59	51.79	3.8
自行车	Bicycles	万 辆	10 000 units	2637.31	2756.63	-1.5
光 纤	Optical Fibre	万千米	million km	1854.95	2377.92	28.2
光 缆	Optical Cable	万芯千米	million core km	688.81	848.22	23.1
锂离子电池	Lithium-ion Battery	万 只	10 000 units	41736.46	40123.85	-7.5
太阳能电池(光伏电池)	Solar Cell	万千瓦	10 000 kw	50.38	54.79	8.8
家用电冰箱	Household Refrigerators	万 台	10 000 units	58.41	64.29	10.1
房间空气调节器	Air Conditioners	万 台	10 000 units	242.35	175.43	-29.3
微波炉	Microwave Ovens	万 台	10 000 units	695.00	694.49	-0.1
电子计算机整机	Computers	万 台	10 000 units	2933.06	1679.39	-36.5
显示器	Display	万 台	10 000 units	645.75	840.33	30.1
移动通信手持机	Mobile Telephones	万 部	10 000 units	7315.62	4973.46	-31.5
彩色电视机	Color Television Sets	万 台	10 000 units	245.84	224.10	-8.8
集成电路	Semiconductor Integrated Circuits	亿 块	100 million pieces	14.90	15.98	7.3
电子元件	Electronic Components	亿 只	100 million pieces	5443.22	5471.10	0.6
光电子器件	Optoelectronic Devices	亿只(片、套)	100 million pieces	110.82	120.03	8.2

13–6 规模以上工业企业主要经济指标(1996—2016年)

Main Economic Indicators of Industrial Enterprises above Designated Size,1996-2016

单位：亿元(100 million yuan)

年 份 Year	从业人员年平均人数(万人) Annual Average Employment Personnel (10 000 persons)	固定资产合 计 Total Fixed Assets	流动资产合 计 Total Working Capitals	主 营业务收入 Revenue from Principal Business	利税总额 Total Profits and Taxes	# 利润总额 Total Pre-tax Profits
全 市 **Total**						
1996	165.56	1079.69	1118.55	1498.67	139.73	67.60
1997	158.52	1340.47	1315.05	1668.15	139.96	61.05
1998	142.99	1596.71	1444.03	1943.89	148.69	65.61
1999	128.75	1719.14	1585.97	2182.17	175.66	75.91
2000	120.19	1808.84	1787.41	2656.98	274.27	164.86
2001	122.15	1916.13	1832.18	2983.26	326.55	185.00
2002	120.95	1935.51	1931.09	3437.46	325.07	186.19
2003	115.28	1953.25	2175.95	4202.02	401.35	237.62
2004	122.85	2275.69	2783.13	5861.43	608.91	412.53
2005	122.21	2476.97	3254.23	7125.93	815.63	551.60
2006	116.33	2807.39	3646.97	8794.35	1003.39	693.00
2007	118.62	3205.59	4263.61	10180.91	1097.50	767.12
2008	133.12	3939.05	5179.23	12914.20	1143.80	725.95
2009	135.74	4969.79	6339.47	13243.49	1445.36	831.28
2010	148.91	5732.66	7471.09	17319.62	2412.55	1552.05
2011	150.85	6232.49	9444.93	21103.50	2970.12	1933.72
2012	160.23	7195.81	10828.11	23645.72	3315.93	2100.66
2013	163.15	7993.28	12067.66	27078.43	3725.25	2258.93
2014	164.08	8248.21	12762.46	28382.59	3586.80	2261.83
2015	157.81	8452.57	13068.21	27969.58	3515.09	2221.82
2016	143.41	9191.81	12253.46	25888.20	3223.41	2046.69
# 国有经济 **State-owned**						
1996	83.05	720.50	545.79	594.08	37.06	2.04
1997	78.99	865.91	602.74	625.22	39.26	-2.19
1998	69.34	1130.86	615.95	587.69	29.63	-4.02
1999	56.84	1021.01	652.22	594.55	26.88	-19.44
2000	48.12	928.80	665.45	667.84	18.70	-18.75
2001	42.99	841.84	605.22	649.26	17.08	-21.50
2002	36.42	784.44	607.63	629.86	22.63	-10.96
2003	30.71	779.60	610.92	817.42	52.83	12.88
2004	23.52	682.00	604.64	738.40	40.14	18.47
2005	20.61	703.92	623.51	841.32	50.27	12.39
2006	18.20	763.41	697.03	1133.61	78.97	29.27
2007	18.71	925.60	808.14	1470.25	113.70	49.28
2008	18.25	1034.09	905.25	1905.27	95.75	28.71
2009	23.10	1555.16	1679.53	2700.85	182.80	3.81
2010	21.54	1206.42	869.78	3484.69	285.77	50.21
2011	19.57	1757.12	1718.21	3317.65	256.49	33.87
2012	18.91	2056.00	1861.25	3421.90	240.00	31.58
2013	14.20	1346.75	1930.67	2916.38	245.46	40.98
2014	13.02	1107.80	1387.43	2138.50	178.41	5.18
2015	14.21	1264.19	1735.63	2260.82	224.04	41.63
2016	12.93	1235.26	1580.81	1939.20	192.79	50.43

注：1.从业人员年平均人数1998年以前为职工平均人数.2.国有经济详见本篇指标解释,13−19表同。

Note:a)Annual average employment personnel refer to average staff and workers before 1998.b)State-owned economy see this index to explain meanings，same as table 13-19.

13−7 各区工业企业主要效益指标(2016年)

Main Indicators on Economic Benefit of Industrial Enterprises by District,2016

地 区	Region	总资产贡献率(%) Ratio of Total Assets to Industrial Output Value(%)	资产负债率(%) Ratio of Debts to Assets(%)	流动资产周转率(次) Number of Times of Turnover of Working Capitals(time)	成本费用利润率(%) Ratio of Pre-tax Profits to Industrial Cost(%)	产品销售率(%) Proportion of Products Sold (%)
全市总计	**Total**	**14.6**	**61.4**	**2.1**	**8.7**	**97.3**
和平区	Heping District	-0.6	64.0	0.4	-13.5	97.1
河东区	Hedong District	1.8	71.7	0.8	0.5	98.2
河西区	Hexi District	5.1	83.8	0.4	1.0	99.4
南开区	Nankai District	5.0	41.0	1.6	3.2	94.6
河北区	Hebei District	4.8	54.7	3.5	3.0	100.1
红桥区	Hongqiao District	6.2	34.9	0.8	3.7	99.0
东丽区	Dongli District	4.8	70.7	1.3	2.0	100.7
西青区	Xiqing District	19.6	50.2	2.3	12.3	98.1
津南区	Jinnan District	20.4	52.1	4.3	12.0	87.6
北辰区	Beichen District	21.6	54.5	2.4	10.3	98.3
武清区	Wuqing District	27.5	43.9	3.0	15.1	98.2
宝坻区	Baodi District	26.1	61.9	3.7	10.6	99.1
滨海新区	Binhai New Area	12.8	62.5	1.9	8.4	96.8
宁河区	Ninghe District	74.5	64.7	4.9	8.5	99.1
静海区	Jinghai District	11.5	66.9	3.2	4.4	100.4
蓟州区	Jizhou District	16.9	56.3	3.5	6.7	99.0

13-8 规模以上工业企业主要经济指标(2016年)

项　目	Item	企业单位数(个) Number of Enterprises (unit)	从业人员年平均人数(人) Annual Average Employment Personnel (person)
全市总计	**Total**	**5203**	**1434058**
按企业规模分	**Grouped by Size of Enterprises**		
大　型	Large-sized	189	637769
中　型	Medium-sized	718	384920
小　型	Small-sized	3997	406000
微　型	Mini-sized	299	5369
按登记注册类型分	**Grouped by Status of Registration**		
内资企业	Domestic-funded Enterprises	3849	917360
国　有	State-owned Enterprises	33	38753
集　体	Collective-owned Enterprises	44	4912
股份合作	Cooperative Enterprises	34	5689
私营企业	Private Enterprises	2458	362670
股份有限公司	Share-holding Corporations Ltd.	168	117096
有限责任公司	Limited Liability Corporations	1108	387528
# 国有独资公司	Sole State-funded Corporations	80	90546
联营企业	Joint Ownership Enterprises	1	401
# 集体联营	Collective Joint Ownership Enterprises	1	401
其　他	Others	3	311
港、澳、台商投资企业	Enterprises with Investment from Hong Kong, Macao and Taiwan	278	183646
外商投资企业	Foreign Funded Enterprises	1076	333052
按隶属关系分	**Grouped by Administrative Relationship**		
中　央	Central Industry	44	104445
地　方	Local Industry	5159	1329613
按企业控股情况分	**Grouped by Company Holding Type**		
国有及国有控股企业	State-owned and State-holding Enterprises	530	366703
民营及民营控股企业	Private and Private Holding Enterprises	3528	617822
外商及港澳台商控股企业	Hong Kong, Macao,Taiwan and Foreign Funded Holding Enterprises	1145	449533

Main Economic Indicators of Industrial Enterprises above Designated Size,2016

单位：万元(10 000 yuan)

资产总计 Total Assets	流动资产合计 Total Working Capitals	固定资产合计 Total Fixed Assets	负债合计 Total Liabilities	主营业务收入 Revenue from Principal Business	利税总额 Total Profits and Taxes	# 利润总额 Total Pre-tax Profits
250750898	**122534551**	**91918073**	**153850150**	**258881955**	**32234150**	**20466908**
126464600	56422101	52943282	78738174	120026498	18433669	11508929
65309480	30604816	22890112	39285434	66678417	8293531	5689194
55801703	33179607	15764183	33542179	68407817	5306549	3115667
3175115	2328028	320496	2284364	3769222	200400	153118
180654943	83269213	65989655	115238422	176471022	23318100	14622513
14510789	5497678	6905602	8960493	9004172	854223	322494
255468	199647	39645	95918	422837	34384	19018
705159	525753	116816	490638	2072925	398087	297380
34115254	17985963	11073680	20020112	68597650	8428511	6216463
36851641	13229793	16299809	21959764	23023125	5681817	3165178
94188138	45815600	31540490	63701381	73319149	7918161	4599713
19310505	10310399	5447009	11537198	10387865	1073632	181763
1180	652	528	714	9458	864	388
1180	652	528	714	9458	864	388
27313	14128	13085	9403	21707	2054	1879
17757399	10885306	5246722	8879150	19657874	2849326	2181524
52338557	28380032	20681696	29732579	62753059	6066724	3662871
34739823	9195931	21815286	21054636	22434199	5409210	2450375
216011075	113338620	70102787	132795515	236447756	26824940	18016534
120561666	49355684	50956440	80233776	68197606	8430495	3759827
72814711	40257701	19827773	41662944	124915388	16837381	11926125
57374520	32921166	21133859	31953431	65768962	6966274	4780957

13-9 分行业规模以上工业企业主要经济指标(2016年)

行　业	Sector	企业单位数(个) Number of Enterprises (unit)	从业人员年平均人数(人) Annual Average Employment Personnel (person)
总　计	**Total**	**5203**	**1434058**
# 煤炭开采和洗选业	Mining and Washing of Coal	3	1433
石油和天然气开采业	Extraction of Petroleum and Natural Gas	2	20306
黑色金属矿采选业	Mining and Processing of Ferrous Metal Ores	3	2308
非金属矿采选业	Mining and Processing of Nonmetal Ores	4	6560
开采辅助活动	Mining Assistant Activities	7	41548
农副食品加工业	Processing of Food from Agricultural Products	161	25850
食品制造业	Manufacture of Food	119	56564
酒、饮料和精制茶制造业	Manufacture of Alcohol,Beverages and Refined Tea	35	12647
纺织业	Manufacture of Textile	54	11903
纺织服装、服饰业	Manufacture of Textile Wearing and Apparel	122	93146
皮革、毛皮、羽毛及其制品业和制鞋业	Manufacture of Leather, Fur, Feather and Related Products, Footware	37	10051
木材加工和木、竹、藤、棕、草制品业	Processing of Timber, Manufacture of Wood, Bamboo,Rattan, Palm and Straw Products	30	2489
家具制造业	Manufacture of Furniture	72	20458
造纸及纸制品业	Manufacture of Paper and Paper Products	130	17642
印刷和记录媒介复制业	Printing, Reproduction of Recording Media	83	14586
文教、工美、体育和娱乐用品制造业	Manufacture of Articles for Culture, Education and Industrial Arts, Sport Activitiy, Amusement Manufacturing	114	30003
石油加工、炼焦及核燃料加工业	Processing of Petroleum, Coking, Processing of Nuclear Fuel	42	20564
化学原料及化学制品制造业	Manufacture of Raw Chemical Materials and Chemical Products	346	54620
医药制造业	Manufacture of Medicines	100	45523
化学纤维制造业	Manufacture of Chemical Fibers	3	300
橡胶和塑料制品业	Manufacture of Rubber and Plastic	308	57722
非金属矿物制品业	Manufacture of Non-metallic Mineral Products	259	35671
黑色金属冶炼和压延加工业	Smelting and Pressing of Ferrous Metals	315	118413
有色金属冶炼和压延加工业	Smelting and Pressing of Non-ferrous Metals	110	20261
金属制品业	Manufacture of Metal Products	516	90529
通用设备制造业	Manufacture of General Purpose Machinery	381	90457
专用设备制造业	Manufacture of Special Purpose Machinery	359	73868
汽车制造业	Manufacture of Motorcar	327	136790
铁路、船舶、航空航天和其他运输设备制造业	Railway, Watercraft, Aerospace and Other Transport Equipment	222	74650
电气机械和器材制造业	Manufacture of Electrical Machinery and Equipment	312	57667
计算机、通信和其他电子设备制造业	Manufacture of Computers, Communication and Other Electronic Equipment	260	115487
仪器仪表制造业	Manufacture of Measuring Instruments	70	11061
其他制造业	Other Manufacturing	80	13537
废弃资源综合利用业	Comprehensive Recycling of Waste	73	5707
金属制品、机械和设备修理业	Metal Products,Machine and Equipment Repair	10	3894
电力、热力生产和供应业	Production and Supply of Electric Power and Heat Power	80	27316
燃气生产和供应业	Production and Supply of Gas	21	6073
水的生产和供应业	Production and Supply of Water	32	5548

Main Economic Indicators of Industrial Enterprises above Designated Size by Sector,2016

单位：万元(10 000 yuan)

资产总计 Total Assets	流动资产合 计 Total Working Capitals	固定资产合 计 Total Fixed Assets	主 营 业务收入 Revenue from Principal Business	利税总额 Total Profits and Taxes	# 利润总额 Total Pre-tax Profits
250750898	**122534551**	**91918073**	**258881955**	**32234150**	**20466908**
658683	273825	151171	105976	13765	9022
13243436	1180317	11232108	6013803	2328584	1540381
1893726	552541	644362	967266	202715	163794
1854788	1403625	355842	146632	24214	5998
3745967	2290762	975952	2154298	57307	-26705
6091817	3829675	1252337	8712627	279988	149381
5158149	2931275	1872452	14686706	3198603	2471196
1692863	667228	649615	1865709	94531	21805
1264139	624578	384254	1372844	84116	52104
2029048	1659144	318322	4184155	719892	473979
333595	243415	69267	1108974	169334	126632
133336	93325	29544	214126	25963	18650
1189276	748964	321947	1333243	166983	119466
2377651	1018195	1183847	2334243	238001	143109
912923	409966	350755	1124472	126855	79574
1073995	719329	219753	4915699	586423	529538
7036639	4174606	2363401	12327002	3093493	1050552
14542507	5578240	5642790	14192553	1783496	1213408
9407023	5142194	2516132	5674074	1223858	723676
57211	41833	15224	41305	7934	5549
4998150	2481173	1786992	6319632	682237	452003
4780715	2598863	1767050	4174816	460518	250472
44694310	19833035	17256679	36057249	2923442	1957062
6303448	2673138	670837	9489509	972930	680205
9034481	5254012	2641790	14420787	1639200	1190471
10436139	6612230	2700007	12342755	1383209	989234
10542143	6903462	2147141	9340000	554851	295921
16322343	10206505	4560086	23427950	3581059	2159324
17742559	7039637	8989243	12999300	1000801	780857
9395007	6336692	2123016	12687569	1106182	621099
14297084	10579344	2014618	19329187	1822008	1470911
1196024	797982	153153	873481	74407	45939
543237	304593	172053	1263856	116203	100281
1785984	1251373	234842	1925553	162269	91801
343564	275369	51342	282904	46018	26282
18725700	4159507	11783681	8383526	873920	413565
1713787	531768	1086605	1020097	39200	24079
2878204	936726	1109522	540418	6719	-17621

13-10 大中型工业企业主要经济指标(2016年)

项　目	Item	企业单位数(个) Number of Enterprises (unit)	从业人员年平均人数(人) Annual Average Employment Personnel (person)	资产总计 Total Assets
全市总计	**Total**	**907**	**1022689**	**191774079**
按登记注册类型分	**Grouped by Status of Registration**			
内资企业	Domestic-funded Enterprises	581	620754	139508503
国　有	State-owned Enterprises	17	37131	13659369
集　体	Collective-owned Enterprises	3	1281	21880
股份合作	Cooperative Enterprises	4	2491	322167
私营企业	Private Enterprises	270	178538	17502962
股份有限公司	Share-holding Corporations Ltd.	61	103597	35025766
有限责任公司	Limited Liability Corporations	225	297315	72975180
# 国有独资公司	Sole State-funded Corporations	29	84414	16937302
联营企业	Joint Ownership Enterprises	1	401	1180
港、澳、台商投资企业	Enterprises with Investment from Hong Kong, Macao and Taiwan	86	161811	14156358
外商投资企业	Foreign Funded Enterprises	240	240124	38109218
按隶属关系分	**Grouped by Administrative Relationship**			
中　央	Central Industry	34	103111	34119804
地　方	Local Industry	873	919578	157654276
按企业规模分	**Grouped by Size of Enterprises**			
大　型	Large-sized	189	637769	126464600
中　型	Medium-sized	718	384920	65309480
按企业控股情况分	**Grouped by Company Holding Type**			
国有及国有控股企业	State-owned and State-holding Enterprises	180	325225	107991430
民营及民营控股企业	Private and Private Holding Enterprises	453	344512	40806018
外商及港澳台商控股企业	Hong Kong, Macao,Taiwan and Foreign Funded Holding Enterprises	274	352952	42976631

Main Economic Indicators of Large and Medium-sized Industrial Enterprises,2016

单位：万元(10 000 yuan)

流动资产合计 Total Working Capitals	固定资产合计 Total Fixed Assets	负债合计 Total Liabilities	主营业务收入 Revenue from Principal Business	利税总额 Total Profits and Taxes	# 利润总额 Total Pre-tax Profits
87026917	**75833394**	**118023608**	**186704916**	**26727201**	**17198123**
59354496	54791292	89603657	123186609	19176339	12007794
5000957	6806340	8280505	8870725	866581	327004
14345	7529	4599	32534	3056	1658
234048	56765	218676	1840261	388449	293289
8156636	6415361	10243126	37272071	5942453	4604355
12189718	15815750	20972029	21192467	5452940	3028282
33758139	25689018	49884009	53969093	6521997	3752817
9157303	4577235	9832098	9173583	1021852	156712
652	528	714	9458	864	388
8600494	4270220	6887304	16453732	2502901	1968299
19071926	16771882	21532647	47064575	5047961	3222030
8882646	21547765	20752430	22050025	5333052	2394690
78144271	54285629	97271178	164654890	21394149	14803433
56422101	52943282	78738174	120026498	18433669	11508929
30604816	22890112	39285434	66678417	8293531	5689194
42846243	47055694	71722083	58964510	7993768	3527562
20598539	11763333	22393413	76563836	12864180	9440695
23582135	17014367	23908112	51176569	5869253	4229866

13-11 分行业大中型工业企业主要经济指标(2016年)

行 业	Sector	企业单位数(个) Number of Enterprises (unit)	从业人员年平均人数(人) Annual Average Employment Personnel (person)
总 计	**Total**	**907**	**1022689**
# 煤炭开采和洗选业	Mining and Washing of Coal	2	1223
石油和天然气开采业	Extraction of Petroleum and Natural Gas	2	20306
黑色金属矿采选业	Mining and Processing of Ferrous Metal Ores	2	2166
非金属矿采选业	Mining and Processing of Nonmetal Ores	2	6257
开采辅助活动	Mining Assistant Activities	4	40930
农副食品加工业	Processing of Food from Agricultural Products	18	12456
食品制造业	Manufacture of Food	31	46133
酒、饮料和精制茶制造业	Manufacture of Alcohol, Beverages and Refined Tea	10	8995
纺织业	Manufacture of Textile	7	7440
纺织服装、服饰业	Manufacture of Textile Wearing and Apparel	53	84507
皮革、毛皮、羽毛及其制品业和制鞋业	Manufacture of Leather, Fur, Feather and Related Products, Footware	10	7123
家具制造业	Manufacture of Furniture	12	13654
造纸及纸制品业	Manufacture of Paper and Paper Products	10	6295
印刷和记录媒介复制业	Printing, Reproduction of Recording Media	13	6875
文教、工美、体育和娱乐用品制造业	Manufacture of Articles for Culture, Education and Industrial Arts, Sport Activity, Amusement Manufacturing	25	20786
石油加工、炼焦及核燃料加工业	Processing of Petroleum, Coking, Processing of Nuclear Fuel	7	18105
化学原料及化学制品制造业	Manufacture of Raw Chemical Materials and Chemical Products	36	29417
医药制造业	Manufacture of Medicines	32	37298
橡胶和塑料制品业	Manufacture of Rubber and Plastic	46	33174
非金属矿物制品业	Manufacture of Non-metallic Mineral Products	29	17424
黑色金属冶炼和压延加工业	Smelting and Pressing of Ferrous Metals	74	100097
有色金属冶炼和压延加工业	Smelting and Pressing of Non-ferrous Metals	19	14969
金属制品业	Manufacture of Metal Products	69	52167
通用设备制造业	Manufacture of General Purpose Machinery	55	58709
专用设备制造业	Manufacture of Special Purpose Machinery	47	43398
汽车制造业	Manufacture of Motorcar	82	107088
铁路、船舶、航空航天和其他运输设备制造业	Railway, Watercraft, Aerospace and Other Transport Equipment	42	55652
电气机械和器材制造业	Manufacture of Electrical Machinery and Equipment	42	32256
计算机、通信和其他电子设备制造业	Manufacture of Computers, Communication and Other Electronic Equipment	74	95085
仪器仪表制造业	Manufacture of Measuring Instruments	6	4616
其他制造业	Other Manufacturing	9	4352
废弃资源综合利用业	Comprehensive Recycling of Waste	2	693
金属制品、机械和设备修理业	Metal Products,Machine and Equipment Repair	2	3152
电力、热力生产和供应业	Production and Supply of Electric Power and Heat Power	24	21349
燃气生产和供应业	Production and Supply of Gas	4	4804
水的生产和供应业	Production and Supply of Water	3	2528

Main Economic Indicators of Large and Medium-sized Industrial Enterprises by Sector,2016

单位：万元(10 000 yuan)

资产总计 Total Assets	流动资产合 计 Total Working Capitals	固定资产合 计 Total Fixed Assets	主 营 业务收入 Revenue from Principal Business	利税总额 Total Profits and Taxes	# 利润总额 Total Pre-tax Profits
191774079	**87026917**	**75833394**	**186704916**	**26727201**	**17198123**
637025	257090	151135	99850	11747	7071
13243436	1180317	11232108	6013803	2328584	1540381
1888905	548761	643779	950416	200540	162734
1770371	1358906	339751	134831	23818	5816
3665352	2240947	945201	2108480	52810	-29070
3827251	2466295	610259	3415912	152027	62700
3953937	2191843	1532034	13367356	2969264	2295182
1124437	348960	448829	1288700	63162	13593
851051	426387	202759	777501	31017	18445
1603337	1346595	233340	3393454	638072	424917
228602	172921	41093	792931	135507	104149
694249	401691	217076	543196	62276	38724
1180173	370361	756266	1026572	148214	101828
358433	141521	122999	412011	62706	40879
582697	349630	152556	3786778	546117	503465
5974524	3515070	2048944	9712532	2871128	962940
9511640	2836499	4060121	7652776	1179666	835248
6255931	3495513	1718021	4215073	905919	545133
2852906	1295853	1080942	3433561	447669	316843
1817898	830355	734521	1844646	250423	130615
41515612	17778431	16524167	30419171	2714865	1807693
5463581	2110972	471110	6915079	903760	650543
5131510	2792038	1654767	8121884	1132807	896874
6795954	4372161	1685243	8067346	981087	750721
6640294	4373930	1262135	3777084	202547	72382
13165529	8398667	3563157	20237551	3349437	2030216
16130293	6085851	8641107	10790993	832386	691510
5461434	3585344	1311491	7124238	820674	540961
11084961	7993430	1681738	17070728	1606907	1317666
593834	320113	76438	354682	19945	13766
168170	79237	66931	258030	28751	25979
140143	68506	37250	141496	20482	4843
198521	175277	18806	138744	25806	17054
13847262	2129010	9912217	6861921	660957	268924
1391619	360813	964316	733345	11507	6153
1698405	449676	569139	186805	-28452	-42814

13-12 分行业国有及国有控股大中型工业企业主要经济指标(2016年)

行业	Sector	企业单位数(个) Number of Enterprises (unit)	从业人员年平均人数(人) Annual Average Employment Personnel (person)
总计	**Total**	**180**	**325225**
# 石油和天然气开采业	Extraction of Petroleum and Natural Gas	2	20306
非金属矿采选业	Mining and Processing of Nonmetal Ores	2	6257
开采辅助活动	Mining Assistant Activities	4	40930
农副食品加工业	Processing of Food from Agricultural Products	5	2577
食品制造业	Manufacture of Food	7	4427
石油加工、炼焦及核燃料加工业	Processing of Petroleum, Coking, Processing of Nuclear Fuel	5	12674
化学原料及化学制品制造业	Manufacture of Raw Chemical Materials and	9	15473
医药制造业	Chemical Products	12	11038
橡胶和塑料制品业	Manufacture of Medicines	3	2218
非金属矿物制品业	Manufacture of Rubber and Plastic	6	4984
黑色金属冶炼和压延加工业	Manufacture of Non-metallic Mineral Products	21	59156
有色金属冶炼和压延加工业	Smelting and Pressing of Ferrous Metals	2	1094
金属制品业	Smelting and Pressing of Non-ferrous Metals	9	5937
通用设备制造业	Manufacture of Metal Products	8	5876
专用设备制造业	Manufacture of General Purpose Machinery	14	24425
汽车制造业	Manufacture of Special Purpose Machinery	8	23456
铁路、船舶、航空航天和其他运输设备制造业	Railway, Watercraft, Aerospace and Other Transport Equipment	13	33233
电气机械和器材制造业	Manufacture of Electrical Machinery and Equipment	6	8500
计算机、通信和其他电子设备制造业	Manufacture of Computers, Communication and Other Electronic Equipment	9	7506
仪器仪表制造业	Manufacture of Measuring Instruments	2	1836
电力、热力生产和供应业	Production and Supply of Electric Power and Heat Power	22	20575
燃气生产和供应业	Production and Supply of Gas	2	3989
水的生产和供应业	Production and Supply of Water	3	2528

Main Economic Indicators of Large and Medium-sized State-owned and State-holding Industrial Enterprises by Sector,2016

单位：万元(10 000 yuan)

资产总计 Total Assets	流动资产合 计 Total Working Capitals	固定资产合 计 Total Fixed Assets	主 营 业务收入 Revenue from Principal Business	利税总额 Total Profits and Taxes	# 利润总额 Total Pre-tax Profits
107991430	**42846243**	**47055694**	**58964510**	**7993768**	**3527562**
13243436	1180317	11232108	6013803	2328584	1540381
1770371	1358906	339751	134831	23818	5816
3665352	2240947	945201	2108480	52810	-29070
1540079	1020992	65110	985145	30024	13221
348009	194636	106761	342149	38132	29454
3591255	1481610	1699666	5587988	2101494	573866
7375941	1632816	3373094	4001246	451874	322828
2012535	1087063	536918	1590727	272837	183673
400414	112430	63584	162517	2389	-489
647124	410769	152332	390653	61691	18172
33983477	15389435	12223251	11243140	457429	46961
718375	561517	119058	1191362	-6739	-8477
1940142	1171982	663621	903551	30663	3333
1240091	568266	570914	339811	-13310	-16495
3485473	2528214	708016	1835775	-74752	-119432
2585379	1629754	648958	5672499	808035	357457
6665996	3932151	1426934	5768418	242138	174870
1697831	1025202	413879	848546	61952	46352
2953095	1682318	220120	909928	98323	75661
401822	199315	32829	180766	19462	17996
13544514	2037950	9762007	6742376	658002	267554
1152403	272250	827058	643029	-3492	-7187
1698405	449676	569139	186805	-28452	-42814

13-13 规模以上小微型工业企业主要经济指标(2016年)

项 目	Item	企业单位数(个) Number of Enterprises (unit)	从业人员年平均人数(人) Annual Average Employment Personnel (person)
全市总计	**Total**	**4296**	**411369**
按登记注册类型分	**Grouped by Status of Registration**		
内资企业	Domestic-funded Enterprises	3268	296606
国 有	State-owned Enterprises	16	1622
集 体	Collective-owned Enterprises	41	3631
股份合作	Cooperative Enterprises	30	3198
私营企业	Private Enterprises	2188	184132
股份有限公司	Share-holding Corporations Ltd.	107	13499
有限责任公司	Limited Liability Corporations	883	90213
# 国有独资公司	Sole State-funded Corporations	51	6132
其 他	Others	3	311
港、澳、台商投资企业	Enterprises with Investment from Hong Kong, Macao and Taiwan	192	21835
外商投资企业	Foreign Funded Enterprises	836	92928
按隶属关系分	**Grouped by Administrative Relationship**		
中 央	Central Industry	10	1334
地 方	Local Industry	4286	410035
按企业规模分	**Grouped by Size of Enterprises**		
小 型	Small-sized	3997	406000
微 型	Mini-sized	299	5369
按企业控股情况分	**Grouped by Company Holding Type**		
国有及国有控股企业	State-owned and State-holding Enterprises	350	41478
民营及民营控股企业	Private and Private Holding Enterprises	3075	273310
外商及港澳台商控股企业	Hong Kong, Macao,Taiwan and Foreign Funded Holding Enterprises	871	96581

Main Economic Indicators of Small and Mini-sized Industrial Enterprises above Designated Size,2016

单位：万元(10 000 yuan)

资产总计 Total Assets	流动资产合计 Total Working Capitals	固定资产合计 Total Fixed Assets	负债合计 Total Liabilities	主营业务收入 Revenue from Principal Business	利税总额 Total Profits and Taxes	# 利润总额 Total Pre-tax Profits
58976818	**35507634**	**16084679**	**35826543**	**72177040**	**5506949**	**3268785**
41146439	23914717	11198363	25634765	53284414	4141762	2614719
851420	496721	99262	679988	133448	-12358	-4509
233588	185301	32116	91319	390303	31328	17360
382992	291705	60051	271962	232665	9639	4091
16612292	9829327	4658319	9776986	31325579	2486058	1612108
1825875	1040075	484059	987735	1830657	228877	136896
21212959	12057460	5851471	13817371	19350056	1396164	846895
2373203	1153096	869774	1705100	1214282	51780	25051
27313	14128	13085	9403	21707	2054	1879
3601040	2284812	976502	1991846	3204142	346425	213225
14229339	9308105	3909814	8199932	15688484	1018763	440841
620019	313285	267521	302206	384173	76158	55685
58356800	35194349	15817158	35524337	71792866	5430791	3213100
55801703	33179607	15764183	33542179	68407817	5306549	3115667
3175115	2328028	320496	2284364	3769222	200400	153118
12570237	6509441	3900746	8511693	9233096	436727	232264
32008693	19659162	8064440	19269531	48351552	3973202	2485430
14397889	9339031	4119492	8045319	14592392	1097020	551091

13-14 分行业规模以上小微型工业企业主要经济指标(2016年)

行业	Sector	企业单位数(个) Number of Enterprises (unit)	从业人员年平均人数(人) Annual Average Employment Personnel (person)
总计	**Total**	**4296**	**411369**
# 非金属矿采选业	Mining and Processing of Nonmetal Ores	2	303
开采辅助活动	Mining Assistant Activities	3	618
农副食品加工业	Processing of Food from Agricultural Products	143	13394
食品制造业	Manufacture of Foods	88	10431
酒、饮料和精制茶制造业	Manufacture of Alcohol, Beverages and refined Tea	25	3652
纺织业	Manufacture of Textile	47	4463
纺织服装、服饰业	Manufacture of Textile Wearing and Apparel	69	8639
皮革、毛皮、羽毛及其制品业和制鞋业	Manufacture of Leather, Fur, Feather and Related Products, Footware	27	2928
木材加工和木、竹、藤、棕、草制品业	Processing of Timber, Manufacture of Wood, Bamboo, Rattan, Palm and Straw Products	29	2185
家具制造业	Manufacture of Furniture	60	6804
造纸及纸制品业	Manufacture of Paper and Paper Products	120	11347
印刷和记录媒介复制业	Printing, Reproduction of Recording Media	70	7711
文教、工美、体育和娱乐用品制造业	Manufacture of Articles for Culture,Education and Industrial Arts,Sport Activity,Amusement manufacturing	89	9217
石油加工、炼焦及核燃料加工业	Processing of Petroleum, Coking, Processing of Nuclear Fuel	35	2459
化学原料及化学制品制造业	Manufacture of Raw Chemical Materials and Chemical Products	310	25203
医药制造业	Manufacture of Medicines	68	8225
化学纤维制造业	Manufacture of Chemical Fibers	3	300
橡胶和塑料制品业	Manufacture of Rubber and Plastic	262	24548
非金属矿物制品业	Manufacture of Non-metallic Mineral Products	230	18247
黑色金属冶炼和压延加工业	Smelting and Pressing of Ferrous Metals	241	18316
有色金属冶炼和压延加工业	Smelting and Pressing of Non-ferrous Metals	91	5292
金属制品业	Manufacture of Metal Products	447	38362
通用设备制造业	Manufacture of General Purpose Machinery	326	31748
专用设备制造业	Manufacture of Special Purpose Machinery	312	30470
汽车制造业	Manufacture of Special Purpose Machinery	245	29702
铁路、船舶、航空航天和其他运输设备制造业	Railway, Watercraft, Aerospace and Other Transport Equipment	180	18998
电气机械和器材制造业	Manufacture of Electrical Machinery and Equipment	270	25411
计算机、通信和其他电子设备制造业	Manufacture of Computers, Communication and Other Electronic Equipment	186	20402
仪器仪表制造业	Manufacture of Measuring Instruments	64	6445
其他制造业	Other Manufacturing	71	9185
废弃资源综合利用业	Comprehensive Recycling of Waste	71	5014
金属制品、机械和设备修理业	Metal Products, Machine and Equipment Repair	8	742
电力、热力生产和供应业	Production and Supply of Electric Power and Heat Power	56	5967
燃气生产和供应业	Production and Supply of Gas	17	1269
水的生产和供应业	Production and Supply of Water	29	3020

Main Economic Indicators of Small and Mini-sized Industrial Enterprises above Designated Size by Sector,2016

单位：万元 (10 000 yuan)

资产总计 Total Assets	流动资产合计 Total Working Capitals	固定资产合计 Total Fixed Assets	主营业务收入 Revenue from Principal Business	利税总额 Total Profits and Taxes	# 利润总额 Total Pre-tax Profits
58976818	**35507634**	**16084679**	**72177040**	**5506949**	**3268785**
84418	44720	16091	11801	396	182
80614	49815	30751	45818	4497	2365
2264567	1363380	642078	5296715	127961	86682
1204213	739432	340418	1319350	229340	176014
568425	318268	200786	577009	31369	8212
413087	198190	181495	595343	53099	33659
425711	312549	84982	790701	81820	49062
104994	70494	28174	316043	33828	22484
129782	91486	28239	206344	25810	18505
495027	347274	104872	790047	104707	80743
1197478	647834	427581	1307671	89787	41281
554490	268445	227756	712461	64149	38695
491298	369699	67197	1128922	40306	26074
1062114	659535	314456	2614470	222365	87612
5030867	2741741	1582669	6539778	603830	378160
3151092	1646682	798111	1459001	317939	178543
57211	41833	15224	41305	7934	5549
2145243	1185320	706050	2886071	234568	135159
2962817	1768508	1032529	2330170	210096	119857
3178698	2054605	732512	5638078	208577	149369
839867	562166	199726	2574429	69171	29662
3902971	2461974	987023	6298903	506393	293597
3640184	2240069	1014764	4275410	402122	238513
3901849	2529531	885006	5562916	352304	223539
3156815	1807838	996929	3190399	231623	129107
1612266	953786	348137	2208307	168415	89347
3933573	2751348	811524	5563330	285508	80138
3212123	2585914	332880	2258459	215102	153246
602190	477869	76715	518799	54462	32173
375066	225356	105121	1005827	87452	74302
1645841	1182866	197593	1784058	141787	86958
145043	100092	32536	144161	20213	9228
4878438	2030497	1871464	1521605	212964	144641
322168	170955	122289	286752	27694	17927
1179799	487050	540382	353613	35171	25193

13-15 高技术产业(制造业)主要经济效益指标及比重(2016年)

Main Indicators on Economic Benefit and Proportion of High Technology Industry(Manufacturing),2016

单位：亿元(100 million yuan)

指　标 Item	2016	2016比2015年增长(%) Increase Rate in 2016 over 2015(%)	比 重 (%) Proportion(%)
主营业务收入 Revenue from Principal Business	**3762.45**	**-4.7**	**100**
按技术领域分 Grouped by Technical Field			
医药制造业 Medical and Pharmaceutical Product	567.41	2.1	15.1
航空、航天器及设备制造业 Aviation and Aircraft Equipment Manufacturing	904.01	16.3	24.0
电子及通信设备制造业 Electron and Communicate Equipments	1744.42	-10.0	46.4
计算机及办公设备制造业 Manufacture of Computers and Office Equipment	395.18	-8.5	10.5
医疗仪器设备及仪器仪表制造业 Medical Treatment Instrument and Meter	125.40	4.0	3.3
信息化学品制造业 Information Chemical Product	26.03	25.1	0.7

13-15续表 *Continued*

单位：亿元(100 million yuan)

指　标 Item	2016	2016比2015年增长(%) Increase Rate in 2016 over 2015(%)	比 重 (%) Proportion(%)
利润总额 Total Pre-tax Profits	**296.23**	**5.8**	**100**
按技术领域分 Grouped by Technical Field			
医药制造业 Medical and Pharmaceutical Product	72.37	21.0	24.4
航空、航天器及设备制造业 Aviation and Aircraft Equipment Manufacturing	58.51	-3.8	19.8
电子及通信设备制造业 Electron and Communicate Equipments	102.88	-0.9	34.7
计算机及办公设备制造业 Manufacture of Computers and Office Equipment	51.82	54.5	17.5
医疗仪器设备及仪器仪表制造业 Medical Treatment Instrument and Meter	8.97	1.4	3.0
信息化学品制造业 Information Chemical Product	1.67	12.2	0.6

注：高技术产业(制造业)为全国统一分类标准，具体内容详见本篇指标解释。

Note: Hightech industry (Manufacturing) for the national unified classification standards,and the specific content is in the explanatory notes on main statistical indicators.

13–16 装备制造业主要效益指标及比重(2016年)

Main Indicators on Economic Benefit and Proportion of Equipment Manufacture Industry,2016

单位：亿元(100 million yuan)

指 标 Item	2016	2016比2015年增长(%) Increase Rate in 2016 over 2015(%)	比 重 (%) Proportion(%)
主营业务收入 Revenue from Principal Business	**10542.10**	**-0.1**	**100**
按行业分 Grouped by Sector			
金属制品业 Manufacture of Metal Products	1442.08	6.0	13.7
通用设备制造业 Manufacture of General Purpose Machinery	1234.28	4.8	11.7
专用设备制造业 Manufacture of Special Purpose Machinery	934.00	10.0	8.9
汽车制造业 Manufacture of Matorcar	2342.80	11.3	22.2
铁路、船舶、航空航天和其他运输设备制造业 Railway, Watercraft, Aerospace and Other Transport Equipment	1299.93	14.4	12.3
电气机械和器材制造业 Manufacture of Electrical Machinery and Equipment	1268.76	15.7	12.0
计算机、通信和其他电子设备制造业 Manufacture of Computers, Communication and Other Electronic Equipment	1932.92	-10.7	18.3
仪器仪表制造业 Manufacture of Measuring Instruments	87.35	-4.5	0.8

13–16续表 *Continued*

单位：亿元(100 million yuan)

指 标 Item	2016	2016比2015年增长(%) Increase Rate in 2016 over 2015(%)	比 重 (%) Proportion(%)
利润总额 Total Pre-tax Profits	**755.38**	**-0.8**	**100**
按行业分 Grouped by Sector			
金属制品业 Manufacture of Metal Products	119.05	0.6	15.8
通用设备制造业 Manufacture of General Purpose Machinery	98.92	-11.1	13.1
专用设备制造业 Manufacture of Special Purpose Machinery	29.59	-22.4	3.9
汽车制造业 Manufacture of Motorcar	215.93	11.0	28.6
铁路、船舶、航空航天和其他运输设备制造业 Railway, Watercraft, Aerospace and Other Transport Equipment	78.09	-0.5	10.3
电气机械和器材制造业 Manufacture of Electrical Machinery and Equipment	62.11	6.0	8.2
计算机、通信和其他电子设备制造业 Manufacture of Computers, Communication and Other Electronic Equipment	147.10	2.5	19.5
仪器仪表制造业 Manufacture of Measuring Instruments	4.59	-19.7	0.6

注：装备制造业为全国统一分类标准，具体内容详见本篇指标解释。

Note: Equipment Manufacture Industry for the national unified classification standards,and the specific content is in the explanatory notes on main statistical indicators.

13-17 高新技术产业主要经济指标(2016年)

行 业	Sector	企业单位数(个) Number of Enterprises (unit)	从业人员年平均人数(人) Annual Average Employment Personnel (person)
全市总计	**Total**	**1589**	**498876**
按企业规模分	**Grouped by Size of Enterprises**		
大 型	Large-sized	83	239171
中 型	Medium-sized	226	127083
小 型	Small-sized	1203	131345
微 型	Mini-sized	77	1277
按登记注册类型分	**Grouped by Status of Registration**		
内资企业	Domestic-funded Enterprises	995	250087
国 有	State-owned Enterprises	10	25967
集 体	Collective-owned Enterprises	8	762
股份合作	Cooperative Enterprises	10	1292
私营企业	Private Enterprises	562	69636
股份有限公司	Share-holding Corporations Ltd.	65	47365
有限责任公司	Limited Liability Corporations	340	105065
# 国有独资公司	Sole State-funded Corporations	22	17982
其 他	Others		
港、澳、台商投资企业	Enterprises with Investment from Hong Kong, Macao and Taiwan	91	66623
外商投资企业	Foreign Funded Enterprises	503	182166
按技术领域分	**Grouped by Technical Field**		
电子信息	Electronics and Information	439	141571
航空航天	Aviation and Spaceflight	26	29386
光机电一体化	Photoelectric Mechanical Electron Incorporated	722	219205
生物技术和医药	Biology Technology and Pharmaceutical	184	69176
新材料	New Materials	135	15267
新能源和节能材料	New Energy and Energy Saving Materials	53	21489
环境保护	Environmental Protection	30	2782

注：高新技术产业为天津地方标准。

Note:High & New Technology Industry for Tianjin municipal standards.

Main Economic Indicators of High & New Technology Industry,2016

单位：亿元(100 million yuan)

工 业 总产值 Gross Output Value of Industry	资产总计 Total Assets	流动资产合 计 Total Working Capitals	固定资产合 计 Total Fixed Assets	负债合计 Total Liabilities	主 营 业务收入 Revenue from Principal Business	利税总额 Total Profits and Taxes	# 利润总额 Total Pre-tax Profits
9303.50	**8100.65**	**4752.94**	**2352.93**	**4556.88**	**9023.92**	**1110.42**	**807.78**
4817.72	3378.07	2154.25	818.53	1831.65	4780.49	691.19	532.33
2084.34	2573.90	1237.65	1037.86	1498.75	1992.01	228.17	165.39
2259.15	2048.94	1285.44	489.34	1155.52	2137.98	181.80	101.79
142.29	99.75	75.60	7.20	70.96	113.43	9.26	8.27
4758.49	3995.70	2385.25	833.80	2177.59	4573.05	605.73	447.95
407.08	545.38	353.71	93.83	345.80	426.79	16.11	13.96
9.50	7.00	6.27	0.69	2.11	9.33	0.83	0.49
9.69	9.67	7.76	1.50	4.76	9.55	0.78	0.48
1307.68	774.20	493.40	163.49	427.92	1244.41	124.90	93.11
532.37	975.93	540.66	181.14	390.29	558.44	73.14	52.85
2492.18	1683.52	983.46	393.15	1006.71	2324.52	389.96	287.06
123.10	201.47	149.96	36.78	164.82	99.91	0.80	-3.45
932.67	716.61	560.18	102.70	368.52	897.27	146.44	120.81
3612.33	3388.34	1807.51	1416.43	2010.77	3553.60	358.25	239.02
2798.87	1892.42	1392.26	287.11	949.88	2674.69	251.87	185.14
938.32	1379.68	491.81	794.09	1086.79	905.52	67.28	58.60
2995.64	2689.95	1724.37	644.53	1568.65	2928.59	289.85	200.24
1655.83	1185.28	678.87	305.68	463.09	1654.37	396.73	291.43
554.52	462.12	197.57	186.01	203.76	535.58	68.51	49.68
289.85	429.37	235.34	117.56	250.82	270.72	24.89	14.77
70.46	61.83	32.73	17.96	33.90	54.45	11.30	7.92

13-18 优势产业主要经济指标(2016年)

项　目	Item	企业单位数(个) Number of Enterprises (unit)	从业人员年平均人数(人) Annual Average Employment Personnel (person)
全市总计	**Total**	**4896**	**1363088**
按企业规模分	**Grouped by Size of Enterprises**		
大　型	Large-sized	180	615028
中　型	Medium-sized	672	359493
小　型	Small-sized	3766	383502
微　型	Mini-sized	278	5065
按登记注册类型分	**Grouped by Status of Registration**		
内资企业	Domestic-funded Enterprises	3574	858491
国　有	State-owned Enterprises	21	31192
集　体	Collective-owned Enterprises	43	4770
股份合作	Cooperative Enterprises	34	5689
私营企业	Private Enterprises	2332	349826
股份有限公司	Share-holding Corporations Ltd.	160	114803
有限责任公司	Limited Liability Corporations	981	351530
# 国有独资公司	Sole State-funded Corporations	57	78022
联营企业	Joint Ownership Enterprises	1	401
其　他	Others	2	280
港、澳、台商投资企业	Enterprises with Investment from Hong Kong, Macao and Taiwan	260	174148
外商投资企业	Foreign Funded Enterprises	1062	330449
按产业分	**Grouped by Industry**		
电子信息产业	Electronic Information Industry	300	121305
航空航天产业	Aerospace Industry	25	29220
机械装备产业	Equipment Manufacturing Industry	1019	209123
汽车产业	The Automotive Manufacturing	327	136790
新材料产业	New Materials Industry	798	122620
生物医药产业	Biomedical Industry	166	67160
新能源产业	New Energy Industry	88	36249
资源循环及环保产业	Recycling and Environmental Protection Industry	103	8489
石油化工产业	Petrochemical Industry	139	104057
冶金产业	Metallurgy Industry	710	187522
轻纺工业	Light and Textile Industry	1221	340553

注：优势产业为天津地方标准。
Note:Competitive Industry for Tianjin municipal standards.

Main Economic Indicators of Competitive Industry,2016

单位：亿元(100 million yuan)

工业总产值 Gross Output Value of Industry	资产总计 Total Assets	流动资产合计 Total Working Capitals	固定资产合计 Total Fixed Assets	负债合计 Total Liabilities	主营业务收入 Revenue from Principal Business	利税总额 Total Profits and Taxes	# 利润总额 Total Pre-tax Profits
25978.64	**22159.85**	**11364.31**	**7612.28**	**13570.28**	**24516.10**	**3080.99**	**1975.06**
12464.67	11349.30	5310.20	4536.46	7172.51	11488.39	1799.43	1138.61
6363.38	5632.59	2842.35	1765.01	3299.72	6160.39	768.48	533.35
6703.43	4882.42	2988.97	1285.84	2885.47	6500.17	493.85	288.25
447.16	295.54	222.79	24.98	212.59	367.14	19.23	14.85
17588.47	15536.28	7553.34	5229.24	9943.61	16513.34	2217.49	1412.33
474.64	649.32	429.53	113.97	434.63	514.97	53.66	21.21
42.56	25.06	19.59	3.91	9.58	40.60	3.22	1.80
198.87	70.52	52.58	11.68	49.06	207.29	39.81	29.74
6880.25	3147.68	1664.54	1031.65	1813.09	6698.63	826.93	613.13
2342.29	3644.22	1304.94	1614.35	2178.50	2278.49	565.77	314.83
7647.00	7997.16	4081.22	2452.32	5457.96	6770.56	727.89	431.48
954.03	1485.91	801.66	415.79	901.25	947.09	105.01	20.88
0.98	0.12	0.07	0.05	0.07	0.95	0.09	0.04
1.87	2.19	0.89	1.30	0.72	1.84	0.11	0.10
1798.39	1458.68	999.83	354.70	699.64	1753.75	259.35	197.61
6591.78	5164.89	2811.15	2028.34	2927.04	6249.01	604.14	365.12
2073.46	1476.48	1086.65	212.94	718.01	1982.09	186.65	149.23
937.16	1378.77	490.98	794.05	1086.18	904.01	67.07	58.51
3074.32	2801.38	1810.38	657.36	1665.62	2981.72	264.97	164.28
2512.59	1632.23	1020.65	456.01	939.99	2342.80	358.11	215.93
2144.40	1596.00	809.39	558.97	795.62	2100.20	272.91	194.27
1642.82	1173.76	668.84	304.06	457.35	1642.18	396.09	291.00
624.07	667.91	381.71	164.25	380.87	585.42	46.81	29.50
307.51	240.43	157.86	41.44	171.14	247.00	27.53	17.10
2581.90	3127.26	969.71	1755.63	1923.31	2519.47	573.67	270.40
6002.89	5614.93	2563.40	1926.91	3975.49	5368.05	479.33	324.68
4077.53	2450.70	1404.75	740.68	1456.70	3843.17	407.86	260.16

13-19 规模以上工业企业主要经济效益指标(2000—2016年)

Main Indicators on Economic Benefit of Industrial Enterprises above Designated Size,2000-2016

年 份 Year	产品销售率(%) Proportion of Products Sold (%)	资金利税率(%) Ratio of Profits and Taxes to Total Assets(%)	总资产贡献率(%) Ratio of Total Assets to Industrial Output Value (%)	成本费用利润率(%) Ratio of Pre-tax Profits to Industrial Cost(%)	资 产 负债率(%) Ratio of Debts to Assets(%)	流动资产周转率(次) Number of Times of Turnover of Working Capitals(time)
全 市 合 计 **Total**						
2000	98.4	9.0	8.9	6.5		
2001	96.7	9.5	9.3	6.6		1.7
2002	99.1	9.0	8.7	5.8		1.8
2003	98.9	10.6	9.9	6.0		2.1
2004	99.0	12.8	12.8	7.5		2.3
2005	100.6	15.6	14.5	8.5		2.3
2006	99.2	17.5	15.9	8.7		2.6
2007	99.7	16.6	15.0	8.1		2.6
2008	98.4	12.5	12.1	6.3		2.5
2009	98.2	12.8	12.1	6.8	62.5	2.1
2010	98.9	18.3	17.3	9.8	60.5	2.3
2011	99.3	18.9	18.0	10.2	62.5	2.2
2012	98.9	18.4	17.6	9.8	63.5	2.2
2013	98.1	18.6	17.4	9.1	63.6	2.2
2014	97.7	16.0	15.7	8.7	61.7	2.2
2015	97.2	14.7	14.6	8.7	62.8	2.1
2016	97.3	15.0	14.6	8.7	61.4	2.1
# 国有经济 **State-owned**						
2000	100.0	1.3	1.3			
2001	99.0	1.3	2.4			1.1
2002	100.5	1.7	2.4			1.0
2003	100.2	4.1	4.2	1.6		1.4
2004	101.0	3.5	3.3	0.4		1.6
2005	102.0	4.3	3.7	1.5		1.3
2006	99.9	6.6	7.1	2.6		1.7
2007	99.5	8.2	6.9	3.4		1.9
2008	97.2	5.9	5.4	1.5		2.1
2009	100.0	5.7	5.6	0.1	70.7	1.6
2010	99.2	8.1	8.2	1.5	67.0	2.0
2011	98.1	7.4	7.5	1.1	66.3	1.9
2012	97.4	6.1	6.6	0.9	66.8	1.8
2013	96.5	7.5	7.2	1.5	66.3	1.5
2014	94.5	4.7	6.4	0.3	60.1	1.5
2015	96.4	7.6	6.8	2.0	62.2	1.3
2016	96.7	6.4	14.3	2.8	60.6	1.2

13-20 规模以上工业企业主要经济效益指标(2016年)

Main Indicators on Economic Benefit of Industrial Enterprises above Designated Size,2016

项 目	Item	总资产贡献率(%) Ratio of Total Assets to Industrial Output Value (%)	资 产 负债率(%) Ratio of Debts to Assets(%)	流动资产周转率(次) Number of Times of Turnover of Working Capitals(time)
全 市 总 计	**Total**	**14.6**	**61.4**	**2.1**
按企业规模分	**Grouped by Size of Enterprises**			
大 型	Large-sized	15.2	62.3	2.1
中 型	Medium-sized	17.7	60.2	2.2
小 型	Small-sized	10.1	60.1	2.1
微 型	Mini-sized	6.8	71.9	1.6
按登记注册类型分	**Grouped by Status of Registration**			
内资企业	Domestic-funded Enterprises	15.2	63.8	2.1
国 有	State-owned Enterprises	25.2	61.8	1.6
集 体	Collective-owned Enterprises	13.9	37.5	2.1
股份合作	Cooperative Enterprises	56.5	69.6	3.9
私营企业	Private Enterprises	25.3	58.7	3.8
股份有限公司	Share-holding Corporations Ltd.	16.1	59.6	1.7
有限责任公司	Limited Liability Corporations	9.3	67.6	1.6
# 国有独资公司	Sole State-funded Corporations	6.1	59.7	1.0
联营企业	Joint Ownership Enterprises	73.2	60.5	14.5
# 集体联营	Collective Joint Ownership Enterprises	73.2	60.5	14.5
其 他	Others	7.5	34.4	1.5
港、澳、台商投资企业	Enterprises with Investment from Hong Kong, Macao and Taiwan	16.5	50.0	1.8
外商投资企业	Foreign Funded Enterprises	12.0	56.8	2.2
按企业控股情况分	**Grouped by Company Holding Type**			
国有及国有控股企业	State-owned and State-holding Enterprises	10.1	66.5	1.4
民营及民营控股企业	Private and Private Holding Enterprises	23.7	57.2	3.1
外商及港澳台商控股企业	Hong Kong, Macao,Taiwan and Foreign Funded Holding Enterprises	12.5	55.7	2.0

13-20续表 *Continued*

项　目	Item	成本费用利润率(%) Ratio of Pretax Profits to Industrial Cost(%)	产品销售率(%) Proportion of Products Sold (%)	流动比率(%) Current Ratio (%)	速动比率(%) Quick Ratio (%)
全市总计	**Total**	**8.7**	**97.3**	**104.4**	**81.1**
按企业规模分	**Grouped by Size of Enterprises**				
大　型	Large-sized	10.8	97.1	88.6	66.3
中　型	Medium-sized	9.5	96.4	126.8	103.8
小　型	Small-sized	4.8	98.7	119.8	93.6
微　型	Mini-sized	4.2	92.1	124.5	106.8
按登记注册类型分	**Grouped by Status of Registration**				
内资企业	Domestic-funded Enterprises	9.2	97.5	91.2	70.1
国　有	State-owned Enterprises	4.0	98.9	73.3	47.9
集　体	Collective-owned Enterprises	4.7	98.6	256.0	207.3
股份合作	Cooperative Enterprises	16.7	99.5	193.6	149.5
私营企业	Private Enterprises	10.0	97.2	114.5	93.3
股份有限公司	Share-holding Corporations Ltd.	16.6	98.0	84.3	72.1
有限责任公司	Limited Liability Corporations	6.8	97.5	88.0	65.0
# 国有独资公司	Sole State-funded Corporations	1.9	94.9	109.3	82.7
联营企业	Joint Ownership Enterprises	4.3	100.0	91.3	84.0
# 集体联营	Collective Joint Ownership Enterprises	4.3	100.0	91.3	84.0
其　他	Others	8.8	98.2	150.3	130.8
港、澳、台商投资企业	Enterprises with Investment from Hong Kong, Macao and Taiwan	12.3	95.1	151.6	119.8
外商投资企业	Foreign Funded Enterprises	6.3	97.2	150.2	119.6
按企业控股情况分	**Grouped by Company Holding Type**				
国有及国有控股企业	State-owned and State-holding Enterprises	6.0	97.6	78.8	58.3
民营及民营控股企业	Private and Private Holding Enterprises	10.6	97.2	119.4	96.7
外商及港澳台商控股企业	Hong Kong, Macao,Taiwan and Foreign Funded Holding Enterprises	7.9	97.1	156.7	123.8

13-21 分行业规模以上工业企业主要经济效益指标(2016年)

Main Indicators on Economic Benefit of Industrial Enterprises above Designated Size by Sector,2016

项 目	Item	总资产贡献率(%) Ratio of Total Assets to Industrial Output Value (%)	资产负债率(%) Ratio of Debts to Assets (%)	流动资产周转率(次) Number of Times of Turnover of Working Capitals(time)
总 计	**Total**	**14.6**	**61.4**	**2.1**
煤炭开采和洗选业	Mining and Washing of Coal	3.6	81.2	0.4
石油和天然气开采业	Extraction of Petroleum and Natural Gas	17.6	65.6	5.1
黑色金属矿采选业	Mining and Processing of Ferrous Metal Ores	12.1	73.8	1.8
非金属矿采选业	Mining and Processing of Nonmetal Ores	1.5	33.4	0.1
开采辅助活动	Mining Assistant Activities	1.0	34.7	0.9
农副食品加工业	Processing of Food from Agricultural Products	50.7	70.0	2.3
食品制造业	Manufacture of Food	62.7	52.2	5.0
酒、饮料和精制茶制造业	Manufacture of Alcohol, Beverages and Refined Tea	6.0	67.6	2.8
烟草制品业	Manufacture of Tobacco	112.1	100.0	3.0
纺织业	Manufacture of Textile	8.5	58.8	2.2
纺织服装、服饰业	Manufacture of Textile Wearing and Apparel	35.7	28.0	2.5
皮革、毛皮、羽毛及其制品业和制鞋业	Manufacture of Leather, Fur, Feather and Related Products, Footware	52.1	65.4	4.6
木材加工和木、竹、藤、棕、草制品业	Processing of Timber, Manufacture of Wood, Bamboo, Rattan, Palm and Straw Products	20.0	58.3	2.3
家具制造业	Manufacture of Furniture	14.3	69.8	1.8
造纸及纸制品业	Manufacture of Paper and Paper Products	10.7	58.9	2.3
印刷和记录媒介复制业	Printing, Reproduction of Recording Media	14.5	51.8	2.7
文教、工美、体育和娱乐用品制造业	Manufacture of Articles for Culture, Education andIndustrial Arts, Sport Activities, Amusement Manufacturing	55.2	51.4	6.8
石油加工、炼焦及核燃料加工业	Processing of Petroleum, Coking, Processing of Nuclear Fuel	44.4	54.7	3.0
化学原料及化学制品制造业	Manufacture of Raw Chemical Materials and Chemical Products	13.4	57.7	2.5
医药制造业	Manufacture of Medicines	13.5	39.4	1.1
化学纤维制造业	Manufacture of Chemical Fibers	15.3	64.3	1.0
橡胶和塑料制品业	Manufacture of Rubber and Plastic	14.4	53.9	2.5
非金属矿物制品业	Manufacture of Non-metallic Mineral Products	10.2	58.7	1.6
黑色金属冶炼和压延加工业	Smelting and Pressing of Ferrous Metals	7.8	75.3	1.8
有色金属冶炼和压延加工业	Smelting and Pressing of Non-ferrous Metals	16.0	53.6	3.5
金属制品业	Manufacture of Metal Products	18.5	54.8	2.7
通用设备制造业	Manufacture of General Purpose Machinery	13.7	55.3	1.9
专用设备制造业	Manufacture of Special Purpose Machinery	5.8	58.7	1.4
汽车制造业	Manufacture of Motorcar	22.6	57.6	2.3
铁路、船舶、航空航天和其他运输设备制造业	Railway, Watercraft, Aerospace and Other Transport Equipment	5.8	77.6	1.8
电气机械和器材制造业	Manufacture of Electrical Machinery and Equipment	12.4	55.1	2.0
计算机、通信和其他电子设备制造业	Manufacture of Computers, Communication and Other Electronic Equipment	13.0	48.7	1.8
仪器仪表制造业	Manufacture of Measuring Instruments	6.4	53.1	1.1
其他制造业	Other Manufacturing	21.4	63.5	4.1
废弃资源综合利用业	Comprehensive Recycling of Waste	10.0	76.8	1.5
金属制品、机械和设备修理业	Metal Products, Machine and Equipment Repair	14.0	59.5	1.0
电力、热力生产和供应业	Production and Supply of Electric Power and Heat Power	5.4	63.3	2.0
燃气生产和供应业	Production and Supply of Gas	3.0	49.5	1.9
水的生产和供应业	Production and Supply of Water	1.0	69.5	0.6

13-21续表 *Continued*

项　目	Item	成本费用利润率(%) Ratio of Pretax Profits to Industrial Cost(%)	产品销售率(%) Proportion of Products Sold (%)	流动比率(%) Current Ratio (%)	速动比率(%) Quick Ratio (%)
总　计	**Total**	**8.7**	**97.3**	**104.4**	**81.1**
煤炭开采和洗选业	Mining and Washing of Coal	9.4	100.0	1974.3	1798.1
石油和天然气开采业	Extraction of Petroleum and Natural Gas	37.4	99.9	24.2	19.4
黑色金属矿采选业	Mining and Processing of Ferrous Metal Ores	20.5	74.4	46.9	42.9
非金属矿采选业	Mining and Processing of Nonmetal Ores	3.4	100.9	231.1	220.6
开采辅助活动	Mining Assistant Activities	-1.2	84.9	186.3	179.2
农副食品加工业	Processing of Food from Agricultural Products	1.9	98.8	179.7	140.4
食品制造业	Manufacture of Food	20.7	97.2	124.1	109.7
酒、饮料和精制茶制造业	Manufacture of Alcohol, Beverages and Refined Tea	1.2	96.0	62.1	47.9
烟草制品业	Manufacture of Tobacco	28.4	99.1	54.8	42.7
纺织业	Manufacture of Textile	4.0	93.0	103.9	69.9
纺织服装、服饰业	Manufacture of Textile Wearing and Apparel	12.3	99.1	297.1	175.0
皮革、毛皮、羽毛及其制品业和制鞋业	Manufacture of Leather, Fur, Feather and Related Products, Footware	13.0	98.9	118.0	78.2
木材加工和木、竹、藤、棕、草制品业	Processing of Timber, Manufacture of Wood, Bamboo,Rattan, Palm and Straw Products	9.6	99.6	132.3	111.5
家具制造业	Manufacture of Furniture	9.9	98.8	100.8	78.2
造纸及纸制品业	Manufacture of Paper and Paper Products	6.5	99.9	92.2	76.3
印刷和记录媒介复制业	Printing, Reproduction of Recording Media	7.5	99.1	98.4	76.5
文教、工美、体育和娱乐用品制造业	Manufacture of Articles For Culture, Education and Industrial Arts, Sport Activities, Amusement Manufacturing	12.2	93.4	169.8	121.2
石油加工、炼焦及核燃料加工业	Processing of Petroleum, Coking, Processing of Nuclear Fuel	10.4	99.1	117.0	78.0
化学原料及化学制品制造业	Manufacture of Raw Chemical Materials and Chemical Products	9.4	98.9	88.3	67.3
医药制造业	Manufacture of Medicines	14.2	94.1	164.2	122.2
化学纤维制造业	Manufacture of Chemical Fibers	14.4	112.9	113.8	56.9
橡胶和塑料制品业	Manufacture of Rubber and Plastic	7.7	99.1	111.7	88.8
非金属矿物制品业	Manufacture of Non-metallic Mineral Products	6.4	100.0	108.5	89.2
黑色金属冶炼和压延加工业	Smelting and Pressing of Ferrous Metals	5.7	95.8	67.2	45.5
有色金属冶炼和压延加工业	Smelting and Pressing of Non-ferrous Metals	7.7	99.4	147.9	121.6
金属制品业	Manufacture of Metal Products	9.0	99.6	118.6	90.2
通用设备制造业	Manufacture of General Purpose Machinery	8.7	96.3	127.3	98.8
专用设备制造业	Manufacture of Special Purpose Machinery	3.3	97.9	125.1	91.9
汽车制造业	Manufacture of Motorcar	10.3	98.5	146.2	125.9
铁路、船舶、航空航天和其他运输设备制造业	Railway, Watercraft, Aerospace and Other Transport Equipment	6.8	97.0	134.6	94.8
电气机械和器材制造业	Manufacture of Electrical Machinery and Equipment	5.1	98.1	140.3	115.3
计算机、通信和其他电子设备制造业	Manufacture of Computers, Communication and Other Electronic Equipment	8.2	94.2	169.6	140.1
仪器仪表制造业	Manufacture of Measuring Instruments	5.5	96.3	153.9	117.9
其他制造业	Other Manufacturing	8.6	99.8	109.4	89.8
废弃资源综合利用业	Comprehensive Recycling of Waste	4.9	101.9	95.6	81.7
金属制品、机械和设备修理业	Metal Products, Machine and Equipment Repair	10.0	100.3	151.5	91.3
电力、热力生产和供应业	Production and Supply of Electric and Heat Energy	5.3	98.3	50.9	45.7
燃气生产和供应业	Production and Supply of Gas	2.3	96.1	99.0	95.2
水的生产和供应业	Production and Supply of Water	-2.9	99.0	70.3	69.7

13-22 大中型工业企业主要经济指标及占全市比重(2016年)

Main Economic Indicators of Large & Medium-sized Industrial Enterprises and as Percentage of Municipal Industry,2016

单位：亿元(100 million yuan)

指　　标	Item	2016	占全市比重(%) As Percentage of Municipal Industry(%)
企业单位数(个)	Number of Enterprises(unit)	907	17.4
从业人员年平均人数(万人)	Annual Average Employment Personnel(10 000 persons)	102.27	71.3
工业总产值	Gross Output Value of Industry	19887.99	72.6
资产总计	Total Assets	19177.41	76.5
# 流动资产合计	Total Working Capitals	8702.69	71.0
固定资产合计	Total Fixed Assets	7583.34	82.5
负债合计	Total Liabilities	11802.36	76.7
主营业务收入	Revenue from Principal Business	18670.49	72.1
主营业务成本	Cost of Principal Business	15389.84	70.7
主营业务税金及附加	Tax and Extra Charges of Principal Business	296.27	88.7
利税总额	Total Profits and Taxes	2672.72	82.9
总资产贡献率(%)	Ratio of Total Assets to Industrial Output Value(%)	16.0	
产销率(%)	Proportion of Products Sold(%)	96.9	
亏损企业个数(个)	Number of Loss-suffering Enterprises(unit)	111	12.3
亏损企业亏损额	Total Loss of Loss-suffering Enterprises	148.85	67.0

13-23 国有及国有控股大中型工业企业主要经济指标及占全市比重(2016年)

Main Economic Indicators of Large & Medium-sized State-owned and State-holding Industrial Enterprises and as Percentage of Municipal Industry,2016

单位：亿元(100 million yuan)

指　　标	Item	2016	占全市比重(%) As Percentage of Municipal Industry(%)
企业单位数(个)	Number of Enterprises(unit)	180	3.5
从业人员年平均人数(万人)	Annual Average Employment Personnel(10 000 persons)	32.52	22.7
工业总产值	Gross Output Value of Industry	6419.49	23.4
资产总计	Total Assets	10799.14	43.1
# 流动资产合计	Total Working Capitals	4284.62	35.0
固定资产合计	Total Fixed Assets	4705.57	51.2
负债合计	Total Liabilities	7172.21	46.6
主营业务收入	Revenue from Principal Business	5896.45	22.8
主营业务成本	Cost of Principal Business	4956.12	22.8
主营业务税金及附加	Tax and Extra Charges of Principal Business	209.28	62.7
利税总额	Total Profits and Taxes	799.38	24.8
总资产贡献率(%)	Ratio of Total Assets to Industrial Output Value(%)	8.7	
产销率(%)	Proportion of Products Sold(%)	97.5	
亏损企业个数(个)	Number of Loss-suffering Enterprises(unit)	48	5.3
亏损企业亏损额	Total Loss of Loss-suffering Enterprises	116.15	52.3

13-24 小微型工业企业主要经济指标及占全市比重(2016年)

Main Economic Indicators of Small & Mini-sized Industrial Enterprises and as Percentage of Municipal Industry,2016

单位：亿元(100 million yuan)

指　标	Item	2016	占全市比重(%) As Percentage of Municipal Industry(%)
企业单位数(个)	Number of Enterprises(unit)	4296	82.6
从业人员年平均人数(万人)	Annual Average Employment Personnel(10 000 persons)	41.14	28.7
工业总产值	Gross Output Value of Industry	7513.69	27.4
资产总计	Total Assets	5897.68	23.5
# 流动资产合计	Total Working Capitals	3550.76	29.0
固定资产合计	Total Fixed Assets	1608.47	17.5
负债合计	Total Liabilities	3582.65	23.3
主营业务收入	Revenue from Principal Business	7217.70	27.9
主营业务成本	Cost of Principal Business	6390.91	29.3
主营业务税金及附加	Tax and Extra Charges of Principal Business	37.70	11.3
利税总额	Total Profits and Taxes	550.69	17.1
总资产贡献率(%)	Ratio of Total Assets to Industrial Output Value(%)	9.9	
产销率(%)	Proportion of Products Sold(%)	98.3	
亏损企业个数(个)	Number of Loss-suffering Enterprises(unit)	788	87.7
亏损企业亏损额	Total Loss of Loss-suffering Enterprises	73.43	33.0

13-25 民营及民营控股工业企业主要经济指标及占全市比重(2016年)

Main Economic Indicators of Private and Private holding Enterprises and as Percentage of Municipal Industry,2016

单位：亿元(100 million yuan)

指　标	Item	2016	占全市比重(%) As Percentage of Municipal Industry(%)
企业单位数(个)	Number of Enterprises(unit)	3528	67.8
从业人员年平均人数(万人)	Annual Average Employment Personnel(10 000 persons)	61.78	43.1
工业总产值	Gross Output Value of Industry	13087.22	47.8
资产总计	Total Assets	7281.47	29.0
# 流动资产合计	Total Working Capitals	4025.77	32.9
固定资产合计	Total Fixed Assets	1982.78	21.6
负债合计	Total Liabilities	4166.29	27.1
主营业务收入	Revenue from Principal Business	12491.54	48.3
主营业务成本	Cost of Principal Business	10619.89	48.8
主营业务税金及附加	Tax and Extra Charges of Principal Business	88.68	26.6
利税总额	Total Profits and Taxes	1683.74	52.2
总资产贡献率(%)	Ratio of Total Assets to Industrial Output Value(%)	23.7	
产销率(%)	Proportion of Products Sold(%)	97.2	
亏损企业个数(个)	Number of Loss-suffering Enterprises(unit)	443	49.3
亏损企业亏损额	Total Loss of Loss-suffering Enterprises	35.8	16.1

主要统计指标解释

工 业

指从事自然资源的开采，对采掘品和农产品进行加工和再加工的物质生产部门。具体包括：(1) 对自然资源的开采，如采矿、晒盐等(但不包括禽兽捕猎和水产捕捞)；(2) 对农副产品的加工、再加工，如粮油加工、食品加工、缫丝、纺织、制革等；(3) 对采掘品的加工、再加工，如炼铁、炼钢、化工生产、石油加工、机器制造、木材加工等，以及电力、自来水、煤气的生产和供应等；(4) 对工业品的修理、翻新，如机器设备的修理、交通运输工具(包括小卧车)的修理等。

1984 年以前农村的村及村以下办工业归属农业，1984 年以后划归工业。工业统计调查单位为独立核算法人工业企业。

独立核算法人工业企业指从事工业生产经营活动的单位。独立核算法人工业企业应同时具备以下条件：(1) 依法成立，有自己的名称、组织机构和场所，能够承担民事责任；(2) 独立拥有和使用资产，承担负债，有权与其他单位签订合同；(3) 独立核算盈亏，并能够编制资产负债表。

轻工业

指主要提供生活消费品和制作手工工具的工业。按其所使用的原料不同，可分为两大类：(1) 以农产品为原料的轻工业，是指直接或间接以农产品为基本原料的轻工业。主要包括食品制造、饮料制造、烟草加工、纺织、缝纫、皮革和毛皮制作、造纸以及印刷等工业；(2) 以非农产品为原料的轻工业，是指以工业品为原料的轻工业。主要包括文教体育用品、化学药品制造、合成纤维制造、日用化学制品、日用玻璃制品、日用金属制品、手工工具制造、医疗器械制造、文化和办公用机械制造等工业。

重工业

指为国民经济各部门提供物质技术基础的主要生产资料的工业。按其生产性质和产品用途，可以分为下列三类：(1) 采掘(伐)工业，是指对自然资源的开采，包括石油开采、煤炭开采、金属矿开采、非金属矿开采等工业；(2) 原材料工业，指向国民经济各部门提供基本材料、动力和燃料的工业。包括金属冶炼及加工、炼焦及焦炭、化学、化工原料、水泥、人造板以及电力、石油和煤炭加工等工业；(3) 加工工业，是指对工业原材料进行再加工制造的工业。包括装备国民经济各部门的机械设备制造工业、金属结构、水泥制品等工业，以及为农业提供的生产资料如化肥、农药等工业。根据上述划分原则，修理业中以重工业产品为修理作业对象的划为重工业，反之划为轻工业。

高技术产业（制造业）

指国民经济行业中 R&D 投入强度(即 R&D 经费支出占主营业务收入的比重）相对较高的制造业行业。根据《高技术产业（制造业）分类（2013)》，具体包括：医药制造，航空、航天器及设备制造业，电子及通信设备制造业，计算机及办公设备制造业，医疗仪器设备及仪器仪表制造业，信息化学品制造业等 6 大类。

装备制造业

为全国统一划分的制造业中 8 个行业大类，具体包括：金属制品业，通用设备制造业，专用设备制造业，汽车制造业，电气机械及器材制造业，铁路船舶航空航天和其他运输设备制造业，计算机通信和其他电子设备制造业，仪器仪表制造业等。

国有经济

包括登记注册类型中内资部分的国有企业、国有独资和国有联营企业。

规模以上工业法人企业

指年主营业务收入 2000 万元及以上的工业法人企业。

大、中、小、微型企业

根据 2011 年国家统计局制定的《统计上大中小微型企业划分办法》，以从业人员和营业收入两项指标为依据，将工业企业划分为大、中、小、微型。划分标准如下：

指标名称	计量单位	大型	中型	小型	微型
从业人员(X)	人	X≥1000	300≤X<1000	20≤X<300	X<20
营业收入(Y)	万元	Y≥40000	2000≤Y<40000	300≤Y<2000	Y<300

工业总产值（当年价格）

指工业企业在报告期内生产的以货币形式表现的工业最终产品和提供工业劳务活动的总价值量。包括三部分：生产的成品价值、对外加工费收入、自制半成品在制品期末期初差额价值。

资产总计

指企业过去的交易或者事项形成的、由企业拥有或者控制的、预期会给企业带来经济利益的资源。资产一般按流动性（资产的变现或耗用时间长短）分为流动资产和非流动资产。其中流动资产可分为货币资金、交易性金融资产、应收票据、应收账款、预付款项、其他应收款、存货等；非流动资产可分为长期股权投资、固定资产、无形资产及其他非流动资产等。

流动资产 资产满足以下条件之一应归为流动资产：（1）预计在一个正常营业周期中变现、出售或耗用，主要包括存货、应收账款等；（2）主要为交易目的而持有；（3）预计在资产负债表日起一年内（含一年）变现；（4）自资产负债日起一年内，交换其他资产或清偿负债的能力不受限制的现金或现金等价物。包括货币资金、应收票据、应收账款、存货等项目。

固定资产 指企业为生产商品、提供劳务、出租或经营管理而持有的，使用寿命超过一个会计年度的有形资产。包括使用期限超过一年的房屋、建筑物、机器、机械、运输工具以及其他与生产、经营有关的设备、器具、工具等。

主营业务收入

指企业确认的销售商品、提供劳务等主营业务的收入。

主营业务成本

指企业经营主要业务所发生的成本总额。

主营业务税金及附加

指企业经营主要业务应负担的营业税、消费税、城市维护建设税、教育费附加等。

利润总额

指企业在一定会计期间的经营成果，是生产经营过程中各种收入扣除各种耗费后的盈余，反映企业在报告期内实现的亏盈总额。执行 2006 年《企业会计准则》的企业，利润总额为营业利润加上营业外收入，减去营业外支出后的金额；未执行 2006 年《企业会计准则》的企业，利润总额为营业利润加上投资收益、补贴收入、营业外收入，再减去营业外支出后的金额。

利税总额

指利润总额、主营业务税金及附加和本期应交增值税之和。

负债合计

指企业过去的交易或者事项形成的，预期会导致经济利益流出企业的现时义务。负债一般按偿还期长短分为流动负债和非流动负债。根据会计“资产负债表”中“负债合计”项目的期末余额数填报。

执行 2006 年《企业会计准则》或 2011 年《小企业会计准则》的企业：负债合计=流动负债合计+非流动负债合计；执行其他企业会计制度的企业负债包括流动负债和长期负债。

应交增值税

指企业按税法规定，从事货物销售或提供加工、修理修配劳务等增加货物价值的活动本期应交纳的税金，不含期初末抵扣税额。根据会计相关科目贷方累计发生额，按下述公式计算填报：

应交增值税=销项税额－（进项税额－进项税额转出）－出口抵减内销产品应纳税额－减免税款+出口退税

进项税额 指企业在报告期内购入货物或接受应税劳务而支付的、准予从销项税额中抵扣的增值税额。

销项税额 指企业在报告期内销售货物或提供应税劳务应收取的增值税额。

产品销售率

反映工业产品已实现销售的程度，是分析工业产销衔接情况，研究工业产品满足社会需求的指标。计算公式为：

$$产品销售率(\%)=\frac{工业销售产值}{工业总产值（现价）}\times100\%$$

总资产贡献率

反映企业全部资产的获利能力，是企业经营业绩和管理水平的集中体现，是评价和考核企业盈利能力的核心指标。计算公式为：

$$总资产贡献率(\%)=\frac{利润总额+税金总额+(利息支出-利息收入)}{资产总额}\times100\%$$

公式中：税金总额为主营业务税金及附加与应交增值税之和

资产负债率

该指标既反映企业经营风险的大小，也反映企业利用债权人提供的资金从事经营活动的能力。

计算公式为：

$$资产负债率(\%)=\frac{负债总额}{资产总额}\times100\%$$

流动资产周转次数

指一定时期内流动资产完成的周转次数，反映投入工业企业流动资金的周转速度。计算公式为：

$$流动资产周转次数=\frac{主营业务收入}{全部流动资产平均余额}$$

公式中：全部流动资产平均余额为期初和期末的流动资产之和的算术平均值。

成本费用利润率

反映企业投入的生产成本及费用的经济效益，同时也反映企业降低成本所取得的经济效益。计算公式为：

$$成本费用利润率(\%)=\frac{利润总额}{成本费用总额}\times100\%$$

公式中：成本费用总额为产品销售成本、销售费用、管理费用、财务费用之和。

流动比率

指流动资产和流动负债之比。用来衡量企业流动资产在短期债务到期以前，可以变为现金用于偿还负债的能力。计算公式为：

$$流动比率(\%)=\frac{流动资产}{流动负债}\times100\%$$

速动比率

是指速动资产对流动负债的比率。它是衡量企业流动资产中可以立即变现用于偿还流动负债的能力。计算公式为：

$$速动比率(\%)=\frac{流动资产-存货}{流动负债}\times100\%$$

Explanatory Notes on Main Statistical Indicators

Industry

refers to the material production sector which is engaged in extraction of natural resources and processing and reprocessing of minerals and agricultural products, including: (1) extraction of natural resources, such as mining, salt production (but not including hunting and fishing); (2) processing and reprocessing of farm and sideline produces, such as rice husking, flour milling, wine making, oil pressing, silk reeling, spinning and weaving, and leather making; (3) manufacture of industrial products, such as steel making, iron smelting, chemicals manufacturing, petroleum processing, machine building, timber processing; water and gas production and electricity generation and supply; (4) repairing of industrial products such as repairing of machinery and means of transport (including cars).

Prior to 1984, the rural industry run by villages and cooperative organizations under village was classified into agriculture. Since 1984, it has been grouped into industry. Units of industrial statistics survey corporate industrial enterprises with independent accounting system.

Corporate industrial enterprises with independent accounting system refer to enterprises engaging in industrial production activities, which meet the following requirements: they are established legally, having their own names, organizations, location, able to take civil liability; they possess and use their assets independently, assume liabilities, and are entitled to sign contracts with other units; they are financially independent and compile their own balance sheets.

Light Industry

refers to the industry that produces consumer goods and hand tools. It consists of two categories, depending on the materials used: (1) Industries using farm products as raw materials. These are branches of light industry which directly or indirectly use farm products as basic raw materials, including the manufacture of food and beverages, tobacco processing, textile, clothing, fur and leather manufacturing, paper making, printing, etc. (2) Industries using non farm products as raw materials. These are branches of light industry which use manufactured goods as raw materials, including the manufacture of cultural, educational articles and sports goods, chemicals, synthetic fiber, chemical products for daily use, glass products for daily use, metal products for daily use, hand tools, medical apparatus and instruments, and the manufacture of cultural and clerical machinery.

Heavy Industry

refers to the industry which produces capital goods, and provides various sectors of the national economy with necessary material and technical basis. It consists of the following three branches according to the purpose of production or the use of products: (1) Mining, quarrying and logging industry refers to the industry that extracts natural resources, including extraction of petroleum, coal, metal and non-metal ores. (2) Raw materials industry refers to the industry that provides various sectors of the national economy with raw materials, fuels and power. It includes smelting and processing of metals, coking and coke chemistry, chemical materials and building materials such as cement, plywood, and power, petroleum refining and coal dressing. (3) Manufacturing industry refers to the industry that processes raw materials. It includes machine building industry which equips sectors of the national economy, industries of metal structure and cement products, industries producing means of agricultural production, such as chemical fertilizers and pesticides. According to the above principle of classification, the repairing trades which are engaged primarily in repairing products of heavy industry are classified into heavy industry while these engaged in repairing products of light industry are classified into light industry.

Hightech Industry (Manufacturing)

refers to the manufacturing with relatively high R&D input strength (the proportion of R&D expenses to the revenue from principal business) in the national economic industry. According to The Classification of Hightech Industry (Manufacturing) (2013), specific include: manufacture of medicines, manufacture of aviation, spacecraft and equipment, manufacture of electronic and communication equipment, manufacture of computer and office equipment, manufacture of medical instrument and equipment and measuring instrument, and manufacture of information chemicals.

Equipment Manufacturing

refers to the 8 major categories in the manufacturing sector, specific include: manufacture of metal products, manufacture of general purpose machinery, manufacture of special purpose machinery, manufacture of motorcar, manufacture of electrical machinery and equipment, manufacture of railway, watercraft, aerospace and other transport equipment, manufacture of computers, communication and other electronic equipment, and manufacture of measuring instruments.

State-owned Economy

refers to state-owned enterprises, sole state-funded enterprises and state joint ownership enterprises.

Industrial Enterprises above Designated Size

refer to industrial enterprises as legal person with annual business revenue of over 20 million yuan.

Large, Medium, Small, Mini-sized Enterprises

Industrial enterprises are classified into large, medium, small, mini-sized enterprises according to employment personnel and sales revenue in accordance with the regulation of Classification of Large, Medium, Small, Mini-sized Enterprises on Statistics in 2011. The standard of classification as following:

Indicator	*Unit*	*Large-sized*	*Medium-sized*	*Small-sized*	*Mini-sized*
Employment Personnel(X)	*person*	*X≥1 000*	*300≤X <1 000*	*20≤X<300*	*X<20*
Sales Revenue(Y)	*10 000 yuan*	*Y≥40 000*	*2 000≤Y <40 000*	*300≤Y <2 000*	*Y<300*

Gross Output Value of Industry（current price）

refers to total volume of final industrial products produced and industrial services provided during the reporting period. It consists of 3 components: value of the finished products, income from processing for external parties, and value of change in semi-finished products between the end and the beginning of the reference period.

Total Assets

refer to all resources formed by transaction or other activities, which are owned or controlled by enterprises and expected to bring economic benefits to the enterprises. Classified by the degree of liquidity(the time of assets to be liquidated or consumed), total assets include working capitals and immovable assets. Working capitals can be classified into monetary assets, trading financial assets, notes receivable, accounts receivable, advanced payments, other prepaid money and inventories. Immovable assets can be divided into long-term equity investment, fixed assets, intangible assets and other immovable assets.

Working Capitals the assets should be classified into working capital if meeting one of the following conditions: (1) expected to be liquidated, sold or consumed in one normal operating cycle, mainly including inventory, account receivable, etc.; (2) owned for transaction purpose; (3) expected to be liquidated in one year (including one year) since balance sheet date; (4) cash or cash equivalent without limited ability of exchanging other assets or paying debts in one year from balance sheet date, including monetary funds, note receivable, accounts receivable, inventory and other items.

Fixed Assets refer to the physical assets owned over one accounting year for the purpose of production, providing services, rent or business management, including the use of more than one year of housing, buildings, machines, machinery, transport equipment and other production and business-related equipment, apparatus, tools, etc.

Revenue from Principal Business

refers to revenues accepted by enterprises from the sales of products, labour services provided and etc. in the principal business.

Cost of Principal Business

refers to total costs for enterprises to operate the principal business.

Tax and Extra Charges of Principal Business

refer to the tax and charges including the business tax, consumption tax, city maintenance and construction tax, resources tax, land increasing value tax and extra charges for education and etc. in the operation of principal business.

Total Pre-tax Profits

refer to the business results of enterprises in certain accounting period, that is the profits gained from the revenues after deducting the costs, which means the final achievements in the reference period. To the enterprises implemented the Regulation of Accounting Standards for Business Enterprises in 2006, total pre-tax profits equals to business profit add non-operating revenue and minus non-operating expenditures. To the enterprises not implemented, total pre-tax profits equals to business profit add investment income, subsidies, non-operating revenue and minus non-operating expenditures.

Total Profits and Taxes

refers to the sum of the total profits, tax and extra charges of principal business and the value added tax payable of industrial enterprises.

Total Liabilities

refers to payable liabilities of enterprises that accumulated from previous trades or transactions with expectation of economic profits leaking out .In terms of payment ,it can be divided into liquid liabilities and long-term liabilities .Data on this item is obtained from the year-end figures on total liabilities from the Assets and Liability table of the accounting record of the enterprises.

The enterprises which implement “Enterprise Accounting Standards” of 2006, or “Small Enterprise Accounting Standards” of 2011,*Total Liabilities =Total current liabilities +Total non-current liabilities*; The Liabilities of the enterprises which implement other enterprise accounting system include current liabilities and long-term liabilities.

Value-added Tax Payable

refers to the payable tax of enterprise which engage in selling of goods or providing services that bring added value to the goods ,such as processing,repairing,fitting and other activities should be paid accoeding to tax law ,and the initial undeductibal tax is exclusive. According to the accounting related subjects lender cumulative amount, completing the caculation according to the following formula:

Value-added Tax Payable =Tax on Sales – (Tax on Purchase –Transferred Tax on Purchase)-Exports Deduct Tax Payable on Domestic Sales-Tax Relief + The Export Tax Rebate

Tax on Purchase refers to the value-added tax payable by ent erprises that purchase goods or receiving taxable services during the reference period and this part of the tax is allowed to be ded ucted from the tax on sales.

Tax on Sales refers to the value-added tax chargeable by enterprises that sell goods or provide taxable services during the reference period.

Proportion of Products Sold

reflects the actual sale of industrial products, analyzing the production-selling and supply-demand relations. It is calculated as:

$$\text{Proportion of Products Sold (\%)} = \frac{\text{Value of Industrial Sales}}{\text{Gross Industrial Output Value (Current Prices)}} \times 100\%$$

Ratio of Total Assets to Industrial Output Value

reflects the profit-making capability of all assets of the enterprise and is a key indicator manifesting the performance and management and evaluating the profit-making potential of the enterprise. It is calculated as follows:

$$\text{Ratio of Total Assets to Industrial Output Value (\%)} = \frac{\text{Total Pre-tax Profits} + \text{Total Taxes} + \text{(Interest Payment-Interest Incone)}}{\text{Average Assets}} \times 100\%$$

In the above formula, total taxes is the sum of tax and extra charges of principal business and value-added tax payable.

Ratio of Debts to Assets

reflects both the operation risk and the capability of the enterprise in making use of the capital from the creditors. It is calculated as follows:

$$\text{Ratio of Debts to Assets (\%)} = \frac{\text{Total Debts}}{\text{Total Assets}} \times 100\%$$

Number of Times of Turnover of Working Capitals

refers to the number of times of turnover of working capital in a given period of time, which reflects the speed of the turnover of working capital of industrial enterprises, and is calculated as follows:

$$\text{Turnover of Working Capital} = \frac{\text{Revenue from Principal Business}}{\text{Average Balance of Total Working Capital}}$$

In the above formula, average balance of total working capital refers to the arithmetic mean of the sum of circulating funds at the beginning and at the end of the reference period.

Ratio of Pre-tax Profits to Total Industrial Costs

refers to the ratio of profits realized in a given period to the total costs in the same period, which reflects the economic efficiency of input cost and is calculated as follows:

$$\text{Ratio of Profits to Total Industrial Cost (\%)} = \frac{\text{Total Pre-tax Profits}}{\text{Total Costs}} \times 100\%$$

Total costs in the above formula is the sum of cost of products sold, marketing cost, management cost and financial cost.

Liquidity Ratio

refers to the ratio of current assets and current liabilities, which is used to measure the enterprise's ability to turn the current assets into cash to repay its debts before the short-term debt maturity. It is calculated as follows:

$$\text{The Liquidity Ratio (\%)} = \frac{\text{Current Assets}}{\text{Current Liabilities}} \times 100\%$$

Quick Ratio

refers to the ratio of quick assets and current liabilities, which is used to measure the enterprise's ability to turn the current assets into cash immediately to repay its current liabilities. It is calculated as follows:

$$\text{Quick Ratio (\%)} = \frac{\text{Current Assets-Inventories}}{\text{Current Liabilities}} \times 100\%$$

第十四篇　建筑业

Chapter 14　Construction

14-1 建筑企业基本情况(2000—2016年)

Basic Statistics on Construction Enterprises,2000-2016

年 份 Year	企业个数 (个) Number of Enterprises (unit)	从业人员平均人数 (万人) Annual Average Employment Personnel (10 000 persons)	建筑业总产值 (亿元) Gross Output Value of Construction (100 million yuan)	房屋建筑施工面积 (万平方米) Floor Space of Building under Construction (10 000 sq.m)	房屋建筑竣工面积 (万平方米) Floor Space of Building Completed (10 000 sq.m)	#住 宅 Residential Buildings
2000	456	27.44	238.10	2253.99	1056.40	658.85
2001	420	25.96	288.68	2140.04	924.92	562.40
2002	925	34.56	406.16	2817.84	1332.10	726.87
2003	900	35.55	520.84	3395.94	1465.75	797.72
2004	1155	38.27	655.20	3547.76	1644.90	758.00
2005	1108	39.10	754.37	3940.56	1484.38	728.58
2006	1103	38.57	983.93	4555.08	1735.58	815.52
2007	1113	45.34	1221.94	5447.39	2101.38	1020.12
2008	1362	49.62	1453.79	5947.56	1643.66	687.62
2009	1371	59.31	1911.48	6572.69	2240.10	1010.85
2010	1448	65.47	2424.49	7564.29	2419.16	1168.62
2011	1494	65.38	2986.45	10058.78	2637.65	1352.95
2012	1648	49.75	3258.57	12484.91	2876.70	1526.04
2013	1731	82.01	3694.44	13000.83	3635.57	2196.16
2014	1774	91.20	4123.49	14158.77	3232.02	1864.61
2015	1774	90.64	4488.90	15644.62	3547.24	1981.99
2016	1740	99.36	4891.81	17036.16	3428.73	2228.32

14-2 建筑企业主要经济效益指标和工程质量(2000—2016年)

Main Indicators of Economic Benefit and Engineering Quality of Construction Enterprises,2000-2016

年 份 Year	全员劳动生产率 (万元/人) Overall Labour Productivity (10 000yuan/person)	平均每一从业人员竣工面积(平方米) Floor Space of Building Completed per Employment Personnel (sq. m)	产值利润率 (%) Ratio of Pre-tax Profit to Gross Output Value (%)	产值利税率 (%) Ratio of Profits and Taxes to Gross Output Value (%)	按面积计算竣工率 (%) Percentage of Building Completed in Terms of Floor Space(%)
2000	8.68	38.5	1.1	4.0	46.9
2001	11.12	35.6	1.3	4.2	43.2
2002	11.75	38.5	1.8	4.7	47.3
2003	14.65	41.2	1.9	4.8	43.2
2004	17.12	43.0	1.9	4.9	46.4
2005	19.29	38.0	2.3	5.3	37.7
2006	25.51	45.0	2.6	5.8	38.1
2007	26.95	46.3	3.1	6.3	38.6
2008	29.30	33.1	3.3	6.5	27.6
2009	32.23	37.8	2.8	6.0	34.1
2010	37.03	36.9	2.7	6.0	32.0
2011	45.68	40.3	2.7	5.8	26.2
2012	65.49	57.8	2.9	6.0	23.0
2013	45.05	44.3	3.9	7.1	28.0
2014	45.22	35.4	3.9	6.9	22.8
2015	49.53	39.1	3.6	6.3	22.7
2016	49.23	34.5	2.0	4.0	20.1

14–3 建筑企业基本情况(按登记注册类型和控股情况分)

Basic Statistics on Construction Enterprises (Grouped by Status of Registration and Ownership)

项　目 Item	企业个数 (个) Number of Enterprises (unit)		从业人员平均人数 (万人) Average Employment Personnel (10 000 persons)		建筑业总产值 (亿元) Gross Output Value of Construction (100 million yuan)	
	2015	2016	2015	2016	2015	2016
总　计 **Total**	**1774**	**1740**	**90.64**	**99.36**	**4488.90**	**4891.81**
按登记注册类型分 **Grouped by Status of Registration**						
内资企业 Domestic-funded Enterprises	1752	1723	90.42	99.16	4480.46	4879.36
国　有 State-owned Enterprises	58	57	1.95	2.89	125.01	137.64
集　体 Collective-owned Enterprises	47	40	3.38	2.51	160.88	146.33
股份合作 Cooperative Enterprises	10	10	0.34	0.35	21.49	10.64
私营企业 Private Enterprises	990	979	14.06	15.53	824.88	1051.37
股份有限公司 Share-holding Corporations Ltd.	49	48	2.82	2.69	255.08	181.50
有限责任公司 Limited Liability Corporations	590	580	67.61	74.93	3084.26	3343.76
# 国有独资 Sole State-funded Corporations	25	24	7.97	10.09	447.38	553.14
联营企业 Joint Ownership Enterprises	2	2	0.05	0.05	2.56	1.72
# 集体联营 Collective Joint Ownership Enterprises	1	1	0.05	0.05	2.56	1.72
其　他 Others	6	7	0.21	0.21	6.30	6.39
港、澳、台商投资企业 Enterprises with Investment from Hong Kong, Macao and Taiwan	11	9	0.15	0.11	1.92	4.70
外商投资企业 Foreign Funded Enterprises	11	8	0.07	0.09	6.52	7.76
按企业控股情况分 **Grouped by Company Holding Type**						
国有控股 State-holding Enterprises	229	237	57.82	65.59	2907.81	3063.62
集体控股 Collective-holding Enterprises	112	104	8.26	5.87	377.43	304.76
私人控股 Private-holding Enterprises	1272	1257	20.69	24.95	1052.07	1390.55
港澳台商控股 Hong Kong, Macao and Taiwan Holding Enterprises	10	7	0.15	0.11	2.05	4.70
外商控股 Foreign Funded Holding Enterprises	9	6	0.06	0.05	5.51	6.75
其　他 Others	142	129	3.66	2.78	144.03	121.44

14-3续表 Continued

项 目 Item	竣工产值(亿元) Gross Output Value Completed (100 million yuan)		房屋建筑施工面积(万平方米) Floor Space of Building under Construction (10 000 sq. m)		房屋建筑竣工面积(万平方米) Floor Space of Building Completed (10 000 sq. m)		# 住宅 Residential Buildings	
	2015	2016	2015	2016	2015	2016	2015	2016
总 计 Total	**2411.70**	**2216.45**	**15644.62**	**17036.16**	**3547.24**	**3428.73**	**1981.99**	**2228.32**
按登记注册类型分 Grouped by Status of Registration								
内资企业 Domestic-funded Enterprises	2409.90	2214.96	15644.62	17036.16	3547.24	3428.73	1981.99	2228.32
国 有 State-owned Enterprises	85.33	77.83	582.75	805.15	108.75	134.01	79.38	102.28
集 体 Collective-owned Enterprises	112.34	86.87	645.90	587.48	277.37	222.13	175.64	178.87
股份合作 Cooperative Enterprises	21.06	0.92						
私营企业 Private Enterprises	575.03	584.66	1957.95	1985.86	955.40	824.34	586.83	590.10
股份有限公司 Share-holding Corporations Ltd.	129.69	68.93	682.32	579.14	185.40	104.32	119.25	72.79
有限责任公司 Limited Liability Corporations	1477.66	1393.29	11744.63	13073.03	2016.26	2137.92	1019.83	1284.28
# 国有独资 Sole State-funded Corporations	116.43	99.53	470.74	666.10	60.76	55.25	42.55	37.55
联营企业 Joint Ownership Enterprises	2.56	1.87	0.56		0.56		0.56	
# 集体联营 Collective Joint Ownership Enterprises	2.56	1.87	0.56		0.56		0.56	
其 他 Others	6.23	0.59	30.51	5.50	3.50	6.00	0.50	
港、澳、台商投资企业 Enterprises with Investment from Hong Kong, Macao and Taiwan	0.63	0.36						
外商投资企业 Foreign Funded Enterprises	1.17	1.13						
按企业控股情况分 Grouped by Company Holding Type								
国有控股 State-holding Enterprises	1326.11	1233.58	11213.13	12788.96	1578.35	1732.67	828.72	1141.01
集体控股 Collective-holding Enterprises	280.35	179.84	1207.89	1063.98	532.83	408.92	374.98	275.72
私人控股 Private Holding Enterprises	718.42	740.68	2901.56	2907.35	1293.78	1195.33	697.32	741.03
港澳台商控股 Hong Kong, Macao and Taiwan Holding	0.60	0.36						
外商控股 Foreign Funded Holding Enterprises	0.16	0.12						
其 他 Others	86.07	61.87	322.03	275.87	142.29	91.81	80.97	70.57

14-4 建筑企业基本情况(按行业和资质等级分)

Basic Statistics on Construction Enterprises (Grouped by Sector and Qualification Grade)

项 目 Item	企业个数 (个) Number of Enterprises (unit)		从业人员平均人数 (万人) Average Employment Personnel (10 000 persons)		建筑业总产值 (亿元) Gross Output Value of Construction (100 million yuan)	
	2015	2016	2015	2016	2015	2016
按行业类别分						
Grouped by Sector						
房屋建筑业						
House Building	303	311	34.86	41.26	1756.14	2003.05
土木工程建筑业						
Civil Engineering	407	418	41.50	44.53	2101.16	2219.09
建筑安装业						
Building Installation	517	500	9.10	8.75	366.77	372.85
建筑装饰和其他建筑业						
Building Decoration and Other Construction	547	511	5.18	4.83	264.83	296.82
按资质等级分						
Grouped by Qualification Grade						
施工总承包						
General Contractor	529	547	78.97	88.18	3969.94	4377.84
特 级						
Super Grade	9	10	20.72	24.07	1113.86	1278.37
一 级						
First Grade	124	124	40.03	41.91	1811.29	1763.41
二 级						
Second Grade	167	170	13.15	12.13	727.69	825.44
三级及以下						
Third Grade and Below	229	243	5.07	10.06	317.10	510.62
专业承包						
Specialized Contractor	1245	1193	11.67	11.18	518.96	513.97
一 级						
First Grade	125	123	4.05	3.80	255.78	234.08
二 级						
Second Grade	285	287	2.82	2.74	105.65	128.96
三级及以下						
Third Grade and Below	835	783	4.80	4.65	157.53	150.94

14-4续表 *Continued*

项 目 Item	竣工产值（亿元） Gross Output Value Completed (100 million yuan)		房屋建筑施工面积（万平方米） Floor Space of Building under Construction (10 000 sq. m)		房屋建筑竣工面积（万平方米） Floor Space of Building Completed (10 000 sq. m)		#住宅 Residential Buildings	
	2015	2016	2015	2016	2015	2016	2015	2016
按行业类别分								
Grouped by Sector								
房屋建筑业								
House Building	977.32	1002.49	12078.62	13155.55	2807.55	2943.11	1677.70	1969.53
土木工程建筑业								
Civil Engineering	1069.78	921.54	3087.48	3519.85	639.25	400.17	294.08	227.43
建筑安装业								
Building Installation	213.56	167.09	452.06	323.72	81.46	68.07	1.80	25.02
建筑装饰和其他建筑业								
Building Decoration and Other Construction	151.04	125.33	26.46	37.03	18.98	17.38	8.41	6.34
按资质等级分								
Grouped by Qualification Grade								
施工总承包								
General Contractor	2100.61	1961.67	15497.90	16915.89	3489.92	3379.76	1970.71	2223.35
特 级								
Super Grade	573.78	430.97	3337.77	4452.84	339.50	371.96	134.54	211.47
一 级								
First Grade	881.99	899.63	9188.12	8812.90	2067.79	2085.32	1215.34	1474.48
二 级								
Second Grade	362.27	290.12	2230.78	2951.95	743.67	613.67	454.64	378.95
三级及以下								
Third Grade and Below	282.57	340.94	741.23	698.20	338.96	308.80	166.19	158.45
专业承包								
Specialized Contractor	311.09	254.78	146.72	120.26	57.32	48.97	11.28	4.98
一 级								
First Grade	127.11	77.84	9.18	10.15	3.41	5.91		3.60
二 级								
Second Grade	71.12	82.97	94.92	55.92	26.64	9.21	1.81	
三级及以下								
Third Grade and Below	112.86	93.97	42.62	54.19	27.27	33.85	9.47	1.37

14–5 建筑企业主要财务指标(2016年)

Main Financial Indicators of Construction Enterprises, 2016

单位：万元(10 000yuan)

指　　标	Item	全市总计 Total	# 国有控股 State-holding	# 集体控股 Collective-holding
期末资产负债	**Assets and Liabilities at Year-end**			
流动资产合计	Total Working Capital	4886.47	3459.16	350.41
固定资产合计	Total Fixed Assets	452.41	307.40	16.19
固定资产原价	Original Value of Fixed Assets	755.37	566.41	24.79
累计折旧	Accumulative Depreciation	362.10	279.49	10.17
在建工程	Projects under Construction	40.71	10.06	0.25
资产总计	Total Assets	6078.64	4373.83	388.31
流动负债合计	Total Working Liabilities	4315.28	3269.90	301.00
负债合计	Total Liabilities	4645.92	3506.69	311.20
所有者权益合计	Total Owner's Equity	1432.54	867.13	77.11
损益及分配	**Profit, Loss and Distribution**			
主营业务收入	Revenue of Prinicipal Business	4108.86	2886.54	286.52
主营业务成本	Costs of Prinicipal Business	3709.06	2649.33	238.73
营业税金及附加	Business Tax and Extra Charges	47.05	22.96	6.57
# 主营业务税金及附加	Taxes & Extra Charges of Prinicipal Business	41.53	21.91	5.15
其他业务利润	Other Profits from Business	4.44	2.30	0.41
销售费用	Selling Expenses	9.28	3.35	0.76
管理费用	Management Expenses	178.87	122.55	13.79
# 税　金	Taxes	3.66	0.98	0.25
财务费用	Financial Expenses	28.26	22.87	0.35
利润总额	Total Pre-tax Profits	98.18	53.62	10.56
应交所得税	Income Taxes Payable	22.90	10.65	3.72
人工成本	**Wage and Welfare Expenses**			
应付职工薪酬	Total Remuneration Payable	313.85	204.00	27.00

14-5续表 *Continued*

单位：万元(10 000 yuan)

指　　标	Item	#私人控股 Private-holding	#港澳台控股 Hong Kong, Macao and Taiwan Holding	#外商控股 Foreign Funded Holding
期末资产负债	**Assets and Liabilities at Year-end**			
流动资产合计	Total Working Capital	889.30	5.13	5.43
固定资产合计	Total Fixed Assets	116.84	0.12	0.26
固定资产原价	Original Value of Fixed Assets	146.33	0.73	0.54
累计折旧	Accumulative Depreciation	63.73	0.62	0.28
在建工程	Projects under Construction	29.38	0.02	
资产总计	Total Assets	1104.39	5.29	5.90
流动负债合计	Total Working Liabilities	616.14	3.72	3.54
负债合计	Total Liabilities	678.89	3.72	3.59
所有者权益合计	Total Owner's Equity	425.32	1.57	2.31
损益及分配	**Profit, Loss and Distribution**			
主营业务收入	Revenue of Prinicipal Business	798.03	4.91	6.35
主营业务成本	Costs of Prinicipal Business	696.18	4.48	4.84
营业税金及附加	Business Tax and Extra Charges	14.98	0.04	0.06
# 主营业务税金及附加	Taxes & Extra Charges of Prinicipal Business	12.94	0.04	0.06
其他业务利润	Other Profits from Business	1.09		0.02
销售费用	Selling Expenses	4.28		0.28
管理费用	Management Expenses	37.17	0.30	0.54
# 税　金	Taxes	2.29	0.02	0.01
财务费用	Financial Expenses	4.12	0.01	
利润总额	Total Pre-tax Profits	29.50	0.14	0.34
应交所得税	Income Taxes Payable	7.30	0.04	0.07
人工成本	**Wage and Welfare Expenses**			
应付职工薪酬	Total Remuneration Payable	70.53	0.53	0.87

14-6 建筑企业技术装备情况(2000—2016年)

Basic Statistics on Machinery and Equipment Owned by Construction Enterprises,2000-2016

年 份 Year	总台数 Sets	年末自有机械设备总功率(万千瓦) Total Capacity of Machinery and Equipment Owned (Year-end) (10 000 kw)	年末自有机械设备净值(亿元) Net Value of Machinery and Equipment Owned (Year-end) (100 million yuan)	全部职工技术装备率(元/人) Value of Machines per Labour (yuan/person)	全部职工动力装备率(千瓦/人) Power of Machines per Labour (kw/person)
2000	75579	157.27	21.77	10714	7.74
2001	71514	168.83	23.15	12881	9.39
2002	107138	221.56	52.98	19423	8.12
2003	105861	227.81	58.20	24203	9.47
2004	99495	258.80	62.28	27354	11.37
2005	100040	246.33	69.50	26064	9.24
2006	97767	297.62	78.28	25420	9.66
2007	92060	293.46	85.48	24470	8.40
2008	101041	316.85	110.40	30390	8.72
2009	116658	440.64	172.22	41336	10.58
2010	128525	418.90	198.05	41373	8.75
2011	118402	391.62	186.48	57483	12.07
2012	110896	502.04	294.22	91016	15.53
2013	114250	438.28	173.41	21146	5.34
2014	115392	442.66	175.14	21356	5.40
2015	142866	478.62	213.54	23559	5.28
2016	102699	521.86	308.79	31292	5.29

14-7 建筑企业经济效益指标(2016年)

Economic Benefit Indicators of Construction Enterprises,2016

指 标 Item	全 市 Total	# 国有控股 State-holding	# 地 方 Local
全员劳动生产率(元/人) Overall Labour Productivity (yuan/person)	49.23	46.71	35.76
房屋竣工率(%) Percentage of Buildings Completed (%)	20.13	13.55	17.94
平均每一从业人员竣工面积(平方米/人) Floor Space of Buildings Completed per Employment Personnel (sq. m/person)	34.51	26.42	28.49
每百元产值实现利税(元) Ratio of Profits and Taxes to per 100 yuan Output Value (yuan)	4.01	3.71	4.97
百元产值占用流动资产(元) Ratio of Working Capital to per 100 yuan Output Value (yuan)	99.89	112.91	159.30
全员资金占有率(元/人) Total Capital Share (yuan/person)	537348.13	574274.46	1313690.26

14–8 建筑业企业房屋建筑完成情况

Building Construction of Construction Enterprises

单位：万平方米 (10 000 sq. m)

指　标	Item	2015	2016
房屋建筑施工面积	**Floor Space of Buildings under Construction**	**15644.62**	**17036.16**
# 本年新开工面积	New Floor Space of Buildings in Current Year	4628.26	4930.18
# 实行投标承包面积	Contracted Bidding Floor Space	13774.57	14706.76
房屋建筑竣工面积	**Floor Space of Buildings Completed**	**3547.24**	**3428.73**
住　宅	Residential Buildings	1981.99	2228.32
批发和零售用房	Wholesale and Retail Trade Buildings	77.41	194.02
住宿和餐饮用房	Hotels and Restaurants Buildings	8.60	20.76
居民服务业用房	Residential Service Buildings	177.34	69.65
办公用房	Office Buildings	128.63	97.04
科研用房	Scientific and Research Buildings	7.75	23.62
教育用房	Educational Buildings	158.71	81.63
卫生医疗用房	Health Care and Medical Buildings	76.10	24.55
文化、体育和娱乐用房	Cultural, Sports and Entertainment Buildings	16.60	4.29
厂房、仓库	Factory Buildings and Warehouses	749.92	295.10
其他用房	Other Buildings	164.18	389.75

14–9 劳务分包建筑企业生产经营情况

Main Indicators of Subcontracted Construction Enterprises

单位：万元 (10 000 yuan)

指　标	Item	2015	2016
建筑业总产值	Gross Output Value of Construction	1414104	1495078
# 装饰装修产值	Gross Output Value of Decoration	56705	114382
企业个数(个)	Number of Enterprises (unit)	454	445
年末从业人员(人)	Number of Employment Personnel (person)	147221	141276
# 工程技术人员	Engineering	4052	4706
营业收入合计	Total Operating Revenue	1444536	2241847
# 主营业务收入	Revenue of Project Settlement Accounts	1421797	1538589
税　金	Taxes	52104	57885
利润总额	Total Pre-tax Profits	9991	25081
从业人员劳动报酬	Remuneration of Employment Personnel	597226	626243

主要统计指标解释

建筑业总产值

是以货币表现的建筑业企业在一定时期内生产的建筑业产品和提供的服务的总和。建筑业总产值包括：

1. 建筑工程产值：指列入建筑工程预算内的各种工程价值；

2. 安装工程产值：指设备安装工程价值，不包括被安装设备本身的价值；

3. 其他产值：建筑业总产值中除建筑工程、安装工程以外的产值。包括房屋构筑物修理产值、非标准设备制造产值、总包企业向分包企业收取的管理费以及不能明确划分的施工活动所完成的产值。

劳务分包企业建筑业总产值指劳务分包企业与总承包企业或专业承包企业签订劳务分包合同后，从事建筑安装工程取得的所有劳务收入。

房屋施工面积

指在报告期内施工的全部房屋建筑面积，包括本期新开工的房屋面积、上期跨入本期继续施工的房屋面积、上期停缓建在本期恢复施工的房屋面积、本期竣工的房屋面积及本期施工后又停缓建的房屋面积。

房屋建筑竣工面积

指在报告期内房屋建筑按照设计要求已全部完工，达到了住人和使用条件，经验收鉴定合格或达到竣工验收标准，可正式移交使用的各栋房屋建筑面积的总和。

Explanatory Notes on Main Statistical Indicators

Gross Output Value of Construction

refers to total of construction products and services, expressed in monetary terms, produced or rendered by construction and installation enterprises during a given period of time. It includes:

1. Output value of construction projects, which is the value of projects covered by the project budgets;

2. Output value of installation projects, which is the value of the installation of equipment, excluding the value of the equipment to be installed;

3. Output value of others, which is the output value of construction industry excluding that of construction projects and installation projects. It includes: output value of repair of buildings and structures; output value of non-standard equipment manufacturing; overhead expenses received by contracted enterprises to the sub-contracted enterprises and the completed output value of construction activities that have no clear definition.

Output value of sub-contracted construction enterprises refers to the total labour income of installation projects earned by sub-contracted enterprises after signed sub-contracted labour contracts with general of specialized contractors.

Floor Space of Buildings Under Construction

refers to floor space of buildings under construction during the reference period, including newly started buildings, buildings started earlier and continued during the reference period, and buildings suspended earlier but restarted during the reference period, buildings completed during the reference period, and buildings under construction and then suspended during the reference period.

Floor Space of Buildings Completed

refers to the total floor space of buildings that are completed in the reference period in accordance with the requirements of the design, up to the standard for putting them into use, have been checked and accepted by concerned departments as qualified ones or reached the completed qualification standard, and can be transferred to use formally.

第十五篇 批发和零售业与住宿和餐饮业

Chapter 15
Wholesale and Retail Trade, Accommodation and Catering Services

15-1 社会消费品零售总额(2000—2016年)
Total Retail Sales of Consumer Goods,2000-2016

单位：亿元(100 million yuan)

年 份 Year	总 计 Total	# 批发和零售业 Wholesale and Retail Trade	# 实物商品网上零售额 Online Retail Sales in Goods	按销售地区分 Grouped by Region 城 镇 Urban Areas	# 城 区 Districts of City	乡 村 Rural Areas	增长速度(%)(比上年) Increase Rate (%) (Over Preceding Year)
2000	736.63	379.19		564.52	58.64	113.47	12.1
2001	832.70	441.79		651.23	62.38	119.09	13.0
2002	941.36	514.67		739.43	71.11	130.82	13.1
2003	922.27	727.10		859.19	35.26	27.82	10.9
2004	1044.78	825.64		975.47	39.05	30.25	14.1
2005	1190.06	1007.34		1112.95	42.19	34.92	13.9
2006	1356.79	1143.04		1275.38	44.27	37.13	14.0
2007	1603.74	1350.56		1505.20	53.59	44.95	18.2
2008	2078.70	1756.72		1955.84	69.63	53.23	24.5
2009	2430.83	2049.84		2280.08	86.75	64.00	16.9
2010	2902.55	2564.09		2749.59	2407.03	152.96	19.4
2011	3395.06	2963.85		3227.09	2837.24	167.97	18.7
2012	3921.43	3453.94		3767.76	3250.80	153.67	15.5
2013	4470.43	3993.76		4308.09	3739.32	162.34	14.0
2014	4738.65	4214.50		4549.53	3859.68	189.12	6.0
2015	5257.28	4668.53		5033.33	4225.61	223.95	10.9
2016	5635.81	5074.40	649.00	5422.03	4479.96	213.78	7.2

注：1.2003年以后社会消费品零售总额中不包括“制造业”、“农业生产者”的零售额。2.2010年前按销售地区分组中，城镇栏为市，城区栏为县，乡村栏为县以下。

Note: a) After 2003, total retail sales of consumer goods exclude those of manufacturing and agricultural producers. b) In data grouped by region before 2010, urban areas refer to city,districts of city refer to county,and rural areas refer to under county level.

15-2 限额以上批发和零售业商品购进、销售和库存(2000—2016年)
Purchases,Sales and Inventory of Wholesale and Retail Trade above Designated Size,2000-2016

单位：亿元(100 million yuan)

年 份 Year	商品购进额 Purchases	# 进 口 Imports	商品销售额 Sales	# 批 发 Wholesale	年末库存额 Inventory (year-end)
2000	1011.30	35.75	1059.03	906.70	100.32
2001	1343.64	49.89	1408.13	1167.82	137.96
2002	1356.68	57.27	1438.33	1215.56	105.87
2003	1858.19	92.81	1915.05	1678.86	107.93
2004	3578.89	238.89	3636.22	3199.33	221.68
2005	4192.39	197.44	4316.01	3897.80	204.52
2006	4912.09	267.56	5109.00	4640.25	245.87
2007	6639.77	298.80	6061.70	5518.56	323.18
2008	9183.67	442.79	10216.70	9262.70	453.39
2009	8940.76	343.15	9718.19	8651.55	575.76
2010	12346.01	514.07	13642.49	12392.62	624.38
2011	17760.51	920.11	18618.70	17065.38	888.38
2012	22100.52	1375.40	23284.41	21326.17	1079.16
2013	27095.13	1385.86	28747.85	26306.12	1209.74
2014	30600.76	1781.61	32601.83	29881.67	1524.93
2015	30793.20	1857.95	33156.29	30319.67	1296.67
2016	32734.98	1648.74	35270.82	32185.01	1543.99

15-3 限额以上批发和零售业商品购进额

Purchases of Wholesale and Retail Trade above Designated Size

单位：万元(10 000 yuan)

项 目 Item	商品购进额 Goods Purchases		# 进 口 Imports	
	2015	2016	2015	2016
总 计 Total	**307932022**	**327349786**	**18579461**	**16487418**
按登记注册类型分 Grouped by Registered Status				
内资企业 Domestic-funded Enterprises	284111597	297630894	14405098	11952137
国 有 State-owned Enterprises	13882982	10521974	666969	808420
集 体 Collective-owned Enterprises	713182	371185	14331	
股份合作 Cooperative Enterprises	134915	105434		
私营企业 Private Enterprises	73732572	92159254	4133369	1010243
股份有限公司 Share-holding Corporations Ltd.	15471453	13915226	2679514	801077
有限责任公司 Limited Liability Corporations	177272707	177519831	6910915	9330395
# 国有独资公司 Sole State-funded Corporations	61468765	54678114	2002469	2652119
联营企业 Joint Ownership Enterprises	24272	28486		
# 国有联营 State Joint Ownership Enterprises	9405	19497		
集体联营 Collective Joint Ownership Enterprises	7648	1843		
其 他 Others	2879513	3009503		2002
港澳台商投资企业 Enterprises with Investment from Hong Kong, Macao and Taiwan	13483097	19163555	1434244	877214
外商投资企业 Foreign Funded Enterprises	10337328	10555337	2740119	3658067
按企业控股情况分 Grouped by Company Holding Type				
国有及国有控股企业 State-owned and State-holding Enterprises	164517977	150024010	8912547	7764703
民营及民营控股企业 Private and Private Holding Enterprises	125346126	155056871	6299526	4804942
外商及港澳台控股企业 HongKong,Macao,Taiwan and Foreign Funded Holding Enterprises	18067918	22268905	3367388	3917773

15-3续表 *Continued*

单位：万元 (10 000 yuan)

项目 Item	商品购进额 Goods Purchases 2015	2016	# 进口 Imports 2015	2016
按国民经济行业分 **Grouped by Sector**				
批发业 **Wholesale Trade**	**285758258**	**300742651**	**17327994**	**15893541**
农畜产品批发 Farm & Livestock Products	1702799	2132610	102158	44054
食品、饮料及烟草制品批发 Food, Beverage and Tobacco	11623567	11966206	730879	428039
纺织、服装及日用品批发 Textile, Garments and Daily Articles	6619690	7701349	203476	287423
文化、体育用品及器材批发 Cultural and Sports Goods & Equipment	1777414	2300752	36300	52680
医药及医疗器械批发 Medicine and Medical Appliances	4983843	4792392	51244	51849
矿产品、建材及化工产品批发 Mineral Products, Building Material and Chemical Products	216200597	222311171	9690256	9262642
机械设备、五金交电及电子产品批发 Machinery Equipment, Hardware, Transport, Electric and Electronic Product	28510758	35952498	5799384	5326740
贸易经纪与代理 Trade Broker and Agent	4923023	3511426	431939	148212
其他批发 Others	9416566	10074246	282358	291902
零售业 **Retail Trade**	**22173763**	**26607135**	**1251468**	**593877**
综合零售 Comprehensive Retail	2937279	2861644	2727	2794
食品、饮料及烟草制品专门零售 Special Retail of Food, Beverage and Tobacco	761248	885067	2328	5097
纺织、服装及日用品专门零售 Special Retail of Textile, Garments and Daily Articles	948991	929682	4380	930
文化、体育用品及器材专门零售 Special Retail of Cultural and Sports Goods & Equipment	1057511	758576	1563	1153
医药及医疗器械专门零售 Special Retail of Medicine and Medical Appliances	737734	776967	1	
汽车、摩托车、燃料及零配件专门零售 Special Retail of Automobile, Autobike, Parts, Fittings and Fuel	10490922	10809393	1209838	531227
家用电器及电子产品专门零售 Special Retail of Household Appliances and Electronic Products	1586862	1726040		17160
五金、家具及室内装修材料专门零售 Special Retail of Hardware, Furniture and Decoration Materials for Indoors	658863	837241	2032	1307
无店铺及其他零售 Non-shop and Other Retail	2994354	7022526	28600	34210

15-4 限额以上批发和零售业商品销售和库存额

Sales and Inventory of Wholesale and Retail Trade above Designated Size

单位：亿元(100 million yuan)

项 目 Item	商品销售额 Sales		#批 发 Wholesale		年末库存额 Inventory(year-end)	
	2015	2016	2015	2016	2015	2016
总 计 Total	**33156.29**	**35270.82**	**30319.67**	**32185.01**	**1296.67**	**1543.99**
按登记注册类型分 Grouped by Registered Status						
内资企业 Domestic-funded Enterprises	30379.78	31797.51	27931.44	29111.35	1125.00	1240.60
国 有 State-owned Enterprises	1441.93	1138.28	1393.67	1118.25	43.20	52.24
集 体 Collective-owned Enterprises	75.61	40.60	54.36	21.63	2.49	1.83
股份合作 Cooperative Enterprises	14.28	11.29	11.71	8.12	0.58	0.52
私营企业 Private Enterprises	8164.77	9885.55	7379.84	8991.94	249.09	312.86
股份有限公司 Share-holding Corporations Ltd.	1648.22	1512.82	1301.04	1153.14	176.91	118.22
有限责任公司 Limited Liability Corporations	18706.23	18898.74	17586.74	17621.92	639.59	739.26
#国有独资公司 Sole State-funded Corporations	6331.93	5599.65	6287.83	5552.01	160.60	222.33
联营企业 Joint Ownership Enterprises	2.76	3.26	0.33	0.68	0.29	0.21
#国有联营 State Joint Ownership Enterprises	1.29	2.31	0.33	0.68	0.03	0.03
集体联营 Collective Joint Ownership Enterprises	0.74	0.19			0.26	0.18
其 他 Others	325.97	306.97	203.74	195.68	12.85	15.45
港澳台商投资企业 Enterprises with Investment from Hong Kong, Macao and Taiwan	1450.78	2046.67	1276.10	1854.66	57.72	173.64
外商投资企业 Foreign Funded Enterprises	1325.74	1426.64	1112.13	1219.01	113.94	129.75
按企业控股情况分 Grouped by Company Holding Type						
国有及国有控股企业 State-owned and State-holding Enterprises	17104.11	15561.10	16351.76	14807.16	709.46	787.13
民营及民营控股企业 Private and Private Holding Enterprises	13858.03	16985.19	12096.44	14991.55	449.12	532.26
外商及港澳台控股企业 HongKong,Macao,Taiwan and Foreign Funded Holding Enterprises	2194.15	2724.53	1871.47	2386.30	138.09	224.60

15-4续表 *Continued*

单位：亿元(100 million yuan)

项　目 Item	商品销售额 Sales		# 批　发 Wholesale		年末库存额 Inventory(year-end)	
	2015	2016	2015	2016	2015	2016
按国民经济行业分 Grouped by Sector						
批发业 Wholesale Trade	**30510.58**	**32105.38**	**29739.19**	**31237.72**	**1118.90**	**1368.99**
农畜产品批发 Farm & Livestock Products	176.68	215.88	171.85	209.24	51.98	61.39
食品、饮料及烟草制品批发 Food, Beverage and Tobacco	1324.52	1384.40	1278.32	1314.20	46.27	69.90
纺织、服装及日用品批发 Textile, Garments and Daily Articles	777.30	924.88	721.27	830.00	42.95	56.05
文化、体育用品及器材批发 Cultural and Sports Goods & Equipment	188.78	238.22	183.33	223.38	12.74	16.84
医药及医疗器械批发 Medicine and Medical Appliances	530.61	566.91	528.33	564.68	32.35	37.18
矿产品、建材及化工产品批发 Mineral Products, Building Material and Chemical Products	22770.64	23018.94	22430.69	22628.11	543.57	819.24
机械设备、五金交电及电子产品批发 Machinery Equipment, Hardware, Transport, Electric and Electronic Product	3215.82	4135.75	2939.41	3870.51	329.23	242.64
贸易经纪与代理 Trade Broker and Agent	515.54	545.54	513.17	537.68	20.10	22.28
其他批发 Others	1010.69	1074.86	972.82	1059.93	39.72	43.47
零售业 Retail Trade	**2645.71**	**3165.44**	**580.48**	**947.29**	**177.76**	**175.00**
综合零售 Comprehensive Retail	430.51	428.67	34.33	37.40	25.78	27.97
食品、饮料及烟草制品专门零售 Special Retail of Food, Beverage and Tobacco	81.57	94.96	9.28	9.96	9.64	13.50
纺织、服装及日用品专门零售 Special Retail of Textile, Garments and Daily Articles	122.03	118.46	14.25	5.76	14.61	13.39
文化、体育用品及器材专门零售 Special Retail of Cultural and Sports Goods & Equipment	129.54	108.40	16.75	14.75	10.94	11.29
医药及医疗器械专门零售 Special Retail of Medicine and Medical Appliances	79.38	89.86	45.75	54.06	5.39	8.49
汽车、摩托车、燃料及零配件专门零售 Special Retail of Automobile, Autobike, Parts, Fittings and Fuel	1151.59	1178.97	258.28	216.50	87.19	79.90
家用电器及电子产品专门零售 Special Retail of Household Appliances and Electronic Products	177.77	203.94	54.15	101.32	11.75	12.95
五金、家具及室内装修材料专门零售 Special Retail of Hardware, Furniture and Decoration Materials for Indoors	81.44	95.70	13.23	27.48	4.93	3.90
无店铺及其他零售 Non-shop and Other Retail	391.87	846.46	134.46	480.07	7.54	3.60

15-5 限额以上国有及国有控股批发和零售业主要指标(2016年)

Main Indicators of State-owned & State-holding Wholesale and Retail Trade above Designated Size,2016

单位：亿元(100 million yuan)

项　目 Item	机　构(个) Organizations (unit)	商品购进额 Purchases	商品销售额 Sales
总　计 Total	**609**	**15002.40**	**15561.10**
批发业 Wholesale Trade	**445**	**14501.26**	**14978.41**
农畜产品批发 Farm & Livestock Products	15	70.57	66.07
食品、饮料及烟草制品批发 Food, Beverage and Tobacco	38	239.94	288.05
纺织、服装及日用品批发 Textile, Garments and Daily Articles	23	308.44	366.96
文化、体育用品及器材批发 Cultural and Sports Goods & Equipment	15	90.28	92.89
医药及医疗器械批发 Medicine and Medical Appliances	30	279.53	326.41
矿产品、建材及化工产品批发 Mineral Products, Building Material and Chemical Products	248	12081.98	12237.58
机械设备、五金交电及电子产品批发 Machinery Equipment, Hardware, Transport, Electric and Electronic Product	45	946.42	1079.43
贸易经纪与代理 Trade Broker and Agent	16	149.12	176.26
其他批发 Others	15	334.98	344.74
零售业 Retail Trade	**164**	**501.14**	**582.69**
综合零售 Comprehensive Retail	11	25.68	39.48
食品、饮料及烟草制品专门零售 Special Retail of Food, Beverage and Tobacco	11	3.12	3.57
纺织、服装及日用品专门零售 Special Retail of Textile, Garments and Daily Articles	3	5.70	7.48
文化、体育用品及器材专门零售 Special Retail of Cultural and Sports Goods & Equipment	28	12.05	33.80
医药及医疗器械专门零售 Special Retail of Medicine and Medical Appliances	9	4.78	5.69
汽车、摩托车、燃料及零配件专门零售 Special Retail of Automobile, Autobike, Parts, Fittings and Fuel	93	446.40	488.75
家用电器及电子产品专门零售 Special Retail of Household Appliances and Electronic Products	1	0.43	0.44
五金、家具及室内装修材料专门零售 Special Retail of Hardware, Furniture and Decoration Materials for Indoors	4	1.43	1.65
无店铺及其他零售 Non-shop and Other Retail	4	1.56	1.83

15-6 按登记注册类型分限额以上批发和零售企业财务状况(2016年)

项 目	Item	主营业务收入 Revenue from Principal Business	主营业务成本 Cost of Principal Business
总 计	**Total**	**299540291**	**285703734**
批发企业	**Wholesale Trade**	**277392647**	**265827645**
# 国有及国有控股企业	State-owned and State-holding Enterprises	128239653	125845527
内资企业	Domestic-funded Enterprises	250877436	241871116
国 有	State-owned Enterprises	9423204	9097943
集 体	Collective-owned Enterprises	183031	175015
股份合作	Cooperative Enterprises	81929	73412
有限责任公司	Limited Liability Corporations	154243381	149484729
股份有限公司	Share-holding Corporations Ltd.	9651091	9241341
私营企业	Private Enterprises	77243345	73754350
其 他	Others	51455	44326
港澳台商投资企业	Enterprises with Investment from Hong Kong, Macao and Taiwan	17180983	16196303
外商投资企业	Foreign Funded Enterprises	9334229	7760227
零售企业	**Retail Trade**	**22147644**	**19876089**
# 国有及国有控股企业	State-owned and State-holding Enterprises	4855357	4318852
内资企业	Domestic-funded Enterprises	19042621	17287933
国 有	State-owned Enterprises	122027	87580
集 体	Collective-owned Enterprises	160790	140341
股份合作	Cooperative Enterprises	18865	15047
联营企业	Joint Ownership Enterprises	23689	16466
有限责任公司	Limited Liability Corporations	8610737	7738987
股份有限公司	Share-holding Corporations Ltd.	4357803	4096010
私营企业	Private Enterprises	5737066	5184332
其 他	Others	11645	9170
港澳台商投资企业	Enterprises with Investment from Hong Kong, Macao and Taiwan	1590391	1387449
外商投资企业	Foreign Funded Enterprises	1514633	1200706

Main Financial Indicators of Enterprises above Designated Size of Wholesale and Retail Trade by Status of Registration,2016

单位：万元(10 000 yuan)

主营业务税金及附加 Taxes and Other Charge on Principal Business	利润总额 Total Pre-tax Profits	资产总计 Total Assets	# 流动资产 Working Capitals	负债合计 Total Debts	所有者权益合计 Total Owners' Equities
1644320	**3043609**	**143633497**	**115531142**	**115081205**	**28561686**
1560562	**2865733**	**130065281**	**107297814**	**105062576**	**25012099**
253310	492310	65331747	51422178	51140773	14190974
1027499	2336226	109822452	89440469	87461887	22369959
125357	70846	3441783	3068674	2343604	1098180
139	2494	103995	87499	81928	22067
161	6220	34203	31915	29484	4719
632543	971398	75918874	59569690	60025559	15902713
4301	136377	4304658	3385408	2930797	1373862
263602	1146641	26002809	23283306	22035370	3967435
1396	2249	16130	13977	15145	985
52699	375164	15172318	13339291	13365622	1806695
480364	154342	5070511	4518054	4235067	835444
83758	**177877**	**13568216**	**8233328**	**10018629**	**3549588**
12834	80511	2727741	1063389	1436322	1291419
64713	123710	10914831	7297652	8359743	2555088
664	6511	142149	95116	69611	72538
301	5200	46615	35021	18841	27774
97	2069	11673	10523	5555	6118
335	5197	10078	7645	1612	8467
22144	73001	5182994	3832238	4410230	772764
5579	-62897	2625517	1249276	1651916	973602
35518	93899	2892775	2065423	2201097	691677
75	730	3030	2412	881	2148
11217	-25467	1198423	519957	729332	469091
7828	79633	1454962	415719	929553	525408

15-7 按国民经济行业分限额以上批发和零售业财务状况(2016年)

项　　目	Item	主营业务收　入 Revenue from Principal Business	主营业务成　本 Cost of Principal Business
总　计	**Total**	**299540291**	**285703734**
批发企业	**Wholesale Trade**	**277392647**	**265827645**
农畜产品批发业	Wholesale of Farm & Livestock Product	1915954	1853354
食品、饮料及烟草制品批发业	Wholesale of Food, Beverage and Tobacco	10432476	8823434
纺织、服装及日用品批发业	Wholesale of Textiles, Garments and Daily Articles	7779675	6844484
文化、体育用品及器材批发业	Wholesale of Culture, Sports Appliances and Equipment	1922515	1808179
医药及医疗器材批发业	Wholesale of Medicines and Medical Appliances	4860581	4410481
矿产品、建材及化工产品批发业	Wholesale of Mineral Products, Building Materialand and Chemical Products	201117468	196096898
机械设备、五金交电及电子产品批发业	Wholesale of Machinery, Hardware, Transport, Electric and Electronic Equipment	36003753	33315487
贸易经济与代理	Trade Broker and Agency	4063588	3819468
其他批发业	Other Wholesales	9296637	8855861
零售企业	**Retail Trade**	**22147644**	**19876089**
综合零售业	Comprehensive Retail	2637530	2294026
食品、饮料及烟草制品专门零售业	Special Retail of Food, Beverage and Tobacco	521565	431065
纺织、服装及日用品专门零售业	Special Retail of Textiles, Garments and Daily Articles	1024148	803564
文化、体育用品及器材专门零售业	Special Retail of Culture, Sports Appliances and Equipment	683013	582078
医药及医疗器材专门零售业	Special Retail of Medicine and Medical Appliances	769345	695511
汽车、摩托车、燃料及零配件零售业	Special Retail of Automobile, Autobike, PartsFittings and Fuel	10481464	9635881
家用电器及电子产品专门零售业	Special Retail of Household Electric Appliances and Electronic Products	2694581	2583925
五金、家具及室内装修材料专门零售业	Special Retail of Hardware, Furniture and Decoration Materials for Indoors	700337	601902
无店铺及其他零售业	Non-shop and Other Retails	2635662	2248137

Main Financial Indicators of Enterprises above Designated Size of Wholesale and Retail Trade by Sector,2016

单位：万元(10 000 yuan)

主营业务税金及附加 Taxes and Other Charge on Principal Business	利润总额 Total Pre-tax Profits	资产总计 Total Assets	# 流动资产 Working Capitals	负债合计 Total Debts	所有者权益合计 Total Owners' Equities
1644320	**3043609**	**143633497**	**115531142**	**115081205**	**28561686**
1560562	**2865733**	**130065281**	**107297814**	**105062576**	**25012099**
847	12825	1345384	1097747	1121787	223597
323359	392494	5013276	4404543	4351961	661316
20228	440378	4773725	4348491	3992572	781153
3913	48698	1256630	829842	723992	532639
10082	109788	2882912	2621100	2129067	753844
527855	1270005	92851989	76081926	75060900	17800484
635672	427039	16367156	12959164	12929366	3437790
6630	-34740	1676845	1464856	1641941	34904
31977	199246	3897364	3490145	3110993	786372
83758	**177877**	**13568216**	**8233328**	**10018629**	**3549588**
26875	-51463	3280505	1225941	2578770	701736
6474	21833	313032	222030	147196	165836
4813	11966	825509	494982	617799	207710
5630	135	984720	557044	729372	255349
1340	19313	534799	477271	380105	154695
23368	138465	4723248	2957114	2950713	1772535
1816	-53568	1325118	1088167	1127885	197233
4952	32799	456417	181441	418716	37701
8491	58397	1124868	1029338	1068074	56794

15-8 连锁零售企业基本情况(2016年)

Basic Conditions of Chain Retail Enterprises,2016

项 目 Item	门店总数 (个) Number of Stores (unit)	营业面积 (平方米) Operation Area (sq. m)	从业人数 (人) Employment Personnel (person)	商品销售额 (万元) Sales of Commodities (10 000 yuan)	# 零售额 Retail Sales
总 计					
Total	**2074**	**1891787**	**28948**	**4954773**	**3990674**
按登记注册类型分					
By Status of Registration					
内资企业					
Domestic Funded Enterprises	1764	1461995	19283	3733397	2986017
国 有					
State-owned Enterprises	544	843346	7139	2530731	1826924
私营有限责任公司					
Private Limited Liability Corporations	148	31255	2771	124456	110714
其他有限责任公司					
Other Limited Liability Corporations	1013	581212	8904	1067151	1037320
其 他					
Others	59	6182	469	11058	11058
港、澳、台商投资企业					
Enterprises with Funds from Hong Kong, Macao and Taiwan	235	287821	7090	601004	384284
外商投资企业					
Foreign Funded Enterprises	75	141971	2575	620373	620373
# 中外合资经营企业					
Joint-venture Enterprises	70	105000	1407	542670	542670
外商独资企业					
Enterprises with Sole Foreign Investment	5	36971	1168	77703	77703

15–8续表 *Continued*

项目 Item	门店总数（个） Number of Stores (unit)	营业面积（平方米） Operation Area (sq.m)	从业人数（人） Employment Personnel (person)	商品销售额（万元） Sales of Commodities (10 000 yuan)	# 零售额 Retail Sales
按业态分					
By Business Categories					
便利店					
Convenience Store	150	38750	1425	67824	67722
超　市					
Supermarket	739	168851	4207	322673	321634
大型超市					
Hypermarket	33	361003	7130	621260	433970
专业店					
Specialty Store	358	328404	4099	670998	628560
加油站					
Gas Station	607	947565	8499	3072432	2368675
专卖店					
Exclusive Store	161	34786	2955	137853	108379
家居建材商店					
Building Material Store	6	3508	143	33235	33235
其　他					
Others	20	8920	490	28499	28499
按行业分					
By Sector					
综合零售					
Comprehensive Retail	937	572404	12949	1024508	836077
食品、饮料及烟草制品专门零售					
Special Retail of Food, Beverage and Tobacco	144	29263	2896	131272	101798
纺织、服装及日用品专门零售					
Special Retail of Textiles, Garments and Daily Articles	43	12457	483	23811	23591
医药及医疗器材专门零售					
Special Retail of Medicine and Medical Appliances	236	51632	1798	64187	64187
汽车、摩托车、燃料及零配件专门零售					
Special Retail of Automobile, Autobike, Parts, Fittings and Fuel	607	947565	8499	3072432	2368675
家用电器及电子产品专门零售					
Special Retail of Household Electric Appliances and Electronic Products	101	274958	2180	605329	563110
五金、家具及室内装修材料专门零售					
Special Retail of Hardware, Furniture and Decoration Materials for Indoors	6	3508	143	33235	33235

15-9 亿元以上商品交易市场基本情况(2016年)

Basic Statistics on Commodity Exchange Markets with Transaction Value over 100 Million Yuan,2016

市　场	Market	市场数量(个) Number of Markets (unit)	摊位数(个) Number of Booths (unit)
总　计	**Total**	**55**	**38238**
综合市场	**Comprehensive Markets**	**17**	**16493**
工业消费品综合市场	Comprehensive Market of Industrial Consumables	4	5387
农产品综合市场	Comprehensive Market of Agricultural Products	4	2827
其他综合市场	Other Comprehensive Markets	9	8279
专业市场	**Special Markets**	**38**	**21745**
生产资料市场	Market of Capital Goods	11	4655
煤炭市场	Coal Markets	2	2733
建材市场	Building Materials Markets	2	983
化工材料及制品市场	Chemical Materials and Products Markets	1	224
金属材料市场	Metal Materials Markets	6	715
农产品市场	Agricultural Products Markets	12	9216
粮油市场	Foodstuff and Oil Markets	3	1611
水产品市场	Aquatic Product Markets	1	200
蔬菜市场	Vegetable Markets	6	5885
其他农产品市场	Other Agricultural Product Markets	2	1520
食品、饮料及烟酒市场	Food, Beverage and Tobacco Markets	2	2270
其他食品、饮料及烟酒市场	Other Food, Beverage and Tobacco Markets	2	2270
纺织、服装、鞋帽市场	Textile, Garments, Shoes and Caps Markets	2	1261
服装市场	Garments Markets	1	909
鞋帽市场	Shoes and Caps Markets	1	352
家具、五金及装饰材料市场	Furniture, Hardware and Decoration Materials Markets	6	2566
家具市场	Furniture Markets	1	377
装饰材料市场	Decoration Materials Markets	2	436
五金材料市场	Hardware Markets	2	717
其他装修市场	Other Decoration Markets	1	1036
汽车、摩托车及零配件市场	Automobile, Autobike, Parts and Fittings Markets	3	1047
花、鸟、鱼、虫市场	Flowers, Birds, Fish and Insects Markets	1	580
其他专业市场	Other Professional Markets	1	150

15-9续表 *Continued*

市　　场	Market	营业面积（万平方米）Operation Area (10 000 sq.m)	成交额（亿元）Transaction Value (100 million yuan)	#批　发 Wholesale
总　　计	**Total**	**359.41**	**1430.31**	**1360.37**
综合市场	**Comprehensive Markets**	**132.87**	**482.68**	**440.68**
工业消费品综合市场	Comprehensive Market of Industrial Consumables	14.63	61.23	60.85
农产品综合市场	Comprehensive Market of Agricultural Products	35.00	241.86	230.12
其他综合市场	Other Comprehensive Markets	83.24	179.59	149.71
专业市场	**Special Markets**	**226.54**	**947.63**	**919.68**
生产资料市场	Market of Capital Goods	46.32	340.02	340.02
煤炭市场	Coal Markets	0.14	175.49	175.49
建材市场	Building Materials Markets	21.50	14.10	14.10
化工材料及制品市场	Chemical Materials and Products Markets	0.96	23.09	23.09
金属材料市场	Metal Materials Markets	23.71	127.34	127.34
农产品市场	Agricultural Products Markets	97.49	309.53	309.53
粮油市场	Foodstuff and Oil Markets	17.44	67.73	67.73
水产品市场	Aquatic Product Markets	0.80	36.00	36.00
蔬菜市场	Vegetable Markets	49.33	61.92	61.92
其他农产品市场	Other Agricultural Product Markets	29.92	143.88	143.88
食品、饮料及烟酒市场	Food, Beverage and Tobacco Markets	27.28	58.13	56.84
其他食品、饮料及烟酒市场	Other Food, Beverage and Tobacco Markets	27.28	58.13	56.84
纺织、服装、鞋帽市场	Textile, Garments, Shoes and Caps Markets	5.80	12.06	12.06
服装市场	Garments Markets	1.90	6.52	6.52
鞋帽市场	Shoes and Caps Markets	3.90	5.54	5.54
家具、五金及装饰材料市场	Furniture, Hardware and Decoration Materials Markets	22.48	54.42	47.73
家具市场	Furniture Markets	4.77	3.07	
装饰材料市场	Decoration Materials Markets	4.08	4.26	1.58
五金材料市场	Hardware Markets	8.48	46.15	46.15
其他装修市场	Other Decoration Markets	5.15	0.94	
汽车、摩托车及零配件市场	Automobile, Autobike, Parts and Fittings Markets	24.26	170.85	152.30
花、鸟、鱼、虫市场	Flowers, Birds, Fish and Insects Markets	2.10	1.41	
其他专业市场	Other Professional Markets	0.80	1.21	1.21

15-10 限额以上住宿业基本情况(2016年)

Basic Statistics on Accommodation Services above Designated Size,2016

项　目	Item	单位数(个) Number of Stores (unit)	从业人员(人) Employment Personnel (person)	餐饮营业面积(平方米) Operation Area of Catering Services (sq. m)	床位数(个) Number of Beds (unit)
总　计	**Total**	**252**	**21025**	**453279**	**70467**
按登记注册类型分	**Grouped by Status of Registration**				
内资企业	Domestic-funded Enterprises	238	19114	430330	66713
国　有	State-owned Enterprises	30	2934	47226	14833
集　体	Collective-owned Enterprises	11	741	38495	6864
有限责任公司	Limited Liability Corporations	79	9109	201389	23345
私营企业	Private Enterprises	91	4075	125989	17485
私营独资	Private-funded Enterprises	2	83	2500	275
私营有限责任公司	Private Limited Liability Corporations	86	3922	113912	16849
私营股份有限公司	Private Share-holding Corporations Ltd.	3	70	9577	361
其　他	Others	27	2255	17231	4186
港澳台商投资企业	Enterprises with Funds from Hong Kong, Macao and Taiwan	5	421	5190	1474
# 合资经营	Joint-venture Enterprises	1	249	2863	332
外商投资企业	Foreign Funded Enterprises	9	1490	17759	2280
中外合资经营	Joint-venture Enterprises	2	568	4908	810
中外合作经营	Cooperative Enterprises	3	381	3832	499
外商独资企业	Enterprises with Sole Investment	3	148	1020	592
其他外商投资	Other	1	393	7999	379
按企业控股情况分	**Grouped by Company Holding Type**				
国有及国有控股企业	State-owned and State-holding Enterprises	64	8566	151176	25762
民营及民营控股企业	Private and Private Holding Enterprises	179	12084	298756	42742
外商及港澳台控股企业	Hong Kong, Macao,Taiwan and Foreign Funded Holding Enterprises	9	375	3347	1963
按行业分	**Grouped by Sector**				
旅游饭店	Tourism Restaurant	111	13602	291220	36207
一般旅馆	Hotel	116	5352	128953	20941
其他住宿服务	Other Accommodation Services	25	2071	33106	13319

15-10续表 *Continued*

单位：万元(10 000 yuan)

项　目	Item	资产总计 Total Assets	负债合计 Total Liabilities	营业收入 Business Revenue	主营业务成本 Cost of Principal Business
总　计	**Total**	**1518750**	**1295525**	**404197**	**144774**
按登记注册类型分	**Grouped by Status of Registration**				
内资企业	Domestic-funded Enterprises	1392633	1153074	357007	127369
国　有	State-owned Enterprises	110811	94757	36711	17504
集　体	Collective-owned Enterprises	53666	44770	20558	12094
有限责任公司	Limited Liability Corporations	953055	762077	190537	61423
私营企业	Private Enterprises	243613	233742	84170	28657
私营独资	Private-funded Enterprises	1020	143	979	400
私营有限责任公司	Private Limited Liability Corporations	235584	229103	82717	27989
私营股份有限公司	Private Share-holding Corporations Ltd.	7009	4496	474	268
其　他	Others	31488	17729	25031	7690
港澳台商投资企业	Enterprises with Funds from Hong Kong, Macao and Taiwan	88820	104854	6932	5371
# 合资经营	Joint-venture Enterprises	50827	45085	3502	1550
外商投资企业	Foreign Funded Enterprises	37297	37598	40258	12034
中外合资经营	Joint-venture Enterprises	13744	9711	13022	3336
中外合作经营	Cooperative Enterprises	11704	15437	6715	987
外商独资企业	Enterprises with Sole Investment	5646	6248	4776	360
其他外商投资	Other	6202	6202	15745	7351
按企业控股情况分	**Grouped by Company Holding Type**				
国有及国有控股企业	State-owned and State-holding Enterprises	726692	636126	143354	55552
民营及民营控股企业	Private and Private Holding Enterprises	581587	540549	237426	84886
外商及港澳台控股企业	Hong Kong, Macao,Taiwan and Foreign Funded Holding Enterprises	210471	118851	23417	4336
按行业分	**Grouped by Sector**				
旅游饭店	Tourism Restaurant	1172113	941779	284876	99558
一般旅馆	Hotel	255733	262675	89178	35043
其他住宿服务	Other Accommodation Services	90904	91072	30142	10172

15-11 旅游星级饭店基本情况(2014-2016年)

Basic Statistics of Star-rated Tourism Hotels,2014-2016

项　目	Item	2014	2015	2016
饭店个数(个)	Number of Hotels (unit)	103	97	87
# 五　星	Five-star Level	16	15	15
四　星	Four-star Level	37	36	35
三　星	Three-star Level	41	37	32
二　星	Two-star Level	9	9	5
客房数(间)	Number of Rooms(rooms)	19338	17948	16970
床位数(张)	Number of Beds(beds)	30400	28153	26364
接待住宿人数(万人次)	Tourists Received(10 000 person-time)	334.1	332.7	301.7
国内住宿者	Domestic Tourists	291.1	292.3	262.4
外国人	Foreigners	40.1	38.0	36.6
香港同胞	Compatriots from Hong Kong, China	1.3	1.0	1.4
澳门同胞	Compatriots from Macao, China	0.1		0.1
台湾同胞	Compatriots from Taiwan, China	1.5	1.4	1.2
接待住宿人天数(万人天)	Persons-day Received(10 000persons-day)	521.2	492.3	462.6
国内住宿者	Domestic Tourists	439.9	417.5	385.2
外国人	Foreigners	75.8	70.1	73.0
香港同胞	Compatriots from Hong Kong, China	2.4	2.0	2.2
澳门同胞	Compatriots from Macao, China	0.1	0.1	0.1
台湾同胞	Compatriots from Taiwan, China	3.0	2.6	2.1
出租率(%)	Rening Rate (%)	50.6	49.9	52.4
平均房价(元/间天)	Average Room Prices(yuan/room.day)	383	414	387
营业收入(万元)	Business Revenues (10 000 yuan)	318578	299948	262328
利润总额(万元)	Total Profits(10 000 yuan)	-15380	-39714	-16770
从业人员平均人数(人)	Annual Average Employment Personnel (per	17496	15142	13251

资料提供：天津市旅游局。表15-12同。
Source:Tianjin Municipal Tourism Bureau.Same as table 15-12.

15-12 各区星级以上饭店情况(2016年)

Statistics on Three, Four, Five-star Level Hotel by District,2016

地区	Region	合计 Total		#五星 Five-star Level		#四星 Four-star Level		#三星 Three-star Level	
		客房数(间) Number of Guest Rooms (unit)	床位数(个) Number of Beds (unit)	客房数(间) Number of Guest Rooms (unit)	床位数(个) Number of Beds (unit)	客房数(间) Number of Guest Rooms (unit)	床位数(个) Number of Beds (unit)	客房数(间) Number of Guest Rooms (unit)	床位数(个) Number of Beds (unit)
总计	**Total**	**16970**	**26364**	**4531**	**5974**	**7646**	**11867**	**4077**	**7165**
和平区	Heping District	1521	2292	116	132	915	1329	490	831
河东区	Hedong District	767	1262			412	616	254	456
河西区	Hexi District	2868	3548	1302	1737	1248	1206	100	187
南开区	Nankai District	690	1182	50	75	339	536	301	571
河北区	Hebei District	868	1354	416	535	195	344	257	475
红桥区	Hongqiao District								
东丽区	Dongli District	635	1137			179	289	300	600
西青区	Xiqing District	139	272						
津南区	Jinnan District	75	140					75	140
北辰区	Beichen District	668	1089			190	247	478	842
武清区	Wuqing District	1174	2578			1174	2578		
宝坻区	Baodi District	247	482					247	482
滨海新区	Binhai New Area	6300	9114	2526	3257	2524	3870	1250	1987
宁河区	Ninghe District	318	561			138	231	180	330
静海区	Jinghai District	133	268			133	268		
蓟州区	Jizhou District	567	1085	121	238	199	353	145	264

15-13 限额以上餐饮业基本情况(2016年)

Basic Statistics on Catering Services Enterprises above Designated Size,2016

项　目	Item	单位数(个) Number of Stores (unit)	从业人员(人) Employment Personnel (person)	营业面积(平方米) Operation Area (sq.m)	餐位数(位) Number of Seats (unit)
总　计	**Total**	**735**	**47853**	**1090304**	**293386**
按登记注册类型分	**Grouped by Status of Registration**				
内资企业	Domestic-funded Enterprises	708	30374	864101	228034
国　有	State-owned Enterprises	8	772	17724	3535
集　体	Collective-owned Enterprises	2	145	1820	800
有限责任公司	Limited Liability Corporations	125	11296	276742	62294
国有独资公司	Sole State-funded Corporations	1	143	10000	6800
其他有限责任公司	Other Limited Liability Corporations	124	11153	266742	55494
股份有限公司	Share-holding Corporations Ltd.	6	1284	29270	4278
私营企业	Private Enterprises	210	9904	312685	79052
私营独资	Private-funded Enterprises	18	788	36906	6095
私营合伙	Private Joint-venture Enterprises				
私营有限责任公司	Private Limited Liability Corporations	183	8639	264730	69162
私营股份有限公司	Private Share-holding Corporations Ltd.	9	477	11049	3795
其　他	Others	357	6973	225860	78075
港澳台商投资企业	Enterprises with Funds from Hong Kong, Macao and Taiwan	8	701	11123	3305
# 合资经营	Joint-venture Enterprises	1	7	390	35
外商投资企业	Foreign Funded Enterprises	19	16778	215080	62047
# 中外合资经营	Joint-venture Enterprises	3	90	4641	884
外商独资企业	Enterprises with Sole Foreign Investment	15	16644	209208	61083
按企业控股情况分	**Grouped by Company Holding Type**				
国有及国有控股企业	State-owned and State-holding Enterprises	20	1927	67999	16135
民营及民营控股企业	Private and Private Holding Enterprises	688	28457	796423	211515
外商及港澳台控股企业	Hong Kong, Macao,Taiwan and Foreign Funded holding Enterprises	27	17469	225882	65736
按业态分	**By Business Categories**				
正　餐	Dinner	662	27836	837397	210610
快　餐	Snack	30	17394	209436	66895
其他餐饮	Others	43	2623	43471	15881

15-13续表 *Continued*

单位：万元 (10 000 yuan)

项　目	Item	资产总计 Total Assets	负债合计 Total Liabilities	营业收入 Business Revenue	主营业务成本 Cost of Principal Business
总　计	**Total**	**1054580**	**878472**	**965501**	**462295**
按登记注册类型分	**Grouped by Status of Registration**				
内资企业	Domestic-funded Enterprises	892442	763611	551451	282009
国　有	State-owned Enterprises	16721	11271	10840	3857
集　体	Collective-owned Enterprises	381	589	1419	767
有限责任公司	Limited Liability Corporations	250073	255919	237987	104520
国有独资公司	Sole State-funded Corporations	259	2597	1608	264
其他有限责任公司	Other Limited Liability Corporations	249814	253322	236379	104256
股份有限公司	Share-holding Corporations Ltd.	329400	273527	33960	17591
私营企业	Private Enterprises	292781	221161	260597	150375
私营独资	Private-funded Enterprises	24208	10742	17774	11510
私营合伙	Private Joint-venture Enterprises				
私营有限责任公司	Private Limited Liability Corporations	254601	201423	234076	134191
私营股份有限公司	Private Share-holding Corporations Ltd.	13971	8996	8748	4674
其　他	Others	3088	1145	6648	4900
港澳台商投资企业	Enterprises with Funds from Hong Kong, Macao and Taiwan	9534	11057	14848	5557
# 合资经营	Joint-venture Enterprises	67	58	240	143
外商投资企业	Foreign Funded Enterprises	152605	103805	399201	174729
# 中外合资经营	Joint-venture Enterprises	4065	5108	2294	1342
外商独资企业	Enterprises with Sole Foreign Investment	148055	97914	395844	173111
按企业控股情况分	**Grouped by Company Holding Type**				
国有及国有控股企业	State-owned and State-holding Enterprises	51801	54564	39054	21648
民营及民营控股企业	Private and Private Holding Enterprises	839660	708356	513154	260828
外商及港澳台控股企业	Hong Kong, Macao,Taiwan and Foreign Funded Holding Enterprises	163120	115552	413293	179820
按业态分	**By Business Categories**				
正　餐	Dinner	830985	728611	469927	240329
快　餐	Snack	166541	113040	426264	187958
其他餐饮	Others	57055	36821	69310	34009

主要统计指标解释

社会消费品零售总额

指企业（单位、个体户）通过交易直接售给个人、社会集团非生产、非经营用的实物商品金额，以及提供餐饮服务所取得的收入金额。个人包括城乡居民和入境人员。社会集团包括机关、社会团体、部队、学校、企业事业单位、居委会或村民委员会。

商品购进额

指从本企业以外的单位和个人购进（包括从国外直接进口）作为转卖或加工后转卖的商品金额（含增值税）。本指标反映批发和零售业从国内外市场上购进商品的总价。商品购进包括：（1）从工农业生产者、批发和零售业企业、住宿和餐饮业企业、出版社或报社的出版发行部门和其他服务业企业购进的商品；（2）从机关团体、事业单位购进的商品；（3）从海关、市场管理部门购进的缉私和没收的商品；（4）从居民收购的废旧商品等。商品购进不包括：（1）企业为本单位自身经营用，不是作为转卖而购进的商品；（2）未通过买卖行为而收入的商品；（3）经本单位介绍，由买卖双方直接结算，本单位只收取手续费的业务；（4）销售退回和买方拒付货款的商品；（5）商品溢余。

商品销售额

指对本单位以外的单位和个人出售的商品金额（包括售给本单位消费用的商品，含增值税），在批发和零售业中，本指标反映在国内市场上销售商品以及出口商品的总量。商品销售包括：（1）售给城乡居民和社会集团消费用的商品；（2）售给农业、工业、建筑业、服务业等国民经济各行业用于生产、经营用的商品，包括售予批发和零售业作为转卖或加工后转卖的商品；（3）对国（境）外直接出口的商品。商品销售不包括：（1）未通过买卖行为付出的商品；（2）经本单位介绍，由买卖双方直接结算，本单位只收取手续费的业务；（3）购货退回的商品；（4）商品损耗和损失；（5）出售本单位自用的废旧物资。

商品库存额

对于批发和零售业法人单位和个体经营户，是指报告期末取得所有权的全部商品金额（含增值税）；对于批发和零售业产业活动单位，是指报告期末实际在库且归属法人具有所有权的全部商品金额（含增值税）。这个指标反映批发和零售业的商品库存情况，以及对市场商品供应的保证程度。库存商品包括：（1）存放在本单位（如门市部、批发站、采购站、经营处）的仓库、货场、货柜和货架中的商品；（2）挑选、整理、包装中的商品；（3）已记入购进而尚未运到本单位的商品，即发货单或银行承兑凭证已到而货未到的商品；（4）寄放他处的商品，如因购货方拒绝付款而暂时存在购货方的商品；（5）委托其他单位代销（未作销售或调出）尚未售出的商品；（6）代其他单位购进尚未交付的商品。库存商品不包括：（1）所有权不属于本单位的商品；（2）委托外单位加工的商品（包括本单位所属加工厂和其他生产单位加工生产尚未收回成品的商品）；（3）外贸企业代理其他单位从国外进口，尚未付给订货单位的商品；（4）代国家储备部门保管的商品。

营业收入

指企业经营主要业务和其他业务所确认的收入总额。营业收入合计包括主营业务收入和其他业务收入。

主营业务成本

指企业经营主要业务所发生的成本总额。

住宿和餐饮业营业额

指住宿和餐饮业单位在经营活动中因提供服务或销售商品等取得的全部收入，包括：客房收入、餐费收入、商品销售额（含增值税）和其他收入。不包括法人企业附营的其他行业产业活动单位的餐费收入、商品销售收入等各项收入。

批发和零售业、住宿和餐饮业统计限额标准

行业类别	统计指标名称	限额标准
批发业	年主营业务收入	2000 万元
零售业	年主营业务收入	500 万元
住宿业	年主营业务收入	200 万元
餐饮业	年主营业务收入	200 万元

Explanatory Notes on Main Statistical Indicators

Total Retail Sales of Consumer Goods

refers to the sum of retail sales of commodities sold by enterprise (units and individuals) to individuals and social groups for non-production and non-business use, and the income from catering services provided. Among of which, individuals refer to residents of urban and rural households and entering persons; social groups refer to government agencies, social organization, military, schools, institution, enterprises, neighbourhood committees and village committees.

Purchases of Commodities

refer to the total value of purchases of commodities by the enterprises from other establishments or individuals (including direct import from abroad) for the purpose of re-selling, either with or without further processing of the commodities purchased (including value-added taxes). This indicator is used to show the total value of purchases of commodities by wholesale and retail establishments from domestic and overseas markets. The total purchases include: (1) commodities purchased from agricultural and industrial producers, wholesale and retail enterprises, accommodation and catering enterprises, distribution departments of the publishers and other service enterprises; (2) commodities purchased from government agencies and institutions; (3) anti-smuggling and confiscated goods purchased from the customs autho- rities or market management agencies; (4) second-hand goods and wastes purchased from residents. Excluded are (1) commodities purchased by enterprises (establishments) for use in their own business operation, not for re-selling; (2) commodities obtained without buying or selling procedures; (3) commission income from brokerage in transactions whose settlement is directly handled by buyers and sellers; (4) commodities rejected and refused to pay; (5) goods overflow.

Sales of Commodities

refer to value of commodities sold by the establishments to other establishments and individuals (including sales for the self-consumption and its value-added taxes). In the wholesalc and retail trade, this indicator is used to show the total value of sales of commodities at domestic markets and export. The commodities include: (1) commodities sold to urban and rural residents and social groups for their consumption; (2) commodities sold to establishments in all the industries, such as agriculture, industry, construction, services, etc., for their production and operation, including commodities sold to wholesale and retail establishments for re-selling, with or without further processing; (3) commodities for direct export to other countries. Excluded are (1) commodities transferred without buying or selling procedures; (2) commission income from brokerage in transactions whose settlement is directly handled by buyers and sellers; (3) rejected commodities in the purchase; (4) loss in commodities; (5) selling of waste packaging materials used by the establishments (units) themselves.

Inventory of Commodities

refers to total commodities (including value-added taxes) possessed by wholesale and retail enterprises, private and individuals, and total commodities (including value-added taxes) at storage and possessed by their institutional units for the wholesale and retail units with industrial undertakings. It reflects the commodity stock level of various wholesale and retail enterprises (units) and the potential for market supply. It includes: (1) commodities located in storage, garages, counters, and shelves of operating units (such as sale stores, wholesale centers, procurement stations and operating offices) of wholesale and retail enterprises; (2) commodities in the process of selecting, sorting, and packing; (3) commodities not arrived but recorded as purchase in the account, i.e. commodities not arrived but payment receipts for the commodities from the sellers or the banks arrived; (4) commodities deposited in other places rather than places mentioned above, for instance: commodities in the hold of purchasers temporarily due to the refusal of payment and commodities not taken back after going through the formalities; (5) commodities entrusted to other units to sell but not sold yet; (6) commodities purchased for other units but not delivered yet. Commodities not included as: (1) stock not owned by the enterprises (units); (2) commodities entrusted to other units to process (including entrusted to subsidiary processing plants and other units and not taken back yet); (3) commodities imported from foreign countries agented by foreign trade enterprises and not delivered to the order units; (4) commodities managed on behalf of the state material reserves units.

Business Revenue

refers to the total revenue of enterprises through operating of main business and other businesses. It includes income of principal business and other business income.

Cost of Principal Business

refers to real costs from the operating of main business.

Business Revenue of Accommodation and Catering Services

refers to the total revenue received from providing services or selling commodities by establishments engaged in hotels and catering services, including income from hotels, from catering services, from selling of commodities (including value-added taxes) and from other services. Excluding the income received from catering services, and selling of commodities by other industrial activity units of corporate enterprises.

Statistical Limit Standard of Wholesale, Retail Trade, Accommodation and Catering Services

Industry Category	*Statistical Index Name*	*Limit Standard*
Wholesale Trade	*Annual Revenue from Principal Business*	*20 million yuan*
Retail Trade	*Annual Revenue from Principal Business*	*5 million yuan*
Hotel Services	*Annual Revenue from Principal Business*	*2 million yuan*
Catering Services	*Annual Revenue from Principal Business*	*2 million yuan*

第十六篇　交通运输和邮电

Chapter 16　Transportation, Post and Telecommunication Services

16-1 社会客、货运输量和周转量(2000—2016年)

Passenger & Freight Traffic and Turnover Volume of Passenger & Freight Traffic,2000-2016

年 份 Year	客运量(万人) Passenger Traffic (10 000 persons)	# 铁 路 Railways	# 公 路 Highways	# 民 航 Civil Aviation	旅客周转量(百万人公里) Turnover Volume of Passenger Traffic (million passenger-km)	# 铁 路 Railways	# 公 路 Highways	# 民 航 Civil Aviation
2000	3474	1594	1820		8845	6022	1864	
2001	3302	1456	1780		9197	5996	2205	
2002	3457	1498	1870		9255	5782	2272	
2003	3507	1281	2109		9274	5526	2158	
2004	4103	1491	2457		11713	7112	2404	
2005	4679	1550	2961		14210	9070	2646	
2006	5670	1632	3807		16341	9651	3564	
2007	7104	1573	5253		18380	10228	4470	
2008	8753	1907	6579		19612	10426	5671	
2009	25299	2384	22566	334	29766	12482	13122	4142
2010	24873	2654	21822	396	32312	14066	13196	5031
2011	25331	2801	22053	475	34214	14838	13391	5967
2012	28462	2970	24483	1009	43249	16399	15043	11807
2013	29518	3352	24980	1186	47289	17836	15442	14011
2014	19599	3686	14530	1382	41971	16412	8847	16712
2015	19775	4054	14218	1503	44562	17047	8583	18932
2016	19930	4543	13741	1645	48144	18351	7839	21955

16–1续表 *Continued*

年 份 Year	货运量(万吨) Freight Traffic (10 000 tons)	# 铁 路 Railways	# 公 路 Highways	# 水 运 Waterways	货物周转量(亿吨公里) Turnover Volume of Freight Traffic (100 million ton-km)	# 铁 路 Railways	# 公 路 Highways	# 水 运 Waterways
2000	26400	3079	18764	4165	4674	275	63	4334
2001	28608	3727	19382	5037	5166	230	65	4870
2002	31016	4519	19554	6452	6484	228	66	6188
2003	35252	5662	20072	8944	8169	259	68	7840
2004	37934	6108	19560	11613	11473	286	72	11112
2005	40263	7241	19850	12375	12461	353	74	12031
2006	42863	8409	20290	13313	12184	353	76	11751
2007	51338	11288	23500	15671	15221	355	88	14774
2008	55065	12161	27000	15096	14479	343	103	14029
2009	43554	11284	19800	11656	10102	297	206	9595
2010	41611	7597	20855	11911	9859	298	231	9324
2011	44651	7286	23426	12711	10121	296	267	9553
2012	47698	7909	28228	10332	7635	287	329	7012
2013	51603	8446	31985	9884	5390	273	368	4742
2014	50948	8872	31130	9749	3354	265	349	2734
2015	53179	8377	33724	9910	2320	226	380	1708
2016	51580	8149	32841	9515	2117	207	372	1530

注：因交通部方法制度变化，2009年及以后公路和水运数据与2008年及以前数据不可比。

Note: Data of highways and waterways from 2009 are changed according to the statistics measure of Ministry of Transport,which can't be compared with data of 2008 and before.

16-2 社会客、货运输量和周转量(2013—2016年)

Passenger & Freight Traffic and Turnover Volume of Passenger & Freight Traffic,2013-2016

指 标	Item	2013	2014	2015	2016
客 运 量(万人)	**Passenger Traffic (10 000 persons)**	**29518**	**19599**	**19775**	**19930**
铁 路	Railways	3352	3687	4054	4543
公 路	Highways	24980	14530	14218	13741
民 航	Civil Aviation	1186	1383	1503	1645
旅客周转量（百万人公里）	**Turnover Volume of Passenger Traffic (million passenger-km)**	**47289**	**41971**	**44562**	**48144**
铁 路	Railways	17836	16412	17047	18351
公 路	Highways	15442	8847	8583	7839
民 航	Civil Aviation	14011	16712	18932	21955
货 运 量(万吨)	**Freight Traffic (10 000 tons)**	**51603**	**50948**	**53179**	**51580**
铁 路	Railways	8446	8872	8377	8149
公 路	Highways	31985	31130	33724	32841
水 运	Waterways	9884	9749	9910	9515
民 航	Civil Aviation	7	7	8	7
管道输油气量	Traffic of Petroleum & Gas Pipelines	1280	1189	1160	1068
货物周转量（亿吨公里）	**Turnover Volume of Freight Traffic (100 million ton-km)**	**5390**	**3354**	**2320**	**2117**
铁 路	Railways	273	265	226	207
公 路	Highways	368	349	380	372
水 运	Waterways	4742	2734	1708	1530
民 航	Civil Aviation	0.9	1	1	1
管道输油气量	Traffic of Petroleum & Gas Pipelines	5.7	5	5	6

16-3 运输线路长度(2013—2016年)

Length of Transport Routes,2013-2016

单位：公里(km)

指 标	Item	2013	2014	2015	2016
公路通车里程	Length of Highways with Transport Service	15718	16110	16550	16764
# 等级公路	Expressway and Class I to IV Highway	15718	16110	16550	16764
# 高速公路	Expressway	1103	1113	1130	1208
内河航道里程	Length of Navigable Inland Waterways	412	412	412	412
民航航线里程	Length of Civil Aviation Routes	154840	152342	163833	164630
输油气管道里程	Length of Petroleum & Gas Pipelines	529	518	521	521

注：内河航道里程为内河清淤里程。民用航空航线里程为国航天津分公司在天津滨海国际机场起降飞机的里程。

Note: Length of navigable inland waterways refers to length of inland waterways with slit cleaned up. Length of civil aviation refers to the length of Air China Tianjin Company flights at Tianjin Binhai International Airport.

16-4 港口客、货吞吐量(2000—2016年)

Volume of Passenger & Freight Handled in Ports,2000-2016

年 份 Year	港口旅客吞吐量(万人次) Volume of Passenger Handled in Ports (10 000 person-time)	港口货物吞吐量(万吨) Volume of Freight Handled in Ports (10 000 tons)	出 港 Out-port	比 重 (%) Proportion (%)	进 港 In-port	比 重 (%) Proportion (%)	集装箱吞吐量(万国际标准箱) Handled Containers (10 000 TEU)
2000	40.2	9582	6936	72.4	2646	27.6	171
2001	37.1	11369	8086	71.1	3283	28.9	201
2002	33.0	12906	8802	68.2	4104	31.8	241
2003	22.7	16182	10912	67.4	5270	32.6	302
2004	32.5	20619	13217	64.1	7402	35.9	382
2005	31.6	24069	14700	61.1	9369	38.9	480
2006	34.0	25760	15285	59.3	10475	40.7	595
2007	34.0	30946	19073	61.6	11873	38.4	710
2008	8.7	35593	20462	57.5	15131	42.5	850
2009	15.9	38111	16591	43.5	21520	56.5	870
2010	23.4	41325	20048	48.5	21277	51.5	1008
2011	24.9	45338	22665	50.0	22673	50.0	1159
2012	29.3	47697	22381	46.9	25316	53.1	1230
2013	33.0	50063	23060	46.1	27003	53.9	1301
2014	32.6	54002	26546	49.2	27456	50.8	1406
2015	52.1	54051	28487	52.7	25564	47.3	1411
2016	78.7	55056	30565	55.5	24491	44.5	1452

注：货物吞吐量为包括货主码头的全港数据。
Note: Volume of freight handled in ports refers to the figure of ports, including those of docks.

16-5 港口设施(2014—2016年)

Ports Facilities,2014-2016

指 标	Item	2014	2015	2016
码头长度(米)	Length of Quay Line(m)	35954	38729	39389
港口泊位(个)	Number of Berths(unit)	162	173	176
天津港(集团)有限公司	Tianjin Port Group Corporation Ltd.	97	96	96
货主码头	Docks	65	77	80
# 万吨级泊位	Class of 10 000-ton Level	106	113	116
# 天津港(集团)有限公司	Tianjin Port Group Corporation Ltd.	85	84	84
铁路专用线长度(米)	Length of Railways(m)	115371	130172	130172
仓库总面积(平方米)	Area of Store Houses(sq.m)	389167	412758	434519
堆场总面积(万平方米)	Area of Goods Pile(10 000 sq.m)	1152	1167	1157
集装箱堆场堆存能力(TEU)	Capacity of Piling Containers(TEU)	505208	505208	505208
装卸机械台数(台)	Number of Loading & Unloading Machines(unit)	2967	2951	3089

注：本表除港口泊位含货主码头数据外，其余设施均为天津港(集团)有限公司数据。
Note: Number of berths include docks, and other ports facilities refer to those owned by Tianjin Port Group Corporation Ltd.

16-6 港口分货类吞吐量

Volume of Freight Handled in Ports by Category

单位：万吨(10 000 tons)

指 标 Item	合 计 Total		出港量 Out-port		进港量 In-port	
	2015	2016	2015	2016	2015	2016
港口货物吞吐量 Volume of Freight Handled in Ports	**54051**	**55056**	**28487**	**30565**	**25564**	**24491**
国 外 Abroad	29852	29693	9788	10393	20064	19300
国 内 Domestic	24199	25363	18698	20172	5501	5191
分品种货物吞吐量 Volume of Freight Handled by Category						
煤炭及制品 Coal and Related Products	12412	13229	12367	13182	45	47
石油、天然气及制品 Petroleum, Natural Gas and Related Products	5448	5989	3105	3068	2343	2921
金属矿石 Metal Ores	12840	12115	27	47	12813	12068
钢 铁 Steel and Iron	4341	4520	4087	4171	254	349
矿建材料 Mineral Building Materials	1578	623	153	150	1425	473
水 泥 Cement	16	43	1	4	15	39
木 材 Timber	94	125	21	21	73	104
非金属矿石 Nonmetal Ores	197	175	141	129	56	46
化学肥料及农药 Chemical Fertilizers and Pesticides	149	98	144	84	5	14
盐 Salt	26	17	1	2	25	15
粮 食 Grain	1100	959	233	223	867	736
机械、电器、设备 Machine, Electric Machinery, Equipment	4996	5278	2841	3224	2155	2054
化工原料及制品 Chemical Materials and Related Products	2553	2405	1314	1302	1239	1103
有色金属 Nonferrous Metals	486	556	182	231	304	325
轻工、医药产品 Light Industry, Medical and Pharmaceutical Products	4677	4996	2753	3102	1924	1894
农林牧渔产品 Agricultural Products	1020	1243	401	489	619	754
其 他 Others	2117	2684	718	1136	1399	1548
集装箱吞吐量(万国际标准箱) Handled Containers(10 000 TEU)	**1411**	**1452**	**712**	**744**	**699**	**708**

16-7 公路及民航运输主要技术经济指标(2014—2016年)

Main Technical and Economic Indicators of Highway and Civil Aviation Transport,2014-2016

指　标	Item	2014	2015	2016
公　路	**Highway**			
载货汽车里程利用率(%)	Utilization Rate of Length of Trucks in Operation (%)	58.0	51.0	53.0
载客汽车里程利用率(%)	Utilization Rate of Length of Passenger Vehicles in Operation (%)	93.0	96.0	96.0
载货汽车每百吨公里耗汽油(升)	Gasoline Consumption of Trucks (L/100 ton-km)	10.3	11.4	11.4
载客汽车每百吨公里耗汽油(升)	Gasoline Consumption of Passenger Vehicles (L/100 ton-km)	12.6	15.5	15.5
载货汽车每百吨公里耗柴油(升)	Diesel Oil Consumption of Trucks (L/100 ton-km)	15.3	17.6	17.6
载客汽车每百吨公里耗柴油(升)	Diesel Oil Consumption of Passenger Vehicles (L/100 ton-km)	21.9	21.9	21.9
载货汽车实载率(%)	Utilization Rate of Capacity of Freight Trucks (%)	62.9	50.5	51.5
载客汽车实载率(%)	Utilization Rate of Capacity of Passenger Vehicles (%)	74.5	71.7	71.7
民　航	**Civil Aviation**			
飞行小时(小时)	Flying Time (hour)	82202	92581	96389
平均每可用机飞行时间(小时)	Flying Time per Available Aircraft (hour)	3288	3192	3178
正班飞行距离(万公里)	Distance under Normal Conditions (10 000 km)	4670.7	5163.9	5659.1
平均每可用机日生产飞行时间(小时)	Average Daily Flying Time per Available Aircraft (hour)	8.9	8.9	8.8
正班平均载运率(%)	Average Utilization Rate of Capacity under Normal Conditions (%)	75.1	72.4	73.0

注：本表民航数据为国航天津分公司数据。
Note: In this table, data of civil aviation are provided by Air China Tianjin Company.

16-8 民用航空机场主要指标(2014—2016年)

Main Indicators of Civil Aviation Airport,2014-2016

指　标	Item	2014	2015	2016
旅客吞吐量(万人)	**Passenger Traffic(10 000 persons)**	**1207.3**	**1431.4**	**1687.2**
国内旅客	Domestic Passenger Traffic	1051.3	1215.6	1414.3
国际旅客	International Passenger Traffic	111.9	164.0	217.6
港、澳、台地区旅客	Hong Kong, Macao & Taiwan Passenger Traffic	44.1	51.8	55.3
货(邮)吞吐量(万吨)	**Freight Traffic(10 000 tons)**	**23.3**	**21.7**	**23.7**
国内货邮	Domestic Routes	9.5	9.1	10.9
国际货邮	International Routes	12.9	11.7	12.0
港、澳、台地区货邮	Hong Kong, Macao & Taiwan Regional Routes	0.9	0.9	0.8
起、降架次(万架次)	**Times of Ascend and Descend(10 000 sorties)**	**11.5**	**12.6**	**14.4**

16-9 民用车辆拥有量(2016年)

Number of Civil Motor Vehicles Owned,2016

单位：辆(unit)

指 标	Item	合 计 Total	个 人 Private-owned	当年新注册 Registered in Current Year
总 计	**Total**	**2818292**	**2375203**	**309013**
民用汽车	Civil Motor Vehicles	2737534	2344479	303988
1. 载客汽车	Passenger Vehicles	2425046	2142397	262849
# 轿 车	Cars	1822319	1654149	181571
大 型	Large-sized	25466	1078	2925
中 型	Medium-sized	13371	4527	763
小 型	Small-sized	2362453	2114524	258204
微 型	Minisize	23756	22268	957
2. 载货汽车	Trucks	294734	196225	39561
# 普通载货	Ordinary Trucks	128840	99539	8516
重 型	Heavy Trucks	57049	19056	7055
中 型	Medium-sized Trucks	11964	5717	599
轻 型	Light Trucks	223484	170271	31011
微 型	Minisize Trucks	2237	1181	896
3. 其他汽车	Other Civil Motor Vehicles	17754	5857	1578
摩托车	Motorcycles	24039	22822	699
拖拉机	Tractor	18586	18586	1561
挂 车	Trailer	36454	7350	4219
其他类型车	Other Vehicles	1679	552	107

16-10 邮电业基本情况(2000—2016年)

Basic Statistics on Post and Telecommunication Services,2000-2016

年 份 Year	邮电业务总量(万元) Business Value of Post and Telecommunication Services(10 000 yuan)	邮电局所数(处) Number of Post and Telecommunication Offices(unit)	局用电话交换机容量(门) Capacity of Office Telephone Exchanges (line)	电话机(含移动、小灵通)(万部) Telephone (Include Mobile and Handphone) (10 000 sets)	平均每百人拥有电话机数(含移动)(部/百人) Telephone per 100 persons (Include Mobile) (set/100 persons)
2000	753669	563	3182465	431.28	46.6
2001	702206	543	3645600	511.57	56.0
2002	903296	597	3865700	601.45	65.4
2003	1157060	619	4024500	761.91	82.3
2004	1467836	700	4237700	835.01	89.5
2005	1763477	827	6288300	939.82	90.1
2006	2277902	818	6190300	1147.17	106.7
2007	3006714	842	6232700	1238.25	111.1
2008	3517682	1089	5704300	1320.91	112.3
2009	3866682	823	4242600	1377.75	112.2
2010	4351563	833	4253200	1456.39	112.1
2011	1807796	865	2997600	1568.47	115.8
2012	1867423	888	2467000	1657.52	117.3
2013	1960037	850	2010000	1675.95	113.8
2014	2448245	876	1527970	1712.41	112.9
2015	3218094	873	350456	1749.60	113.1
2016	4843667	863	265900	1811.10	115.9

16-11 邮电业务基本情况

Basic Conditions of Postal and Teleccommunication Services

指 标	Item	单 位	Unit	2015	2016	2016比2015年增长(%) Increase Rate in 2016 over 2015 (%)
邮电业务总量	**Business Value of Post and Telecommunication Services**	万 元	**10 000 yuan**	**3218094**	**4843667**	**50.5**
邮政业务总量	Business Volume of Post Services	万 元	10 000 yuan	600467	865179	44.1
电信业务总量	Business Volume of Telecommunication Services	万 元	10 000 yuan	2617627	3978488	52.0
邮政业务	**Business Value of Post Services**					
函 件	Letters	万 件	10 000 pcs	31207	51434	64.8
快 递	Pieces of Express Mail Services	万 件	10 000 pcs	25624	41890	63.5
# 同 城	intra-city	万 件	10 000 pcs	12940	12508	-3.3
异 地	Different Place	万 件	10 000 pcs	17245	29086	68.7
报刊期发数	Number of Newspapers and Magazines Subscribed	万 份	10 000 pcs	97	84	-13.4
汇 票	Postal Order	万 笔	10 000 pcs	82	53	-35.4
集邮业务	Philately	万 枚	10 000 pcs	3911	4014	2.6
邮电局所数	Number of Post & Telecommunications Offices	处	unit	873	863	-1.1
# 邮政局	Number of Post Offices	处	unit	421	421	
信筒信箱	Number of Post Boxes	处	unit	3784	3478	-8.1
邮路总长度	Length of Post Routes	公 里	km	19736	23125	17.2
# 汽车邮路长度	Length of Post Routes by Highway	公 里	km	17300	20689	19.6
铁路邮路长度	Length of Postal Routes by Railway	公 里	km	2436	2436	
邮政汽车	Automobile for Post Business	辆	unit	1253	1329	6.1
农村投递线路长度	Rural Delivery Routes	公 里	km	20311	19879	-2.1
电信业务	**Business Value of Telecommunication Services**					
年末固定电话用户	Number of Fixed Telephone Subscribers	万 户	10 000 subscribers	343.77	311.30	-9.4
# 住宅电话	Number of Residential Telephone Subscribers	万 户	10 000 subscribers	172.18	155.70	-9.6
移动电话用户	Number of Mobile Telephone Subscribers	万 户	10 000 subscribers	1405.80	1499.80	6.7
# 3G移动电话用户	3G Mobile Phone Subscribers	万 户	10 000 subscribers	349.41	233.60	-33.1
移动电话通话时长	Duration of Calls Mobile Telephone	万分钟	10 000 minute	6372059	6472818	1.6
# 长途电话	Duration of Long-distance Calls Mobile Telephone	万分钟	10 000 minute	683634	601296	-12.0
长途电话通话量	Long Distance Calls	万分钟	10 000 minute	726386	641820	-11.6
国内长途电话	Domestic	万分钟	10 000 minute	723033	639163	-11.6
国际及港澳台电话	International and Hong Kong, Macao & Taiwan	万分钟	10 000 minute	682	2657	289.5
短信业务发送量	Number of Messages Send Out	万 条	10 000 pcs	474264	385100	-18.8
长途光缆线路长度	Length of Long-distance Optical Cable Lines	公 里	km	3714	3776	1.7
长途电话交换机容量	Capacity of Long-distance Telephone Exchanges	2M	2M	117778	117778	
局用电话交换机容量	Capacity of Office Telephone Exchanges	万 门	10 000 lines	35.0	23.5	-32.9
移动电话交换机容量	Capacity of Mobile Telephone Exchanges	万 户	10 000 subscribers	2435	2585	6.2

16-12 互联网主要指标(2013—2016年)

Main Indicators of Internet,2013-2016

指　　标　Item	2013	2014	2015	2016
互联网宽带接入端口(万个) Broad Band Subscribers Port of Internet(10 000 port)	354.1	415.0	445.0	724.3
国际互联网用户(万户) Number of Subscribers of Internet Services(10 000 subscribers)	943.30	1014.49	1204.50	1409.40
# 宽带用户 Number of Broadband of Internet Services	188.40	208.81	246.40	283.93
# 城　市 City	187.90	206.85	244.60	276.12
互联网上网人数(万人) Number of Internet Users(10 000 persons)	943.3	1014.3	1204.5	1409.4
域名数(万个) Number of Domain Names(10 000 units)	11.5	15.4	34.9	35.4
网站数(万个) Number of Websites(10 000 units)	2.9	3.4	4.2	4.9

16-13 邮政电信服务水平(2013—2016年)

Level of Post and Telecommunication Services,2013-2016

指　　标　Item	2013	2014	2015	2016
平均每一邮电局所服务面积(平方公里) Average Area Served by Every Post & Telecommunications Office(sq.km)	14.0	13.6	13.6	11.4
# 平均每一邮政局所服务面积 Average Area Served by Every Post Office	30.6	27.8	28.3	28.4
平均每一邮电局所服务人口(万人) Average People Served by Every Post & Telecommunications Office (10 000 persons)	1.7	1.7	1.8	1.8
# 平均每一邮政局所服务人口 Average People Served by Every Post Office	3.8	3.5	3.7	3.7
平均每人每年发函件数(件) Annual Average Number of Letters Mailed per Capita(piece)	11.7	13.3	20.2	32.9
平均每百人每年订销报刊期发数(件) Annual Average Number of Newspapers and Magazines Subscribed and Bought per 100 Persons(piece)	20.0	17.4	6.3	5.4
平均每百人拥有电话机(含移动)(部) Telephone Owned per 100 Persons (include mobile telephone)(set)	113.8	112.9	113.1	115.9
平均每百人拥有移动电话(部) Mobile Telephone Owned per 100 Persons(set)	89.9	89.1	90.9	96.0

16-14 邮政、电信局(所、厅)数(2013—2016年)

Number of Post and Telecommunication Offices by Region,2013-2016

单位：处(unit)

地 区	Region	2013	2014	2015	2016
总 计	**Total**	**850**	**876**	**873**	**863**
# 邮政局	Post Offices	389	428	421	421
# 市内六区	Six Urban Districts	294	295	288	286
和平区	Heping District	37	35	34	32
河东区	Hedong District	60	59	59	57
河西区	Hexi District	50	53	50	49
南开区	Nankai District	66	66	64	66
河北区	Hebei District	42	44	44	45
红桥区	Hongqiao District	39	38	37	37
东丽区	Dongli District	38	38	38	41
西青区	Xiqing District	42	43	43	41
津南区	Jinnan District	35	33	33	34
北辰区	Beichen District	39	40	40	40
武清区	Wuqing District	67	72	70	70
宝坻区	Baodi District	48	55	56	59
滨海新区	Binhai New Area	143	139	142	137
宁河区	Ninghe District	41	47	47	46
静海区	Jinghai District	53	53	54	47
蓟州区	Jizhou District	50	62	62	62

主要统计指标解释

货（客）运量

指在一定时期内，各种运输工具实际运送的货物(旅客)数量。该指标是反映运输业为国民经济和人民生活服务的数量指标，也是制定和检查运输生产计划、研究运输发展规模和速度的重要指标。货运按吨计算，客运按人计算。货物不论运输距离长短、货物类别，均按实际重量统计。旅客不论行程远近或票价多少，均按一人一次客运量统计；半价票、小孩票也按一人统计。

货物（旅客）周转量

指在一定时期内，由各种运输工具运送的货物(旅客)数量与其相应运输距离的乘积之总和。该指标可以反映运输业生产的总成果，也是编制和检查运输生产计划，计算运输效率、劳动生产率以及核算运输单位成本的主要基础资料。计算货物周转量通常按发出站与到达站之间的最短距离，也就是计费距离计算。计算公式为：

货物（旅客）周转量＝Σ〔货物（旅客）运输量×运输距离〕

港口货物吞吐量（又称港口吞吐量）

指经由水路运进、出港区范围，并经过装卸的货物数量。按货物流向分为进港吞吐量和出港吞吐量；按货物的贸易性质分为内贸和外贸吞吐量；按货物的类别分，可根据现行的交通行业标准《运输货物分类和代码》分类。

集装箱吞吐量

凡经过水运进、出港区范围，并经过装卸的集装箱箱数和重量（含集装箱自重），通常是按进港和出港分别统计。TEU 是“折合 20 英尺标准箱”的英文缩写。它是指各种尺寸的国际标准集装箱的自然箱数，按各自的换算比例，折算为 20 英尺标准箱数。其换算比例为：40 英尺箱 1∶2；35 英尺箱 1∶1.75；20 英尺箱 1∶1；10 英尺箱 1∶0.5。

邮电业务总量

指以价值量形式表现的邮电通信企业为社会提供各类邮电通信服务的总数量。邮电业务量按专业分类包括函件、包件、汇票、报刊发行、邮政快件、特快专递、邮政储蓄、集邮、公众电报、用户电报、传真、长途电话、出租电路、无线寻呼、移动电话、分组交换数据通信、出租代维等。计算方法为各类产品乘以相应的平均单价(不变价)之和，再加上出租电路和设备、代用户维护电话交换机和线路等的服务收入。该指标综合反映了一定时期邮电业务发展的总成果，是研究邮电业务量构成和发展趋势的重要指标。计算公式为：

邮电业务总量＝Σ（各类邮电业务量×不变单价）+出租代维及其他业务收入＝邮政业务总量+电信业务总量

民用汽车拥有量

指报告期末，在公安交通管理部门按照《机动车注册登记工作规范》，已注册登记领有民用车辆牌照的全部汽车数量。汽车拥有量统计的主要分类：根据汽车结构分为载客汽车、载货汽车及其他汽车；根据汽车所有者不同分为个人(私人)汽车、单位汽车；根据汽车的使用性质分为营运汽车、非营运汽车和特种汽车；根据汽车大小规格不同载客汽车分为大型、中型、小型和微型，载货汽车分为重型、中型、轻型和微型。

局用电话交换机容量

指安装在本地电信运营商内用于接续本地固定电话的电话交换机容量，有倍增设备按倍增后的数量计数。包括现用和备用的人工或自动交换机的全部容量。

移动电话交换机容量

指移动电话交换机根据一定话务模型和交换机处理能力计算出来的最大同时服务用户的数量。

Explanatory Notes on Main Statistical Indicators

Freight (Passenger) Traffic

refers to the volume of freight (passenger) transported with various means within a specific period of time. This indicator reflects the service of the transport industry towards the national economy and people's living conditions, as well as an important indicator used in formulating and monitoring transport production plans and research into the scale and pace of transport development. Freight transport is calculated in tons and passenger traffic is calculated in terms of number of persons. Freight transport is calculated in terms of the actual weight of the goods and takes no account of the type of freight and distance of travel. Passenger traffic is calculated by the principle that one person can be counted only once in one trip and takes no account of the travelling distance and ticket price. The passengers who travel with a half price ticket or a child's ticket is also calculated as one person.

Turnover Volume of Freight (Passenger) Traffic

refers to the sum of the product of the volume of transported cargo (passengers) multiplied by the transport distance. It is an important indicator to reflect the achievement of the transportation industry. This is an important indicator to show the total results of the transport industry; to prepare and examine the transport plan; and to serve as the main basic data for calculating the efficiency, labour productivity and unit cost of transport. Normally, the shortest distance between the departure station and the destination station (i.e., the payable distance) is the basis in calculating the freight ton-kilometers. The formula is as followed:

Turnover Volume of Freight (Passenger) Traffic =Σ(Freight (Passenger) Traffic × Distance of Transportation)

Freight Handled in Ports

refers to the volume of cargo passing in and out the harbor area and having been loaded and unloaded. The volume of freight handled may be classified as in-port & out-port. It can also be classified as national trade and international trade by the attribute of trade or be classified by the classification of cargo according to the standard of traffic in use the *Classification and Code of Transported Cargo*.

Container Handled in Ports

refers to number and weight (include tare weight of containers) of containers which are loaded or unloaded within port area via water carriage. It is often calculated by entering and leaving port, respectively. TEU was the abbreviation of twenty foot equivalent unit, which refers to converted number of all kinds of containers. The conversion method is based on respective conversion ratio and the number of all kinds of container is converted to the standard number of 20-foot equivalent unit. The conversion ratio is 40-foot container 1:2, 35-foot container 1:1.75, 20-foot container 1:1, 10-foot container 1:0.5.

Business Value of Post and Telecommunication Services

refers to the total amount of post and telecommunication services, expressed in value terms, provided by the post and telecommunications departments for the society. Post and telecommunication services can be classified as letters, parcels, remittance, issue of newspapers and magazines, fast mail service, express mail service, savings deposits, stamps for collection, public and individual telegraph service, facsimiles, long-distance telephone service, leasing of telephone lines, urban paging service, mobile telephone service, data transfer and transmission, leasing and substitute maintaining, etc. The accounting approach is to multiply the service products of all types with their average unit price (constant price) to get sum of business value, plus income from other services such as leasing of telephone lines and equipment, maintenance of telephone switchboards and lines on behalf of customers. This indicator reflects the overall results of post and telecommunications service during a given period, and is important to study the composition of business service and the development of post and telecommunications service. The formula is as followed:

Business Value of Post and Telecommunication Services = Σ (Transaction of Post and Telecommunication Services × Constant Price) + Income from leasing, Maintenance and Other Services = Business Volume of Post + Business Volume of Telecommunication

Civil Motor Vehicles Owned

refers to the total number of vehicles that are registered and received vehicles license tags according to the *Work Standard for Motor Vehicles Registration* formulated by transport management office under department of public security at the end of reference period. They are divided into following categories according to the structure of motor vehicles: passenger vehicles, trucks and others; and private vehicles and vehicles for units use according to ownerships; working vehicles, non-working vehicles and special motor vehicles according to kind of usage; large passenger vehicles, medium passenger vehicles, small passenger vehicles and mini passenger vehicle, heavy trucks, light-heavy trucks, light trucks and mini trucks according to sizes of vehicles.

Capacity of Office Telephone Exchanges

refers to the capacity of telephone exchanges installed in the local offices of telecommunication service providers for communication between fixed telephones. It is includes the capacity of both manual and automatic exchanges in use and for stand-by purpose and calculated according to the multiplied capacity if equipped with multiplier equipment.

Capacity of Mobile Telephone Exchanges

refers to the capacity of the maximum services provided to subscribers at one time basing on a certain model and transacting capacity of the mobile telephone exchanges.

第十七篇　金融业

Chapter 17　Financial Intermediation

17-1 各类金融机构(2000—2016年)

Financial Institutions,2000-2016

单位：个(unit)

年 份 Year	银行类 Banking Institutions			非银行类 Non-banking Institutions		
	合 计 Total	商业银行 Commercial Banks	外资银行 Foreign Funded Banks	合 计 Total	保险公司机构 Insurance Companies	证券经营机构 Securities Business Companies
2000	1744	1718	14	725	102	96
2001	1703	1677	14	1076	105	93
2002	1653	1627	14	1215	311	85
2003	1594	1567	15	1264	369	78
2004	1564	1537	15	1294	386	79
2005	1552	1526	14	1347	371	79
2006	2094	2065	17	922	367	74
2007	2549	2520	17	557	426	71
2008	2599	2568	19	566	491	73
2009	2521	2487	22	588	520	87
2010	2641	2605	22	595	531	98
2011	2691	2654	22	662	577	102
2012	2698	2660	23	676	591	105
2013	2909	2837	57	1603	605	111
2014	3011	2939	57	1867	621	131
2015	3239	3167	57	2318	643	148
2016	3282	3213	54	3073	662	166

注：银行类金融机构自2006年起含农村合作银行；自2007年起含邮政储蓄银行。非银行类金融机构自2013年起含新兴金融机构。

Note: Banking Financial Institutions included Rural Cooperative Bank Since 2006,and Postal Savings Bank Since 2007.Non-banking Institutions included Emerging Financial Institutions since 2013.

17-2 各类金融机构(2014-2016年)

Financial Institutions,2014-2016

单位：个(unit)

项　　目	Item	2014	2015	2016
总　　计	**Total**	**4878**	**5557**	**6355**
银行类	**Banking Institutions**	**3011**	**3239**	**3282**
中央银行	Central Banks	2	2	2
政策性银行	Policy Banks	13	13	13
商业银行	Commercial Banks	2939	3167	3213
外资银行	Foreign Funded Banks	57	57	54
非银行类	**Non-banking Institutions**	**1867**	**2318**	**3073**
保险公司机构	Insurance Institutions	621	643	662
保险中介机构	Insurance Intermediary Institutions	118	123	192
保险资产管理公司	Insurance Asset Management Companies	1	1	1
证券经营机构	Securities Business Companies	131	148	166
基金管理公司	Fund Management Companies	1	1	1
独立基金销售机构分公司	Independent Fund Sales Institution Branches	2	3	4
证券投资咨询公司	Security Iinvestment Consulting Companies	1	1	1
证券信用评级公司	Security Credit Rating Companies	1	1	1
期货经营机构	The Futures Management Agencies	35	35	36
信托投资公司	Trust Investment Companies	2	2	2
金融租赁公司	Financial Leasing Companies	5	7	9
汽车金融公司	Auto Financing Companies	1	2	2
财务公司	Financial Companies	4	6	6
货币经纪公司	Currency Brokerage Companies	1	1	1
消费金融公司	Consumer Finance Companies	1	1	1
金融资产管理公司	Financial Assets Supervision Corporations	4	4	4
货币兑换公司	Currency Exchange Companies	5	5	6
第三方支付公司	The Third Party Payment Companies	33	32	32
小额贷款公司	Micro-credit Companies	178	180	180
融资性担保机构	Financing Guarantee Agencies	100	55	41
典当公司	Mortgage Companies	176	172	169
内资融资租赁公司	Domestic Financial Leasing Companies	15	18	30
外资融资租赁公司	Foreign Financial Leasing Companies	315	672	1146
保理公司	Factoring Company	116	205	380

注：小额贷款公司包含银监会监管的兴农贷款公司。
Note: Micro-credit Companies contains Xingnong credit Company.

17–3 中外资金融机构本外币存贷款余额(2002—2016年)

RMB & Foreign Deposit and Loan Balance of Chinese & Foreign Financial Institutions,2002-2016

单位：亿元(100 million yuan)

年 份 Year	存款余额 (折人民币) Deposit Balance (as RMB)	中资金融机构 Chinese Financial Institutions	人民币 RMB	外汇(亿美元) Foreign Exchange(USD 100 million)	外资金融机构 Foreign-funded Financial Institutions	外汇(亿美元) Foreign Exchange(USD 100 million)	人民币 RMB
2002	3358.89	3297.79	3018.26	33.77	61.08	7.23	1.24
2003	4362.60	4317.98	4033.51	34.37	44.63	4.26	9.37
2004	5139.72	5044.07	4729.61	37.99	95.65	9.06	20.67
2005	6090.50	5990.37	5684.40	37.91	100.13	8.48	31.69
2006	6839.20	6762.39	6531.94	29.51	76.81	5.67	32.52
2007	8242.07	8116.19	7856.65	35.54	125.88	7.15	73.67
2008	9954.16	9726.64	9490.11	34.62	227.52	16.28	116.25
2009	13887.11	13637.31	13390.21	36.19	249.80	13.39	158.35
2010	16499.25	16179.94	15912.21	40.43	319.31	13.41	230.49
2011	17586.91	17218.32	16910.52	48.85	368.59	12.95	286.99
2012	20293.79	19887.26	19356.08	84.51	406.53	13.83	319.60
2013	23316.56	22825.25	22268.27	91.35	491.31	12.30	416.32
2014	24777.75	24219.94	23484.54	120.18	557.81	13.55	474.88
2015	28149.37	27681.73	26754.31	142.82	483.36	11.71	407.34
2016	30067.03	29617.71	28676.38	135.70	449.41	12.16	365.07

17–3续表 *Continued*

单位：亿元(100 million yuan)

年 份 Year	贷款余额 (折人民币) Loan Balance (as RMB)	中资金融机构 Chinese Financial Institutions	人民币 RMB	外汇(亿美元) Foreign Exchange(USD 100 million)	外资金融机构 Foreign-funded Financial Institutions	外汇(亿美元) Foreign Exchange(USD 100 million)	人民币 RMB
2002	2868.93	2765.09	2519.04	29.72	103.84	12.06	4.02
2003	3791.22	3679.61	3426.02	30.64	112.76	12.77	7.06
2004	4146.49	4010.17	3821.38	22.81	136.32	14.39	17.21
2005	4722.38	4571.40	4417.45	19.08	150.98	13.73	40.18
2006	5415.72	5243.71	5106.94	17.52	172.02	12.32	75.82
2007	6543.83	6345.25	6131.63	29.25	198.57	12.20	109.44
2008	7689.12	7501.98	7277.46	32.84	187.15	11.89	105.83
2009	11152.19	10937.95	10513.44	62.17	214.24	12.06	131.88
2010	13774.11	13422.51	12864.75	84.22	351.60	15.82	246.81
2011	15924.71	15470.16	14897.72	90.85	454.55	17.47	344.45
2012	18396.81	17873.39	16977.76	142.49	523.42	17.36	414.29
2013	20857.80	20294.04	18987.54	214.29	563.75	16.07	465.77
2014	23223.42	22551.30	21189.30	222.58	672.12	23.77	474.88
2015	25994.68	25477.79	24104.91	211.42	543.78	21.30	405.47
2016	28754.04	28325.42	27019.19	188.30	467.92	15.59	359.77

17–4 中外资金融机构人民币存贷款余额(1981—2016年)

RMB Deposit and Loan Balance of Chinese & Foreign Financial Institutions,1981-2016

单位：亿元(100 million yuan)

年 份 Year	存款合计 Total Deposits	# 单位存款 Corporate Deposits	# 财政性存款 Treasury Deposits	# 住户存款 Household Deposits	# 农业存款 Agricultural Deposits	# 其他存款 Other Deposits	贷款合计 Total Loans	# 中长期贷款 Medium-term & Long-term Loans
1981	53.25	25.08	10.23	9.70	4.70	3.54	107.73	5.64
1982	68.05	32.97	11.73	12.50	6.18	4.67	112.61	8.70
1983	75.83	35.62	11.58	16.67	7.85	4.11	125.38	10.70
1984	95.52	45.76	10.98	22.19	6.87	9.72	138.99	14.21
1985	114.25	58.48	13.82	29.38	4.52	8.05	191.04	19.63
1986	129.14	63.22	11.32	40.52	5.61	8.48	224.49	26.59
1987	156.48	70.41	12.65	54.95	6.77	11.70	260.12	32.35
1988	176.44	72.77	14.35	62.72	9.45	17.16	296.18	35.47
1989	203.44	70.24	16.20	89.71	8.51	18.79	341.60	37.55
1990	263.21	86.66	19.15	126.92	9.42	21.07	415.91	50.00
1991	336.56	106.84	24.73	163.18	13.15	28.67	487.43	73.88
1992	467.81	157.39	23.50	202.66	18.51	65.75	624.82	105.67
1993	586.12	193.71	23.78	269.70	21.75	77.19	768.57	143.93
1994	800.56	301.12	24.26	394.50	18.26	62.43	927.05	210.87
1995	1079.97	385.21	37.59	549.97	22.87	84.33	1113.95	262.01
1996	1399.06	527.68	28.54	724.91	25.82	98.64	1357.38	305.50
1997	1634.95	638.88	26.22	863.36	28.76	77.73	1502.91	298.81
1998	1860.84	655.38	12.53	1020.14	34.28	138.50	1629.12	302.69
1999	2060.02	736.03	45.78	1130.19	37.94	110.08	1825.26	405.04
2000	2281.55	871.31	53.97	1172.40	44.10	139.76	1863.60	431.27
2001	2562.55	946.89	63.82	1284.95	56.32	210.56	2159.86	637.76
2002	3018.26	1115.35	102.30	1486.38	73.86	240.37	2519.04	846.93
2003	4033.51	1542.75	136.89	1825.32	164.72	363.83	3426.02	1468.35
2004	4750.28	1843.25	35.34	2116.97	157.14	450.89	3838.59	1789.90
2005	5716.09	2216.28	43.55	2462.66	163.66	638.74	4457.63	2204.62
2006	6564.47	2693.37	77.88	2811.71	189.50	619.63	5182.76	2758.33
2007	7930.31	3411.50	138.76	3083.79	237.47	810.50	6241.07	3491.79
2008	9606.36	3707.97	74.12	3980.14	288.59	1227.81	7383.29	4255.78
2009	13548.56	6007.93	127.78	4885.86	425.77	1564.18	10645.32	7006.87
2010	16142.69	6887.60	183.26	5558.23	558.47	2065.60	13111.57	8976.72
2011	17197.51	10155.74	305.20	6123.08		480.12	15242.17	9649.42
2012	19675.68	11591.00	271.08	7055.38		567.41	17392.06	10306.11
2013	22684.59	13533.26	395.47	7612.31		518.99	19453.31	11168.25
2014	23959.42	14076.93	566.46	7916.90		806.62	21715.99	12362.90
2015	27145.93		431.59	8743.79			24500.91	13991.90
2016	29041.36		532.48	9125.38			27367.97	15608.00

注：1.中长期贷款1994年以前为固定资产贷款,1998年起中长期贷款中含中期流动资金贷款。2."单位存款"2011年以前为"企业存款"，统计口径有所调整。3.农业存款1996年以前为农村存款，2011年取消该分类。4.其他存款含临时性存款、委托存款。5."住户存款"2015年以前为"储蓄存款"。6.表17—5同。

Note: a) Medium-term & long-term loans refer to fixed assets loans before 1994, and include medium-term circulating capital loans since 1998.
b) Deposits of enterprises are changed to corporate deposits since 2011, and the coverage is changed accordingly. c) Agricultural deposits refer to rural deposits before 1996.The section was canceled in 2011. d) Others deposits include temporary deposits and entrusted deposits.
e)Saving deposits are changed to household deposits since 2015. f) Same as table 17-5.

17-5 中资金融机构人民币存贷款余额(1981—2016年)

RMB Deposit and Loan Balance of Chinese Financial Institutions,1981-2016

单位：亿元(100 million yuan)

年份 Year	存款合计 Total Deposits	# 单位存款 Corporate Deposites	# 财政性存款 Treasury Deposits	# 住户存款 Household Deposits	# 农业存款 Agricultural Deposits	# 其他存款 Other Deposits	贷款合计 Total Loans	#中长期贷款 Medium-term & Long-term Loans
1981	53.25	25.08	10.23	9.70	4.70	3.54	107.73	5.64
1982	68.05	32.97	11.73	12.50	6.18	4.67	112.61	8.70
1983	75.83	35.62	11.58	16.67	7.85	4.11	125.38	10.70
1984	95.52	45.76	10.98	22.19	6.87	9.72	138.99	14.21
1985	114.25	58.48	13.82	29.38	4.52	8.05	191.04	19.63
1986	129.14	63.22	11.32	40.52	5.61	8.48	224.49	26.59
1987	156.48	70.41	12.65	54.95	6.77	11.70	260.12	32.35
1988	176.44	72.77	14.35	62.72	9.45	17.16	296.18	35.47
1989	203.44	70.24	16.20	89.71	8.51	18.79	341.60	37.55
1990	263.21	86.66	19.15	126.92	9.42	21.07	415.91	50.00
1991	336.56	106.84	24.73	163.18	13.15	28.67	487.43	73.88
1992	467.81	157.39	23.50	202.66	18.51	65.75	624.82	105.67
1993	586.12	193.71	23.78	269.70	21.75	77.19	768.57	143.93
1994	800.56	301.12	24.26	394.50	18.26	62.43	927.05	210.87
1995	1079.97	385.21	37.59	549.97	22.87	84.33	1113.95	262.01
1996	1399.06	527.68	28.54	724.91	25.82	98.64	1357.38	305.50
1997	1634.95	638.88	26.22	863.36	28.76	77.73	1502.91	298.81
1998	1860.84	655.38	12.53	1020.14	34.28	138.50	1629.12	302.69
1999	2060.02	736.03	45.78	1130.19	37.94	110.08	1825.26	405.04
2000	2281.55	871.31	53.97	1172.40	44.10	139.76	1863.60	431.27
2001	2562.55	946.89	63.82	1284.95	56.32	210.56	2159.86	637.76
2002	3018.26	1115.35	102.30	1486.38	73.86	240.37	2519.04	846.93
2003	4033.51	1542.75	136.89	1825.32	164.72	363.83	3426.02	1468.35
2004	4729.61	1823.00	182.03	2116.73	157.14	450.71	3821.38	1789.78
2005	5684.40	2185.23	234.75	2462.41	163.66	638.35	4417.45	2203.93
2006	6531.94	2661.96	250.26	2811.02	189.50	619.20	5106.94	2756.82
2007	7856.65	3344.20	387.05	3078.72	237.47	809.21	6131.63	3473.96
2008	9490.11	3617.14	401.85	3956.86	288.59	1225.67	7277.46	4235.22
2009	13390.21	5879.48	664.82	4860.12	425.77	1560.02	10513.44	6950.44
2010	15912.21	6695.81	1072.78	5525.28	558.47	2059.86	12864.75	8856.51
2011	16910.52	9919.16	305.20	6072.66		480.12	14897.72	9458.86
2012	19356.08	11335.69	271.08	6991.09		567.41	16977.76	10091.39
2013	22268.27	13199.60	395.47	7563.46		509.71	18987.54	10931.13
2014	23484.54	13687.84	566.46	7863.57		794.41	21189.30	12099.47
2015	26754.31		431.59	8721.52			24104.91	13860.53
2016	28676.38		532.48	9105.15			27019.19	15473.35

17–6 中外资金融机构本外币信贷资金平衡表(2016年)

RMB & Foreign Currency Credit Funds Balance Sheet of Chinese & Foreign Financial Institutions,2016

单位：亿元(100 million yuan)

项　目	Item	2016	比年初增减数 Increase or Decrease Compared to the Beginning of the Year		2016比2015年增长(%) Increase Rate in 2016 over 2015(%)
			2015	2016	
资金来源合计	**All Sources**	**37172.20**	**4172.17**	**4276.91**	**14.0**
各项存款	Total Deposits	30067.03	2969.13	1917.66	6.8
# 住户存款	Household Deposits	9341.88	404.02	464.63	5.2
非金融企业存款	Non-financial Enterprise Deposits	14294.16	1349.92	604.66	4.4
广义政府存款	General Government Deposits	3722.46	142.62	666.83	21.8
非银行业金融机构存款	Non-bank Financial Institution Deposits	2508.92	1058.77	91.95	3.8
金融债券	Financial Bond	319.71	164.64	52.11	19.5
卖出回购资产	Sold for Repurchase Assets	53.71	-9.63	34.45	178.9
借款及非银行业金融机构拆入	Borrowing and Non-bank Financial Institution Borrowing	746.21	87.08	158.34	26.4
联行往来(净)	Interbank Transactions (net)		-904.54		
应付及暂收款	Accounts Payable and Suspense Credits	1030.55	102.65	47.90	4.9
各项准备	All Preparation	822.04	148.65	175.94	27.2
所有者权益	Owner's Equity	1861.02	210.08	212.73	13.3
其　他	Others	2271.93	1404.11	1677.78	629.4
资金运用合计	**All Uses**	**37172.20**	**4172.17**	**4276.91**	**14.0**
各项贷款	Total Loans	28754.04	2664.92	2759.37	10.6
# 住户贷款	Household Loans	4847.50	512.19	1494.48	44.6
非金融企业及机关团体贷款	Non-financial Enterprise and Institution Loans	23657.19	2108.35	1184.07	5.3
非银行业金融机构贷款	Non-bank Financial Institution Loans	0.26	-13.65	-0.74	-73.7
债券投资	Bond Investment	4196.52	1179.12	673.11	18.3
股权及其他投资	Stocks and Other Investments	2013.26	433.57	386.51	26.0
买入返售资产	Buying Back the Sale of Assets	55.76	-208.10	-72.48	-56.5
存放非银行业金融机构款项	Deposits of Non-bank Financial Institution	37.13	24.17	-26.04	-41.2
联行往来(净)	Interbank Transactions (net)	1129.71	119.52	740.62	845.2
金银占款	Funds Outstanding for Gold and Silver				
外汇买卖	Foreign Exchange Trading				
应收及预付款	Accounts Receivable and Advance Charge	619.10	-63.01	-180.05	-21.5
投资性房地产	Investment Real Estate	1.90	0.03	-0.12	-5.7
固定资产	Fixed Assets	364.78	21.94	-4.02	-1.1

注：表中增长速度按可比口径计算。表17–7、17–8同。

Note: The increase rates are calculated at constant coverage. Same as table 17-7, 17-8.

17-7 中外资金融机构人民币各项存贷款余额(2016年)

RMB Deposit and Loan Balance of Chinese & Foreign Financial Institutions,2016

单位：亿元(100 million yuan)

项　目	Item	2016	比年初增减数 Increase or Decrease Compared to the Beginning of the Year		2016比2015年增长(%) Increase Rate in 2016 over 2015(%)
			2015	2016	
各项存款合计	**Total Deposits**	**29041.36**	**2787.01**	**1895.43**	**7.0**
境内存款	Domestic Deposits	28960.10	2770.89	1903.71	7.0
住户存款	Household Deposits	9125.38	365.54	381.59	4.4
活期存款	Demand Deposits	3238.47	333.62	340.39	11.8
定期及其他存款	Time Deposits and Other Deposits	5886.92	31.93	41.21	0.7
非金融企业存款	Non-financial Enterprise Deposits	13618.75	1160.70	730.29	5.7
活期存款	Demand Deposits	5477.71	907.70	165.49	3.1
定期及其他存款	Time Deposits and Other Deposits	8141.04	253.00	564.80	7.5
广义政府存款	General Government Deposits	3718.76	141.80	665.74	21.8
财政性存款	Treasury Deposits	532.48	-140.72	100.89	23.4
机关团体存款	Deposits of Non-profit Institutions	3186.28	282.52	564.85	21.6
非银行业金融机构存款	Non-bank Financial Institution Deposits	2497.20	1102.85	126.08	5.3
境外存款	Overseas Deposits	81.26	16.11	-8.28	-9.2
各项贷款合计	**Total Loans**	**27367.97**	**2678.91**	**2867.06**	**11.7**
境内贷款	Domestic Loans	27311.00	2675.06	2819.32	11.5
住户贷款	Household Loans	4846.95	512.18	1494.48	44.6
短期贷款	Short-term Loans	456.06	10.40	-58.85	-11.4
消费贷款	Consumption Loans	167.12	41.31	-2.18	-2.1
经营贷款	Business Loans	288.94	-30.91	-56.66	-16.1
中长期贷款	Medium-term & Long-term Loans	4390.89	501.78	1553.33	54.7
消费贷款	Consumption Loans	4146.84	471.45	1514.44	57.5
经营贷款	Business Loans	244.05	30.33	38.89	19.0
非金融企业及机关团体贷款	Non-financial Enterprise and Institution Loans	22463.79	2176.52	1325.58	6.3
短期贷款	Short-term Loans	6618.64	155.19	964.93	17.2
中长期贷款	Medium-term & Long-term Loans	11217.11	1126.56	71.04	0.6
票据融资	Bill Financing	1119.14	361.01	-207.81	-15.7
融资租赁	Financing Lease	3442.32	494.00	510.59	17.4
各项垫款	Money Advanced	66.59	39.77	-13.17	-16.5
非银行业金融机构贷款	Non-bank Financial Institution Loans	0.26	-13.65	-0.74	-73.7
境外贷款	Overseas Loans	56.97	3.86	47.73	516.9

17-8 中资金融机构人民币各项存贷款余额(2016年)

RMB Deposit and Loan Balance of Chinese Financial Institutions,2016

单位：亿元(100 million yuan)

项 目	Item	2016	比年初增减数 Increase or Decrease Compared to the Beginning of the Year		2016比2015年增长(%) Increase Rate in 2016 over 2015(%)
			2015	2016	
各项存款合计	**Total Deposits**	**28676.38**	**2818.15**	**1922.07**	**7.2**
境内存款	Domestic Deposits	28609.87	2796.26	1931.29	7.2
住户存款	Household Deposits	9105.15	372.40	383.64	4.4
活期存款	Demand Deposits	3231.13	333.44	339.36	11.7
定期及其他存款	Time Deposits and Other Deposits	5874.03	38.96	44.27	0.8
非金融企业存款	Non-financial Enterprise Deposits	13301.85	1192.43	743.46	5.9
活期存款	Demand Deposits	5394.29	905.59	147.94	2.8
定期及其他存款	Time Deposits and Other Deposits	7907.56	286.84	595.52	8.2
广义政府存款	General Government Deposits	3718.61	140.40	667.03	21.9
财政性存款	Treasury Deposits	532.48	-140.72	100.89	23.4
机关团体存款	Deposits of Non-profit Institutions	3186.13	281.12	566.14	21.6
非银行业金融机构存款	Non-bank Financial Institution Deposits	2484.25	1091.03	137.16	5.8
境外存款	Overseas Deposits	66.51	21.89	-9.22	-12.2
各项贷款合计	**Total Loans**	**27019.19**	**2653.19**	**2914.28**	**12.1**
境内贷款	Domestic Loans	26962.75	2652.15	2863.83	11.9
住户贷款	Household Loans	4842.27	511.88	1493.40	44.6
短期贷款	Short-term Loans	453.41	9.60	-60.69	-11.8
消费贷款	Consumption Loans	167.11	41.27	-2.16	-2.1
经营贷款	Business Loans	286.30	-31.67	-58.53	-16.6
中长期贷款	Medium-term & Long-term Loans	4388.86	502.28	1554.09	54.8
消费贷款	Consumption Loans	4145.24	471.77	1514.89	57.6
经营贷款	Business Loans	243.62	30.51	39.19	19.2
非金融企业及机关团体贷款	Non-financial Enterprise and Institution Loans	22120.21	2153.92	1371.17	6.6
短期贷款	Short-term Loans	6465.27	110.59	1020.79	18.9
中长期贷款	Medium-term & Long-term Loans	11084.50	1103.57	67.01	0.5
票据融资	Bill Financing	1063.92	406.23	-212.32	-16.6
融资租赁	Financing Lease	3442.32	494.00	510.59	17.4
各项垫款	Money Advanced	64.21	39.53	-14.90	-18.8
非银行业金融机构贷款	Non-bank Financial Institution Loans	0.26	-13.65	-0.74	-73.7
境外贷款	Overseas Loans	56.44	1.04	50.45	841.6

17–9 金融机构人民币法定存款基准利率(1996–2015年)

Official Benchmark Interest Rates on RMB Deposits of Financial Institutions,1996-2015

单位：年利率%(% p. a.)

调整时间 Adiust Time	活 期 Demand Deposits	定 期 Time Deposits					
		三个月 3 Months	半 年 6 Months	一 年 1 Year	二 年 2 Years	三 年 3 Years	五 年 5Years
1996.05.01	2.97	4.86	7.20	9.18	9.90	10.80	12.06
1996.08.23	1.98	3.33	5.40	7.47	7.92	8.28	9.00
1997.10.23	1.71	2.88	4.14	5.67	5.94	6.21	6.66
1998.03.25	1.71	2.88	4.14	5.22	5.58	6.21	6.66
1998.07.01	1.44	2.79	3.96	4.77	4.86	4.95	5.22
1998.12.07	1.44	2.79	3.33	3.78	3.96	4.14	4.50
1999.06.10	0.99	1.98	2.16	2.25	2.43	2.70	2.88
2002.02.21	0.72	1.71	1.89	1.98	2.25	2.52	2.79
2004.10.29	0.72	1.71	2.07	2.25	2.70	3.24	3.60
2006.08.19	0.72	1.80	2.25	2.52	3.06	3.69	4.14
2007.03.18	0.72	1.98	2.43	2.79	3.33	3.96	4.41
2007.05.19	0.72	2.07	2.61	3.06	3.69	4.41	4.95
2007.07.21	0.81	2.34	2.88	3.33	3.96	4.68	5.22
2007.08.22	0.81	2.61	3.15	3.60	4.23	4.95	5.49
2007.09.15	0.81	2.88	3.42	3.87	4.50	5.22	5.76
2007.12.21	0.72	3.33	3.78	4.14	4.68	5.40	5.85
2008.10.09	0.72	3.15	3.51	3.87	4.41	5.13	5.58
2008.10.30	0.72	2.88	3.24	3.60	4.14	4.77	5.13
2008.11.27	0.36	1.98	2.25	2.52	3.06	3.60	3.87
2008.12.23	0.36	1.71	1.98	2.25	2.79	3.33	3.60
2010.10.20	0.36	1.91	2.20	2.50	3.25	3.85	4.20
2010.12.26	0.36	2.25	2.50	2.75	3.55	4.15	4.55
2011.02.09	0.40	2.60	2.80	3.00	3.90	4.50	5.00
2011.04.06	0.50	2.85	3.05	3.25	4.15	4.75	5.25
2011.07.07	0.50	3.10	3.30	3.50	4.40	5.00	5.50
2012.06.08	0.40	2.85	3.05	3.25	4.10	4.65	5.10
2012.07.06	0.35	2.60	2.80	3.00	3.75	4.25	4.75
2014.11.22	0.35	2.35	2.55	2.75	3.35	4.00	
2015.03.01	0.35	2.10	2.30	2.50	3.10	3.75	
2015.05.11	0.35	1.85	2.05	2.25	2.85	3.50	
2015.06.28	0.35	1.60	1.80	2.00	2.60	3.25	
2015.08.26	0.35	1.35	1.55	1.75	2.35	3.00	
2015.10.24	0.35	1.10	1.30	1.50	2.10	2.75	

17-10 金融机构人民币法定贷款基准利率(1996-2015年)

Official Benchmark Interest Rates on RMB Loans of Financial Institutions,1996-2015

单位：年利率%(% p. a.)

调整时间 Adiust Time	6个月 6 Months	1年 1 Year	1-3年 1-3 Years	3-5年 3-5 Years	5年以上 Above 5 Years
1996.05.01	9.72	10.98	13.14	14.94	15.12
1996.08.23	9.18	10.08	10.98	11.70	12.42
1997.10.23	7.65	8.64	9.36	9.90	10.53
1998.03.25	7.02	7.92	9.00	9.72	10.35
1998.07.01	6.57	6.93	7.11	7.65	8.01
1998.12.07	6.12	6.39	6.66	7.20	7.56
1999.06.10	5.58	5.85	5.94	6.03	6.21
2002.02.21	5.04	5.31	5.49	5.58	5.76
2004.10.29	5.22	5.58	5.76	5.85	6.12
2006.04.28	5.40	5.85	6.03	6.12	6.39
2006.08.19	5.58	6.12	6.30	6.48	6.84
2007.03.18	5.67	6.39	6.57	6.75	7.11
2007.05.19	5.85	6.57	6.75	6.93	7.20
2007.07.21	6.03	6.84	7.02	7.20	7.38
2007.08.22	6.21	7.02	7.20	7.38	7.56
2007.09.15	6.48	7.29	7.47	7.65	7.83
2007.12.21	6.57	7.47	7.56	7.74	7.83
2008.09.13	6.21	7.20	7.29	7.56	7.74
2008.10.09	6.12	6.93	7.02	7.29	7.47
2008.10.30	6.03	6.66	6.75	7.02	7.20
2008.11.27	5.04	5.58	5.67	5.94	6.12
2008.12.23	4.86	5.31	5.40	5.76	5.94
2010.10.20	5.10	5.56	5.60	5.96	6.14
2010.12.26	5.35	5.81	5.85	6.22	6.40
2011.02.09	5.60	6.06	6.10	6.45	6.60
2011.04.06	5.85	6.31	6.40	6.65	6.80
2011.07.07	6.10	6.56	6.65	6.90	7.05
2012.06.08	5.85	6.31	6.40	6.65	6.80
2012.07.06	5.60	6.00	6.15	6.40	6.55
2014.11.22	5.60	5.60	6.00	6.00	6.15
2015.03.01	5.35	5.35	5.75	5.75	5.90
2015.05.11	5.10	5.10	5.50	5.50	5.65
2015.06.28	4.85	4.85	5.25	5.25	5.40
2015.08.26	4.60	4.60	5.00	5.00	5.15
2015.10.24	4.35	4.35	4.75	4.75	4.90

17-11 人民币汇率(年平均价)(1981—2016年)

Reference Exchange Rate of RMB(Period Average),1981-2016

单位：人民币元(RMB yuan)

年　份 Year	100美元 100 US Dollars	100日元 100 Japanese Yen	100港元 100 Hong Kong Dollars	100欧元 100 Euros
1981	170.50	0.7735	30.41	
1982	189.25	0.7607	31.15	
1983	197.57	0.8318	27.36	
1984	232.70	0.9780	29.71	
1985	293.66	1.2457	37.57	
1986	345.28	2.0694	44.22	
1987	372.21	2.5799	47.74	
1988	372.21	2.9082	47.70	
1989	376.51	2.7360	48.28	
1990	478.32	3.3233	61.39	
1991	532.33	3.9602	68.45	
1992	551.46	4.3608	71.24	
1993	576.20	5.2020	74.41	
1994	861.87	8.4370	111.53	
1995	835.10	8.9225	107.96	
1996	831.42	7.6352	107.51	
1997	828.98	6.8600	107.09	
1998	827.91	6.3488	106.88	
1999	827.83	7.2932	106.66	
2000	827.84	7.6864	106.18	
2001	827.70	6.8075	106.08	
2002	827.70	6.6237	106.07	800.58
2003	827.70	7.1466	106.24	936.13
2004	827.68	7.6552	106.23	1029.00
2005	819.17	7.4484	105.30	1019.53
2006	797.18	6.8570	102.62	1001.90
2007	760.40	6.4632	97.46	1041.75
2008	694.51	6.7427	89.19	1022.27
2009	683.10	7.2986	88.12	952.70
2010	676.95	7.7279	87.13	897.25
2011	645.88	8.1050	82.97	900.11
2012	631.25	7.9037	81.38	810.67
2013	619.32	6.3323	79.85	822.19
2014	614.28	5.8196	79.22	816.51
2015	622.84	5.1553	80.34	691.41
2016	664.23	6.1243	85.58	734.26

17-12 个人贷款总额(2004—2016年)

Total Amount of Personal Loans,2004-2016

单位：亿元(100 million yuan)

年 份 Year	个人贷款总额 Total Amount of Personal Loans	# 个人消费贷款 Personal Consumption Loans	# 住房贷款 Housing Mortgage Loans	# 汽车消费贷款 Car Consumption Loans	个人住房贷款占个人消费贷款的比重(%) Percentage of Housing Mortgage Loans in Personal(%)
2004	629.00	347.04	306.03	22.00	88.2
2005	716.04	407.22	375.20	14.56	92.1
2006	729.85	451.52	419.44	10.64	92.9
2007	921.83	575.09	531.00	9.61	92.3
2008	994.22	622.18	565.17	10.41	90.8
2009	1386.82	912.03	832.69	10.36	91.3
2010	1895.53	1246.23	1116.00	10.28	89.6
2011	1728.46	1454.43	1297.91	8.96	85.7
2012	1988.65	1642.88	1453.98	7.57	88.5
2013	2482.74	1999.57	1735.77	5.01	86.8
2014	2834.24	2290.44	1993.23	5.68	87.0
2015	3353.05	2803.73	2441.60	14.72	87.1
2016	4847.50	4314.52	3905.63	47.20	90.5

17-13 证券市场交易情况(2008—2016)

Trading Statistics on Securities Markets,2008-2016

单位：亿元(100 million yuan)

年 份 Year	证券市场交易量 Trading Volume of Securities Market	股 票 Stock	基 金 Fund	债 券 Securities	权 证 Warrant	其 他 Others	股市开户数(万户) Total Investors (10 000 households)
2008	8016.23	6638.35	107.53	30.75	1182.00	57.60	151.23
2009	14832.34	13608.06	141.62	29.52	878.60	174.55	156.32
2010	15754.45	15100.67	152.07	19.45	247.03	235.23	160.34
2011	12726.07	11068.87	189.77	25.51	61.40	1380.53	167.09
2012	10743.11	7751.70	171.11	90.76		2729.54	196.78
2013	16834.80	10461.89	419.24	464.98		5488.69	201.64
2014	25400.20	15573.26	675.95	299.23		8851.76	209.11
2015	67040.06	51148.59	2764.93	330.52		12796.02	251.83
2016	43811.79	26160.21	1926.83	188.43		15536.33	438.96

17–14 上市公司股票发行基本情况(1993—2016年)

Basic Statistics On Listed Companies Issue,1993-2016

年 份 Year	境内上市公司(个) Companies Listed in Mainland(unit)					股票发行总股本(万股) General Capitalization(10 000 shares)	累计股票首发数量(万股) Accumulated Issued Volume(10 000 shares)	累计股票筹资额(万元) Accumulated Capital Raised(10 000 yuan)
	上交所 Shanghai Stock Exchange	深交所 Shenzhen Stock Exchange	发A股公司 A Share Only	发A、B股公司 A&B Share	创业版 GEM			
1993	1	1	2			112399	5950	11957
1994	2	1	3			154026	10000	11957
1995	3	1	4			296749	16898	27957
1996	6	3	7	2		834794	44663	41757
1997	8	5	11	2		1028130	57563	89558
1998	9	5	12	2		1108486	62063	114633
1999	9	7	14	2		1429730	90863	274189
2000	10	8	16	2		1535184	102363	327867
2001	15	8	21	2		1796284	129463	507875
2002	17	8	23	2		2169204	142463	654039
2003	18	8	24	2		2248265	152463	692868
2004	18	8	24	2		2248265	152463	692868
2005	18	8	24	2		2248265	152463	692868
2006	18	8	24	2		2248265	152463	692868
2007	20	10	28	2		3792292	395850	2935590
2008	20	10	28	2		3792292	395850	2935590
2009	20	11	29	2	1	3797327	397109	3007666
2010	20	11	35	2	3	3886688	417069	3616566
2011	20	11	36	2	4	3896688	419569	3716566
2012	20	11	37	2	5	3908288	422469	3765228
2013	20	11	37	2	5	3908288	422469	3765228
2014	22	21	41	2	7	3927970	432289	3867230
2015	22	21	41	2	7	5447961	437289	3936180
2016	23	22	40	1	7	5922512	448645	4181280

注：总股本为截至2016年12月31日的数据。

Note: Data of general capitalization are figures until Dec. 31, 2016.

17-15 保险机构(2014-2016年)
Insurance Institutions,2014-2016

单位：个(unit)

项　　目	Item	2014	2015	2016
合　　计	**Total**	**740**	**767**	**855**
保险公司机构	**Insurance Companies**	**621**	**643**	**662**
总公司	Parent Companies	6	6	6
# 中外合资、外资公司	Joint-venture and Sole Foreign Investment Companies	2	2	2
分公司	Branches	51	55	55
支公司	Sub-branches	221	233	248
营销服务部	Marketing Departments	338	344	347
专属机构(电销中心)	Specialized Agency (Telephone Direct Sale Center)	5	5	6
专业保险中介机构	**Professional Insurance Intermediary Institutions**	**118**	**123**	**192**
保险代理公司	Insurance Agent Companies	80	85	134
保险公估公司	Insurance Assessment Companies	15	15	18
保险经纪公司	Insurance Broker Companies	23	23	40
资产管理公司	**Assets Management Company**	**1**	**1**	**1**

注：本表中支公司包含中心支公司和营业部。
Note: In this table, sub-branches include sub-branches in center cities and business departments.

17-16 保险业务主要指标(1996-2016年)

Main Indicators of Insurance Business,1996-2016

年份 Year	保险金额(亿元) Amount Insured (100 million yuan)	保费(万元) Premium (10 000 yuan)	# 人身险 Personal Insurance	# 财产险 Property Insurance	赔款及给付(万元) Claim and Payment (10 000 yuan)	# 人身险 Personal Insurance	# 财产险 Property Insurance
1996	2488.21	171768	63373	74399	62613	10186	33257
1997	3306.04	243377	125327	112401	83528	18334	61900
1998	3949.15	271654	161097	110557	70075	14206	55869
1999	4848.10	291382	175804	115578	69163	14703	54460
2000	3696.19	314663	191786	122877	71950	7714	64236
2001	5176.91	417049	276050	140999	119062	56364	62698
2002	5632.35	649698	505966	143732	114818	46513	68305
2003	6497.87	753098	597450	155648	173608	72493	101115
2004	9852.79	809874	622284	187590	174178	77905	96273
2005	12141.02	906391	688629	217762	174637	67284	107353
2006	16690.02	1051842	785664	266178	218608	92220	126388
2007	20068.17	1509092	1154858	354234	413417	242197	171221
2008	26065.40	1756212	1338017	418195	510252	300335	209917
2009	29295.34	1512873	1054914	457959	599226	304282	294944
2010	30410.48	2140074	1488739	651335	541885	222606	319278
2011	46937.30	2117433	1366397	751036	661749	306605	355144
2012	51136.36	2381572	1473712	907859	810180	362788	447392
2013	76630.97	2768020	1745237	1022783	1020030	430278	589752
2014	80022.67	3177501	2088796	1088705	1043856	444715	599141
2015	120584.85	3983408	2780605	1202803	1395316	730736	664580
2016	155543.42	5294869	4019275	1275594	1776733	832682	944051

注：2011年起保险业全面执行财政部《企业会计准则2号解释》，各项指标口径按照准则要求相应调整。表17-17同。

Note: Because the insurance industry executed Accounting Standards Interpretation No. 2 issued by Ministry of Finance since 2011, the coverages of indicators in this table have changed accordingly. Same as table 17-17.

17-17 保险业务情况(2014-2016年)

Basic Statistics on Insurance Business,2014-2016

单位：亿元(100 million yuan)

项　目	Item	2014	2015	2016
保险金额	**Amount Insured**	**80022.67**	**120584.85**	**155543.42**
财产保险	Property Insurance	57583.21	66642.76	93978.12
人身保险	Personal Insurance	22439.46	53942.09	61565.29
保　费	**Premium**	**317.75**	**398.34**	**529.49**
财产保险	Property Insurance	108.87	120.28	127.56
# 机动车辆保险	Motor Vehicle Insurance	83.18	90.31	98.29
人寿保险	Life Insurance	174.51	236.66	349.56
人身意外伤害保险	Personal Accident Insurance	6.58	7.46	7.67
健康保险	Health Insurance	27.79	33.94	44.70
赔款及给付额	**Claim and Payment**	**104.39**	**139.53**	**177.67**
财产保险	Property Insurance	59.91	66.46	94.41
# 机动车辆保险	Motor Vehicle Insurance	48.05	49.08	51.55
人寿保险	Life Insurance	33.19	57.86	66.44
人身意外伤害保险	Personal Accident Insurance	1.67	1.95	2.16
健康保险	Health Insurance	9.61	13.26	14.66
保险密度(元)	**Insurance Density (yuan)**	**2094.86**	**2575.01**	**3389.54**
财产保险	Property Insurance	717.76	777.53	816.58
人身保险	Personal Insurance	1377.10	1797.48	2572.96
保险深度(%)	**Insurance Depth (%)**	**2.0**	**2.41**	**2.96**
财产保险	Property Insurance	0.7	0.73	0.71
人身保险	Personal Insurance	1.3	1.68	2.25
赔付率(%)	**Claim and Payment Rate (%)**			
财产保险公司综合赔付率	Property Insurance Comprehensive Claim and Payment Rate	61.3	73.0	62.7
人身保险公司短期险赔付率	Personal Insurance Short-term Claim and Payment Rate	64.2	65.0	69.8

注：人身保险金额为期末有效保险金额。

Note: Amount insured of personal insurance is the efficiency amount insured at the end of term.

17-18 租赁业基本情况(2012-2016年)

Basic Statistics on Leasing industry,2012-2016

单位：亿元(100 million yuan)

指 标 Item	2012	2013	2014	2015	2016
企业家数(个)					
Number of Enterprises(unit)	**116**	**206**	**335**	**697**	**1185**
金融租赁					
Financial leasing	3	5	5	7	9
内资租赁					
Domestic Leasing	8	10	15	18	30
外资租赁					
Leasing of Foreign Capital	105	191	315	672	1146
注册资金					
Registered Capital	**574**	**840**	**1353**	**2683**	**5013**
金融租赁					
Financial leasing	166	241	241	291	365
内资租赁					
Domestic Leasing	120	131	161	185	419
外资租赁					
Leasing of Foreign Capital	288	468	951	2207	4229
租赁合同余额					
Balance of Lease Contract	**3700**	**5750**	**10000**	**14100**	**19100**
金融租赁					
Financial leasing	1900	2550	4500	5850	7800
内资租赁					
Domestic Leasing	1150	1850	2700	3900	5400
外资租赁					
Leasing of Foreign Capital	650	1350	2800	4350	5900

主要统计指标解释

信贷资金

指金融机构以信用方式积聚和分配的货币资金。金融机构信贷资金的来源有各项存款、金融债券、对国际金融机构负债、流通中现金、其他项目等；信贷资金的运用有各项贷款、有价证券及投资、金银占款、外汇占款、财政借款及在国际金融机构中的资产等。

存　款

指企业、机关、团体或居民根据资金必须收回的原则，把货币资金存入金融机构保管并取得一定利息的一种信用活动形式。根据存款对象的不同可划分为企业存款、财政性存款、城乡储蓄存款、农村存款、信托及其他存款等，它是银行信贷资金的主要来源。

贷　款

指金融机构根据资金必须归还的原则，按一定利率，为企业、个人等提供资金的一种信用活动形式。我国银行贷款分为工业贷款、农业贷款、商业贷款、建筑业贷款、私营和个体贷款、乡镇企业贷款、中长期贷款、信托及其他贷款等。

保险公司

指在中国境内的、经过保险监督管理部门批准设立，并依法登记注册的各类商业保险公司。

保险金额

指保险人承担赔偿或者给付保险金责任的最高限额。

保　费

指投保人为取得保险人在约定范围内所承担赔偿责任而支付给保险人的费用。

赔　款

指保险人根据保险合同的规定，向被保险人支付的赔偿保险责任损失的金额。

给　付

包括死伤医疗给付和满期给付。死伤医疗给付是指保险人根据人寿保险及长期健康保险合同的规定，因被保险人在保险期内发生保险责任范围内的保险事故支付给被保险人（或受益人）的金额。满期给付是指被保险人生存期满，保险人按人寿保险合同规定支付给被保险人的满期保险金额。

保险密度

为按常住人口计算的人均保费收入。

保险深度

指保费收入相当于生产总值的比例。

Explanatory Notes on Main Statistical Indicators

Credit Funds

refer to the monetary funds accumulated and distributed in the means of credit by the financial institutions. The sources of credit funds include various deposits, financial bonds, liabilities to international financial institutions, currency in circulation and other items. The uses of credit funds include loans, securities and investment, position for bullion and silver purchase, position for foreign exchange purchase, advances to treasury, and assets with international financial institutions.

Deposits

are the form of credit by which enterprises, institutions, organizations or households can put money into banks and other credit institutions for safekeeping and interest earning under the principle of free withdrawal. According to different depositors, deposits are divided into enterprise deposits, treasury deposits, urban and rural savings deposits, rural deposits, entrust and other deposits. Deposits are major sources of credit funds of banks.

Loans

are the form of credit by which banks and other credit institutions provide funds at certain interest rate to enterprises and individuals in the light of the principle of unconditional repayment. Loans from Chinese banks include industry loans, agriculture loans, commerce loans, construction loans, loans to private and individuals, township enterprises loans, medium & long term loans, entrust and other loans.

Insurance Companies

refer to commercial insurance companies of various forms registered by law and established in China with the approval of insurance regulatory agencies.

Amount Insured

refers to the maximum that the insurer to assume compensation or to pay the insurance.

Premium

is the fee paid by the insurant to the insurer to obtain the obligation of compensation from the insurance within the agreed terms.

Claim

is the compensation paid by the insurer to insurant in accordance with the insurance contract.

Payment

includes payment for death, injury or medical treatment and mature payment. Payment for death, injury or medical treatment refers to the money paid to insurant (or the beneficiary) in accordance with the life or health insurance contract when the insurant encounters accidents within the insured period covered in the contract. Mature payment refers to the mature payment to the insurant in accordance with the life insurance contract at the end of the insured period.

Insurance Density

refers to per capita premiums which is based on permanent resident population.

Insurance Depth

refers to the proportion of premiums to gross domestic product.

第十八篇　教育和科技

Chapter 18　Education, Science and Technology

18-1 各级各类学校基本情况(1996—2016年)

Basic Statistics by Level and Type of School,1996-2016

单位：万人(10 000person)

年 份 Year	学校数(所) Number of Schools (unit)			毕业生数 Graduates			招生数 New Students Enrollment		
	高等学校 Institutions of Higher Education	中等学校 Secondary Schools	小 学 Primary Schools	高等学校 Institutions of Higher Education	中等学校 Secondary Schools	小 学 Primary Schools	高等学校 Institutions of Higher Education	中等学校 Secondary Schools	小 学 Primary Schools
1996	20	1098	3185	1.84	15.69	14.57	2.27	22.79	14.44
1997	20	1108	3030	1.95	19.18	13.36	2.20	23.07	13.30
1998	20	1091	2841	1.83	21.96	16.66	2.37	27.35	11.60
1999	21	1041	2642	1.93	21.70	15.66	3.17	25.40	10.45
2000	21	1006	2323	1.90	22.01	15.53	4.55	25.18	10.05
2001	33	1012	1307	1.91	23.34	14.76	5.61	24.98	9.55
2002	37	978	1208	2.73	23.47	13.33	6.95	24.42	9.30
2003	37	897	1136	4.02	24.44	13.20	8.61	25.92	8.50
2004	40	848	1099	5.17	25.26	11.48	9.62	25.06	8.16
2005	42	803	1062	6.92	24.33	10.64	10.36	23.48	7.84
2006	45	746	1023	8.20	24.74	10.61	10.79	23.02	8.21
2007	45	718	1003	9.23	23.58	10.53	10.95	21.92	8.64
2008	45	707	993	10.17	23.50	8.82	11.85	19.67	8.90
2009	55	690	983	10.14	23.47	9.15	12.52	19.36	8.13
2010	55	659	956	10.54	21.80	8.72	13.31	19.05	8.26
2011	55	625	874	10.87	19.86	8.46	13.31	18.33	10.01
2012	55	616	843	11.30	18.77	8.65	14.19	18.11	10.25
2013	55	611	838	12.10	18.30	8.61	14.37	18.04	10.74
2014	55	597	842	12.35	17.75	8.67	14.54	17.63	11.02
2015	55	599	849	13.21	17.63	8.03	14.50	17.65	11.09
2016	55	603	857	13.79	17.51	8.41	14.61	17.86	11.56

18-1续表 *Continued*

单位：万人(10 000person)

年 份 Year	在校学生数 Students Enrollment			教职工数 Teachers, Staff and Workers			专任教师数 Full-time Teachers		
	高等学校 Institutions of Higher Education	中等学校 Secondary Schools	小 学 Primary Schools	高等学校 Institutions of Higher Education	中等学校 Secondary Schools	小 学 Primary Schools	高等学校 Institutions of Higher Education	中等学校 Secondary Schools	小 学 Primary Schools
1996	7.14	66.29	87.98	2.62	7.66	6.22	0.98	4.88	5.12
1997	7.36	69.29	87.76	2.08	7.70	6.21	0.96	5.13	5.10
1998	7.87	73.58	82.67	2.03	7.76	6.05	0.95	5.16	4.94
1999	9.05	76.17	77.31	2.10	7.93	5.90	0.96	5.30	4.83
2000	11.77	78.74	71.71	2.60	8.03	5.69	1.01	5.38	4.67
2001	15.40	78.59	66.55	3.00	7.73	5.53	1.26	5.27	4.57
2002	19.69	79.28	62.72	3.20	7.66	5.42	1.42	5.34	4.49
2003	24.52	80.17	58.54	3.34	7.55	5.26	1.56	5.37	4.38
2004	28.61	77.57	55.48	3.64	7.37	5.10	1.90	5.23	4.21
2005	33.16	75.59	53.30	3.94	7.20	4.96	2.17	5.18	4.11
2006	35.74	71.41	51.68	4.22	7.08	4.79	2.45	5.19	4.00
2007	37.11	71.38	51.43	4.24	6.94	4.63	2.52	5.19	3.87
2008	38.64	67.78	52.10	4.34	6.96	4.59	2.62	5.28	3.85
2009	40.60	63.11	50.74	4.46	6.79	4.50	2.71	5.15	3.79
2010	42.92	59.43	50.59	4.52	6.58	4.40	2.81	5.01	3.73
2011	44.97	57.49	51.85	4.59	6.63	4.18	2.89	4.99	3.75
2012	47.31	55.62	53.23	4.65	6.63	4.16	2.99	5.03	3.78
2013	48.99	54.67	55.21	4.71	6.52	4.19	3.09	4.98	3.83
2014	50.58	54.38	57.32	4.70	6.52	4.23	3.10	5.03	3.90
2015	51.29	54.01	60.21	4.71	6.47	4.31	3.11	5.04	4.02
2016	51.38	53.77	63.12	4.62	6.43	4.41	3.05	5.08	4.15

注：自2009年起高等院校数含独立学院。
Note: Data of Institutions of higher education include independent institutes since 2009.

18-2 各级各类学校数、学生数和教职工数(2016年)

Schools, Students and Teachers by Level and Type of School,2016

单位：人(person)

类　别	Item	学校数(所) Number of Schools (unit)	毕业生数 Graduates	招生数 New Students Enrollment	在校学生数 Students Enrollment	教职工数 Teachers, Staff and Workers	专任教师数 Full-time Teachers
合　计	**Total**	**1515**	**397071**	**440421**	**1682766**	**154674**	**122897**
高等学校	Institutions of Higher Education	55	137906	146144	513842	46233	30509
中等专业学校	Specialized Secondary Schools	39	18633	25357	68199	5879	4202
技工学校	Secondary Technical Schools	28	5917	8034	21795	2513	1643
职业中学	Vocational Secondary Schools	20	9505	9506	27378	2413	1963
普通中学	Regular Secondary Schools	516	140998	135742	420357	53531	43033
高　中	Senior Secondary Schools	182	56059	54143	163974	29476	16401
初　中	Junior Secondary Schools	334	84939	81599	256383	24055	26632
小　学	Primary Schools	857	84112	115638	631195	44105	41547

18-3 民办教育基本情况(2016年)

Statstics of Private Education,2016

单位：人 (person)

项　目	Item	学校数(所) Number of Schools (unit)	在校学生数 Students Enrollment	专任教师数 Full-time Teachers
合　计	**Total**			
民办高等学校	Private Institutions of Higher Education	11	80505	4129
民办中学	Private Secondary Schools	42	37381	2380
高　中	Senior Secondary Schools		13369	
初　中	Junior Secondary Schools		24012	
民办小学	Private Primary Schools	15	20753	661
民办幼儿园	Private Kindergartens	1237	109035	6753

18-4 平均每万人口各级学校在校学生数(2012—2016年)

Number of Students Enrollment per 10 000 Persons,2012-2016

单位：人(person)

项　　目	Item	2012	2013	2014	2015	2016
合　　计	**Total**	**1128**	**1101**	**1087**	**1081**	**1083**
高等学校	Institutions of Higher Education	342	340	338	335	331
中等学校	Secondary Schools	401	379	365	353	346
中等专业学校	Specialized Secondary Schools	51	48	40	42	44
技工学校	Secondary Technical Schools	15	14	13	14	14
职业中学	Vocational Secondary Schools	19	14	18	18	18
普通中学	Regular Secondary Schools	316	302	293	279	270
高　中	Senior Secondary Schools	131	121	113	108	105
初　中	Junior Secondary Schools	185	181	179	171	165
小　学	Primary Schools	385	383	384	393	406

18-5 各级普通学校生师比(2012—2016年)

The Ratio of Students to Teachers in ordinary Schools at all Levels,2012-2016

单位：人 (person)

项　　目	Item	2012	2013	2014	2015	2016
合　　计	**Total**	**13**	**14**	**14**	**14**	**14**
高等学校	Institutions of Higher Education	16	16	16	16	17
中等学校	Secondary Schools	11	11	11	11	11
中等专业学校	Specialized Secondary Schools	15	16	14	15	16
技工学校	Secondary Technical Schools	11	12	10	12	13
职业中学	Vocational Secondary Schools	12	9	13	14	14
普通中学	Regular Secondary Schools	11	10	10	10	10
高　中	Senior Secondary Schools	12	11	11	10	10
初　中	Junior Secondary Schools	10	10	10	10	10
小　学	Primary Schools	14	14	15	15	15

18-6 各级学校学生升、入学率(2012—2016年)

Percentage of Graduate Students and Enrollment in All Schools by Level,2012-2016

单位：%(%)

项　　目 Item	2012	2013	2014	2015	2016
初中毕业生升学率 Percentage of Graduates in Junior Secondary Schools Entering Senior Secondary Schools	95.00	97.00	99.85	98.71	98.50
初中学生净入学率 Net Percentage of Graduates in Primary Schools Entering Junior Secondary Schools	100.00	100.00	100.00	100.00	100.00
小学学龄儿童毛入学率 Percentage of School-age Children Enrolled	105.62	105.68	105.54	103.86	105.11

18-7 研究生及指导教师人数(2012—2016年)

Number of Postgraduate Students and Instructors,2012-2016

单位：人(person)

指　　标	Item	2012	2013	2014	2015	2016
总　　计	**Total**					
在校生数	Students Enrollment	48452	50622	51422	53002	54491
毕业生数	Graduates	14521	14959	15774	16253	16997
招生人数	New Students Enrollment	17065	17117	17552	18047	18696
指导教师	Instructors	7102	7908	8482	9032	9397
攻读博士学位	**Postgraduate for Doctor Degree**					
在校生数	Students Enrollment	7745	8014	8346	8691	9052
毕业生数	Graduates	1705	1708	1656	1729	1685
招生人数	New Students Enrollment	2022	2036	2121	2170	1685
攻读硕士学位	**Postgraduate for Master Degree**					
在校生数	Students Enrollment	40707	42608	43076	44311	45439
毕业生数	Graduates	12816	13251	14118	14524	15312
招生人数	New Students Enrollment	15043	15081	15431	15877	16503

18-8 分学科研究生在校人数(2014—2016年)

Number of Enrolled Postgraduate Students by Subject,2014-2016

单位：人(person)

学　　科	Item	博士生 Postgraduate for Doctor Degree			硕士生 Postgraduate for Master Degree		
		2014	2015	2016	2014	2015	2016
总　　计	**Total**	**8346**	**8691**	**9052**	**43076**	**44311**	**45439**
按学科分	**By Subject**						
哲　学	Philosophy	117	104	101	198	182	188
经济学	Economics	684	629	600	2543	2578	2625
法　学	Law	431	411	415	1627	1672	1788
教育学	Education	107	126	162	1735	1863	2136
文　学	Literature	313	297	286	2579	2684	2681
历史学	History	320	306	310	443	448	445
理　学	Science	1077	1265	1355	2863	2848	2840
工　学	Engineering	3721	3987	4216	16879	17116	17576
医　学	Medicine	719	688	698	5900	6222	6287
农　学	Agriculture	25	24	23	236	295	423
军事学	Strategics				12	13	9
管理学	Management	832	854	886	6567	6874	6919
艺术学	Art				1494	1516	1522
按学位分	**By Degree**						
学术学位	Academic Degree	8172	8528	8896	25349	24760	24539
专业学位	Professional Degree	174	163	156	17727	19551	20900

18-9 各类高等学校基本情况

Basic Statistics on Institutions of Higher Education

单位：人(person)

项　目	Item	学校数(所) Number of Schools(unit)		毕业生数 Graduates		招生数 New Students Enrollment	
		2015	2016	2015	2016	2015	2016
总　计	**Total**	**55**	**55**	**132072**	**137851**	**145024**	**146144**
综合大学	Comprehensive Universities	16	16	37011	36344	38191	39267
理工院校	Science and Engineering	15	15	49101	52621	56051	55983
农林院校	Agriculture and Forestry	1	1	3597	3392	3429	3272
医药院校	Medicine	5	5	8208	8482	8972	9050
师范院校	Teacher Training	2	2	10045	10803	10397	10562
语文院校	Linguistics and Literary	3	3	4236	4839	5371	5456
政法院校	Political Science and Law	1	1	665	772	1147	1081
财经院校	Economics and Finance	5	5	14169	15087	15280	15480
体育院校	Physical Education	2	2	2113	2456	2703	2672
艺术院校	Art	5	5	2892	3055	3430	3321

18-9续表　*Continued*

单位：人(person)

项　目	Item	在校学生数 Students Enrollment		教职工数 Teachers, Staff and Workers		专任教师数 Full-time Teachers	
		2015	2016	2015	2016	2015	2016
总　计	**Total**	**512854**	**513842**	**47077**	**46233**	**31128**	**30509**
综合大学	Comprehensive Universities	125592	126128	11539	11350	7441	7222
理工院校	Science and Engineering	198317	198510	17724	17502	12155	12137
农林院校	Agriculture and Forestry	12399	12203	1040	939	692	597
医药院校	Medicine	32990	33352	4215	4292	2842	2924
师范院校	Teacher Training	42232	41640	3775	3515	2411	2167
语文院校	Linguistics and Literary	19111	19511	1689	1680	1180	1101
政法院校	Political Science and Law	2822	3117	457	448	229	225
财经院校	Economics and Finance	57111	56825	4155	4096	2628	2588
体育院校	Physical Education	10312	10500	1116	1097	707	711
艺术院校	Art	11680	11828	1367	1314	843	837

18-10 高等学校分科学生数

Number of Students Enrollment in Institutions of Higher Education by Subject

单位：人(person)

学 科	Item	毕业生数 Graduates 2015	毕业生数 Graduates 2016	招生数 New Students Enrollment 2015	招生数 New Students Enrollment 2016	在校学生数 Students Enrollment 2015	在校学生数 Students Enrollment 2016
本 科	**Undergraduate**	**75586**	**79590**	**83816**	**86992**	**334106**	**337252**
# 师 范	Teacher Training	3442	6373	3521	5768	17103	25377
哲 学	Philosophy	59	51	62	65	225	232
经济学	Economics	5527	5679	5589	5838	22685	22678
法 学	Law	2189	2220	2377	2496	9083	9302
教育学	Education	2043	2213	1786	1786	8034	7642
文 学	Literature	6845	7161	7153	7451	28662	28824
历史学	History	200	216	280	282	1039	1104
理 学	Science	4013	4685	4774	5035	18066	18631
工 学	Engineering	27686	29143	32168	33473	126329	127759
农 学	Agriculture	919	833	885	840	3252	3227
医 学	Medicine	3565	3731	4071	4341	18477	19043
管理学	Management	15259	16069	15805	16451	63394	63154
艺术学	Art	7281	7589	8866	8934	34860	35656
专 科	**Junior College**		**58316**		**59152**		**176590**
# 师 范	Teacher Training	435	837	514	738	1338	1948
农林牧渔大类	Farming,Forestry,Animal Husbandry and Fishery		267		139		547
资源环境与安全大类	Resource Environment and Safety		1862		1457		5271
能源动力与材料大类	Energy Sources and Materials		887		809		2799
土木建筑大类	Civil Engineering		6018		4741		14568
水利大类	Water Conservancy		50		26		115
装备制造大类	Equipment Manufacture Industry		9456		9898		29312
生物与化工大类	Biological and chemical industry		1296		858		3324
轻工纺织大类	Light and Textile Industry		281		353		1015
食品药品与粮食大类	Food, Medicine and Cereals		1876		1637		5188
交通运输大类	Communication and Transportation		7466		7510		22517
电子信息大类	Electronic Information		5507		7469		19180
医药卫生大类	Medicine and Health		3198		3361		10067
财经商贸大类	Finance and Economics Trade and Business		12573		12383		37359
旅游大类	Tourism		1565		1887		5613
文化艺术大类	Culture and Art		2376		2345		7128
新闻传播大类	Journalism and Communication		670		775		2448
教育与体育大类	Education and Sport		1547		1608		4530
公安与司法大类	Public Security and Justice		831		1156		3423
公共管理与服务大类	Public Administration and Services		590		740		2186

注：教育部从2016年起，对专科教育学科分类进行了调整，故没有2015年同口径数据。
Note:The classification of junior college was adjustment by Ministry of Education of the People's Republic of China.There is no such data in 2015.

18-11 高等学校分科专任教师数(按职称分)

Number of Full-time Teachers in Institutions of Higher Education(By Professional Title)

单位：人(person)

学科	Item	合计 Total		正高级 Senior Title		副高级 Asst.Senior Title	
		2015	2016	2015	2016	2015	2016
总计	**Total**	**31128**	**30509**	**4762**	**4748**	**10059**	**9751**
哲学	Philosophy	767	669	115	93	229	221
经济学	Economics	1736	1739	305	302	638	618
法学	Law	1351	1299	142	136	396	377
教育学	Education	2133	2036	182	188	610	569
文学	Literature	4447	4192	430	380	1215	1184
历史学	History	372	293	113	102	145	94
理学	Science	3601	3360	785	735	1263	1217
工学	Engineering	10037	10065	1480	1604	3586	3504
农学	Agriculture	358	263	83	77	136	105
医学	Medicine	2161	2216	573	605	642	646
管理学	Management	2440	2562	341	331	802	800
艺术学	Art	1725	1815	213	195	397	416

18-11续表 *Continued*

单位：人(person)

学科	Item	中级 Middle Title		初级 Junior Title		无职称 No Title	
		2015	2016	2015	2016	2015	2016
总计	**Total**	**12067**	**12198**	**2892**	**2475**	**1348**	**1337**
哲学	Philosophy	296	267	95	46	32	42
经济学	Economics	554	587	159	154	80	78
法学	Law	526	519	215	209	72	58
教育学	Education	906	906	350	278	85	95
文学	Literature	2102	2066	539	434	161	128
历史学	History	86	83	18	8	10	6
理学	Science	1280	1190	163	96	110	122
工学	Engineering	3847	3878	697	645	427	434
农学	Agriculture	124	71	14	5	1	5
医学	Medicine	763	778	117	121	66	66
管理学	Management	953	1106	255	224	89	101
艺术学	Art	630	747	270	255	215	202

18-12 中等职业教育基本情况

Basic Statistics on Secondary Vocational Education

单位：人(person)

学 科	Item	毕业生数 Graduates 2015	毕业生数 Graduates 2016	招生数 New Students Enrollment 2015	招生数 New Students Enrollment 2016
总 计	**Total**	**30618**	**31055**	**37991**	**37366**
农林牧渔类	Farming,Forestry,Animal Husbandry and Fishery	2060	2032	2094	1337
资源环境类	Resources and Environment	60	57	39	39
能源与新能源类	Energy	90	109	152	84
土木水利类	Civil and Water Conservanay	932	885	918	1245
加工制造类	Processing and Manufacturing	6323	6130	7626	7010
石油化工类	Petroleum and Chemicals	143	188	121	213
轻纺食品类	Light Industry, Textile and Food	140	247	296	324
交通运输类	Communication and Transportation	2241	2260	3086	3239
信息技术类	Information Technology	7857	8355	10445	10336
医药卫生类	Medicine and Health	1332	1030	1285	1460
休闲保健类	Relaxation and Health Care	84	60	106	48
财经商贸类	Finance, Economics, Trade and Tourism	5434	5379	6733	6812
旅游服务类	Tourism Service	854	1639	1479	1086
文化艺术类	Culture and Art	918	732	1127	1249
体育与健身类	Sports and Fitness	224	239	308	476
教育类	Teacher Training	1808	1624	2014	2279
司法服务类	Judicial Service	39	24	25	25
公共管理与服务类	Public Affairs	11	24	97	50
其 他	Others	68	41	40	54

18-12续表 *Continued*

单位：人(person)

学 科	Item	在校学生数 Students Enrollment 2015	在校学生数 Students Enrollment 2016	专业课教师数 Special Course Teachers 2015	专业课教师数 Special Course Teachers 2016
总 计	**Total**	**97682**	**101055**	**3319**	**3272**
农林牧渔类	Farming,Forestry,Animal Husbandry and Fishery	4310	3585	96	83
资源环境类	Resources and Environment	119	119	15	14
能源与新能源类	Energy	399	303		2
土木水利类	Civil and Water Conservanay	2291	3138	96	100
加工制造类	Processing and Manufacturing	21053	20602	835	754
石油化工类	Petroleum and Chemicals	536	469	27	31
轻纺食品类	Light Industry, Textile and Food	807	869	20	19
交通运输类	Communication and Transportation	8230	8795	207	188
信息技术类	Information Technology	26350	27062	676	660
医药卫生类	Medicine and Health	3111	4243	162	117
休闲保健类	Relaxation and Health Care	267	214	6	7
财经商贸类	Finance, Economics, Trade and Tourism	16957	17665	503	511
旅游服务类	Tourism Service	3615	3140	95	87
文化艺术类	Culture and Art	3056	3505	159	162
体育与健身类	Sports and Fitness	779	1101	87	104
教育类	Teacher Training	5464	5876	223	244
司法服务类	Judicial Service	73	74	10	10
公共管理与服务类	Public Affairs	184	201	8	9
其 他	Others	81	94	94	170

注：此表中等职业学校包括普通中专、职业高中、成人中专，不包括技工学校。

Note: Secondary vocational schools in this table refer to regular specialized secondary schools, vocational senior secondary schools and specialized secondary schools for adults,excluding secondary technical schools.

18-13 普通中学基本情况(2016年)
Basic Statistics on Regular Secondary Schools,2016

单位：人(person)

项　　目	Item	学校数(所) Number of Schools(unit)	毕业生数 Graduates	招生数 New Students Enrollment	在校学生数 Students Enrollment	专任教师数 Full-time Teachers
总　　计	**Total**	**516**	**140998**	**135742**	**420357**	**45166**
按城乡分组	**By Urban and Rural**					
城　区	City	309	99640	96716	295376	32510
镇　区	County	133	31738	29088	93301	9203
乡　村	Rural	74	9620	9938	31680	3453
按部门分组	**By Department**					
教育部门	Education Departments	471	128013	122802	381556	42613
其他部门	Other Departments	1	30	13	67	20
地方企业	Local Enterprises	2	512	415	1353	153
民　办	Private Units	42	12443	12512	37381	2380
按学校性质分组	**By School Type**					
完全中学	Whole Secondary Schools	104	48623	47571	142555	15065
高级中学	Senior Secondary Schools	71	28738	26626	82710	7995
初级中学	Junior Secondary Schools	294	57007	54457	173423	17809
九年一贯制学校	Whole Primary and Junior Secondary Schools	40	3711	3815	11799	2952
十二年一贯制学校	Whole Primary and Secondary Schools	7	2919	3273	9870	1345

注：一贯制学校专任教师含小学教师数。
Note: Full-time teachers in whole primary and secondary schools include teachers of primary schools.

18-14 幼儿园基本情况(2013—2016年)
Basic Statistics on Kindergartens,2013-2016

指　　标	Item	2013	2014	2015	2016
幼儿园所数(所)	Number of Kindergartens (unit)	1702	1821	1868	2092
在园(班)儿童数(人)	Children Enrollment (person)	233227	239848	252527	266708
三岁及以上儿童	Children aged 3 and over	228517	235614	248603	263065
三岁以下儿童	Children aged 3 below	4710	4234	3924	3643
教职工数(人)	Teachers, Staff and Workers (person)	20536	21889	24922	27017
# 专任教师	Full-time Teachers	12289	13096	14833	16304

18-15 普通中小学分布情况(2016年)
Distribution of Regular Secondary Schools and Primary Schools,2016

地 区	Region	学校数(所) Number of Schools (unit)		在校学生数(人) Students Enrollment (person)		专任教师(人) Full-time Teachers (person)	
		普通中学 Regular Secondary Schools	小 学 Primary Schools	普通中学 Regular Secondary Schools	小 学 Primary Schools	普通中学 Regular Secondary Schools	小 学 Primary Schools
总 计	**Total**	**516**	**857**	**420357**	**631195**	**43033**	**41547**
和平区	Heping District	18	21	19734	30102	2406	2197
河东区	Hedong District	19	23	16717	26551	1945	1803
河西区	Hexi District	19	33	24547	38583	2502	2468
南开区	Nankai District	20	31	23943	38107	2697	2328
河北区	Hebei District	22	27	17382	25211	2196	1894
红桥区	Hongqiao District	16	20	10928	17401	1601	1624
东丽区	Dongli District	17	38	14288	25359	1490	1946
西青区	Xiqing District	15	32	17917	28960	1491	1967
津南区	Jinnan District	17	33	17983	34920	1335	1788
北辰区	Beichen District	20	39	15908	31541	1466	1883
武清区	Wuqing District	56	112	51952	61268	4760	3973
宝坻区	Baodi District	44	80	32720	37005	3530	2807
滨海新区	Binhai New Area	92	94	62568	92554	6525	6534
宁河区	Ninghe District	29	60	16856	28469	2033	1910
静海区	Jinghai District	49	97	35022	60781	2876	3180
蓟州区	Jizhou District	61	114	40539	52838	4027	3090
天津铁厂	Tianjin Iron Works	2	3	1353	1545	153	155

注：1.专任教师数中不包括民办教师数。2.滨海新区数据不含东丽区无瑕街、津南区葛沽镇数据。
Note: a) Number of full-time teachers excludes citizen-managed teachers. b) Data of Binhai New Area exclude figures of Wuxia Street,Dongli District and Gegu Town,Jinnan District.

18-16 普通中学、小学及幼儿园校舍情况(2016年)
Statistics on Schoolhouses in Regular Secondary Schools, Primary Schools and Kindergartens,2016

地区	Region	占地面积(万平方米) Areas (10 000 sq.m)	校舍建筑面积(万平方米) Floor Space of Schoolhouses (10 000 sq. m)			学生人均建筑面积(平方米) Average Floor Space of Students (sq. m)		
			普通中学 Regular Secondary Schools	小学 Primary Schools	幼儿园 Kindergartens	普通中学 Regular Secondary Schools	小学 Primary Schools	幼儿园 Kindergartens
总计	**Total**	**3363.80**	**745.92**	**453.32**	**188.64**	**17.74**	**7.18**	**7.07**
和平区	Heping District	56.50	37.01	19.19	6.35	18.75	6.37	10.16
河东区	Hedong District	81.92	24.21	17.00	7.71	14.48	6.40	7.71
河西区	Hexi District	112.04	48.90	24.23	8.60	19.92	6.28	6.62
南开区	Nankai District	110.75	42.60	19.63	10.83	17.79	5.15	7.39
河北区	Hebei District	89.34	33.08	17.61	6.89	19.03	6.99	7.04
红桥区	Hongqiao District	64.46	28.62	10.10	3.75	26.19	5.80	5.15
东丽区	Dongli District	148.55	34.39	23.82	11.16	24.07	9.39	6.33
西青区	Xiqing District	134.35	28.49	24.53	11.99	15.90	8.47	8.05
津南区	Jinnan District	185.51	37.14	35.23	14.04	20.65	10.09	7.05
北辰区	Beichen District	164.92	34.41	23.19	13.46	21.63	7.35	6.24
武清区	Wuqing District	467.51	80.40	60.12	23.32	15.48	9.81	8.80
宝坻区	Baodi District	302.61	47.71	25.08	9.33	14.58	6.78	8.57
滨海新区	Binhai New Area	554.82	138.38	59.06	24.22	22.12	6.38	8.59
宁河区	NingheDistrict	162.98	22.68	19.30	6.31	13.46	6.78	5.51
静海区	Jinghai District	352.37	46.30	35.17	15.87	13.22	5.79	5.99
蓟州区	Jizhou District	366.92	59.62	39.02	14.05	14.71	7.39	5.13
天津铁厂	Tianjin Iron Works	8.25	1.95	1.04	0.76	14.44	6.74	9.22

注：占地面积包括中等师范学校、幼儿园教师进修学校、特殊教育学校及其他。
Note: Areas of schools include middle teacher training, kindergarten teacher training, special education and other schools.

18-17 其他教育基本情况(2013—2016年)

Basic Statistics on Other Education,2013-2016

单位：所、人(unit, person)

指 标	Item	2013	2014	2015	2016
成人教育	**Adult Education**				
成人高等学校	Adult Higher Education Schools				
学校数	Number of Schools	14	14	14	14
在校学生数	Students Enrollment	73572	73279	68946	59494
成人中等学校	Secondary Schools for Adults				
学校数	Number of Schools	19	19	18	17
在校学生数	Students Enrollment	7440	6712	5992	5478
特殊教育	**Specific Education**				
视力听力残疾	Blind and Deaf-Mute Schools				
学校数	Number of Schools	2	2	2	2
在校学生数	Students Enrollment	438	444	458	468
初 中	Junior Secondary Schools	137	136	126	109
小 学	Primary Schools	271	277	304	329
教职工人数	Teachers, Staff and Workers	230	228	230	228
# 专任教师数	Full-time Teachers	155	156	159	158
智力残疾	Schools for Low Intelligent Student				
学校数	Number of Schools	15	15	15	15
在校学生数	Students Enrollment	2310	2289	2517	2673
# 初 中	Junior Secondary Schools	472	561	523	574
小 学	Primary Schools	1632	1492	1707	1762
教职工人数	Teachers, Staff and Workers	452	456	464	485
# 专任教师数	Full-time Teachers	359	359	363	387
工读学校	Reformatory Schools				
学校数	Number of Schools	3	3	3	3
教职工人数	Teachers, Staff and Workers	110	98	90	86
# 专任教师数	Full-time Teachers	80	69	79	62

18−18 网络教育学生情况

Statistics on Network Education Students

单位：人(person)

学 科	Item	毕业生数 Graduates		招生数 New Students Enrollment		在校学生数 Students Enrollment	
		2015	2016	2015	2016	2015	2016
本 科	**Undergraduate**	**12994**	**16973**	**18813**	**19160**	**47694**	**46253**
# 女 生	Female	7313	9164	10286	5634	25783	19495
经济学	Economics	610	641	733	2035	2242	3500
法 学	Law	737	1481	1088	1107	3156	2638
文 学	Literature	233	294	294	355	929	938
工 学	Engineering	2893	4211	3666	5111	7822	10596
管理学	Management	8521	10346	13032	10552	33545	28581
专 科	**Junior College**		**17139**		**30585**		**65436**
# 女 生	Female		10931		9535		26507
土木建筑大类	Civil Engineering		2763		3548		8049
装备制造大类	Equipment Manufacture Industry				4921		4921
电子信息大类	Electronic Information		2228		954		6606
医药卫生大类	Medicine and Health				508		508
财经商贸大类	Finance and Economics Trade and Business		9271		15281		35949
旅游大类	Tourism		207		431		795
教育与体育大类	Education and Sport		109		189		429
公安与司法大类	Public Security and Justice		251		2178		2617
公共管理与服务大类	Public Administration and Services		2310		2575		5562

注：教育部从2016年起，对专科教育学科分类进行了调整，故没有2015年同口径数据。
Note:The classification of junior college was adjustment by Ministry of Education of the People's Republic of China.There is no such data in 2015.

18−19 外国留学生情况

Statistics on Foreign Students

单位：人(person)

项 目	Item	毕(结)业生数 Graduates(Complete)		招生数 New Students Enrollment		在校学生数 Students Enrollment	
		2015	2016	2015	2016	2015	2016
总 计	**Total**	**4616**	**5327**	**4534**	**5182**	**7231**	**8330**
按层次分	**By Degree**						
博 士	Doctor	23	18	72	76	175	212
硕 士	Master	192	266	433	366	1083	1174
本 科	Undergraduate	539	576	751	992	3290	3662
专 科	Junior College	1	6	17	44	34	77
培 训	Training	3861	4461	3261	3704	2649	3205
按经费来源分	**By Fund Provided**						
自 费	Self-supporting	3082	3734	3025	3729	5047	5832
中国政府资助	Chinese Government Sustentation	685	632	1001	931	1759	1952
本国政府资助	Native Government Sustentation	554	597	9	8	37	29
学校间交换	Inter-school Communion	295	360	498	477	387	456
国际组织资助	International Organization Sustentation		4	1	37	1	61

18-20 专业技术人员(2014—2016年)

Special Technical Personnel,2014-2016

单位：人(person)

项 目 Item	全 市 Total			平均每万人口有科技人员 Scientific and Technological Personnel per 10 000 Persons (2016)	平均每万名城镇单位从业人员有科技人员 Scientific and Technological Personnel per 10 000 Employment Personnel in Urban Units(2016)
	2014	2015	2016		
合 计 Total	**424271**	**424050**	**416815**	**268**	**1435**
自然科学专业技术人员 Natural Science	**227644**	**228836**	**224258**	**144**	**772**
工程技术人员 Engineering	119716	119694	114946	74	396
农业技术人员 Agriculture	3199	3031	3172	2	11
科学研究人员 Scientific Research	5132	5276	5307	3	18
卫生技术人员 Health Care	62983	63735	64175	41	221
教学人员 Teaching	36614	37100	36658	24	126
社会科学专业技术人员 Social Science	**196627**	**195214**	**192557**	**124**	**663**
# 科学研究人员 Scientific Research	1034	1168	1188	1	4
教学人员 Teaching	94056	94590	94549	61	326
经济人员 Economics	39702	39025	38327	25	132
财会人员 Accountant	29359	28786	28158	18	97
统计人员 Statistician	2093	1909	1764	1	6
翻译人员 Translator	650	585	483		2
图书、档案、资料人员 Librarian and Archivist	4655	4623	4492	3	15
编辑、记者、播音员 Editor, Reporter and Broadcaster	2877	2905	2697	2	9
体育教练人员 Coach	546	531	535		2
工艺美术人员 Art and Craft	239	208	189		1
文艺人员 Literature and Art	1878	1815	1783	1	6

注：专业技术人员统计范围为公有制企事业单位。
Note: The coverage of special technical personnel refers to public-owned units.

18–21　专业技术人员构成(2016年)

Composition of Special Technical Personnel,2016

单位：人(person)

项　　目 Item	按性别分 By Sex	按受教育程度分 By Education Status		按职称分 By Title	
	# 女专业技术人员数 Female	# 受过高等专业教育人数 Having Higher Special Education Background	# 受过中等专业教育人数 Having Special Secondary School Background	# 高　级职称人数 Senior Professional Certification	# 中　级职称人数 Medium Professional Certification
合　　计 Total	**219582**	**366136**	**37038**	**75783**	**154894**
自然科学专业技术人员 Natural Science	**104148**	**200862**	**19098**	**44552**	**76074**
工程技术人员 Engineering	32359	100325	11059	19975	32313
农业技术人员 Agriculture	1273	2673	421	622	1044
科学研究人员 Scientific Research	2563	5286	16	2026	2385
卫生技术人员 Health Care	46196	56510	7076	8379	22741
教学人员 Teaching	21757	36068	526	13550	17591
社会科学专业技术人员 Social Science	**115434**	**165274**	**17940**	**31231**	**78820**
# 科学研究人员 Scientific Research	653	1177	9	243	566
教学人员 Teaching	66815	91527	2650	21270	52043
经济人员 Economics	15425	25926	7384	1544	7432
财会人员 Accountant	17957	20780	5333	1198	5919
统计人员 Statistician	1247	1355	267	190	554
翻译人员 Translator	291	479	4	110	133
图书、档案、资料人员 Librarian and Archivist	3197	4118	242	814	1924
编辑、记者、播音员 Editor, Reporter and Broadcaster	1443	2628	30	1014	887
体育教练人员 Coach	150	492	34	165	192
工艺美术人员 Art and Craft	76	162	22	28	51
文艺人员 Literature and Art	719	1031	635	771	718

18–22 自然科学专业技术人员构成(2016年)(按国民经济行业分)

Composition of Special Technical Personnel of Natural Science,2016(Grouped by Sector)

单位：人(person)

行　业 Sector	合　计 Total	#工程技术人　员 Engineering	#卫生技术人　员 Health Care	#教学人员 Teaching
总　计 Total	**224258**	**114946**	**64175**	**36658**
农、林、牧、渔业 Farming, Forestry, Animal Husbandry and Fishery	4116	1345	22	12
采矿业 Minerals Mining	7380	7276	45	26
制造业 Manufacturing	30595	29277	1187	98
电力、热力、燃气及水生产和供应业 Production and Supply of Electricity, Heat, Gas and Water	7055	6950	72	32
建筑业 Construction	21173	21077	66	28
批发和零售业 Wholesale and Retail Trade	1883	745	1128	
交通运输、仓储和邮政业 Transportation, Storage and Post Services	5158	5098	51	5
住宿和餐饮业 Accommodation and Catering Services	40	31	9	
信息传输、软件和信息技术服务业 Information Transmitting, Software and Information Technology Services	2499	2494	2	2
金融业 Finance Intermediation	1434	1422	5	
房地产业 Real Estate	2535	2511	6	
租赁和商务服务业 Leasing and Business Services	573	556	9	1
科学研究和技术服务业 Scientific Research and Technical Services	22658	20691	342	21
水利、环境和公共设施管理业 Management for Water Conservancy, Environment and Public Facilities	7877	7754	21	
居民服务、修理和其他服务业 Resident Services, Repair and Other Services	740	719	3	2
教　育 Education	44488	4364	928	36055
卫生和社会工作 Health Care and Social Work	62326	1232	60185	304
文化、体育和娱乐业 Culture, Sports and Recreational Services	671	624	15	17
公共管理、社会保障和社会组织 Public Management, Social Security and Social Organizations	1057	780	79	55

18-23 社会科学专业技术人员构成(2016年)(按国民经济行业分)

Composition of Special Technical Personnel of Social Science,2016(Grouped by Sector)

单位：人(person)

行　业 Sector	合　计 Total	#教学人员 Teaching	#经济人员 Economics	#财会人员 Accountant	#图书、档案、资料人员 Librarian and Archivist
总　计 Total	**192557**	**94549**	**38327**	**28158**	**4492**
农、林、牧、渔业 Farming, Forestry, Animal Husbandry and Fishery	1075	41	320	425	14
采矿业 Minerals Mining	4728	606	1432	1009	177
制造业 Manufacturing	12549	944	4709	3167	196
电力、热力、燃气及水生产和供应业 Production and Supply of Electricity, Heat, Gas and Water	2841	48	918	896	60
建筑业 Construction	4923	15	1441	2052	81
批发和零售业 Wholesale and Retail Trade	4466	43	2461	1299	35
交通运输、仓储和邮政业 Transportation, Storage and Post Services	8548	58	5828	1209	48
住宿和餐饮业 Accommodation and Catering Services	221	2	50	121	1
信息传输、软件和信息技术服务业 Information Transmitting, Software and Information Technology Services	757	3	308	155	16
金融业 Finance Intermediation	26931	19	15842	9807	60
房地产业 Real Estate	3015	8	1742	822	59
租赁和商务服务业 Leasing and Business Services	1312	14	504	357	15
科学研究和技术服务业 Scientific Research and Technical Services	2583	62	650	922	148
水利、环境和公共设施管理业 Management for Water Conservancy, Environment and Public Facilities	2406	3	383	854	85
居民服务、修理和其他服务业 Resident Services, Repair and Other Services	1066	103	356	265	15
教　育 Education	100212	92007	136	1781	1284
卫生和社会工作 Health Care and Social Work	5984	265	724	2286	290
文化、体育和娱乐业 Culture, Sports and Recreational Services	7484	78	124	427	1828
公共管理、社会保障和社会组织 Public Management, Social Security and Social Organizations	1456	230	399	304	80

18-24 科学研究和技术服务业机构情况

Basic Statistics on Institutions of Scientific Research and Technological Service Development

指 标 Indicator	自然科学研究与技术开发机构 Institutions of Natural Scientific Research and Technological Development		社会、人文科研与开发机构 Institutions of Social Science & Humanities of Research and Development		科学技术情报和文献机构 Institutions of Scientific and Technological Information & Documents	
	2015	2016	2015	2016	2015	2016
机 构 数(个) **Number of Institutions(unit)**	**42**	**43**	**3**	**4**	**5**	**4**
科技活动人员(人) **Number of Persons Engaged in Scientific and Technological Activities(person)**	**3661**	**3916**	**330**	**352**	**607**	**564**
高级职称 Senior Professional Certification	1256	1334	177	183	208	203
中级职称 Medium Professional Certification	1352	1531	95	96	230	205
初级职称 Junior Professional Certification	749	723	10	28	69	79
其 他 Others	304	328	48	45	100	77
经费支出总额(万元) **Total Expenditures of Operating Expense (10 000 yuan)**	**167071**	**204408**	**9696**	**10483**	**26576**	**24755**

注：本表不包含科学研究和技术服务业的企业数据，2015年数据已调整为同口径，下表同。

Note:The Institutions of Scientific Research and Technological Service enterprise datum are not contain.The datum were adjusted in Same coverage in 2015.Same as the table next.

18-25 科学研究和技术服务业机构课题情况

Projects of Science Research Institutions and Technological Service Development

项 目 Item	课题数(项) Number of Projects (item)		投入人力(人年) Labour Force Input (person-year)		投入经费(万元) Funds Input (10 000 yuan)	
	2015	2016	2015	2016	2015	2016
合 计 **Total**	**2468**	**2795**	**5992**	**6830**	**159885**	**234338**
基础研究 Basic Research	227	274	346	528	9100	21803
应用研究 Application Research	492	580	906	1411	18619	48755
试验发展 Experimental Development	1101	1039	3555	3010	92103	105931
R&D成果应用 R&D Achievements Used	170	125	292	237	10674	9316
科技服务 Services of Science and Technology	478	777	893	1646	29389	48533

18−26 专利申请受理数和授权数

Patent Applications Examined and Granted

单位：件(item)

项　目	Item	申请受理数 Patent Applications Examined		申请授权数 Patent Applications Granted		年末有效专利数 Year-end Patent in Force	
		2015	2016	2015	2016	2015	2016
合　计	**Total**	**79963**	**106514**	**37342**	**39734**	**103775**	**124443**
按种类分	**Grouped by Type**						
发　明	Inventions	28510	38153	4624	5185	18493	22663
实用新型	Utility Models	46845	63589	28486	28831	73557	89667
外观设计	Designs	4608	4772	4232	3503	11725	12113
按对象分	**Grouped by Applicator**						
职　务	Official	73918	101597	32364	37055	93347	114342
# 工矿企业	Industrial and Mineral Enterprises	65187	90446	27949	32570	80661	99332
大专院校	Universities and Colleges	6639	8678	3206	3376	8387	10213
科研单位	Scientific Research Institutions	1562	1705	862	726	3412	3673
机关团体	Government Agencies and Organizations	530	768	347	383	887	1124
非职务	Non-Official	6045	4917	4978	2679	10428	10101

18−27 科学技术成果(2014—2016年)

Achievements in Science and Technology,2014-2016

单位：项(item)

项　目	Item	2014	2015	2016
市级科学技术成果登记数	**Number of City Level Major Achievements in Science and Technology**	**2588**	**2610**	**2622**
国际领先	Leading Level in the World	71	77	80
国际先进	Advanced World Standard	367	385	390
国内领先	Leading Level in China	767	530	540
国内先进	Advanced National Standard	471	371	380
其　他	Others	912	1247	1232
获天津市科学技术奖	**Number of Tianjin Scientific and Technological Prizes Awarded**	**197**	**199**	**189**
# 自然科学奖	Natural Science Award	9	10	4
技术发明奖	Technological Invention Award	7	9	8
科技进步奖	Prize for Progress in Science and Technology	181	179	177
科技重大成就奖	Major Science and Technology Achievement Award		1	
获国家科学技术奖	**Number of National Scientific and Technological Prizes Awarded**	**17**	**15**	**12**
# 自然科学奖	Natural Science Award	1		
技术发明奖	Technological Invention Award	3	3	2
科技进步奖	Prize for Progress in Science and Technology	13	12	10

18-28 高等学校科研课题开展与投入(2016年)(理、工、农、医类)

Projects of Development and Input of Scientific Research in Universities and Colleges,2016(Science, Engineering, Agriculture and Medicine)

项　目	Item	课题数(项) Number of Projects (item)	投入人力(人年) Labour Force Input (person-year)	# 科学家和工程师 Scientists and Engineers	投入经费(万元) Funds Input (10 000 yuan)
总　计	**Total**	**13762**	**7407**	**7325**	**349751**
按课题活动类型分	**Grouped by Type of Projects**				
基础研究	Basic Research	4644	2887	2837	82328
应用研究	Application Research	7008	3690	3662	208780
试验发展	Experimental Development	1341	556	551	29595
R&D成果应用	R&D Achievement Used	343	135	135	10984
科技服务	Service of Science and Technology	426	140	139	18065
按(课题)项目类别分	**Grouped by Project**				
国家“973计划”项目	State "973 Program" Project	222	114	113	20263
国家科技攻关项目	State S&T Strategical Project	104	72	71	6506
国家“863计划”项目	State "863 Program" Project	87	107	104	8873
科技部重大专项	Major Project from Ministry of Science and Technology	96	52	52	7375
国家自然科学基金项目	State Natural Scientific Fund Project	3279	2289	2262	53457
主管部门科技项目	S&T Project from Administrative Department	958	420	417	8056
国家部委其他科技项目	S&T Project from Ministry	647	500	496	49628
省、市、自治区科技项目	S&T Project from Province, Municipality, Autonomous Region	2469	1603	1579	25946
企事业单位委托科技项目	S&T Project from Enterprise, Institution	4690	1806	1791	162521
国际合作项目	International Cooperate Project	60	32	32	2571
自选项目	Self-choosing Project	1133	398	395	4490
其他项目	Other Project	17	15	13	64

18-29 高等学校科技专著和论文(2013—2016年)(理、工、农、医类)

S&T Works and Papers in Universities and Colleges,2013-2016 (Science, Engineering, Agriculture and Medicine)

项　目	Item	单　位	Unit	2013	2014	2015	2016
科技专著	**Scientific and Technological Works**	**部**	**copy**	**79**	**73**	**43**	**51**
		万　字	**10 000 words**	**1707**	**1769**	**541**	**815**
# 自然科学	Natural Science	部	copy	15	19	7	9
		万　字	10 000 words	840	316	73	99
工程科学	Engineering	部	copy	18	24	13	20
		万　字	10 000 words	391	640	266	383
医学科学	Medicine	部	copy	44	29	23	21
		万　字	10 000 words	449	809	203	313
农业科学	Agriculture	部	copy	2	1		1
		万　字	10 000 words	27	38		20
科学论文	**Scientific Papers**	**篇**	**piece**	**18115**	**19946**	**23122**	**22803**
# 国外发表	Published Abroad	篇	piece	8079	9224	10543	11174

18-30 特种设备监督监察情况

Supervision of Special Equipment

项　目	Item	单　位	Unit	2015	2016
在用的特种设备	**Special Equipment in Use**				
锅　炉	Boiler	台	set	10596	10587
压力容器	Pressure Vessel	台、套	set, series	55560	57531
压力管道	Pressure Conduit	单　元	unit	21459	26388
电　梯	Elevator	台	set	74790	83546
起重机械	Hoisting Machinery	台	set	36275	39344
厂内机动车辆	Automobiles Used in Factories	辆	set	17258	19447
客运索道	Cableway Transport	条	strip	13	13
大型游乐设施	Large Entertainment Facilities	台、套	set, series	393	377
监督监察情况	**Supervision Condition**				
监督监察特种设备	Supervision of Special Equipment	台、套	set, series	33916	22415
发现隐患	Hidden Danger Found	项	unit	3209	2922
下达安全监察指令书	Safety Supervision Order Issued	份	unit	2537	2259
取得设计、制造、安装、改造、维修许可证	**Design, Manufacture, Installation, Rebuild and Maintenance Licence Acquired**	**个**	**unit**	**738**	**742**

资料来源：天津市市场和质量监督管理委员会，表18-31同。
Source: Tianjin Market and Quality Supervision Administration. Same as table 18-31.

18-31 质量技术监督检验情况(2014—2016年)

Check and Administration on Quality & Technique,2014-2016

类 别	Sort	2014	2015	2016
计量仪器检定(台、件)	**Measuring Implements Tested (set, piece)**			
总 计	**Total**	**1262955**	**1146065**	**1367470**
长 度	Length	14455	17147	15099
温 度	Temperature	138027	85594	255198
力 学	Mechanics	520791	512082	590845
# 衡 器	Weighing Apparatus	19161	20137	22186
电 磁	Electrology	579632	514964	483107
光 学	Optics	64	70	53
声 学	Acoustics	122	78	126
化 学	Chemistry	5376	10480	14199
电离辐射	Ionization Radiation	130	32	76
无线电	Radio	1375	936	1005
时间频率	Time Frequency	239	270	325
其 他	Others	2744	4412	7437
检测机构	**Testing Organizations**			
检验检测机构(个)	Inspection Agencies	399	427	454
# 国家中心	The National Center	26	26	9
产品质量监督抽查	**Products Quality Supervision**			
抽查企业(个)	Number of Enterprises Checked (unit)	2292	1301	1357
抽查产品(批)	Variety of Products Checked (batch)	2609	1968	1475
不合格产品(批)	Substandard Products (batch)	56	31	23
食品及相关产品质量监督抽查	**Food and Related Products Quality Supervision**			
监督抽查企业数(个)	Number of Enterprises Checked (unit)	1315	417	251
食品及相关产品抽查批次(批次)	Checked-times of Food and Related Products (batch-times)	2659	465	541
合格批次(批次)	Number of Checked-times Qualified (batch-times)	2615	462	536
批次合格率(%)	Rate of Batch-times Qualified (%)	98.38	99.35	99.08

18-32 科学技术协会和所属学会科技活动(2016年)

Scientific and Technological Activities of Science and Technology Associations and Affiliated Institutions,2016

项　目	Item	合　计 Total	市及区科协 Science Association of City and District	市级学会 Institution of City Level
机构与人员	**Institutions and Personnel**			
机　构(个)	Institutions(unit)	527	17	510
人　员(人)	Personnel(person)	139410	176	139234
学术交流情况	**Academic Activities of Exchange**			
学术会议(次)	Academic Meetings(time)	840	36	804
国　内	Domestic	793	26	767
国　际	International	47	10	37
参加人数(人次)	Number of Participants(person-time)	134620	4435	130185
国　内	Domestic	128992	2915	126077
国　际	International	5628	1520	4108
交流论文(篇)	Number of Papers Presented(piece)	14128	1436	12692
国　内	Domestic	13126	1351	11775
国　际	International	1002	85	917
交流人数(人次)	Number of Exchange Persons(person-time)	986	100	886
接　待	Received	424	87	337
外　派	Sent Abroad	562	13	549
科学普及	**Activities for Popular Science**			
科普宣讲活动(次)	Popular Science Propaganda Activities(times)	10738	6428	4310
参加人数(万人次)	Numbers of Participants(10 000person-time)	140	101	39
科技培训	**Science and Technology Training**			
培训班数(个、期)	Number of Training Classes(unit,period)	2242	1820	422
培训人数(人次)	Number of Persons in Training Classes (person-time)	305334	273786	31548
青少年科技活动	**Science and Technology Activities of Teenagers**			
科学营(次)	Science Camp(times)	50	43	7
参加人数(人次)	Number of Participants(person-time)	56991	56150	841
青少年科技竞赛(次)	Number of Teenagers' Science and Technology Competition(time)	176	132	44
参加人数(人次)	Numbers of Participants(person-time)	1093358	388983	704375
未成年人参观科技馆人次	Minor Numbers of Visiting the Science Museum (person-time)	141671	141671	
科技出版物	**Science and Technology Publication**			
出版科技期刊(种)	Science and Technology Magazine(kind)	46	2	44
年发行总数(万册)	Volume of Issue(10 000 volumes)	87		87
年发表学术论文(篇)	Number of Papers Presented(piece)	7198	141	7057

18-33 科技及研发活动基本情况(2016年)

Basic Statistics on Science and Technology and R&D Activities,2016

项目	Item	合计 Total	# 企业 Enterprise	# 规模以上工业 Industrial Enterprise above Designated Size
调查单位数(个)	Number of Units (unit)	6243	5970	5198
# 有R&D活动单位	With R&D Activities	2439	5198	2051
科技活动人员(人)	Persons Engaged in Scientific and Technological Activities (person)	250403	187384	138104
# 大学本科毕业及以上	Bachelor's Degree or Above	171993	118202	79143
R&D人员(人)	R&D Personnel (person)	177165	137824	111262
# 全时人员	Full-time	113495	92775	75529
R&D人员折合全时当量(人年)	R&D Personnel as Full-time Equivalent (person-year)	119384	95152	78336
基础研究	Basic Research	5524	109	44
应用研究	Application Research	14303	3410	1936
试验发展	Experimental Development	99557	91634	76356
R&D经费支出(亿元)	**R&D Expenditures(100 million yuan)**	**537**	**418**	**350**
1. 政府资金	Government Funds	94	9	6
企业资金	Enterprise Funds	413	390	329
境外资金	Offshore Funds	18	17	13
其他资金	Other Funds	13	2	1
2. 基础研究	Basic Research	30	0	0
应用研究	Application Research	59	10	6
试验发展	Experimental Development	448	407	344
企业办研发机构数(个)	Research and Development Institutions Set by Enterprise(unit)	1468	1058	951
研发机构人员数(人)	R&D Personnel in Research and Development Institutions (person)	61537	43941	38822
# 博士毕业	Doctor Graduate	5385	863	772
硕士毕业	Master Graduate	10898	5449	4669
研发机构经费支出(亿元)	R&D Expenditure in Research and Development Institutions (100 million yuan)	159	105	92

18-34 规模以上工业企业研发活动基本情况(2016年)

S&T Activities in Industrial Enterprises above Designated Size,2016

项目 Item	合计 Total	国有经济 State-owned	"三资"经济 Hong Kong, Macao,Taiwan and Foreign Funded	其他经济 Others
有R&D活动企业数(个) Number of Enterprises with R&D Activities (unit)	2051	61	335	1655
R&D人员合计(人) Total R&D Personnel (person)	111262	13304	21870	76088
参加项目人员 Engaged in Projects	101581	11178	20215	70188
管理和服务人员 Engaged in Management and Service	9681	2126	1655	5900
R&D经费支出(亿元) R&D Expenditures (100 million yuan)	349.96	26.62	78.19	245.15
1．基础研究支出 Cost of Basic Research	0.17	0.02	0.12	0.03
应用研究支出 Cost of Application Research	5.87	0.92	0.73	4.22
试验发展支出 Cost of Experimental Development	343.92	25.67	77.34	240.91
2．政府资金 Government Funds	6.50	1.07	0.44	4.98
企业资金 Enterprise Funds	329.08	25.48	64.59	239.01
境外资金 Offshore Funds	13.30	0.04	12.90	0.36
其他资金 Other Funds	1.07	0.02	0.26	0.79
全部R&D项目(课题)数(项) Number of R&D Projects (item)	12019.00	1064.00	2159.00	8796.00
项目经费内部支出(亿元) Internal Project Expenditures (100 million yuan)	316.54	20.25	74.66	221.63
企业办研发机构数(个) Research and Development Institutions Set by Enterprise (unit)	951	33	148	770
研发机构人员数(人) Persons in Research and Development Institutions (person)	46300	3187	9092	34021
研发机构经费支出(亿元) Expenditures of Research and Development Institutions (100 million yuan)	101.93	2.97	24.78	74.18
研发机构科研用仪器设备原价(亿元) Original Cost of Scientific Research Equipment in Research and Development Institutions(100 million yuan)	168.22	14.83	56.59	96.80
新产品产值(亿元) Output Value of New Products (100 million yuan)	5669.89	266.41	2332.28	3071.20
新产品销售收入(亿元) Sales Revenue of New Products (100 million yuan)	5642.83	261.87	2293.96	3086.99
# 出口销售收入 Sales Revenue of Exports	1037.62	5.04	797.30	235.28
专利申请数(件) Number of Patent Applications (item)	17170	2203	2270	12697
# 发明专利 Number of Inventions	7300	1038	972	5290
技术改造经费支出(亿元) Expenditures of Technology Innovation (100 million yuan)	27.65	6.55	3.92	17.18
引进境外技术经费支出(亿元) Expenditures of Foreign Technology Introduction (100 million yuan)	6.02		5.75	0.27

18-35 按行业分规模以上工业企业科学研究与试验发展(R&D)活动情况(2016年)

R&D Activities in Industrial Enterprises above Designated Size by Sector,2016

项 目	Item	有R&D活动企业数(个) Enterprises with R&D Activities (unit)	R&D人员折合全时当量(人年) R&D Personnel as Full-time Equivalent (person-year)
总 计	**Total**	**2051**	**78338**
石油和天然气开采业	Extraction of Petroleum and Natural Gas	2	1229
黑色金属矿采选业	Mining and Processing of Ferrous Metal Ores	1	1
非金属矿采选业	Mining and Processing of Nonmetal Ores	2	409
开采辅助活动	Mining Assistant Activities	3	959
农副食品加工业	Processing of Food from Agricultural Products	51	752
食品制造业	Manufacture of Food	45	1246
酒、饮料和精制茶制造业	Manufacture of Alcohol, Beverages and Refined Tea	16	196
纺织业	Manufacture of Textile	21	533
纺织服装、服饰业	Manufacture of Textile Wearing and Apparel	68	1292
皮革、毛皮、羽毛(绒)及其制品和制鞋业	Manufacture of Leather,Fur,Feather and Related Products,Footware	18	521
木材加工和木、竹、藤、棕、草制品业	Processing of Timber,Manufacture of Wood,Bamboo, Rattan,Palm and Straw Products	10	137
家具制造业	Manufacture of Furniture	38	1155
造纸及纸制品业	Manufacture of Paper and Paper Products	45	816
印刷和记录媒介复制业	Printing,Reproduction of Recording Media	32	636
文教、工美、体育和娱乐用品制造业	Manufacture of Articles For Culture, Education and Industrial Arts, Sport Activity, Amusement Manufacturing	30	798
石油加工、炼焦及核燃料加工业	Processing of Petroleum,Coking,Processing of Nuclear Fuel	17	790
化学原料及化学制品制造业	Manufacture of Raw Chemical Materials and Chemical Products	145	4844
医药制造业	Manufacture of Medicines	67	4441
化学纤维制造业	Manufacture of Chemical Fibers	2	43
橡胶和塑料制品业	Manufacture of Rubber and Plastic	108	2583
非金属矿物制品业	Manufacture of Non-metallic Mineral Products	93	1664
黑色金属冶炼及压延加工业	Smelting and Pressing of Ferrous Metals	80	10210
有色金属冶炼及压延加工业	Smelting and Pressing of Non-Ferrous Metals	37	924
金属制品业	Manufacture of Metal Products	186	5532
通用设备制造业	Manufacture of General Purpose Machinery	206	4649
专用设备制造业	Manufacture of Special Purpose Machinery	195	6963
汽车制造业	Manufacture of Motorcar	95	4341
铁路、船舶、航空航天和其他运输设备制造业	Railway,Watercraft, Aerospace and Other Transport Equipment	91	4444
电气机械和器材制造业	Manufacture of Electrical Machinery and Equipment	153	4018
计算机、通信和其他电子设备制造业	Manufacture of Computers,Communication and Other Electronic Equipment	97	7555
仪器仪表制造业	Manufacture of Measuring Instruments	48	1957
其他制造业	Other Manufacturing	9	123
废弃资源综合利用业	Comprehensive Recycling of Waste	13	153
金属制品、机械和设备修理业	Metal Products,Machine and Equipment Repair	2	967
电力、热力生产和供应业	Production and Supply of Electric Power and Heat Power	12	1244
燃气生产和供应业	Production and Supply of Gas	2	13
水的生产和供应业	Production and Supply of Water	11	200

18-35续表 *Continued*

项　　目	Item	R&D经费内部支出总额(亿元) R&D Internal Expenditures (100 million yuan)	R&D项目数(项) R&D Projects (item)
总　　计	**Total**	**349.96**	**12019**
石油和天然气开采业	Extraction of Petroleum and Natural Gas	4.43	98
黑色金属矿采选业	Mining and Processing of Ferrous Metal Ores	0.03	1
非金属矿采选业	Mining and Processing of Nonmetal Ores	0.67	51
开采辅助活动	Mining Assistant Activities	5.96	302
农副食品加工业	Processing of Food from Agricultural Products	5.87	140
食品制造业	Manufacture of Food	8.63	272
酒、饮料和精制茶制造业	Manufacture of Alcohol, Beverages and Refined Tea	0.89	137
纺织业	Manufacture of Textile	1.50	182
纺织服装、服饰业	Manufacture of Textile Wearing and Apparel	8.63	88
皮革、毛皮、羽毛(绒)及其制品和制鞋业	Manufacture of Leather,Fur,Feather and Related Products,Footware	1.56	38
木材加工和木、竹、藤、棕、草制品业	Processing of Timber,Manufacture of Wood,Bamboo, Rattan,Palm and Straw Products	0.35	12
家具制造业	Manufacture of Furniture	3.05	99
造纸及纸制品业	Manufacture of Paper and Paper Products	4.41	127
印刷和记录媒介复制业	Printing,Reproduction of Recording Media	2.18	112
文教、工美、体育和娱乐用品制造业	Manufacture of Articles For Culture, Education and Industrial Arts, Sport Activity, Amusement Manufacturing	7.55	81
石油加工、炼焦及核燃料加工业	Processing of Petroleum,Coking,Processing of Nuclear Fuel	5.64	140
化学原料及化学制品制造业	Manufacture of Raw Chemical Materials and Chemical Products	24.39	941
医药制造业	Manufacture of Medicines	17.61	819
化学纤维制造业	Manufacture of Chemical Fibers	0.11	11
橡胶和塑料制品业	Manufacture of Rubber and Plastic	12.08	522
非金属矿物制品业	Manufacture of Non-metallic Mineral Products	7.78	290
黑色金属冶炼及压延加工业	Smelting and Pressing of Ferrous Metals	56.34	557
有色金属冶炼及压延加工业	Smelting and Pressing of Non-Ferrous Metals	5.47	145
金属制品业	Manufacture of Metal Products	30.79	812
通用设备制造业	Manufacture of General Purpose Machinery	21.10	998
专用设备制造业	Manufacture of Special Purpose Machinery	21.56	1191
汽车制造业	Manufacture of Motorcar	17.74	696
铁路、船舶、航空航天和其他运输设备制造业	Railway,Watercraft, Aerospace and Other Transport Equipment	16.95	586
电气机械和器材制造业	Manufacture of Electrical Machinery and Equipment	18.88	1013
计算机、通信和其他电子设备制造业	Manufacture of Computers,Communication and Other Electronic Equipment	30.04	933
仪器仪表制造业	Manufacture of Measuring Instruments	3.98	361
其他制造业	Other Manufacturing	0.50	18
废弃资源综合利用业	Comprehensive Recycling of Waste	0.64	29
金属制品、机械和设备修理业	Metal Products,Machine and Equipment Repair	0.86	25
电力、热力生产和供应业	Production and Supply of Electric Power and Heat Power	1.41	145
燃气生产和供应业	Production and Supply of Gas	0.01	3
水的生产和供应业	Production and Supply of Water	0.38	44

18-36 按行业分规模以上工业企业研发机构和专利情况(2016年)

R&D Ienstitutions and Patents of Industrial Enterprises above Designated Size by Sector,2016

项 目	Item	研发机构数(个) R&D Institutions (unit)	研发机构经费支出(亿元) Expenditure in R&D Institutions (100 million yuan)
总 计	**Total**	**951**	**101.93**
石油和天然气开采业	Extraction of Petroleum and Natural Gas	4	5.11
非金属矿采选业	Mining and Processing of Nonmetal Ores	2	0.35
开采辅助活动		1	0.48
农副食品加工业	Processing of Food from Agricultural Products	23	2.30
食品制造业	Manufacture of Food	23	1.19
酒、饮料和精制茶制造业	Manufacture of Alcohol, Beverages and Refined Tea	7	0.34
纺织业	Manufacture of Textile	12	0.28
纺织服装、服饰业	Manufacture of Textile Wearing and Apparel	47	1.96
皮革、毛皮、羽毛(绒)及其制品和制鞋业	Manufacture of Leather, Fur, Feather and Related Products, Footware	8	0.57
木材加工和木、竹、藤、棕、草制品业	Processing of Timber, Manufacture of Wood, Bamboo, Rattan, Palm and Straw Products	3	0.04
家具制造业	Manufacture of Furniture	15	1.93
造纸及纸制品业	Manufacture of Paper and Paper Products	17	2.28
印刷和记录媒介复制业	Printing, Reproduction of Recording Media	5	0.13
文教、工美、体育和娱乐用品制造业	Manufacture of Articles For Culture, Educationand Industrial Arts, Sport Activity, Amusement Manufacturing	17	1.68
石油加工、炼焦及核燃料加工业	Processing of Petroleum, Coking, Processing of Nuclear Fuel	9	0.61
化学原料及化学制品制造业	Manufacture of Raw Chemical Materials and Chemical Products	86	6.84
医药制造业	Manufacture of Medicines	46	11.72
橡胶和塑料制品业	Manufacture of Rubber and Plastic	57	3.06
非金属矿物制品业	Manufacture of Non-metallic Mineral Products	42	1.37
黑色金属冶炼及压延加工业	Smelting and Pressing of Ferrous Metals	42	12.13
有色金属冶炼及压延加工业	Smelting and Pressing of Non-Ferrous Metals	25	2.04
金属制品业	Manufacture of Metal Products	71	3.98
通用设备制造业	Manufacture of General Purpose Machinery	88	4.80
专用设备制造业	Manufacture of Special Purpose Machinery	91	8.04
汽车制造业	Manufacture of Motorcar	44	4.62
铁路、船舶、航空航天和其他运输设备制造业	Railway, Watercraft, Aerospace and Other Transport Equipment	22	2.69
电气机械和器材制造业	Manufacture of Electrical Machinery and Equipment	51	5.76
计算机、通信和其他电子设备制造业	Manufacture of Computers, Communication and Other Electronic Equipment	49	12.47
仪器仪表制造业	Manufacture of Measuring Instruments	20	1.78
其他制造业	Other Manufacturing	8	0.13
废弃资源综合利用业	Comprehensive Recycling of Waste	3	0.01
金属制品、机械和设备修理业	Metal Products, Machine and Equipment Repair	2	0.85
电力、热力生产和供应业	Production and Supply of Electric Power and Heat Power	9	0.39
水的生产和供应业	Production and Supply of Water	2	0.01

18-36续表 *Continued*

单位：件(piece)

项 目	Item	专利申请数 Patent Applications	#发明专利数 Invention Patents
总 计	**Total**	**17170**	**7300**
石油和天然气开采业	Extraction of Petroleum and Natural Gas	182	71
黑色金属矿采选业	Mining and Processing of Ferrous Metal Ores	1	1
非金属矿采选业	Mining and Processing of Nonmetal Ores	20	6
开采辅助活动	Mining Assistant Activities	498	167
农副食品加工业	Processing of Food from Agricultural Products	212	104
食品制造业	Manufacture of Food	179	73
酒、饮料和精制茶制造业	Manufacture of Alcohol,Beverages and Refined Tea	87	16
纺织业	Manufacture of Textile	141	86
纺织服装、服饰业	Manufacture of Textile Wearing and Apparel	124	70
皮革、毛皮、羽毛(绒)及其制品和制鞋业	Manufacture of Leather,Fur,Feather and Related Products,Footware	40	26
木材加工和木、竹、藤、棕、草制品业	Processing of Timber,Manufacture of Wood,Bamboo, Rattan,Palm and Straw Products	19	5
家具制造业	Manufacture of Furniture	188	45
造纸及纸制品业	Manufacture of Paper and Paper Products	289	114
印刷和记录媒介复制业	Printing, Reproduction of Recording Media	148	55
文教、工美、体育和娱乐用品制造业	Manufacture of Articles For Culture,Education and Industrial Arts,Sport Activity,Amusement Manufacturing	386	127
石油加工、炼焦及核燃料加工业	Processing of Petroleum,Coking,Processing of Nuclear Fuel	109	57
化学原料及化学制品制造业	Manufacture of Raw Chemical Materials and Chemical Products	1235	728
医药制造业	Manufacture of Medicines	688	457
化学纤维制造业	Manufacture of Chemical Fibers	1	1
橡胶和塑料制品业	Manufacture of Rubber and Plastic	796	294
非金属矿物制品业	Manufacture of Non-metallic Mineral Products	419	141
黑色金属冶炼及压延加工业	Smelting and Pressing of Ferrous Metals	385	131
有色金属冶炼及压延加工业	Smelting and Pressing of Non-Ferrous Metals	153	68
金属制品业	Manufacture of Metal Products	1119	424
通用设备制造业	Manufacture of General Purpose Machinery	1533	566
专用设备制造业	Manufacture of Special Purpose Machinery	1838	683
汽车制造业	Manufacture of Motorcar	1091	411
铁路、船舶、航空航天和其他运输设备制造业	Railway, Watercraft, Aerospace and Other Transport Equipment	1180	521
电气机械和器材制造业	Manufacture of Electrical Machinery and Equipment	1352	542
计算机、通信和其他电子设备制造业	Manufacture of Computers,Communication and Other Electronic Equipment	1027	534
仪器仪表制造业	Manufacture of Measuring Instruments	543	189
其他制造业	Other Manufacturing	66	37
废弃资源综合利用业	Comprehensive Recycling of Waste	31	14
金属制品、机械和设备修理业	Metal Products,Machine and Equipment Repair	54	27
电力、热力生产和供应业	Production and Supply of Electric Power and Heat Power	1018	503
燃气生产和供应业	Production and Supply of Gas	1	
水的生产和供应业	Production and Supply of Water	17	6

18-37 技术市场基本情况(2016年)

Basic Statistics on Technology Market,2016

项　目	Item	签订合同数(项) Number of Contracts Signed (item)	合同金额(亿元) Value of Contracts Signed (100 million yuan)	#技术交易额 Transaction Value of Technology
合　计	**Total**	**13060**	**602.32**	**435.70**
按技术合同类别分	**Grouped by the Type of Technical Contract**			
技术开发合同	Technology Development Contracts	5704	80.73	49.49
技术转让合同	Technology Transfer Contracts	410	64.38	61.82
技术咨询合同	Technology Consultation Contracts	1368	53.07	38.26
技术服务合同	Technology Services Contracts	5578	404.14	286.13
按合同卖方类别分	**Grouped by the Type of Sellers**			
机关法人	Agencies as Legal Persons			
事业法人	Institutions as Legal Persons	6802	60.10	45.23
社团法人	Social Organizations as Legal Persons			
企业法人	Enterprises as Legal Persons	6241	542.18	390.44
自然人	Persons	17	0.03	0.02
其他组织	Other Organizations			
按合同买方类别分	**Grouped by the Type of Buyers**			
机关法人	Agencies as Legal Persons	2438	207.26	117.47
事业法人	Institutions as Legal Persons	3148	23.07	21.00
社团法人	Social Organizations as Legal Persons	51	862.50	749.95
企业法人	Enterprises as Legal Persons	7319	371.44	296.72
自然人	Persons	18	0.08	0.08
其他组织	Other Organizations	86	0.38	0.36
按社会经济目标分	**Grouped by the Social and Economic Activities**			
环境保护、生态建设及污染防治	Environmental Protection, Ecological Construction and Pollution Control	573	36.10	10.82
能源生产、分配和合理利用	Energy Production, Distribution, and Reasonable Use	617	87.10	61.32
卫生事业发展	Health Development	559	15.84	11.06
教育事业发展	Education Development	664	4.46	4.07
基础设施以及城市和农村规划	Infrastructure,Urban and Rural Planning	1282	38.77	31.25
社会发展和社会服务	Social Development & Social Service	4969	173.01	107.86
地球和大气层的探索与利用	Exploration and Utilization of The Earth and Atmosphere	12	0.02	0.02
民用空间探测及开发	Civilian Space Exploration and Development	35	0.50	0.10
农林牧渔业发展	Development of Farming,Forestry,Animal Husbandry and Fishery	195	9.24	7.62
工商业发展	Development of Industrial and Commercial	900	93.66	84.10
非定向研究	The Nondirectional Research	366	7.21	1.90
其他民用目标	Other Civilian Targets	2809	86.15	68.22
国　防	National Defense	68	2.48	2.25
按技术流向分	**Grouped by the Buyer's Region**			
天　津	Tianjin	6412	29.52	20.02
外省市	Other Provinces and Cities	6648	572.80	415.68
技术出口	Technology Export	44	27.47	27.12

18-38 创新企业分布情况(2016年)

The Distribution of Innovating Enterprise,2016

单位：个,%(unit,%)

项目	Item	企业数 Number of Enterprises	#开展创新的企业 To Carry Out Innovative Enterprises		#实现创新的企业 To Achieve Innovative Enterprises	
			企业数 Numbers	比重 Percentage of Total	企业数 Numbers	比重 Percentage of Total
总计	**Total**	**14940**	**7060**	**47.3**	**6632**	**44.4**
按行业分	**Grouped by Sector**					
采矿业	Minerals Mining	19	11	57.9	7	36.8
制造业	Manufacturing	5051	3266	64.7	2999	59.4
电力、热力、燃气及水生产和供应业	Production and Supply of Electricity, Heat, Gas and Water	128	67	52.3	55	43.0
建筑业	Construction	825	289	35.0	276	33.5
批发和零售业	Wholesale and Retail Trade	5320	1905	35.8	1868	35.1
交通运输、仓储和邮政业	Transportation, Storage and Post Services	1417	529	37.3	513	36.2
信息传输、软件和信息技术服务业	Information Transmitting, Software and Information Technology Services	352	240	68.2	204	58.0
租赁和商务服务业	Leasing and Business Services	1078	382	35.4	367	34.0
科学研究和技术服务业	Scientific Research and Technical Services	637	325	51.0	299	46.9
水利、环境和公共设施管理业	Management for Water Conservancy, Environment and Public Facilities	113	46	40.7	44	38.9
按地区分	**Grouped by District**					
和平区	Heping District	439	203	46.2	196	44.6
河东区	Hedong District	314	117	37.3	115	36.6
河西区	Hexi District	551	193	35.0	187	33.9
南开区	Nankai District	427	196	45.9	175	41.0
河北区	Hebei District	329	126	38.3	123	37.4
红桥区	Hongqiao District	109	48	44.0	46	42.2
东丽区	Dongli District	897	389	43.4	372	41.5
西青区	Xiqing District	1001	463	46.3	440	44.0
津南区	Jinnan District	1179	580	49.2	537	45.5
北辰区	Beichen District	1335	583	43.7	539	40.4
武清区	Wuqing District	1131	503	44.5	447	39.5
宝坻区	Baodi District	701	449	64.1	434	61.9
滨海新区	Binhai New Area	5666	2764	48.8	2607	46.0
宁河区	Ninghe District	384	210	54.7	198	51.6
静海区	Jinghai District	778	353	45.4	335	43.1
蓟州区	Jizhou District	355	182	51.3	166	46.8

注：滨海新区为注册口径、其他区为在地口径，18-39至-18-41表同。

Note:The datum of Binhai New Area this table adopt coverage of register units,and other datum are coverage of location.Same as table18-39 to 18-41.

18-39 产品和工艺创新企业分布情况(2016年)

The Distribution of Product and Process Innovative Enterprise,2016

单位：个,%(unit,%)

项 目	Item	有产品或工艺创新活动企业 To Carry Out Product or Process Innovation Activity Enterprise	
		企业数 Numbers of Enterprises	比 重 Percentage of Total Enterprises
总 计	**Total**	**4323**	**28.9**
按行业分	**Grouped by Sector**		
采矿业	Minerals Mining	10	52.6
制造业	Manufacturing	2764	54.7
电力、热力、燃气及水生产和供应业	Production and Supply of Electricity, Heat, Gas and Water	53	41.4
建筑业	Construction	182	22.1
批发和零售业	Wholesale and Retail Trade	617	11.6
交通运输、仓储和邮政业	Transportation, Storage and Post Services	141	10.0
信息传输、软件和信息技术服务业	Information Transmitting, Software and Information Technology Services	185	52.6
租赁和商务服务业	Leasing and Business Services	129	12.0
科学研究和技术服务业	Scientific Research and Technical Services	217	34.1
水利、环境和公共设施管理业	Management for Water Conservancy, Environment and Public Facilities	25	22.1
按地区分	**Grouped by District**		
和平区	Heping District	70	15.9
河东区	Hedong District	64	20.4
河西区	Hexi District	99	18.0
南开区	Nankai District	120	28.1
河北区	Hebei District	74	22.5
红桥区	Hongqiao District	33	30.3
东丽区	Dongli District	155	17.3
西青区	Xiqing District	289	28.9
津南区	Jinnan District	486	41.2
北辰区	Beichen District	399	29.9
武清区	Wuqing District	372	32.9
宝坻区	Baodi District	418	59.6
滨海新区	Binhai New Area	1380	24.4
宁河区	Ninghe District	141	36.7
静海区	Jinghai District	223	28.7
蓟州区	Jizhou District	158	44.5

18-39 续表 *continued*

单位：个,%(unit,%)

项 目	Item	#实现产品创新企业 Implementing Product Innovation Enterprise		#实现工艺创新企业 Implementing Process Innovation Enterprise	
		企业数 Numbers of Enterprises	比 重 Percentage of Total Enterprises	企业数 Numbers of Enterprises	比 重 Percentage of Total Enterprises
总 计	**Total**	**2934**	**19.6**	**2983**	**20.0**
按行业分	**Grouped by Sector**				
采矿业	Minerals Mining	2	10.5	4	21.1
制造业	Manufacturing	2018	40.0	1935	38.3
电力、热力、燃气及水生产和供应业	Production and Supply of Electricity, Heat, Gas and Water	16	12.5	34	26.6
建筑业	Construction	84	10.2	145	17.6
批发和零售业	Wholesale and Retail Trade	402	7.6	437	8.2
交通运输、仓储和邮政业	Transportation, Storage and Post Services	71	5.0	98	6.9
信息传输、软件和信息技术服务业	Information Transmitting, Software and Information Technology Services	109	31.0	105	29.8
租赁和商务服务业	Leasing and Business Services	80	7.4	75	7.0
科学研究和技术服务业	Scientific Research and Technical Services	134	21.0	137	21.5
水利、环境和公共设施管理业	Management for Water Conservancy, Environment and Public Facilities	18	15.9	13	11.5
按地区分	**Grouped by District**				
和平区	Heping District	28	6.4	36	8.2
河东区	Hedong District	44	14.0	51	16.2
河西区	Hexi District	51	9.3	74	13.4
南开区	Nankai District	67	15.7	74	17.3
河北区	Hebei District	48	14.6	50	15.2
红桥区	Hongqiao District	24	22.0	28	25.7
东丽区	Dongli District	96	10.7	111	12.4
西青区	Xiqing District	206	20.6	182	18.2
津南区	Jinnan District	377	32.0	334	28.3
北辰区	Beichen District	283	21.2	280	21.0
武清区	Wuqing District	229	20.2	243	21.5
宝坻区	Baodi District	383	54.6	336	47.9
滨海新区	Binhai New Area	884	15.6	930	16.4
宁河区	Ninghe District	74	19.3	92	24.0
静海区	Jinghai District	139	17.9	174	22.4
蓟州区	Jizhou District	113	31.8	103	29.0

18-40 产品或工艺创新主要活动形式(2016年)

The Form of Product and Process Innovative Enterprise,2016

单位：个,%(unit,%)

项 目	Item	有产品或工艺创新活动企业数 Number of Product and Process Innovative Enterprise	各类创新活动企业占比重 Proportion of All Kinds of Innovative Enterprise			
			内部R&D Internal	外部R&D External	获得机器设备和软件 The Machine, Equipment, and Software	从外部获取相关技术 External Acquisition of Related Technologies
总　　计	**Total**	**4323**	**16.1**	**2.7**	**9.3**	**1.0**
按行业分	**Grouped by Sector**					
采矿业	Minerals Mining	10	42.1	36.8	42.1	5.3
制造业	Manufacturing	2764	40.0	5.8	20.7	1.1
电力、热力、燃气及水生产和供应业	Production and Supply of Electricity, Heat, Gas and Water	53	19.5	3.9	19.5	
建筑业	Construction	182	5.7	2.4	7.8	1.3
批发和零售业	Wholesale and Retail Trade	617	3.1	0.8	1.9	0.6
交通运输、仓储和邮政业	Transportation, Storage and Post Services	141	0.9	0.5	1.6	0.6
信息传输、软件和信息技术服务业	Information Transmitting, Software and Information Technology Services	185	11.1	2.0	10.5	4.6
租赁和商务服务业	Leasing and Business Services	129	0.7	0.1	2.7	0.8
科学研究和技术服务业	Scientific Research and Technical Services	217	11.9	3.8	7.7	3.5
水利、环境和公共设施管理业	Management for Water Conservancy, Environment and Public Facilities	25	1.8		8.0	1.8
按地区分	**Grouped by District**					
和平区	Heping District	70	3.0	2.3	5.7	0.5
河东区	Hedong District	64	5.1	1.6	4.5	1.3
河西区	Hexi District	99	5.6	1.5	6.2	0.7
南开区	Nankai District	120	13.6	2.6	9.1	1.6
河北区	Hebei District	74	7.3	1.8	4.0	0.9
红桥区	Hongqiao District	33	13.8	4.6	11.0	
东丽区	Dongli District	155	7.7	1.8	4.6	1.2
西青区	Xiqing District	289	15.3	3.2	9.7	0.8
津南区	Jinnan District	486	30.5	3.1	9.2	0.8
北辰区	Beichen District	399	18.4	2.5	6.0	1.0
武清区	Wuqing District	372	16.9	2.6	12.3	1.1
宝坻区	Baodi District	418	48.6	1.4	30.7	0.1
滨海新区	Binhai New Area	1380	11.8	3.4	8.1	1.4
宁河区	Ninghe District	141	20.8	2.3	9.4	1.0
静海区	Jinghai District	223	16.2	3.0	8.2	0.4
蓟州区	Jizhou District	158	24.5	2.3	17.5	

18-41 组织和营销创新企业分布情况(2016年)

The Distribution of Organization and marketing innovative Enterprise,2016

单位：个,%(unit,%)

项 目	Item	企业数 Numbers of Enterprises	有组织或营销创新企业 Number of Organization and Marketing Innovative Enterprise	
			企业数 Numbers of Enterprises	比 重 Percentage of Total Enterprises
总 计	**Total**	**14940**	**5606**	**37.5**
按行业分	**Grouped by Sector**			
采矿业	Minerals Mining	19	6	31.6
制造业	Manufacturing	5051	2305	45.6
电力、热力、燃气及水生产和供应业	Production and Supply of Electricity, Heat, Gas and Water	128	44	34.4
建筑业	Construction	825	229	27.8
批发和零售业	Wholesale and Retail Trade	5320	1736	32.6
交通运输、仓储和邮政业	Transportation, Storage and Post Services	1417	481	33.9
信息传输、软件和信息技术服务业	Information Transmitting, Software and Information Technology Services	352	180	51.1
租赁和商务服务业	Leasing and Business Services	1078	342	31.7
科学研究和技术服务业	Scientific Research and Technical Services	637	247	38.8
水利、环境和公共设施管理业	Management for Water Conservancy, Environment and Public Facilities	113	36	31.9
按地区分	**Grouped by District**			
和平区	Heping District	439	179	40.8
河东区	Hedong District	314	107	34.1
河西区	Hexi District	551	164	29.8
南开区	Nankai District	427	154	36.1
河北区	Hebei District	329	97	29.5
红桥区	Hongqiao District	109	40	36.7
东丽区	Dongli District	897	340	37.9
西青区	Xiqing District	1001	355	35.5
津南区	Jinnan District	1179	355	30.1
北辰区	Beichen District	1335	454	34.0
武清区	Wuqing District	1131	394	34.8
宝坻区	Baodi District	701	327	46.6
滨海新区	Binhai New Area	5666	2319	40.9
宁河区	Ninghe District	384	127	33.1
静海区	Jinghai District	778	288	37.0
蓟州区	Jizhou District	355	134	37.7

18-41 续表 *continued*

单位：个,%(unit,%)

项 目	Item	#实现组织创新企业 Implementing Organization Innovation Enterprise		#实现营销创新企业 Implementing Marketing Innovation Enterprise	
		企业数 Numbers of Enterprises	比 重 Percentage of Total Enterprises	企业数 Numbers of Enterprises	比 重 Percentage of Total Enterprises
总 计	**Total**	**4618**	**30.9**	**3591**	**24.0**
按行业分	**Grouped by Sector**				
采矿业	Minerals Mining	4	21.1	3	15.8
制造业	Manufacturing	1980	39.2	1686	33.4
电力、热力、燃气及水生产和供应业	Production and Supply of Electricity, Heat, Gas and Water	37	28.9	25	19.5
建筑业	Construction	214	25.9	101	12.2
批发和零售业	Wholesale and Retail Trade	1268	23.8	1145	21.5
交通运输、仓储和邮政业	Transportation, Storage and Post Services	413	29.1	214	15.1
信息传输、软件和信息技术服务业	Information Transmitting, Software and Information Technology Services	152	43.2	128	36.4
租赁和商务服务业	Leasing and Business Services	292	27.1	146	13.5
科学研究和技术服务业	Scientific Research and Technical Services	226	35.5	124	19.5
水利、环境和公共设施管理业	Management for Water Conservancy, Environment and Public Facilities	32	28.3	19	16.8
按地区分	**Grouped by District**				
和平区	Heping District	153	34.9	94	21.4
河东区	Hedong District	97	30.9	68	21.7
河西区	Hexi District	136	24.7	101	18.3
南开区	Nankai District	108	25.3	111	26.0
河北区	Hebei District	80	24.3	56	17.0
红桥区	Hongqiao District	34	31.2	29	26.6
东丽区	Dongli District	283	31.5	187	20.8
西青区	Xiqing District	301	30.1	216	21.6
津南区	Jinnan District	300	25.4	284	24.1
北辰区	Beichen District	389	29.1	287	21.5
武清区	Wuqing District	323	28.6	286	25.3
宝坻区	Baodi District	300	42.8	286	40.8
滨海新区	Binhai New Area	1853	32.7	1344	23.7
宁河区	Ninghe District	74	19.3	97	25.3
静海区	Jinghai District	242	31.1	196	25.2
蓟州区	Jizhou District	120	33.8	104	29.3

主要统计指标解释

初中学生净入学率

指初级中学（普通初中和职业初中）在校学龄学生总数占初中学龄人口数的比重。

学龄儿童毛入学率

指调查范围内已入小学学习的在校生数与全部小学学龄儿童人口数之比（包括弱智儿童，不包括盲聋哑儿童）的比重。计算公式为：

$$学龄儿童毛入学率=\frac{小学在校学生数}{小学学龄人口数}\times100\%$$

网络教育

指经教育部批准的现代远程教育试点学校设立的网络教育，基于互联网招收普通和成人本科、专科学生实施高等学历教育。

专　利

是专利权的简称，是对发明人的发明创造经审查合格后，由专利局依据专利法授予发明人和设计人对该项发明创造享有的专有权。包括发明、实用新型和外观设计。反映拥有自主知识产权的科技和设计成果情况。

研究与试验发展（Ｒ＆Ｄ）

指在科学技术领域，为增加知识总量以及运用这些知识去创造新的应用进行的系统的创造性的活动，包括基础研究、应用研究、试验发展三类活动。在工业企业开展的科学研究与试验发展（Ｒ＆Ｄ）活动中，较为普遍的和大量的活动属于试验发展活动。

基础研究　指为了获得关于现象和可观察事实的基本原理的新知识(揭示客观事物的本质、运动规律，获得新发现、新学说)而进行的实验性或理论性研究，它不以任何专门或特定的应用或使用为目的。其成果以科学论文和科学著作为主要形式。用来反映知识的原始创新能力。

应用研究　指为获得新知识而进行的创造性研究，主要针对某一特定的目的或目标。应用研究是为了确定基础研究成果可能的用途，或是为达到预定的目标探索应采取的新方法(原理性)或新途径。其成果形式以科学论文、专著、原理性模型或发明专利为主。用来反映对基础研究成果应用途径的探索。

试验发展　指利用从基础研究、应用研究和实际经验所获得的现有知识，为产生新的产品、材料和装置，建立新的工艺、系统和服务，以及对已产生和建立的上述各项作实质性的改进而进行的系统性工作。其成果形式主要是专利、专有技术、具有新产品基本特征的产品原型或具有新装置基本特征的原始样机等。在社会科学领域，试验发展是指把通过基础研究、应用研究获得的知识转变成可以实施的计划(包括为进行检验和评估实施示范项目)的过程。人文科学领域没有对应的试验发展活动。主要反映将科研成果转化为技术和产品的能力，是科技推动经济社会发展的物化成果。

R&D 人员

指参与研究与试验发展项目研究、管理和辅助工作的人员， 包括项目(课题)组人员，企业科技行政管理人员和直接为项目(课题)活动提供服务的辅助人员。反映投入从事拥有自主知识产权的研究开发活动的人力规模。

R&D 人员全时当量

指全时人员数加非全时人员按工作量折算为全时人员数的总和。例如：有两个全时人员和三个非全时人员(工作时间分别为 20%、30%和 70%)，则全时当量为 2+0.2+0.3+0.7=3.2 人年。为国际上比较科技人力投入而制定的可比指标。

技术市场

从狭义看，是指在一定时间、地点进行技术转让和技术商品交易的场所。目前统计反映的是企业购买技术开发、技术转让、技术咨询、技术服务项目的合同数和成交额。

Explanatory Notes on Main Statistical Indicators

Percentage of Graduates in Primary Schools Entering Junior Secondary Schools

refers to the proportion of school-age students in junior secondary schools (regular junior secondary schools and vocational junior secondary schools) to the total number of junior school-age students.

Percentage of School-age Children Enrolled

refers to the proportion of children enrolled at primary schools to the total number of primary school-age children (including retarded children, but excluding blind, deaf and mute children). The formula is:

$$\textit{Percentage of School-age Children Enrolled} = \frac{\textit{Total Primary School-age Children at School}}{\textit{Total Primary School-age Children}} \times 100\%$$

Network Education

refers to the net education implemented by modern distance education selected institute approved by the Ministry of Education, who recruit the regular and adult undergraduate students and junior college students base on Internet to give high level education.

Patent

is an abbreviation for the patent right and refers to the exclusive right of ownership of the inventors or designers for the creation or inventions, given from the patent offices after due process of assessment and approval in accordance with the Patent Law. Patents are granted for inventions, utility models and designs. This indicator reflects the achievements of S&T and design with independent intellectual property.

Research and Experimental Development (R&D)

refers to systematic and creative activities aimed at expanding the overall volume of knowledge and applying the knowledge to invent new uses. It includes basic studies, application research and experimental development. For industrial enterprises, their R&D mainly belongs to experimental development activities.

Basic Research refers to empirical or theoretical research aiming at obtaining new knowledge on the fundamental principles regarding phenomena or observable facts to reveal the intrinsic nature and underlying laws and to acquire new discoveries or new theories. Basic research takes no specific or designated application as the aim of the research. Results of basic research are mainly released or disseminated in the form of scientific papers or monographs. This indicator reflects the innovation capacity for original knowledge.

Applide Research refers to creative research aiming at obtaining new knowledge on a specific objective or target. Purpose of the applied research is to identify the possible uses of results from basic research, or to achieve the desired target explore by adopt new approaches. Results of applied research are expressed in the form of scientific papers, monographs, fundamental models or invention patens. This indicator reflects the exploration of ways to apply the results of basic research.

Experiment and Development refers to systematic activities aiming at using the knowledge from basic and applied researches or from practical experience to develop new products, materials and equipment, to establish new production process, systems and services, or to make substantial improvement on the existing products, process or services. Results of experiment and development activities are embodied in patents, exclusive technology, and monotype of new products or equipment. In social sciences, experiment and development activities refer to the process of converting the knowledge from basic or applied researches into feasible programmes (including conduct of demonstration projects for assessment and evaluation). There are no experiment and development activities in the science of humanities. This indicator reflects the capability of transferring the results of S&T into technique and products, and measures the realization of S&T in spearheading the economic and social development.

R&D Personnel

refer to persons engaged in research, administration and supporting activities of R&D, including persons in the project teams, persons engaged in the management of S&T activities of enterprises and supporting staff providing direct service to the research projects. This indicator reflects the size of personnel engaged in R&D activities with independent intellectual property.

R&D Personnel as Full-time Equivalent

refers to the sum of the full-time persons and the full-time equivalent of part-time persons converted by workload. For instance, if there are 2 full-time persons and 3 part-time workers (20%, 30% and 70% of working hours respectively on R&D activities), the full-time equivalent are 2+0.2+0.3+0.7=3.2 person-years. This is an internationally comparable indicator of S&T manpower input.

Technology Market

can be regarded narrowly as technical-dealings place where technique transfer is made or technology-related good traded at certain time. As shown in statistical datum presently, turnovers are resulting either from purchase or from transfer of techniques, together with numbers related to the inquiry or services involved in technologies.

第十九篇　卫生和社会服务

Chapter 19　Public Health and Social Services

19-1 卫生事业基本情况(2000—2016年)

Statistics on Public Health,2000-2016

年 份 Year	卫生事业机构(个) Number of Health Care Institutions (unit)	# 医院、卫生院 Hospitals and Health Care Centers	卫生机构床位数(张) Beds (unit)	# 医院、卫生院 Hospitals and Health Care Centers	卫生技术人员数(人) Medical Technical Personnel (person)	# 执业(助理)医师 Licensed (Assistant) Doctors	# 注册护士 Registered Nurses
2000	2983	488	40039	38842	65145	30031	21667
2001	2665	495	41637	40394	63475	29215	21298
2002	2636	486	40090	38837	56705	23888	19257
2003	2671	485	40194	38074	55629	22780	19173
2004	2577	474	40994	38876	60722	25299	19602
2005	2489	461	41556	39491	61284	25088	19624
2006	2384	401	43643	38893	62258	25358	20030
2007	2352	411	44335	39708	63900	26228	21339
2008	2784	428	46124	41212	65115	25865	21967
2009	2617	437	46353	41921	67560	27261	23081
2010	2687	438	48828	44080	70040	28478	24193
2011	4431	461	49423	44661	73321	29833	25815
2012	4551	465	53509	48896	76922	30710	27637
2013	4696	482	57743	53062	80983	32059	29715
2014	4990	522	60984	56484	84783	33340	31577
2015	5221	546	63693	59689	90701	35871	33804
2016	5442	571	65832	61764	94906	37804	36088

注：2011年以前卫生机构不含村卫生室。表19-2同。
Note: Number of health care institutions before 2011 excludes village health room. Same as table 19-2.

19-2 卫生事业机构数(2013—2016年)

Number of Health Care Institutions,2013-2016

单位：个(unit)

项 目	Item	2013	2014	2015	2016
总 计	**Total**	**4696**	**4990**	**5221**	**5442**
医 院	Hospitals	333	373	401	421
基层医疗卫生机构	Health Care Institutions at the Basic Level	4217	4419	4617	4843
社区卫生服务中心(站)	Community Health Care Centers	570	569	574	585
卫生院	Health Care Centers	149	149	145	150
村卫生室	Village Health Rooms	2248	2350	2437	2528
门诊部	Outpatient Departments	351	410	478	538
诊所、卫生所、医务室	Clinics	899	941	983	1042
专业公共卫生机构	Specialized Public Health Institutions	95	145	151	126
# 疾病预防控制中心	Disease Prevention and Control Centers	24	24	24	24
妇幼保健院(所、站)	Maternity and Children Care Centers	23	22	21	21
卫生监督所(中心)	Health Supervision Offices	19	19	19	19
其他卫生事业机构	Other Health Care Institutions	51	53	52	52
平均每个医院负担人口(人)	Average Burden Population of Each Hospital (person)	29931	28630	28056	27225

19-3 卫生事业基本情况(2016年)

Statistics on Public Health,2016

项　目	Item	卫生机构(个) Health Care Institutions (unit)	卫生机构床位(张) Number of Institution Beds (unit)	卫生技术人员(人) Medical Technical Personnel (person)	执　业(助理)医师 Licensed (Assistant) Doctors
总　计	**Total**	**5442**	**65832**	**94906**	**37804**
按经济类型分	**Grouped by Ownership**				
国有经济	State-owned	1498	51664	74060	27429
集体经济	Collective-owned	1914	1652	2475	1326
联营经济	Joint Ownership	35	40	126	79
私营经济	Private	1511	10398	15150	7683
其　他	Others	484	2078	3095	1287
按设置主办单位分	**Grouped by Management**				
政府办	Run by Government	1543	47174	69172	25413
社会办	Run by Community	2264	10122	11581	5229
其　他	Others	1635	8536	14153	7162

19-3续表 *Continued*

单位：人(person)

项　目	Item	注册护士 Registered Nurses	药　师(士) Pharmacists	技　师(士) Technicians	其他人员 Others
总　计	**Total**	**36088**	**5579**	**5250**	**10185**
按经济类型分	**Grouped by Ownership**				
国有经济	State-owned	29783	4127	4101	8620
集体经济	Collective-owned	497	161	95	396
联营经济	Joint Ownership	11	14	2	20
私营经济	Private	4682	1097	793	895
其　他	Others	1115	180	259	254
按设置主办单位分	**Grouped by Management**				
政府办	Run by Government	27765	3875	3823	8296
社会办	Run by Community	3911	695	701	1045
其　他	Others	4412	1009	726	844

19–4 卫生技术人员数(2016年)

Number of Medical Technical Personnel,2016

单位：人(person)

项目	Item	总计 Total	# 执业(助理)医师 Licensed (Assistant) Doctors	# 注册护士 Registered Nurses	# 药师(士) Pharmacists	# 技师(士) Technicians
总计	**Total**	**94906**	**37804**	**36088**	**5579**	**5250**
医院	Hospitals	70055	25622	29948	3906	3516
# 综合类医院	Comprehensive Hospitals	42349	15563	17993	2234	2227
中医类医院	Hospitals Specialized in Traditional Chinese and Chinese Medicine	10113	4217	3670	788	426
中西医结合类医院	Hospitals of Integrated Traditional Western Medicine	1432	511	567	71	47
专科医院	Special Hospitals	16161	5331	7718	813	816
# 妇产(科)类医院	Gynecology Hospitals	2074	706	1038	106	125
儿童类医院	Children Hospitals	1836	506	915	105	111
精神病类医院	Mental Disease Hospitals	1694	440	896	77	49
基层医疗卫生机构	Health Care Institutions at the Basic Level	19357	10117	5084	1514	915
社区卫生服务中心(站)	Community Health Care Centers	7062	3077	2135	704	399
卫生院	Health Care Centers	4469	2332	949	290	224
村卫生室	Village Health Rooms	510	491	19		
门诊部	Outpatient Departments	5233	2856	1424	459	278
诊所、卫生所、医务室	Clinics	2083	1361	557	61	14
专业公共卫生机构	Specialized Public Health Institutions	4475	1779	927	125	592
疾病预防控制中心	Disease Prevention and Control Centers	1327	750	79	12	310
专科疾病防治院(所、站)	Specialized Prevention Centers	884	312	374	64	93
健康教育所(站、中心)	Health Education Institutes (station, center)	15	14			
妇幼保健院(所、站)	Maternity and Children Care Centers	1144	551	298	48	120
急救中心(站)	First-aid Centers	140	62	42	1	1
采供血机构	Blood Collection and Supplying Institutions	252	31	117		63
卫生监督所(中心)	Sanitation Supervision Institutions	627				
计划生育技术服务机构	The Family Planning Technical Service Institutions	86	59	17		5
其他卫生机构	Other Health Care Institutions	1019	286	129	34	227
每千人口卫生技术人员	Medical Technical Personnel of Per 1000 Population	6.11	2.43	2.32	0.36	0.34

19−5 卫生机构床位数(2013—2016年)

Number of Beds in Health Care Institutions,2013-2016

单位：张(unit)

项 目	Item	2013	2014	2015	2016
总 计	**Total**	**57743**	**60984**	**63693**	**65832**
医 院	Hospitals	49071	52350	55556	57561
社区卫生服务中心	Community Health Care Centers	3141	3006	2806	2869
卫生院	Health Care Centers	3991	4134	4133	4203
门诊部	Outpatient Departments	31	86	51	29
专科疾病防治院	Specialized Prevention Centers	648	682	716	744
妇幼保健院	Maternity and Children Care Centers	466	310	130	130
疗养院	Sanatoriums	395	416	301	296
每千人口医院床位	Hospital Beds per 1000 Population	3.40	3.50	3.63	3.70

19−6 医疗机构诊疗和病床使用情况(2013—2016年)

Diagnosis, Treatment and Used Beds of Medical Institutions,2013-2016

项 目	Item	2013	2014	2015	2016
诊疗情况(万人次)	**Diagnosis and Treatment(10 000 person-times)**				
诊疗人次数	Patients Treated	10546	11544	11885	12772
# 门、急诊人次数	Out-patients and Emergency	10076	11161	11427	11679
住院病人手术人次	Inpatient Operation Times	48.0	56	57	64
入院人数(万人)	In-patients(10 000 persons)	136	149	151	162
医师人均全年担负诊疗(人次)	Visits Per Doctor Annual(person-times)	3131	3312	3175	3246
平均每月门诊诊疗(万人次)	Number of Out-patients per Month(10 000 person-times)	879	962	990	1064
平均每月入院诊疗(万人)	Number of In-patients per Month(10 000 persons)	11	12	13	14
病床使用情况	**Sickbeds Used**				
病床周转次数(次)	Turnover of Beds(time)	25	26	25	26
病床使用率(%)	Utilization Rate(%)	78	77	76	77
病床工作日(日)	Working Days of Beds(day)	286	283	278	280
出院者平均住院日数(日)	Average Hospitalization Period(day)	11	11	11	10

19—7 医院、卫生院运营情况

Operation of Hospitals, Health Care Centers

指　　标	Item	医　院 Hospitals		卫生院 Health Care Centers	
		2015	2016	2015	2016
机构数(个)	Number of Institutions(unit)	401	421	145	150
总诊疗人次数(万人次)	Patients Treated(10 000 person-times)	7151.3	8011.6	679.5	662.4
# 门、急诊人次数	Out-patients and Emergency	7114.5	7356.6	673.8	656.0
观察室收容人数(万人)	Observation Room(10 000 persons)	96.8	105.8	3.2	2.3
健康检查人数(万人)	Health Check(10 000 persons)	194.5	203.3	42.0	23.1
入院人数(万人)	In-patients(10 000 persons)	140.2	151.8	8.0	7.3
出院人数(万人)	Leaving Hospital(10 000 persons)	138.9	152.1	7.9	7.3
住院病人手术(万人次)	In-patients Surgery Trips(10 000 person-times)	57.3	63.4		
病床工作日(日)	Working Days of Beds(day)	297.9	299.6	159.2	157.4
出院者平均住院日数(日)	Average Hospitalization Period(day)	11.0	10.3	7.0	7.5

19—8 社区卫生服务中心(站)基本情况

Basic Statistics on Community Health Care Centers

项　　目	Item	2015	2016
机构数(个)	Number of Institutions(unit)	574	585
总诊疗人次数(万人次)	Patients Treated(10 000 person-times)	1873.3	1812.7
# 门、急诊人次数(万人次)	Out-patients and Emergency(10 000 person-times)	1770.1	1705.6
观察室收容人数(万人)	Observation Room(10 000 persons)	32.9	27.3
健康检查人数(万人)	Health Check(10 000 persons)	61.6	41.7
入院人数(万人)	In-patients(10 000 persons)	1.2	1.3
出院人数(万人)	Leaving Hospital(10 000 persons)	1.2	1.3
病床工作日(日)	Working Days of Beds(day)	75.3	79.3
出院者平均住院日数(日)	Average Hospitalization Period(day)	13.1	12.1

19—9 村卫生室基本情况(2013—2016年)

Basic Statistics on Village Health Room,2013-2016

项　　目	Item	2013	2014	2015	2016
机构数(个)	Number of Institutions(unit)	2248	2350	2437	2528
执业(助理)医师(人)	Licensed (Assistant) Doctors(person)	422	483	502	491
乡村医生和卫生员(人)	Rural Doctors & Hygienists(person)	4719	5588	5150	5140
乡村医生	Rural Doctors	4479	5331	4955	4889
卫生员	Hygienists	240	257	195	251
诊疗人次数(万人次)	Number of Patients Treated(10 000 person-times)	956.7	1068.2	1050	1043

19–10 妇女儿童卫生保健状况(2012—2016年)

Basic Statistics on Maternity and Children Care,2012-2016

指　　标	Item	2012	2013	2014	2015	2016
妇幼保健经费(万元)	Expenses for Maternity and Children Care(10 000 yuan)	28363	41785	44665	43044	48721
计划生育事业费(万元)	Operating Expenses for Children Planning(10 000 yuan)	57624	69169	78985	78003	64118
0–4岁户籍人口(万人)	Registered Population Aged 0-4(10 000 persons)	44.4	45.7	48.5	48.0	50.9
# 女　性	Female	21.0	21.7	23.1	22.9	24.4
0–17岁户籍人口	Registered Population Aged 0-17	142.4	144.5	149.4	151.4	158.7
# 女　性	Female	67.3	68.4	70.8	61.0	75.3
育龄妇女户籍人口(15–49岁)	Women of Child-bearing Age of Registered Population(Age 15-49)	253.9	246.9	243.9	241.9	242.4
婴儿死亡率(‰)	Death Rate of Infants(‰)	5.0	4.9	4.4	4.8	4.0
5岁以下儿童死亡率(‰)	Death Rate of Children at Age 5 and Below(‰)	5.8	6.0	5.2	6.0	5.1
孕产妇死亡率(1/10万)	Death Rate of Pregnant and Lying-in Women(1/100 000)	9.2	8.8	9.3	8.1	9.4
卡介苗接种率(%)	BCG Vaccination Rate(%)	99.9	98.6	99.8	99.7	99.9
脊灰疫苗接种率(%)	Poliovirus Vaccination Rate(%)	99.8	99.8	99.3	99.9	99.9
白百破三联制剂接种率(%)	Pertussis, Diphtheria & Tetanus Vaccination Rate(%)	99.8	99.6	99.6	99.6	99.9
麻疹疫苗接种率(%)	Measles Virus Vaccination Rate(%)	98.1	98.1	99.3	99.9	99.7
乙肝疫苗接种率(%)	Hepatitis B Vaccination Rate(%)	99.9	99.3	99.7	100.0	100.0
5岁以下儿童中、重度营养不良患病率(%)	Incidence Disease Rate from Medium and Serious Malnutrition of Children at Age 5 and Below(%)	0.2	0.2	0.3	0.3	0.3
7岁以下儿童保健管理率(%)	Management Rate of Children Health Care System at Age 7 and Below(%)	93.2	92.1	91.8	93.3	93.8

19–11 全市居民前十位疾病死亡专率及死因构成

Death Rate of Top 10 Diseases and Proportion

序位及死因	Position and Cause of Death	死亡专率(1/100 000) Mortality(1/100 000)		占全部死亡人数的比例 Proportion(%)	
		2015	2016	2015	2016
1. 心脏病	Heart Disease	207.99	205.86	29.12	28.61
2. 恶性肿瘤	Malignant Tumour	171.79	175.14	24.06	24.34
3. 脑血管病	Cerebrovascular Disease	162.83	167.14	22.81	23.23
4. 呼吸系统疾病	Respiratory Disease	58.48	51.75	8.19	7.19
5. 损伤和中毒外部原因	Trauma and Toxicosis	32.02	31.93	4.48	4.44
6. 内分泌、营养和代谢的其他疾病	Internal System, Nutrition, Metabolism and Immunity Disease	22.13	26.35	3.10	3.66
7. 消化系统疾病	Digestive Disease	13.03	12.89	1.83	1.79
8. 神经系统疾病	Neuropathy	11.22	12.08	1.57	1.68
9. 泌尿生殖系统病	Urinary Disease	6.69	6.13	0.94	0.85
10.传染病和寄生虫病	Perinatal Diseases	2.53	2.58	0.35	0.36

19-12 卫生总费用及构成(1996—2016年)

Total Expenditure on Health and Composition,1996-2016

年份 Year	卫生总费用(亿元) Total Expenditure on Health (100 million yuan)	人均卫生费用(元) Per Capita Expenditure on Health (yuan)	卫生总费用占地区生产总值比重(%) Total Expenditure on Health as Percentage of GDP(%)	卫生总费用筹资构成(%) Composition by Source(%)		
				政府卫生支出 Government Health Appropriation	社会卫生支出 Social Health Expenditure	居民个人现金卫生支出 Individual Cash Expenditure on Health
1996	39.71	418.85	3.5	18.5	54.1	27.4
1997	46.40	487.04	3.7	20.4	51.2	28.4
1998	46.65	487.61	3.4	18.9	45.4	35.7
1999	53.27	555.21	3.5	17.2	42.8	40.0
2000	66.75	666.74	3.9	15.1	41.5	43.4
2001	71.21	709.25	3.7	16.6	38.0	45.4
2002	96.97	962.83	4.5	17.0	36.0	47.0
2003	117.60	1162.84	4.6	19.1	39.3	41.5
2004	129.94	1269.38	4.2	18.8	37.1	44.1
2005	152.24	1459.63	4.1	16.9	36.7	46.3
2006	171.73	1597.45	3.9	19.1	36.2	44.8
2007	225.88	2025.80	4.5	19.7	37.4	43.0
2008	264.13	2246.02	4.2	20.3	37.3	42.4
2009	315.45	2568.46	4.2	20.6	41.0	38.3
2010	355.65	2737.28	3.9	23.3	41.0	35.7
2011	411.10	3034.87	3.7	25.4	37.8	36.8
2012	479.75	3394.90	3.7	25.2	38.4	36.4
2013	552.09	3750.10	3.8	26.3	38.5	35.2
2014	650.91	4291.29	4.1	26.3	41.0	32.7
2015	752.79	4866.32	4.6	26.8	42.2	31.0
2016	827.02	5294.21	4.6	25.6	43.7	30.7

19-13 主要年份卫生总费用机构流向构成

Composition of Total Expenditure on Health by Flow

单位：%(%)

指标	Indicators	2000	2005	2010	2015	2016
费用总额	**Total Expenditure**	**100.0**	**100.0**	**100.0**	**100.0**	**100.0**
医院	Hospitals	67.7	64.3	70.8	68.3	69.5
城市医院	City Hospitals	54.2	52.5	56.9	55.9	57.0
县医院	County Hospitals	4.3	4.2	5.2	4.5	5.1
社区卫生服务中心	Community Health Care Centers		5.1	6.5	5.4	5.0
卫生院	Health Care Centers	4.1	2.3	1.9	2.4	2.4
其他医院	Other Hospitals	5.1	0.2	0.3	0.1	0.1
门诊机构	Ambulatory Health Facilities	6.2	4.8	5.0	6.1	6.6
药品零售机构	Retail Sales of Medical Goods	17.0	20.8	10.7	10.6	11.0
公共卫生机构	Public Health Facilities	4.9	4.7	6.5	4.8	4.8
卫生行政管理	Health Administration	0.2	0.2	1.1	2.2	2.4
其他卫生	Others	4.0	5.2	5.9	8.0	5.7

19-14 各区卫生情况(2016年)

Basic Statistics on Public Health Care Institution by District,2016

区 县 Region	卫生机构数(个) Health Care Institutions (unit)	# 医院、卫生院 Hospitals and Health Care Centers	# 社区卫生服务中心 Community Health Care Centers	卫生机构床位数(张) Beds (unit)	# 医院、卫生院 Hospitals and Health Care Centers
和平区 Heping District	154	26	6	5326	5186
河东区 Hedong District	209	47	11	3856	2965
河西区 Hexi District	283	52	10	9697	9426
南开区 Nankai District	292	51	11	9240	8710
河北区 Hebei District	190	34	10	4389	4098
红桥区 Hongqiao District	114	21	9	3841	3441
东丽区 Dongli District	210	13	9	1646	1551
西青区 Xiqing District	213	21	8	2390	2195
津南区 Jinnan District	324	35		3319	3319
北辰区 Beichen District	190	13	13	2126	1901
武清区 Wuqing District	707	48		3892	3853
宝坻区 Baodi District	436	45		2747	2587
滨海新区 Binhai New Area	666	72	27	8077	7587
宁河区 Ninghe District	309	22		1368	1348
静海区 Jinghai District	425	33		1919	1098
蓟州区 Jizhou District	720	38		1999	1899

注：滨海新区数据不含东丽区无瑕街、津南区葛沽镇数据。
Note: Data of Binhai New Area exclude figures of Wuxia Street, Dongli District and Gegu Town, Jinnan District.

19-15 提供住宿的社会服务机构(2016年)

Social Welfare Institutions with Accommodations,2016

指 标	Item	单位数(个) Institutions (unit)	职工人数(人) Staff and Workers (person)	床位数(张) Number of Beds (unit)	年末在院人数(人) Adopted Personnel at Year-end (person)
总 计	**Total**	**292**	**7325**	**54539**	**29688**
老年人与残疾人服务机构	Institutions for the Aged and Disabled	274	6594	51425	28131
# 城市养老服务机构	For the Aged in Urban Areas	210	5558	37904	21084
农村养老服务机构	For the Aged in Rural Areas	37	407	7619	2147
社会福利院	Social Welfare Homes	3	136	700	460
光荣院	Homes for Disabled Veterans	6	143	670	352
智障与精神疾病服务机构	Social Welfare Institutions for Mental Retardation and Mental Diseases	2	364	957	844
# 社会福利医院	Social Welfare Hospitals	1	247	657	657
儿童收养机构	Residential Institutions for children	2	128	668	231
其他提供住宿的社会服务机构	Other Social Welfare Institutions with Accommodations	14	239	1489	482
# 生活无着人员救助管理站	Salvation Stations	13	218	1289	482

资料来源：天津市民政局，表19—16至19—21同。
Source:Tianjin Municipal Civil Affairs Bureau,same as table 19-16 to 19-21.

19-16 不提供住宿的社会服务机构

Social Welfare Institutions without Accommodations

指 标	Item	单位数(个) Institutions(unit)		职工人数(人) Staff and Workers(person)	
		2015	2016	2015	2016
总 计	**Total**	**2327**	**3201**	**27836**	**28213**
老龄服务机构	The Welfare Institutions for the Aged	14	13	57	51
为残疾人提供服务机构	The Welfare Institutions for the Disabled	220	195	16238	14337
社会福利企业	Social Welfare Enterprises	219	194	16238	14332
其 他	Others	1	1	5	5
救灾储备单位	Relief Reserve Units	2	2	27	27
福利彩票发行单位	Welfare Lottery Issuing Institutions	10	10	101	102
烈士纪念建筑物管理单位	Martyr Memorial Building Management Units	9	9	131	130
社区服务机构	The Community Welfare Institutions	2069	2952	11222	13381
其 他	Others	3	21	180	909

19-17 社区服务机构情况(2013-2016年)
Basic Statistics on Community Services Agencies,2013-2016

指　标 Item	2013	2014	2015	2016
社区服务机构(个)				
Community Service Institutions (unit)	1739	1836	2069	2952
社区指导中心				
The Community Guiding Center	11	13	13	10
社区服务中心				
The Community Service Center	215	273	345	289
社区服务站				
The Community Service Station	1282	1263	1307	1894
其他社区服务机构				
Others Community Service Institutions	231	244	278	637
便民利民服务网点数(个)				
Service Points for Citizens (unit)	10501	5683	4491	2914
机构建筑面积(平方米)				
Floor Square of Institutions(sq.m)	373884	453193	864539	1131619
年末职工人数(人)				
Staff and Workers in The End of The Year (person)	8388	9320	11222	13381
# 女　性				
Female	5294	6071	6676	7330
# 社会工作师				
Social Worker	40	87	116	219
助理社会工作师				
Junior Social Worker	236	442	587	719
社区服务志愿者人次数(人次)				
Community Service Volunteer (person-time)	99370	59935	48969	52149
日间照料床位数(张)				
The Beds of Day-care(unit)	2273	4323	6377	6482
# 农　村				
Rural	1022	1747	3480	3564

19-18 社会救助人员情况(2013—2016年)

Basic Statistics on Social Relief Personnel,2013-2016

指　标 Item	2013	2014	2015	2016
城乡居民最低生活保障人数(人)				
Rural and Urban Residents Receiving Lowest Cost-of-living(person)	**267814**	**237207**	**234406**	**223284**
城镇居民				
Urban Residents	160370	135760	130705	121684
# 老年人				
Senile	17953	15346	130705	18348
登记失业人员				
Registered Unemployed	46258	38674	38105	36832
未登记失业人员				
Unregistered Unemployed	33438	28508	30337	28179
未成年人				
Minors	42408	36526	32786	27725
农村居民				
Rural Residents	107444	101447	103701	101600
农村五保供养人数(人)				
Number of Persons Receiving Livelihood Guaranteed in Five Aspects in Rural Areas(person)	**12642**	**12284**	**12060**	**11578**
集中供养				
Centralized Livelihood	1399	1241	1166	1073
分散供养				
Decentralized Livelihood	11243	11043	10894	10505
临时救助户次数(户次)				
Total Households Receiving Temporary Almsgiving(household-time)	**70382**	**88935**	**83632**	**87291**
城　镇				
Urban	62219	78790	73549	56315
农　村				
Rural	8163	10145	10083	8776
医疗救助				
Medical Aid				
救助人数(人次)				
Persons Received Medical Aid(person-time)	213733	206819	197481	226537
资助参保医疗人数(人)				
Persons Participating in Medical Insurance with Aid (person)	285401	299699	313973	236536
流浪乞讨人员救助(人次)				
The Aid of Vagrants and beggars(person-time)	**13382**	**11714**	**46453**	**13014**

19-19 社会救助支出情况(2013—2016年)

Basic Statistics on Social Relief Expenditure, 2013-2016

单位：万元(10 000 yuan)

指　标	Item	2013	2014	2015	2016
社会救助总支出	**Relief Expenditures**	**216888**	**216316**	**240289**	**292226**
# 城镇低保费	Urban Relief Funds	129914	119810	102381	122688
农村低保费	Rural Relief Funds	34582	46365	45147	66817
五保供养	Expenses of Livelihood Guaranteed in Five Aspects	8684	9178	12066	15167
集中供养	Centralized Livelihood	1028	1039	1397	1855
分散供养	Decentralized Livelihood	7656	8139	10669	13312
临时救助	Temporary Almsgiving	3309	4380	13076	22384
医疗救助	Medical Aid	34949	32772	42420	37861
流浪乞讨人员救助	The Aid of Vagrants and beggars	4493	3298	3538	3049
自然灾害救济费	**Relief for Natural Disasters**	**2100**	**870**	**4098**	**799**

19-20 老年事业基本情况(2013—2016年)

Basic Statistics on Senile Citizen Undertakings,2013-2016

指　标	Item	2013	2014	2015	2016
老年法律援助中心(个)	Senile Legal Aid Center(unit)	101	97	44	176
涉老案件数(件)	Senile Case(case)	4137	3961	4091	4266
维权协调组织数(个)	Safeguard and Mediation Organization(unit)	1964	1847	1258	1508
老年活动站、中心、室(个)	Senile Activity Station, Center, Room(unit)	2180	2239	1869	2033
老年人参与活动人数(万人)	Senile Activity Participant(10 000 persons)	67.9	57.9	39.7	33.7
老年医院(个)	Hospital for Senior(unit)	32	32	32	32
老年医院病床数(张)	Senile Sick Beds in Hospital (bed)	1746	1746	1746	1746
老年人协会个数(个)	Senile Union(unit)	3440	3459	3197	3381
老年基金会个数(个)	Senile Fund(unit)	2	2	2	
老年学校个数(个)	Senile School(unit)	422	484	463	641
老年学校在校人数(万人)	Students Enrollment in Senile School(10 000 persons)	21.00	18.41	18.51	18.3
享受高龄补贴的老年人数(人)	Citizen with Senile Subsidy(person)	22306	23278	17943	20207

19-21 红十字会基本情况(2014—2016年)

Basic Statistics on Red Cross Society,2014-2016

指　　标	Item	2014	2015	2016
组织机构(个)	**Institutions of Red Cross Society(unit)**			
基层组织机构	Basic Institutions of Red Cross Society	2732	2732	2732
冠名医疗机构	Institutions Titled with Red Cross Society	4	4	3
会员情况	**Statistics on Red Cross Member**			
团体会员单位(个)	Team Members(unit)	1908	1908	1908
会员人数(万人)	Number of Members(10 000 persons)	60	60	60
# 青少年	Adolescent Members	41.7	41.7	41.7
志愿服务工作	**Voluntary Work**			
志愿者人数(万人)	Volunteers(10 000 persons)	19.9	19.9	19.9
志愿服务队(个)	Voluntary Teams of Red Cross Society(unit)	395	395	395
参加各种宣传活动人次数(万人次)	**Person-time Attended Publicizing Activity (10 000 person-times)**			
参加艾滋病预防宣传救助活动	AIDS Prevention Activities	2.8	2.2	0.5
参加普及宣传无偿献血活动	Publicizing Volunteer Blood Donation Activities	4.5	3.5	0.4
参加卫生救护培训人次数(人次)	**Person-time Attended Sanitation Rescue Training(person-time)**			
参加救护普及培训	Rescue Popularization Training	168763	148839	86184
参加救护员培训	Ambulanceman Training	48140	43589	38374
参加救护师资培训	Rescue Teacher Training	337	129	18
造血干细胞捐献工作(人)	**Contributing Stem Cell(person)**			
入库志愿者人数	Quantity of Subscribers Entered Program in Current Year	5240	5600	5000
供患配型相合人数	Quantity of Matching of Contributing and Transplanting in Current Year	449	393	435
实现捐献人数	Quantity of Transplanting in Current Year	18	9	13
人体器官捐献(人)	**Donation of Human Organ(person)**			
报名登记志愿者人数	Quantity of Registered Subscribers	508	934	656
实现捐献者人数	Quantity of Contributing Human Organ	45	76	135
接受器官人数	Quantity of Human Organ Transplanted	80	138	297
遗体捐献工作(人)	**Contributing Reliquiae(person)**			
捐献遗体登记	Quantity of Contributing Reliquiae	218	118	184
实现生前遗愿人数	Quantity of Realizing Last Wish	47	60	63
社会赈济和社区救助工作	**Working on Social Relieving**			
募捐款数(万元)	Donation(10 000 yuan)	3120	7057.8	306.17
救灾款数(万元)	Disaster Relief(10 000 yuan)	523	4684	137
救助款数(万元)	Salvation Relief(10 000 yuan)	2385	1565	105.56
社区公益服务站点(个)	Community Public Service Stations(unit)	1074	819	815

主要统计指标解释

社区卫生服务中心

指为本社区居民提供预防、医疗、保健、康复、健康教育、计划生育技术服务等的基层卫生机构。

卫生技术人员

指卫生事业机构支付工资的全部固定职工和合同制职工中现任职务为卫生技术工作的人员。包括中医师、西医师、中西医结合高级医师、护师、中药师、西药师、检验师、其他技师、中医士、西医士、护士、助产士、中药剂士、西药剂士、检验士、其他技士、其他中医、护理员、中药剂员、西药剂员、检验员和其他初级卫生技术人员。不包括从事管理工作的卫生技术人员。

执业（助理）医师

指具有《医师执业证》及其“级别”为“执业（助理）医师”且实际从事医疗、预防保健工作的人员，不包括实际从事管理工作的执业（助理）医师。执业（助理）医师类别分为临床、中医、口腔和公共卫生。

卫生总费用

是反映一个国家或地区在一定时期内（通常为 1 年）用于医疗卫生保健服务所消耗的资金总量。用筹资来源法测算，分为政府卫生支出、社会卫生支出、个人现金卫生支出三部分。

政府卫生支出 指各级政府用于医疗卫生服务、医疗保障补助、卫生和医疗保险行政管理事务、人口与计划生育事务支出等各项事业的经费。

社会卫生支出 指政府支出外的社会各界对卫生事业的资金投入。包括社会医疗保障支出、商业健康保险费、社会办医支出、社会捐赠援助、行政事业性收费收入等。

个人现金卫生支出 指城乡居民在接受各类医疗卫生服务时的现金支付，包括享受多种医疗保险制度的居民就医时自付的费用。

卫生总费用占地区生产总值比重

指某年卫生总费用与同期地区生产总值（GDP）之比。是用来反映一定时期政府对卫生事业的资金投入力度，以及政府和全社会对居民健康的重视程度。

计划生育事业费

包括九个部分，即计划生育手术减免经费、避孕药具经费、基层计划生育专职干部经费、独生子女保健费、宣传经费、服务站经费、流动人口计划生育管理费、干部培训费、其他计划生育事业费。

婴儿死亡率

指一年内未满周岁死亡的婴儿数与当年活产数之比。计算公式为：

$$婴儿死亡率=\frac{一年内未满周岁的婴儿死亡数}{当年活产数}\times 1000‰$$

孕产妇死亡率

指年内孕产妇死亡人数与活产数之比。孕产妇死亡一般指从妊娠开始至产后 42 天内死亡者，包括外科原因、计划生育手术、宫外孕、葡萄胎死亡者，但不包括意外原因死亡者。

卡介苗、脊灰疫苗、百白破三联制剂、麻疹、乙肝疫苗接种率

指按照儿童免疫程度进行合格接种的人数占全部应接种人数的百分比。应接种人数包括禁忌症人数和外地寄居 3 个月及以上的适龄人数，不包括外出 3 个月及以上的适龄人数。计算公式为：

$$单项疫苗接种率=\frac{合格接种该疫苗人数}{应接种人数}\times 100\%$$

分子：按“合格接种判断”标准，判定当年实际完成合格接种的儿童数。

分母：按免疫程序规定当年应在 12 月龄内完成该项疫苗接种的儿童数。

城镇居民最低生活保障人数

指在报告期末家庭平均收入在当地规定的最低生活保障线以下的城镇居民数。包括“三无”对象，失业人员和在职、下岗、退休人员等。

农村居民最低生活保障人数

指报告期末在建立农村最低生活保障制度的地区，得到当地政府或集体给予最低生活保障的农业人口家庭人数。

社区服务机构

指报告期末城镇（街道办事处、居委会）设立的以非营利为目的，为本社区居民服务，特别是为老年人、残疾人、儿童服务的社区服务中心、活动站、服务站、养老院、老年公寓（托老所），残疾人工疗站、残疾儿童日托所、家务服务站、婚姻介绍所等福利性机构以及职工社会保险管理服务的机构。几种不同类型的社区服务单位，共用一个场所的，只能统计为一个社区服务机构。成为社区服务机构的条件：（1）是独立核算单位；（2）有固定的从业人员；（3）有一定的服务项目；（4）有一定的服务场所。

Explanatory Notes on Main Statistical Indicators

Community Health Care Centers (Stations)

refer to the primary units that provide the health care for community residents, such as disease prevention and control, medical treatment, health care, rehabilitation, health education, family planning technical services.

Medical Technical Personnel

refer to all medical staff and workers employed by medical institutions, including doctors of Chinese and Western medicine, senior doctors who integrate traditional Chinese therapeutics with Western therapeutics in practice, senior nurses, pharmacists of Chinese and Western medicine, laboratory specialists, other specialists, paramedics of Chinese and Western medicine, nurses, midwives, druggists in Chinese and Western medicine, laboratory technicians, other technicians, other practitioners of Chinese medicine, nursing attendants, pharmacological workers of Chinese and Western medicine, laboratory workers, and other primary medical personnel, excluding management medical personnel.

Licensed (Assistant) Doctors

refer to the medical workers who have obtained the *licenses of qualified doctors* (assistant doctors) and are employed in medical treatment, disease prevention or healthcare institutions, excluding the licensed doctors (assistant doctors) engaged in management job. The classification of licensed doctors (assistant doctors) is clinician, Chinese medicine, dentist and public health.

Total Expenditure on Health

reflects the total expenditure on medical and health care services of a country at certain period (usually in a year). Estimated using funding source method, it includes government health expenditure, social health expenditure and individual cash expenditure on health.

Government Health Appropriation refers to the expenditure of the governments at all levels on medical and health care services, health administration and health insurance management and undertakings of family planning.

Social Health Expenditure refers to all inputs of society except the government in public health including the expenditures on social medical security, and commercial health insurance, private expenditure on operation of medical and health care, social donation and contribution, operating income of administration, etc.

Individual Cash Expenditure on Health refers to expenditure in cash on various health services by rural and urban residents, including self payments of residents within the system of multi-medical insurance.

Total Expenditure on Health as Percentage of GDP

refers to the ratio of total expenditure on public health in a year to GDP, which indicates the capital inputs of the government in the public health in certain period of time, and the attention of the government and society paid on the health of residents.

Operating Expenses for Children Planning

include nine components: namely, expenses for relief or free family planning operation, expenses for birth control medicine & tools, expenses for family planning employee, health care expenses for only son and daughter, expenses for publicity, expenses for service station, expenses for family planning management of fluid population, expenses for personnel training, other operation expenses for family planning.

Death Rate of Infants

refers to the ratio of the number of dead infant below 1 year to the number of living in one year. The following formula is used:

$$\textit{The Death Rate of Infant} = \frac{\textit{Number of Dead Infant below 1 Year}}{\textit{Number of Living}} \times 1000‰$$

Death Rate of Pregnant and Lying-in Women

refers to the ratio of the number of dead pregnant women to the living number in one year. The death of pregnant woman usually refers from gestation to die after give birth to child in 42 days, including surgery reason, family planning operation, pregnancy outside the womb, grape embryo dead women, excluding die due to accident trouble.

Bcg Vaccine, Poliovirus, Pertussis, Diphtheria Tetanus, Measles and Hepatitis B Vaccine Inoculation Rate

refers to the ratio of the number of children inoculating vaccine in accordance with the degree of immunity to the children on the age to inoculate vaccine. The children on the age to inoculate vaccine include the children avoiding inoculating vaccine and living in some other places for 3 and more than 3 months, but exclude the children on age going out for 3 months. The following formula is used:

$$\textit{Vaccine Inoculation Rate} = \frac{\textit{the Number of Children Inoculating Vaccine}}{\textit{the Children on the Age to Inoculate Vaccine}} \times 100\%$$

The molecule: the actual number of children inoculating vaccine according to the standard of vaccine inoculation.

The denominator: the number of children according to the process of immunity should inoculate the vaccine in 12 months.

Urban Residents Receiving Lowest Cost-of-living

refer to the number of those whose average family income is below a minimum local standard by the end of the reporting period, including those jobless people without stable residence or valid Ids, both the employed and unemployed, laid off and retired.

Rural Residents Receiving Lowest Cost-of-living

refer to the number of those receiving the minimum living allowances from the local government or community in the rural areas where this allowances system is in place as of the end of the reporting period.

Number of Community Service Organization

refers to the number non-profit welfare set up by urban communities (community offices and residents' committees) to serve the community residents, especially community-based centers that serve senior citizens, the handicapped or children, activity stations, service stations, nursing homes, apartments for the elderly (nursery for the aged), work and treatment stations for the handicapped, day-care centers for handicapped children, domestic help agencies and dating agencies, as well as social insurance management agencies for the employees. Different types of community service providers that share the same premise are regarded as one community service organization. The requirements for a social service organization of communities include: (1) independent accounting; (2) fixed employees; (3) provision of services; (4) provision of service premises.

第二十篇　文化和体育

Chapter 20　Culture and Sports

20-1 文化机构和人员情况(2005—2016年)

Basic Statistics on Cultural Institutions and Personnel,2005-2016

单位：个、人(unit, person)

年份 Year	艺术 Art	电影 Movie	公共图书馆 Public Library	档案机构 Archives Institution	群众文化活动 Mass Culture	文物保护单位 Agency of Historic Relics Preservation	博物馆 Museums
机构数 Institutions							
2005	61	190	32	410	19	8	18
2006	61	190	32	329	19	8	19
2007	61	187	32	341	19	8	18
2008	46	181	32	386	19	8	18
2009	43	172	31	399	19	8	18
2010	44	243	31	361	19	8	18
2011	73	286	31	324	19	8	19
2012	51	295	31	310	19	8	20
2013	50	294	31	291	19	8	20
2014	44	316	31	217	19	8	22
2015	66	262	31	257	19	8	22
2016	67	269	31	236	19	8	22
人员数 Personnel							
2005	2663	1118	1057	913	710	133	679
2006	2686	842	1086	784	707	132	724
2007	2509	767	1074	553	679	130	728
2008	2276	767	1098	1154	681	137	711
2009	2287	1257	1087	1175	682	123	699
2010	2262	1738	1077	1180	656	119	719
2011	3547	2095	1051	911	643	108	698
2012	2426	2275	1272	911	626	102	717
2013	2511	2270	1248	968	646	112	669
2014	2322	2528	1217	946	612	115	747
2015	2836	2523	1189	887	588	131	783
2016	2722	2694	969	898	571	132	760

20-2 报纸期刊出版情况

Newspapers and Magazines Publication

项目	Item	种类(种) Number of Publications(kind)		总印数(万份、万册) Total Copies (10 000 volumes, 10 000 copies)		总印张(千印张) Total Printed Sheets (1 000 Sheets)	
		2015	2016	2015	2016	2015	2016
报纸总计	**Total Publication of Newspapers**	**40**	**40**	**61893**	**49474**	**2307150**	**1675215**
综合报	Comprehensive Newspapers	5	5	45309	36075	1963582	1426473
专业报	Professional Newspapers	12	12	9068	6271	218616	136125
生活服务	Life Services	3	3	784	564	27933	17834
读者对象	Reader	3	3	6102	5792	85949	81032
文摘	Abstract	1	1	495	622	9904	12431
高校校报	University Newspapers	16	16	135	150	1166	1320
期刊总计	**Total Publication of Magazines**	**242**	**242**	**3143**	**3100**	**166314**	**161877**
# 综合	Comprehensive	3	3	21	21	1238	1323
哲学、社会科学	Philosophy and Social Sciences	45	46	999	978	48673	48249
自然科学、技术	Natural Sciences and Technology	139	139	803	801	45449	45512
文化、教育	Culture and Education	35	34	678	591	30498	25976
文学、艺术	Literature and Art	20	20	642	709	40457	40817
# 少年儿童读物	Juvenile and Children's Book	6	8	344	442	9700	14063

20-3 图书出版情况

Publication of Books by Category

类 别 Item	种 类(种) Number of Publication (kind)		总印数(万册) Total Printed Copies (10 000 Copies)		总印张(千印张) Total Printed Sheets (1 000 Sheets)	
	2015	2016	2015	2016	2015	2016
总 计 Total	**6421**	**6789**	**5520**	**6425**	**484826**	**561438**
马列主义、毛泽东思想 Marxism-Leninism, Mao Zedong Thought	8	4	3	1	403	141
哲 学 Philosophy	124	115	165	157	20877	17331
社会科学总论 General Social Sciences	37	53	25	40	3803	5630
政治、法律 Politics and Law	131	139	28	68	4797	10962
军 事 Military Affairs	13	5	5	1	717	229
经 济 Economics	275	249	70	64	11994	10425
文化、科学、教育、体育 Culture, Science, Education and Sports	1890	2088	2612	3296	207611	265964
语言、文字 Languages	224	237	79	88	9777	11268
文 学 Literature	1189	1338	1450	1748	112883	129078
艺 术 Art	910	767	434	312	33084	24819
历史、地理 History and Geography	221	230	94	103	15499	17033
自然科学总论 General Natural Sciences	10	6	4	3	417	318
数理科学、化学 Mathematics and Chemistry	138	158	156	180	5368	8178
天文学、地球科学 Astronomy and Geology	29	24	9	18	783	888
生物科学 Biology	60	35	36	28	3339	2028
医药、卫生 Medicine and Health Care	628	819	158	170	27043	36260
农业科学 Agricultural Science	32	74	6	23	803	1191
工业技术 Industrial Technology	371	360	117	97	17791	15899
交通运输 Communication and Transportation	27	45	6	19	801	2501
航空、航天 Aviation and Spaceflight	4	1	3	0.1	800	10
环境科学 Environmental Science	22	22	36	3	1437	474
综合性图书 Comprehensive Books	78	20	25	6	4797	811

20-4 少年儿童读物和课本出版情况(2002—2016年)

Number of Books Published For Children and Textbooks,2002-2016

年 份 Year	种 数(种) Number of Publications(kind)		总印数(万册) Total Printed Copies(10 000 Copies)		总印张(千印张) Total Printed Sheets(1 000 Sheets)	
	儿童读物 Books for children	课 本 Textbooks	儿童读物 Books for children	课 本 Textbooks	儿童读物 Books for children	课 本 Textbooks
2002	239	814	250	3933	11376	289589
2003	211	582	197	2351	9149	178873
2004	253	608	334	2317	19792	167558
2005	247	571	350	3366	24208	224128
2006	208	566	252	2133	14366	166393
2007	136	695	155	2066	7688	175036
2008	192	562	235	1732	14773	143138
2009	144	618	255	1535	20499	125343
2010	219	639	462	247	29627	41272
2011	412	418	675	1210	41061	101900
2012	385	645	628	1480	42285	124501
2013	652	667	804	1501	39889	117421
2014	687	944	918	1143	54146	104494
2015	993	763	1263	883	59607	82065
2016	958	591	1688	1422	79565	117983

20-5 录像和录音制品出版情况

Publication of Video Products

项 目	Item	种 数(种) Number of Category (kind)		出版数量 (万盒、万张) Amount of Publication (10 000 cassettes, 10 000 pieces)		发行数量 (万盒、万张) Amount of Issuing (10 000 cassettes, 10 000 pieces)	
		2015	2016	2015	2016	2015	2016
录音制品合计	**Total of Audio Products**	**50**	**69**	**52**	**49**	**38**	**47**
# 录音带	Audio-tapes	30	30	46	27		27
激光唱盘	CD	13	19	4	15		14
高密度激唱盘及其他	DVD-A and Others	7	20	2	7		6
录像制品合计	**Total of Video Products**	**5**	**3**	**2**	**1**	**2**	**1**
# 激光数码视盘	VCD						
高密度激视盘	DVD-V	5	3	2	1		1
电子出版物合计	**Total of Electronic Publications**	**42**	**51**	**14**	**16**	**12**	**15**
# 只读光盘	CD-ROM	23	18	6	5		4
高密度只读光盘	DVD-ROM	10	22	4	8		8
交互式光盘及其他	CD-I	9	11	4	3		3

20–6　广播电视事业发展情况(2013—2016年)

Basic Statistics on Radio and Television Industry,2013-2016

指　　标 Item	单　位 Unit	2013	2014	2015	2016
广　　播　Broadcasting					
节目套数 Number of Programs	套 set	22	22	22	22
全年制作节目时间 Annual Production of Programs	万小时 10 000 hours	8.1	8.2	8.2	7.8
全年播出节目时间 Annual Broadcasting of Programs	万小时 10 000 hours	15.0	15.0	14.7	13.9
平均每日播音时间 Broadcasting Hours per Day	时：分 hour：minute	410:00	411:21	403:31	381:06
广播覆盖率 Listener Rating	% %	100.0	100.0	100.0	100.0
电　视　Television					
节目套数 Number of Programs	套 set	29	29	29	29
全年制作节目时间 Annual Production of Programs	万小时 10 000 hours	2.8	2.9	3.3	3.3
全年播出节目时间 Annual Television of Programs	万小时 10 000 hours	16.9	16.6	16.9	18.0
平均每周播出时间 Program Hours per Week	时：分 hour：minute	3246:13	3194:42	3235:08	3460:54
电视覆盖率 Viewer Rating	% %	100.0	100.0	100.0	100.0
有线电视　Cable Television					
有线电视总户数 Subscribers	万　户 10 000 households	292	313	344	358
# 数字电视 Digital TV	万　户 10 000 households	256	284	319	335
有线电视入户率 Popularity Rate	% %	83.22	88.95	93.00	96.73
有线广播电视传输网络干线总长 Lines Total	公　里 kilometer	6861	6474	6693	6763
电　影　Film					
电影放映单位 Film Projecting Units	个 unit	266	266	281	287
电影放映队 Projecting Teams	个 unit	192	192	192	192
加入院线影院 Theater Chains	个 unit	54	54	69	75
未加入院线影院 Non-Theater Chains	个 unit	20	20	20	20
拥有坐席数 Seats	个 unit	85908	85908	71950	80048
放映场次 Projecting Performances	场　次 time	599009	661150	734465	943496
观众人次 Audience	万人次 10 000 person-time	1450	1451	2107	2083
电影票房 Film Box Office	亿　元 100 million yuan	3.28	4.69	6.80	6.55

20-7 艺术事业基本情况(2013—2016年)

Basic Statistics on Art,2013-2016

项　　目	Item	2013	2014	2015	2016
艺术表演团体	**Art Performance Troupes**				
机构数(个)	Institutions (unit)	16	16	16	16
话剧团、儿童剧团	Drama and Children Troupes	2	2	2	2
歌舞剧团	Song and Dance Troupes	1	1	1	1
文工团、文宣队	Cultural and Performance Troupes	1	1	1	1
戏曲剧团	Local Opera Troupes	8	8	8	8
# 京　剧	Local Beijing Opera Troupes	2	2	2	2
曲剧团、杂技团、木偶团	Recitation and Ballad Troupes, Acrobatic and Circus Troupes, Puppet Show Troupes	3	3	3	3
乐团、合唱团	Philharmonic Troupes and Chorus	1	1	1	1
工作人员数(人)	Employment (person)	2000	1976	1962	1962
演出场次(场)	Number of Performances (time)	3180	3397	3818	3181
# 到农村演出	Shows in Rural Areas	550	661	672	606
观众人次(万人次)	Number of Spectators (10 000 person-time)	196	233	255	258
艺术表演场所	**Art Performance Places**				
机构数(个)	Institutions (unit)	34	28	50	51
剧场、影剧院	Theaters and Cinemas	28	26	34	34
书场、曲艺厅	Storytelling Places, Folk Art Forms	1	1	2	2
综合性、其他场所	Comprehensive Places and Others	4		13	14
音乐厅	Concert Hall	1	1	1	1
坐席数(个)	Seats (unit)	26264	15125	23438	23475
工作人员数(人)	Employment (person)	511	346	874	760
演出场次(场)	Number of Performances (time)	14036	15991	24250	25750
观众人次(万人次)	Number of Spectators (10 000 person-time)	148	153	290	265

资料来源：天津市文化广播影视局
Source:Tianjin City Cultural Radio and Television Bureau

20-8 档案机构和人员情况(2014—2016年)

Statistics on Archives Institutions and Personnel,2014-2016

单位：个、人 (unit, person)

项　目	Item	2014	2015	2016
机构数	**Number of Institutions**	**217**	**257**	**236**
档案行政管理部门	Administrate Department of Archives	17	17	17
国家综合档案馆	National Comprehensive Archives	20	20	20
国家专门档案馆	National Special Archives	2	2	2
部门档案馆	Department Archives	8	7	5
文化事业档案馆	Culture Archives Institutions	5	5	3
企业档案馆	Enterprise Archives Institutions	4	4	4
机关事业单位档案室	Achives in Government and Institution	101	156	132
大型企业档案室	Achives in Large-sized Enterprise	60	46	53
专职工作人员	**Full-time Personnel**	**946**	**887**	**898**
档案行政管理部门	Administrate Department of Archives	530	507	563
国家专门档案馆	National Special Archives	62	60	59
部门档案馆	Department Archives	95	65	58
文化事业档案馆	Culture Archives Institutions	43	44	21
企业档案馆	Enterprise Archives Institutions	20	17	17
机关事业单位档案室	Achives in Government and Institution	114	80	94
大型企业档案室	Achives in Large-sized Enterprise	82	114	86
兼职工作人员	**Part-time Personnel**	**851**	**1068**	**973**
机关事业单位档案室	Achives in Government and Institution	600	654	565
大型企业档案室	Achives in Large-sized Enterprise	251	414	408

20-9 各级各类档案馆基本情况(2014—2016年)

Basic Statistics on Diversiform Archives,2014-2016

项　目	Item	2014	2015	2016
馆藏档案	**Collection of Archives**			
全　宗(个)	Full-records(unit)	3480	3573	3686
案　卷(万卷)	Files(10 000 volumes)	815.73	797.10	812.90
录音、录像、影片(万盘)	Sounds and Movies Files(10 000 cassettes)	8.27	8.62	7.93
照　片(万张)	Photo Files(10 000 sheets)	57.23	71.19	63.10
底　图(万张)	Traced Drawings(10 000 pictures)	30.04	32.20	35.40
微缩微胶片(卷片)(万幅)	Microfilms(Reel)(10 000 pictures)	618	616	616
开放档案(万卷)	**Open Archives(10 000 sheets)**	**234.40**	**219.06**	**172.40**
利用档案资料	**Utilization of Archives**			
利用人次(万人次)	Users(10 000 person-times)	10.30	8.20	8.10
利用档案(万卷(件)次)	Access to Files(10 000 volume-times)	35.30	33.36	32.63
编研档案资料	**Materials and Archives Edited**			
公开出版(种)	Public Publication (kind)	8	12	9
(万字)	(10 000 words)	340	1946	460
内部参考(种)	Internal Reference (kind)	31	50	32
(万字)	(10 000 words)	515	367	391
国家综合档案馆建筑面积(万平方米)	**Floor Space of National Comprehensive Archives(10 000 sq.m)**	**9.13**	**9.73**	**10.94**

20-10 机关事业单位档案室基本情况(2014—2016年)

Basic Statistics on Government and Institution Archives,2014-2016

项　　目	Item	2014	2015	2016
保存档案	**Keeping Archives**			
全　宗(个)	Full-records(unit)	262	260	248
以卷为保管单位档案(万卷)	archives by volumes(10 000 volumes)	98.95	41.77	113.98
以件为保管单位档案(万件)	archives by pieces(10 000 volumes)	134.25	154.40	139.59
底　图(万张)	Traced Drawings(10 000 pictures)	0.55	2.41	0.59
微缩胶片(卷片)(万幅)	Microfilms(Reel)(10 000 pictures)	9.89	9.89	9.89
机读目录	**Machine Readable Catalog**			
案卷级(万条)	Level of Archives(10 000 records)	29.00	22.80	27.29
文件级(万条)	Level of Files(10 000 records)	167.06	156.26	181.19
利用档案	**Utilization of Archives**			
利用人次(万人次)	Users(10 000 person-time)	1.70	5.50	4.61
利用数量(万卷(件)次)	Access to Files(10 000 volumes)	8.73	9.05	8.13
编研档案资料	**Materials and Archives Edited**			
公开出版(种)	Public Publication(kind)	5	2	7
(万字)	(10 000 words)	123	118	140
内部参考(种)	Internal Reference (kind)	104	124	53
(万字)	(10 000 words)	553	460	228

20-11 企业单位档案室基本情况(2014—2016年)

Basic Statistics on Enterprises Archives,2014-2016

项　　目	Item	2014	2015	2016
保存档案	**Keeping Archives**			
全　宗(个)	Full-records(unit)	218	103	202
以卷为保管单位档案(万卷)	archives by volumes(10 000 volumes)	44.30	70.10	109.42
以件为保管单位档案(万件)	archives by pieces(10 000 volumes)	136.33	193.17	141.56
底　图(万张)	Traced Drawings(10 000 pictures)	27.09	95.05	227.80
机读目录	**Machine Readable Catalog**			
案卷级(万条)	Level of Archives(10 000 records)	38.82	74.84	69.69
文件级(万条)	Level of Files(10 000 records)	158.44	102.70	95.70
利用档案	**Utilization of Archives**			
利用人次(万人次)	Users(10 000 person-time)	0.87	2.25	2.83
利用数量(万卷(件)次)	Access to Files(10 000 volumes)	3.14	7.18	8.91
编研档案资料	**Materials and Archives Edited**			
公开出版(种)	Public Publication (kind)		2	3
(万字)	(10 000 words)		1	4
内部参考(种)	Internal Reference (kind)	84	214	107
(万字)	(10 000 words)	276	314	145

20-12 公共图书馆情况(2013—2016年)

Basic Statistics on Public Libraries,2013-2016

项　目	Item	单　位	Unit	2013	2014	2015	2016
公共图书馆	Public Libraries	个	unit	31	31	31	31
工作人员	Employment	人	person	1248	1217	1189	969
藏　书	Collections	万　册	10 000 volumes	1474	1598	1697	1806
书刊文献外借人次	Person-time of Lent-out	万人次	10 000 person-time	292	285	306	311
书刊文献外借册次	Book-time of Lent-out	万册次	10 000 volume-time	658	779	859	876
建筑面积	Floor Space of Buildings	平方米	sq. m	247374	256917	259011	263714
阅览室坐席	Seating Capacity of Reading Room	次	unit	13526	14258	14500	14805

注：2013年藏书量中不包括电子图书。
Note: Collections enclude electronic-books in 2013.

20-13 博物馆和文物保护单位基本情况(2013—2016年)

Basic Statistics on Museums and Cultural Relic Protection Units,2013-2016

项　目	Item	单　位	Unit	2013	2014	2015	2016
博物馆	**Museums**						
单位数	Units	个	unit	20	22	22	22
工作人员数	Employment	人	person	669	747	783	760
文物藏品	Collection	万　件	10 000 pieces	69	67	67	64
举办陈列展览	Displays and Exhibitions	次	time	110	150	157	180
参观人次	Visitors	万人次	10 000 person-time	546	926	1003	1013
文物保护单位	**Cultural Relic Protection Units**						
单位数	Units	个	unit	8	8	8	8
工作人员数	Employment	人	person	112	115	131	132
藏　品	Collection	件	piece	3702	2435	2246	2813

20-14 群众文化事业基本情况(2013—2016年)

Basic Statistics on Mass Art,2013-2016

项　目	Item	单　位	Unit	2013	2014	2015	2016
单位数	**Units**	**个**	**unit**	**19**	**19**	**19**	**19**
群众艺术馆	Mass Art Centers	个	unit	1	1	1	1
文化馆	Cultural Centers	个	unit	18	18	18	18
工作人员数	**Employment**	**人**	**person**	**646**	**612**	**588**	**571**
文化活动情况	**Cultural Activities**						
举办展览	Exhibitions	次	time	163	215	252	302
组织文艺活动次数	Art Performances	次	time	1289	1927	1872	2181
举办训练班	Training Courses						
班　次	Classes	次	time	1342	1852	3887	4014
结业人数	Persons Completed Course	人	person	147349	141154	180980	207050

20-15 体育工作基本情况(2013—2016年)

Basic Statistics on Physical Work,2013-2016

单位：人(person)

指　标	Item	2013	2014	2015	2016
社会体育指导员	Social Physical Instructors	7255	4842	5155	3277
等级教练员	Grade Coaches	444	435	442	220
# 国家级	National Coaches	30	27	26	21
等级裁判员	Grade Referees	384	165	754	192
# 女　性	Female	73	37	37	61
一级及以上	First Grade	224	60	606	81
二　级	Second Grade	160	105	148	111
等级运动员人数	Grade Athletes	1546	1540	740	950
# 女　性	Female	446	592	278	372
一级及以上	First Grade	272	421	231	290
二　级	Second Grade	828	1119	509	660
全民健身体育设施(处)	The National Fitness Sports Facilities (place)	1815	1544	568	942
# 市区健身园	The Urban District Fitness Garden	360	395	150	273
农村健身园	The Rural District Fitness Garden	1401	1149	418	669
全民健身体育器材(件)	The National Fitness Sports Equipment (piece)	29244	21445	7475	12871
# 市区健身园	The Urban District Fitness Garden	5400	4326	1452	3233
农村健身园	The Rural District Fitness Garden	21015	16919	6023	9638

20-16 国际国内体育比赛获奖牌情况(2016年)

Statistics on Medals Won in International & National Competitions,2016

单位：块(piece)

项　目	Item	合　计 Total	金　牌 Gold Medal	银　牌 Silver Medal	铜　牌 Bronze Medal
总　计	**Total**	**124**	**78**	**25**	**21**
国际比赛	**International Competitions**	**23**	**19**	**2**	**2**
世界比赛	World Competitions	19	16	1	2
跳　水	Dive	2	2		
举　重	Weightlifting	1		1	
摔　跤	Wrestling	2			2
排　球	Volleyball	1	1		
网　球	Tennis	12	12		
高尔夫球	Golf	1	1		
亚洲比赛	Asian Competitiongs	4	3	1	-
国内比赛(全国)	**Domestic Competitions (National)**	**101**	**59**	**23**	**19**

主要统计指标解释

电视人口覆盖率

指用普通的电视接收机，室外天线在离地面 4 米高处能在晚上正常收看电视节目的人数与全市总人口数之比。

广播人口覆盖率

指用普通的收音机在中午能正常收听广播节目的人数与全市总人口数之比。

文化事业机构

指从事专业文化工作和为专业文化工作服务的单独核算、独立建制的单位，不包括文化主管部门直属单位举办的其他行业和各部门的业余文化组织。

艺术表演团体

指从事戏曲、音乐、舞蹈、杂技等专业艺术表演，有独立账户、实行单独核算的团体。

电影放映单位

指具有放映机器设备，固定或不固定的放映场所与专职或兼职的放映技术人员，经文化部门登记批准，经常为一定的观众对象映出电影的机构。包括经批准对外开放进行营业并与电影发行放映管理机构分账的专用放映单位或军委系统租片在内。

等级运动员人数

指经考核正式批准授予等级运动员称号的人数。分为国际级运动健将，运动健将，一、二、三级运动员和少年级运动员。

等级裁判员人数

指经考核正式批准授予等级裁判员称号的人数。分为国际裁判、国家级裁判、一级裁判、二级裁判、三级裁判。

Explanatory Notes on Main Statistical Indicators

Viewer Rate

refers to the ratio of the number of watching TV in the evening by using normal television sets with outdoor antenna four meters apart from ground to the total population.

Listener Rate

refers to the ratio of the number of listening radio at noon by using normal radiogram to the total population.

Cultural Institutions

refer to units which have their own organizational system and independent accounting system and specialize in or serve cultural development. They exclude other establishments run by these cultural institutions and amateur cultural groups established by various departments.

Art Performance Troupe

refers to the troupe which is engaged in drama, opera, music, dance, acrobatics or other art performance, opens independent accounts with banks and has self-supporting accounting system.

Film Projecting Units

refer to these units with film projection equipment, permanent or non-permanent places and full or part-time projectionists, approved by related administrative departments to show films regularly for certain groups of audience, including those film projection units which have been approved to open up and run business with independent accounting system as well as those film-renting units of the military system.

Number of Athletes in Grades

refers to the number of athletes who have been given titles through examination. The titles of athletes include international masters of sports, masters of sports, first-grade, second-grade and third-grade sportsmen and young athletes.

Number of Referees in Grades

refers to the number of referees who have been given titles after examination. They are classified as international referees, national referees and referees of the first, second and third grades.

第二十一篇　公共管理及其他

Chapter 21 Public Management and Others

21-1 天津市历届人代会代表人数性别构成及议案、建议意见数

Number and Sex Composition of Delegacy, Proposal and Suggestion by Tianjin Municipal People's Congress

单位：人、件(person, unit)

届别	Session	起止年月 The Time of Inauguration and Concluding	代表人数 Number of Delegate			议案立案数 Number of Cases Registered of Proposal	建议意见数 Given Proposal and Advice
			总计 Total	女性 Female	少数民族 Ethnic minority		
第一届	First Congress	1954.08-1956.12	519	109		1614	
第二届	Second Congress	1956.12-1958.06	568	122		1201	
第三届	Third Congress	1958.06-1961.02	535	110			
第四届	Fourth Congress	1961.02-1963.12	845	208		133	
第五届	Fifth Congress	1963.12-1965.12	675	169		104	
第六届	Sixth Congress	1965.12-1966.05	698	171		27	
第七届	Seventh Congress						
第八届	Eighth Congress	1977.11-1980.06	959	224			
第九届	Ninth Congress	1980.06-1983.04	960	175		1958	
第十届	Tenth Congress	1983.04-1988.05	800	179	40	26	5337
第十一届	Eleventh Congress	1988.06-1993.05	719	134	42	65	3762
第十二届	Twelfth Congress	1993.05-1998.05	719	130	35	34	1924
第十三届	Thirteenth Congress	1998.05-2003.01	710	141	37	80	3597
第十四届	Fourteenth Congress	2003.01-2008.01	710	150	39	83	3147
第十五届	Fifteenth Congress	2008.01-2013.01	709	156	32	41	2456
第十六届	Sixteenth Congress	2013.01-2018.01	703	177	41	47	1399

注:1.资料来源:天津市人民代表大会常务委员会。2.天津市第一届至第九届人民代表大会期间代表所提出的议案、建议统称为“提案”。
Note: a) Source: Tianjin Municipal People's Congress(MPC)Standing Committee. b) The Registered Cases and Advice Proposed from Tianjin First Congress until Ninth Congress are calculated to Proposals as total.

21-2 天津市历届政协委员会委员人数及提案立案数

Number of Delegacy, Proposal and Resolution Put on Record by Tianjin Political Consultative Conference

单位：人、件(person, unit)

届别	Session	起止年月 The Time of Inauguration and Concluding	委员人数 Number of Commissary			提案立案数 Number of Resolution Put on Record
			总计 Total	女性 Female	少数民族 Ethnic minority	
第一届	First Congress	1955.03-1960.03	188	42		
第二届	Second Congress	1960.03-1963.12	498	76		
第三届	Third Congress	1963.12-1965.11	432	73		
第四届	Fourth Congress	1965.11-1977.11	457	81		
第五届	Fifth Congress	1977.11-1980.06	615	132		
第六届	Sixth Congress	1980.06-1983.03	723	142		5028
第七届	Seventh Congress	1983.03-1988.04	739	162		4410
第八届	Eighth Congress	1988.04-1993.05	743	177		4869
第九届	Ninth Congress	1993.05-1998.05	757	179		3800
第十届	Tenth Congress	1998.05-2003.01	780	185		4563
第十一届	Eleventh Congress	2003.01-2008.01	780	200		5181
第十二届	Twelfth Congress	2008.01-2013.01	783	208		3255
第十三届	Thirteenth Congress	2013.01-2018.01	774	207	54	1114

资料来源：中国人民政治协商会议天津市委员会
Source: Tianjin Municipal Committee of CPPCC

21-3 基层工会组织情况(2013—2016年)

Statistics on Grassroots Unions,2013-2016

项目	Item	2013	2014	2015	2016
机构数(个)	**Institutions(unit)**	**89421**	**94086**	**95744**	**99773**
# 国有企业	State-owned Enterprises	2046	1585	929	15501
集体企业	Collective-owned Enterprises	555	520	494	415
私营企业	Private Enterprises	64732	69996	71158	76270
港澳台商投资企业	Enterprises with Investment from Hong Kong, Macao and Taiwan	287	296	292	225
外商投资企业	Foreign Funded Enterprises	1807	1515	1626	1417
事业	Institutions	4440	3994	3587	4106
机关	Government Agencies	1942	1893	1876	1839
工会会员人数(万人)	**Number of Union Members(10 000 persons)**	**372.54**	**376.40**	**393.75**	**401.61**
# 国有企业	State-owned Enterprises	41.61	41.09	38.49	38.58
集体企业	Collective-owned Enterprises	9.40	11.50	8.06	6.21
私营企业	Private Enterprises	130.74	137.86	130.49	143.72
港澳台商投资企业	Enterprises with Investment from Hong Kong, Macao and Taiwan	8.93	7.38	8.92	10.92
外商投资企业	Foreign Funded Enterprises	37.54	34.59	37.85	34.47
事业	Institutions	33.68	33.45	34.04	33.29
机关	Government Agencies	14.34	13.28	14.63	13.73

21-4 妇联组织情况(2013—2016年)

Statistics on Women's Federation Organizations,2013-2016

项目	Item	2013	2014	2015	2016
妇联组织机构(个)	**Woman's Federation Organizations(unit)**	**256**	**259**	**253**	**255**
区妇联	District Woman's Federation Organizations	13	13	15	16
县妇联	County Woman's Federation Organizations	3	3	1	
乡妇联	Township Woman's Federation Organizations	127	134	130	131
街妇联	Street Woman's Federation Organizations	113	109	107	108
妇联干部总数(人)	**Cadres in Woman's Federation Organizations(person)**	**465**	**480**	**442**	**444**
市妇联	Municipal Woman's Federation Organizations	59	60	60	60
区妇联	District Woman's Federation Organizations	128	130	135	146
县妇联	County Woman's Federation Organizations	19	20	10	
乡镇、街道妇联	Township and Street Woman's Federation Organizations	259	270	237	238

21-5 人民调解工作基本情况

Basic Statistics on People's Mediation

项　目	Item	2015	2016
人民调解委员会(个)	People's Mediation Committees(unit)	5780	5821
人民调解员(人)	People's Mediator (person)	27648	28675
调解纠纷(件)	Disputes(case)	66916	69119
# 成功数	Success	65807	68241
# 婚姻家庭纠纷	Marriage and Family	10360	10133
邻里纠纷	Neighbour	16002	18808
合同纠纷	Contract	1080	1146
劳动纠纷	Labour	22426	24124
征地拆迁纠纷	Land Requisition and Demolition	816	908
房屋宅基地纠纷	House Site	2729	2157
防止民间纠纷转化为刑事案件数(件)	Prevent Criminal Case from Civil Dispute(unit)	59	8
防止民间纠纷转化为刑事案件人数(人)	Prevent Criminal Case from Civil Dispute(person)	181	23
防止民间纠纷引起自杀案件件数(件)	Prevent Suicide of Civil Dispute(unit)	7	2
防止民间纠纷引起自杀案件人数(人)	Prevent Suicide of Civil Dispute(person)	15	2

21-6 律师工作基本情况(2013—2016年)

Basic Statistics on Lawyers,2013-2016

项　目 Item	单　位 Unit	2013	2014	2015	2016
律师事务所 Law Offices	所 unit	471	533	610	678
执业律师 Certified Lawyers	人 person	4624	5058	5499	5863
# 专职律师 Full-time Lawyers	人 person	4252	4678	5114	5629
兼职律师 Part-time Lawyers	人 person	230	228	234	234
担任常年法律顾问 As Permanent Legal Advisers	家 unit	4577	5066	5313	6108
民商事务 Civil and Economic Cases	件 case	20078	25121	25737	32910
刑事辩护 Criminal Defense Cases	件 case	3186	3268	2500	3029
行政诉讼代理 Agent of Administrative Actions	件 case	128	386	1083	840
非诉讼事务 Off-court Cases	件 case	3478	4008	4664	7325
咨询和代写法律文书 Consulting and Legal Documents Ghostwriting	件 case	21872	23093	26901	28330

21-7 公证工作基本情况(2014—2016年)

Basic Statistics on Notarization,2014-2016

项　　目	Item	2014	2015	2016
公证机构(个)	Notary Offices(unit)	21	21	21
公证员(人)	Notarial Personnel(person)	358	159	156
办理公证(件)	Notarized Documents(case)	221519	204196	239061
国内公证	Total Domestic Affairs	142512	132513	164173
涉外公证	Total Concerned Foreign Affairs	77894	70945	73978
涉港澳台公证	Total Concerned Hong Kong, Macao and Taiwan Affairs	1113	738	910

21-8 法律援助工作情况

Statictics on The Legal Aid Work

项　　目	Item	2015	2016
法律援助中心(个)	Legal Aid Center (Unit)	20	20
妇女法律援助工作站点(个)	Number of Women's Legal Aid Workstations (Unit)	17	17
未成年人法律援助工作站点数(个)	Number of Legal Aid Centers for Minor (Unit)	17	17
注册法律援助律师(人)	Registered Legal Aid Lawyer (person)	47	42
法律援助人数(人)	Number of Persons Received Legal Aid (person)	3591	3996
# 援助残疾人	Assistance to The Disabled	500	610
援助老年人	Assistance to The Aged	244	303
援助未成年人	Assistance to Minor	965	1003
援助妇女	Assistance to Feme	776	863
援助农民工	Assistance to Migrant Workers	724	963
法律援助案件(件)	Number of Cases Received Legal Aid(case)	3551	3986
刑事案件	Criminal Case	1614	1678
民事案件	Civil Case	1912	2245
行政案件	Administrative Case	25	63
法律咨询(人次)	Leagal Consultation (person-time)	15564	45532

21-9 检察机关立案侦查经济案件情况(2016年)

Economic Cases under Investigation by Procuratorial Organs,2016

项目 Item	侦查经济案件 Economic Cases Investigated	# 贪污 Corruption	# 挪用公款 Misappropriate of Public Funds	# 贿赂案 Bribery	# 受贿 Accepting Bribe
立案(件) **Cases Registered(case)**	**234**	**73**	**18**	**142**	**75**
# 5万元至10万元 50-100 thousand yuan	16	9	1	6	4
10万元至50万元 100-500 thousand yuan	77	28	8	41	18
50万元至100万元 500-1 000 thousand yuan	36	5	2	29	15
100万元以上 Over 1 000 thousand yuan	88	23	7	57	30
犯罪嫌疑人(人) **Criminal in Cases Registered(person)**	**312**	**116**	**20**	**175**	**81**
机关工作人员 Civil Servant	49	9	5	34	31
国有公司企业工作人员 Personnel of State-owned Enterprises	86	37	9	40	35
国有事业单位工作人员 Personnel of State-owned Institutions	41	22	3	16	8
委派到非国有单位从事公务人员 Functionary Appointed to Non-state Units	3	2	1		
人民团体从事公务人员 Functionary Appointed to Mass Organizations					
其他依法从事公务人员 Other Personnel in the Line of Duty	28	26		2	2
其他 Others	105	20	2	83	5
结案 **Cases Settled**					
件数(件) Number of Cases(case)	210	78	23	108	54
人数(人) Number of Persons(person)	274	117	27	129	60
# 移送起诉 Handover to Suit					
件数(件) Number of Cases(case)	201	72	23	105	52
人数(人) Number of Persons(person)	259	106	27	125	57
撤销案件 Cases Withdrawn					
件数(件) Number of Cases (case)	7	6		1	
人数(人) Number of Persons(person)	12	11		1	
侦结认定金额(万元) **Value Approved by Procuratorial Organs in Cases Settled(10 000 yuan)**	**87852**	**19353**	**16400**	**51819**	**28320**
挽回经济损失(万元) **Retrieve Pecuniary Losses(10 000 yuan)**	**15437**	**3585**	**248**	**11603**	**9882**

21-10 法院民事案件收案和结案情况(2016年)

Civil Cases Accepted & Settled by Courts,2016

单位：件(case)

项　目	Item	收　案 Cases Accepted	结　案 Cases Settled		
				# 调　解 Mediation	# 判　决 Judgement
合同纠纷案件	**Contracts Disputes**	**125044**	**124285**	**26767**	**46522**
# 买卖合同	Buying and Selling Contracts	20905	19470	5396	6886
房地产合同	Real Estate Contracts	3831	3822	775	2280
借款合同	Debts Contracts	28069	27398	7164	13882
建设工程合同	Construction Project Contracts	2886	2866	720	1227
劳动争议案件	Labour Disputes	8413	8733	2062	4025
运输合同	Transportation Contracts	459	442	128	197
婚姻家庭案件	**Marriages and Family Affairs**	**17263**	**17466**	**5919**	**6511**
# 离　婚	Divorce	13120	13252	4301	5053
抚　育	Foster	1161	1175	389	471
赡　养	Support	554	569	110	278
继承纠纷案件	**Inheritance Disputes**	**1794**	**1771**	**764**	**563**
继　承	Inheritance	534	533	238	178
遗　嘱	Testament	100	102	39	41
继承权	Inheritance Right				
抚　养	Bring-up	14	12	1	6
其　他	Others	1092	1061	475	309

21-11 法院行政案件收案和结案情况(2016年)

Administrative Cases Accepted and Settled by Courts,2016

单位：件(case)

项　目	Item	收　案 Cases Accepted	结　案 Cases Settled	# 维　持 Affirmation of Original Judgement	# 撤　消 Cancel Settled	# 撤　诉 Withdrawn	未　结 Cases Unsettled
合　计	**Total**	**3088**	**3621**	**257**	**75**	**718**	**537**
公　安	Public Security	203	309	14	6	75	26
资　源	Resources	102	99	4		19	12
城　建	City Construction	579	878	18	4	144	127
工　商	Industry and Commerce	53	64	7	5	26	14
技术监督	Technical Supervision		1				
计划生育	Birth Control	3	2				1
卫　生	Health Care	9	31		1	1	4
环　保	Environment Protection	19	8			1	11
交　通	Transportation	30	40	1		13	6
税　务	Tax	7	10			9	2
财　政	Finance		2				
劳动和社会保障	Labour & Social Security	140	187	4	3	64	22
司法行政	Judicature	124	86	1	1	23	42
民　政	Civil Affairs	8	8	1		1	2
教　育	Education	12	11			3	2
乡政府	Township Government	44	56		5	8	6
其　他	Others	1741	1814	207	50	328	252

21-12 社会保障基本情况(2000—2016年)
Basic Statistics on Social Security,2000-2016

单位：万人(10 000 person)

年 份 year	城镇职工基本养老保险参保人数 Urban Staff and Workers Participated in Basic Pension Insurance	城镇职工基本医疗保险参保人数 Urban Staff and Workers Participated in Basic Medical Insurance	城乡居民养老保险参保人数 Urban and Rural Residents Participated in Pension Insurance	城乡居民医疗保险参保人数 Urban and Rural Residents Participated in Medical Insurance	失业保险参保人数 Staff and Workers Participated in Unemployment Insurance	工伤保险参保人数 Staff and Workers Participated in Work Injury Insurance
2000	288.00				225.00	
2001	281.44				214.00	
2002	295.97	193.41			189.55	
2003	283.28	227.58			193.45	
2004	297.08	263.00			195.06	147.23
2005	308.28	299.06			197.51	162.91
2006	328.20	344.20			216.66	209.67
2007	344.76	382.46			221.50	257.17
2008	376.63	399.13			232.50	274.90
2009	401.53	444.06			239.22	292.21
2010	431.45	469.98	92.30	489.00	246.09	304.45
2011	458.70	474.52	97.80	498.27	258.75	320.42
2012	490.26	479.07	102.60	502.23	268.69	330.06
2013	520.67	493.08	106.40	508.44	278.69	335.06
2014	545.44	509.59	111.84	514.03	287.57	345.18
2015	565.18	522.00	121.10	532.11	295.32	385.61
2016	639.03	535.68	134.47	531.10	302.47	388.11

21-12续表 *Continued*

单位：万人、元/月(10 000 person,yuan per month)

年 份 year	生育保险参保人数 Staff and Workers Participated in Maternity Insurance	职工工资最低标准 Minimum Standard of Wages of Staff and Workers	城镇居民生活保障最低标准 Minimum Standard of Urban Residents Living Security	农村居民生活保障最低标准 Minimum Standard of Rural Residents Living Security	城镇居民最低生活保障人数 Urban Residents Receiving Lowest Cost-of-living	农村居民最低生活保障人数 Rural Residents Receiving Lowest Cost-of-living
2000			241		2.85	1.73
2001			241			
2002			241		30.14	2.26
2003		450	241		24.13	2.61
2004		480	265		20.51	2.90
2005	157.42	530	265	127.1	15.08	3.19
2006	180.10	590	265	136.6	15.13	3.73
2007	194.03	670	320	165.6	14.87	4.38
2008	196.49	740	330	200	15.63	5.23
2009	204.61	820	400	230	17.94	7.27
2010	212.02	920	450	250	19.79	8.61
2011	234.60	1160	480	280	17.95	9.76
2012	242.72	1310	520	320	16.64	10.15
2013	249.14	1500	600	400	16.04	10.74
2014	260.73	1680	640	440	13.58	10.14
2015	269.73	1850	705	540	13.07	10.37
2016	284.96	1950	780	700	12.17	10.16

资料来源：天津市人力资源和社会保障局、天津市民政局，表21—13同。
Source: Tainjin Municipal Human Resources & Social Security Bureau, Tianjin Municipal Civil Affairs Bureau.Same as table 21-13.
注：2005—2007年农村居民生活保障最低标准为农村居民平均生活保障水平。
Note:The data of minimum standard of rural residents living security are average level from 2005 to 2007.

21-13 社会保障事业发展情况(2014—2016年)

Development Statistics on Social Security,2014-2016

单位：万人、亿元(10 000 person,100 million yuan)

指　　标	Item	2014	2015	2016
基本养老保险	**Basic Pension Insurance**			
城镇职工参保人数	Urban Staff and Workers Participated	545.44	565.18	639.03
城乡居民参保人数	Urban and Rural Residents Participated	111.84	121.10	134.47
城镇职工实际缴费人数	Urban Staff and Workers Paying	290.74	295.89	339.53
城镇职工基本养老保险基金收入	Revenue of Basic Pension Insurance Programme	534.44	594.26	751.37
城镇职工基本养老保险基金支出	Expenditure of Basic Pension Insurance Programme	491.66	559.51	750.07
城镇职工基本养老保险基金累计结余	Balance of Basic Pension Insurance Programme	361.67	396.42	397.73
基本医疗保险	**Basic Medical Insurance**			
城镇职工参保人数	Urban Staff and Workers Participated	509.59	522.00	535.68
城乡居民参保人数	Urban and Rural Residents Participated	514.03	532.11	531.10
城镇职工基本医疗保险基金收入	Revenue of Basic Medical Insurance Programme	204.63	235.24	263.53
城镇职工基本医疗保险基金支出	Expenditure of Basic Medical Insurance Programme	185.14	203.93	225.87
城镇职工基本医疗保险基金累计结余	Balance of Basic Medical Insurance Programme	80.28	111.59	149.25
失业保险	**Unemployment Insurance**			
参保人数	Staff and Workers Participated in Unemployment Insurance	287.57	295.32	302.47
领取失业保险金期末人数	Final Personnel Drawing Unemployment Insurance Programme	2.59	7.10	7.35
领取保险金累计新增人数	Newly Total Increased in Current Year	2.91	7.38	6.68
保险基金收入	Revenue of Unemployment Insurance Programme	39.36	30.10	28.76
保险基金支出	Expenditure of Unemployment Insurance Programme	32.92	31.65	27.81
保险基金累计结余	Balance of Unemployment Insurance Programme	104.83	103.28	104.23
工伤保险	**Work Injury Insurance**			
参保人数	Staff and Workers Participated in Work Injury Insurance	345.18	385.61	388.11
保险基金收入	Revenue Insurance Programme	10.86	11.29	9.85
保险基金支出	Expenditure Insurance Programme	8.89	10.56	11.31
保险基金累计结余	Balance Insurance Programme	15.74	16.47	15.01
生育保险	**Maternity Insurance**			
参保人数	Staff and Workers Participated in Maternity Insurance	260.73	269.73	284.96
保险基金收入	Revenue Insurance Programme	10.86	11.11	9.07
保险基金支出	Expenditure Insurance Programme	9.41	10.38	11.41
保险基金累计结余	Balance Insurance Programme	19.26	19.99	17.65
社会保障标准(元/月)	**Social Security Standard(yuan per month)**			
最低工资标准	Minimum Standard of Wages of Staff and Workers	1680	1850	1950
城镇居民最低生活保障标准	Minimum Standard of Urban Living Security	640	705	780
农村居民最低生活保障标准	Minimum Standard of Rural Residents	440	540	700

21-14 劳动争议处理情况(2013—2016年)

The Disposal of Labour Disputes,2013-2016

单位：件 (case)

项 目 Item	2013	2014	2015	2016
上期未结案数 Number of Cases Left Over from Last Period	**2446**	**1383**	**1598**	**1427**
案件受理情况 Cases Accepted				
当期案件受理数 Number of Cases	12352	16302	19221	21771
# 集体劳动争议数 Number of Collective Labour Disputes	69	133	181	241
# 劳动者申诉案件数 Number of Cases Appealed by Labourers	12299	16200	18765	20581
按争议原因分 By Cause of Disputes				
确认劳动关系 Confirmation of labor relations	280	488	877	1067
解除、终止劳动合同 Relieve the Labour Contract	2525	3366	4470	4641
劳动报酬 Labor remuneration	5701	7908	9485	10914
社会保险 Social Insurance	974	1358	1171	1243
其 他 Others	2872	3182	3207	3897
劳动者当事人数(人) Number of Persons Involved (person)	14432	20746	23463	26153
# 集体争议劳动者当事人数 Number of Persons Involved in Collective Disputes	1705	3487	3923	5314
案件处理情况 Cases Settled				
结案数 Number of Cases Settled	13415	16087	19392	21292
按处理方式分 By Manners of Settlement				
仲裁调解 Mediation	6913	8223	10477	11605
仲裁裁决 Arbitration Lawsuit	6502	7864	8915	9687
其他方式 Others				
按处理结果分 By Results of Settlement				
用人单位胜诉 Won by Units	2027	2926	2902	3497
劳动者胜诉 Won by Labours	5012	6352	6738	6739
双方部分胜诉 Partly by Both Parties	6376	6809	9752	11056
其 他 Others				
本期未结案数 Number of Cases Unsettled	**1383**	**1598**	**1427**	**1906**

资料来源：天津市人力资源和社会保障局
Source: Tianjin Municipal Human Resources & Social Security Bureau

21-15 残疾人事业基本情况

Basic Statistics on Persons with Disabilities

单位：人(person)

项　　目	Item	2015	2016
康　复	**Rehabilitation**		
接受康复服务的残疾人	Persons with Disabilities Receiving Rehabilitation Services	21933	94804
已建康复服务档案的残疾人	Persons with Disabilities Who Have Established Rehabilitation Service Files	329737	336015
新增社区康复协调员	New Community Rehabilitation Coordinator	150	104
接受过培训的社区康复协调员	Trained Community Rehabilitation Coordinator	4192	4265
教　育	**Education**		
特殊教育普通高中在校学生	Students Enrollment of Special Education in Regular Senior Secondary Schools	118	111
# 盲	Bland	27	24
聋	Deafness	91	87
高等特殊教育机构录取残疾考生	Handicapped Students Matriculated by Institutions of Higher special education institution	109	121
普通高等院校录取残疾考生	Handicapped Students Matriculated by Institutions of Higher Education	22	21
托　养	**Foster**		
托养服务机构(个)	Foster Service Institutions(uint)	89	85
托养残疾人总数	Total Number of Persons with Disabilities in Foster Care	30837	36277
社会保障	**Social Security**		
符合参保条件残疾居民	Disabled Residents Who Meet the Insured Conditions	71403	80998
实际参保残疾居民	Disabled Residents Who Are Actually Insured	61574	72974
# 60周岁以下参保残疾居民	Disabled Residents Under 60 Years of Age Who Are Actually Insured	24008	25411
扶　贫	**Poverty Alleviation**		
残疾人扶贫基地(个)	Bases of Poverty Alleviation for Disabled Persons(uint)	186	187
扶贫基地安置残疾人就业(人次)	Employment of Persons With Disabilities in Poverty Alleviation Bases(person-time)	2081	2097
维　权	**Rights Protection**		
残疾人法律救助工作站(个)	Legal Aid (Service) Center for Disabled Persons(uint)	17	17
残疾人法律救助工作站办理案件(件)	Cases Transacted by Legal Aid (Service) Center for Disabled Persons(uint)	309	341
组织建设	**Organization Construction**		
持证残疾人总数(万人)	Sum of Disabled Persons with Certificates of Disability(10 000 persons)	29	31
各级残联实有人数	Staff and Workers of Disabled Persons' Federations	964	956

资料来源：天津市残疾人联合会
Source: Tianjin Disabled Persons' Federation
注：2016年中国残联对部分统计指标及统计口径进行调整。
Note:Parts of statistical indicators and covrages adjust since 2016 by China Disabled Persons' Federation.

21–16 受理消费者投诉情况(2016年)

Basic Statistics on Accepted Cases of Consumer Institution,2016

单位：件(item)

项　　目	Item	总　计 Total	质　量 Quality	售后服务 After-sale Service	价　格 Price	计　量 Measure
受理投诉件数总计	**Total Number of Accepted Cases**	**1769**	**819**	**187**	**67**	**28**
家用电子电器类	Household Electric Appliance	399	262	56	5	
服装鞋帽类	Garments, Shoes and Hats	196	145	15		15
食品类	Food	140	70	5	7	6
烟、酒饮料类	Tobacco, Liquor and Drink	43	22	2	1	
房屋及建材类	House and Decoration Materials	72	37	4	2	
日用商品类	Daily Use Household Articles	144	85	15	2	3
首饰及文体用品类	Jewelry, Cultural and Sports Articles	41	21	6	3	
医药及医疗用品类	Medicine and Medical Treatment Articles	26	1	4	2	2
交通工具类	Transportations	163	61	28	3	
农用生产资料类	Agricultural Production Materials	3	1	1		
生活、社会服务类	Living and Social Services	230	42	20	22	1
房屋装修及物业服务类	House Decoration and Property Management	34	9	1	2	
旅游服务	Tourism Services	1		1		
文化、娱乐、体育服务	Cultural, Recreational and Sports Services	29		4	2	
邮政业服务	Post Services	19	2	1	2	
电信服务	Telecommunication Services	17	6		2	1
互联网服务	Internet Services	10	4		1	
金融服务	Finance Services	1			1	
保险服务	Insurance Services	10	1			
卫生保健服务	Health Care Services	7	1	2		
教育培训服务	Educational Services	14	2			
公共设施服务	Public Facility Services	6	2		2	
销售服务	Sales Services	45	6	14	6	
其他商品和服务	Other Commodities and Services	119	39	8	2	
解决件数总计	**Total Cases Solved**	**1535**				

注：本资料为天津市消费者协会系统的统计数据，不含各监测站的统计资料。

Note: Data of this table are provided by Tianjin Municipal Consumer Institution, excluding those data calculated by each monitor station.

21-16续表 *Continued*

单位：件(item)

项　目	Item	合　同 Contract	虚假宣传 False Propaganda	假　冒 Counterfeit	其　他 Others
受理投诉件数总计	**Total Number of Accepted Cases**	**233**	**55**	**19**	**361**
家用电子电器类	Household Electric Appliance	13	2	5	56
服装鞋帽类	Garments, Shoes and Hats	1		1	19
食品类	Food	10	14	3	25
烟、酒饮料类	Tobacco, Liquor and Drink	3	5	4	6
房屋及建材类	House and Decoration Materials	13	4		12
日用商品类	Daily Use Household Articles	10	4	1	24
首饰及文体用品类	Jewelry, Cultural and Sports Articles	2		3	6
医药及医疗用品类	Medicine and Medical Treatment Articles	8	3		6
交通工具类	Transportations	31		1	39
农用生产资料类	Agricultural Production Materials				1
生活、社会服务类	Living and Social Services	82	5		58
房屋装修及物业服务类	House Decoration and Property Management	10	3		9
旅游服务	Tourism Services				
文化、娱乐、体育服务	Cultural, Recreational and Sports Services	15	1		7
邮政业服务	Post Services	7			7
电信服务	Telecommunication Services	3	2		3
互联网服务	Internet Services	2			3
金融服务	Finance Services				
保险服务	Insurance Services	1	7		1
卫生保健服务	Health Care Services	1			3
教育培训服务	Educational Services	8	2		2
公共设施服务	Public Facility Services				2
销售服务	Sales Services	5	1		13
其他商品和服务	Other Commodities and Services	8	2	1	59
解决件数总计	**Total Cases Solved**				

21-17 规模以上服务业企业主要指标(2016年)

Main Indicators of Service Sector above Disignated Size,2016

项目	Item	企业单位数(个) Number of Enterprises (unit)	从业人员年平均人数(人) Annual Average Employment Personnel (person)	资产总计(亿元) Total Assets (100 million yuan)
全市总计	**Total**	**4233**	**597345**	**29856.67**
按行业分	**Grouped by Sector**			
铁路运输业	Railway Transport	7	1602	159.07
道路运输业	Highway Transport	376	62642	3543.93
水上运输业	Waterway Transport	84	18686	2007.7
航空运输业	Air Transport	9	7336	476.67
管道运输业	Pipeline Transport	5	417	39.85
装卸搬运和运输代理业	Load & Unload and Transportation Agent	692	25129	439.48
仓储业	Storage Services	234	18880	797.48
邮政业	Post Services	11	11114	22.59
电信、广播电视和卫星传输服务	Telecommunication, Broadcast Television and Satellite Transmission Services	17	16937	392.3
互联网和相关服务	Internet and Relative Services	70	11304	210.2
软件和信息技术服务业	Software and Information Technology Services	265	22054	1001.24
物业管理(中类)	Property Management (middle class)	165	42826	98.92
房地产中介服务(中类)	The Real Estate Intermediary Services (middle class)	34	16499	145.06
租赁业	Leasing Services	141	12657	4717.69
商务服务业	Business Services	939	130505	8351.41
研究和试验发展	R&D	53	4073	91.52
专业技术服务业	Special Technical Services	479	87657	2168.3
科技推广和应用服务业	Science and Technology Generalizing and Application Services	113	4057	374.98
水利管理业	Management for Water Conservancy	12	765	23.04
生态保护和环境治理业	Ecological Protection and Management for Environment	7	306	8.54
公共设施管理业	Management for Public Facilities	101	14018	3771.1
居民服务业	Resident Services	57	12651	48.8
机动车、电子产品和日用产品修理业	Motor Vehicle, Electronic Products and Household Products Repair Industry	21	2289	4.11
其他服务业	Others	117	51983	615.29
教育	Education	20	3162	15.67
卫生	Health Care	71	8496	28.36
新闻和出版业	News Publication	20	2711	39.92
广播、电视、电影和影视录音制作业	Broadcast, TV, Movies, Video and Record Production Industry	53	2192	107.88
文化艺术业	Culture and Art	28	950	83.28
体育	Sports	12	1177	33.51
娱乐业	Recreational Services	20	2270	38.78

21–17续表 *Continued*

单位：亿元 (100 million yuan)

项　　目	Item	营业收入 Revenue from Business	税收合计 Total Taxes	利润总额 Total Pre-tax Profits
全市总计	**Total**	**5184.07**	**279.46**	**284.36**
按行业分	**Grouped by Sector**			
铁路运输业	Railway Transport	10.56	0.32	0.35
道路运输业	Highway Transport	367.29	11.30	0.26
水上运输业	Waterway Transport	233.02	13.17	30.65
航空运输业	Air Transport	96.64	6.94	2.44
管道运输业	Pipeline Transport	7.35	0.45	-2.03
装卸搬运和运输代理业	Load & Unload and Transportation Agent	526.36	7.56	15.36
仓储业	Storage Services	513.42	13.12	24.88
邮政业	Post Services	34.59	0.58	-0.39
电信、广播电视和卫星传输服务	Telecommunication, Broadcast Television and Satellite Transmission Services	187.10	8.23	16.85
互联网和相关服务	Internet and Relative Services	182.85	7.08	15.71
软件和信息技术服务业	Software and Information Technology Services	338.68	39.82	-17.20
物业管理(中类)	Property Management (middle class)	51.20	4.36	6.47
房地产中介服务(中类)	The Real Estate Intermediary Services (middle class)	50.58	2.81	4.09
租赁业	Leasing Services	387.50	37.81	84.47
商务服务业	Business Services	884.16	49.57	123.04
研究和试验发展	R&D	78.15	1.23	3.16
专业技术服务业	Special Technical Services	771.39	41.94	-48.16
科技推广和应用服务业	Science and Technology Generalizing and Application Services	90.50	2.02	3.70
水利管理业	Management for Water Conservancy	2.89	0.03	-0.88
生态保护和环境治理业	Ecological Protection and Management for Environment	2.22	0.19	0.46
公共设施管理业	Management for Public Facilities	125.81	17.99	2.76
居民服务业	Resident Services	20.44	1.00	-0.52
机动车、电子产品和日用产品修理业	Motor Vehicle, Electronic Products and Household Products Repair Industry	9.09	0.21	0.47
其他服务业	Others	61.56	5.12	12.37
教　育	Education	10.58	0.53	0.89
卫　生	Health Care	30.98	0.35	0.16
新闻和出版业	News Publication	15.42	0.89	0.04
广播、电视、电影和影视录音制作业	Broadcast, TV, Movies, Video and Record Production Industry	58.12	3.18	4.57
文化艺术业	Culture and Art	24.10	0.87	1.37
体　育	Sports	5.06	0.29	-1.67
娱乐业	Recreational Services	6.46	0.50	0.69

21-18 各区规模以上服务业企业主要指标(2016年)

Main Indicators of Service Enterprises above Designated Size by District,2016

地　区	Region	企业单位数(个) Number of Enterprises (unit)	从业人员年平均人数(人) Annual Average Employment Personnel (person)	资产总计(亿元) Total Assets (100 million yuan)
和平区	Heping District	220	46333	2834.80
河东区	Hedong District	137	15586	113.94
河西区	Hexi District	287	36039	727.78
南开区	Nankai District	142	63911	1194.92
河北区	Hebei District	113	24685	1267.74
红桥区	Hongqiao District	43	6620	86.35
东丽区	Dongli District	206	24954	578.27
西青区	Xiqing District	151	18726	562.31
津南区	Jinnan District	241	15403	600.10
北辰区	Beichen District	137	29121	892.02
武清区	Wuqing District	241	20020	353.53
宝坻区	Baodi District	53	5935	163.41
滨海新区	Binhai New Area	2124	273257	20002.03
宁河区	Ninghe District	47	6845	41.23
静海区	Jinghai District	38	3247	27.16
蓟州区	Jizhou District	53	6663	411.08

21-18续表 *Continued*

单位：亿元 (100 million yuan)

地　区	Region	营业收入 Revenue from Business	税收合计 Total Taxes	利润总额 Total Pre-tax Profits
和平区	Heping District	294.52	10.62	31.99
河东区	Hedong District	53.73	1.82	2.47
河西区	Hexi District	219.90	7.73	10.72
南开区	Nankai District	142.20	9.26	14.35
河北区	Hebei District	137.32	5.43	8.95
红桥区	Hongqiao District	31.31	1.99	3.74
东丽区	Dongli District	181.22	5.70	7.70
西青区	Xiqing District	89.58	3.45	0.03
津南区	Jinnan District	82.41	5.38	14.22
北辰区	Beichen District	370.01	18.93	22.01
武清区	Wuqing District	185.32	6.37	10.14
宝坻区	Baodi District	54.56	3.41	5.11
滨海新区	Binhai New Area	3254.09	197.17	146.81
宁河区	Ninghe District	41.06	0.86	1.22
静海区	Jinghai District	26.41	0.68	1.22
蓟州区	Jizhou District	20.43	0.66	3.68

主要统计指标解释

律　师

指依法取得律师执业证书，担任法律顾问、民事(刑事、行政)案件代理人、刑事案件辩护人，办理非诉讼业务，解答法律询问，代写法律事务文书等，为社会提供法律服务的人员。

公证人员

指在公证处工作的人员总称，包括公证处主任、副主任、公证员、公证员助理(助理公证员)和其他从事辅助性工作的人员。

办理公证文书

指公证处根据当事人申请，依照事实和法律，按照法定程序制作的，具有法律效力的司法证明文书。根据公证书用途和使用地，公证书分为国内公证书、国内经济公证书、涉外民事公证书、涉外经济公证书四类。

调解人员

指在人民调解委员会担负调解民间纠纷工作的人员，包括调解委员会的委员和调解小组的调解员。

调解民间纠纷

指调解委员会按照法律规定，根据自愿原则，用说服教育的方法调解民间发生的有关民事权利和义务争执的件数，包括调解成功数和调解未成功数。

受理劳动争议案件数

指劳动争议仲裁委员会根据国家有关规定，对劳动争议当事人的申请予以审查，符合受理条件而正式立案、准备处理的劳动争议案件数。

基本养老保险

1.（参保）职工人数：指报告期末按照国家法律、法规和有关政策规定参加基本养老保险并在社保经办机构已建立缴费记录档案的职工人数，包括中断缴费但未终止养老保险关系的职工人数，不包括只登记未建立缴费记录档案的人数。

2.（参保）离退休人员人数：指报告期末参加基本养老保险的离休、退休和退职人员的人数。

3. 基本养老保险基金收入：指根据国家有关规定，由纳入基本养老保险范围的缴费单位和个人按国家规定的缴费基数和缴费比例缴纳的养老保险基金，以及通过其他方式取得的形成基金来源的收入。包括单位和职工个人缴纳的基本养老保险费、基本养老保险基金利息收入、上级补助收入、下级上解收入、转移收入、财政补贴和其他收入。

4. 基本养老保险基金支出：指按照国家政策规定的开支范围和开支标准从养老保险基金中支付给参加基本养老保险的个人的养老金、丧葬抚恤补助，以及由于保险关系转移、上下级之间调剂资金等原因而发生的支出。包括离休金、退休金、退职金、各种补贴、医疗费、死亡丧葬补助费、抚恤救济费、社会保险经办机构管理费、补助下级支出、上解上级支出、转移支出、其他支出等。

5. 基本养老保险基金累计结余：指截至报告期末基本养老保险基金收支相抵后的累计余额。

基本医疗保险

1. 参保人数：指报告期末按国家有关规定参加基本医疗保险的人数。包括参加保险的职工人数和退休人员人数。

2. 基金收入：指根据国家有关规定，由纳入基本医疗保险范围的缴费单位和个人，按国家规定的缴费基数和缴费比例缴纳的基金，以及通过其他方式取得的形成基金来源的款项，包括：单位缴纳的社会统筹基金收入、个人缴纳的个人账户基金收入、财政补贴收入、利息收入、其他收入。

3. 基金支出：指按照国家政策规定的开支范围和开支标准从社会统筹基金中支付给参加基本医疗保险的职工和退休人员的医疗保险待遇支出，和从个人账户基金中支付给参加基本医疗保险的职工和退休人员的医疗费用支出，以及其他支出。包括：住院医疗费用支出、门急诊医疗费用支出、个人账户基金支出、其他支出。

4. 基金累计结余：指截至报告期末基本医疗保险的社会统筹和个人账户基金累计结余金额。包括银行存款、财政专户、债券投资和其他。

失业保险

1. 参保人数：指报告期末按照国家法律、法规和有关政策规定参加了失业保险的城镇企业事业单位的职工及地方政府规定参加失业保险的其他人员的人数。

2. 失业保险基金收入：指按照规定从企业、事业及其他单位筹集的失业保险费及其他并入失业保险基金收入的总额。包括单位和个人缴纳的失业保险费、失业保险基金利息收入、上级补助收入、下级上解收入、转移收入、财政补贴和其他收入。

3. 失业保险基金支出：指报告期内为保障失业人员和下岗职工基本生活、促进其再就业等支出的基金总额。包括失业救济金、医疗费、死亡丧葬补助费、抚恤救济费、转业训练费支出、失业保险经办机构管理费、补助下级支出、上解上级支出、转移支出和其他支出。

4. 基金累计结余：指截至报告期末失业保险基金收支相抵后的累计余额。

Explanatory Notes on Main Statistical Indicators

Lawyers

are certified legal workers according to law, and who are employed by legal counseling firms to act as legal advisers, agents in civil (criminal, administrative) cases, or defenders in criminal lawsuits, or to handle non-litigious legal affairs, to advise on matters of law or to write legal papers for others, and provide service to the public.

Notarial Personnel

refers to people working for notary offices including: directors, deputy director, notaries, assistant notaries, and other people providing assistance.

Notarized Documents

refer to the judicatory notary documents drawn up by the request of the party and are in accordance with facts and laws and following certain legal proceedings. According to usage and locality, the notary documents are divided into following 4 types: domestic notary documents, domestic economic notary documents, foreign-related civil notary documents and foreign-related economic notary documents.

Mediators

refer to workers on people mediation committees responsible for mediating in civil disputes and cases of slight infraction of the law. They include members of the mediation committees and mediators of mediation groups.

Mediation of Civil Disputes

refers to number of cases made by mediation committees in mediating in civil disputes concerning civil rights and duties through persuasion and education in accordance with the provisions of law on a voluntary basis, so as to solve disputes by helping the parties involved come to an agreement and understanding, including successful mediation amounts and unsuccessful mediation amounts.

Number of Labour Dispute Cases Accepted

refers to the number of cases of labour dispute submitted that, after being reviewed by the labour dispute arbitration committees in line with the relevant national regulations, are accepted and registered for treatment.

Basic Pension Insurance

1. Number of staff and workers covered refer to staff and workers participating in the basic pension insurance programme according to national laws, regulations and related policies at the end of the reference period, who have already had payment records in social security management agencies, including those who have interrupt payment without terminating the insurance programme. Those who have registered in the programme but with no payment records are not included.

2. Number of retirees participating in the basic pension insurance programme refer to the number of resigned people, retired people and people quitting iobs who participating in basic pension insurance programmes by the end of the reference period.

3. Revenue of the basic pension insurance programme refers to payments made by employers and individuals participating in the pension insurance programme in accordance with the basis and proportion stipulated in State regulations, and income from other sources that become source of pension insurance fund, including the premium paid by employers and staff and workers, interest income, subsidies from higher level agencies, income as transferred from subordinate agencies, transferred income, government financial subsidies and other income.

4. Expenditure of basic pension insurance programme refers to payment made on pensions and funeral subsidies to those retired and resigned people covered in pension insurance programmes according to related national policies on scope and standard of expenditure. Also included are expenditure which arises due to shift of the insurance relationship or adjustment of funds among agencies. More specifically, included are pensions for resigned people, pensions for retired people, pension for people quitting jobs, various subsidies, medical fees, funeral subsidies, compensation payments, management fees for social security agencies, expenses on subsidies to lower subordinates, expenses as transfer to agencies at higher level, transferred expenditure and other expenditure.

5. Balance of basic pension insurance programme refers to the balance of basic pension insurance funds at the end of the reference period after deducting expenses from revenue.

Basic Medical Care Insurance

1. Number of people participating in the insurance programme refers to people participating in the basic medical care insurance programme according to related regulations as at the end of reference period, including number of staff and workers and retirees participating in this insurance programme.

2. Revenue of the insurance programme refers to payments made by employers and individuals participating in the medical care insurance programme in accordance with the basis and proportion stipulated in State regulations, and income from other sources that become source of medical insurance fund, including income of social comprehensive funds paid by employers, income from individual accounts, government financial subsidies, interest income and other income.

3. Expenditure of the insurance programme refers to payment made from social comprehensive funds to those retired and resigned people covered in basic medical care insurance within the scope and standards of expenditure according to related

national policies, and medical care payment made from individual accounts to staff and workers and retirees, and other expenses, including medical expenses of hospital inpatients, medical expenses for outpatients and emergency patients, payment from individual accounts and other expenditure.

4. Balance of the basic medical care insurance programme refer to the balance of medical care insurance of social comprehensive funds and individual accounts at the end of the reference period, including bank savings, special fiscal accounts, investment in bonds and others.

Unemployment Insurance

1. Number of people covered refers to staff and workers in urban enterprises or institutions who have participated in unemployment insurance programme according to nation laws, regulations and related policies, and other people who have participated according to local government regulations, by the end of reference period.

2. Revenue of unemployment insurance refer to payments made from enterprises, institutions and other units to unemployment insurance programme and other income contributed to this programme, including unemployment insurance premium made by employers and individuals, interest income, subsidies from higher level agencies, income as transfer from subordinate agencies, transferred income, government financial subsidies and other income.

3. Expenses of unemployment insurance refer to total expenses during the reference period to guarantee the basic livelihood of unemployed people and laid-off staff and workers and to encourage their re-employment. Included are unemployment relief, medical fees, funeral subsidies, compensation pension, training expenses, management fees for unemployment insurance agencies, subsidies to lower level agencies, expenses as transfer to higher level agencies, transferred expenditure and other expenditure.

4. Balance of unemployment insurance refer to the balance of unemployment revenue deducting unemployment expenses at the end of the reference period.

第二十二篇　各区基本情况

Chapter 22　Basic Statistics on Districts

22-1 各区主要经济指标(2016年)

Basic Statistics on Districts,2016

单位：亿元(100 million yuan)

地　区	Region	地　区 生产总值 Gross Domestic Product of District	2016 比2015年 增长(%) Increase Rate in 2016 over 2015 (%)	规模以上 工业总产值 Gross Output Value of Industrial Enterprises above Designated Size	2016 比2015年 增长(%) Increase Rate in 2016 over 2015 (%)
和平区	Heping District	802.62	8.4	16.49	49.2
河东区	Hedong District	290.98	8.0	27.75	9.3
河西区	Hexi District	819.85	8.3	109.94	-11.5
南开区	Nankai District	652.09	8.5	149.87	9.5
河北区	Hebei District	415.67	7.3	406.38	-1.3
红桥区	Hongqiao District	208.16	7.4	9.00	6.0
东丽区	Dongli District	927.08	8.5	1370.04	5.5
西青区	Xiqing District	1040.27	10.6	1760.53	10.2
津南区	Jinnan District	810.16	8.0	1653.99	8.4
北辰区	Beichen District	1058.14	10.8	2539.64	11.0
武清区	Wuqing District	1151.65	11.5	2439.37	14.1
宝坻区	Baodi District	684.07	12.8	1041.51	20.0
滨海新区	Binhai New Area		7.0	12381.39	0.7
宁河区	Ninghe District	525.37	7.4	713.18	8.7
静海区	Jinghai District	667.83	10.9	2033.15	9.2
蓟州区	Jizhou District	392.55	7.5	309.68	16.9

注：各区生产总值增速按可比价格计算，后表同。

Note: Increase rate of gross domestic product of district is calculated at constant prices,same as following next.

22-1续表1 *Continued*

单位：亿元 (100 million yuan)

地　区	Region	区　级 一般公共预算收入 General Public Budget Revenue at District Level	2016 比2015年 增长(%) Increase Rate in 2016 over 2015(%)	区　级 一般公共预算支出 General Public Budget Expenditure at District Level	2016 比2015年 增长(%) Increase Rate in 2016 over 2015 (%)
和平区	Heping District	93.56	0.4	118.18	18.7
河东区	Hedong District	58.88	12.3	93.14	32.5
河西区	Hexi District	89.41	15.7	86.48	9.1
南开区	Nankai District	74.82	18.3	96.50	30.1
河北区	Hebei District	60.96	5.6	86.49	18.3
红桥区	Hongqiao District	28.76	11.9	52.14	16.1
东丽区	Dongli District	78.79	-19.2	101.93	-7.3
西青区	Xiqing District	116.55	13.0	157.33	24.7
津南区	Jinnan District	61.25	-25.6	109.50	33.9
北辰区	Beichen District	93.12	17.6	114.80	20.9
武清区	Wuqing District	126.01	13.0	176.32	26.5
宝坻区	Baodi District	64.72	13.4	109.93	24.7
滨海新区	Binhai New Area	672.98	10.8	905.53	19.0
宁河区	Ninghe District	29.46	-25.6	56.13	-10.2
静海区	Jinghai District	64.87	12.2	100.80	19.7
蓟州区	Jizhou District	41.44	10.7	94.83	32.2

22-1续表2 *Continued*

单位：亿元 (100 million yuan)

地　区	Region	全社会固定资产投资 Total Investment in Fixed Assets	2016比2015年增长(%) Increase Rate in 2016 over 2015 (%)	社会消费品零售总额 Retail Sales of Consumer Goods	2016比2015年增长(%) Increase Rate in 2016 over 2015 (%)
和平区	Heping District	189.46	15.5	488.74	6.6
河东区	Hedong District	180.06	19.5	414.39	11.3
河西区	Hexi District	283.06	20.9	509.46	6.6
南开区	Nankai District	193.12	20.3	575.57	0.6
河北区	Hebei District	179.74	15.7	260.25	8.1
红桥区	Hongqiao District	183.08	3.4	199.46	12.8
东丽区	Dongli District	917.04	0.1	287.88	27.0
西青区	Xiqing District	1190.26	12.2	226.45	6.4
津南区	Jinnan District	862.91	6.3	280.18	-0.3
北辰区	Beichen District	1154.59	15.3	229.53	14.5
武清区	Wuqing District	1281.44	10.7	393.40	2.2
宝坻区	Baodi District	830.61	12.5	211.89	11.8
滨海新区	Binhai New Area	4609.00	9.6	1103.09	6.1
宁河区	Ninghe District	720.37	3.3	119.66	7.6
静海区	Jinghai District	775.44	12.3	151.52	13.2
蓟州区	Jizhou District	788.69	10.6	184.35	3.2

22-1续表3 *Continued*

单位：亿元 (100 million yuan)

地　区	Region	外贸出口总额(亿美元) Total Value of Exports in Foreign Trade (USD 100 million)	2016比2015年增长(%) Increase Rate in 2016 over 2015(%)	实际直接利用外资(万美元) Actual Direct Utilization of Foreign Capital (USD 10 000)	年末有效专利数(件) Year-end Patent in Force (item)
和平区	Heping District	18.22	-2.2	29015	1501
河东区	Hedong District	3.73	-17.0	5047	4227
河西区	Hexi District	9.26	-5.8	16001	4509
南开区	Nankai District	6.70	-7.2	8000	11079
河北区	Hebei District	5.95	-14.8	8005	4301
红桥区	Hongqiao District	1.06	-5.4	2044	1986
东丽区	Dongli District	20.08	-8.1	19033	6500
西青区	Xiqing District	22.53	7.4	59018	11732
津南区	Jinnan District	12.77	-4.3	16002	7280
北辰区	Beichen District	27.36	-6.9	44113	11495
武清区	Wuqing District	24.14	-12.5	54003	11987
宝坻区	Baodi District	4.44	-13.1	12000	4388
滨海新区	Binhai New Area	264.67	-18.3	711288	38554
宁河区	Ninghe District	3.60	-8.8	10390	1042
静海区	Jinghai District	15.02	-5.3	12063	2895
蓟州区	Jizhou District	3.35	193.2	4024	967

22-2 和平区基本情况

Basic Statistics on Heping District

指 标	Item	2015	2016
常住人口(万人)	Permanent Population(10 000 persons)	34.90	35.19
户籍户数(万户)	Registered Households(10 000 households)	14.32	14.67
户籍人口(万人)	Registered Population(10 000 persons)	41.57	42.32
男 性	Male	20.00	20.37
女 性	Female	21.57	21.95
年平均人口(万人)	Average Annual Population(10 000 persons)	41.33	41.95
城镇非私营单位从业人员(万人)	Employment Personnel in Urban Non-private Units(10 000 persons)	14.93	15.33
新增就业人员(人)	Newly Increased Employment Personnel(person)	40785	40909
城镇非私营单位从业人员平均工资(元)	Average Remuneration of Employment Personnel in Urban Non-private Units(yuan)	87201	92587
地区生产总值(亿元)	Gross Domestic Product of District (100 million yuan)	775.77	802.62
第二产业	Secondary Industry	24.17	19.33
第三产业	Tertiary Industry	751.60	783.29
第三产业比重(%)	The Proportion of Tertiary Industry in GDP(%)	96.9	97.6
地区生产总值增速(%)	Increase Rate of Gross Domestic Product of District(%)	8.0	8.4
区级一般公共预算收入(亿元)	General Public Budget Revenue at District Level(100 million yuan)	97.61	93.56
# 税收收入	Revenue from Taxes	61.14	54.82
区级一般公共预算支出(亿元)	General Public Budget Expenditure at District Level(100 million yuan)	99.53	118.18
# 教育经费支出	Operating Expenses for Education	26.04	23.00
社会保障和就业	Social Security and Employment	8.82	13.17
医疗卫生与计划生育	Health Care and Family Planning	8.15	7.80
规模以上工业企业	Industrial Enterprises above Designated Size		
单位数(个)	Number of Units(unit)	7	6
资产总值(亿元)	Total Assets(100 million yuan)	160.80	175.49
主营业务收入(亿元)	Revenue from Principal Business(100 million yuan)	20.51	19.82
利润总额(亿元)	Total Pre-tax Profits(100 million yuan)	-3.09	-3.26
工业总产值(亿元)	Gross Output Value of Industry(100 million yuan)	17.08	16.49

22-2续表 *Continued*

指　　标	Item	2015	2016
全社会固定资产投资(亿元)	Total Investment in Fixed Assets(100 million yuan)	164.05	189.46
# 房地产开发	Real Estate Development	92.02	86.05
建筑业总产值(亿元)	Gross Output Value of Construction(100 million yuan)	195.19	147.18
社会消费品零售总额(亿元)	Retail Sales of Consumer Goods(100 million yuan)	458.58	488.74
限额以上批发和零售业商品销售额(亿元)	Total Sales of Wholesale and Retail Trade above Designated Size (100 million yuan)	3741.65	2993.03
外贸进出口总额(亿美元)	Total Value of Imports and Exports in Foreign Trade (USD 100 million)	57.22	49.86
# 出　口	Exports	18.64	18.22
实际直接利用外资(亿美元)	Actual Direct Utilization of Foreign Capital(USD 100 million)	7.83	2.90
实际利用内资(亿元)	Domestic Investment Actually Used(100 million yuan)	133.64	141.03
中资金融机构本外币存款余额(亿元)	RMB and Foreign Currencies Deposits of Chinese Financial Institutions(100 million yuan)	2995.56	3275.46
中资金融机构本外币贷款余额(亿元)	RMB and Foreign Currencies Loans of Chinese Financial Institutions(100 million yuan)	2585.51	3115.93
专利申请授权量(件)	Patent Applications Granted(item)	415	422
小学校数(所)	Number of Primary Schools(unit)	21	21
小学在校学生数(万人)	Students Enrollment of Primary Schools(10 000 persons)	2.79	3.01
普通中学校数(所)	Number of Regular Secondary Schools(unit)	18	18
普通中学在校学生数(万人)	Students Enrollment of Regular Secondary Schools(10 000 persons)	2.08	1.97
幼儿园数(所)	Number of Kindergartens(unit)	22	21
在园儿童数(万人)	Number of Children Enrolled in Kindergartens(10 000 persons)	0.63	0.62
卫生机构数(个)	Health Care Institutions(unit)	125	154
# 医院、卫生院	Hospitals and Health Care Centers	23	26
卫生机构床位数(张)	Beds in Health Care Institutions(unit)	5200	5326
# 医院、卫生院	Hospitals and Health Care Centers	5060	5186
每千人卫生机构床位数(张)	Beds in Health Care Institutions per 1 000 Persons(unit)	14.30	15.20
每千人执业（助理）医师数(人)	Number of Licensed (Assistant) Doctors per 1 000 Persons(person)	7.50	8.02
每千人注册护士数(人)	Number of Registered Nurses per 1 000 Persons(person)	9.08	9.55

22-3 河东区基本情况

Basic Statistics on Hedong District

指　标	Item	2015	2016
常住人口(万人)	Permanent Population(10 000 persons)	96.69	97.61
户籍户数(万户)	Registered Households(10 000 households)	29.74	30.20
户籍人口(万人)	Registered Population(10 000 persons)	75.08	75.79
男　性	Male	37.71	38.06
女　性	Female	37.37	37.73
年平均人口(万人)	Average Annual Population(10 000 persons)	74.87	75.44
城镇非私营单位从业人员(万人)	Employment Personnel in Urban Non-private Units(10 000 persons)	12.76	11.63
新增就业人员(人)	Newly Increased Employment Personnel(person)	40622	40747
城镇非私营单位从业人员平均工资(元)	Average Remuneration of Employment Personnel in Urban Non-private Units(yuan)	72364	74176
地区生产总值(亿元)	Gross Domestic Product of District (100 million yuan)	286.05	290.98
第二产业	Secondary Industry	22.71	24.25
第三产业	Tertiary Industry	263.34	266.73
第三产业比重(%)	The Proportion of Tertiary Industry in GDP(%)	92.1	91.7
地区生产总值增速(%)	Increase Rate of Gross Domestic Product of District(%)	8.6	8.0
区级一般公共预算收入(亿元)	General Public Budget Revenue at District Level(100 million yuan)	54.57	58.88
# 税收收入	Revenue from Taxes	28.41	36.97
区级一般公共预算支出(亿元)	General Public Budget Expenditure at District Level(100 million yuan)	70.29	93.14
# 教育经费支出	Operating Expenses for Education	16.95	13.85
社会保障和就业	Social Security and Employment	7.11	14.02
医疗卫生与计划生育	Health Care and Family Planning	4.32	4.33
规模以上工业企业	Industrial Enterprises above Designated Size		
单位数(个)	Number of Units(unit)	20	17
资产总值(亿元)	Total Assets(100 million yuan)	110.26	117.73
主营业务收入(亿元)	Revenue from Principal Business(100 million yuan)	27.62	30.35
利润总额(亿元)	Total Pre-tax Profits(100 million yuan)	-0.36	0.16
工业总产值(亿元)	Gross Output Value of Industry(100 million yuan)	24.90	27.75

22-3续表 *Continued*

指　　标	Item	2015	2016
全社会固定资产投资(亿元)	Total Investment in Fixed Assets(100 million yuan)	150.69	180.06
# 房地产开发	Real Estate Development	127.17	144.09
建筑业总产值(亿元)	Gross Output Value of Construction(100 million yuan)	259.60	242.77
社会消费品零售总额(亿元)	Retail Sales of Consumer Goods(100 million yuan)	372.16	414.39
限额以上批发和零售业商品销售额(亿元)	Total Sales of Wholesale and Retail Trade above Designated Size (100 million yuan)	1434.03	1499.68
外贸进出口总额(亿美元)	Total Value of Imports and Exports in Foreign Trade (USD 100 million)	9.90	8.32
# 出　口	Exports	4.49	3.73
实际直接利用外资(亿美元)	Actual Direct Utilization of Foreign Capital(USD 100 million)	1.07	0.50
实际利用内资(亿元)	Domestic Investment Actually Used(100 million yuan)	132.05	141.02
中资金融机构本外币存款余额(亿元)	RMB and Foreign Currencies Deposits of Chinese Financial Institutions(100 million yuan)	1030.54	1145.02
中资金融机构本外币贷款余额(亿元)	RMB and Foreign Currencies Loans of Chinese Financial Institutions(100 million yuan)	737.28	916.35
专利申请授权量(件)	Patent Applications Granted(item)	1611	1052
小学校数(所)	Number of Primary Schools(unit)	23	23
小学在校学生数(万人)	Students Enrollment of Primary Schools(10 000 persons)	2.44	2.66
普通中学校数(所)	Number of Regular Secondary Schools(unit)	19	19
普通中学在校学生数(万人)	Students Enrollment of Regular Secondary Schools(10 000 persons)	1.76	1.67
幼儿园数(所)	Number of Kindergartens(unit)	34	34
在园儿童数(万人)	Number of Children Enrolled in Kindergartens(10 000 persons)	1.04	1.00
卫生机构数(个)	Health Care Institutions(unit)	212	209
# 医院、卫生院	Hospitals and Health Care Centers	48	47
卫生机构床位数(张)	Beds in Health Care Institutions(unit)	3844	3856
# 医院、卫生院	Hospitals and Health Care Centers	2981	2965
每千人卫生机构床位数(张)	Beds in Health Care Institutions per 1 000 Persons(unit)	3.93	3.97
每千人执业（助理）医师数(人)	Number of Licensed (Assistant) Doctors per 1 000 Persons(person)	2.24	2.32
每千人注册护士数(人)	Number of Registered Nurses per 1 000 Persons(person)	1.85	1.96

22-4 河西区基本情况

Basic Statistics on Hexi District

指　标	Item	2015	2016
常住人口(万人)	Permanent Population(10 000 persons)	98.30	99.25
户籍户数(万户)	Registered Households(10 000 households)	29.44	30.00
户籍人口(万人)	Registered Population(10 000 persons)	82.14	83.20
男　性	Male	40.35	40.83
女　性	Female	41.79	42.37
年平均人口(万人)	Average Annual Population(10 000 persons)	82.01	82.67
城镇非私营单位从业人员(万人)	Employment Personnel in Urban Non-private Units(10 000 persons)	19.10	20.05
新增就业人员(人)	Newly Increased Employment Personnel(person)	40754	40763
城镇非私营单位从业人员平均工资(元)	Average Remuneration of Employment Personnel in Urban Non-private Units(yuan)	95306	101046
地区生产总值(亿元)	Gross Domestic Product of District (100 million yuan)	770.07	819.85
第二产业	Secondary Industry	41.61	28.93
第三产业	Tertiary Industry	728.46	790.92
第三产业比重(%)	The Proportion of Tertiary Industry in GDP(%)	94.6	96.5
地区生产总值增速(%)	Increase Rate of Gross Domestic Product of District(%)	8.4	8.3
区级一般公共预算收入(亿元)	General Public Budget Revenue at District Level(100 million yuan)	85.04	89.41
# 税收收入	Revenue from Taxes	67.76	72.62
区级一般公共预算支出(亿元)	General Public Budget Expenditure at District Level(100 million yuan)	79.26	86.48
# 教育经费支出	Operating Expenses for Education	21.20	21.52
社会保障和就业	Social Security and Employment	6.95	13.64
医疗卫生与计划生育	Health Care and Family Planning	11.28	5.59
规模以上工业企业	Industrial Enterprises above Designated Size		
单位数(个)	Number of Units(unit)	42	33
资产总值(亿元)	Total Assets(100 million yuan)	545.57	411.19
主营业务收入(亿元)	Revenue from Principal Business(100 million yuan)	170.20	84.21
利润总额(亿元)	Total Pre-tax Profits(100 million yuan)	-2.67	0.37
工业总产值(亿元)	Gross Output Value of Industry(100 million yuan)	161.42	109.94

22–4续表 *Continued*

指　　标	Item	2015	2016
全社会固定资产投资(亿元)	Total Investment in Fixed Assets(100 million yuan)	234.20	283.06
# 房地产开发	Real Estate Development	118.45	244.22
建筑业总产值(亿元)	Gross Output Value of Construction(100 million yuan)	144.43	141.76
社会消费品零售总额(亿元)	Retail Sales of Consumer Goods(100 million yuan)	477.74	509.46
限额以上批发和零售业商品销售额(亿元)	Total Sales of Wholesale and Retail Trade above Designated Size (100 million yuan)	2224.77	1859.20
外贸进出口总额(亿美元)	Total Value of Imports and Exports in Foreign Trade (USD 100 million)	15.37	11.36
# 出　口	Exports	9.83	9.26
实际直接利用外资(亿美元)	Actual Direct Utilization of Foreign Capital(USD 100 million)	4.23	1.60
实际利用内资(亿元)	Domestic Investment Actually Used(100 million yuan)	133.65	141.03
中资金融机构本外币存款余额(亿元)	RMB and Foreign Currencies Deposits of Chinese Financial Institutions(100 million yuan)	4705.04	4776.37
中资金融机构本外币贷款余额(亿元)	RMB and Foreign Currencies Loans of Chinese Financial Institutions(100 million yuan)	3083.10	3416.42
专利申请授权量(件)	Patent Applications Granted(item)	1568	1279
小学校数(所)	Number of Primary Schools(unit)	33	33
小学在校学生数(万人)	Students Enrollment of Primary Schools(10 000 persons)	3.59	3.86
普通中学校数(所)	Number of Regular Secondary Schools(unit)	19	19
普通中学在校学生数(万人)	Students Enrollment of Regular Secondary Schools(10 000 persons)	2.47	2.45
幼儿园数(所)	Number of Kindergartens(unit)	38	38
在园儿童数(万人)	Number of Children Enrolled in Kindergartens(10 000 persons)	1.37	1.30
卫生机构数(个)	Health Care Institutions(unit)	273	283
# 医院、卫生院	Hospitals and Health Care Centers	47	52
卫生机构床位数(张)	Beds in Health Care Institutions(unit)	9905	9697
# 医院、卫生院	Hospitals and Health Care Centers	9602	9426
每千人卫生机构床位数(张)	Beds in Health Care Institutions per 1 000 Persons(unit)	9.91	9.82
每千人执业（助理）医师数(人)	Number of Licensed (Assistant) Doctors per 1 000 Persons(person)	4.52	4.48
每千人注册护士数(人)	Number of Registered Nurses per 1 000 Persons(person)	5.67	5.18

22-5 南开区基本情况

Basic Statistics on Nankai District

指 标	Item	2015	2016
常住人口(万人)	Permanent Population(10 000 persons)	113.57	114.55
户籍户数(万户)	Registered Households(10 000 households)	31.99	32.63
户籍人口(万人)	Registered Population(10 000 persons)	86.23	87.28
男 性	Male	42.88	43.30
女 性	Female	43.35	43.98
年平均人口(万人)	Average Annual Population(10 000 persons)	86.19	86.76
城镇非私营单位从业人员(万人)	Employment Personnel in Urban Non-private Units(10 000 persons)	21.62	21.24
新增就业人员(人)	Newly Increased Employment Personnel(person)	40576	40651
城镇非私营单位从业人员平均工资(元)	Average Remuneration of Employment Personnel in Urban Non-private Units(yuan)	72146	83026
地区生产总值(亿元)	Gross Domestic Product of District (100 million yuan)	590.93	652.09
第二产业	Secondary Industry	53.36	48.23
第三产业	Tertiary Industry	537.57	603.86
第三产业比重(%)	The Proportion of Tertiary Industry in GDP(%)	91.0	92.6
地区生产总值增速(%)	Increase Rate of Gross Domestic Product of District(%)	7.4	8.5
区级一般公共预算收入(亿元)	General Public Budget Revenue at District Level(100 million yuan)	66.56	74.82
# 税收收入	Revenue from Taxes	42.67	47.92
区级一般公共预算支出(亿元)	General Public Budget Expenditure at District Level(100 million yuan)	74.20	96.50
# 教育经费支出	Operating Expenses for Education	16.37	13.49
社会保障和就业	Social Security and Employment	7.85	13.82
医疗卫生与计划生育	Health Care and Family Planning	12.82	8.36
规模以上工业企业	Industrial Enterprises above Designated Size		
单位数(个)	Number of Units(unit)	68	56
资产总值(亿元)	Total Assets(100 million yuan)	346.55	284.02
主营业务收入(亿元)	Revenue from Principal Business(100 million yuan)	272.42	223.58
利润总额(亿元)	Total Pre-tax Profits(100 million yuan)	11.21	7.08
工业总产值(亿元)	Gross Output Value of Industry(100 million yuan)	208.76	149.87

22-5续表 *Continued*

指　　标	Item	2015	2016
全社会固定资产投资(亿元)	Total Investment in Fixed Assets(100 million yuan)	160.54	193.12
# 房地产开发	Real Estate Development	159.78	133.04
建筑业总产值(亿元)	Gross Output Value of Construction(100 million yuan)	139.80	124.05
社会消费品零售总额(亿元)	Retail Sales of Consumer Goods(100 million yuan)	572.22	575.57
限额以上批发和零售业商品销售额(亿元)	Total Sales of Wholesale and Retail Trade above Designated Size (100 million yuan)	1461.44	1357.23
外贸进出口总额(亿美元)	Total Value of Imports and Exports in Foreign Trade (USD 100 million)	10.17	9.32
# 出　口	Exports	7.22	6.70
实际直接利用外资(亿美元)	Actual Direct Utilization of Foreign Capital(USD 100 million)	1.58	0.80
实际利用内资(亿元)	Domestic Investment Actually Used(100 million yuan)	131.41	141.01
中资金融机构本外币存款余额(亿元)	RMB and Foreign Currencies Deposits of Chinese Financial Institutions(100 million yuan)	2192.86	2433.98
中资金融机构本外币贷款余额(亿元)	RMB and Foreign Currencies Loans of Chinese Financial Institutions(100 million yuan)	1368.46	1620.10
专利申请授权量(件)	Patent Applications Granted(item)	2502	2698
小学校数(所)	Number of Primary Schools(unit)	31	31
小学在校学生数(万人)	Students Enrollment of Primary Schools(10 000 persons)	3.49	3.81
普通中学校数(所)	Number of Regular Secondary Schools(unit)	20	20
普通中学在校学生数(万人)	Students Enrollment of Regular Secondary Schools(10 000 persons)	2.46	2.39
幼儿园数(所)	Number of Kindergartens(unit)	55	60
在园儿童数(万人)	Number of Children Enrolled in Kindergartens(10 000 persons)	1.42	1.47
卫生机构数(个)	Health Care Institutions(unit)	289	292
# 医院、卫生院	Hospitals and Health Care Centers	47	51
卫生机构床位数(张)	Beds in Health Care Institutions(unit)	8826	9240
# 医院、卫生院	Hospitals and Health Care Centers	8314	8710
每千人卫生机构床位数(张)	Beds in Health Care Institutions per 1 000 Persons(unit)	7.66	8.10
每千人执业（助理）医师数(人)	Number of Licensed (Assistant) Doctors per 1 000 Persons(person)	4.28	4.53
每千人注册护士数(人)	Number of Registered Nurses per 1 000 Persons(person)	4.01	4.37

22–6 河北区基本情况

Basic Statistics on Hebei District

指　　标	Item	2015	2016
常住人口(万人)	Permanent Population(10 000 persons)	88.51	89.24
户籍户数(万户)	Registered Households(10 000 households)	24.60	24.89
户籍人口(万人)	Registered Population(10 000 persons)	62.93	63.42
男　性	Male	31.62	31.86
女　性	Female	31.31	31.56
年平均人口(万人)	Average Annual Population(10 000 persons)	62.79	63.18
城镇非私营单位从业人员(万人)	Employment Personnel in Urban Non-private Units(10 000 persons)	9.77	8.38
新增就业人员(人)	Newly Increased Employment Personnel(person)	40769	40904
城镇非私营单位从业人员平均工资(元)	Average Remuneration of Employment Personnel in Urban Non-private Units(yuan)	95351	107829
地区生产总值(亿元)	Gross Domestic Product of District (100 million yuan)	412.84	415.67
第二产业	Secondary Industry	82.24	82.02
第三产业	Tertiary Industry	330.60	333.65
第三产业比重(%)	The Proportion of Tertiary Industry in GDP(%)	80.1	80.3
地区生产总值增速(%)	Increase Rate of Gross Domestic Product of District(%)	8.2	7.3
区级一般公共预算收入(亿元)	General Public Budget Revenue at District Level(100 million yuan)	57.13	60.96
# 税收收入	Revenue from Taxes	24.04	31.23
区级一般公共预算支出(亿元)	General Public Budget Expenditure at District Level(100 million yuan)	73.10	86.49
# 教育经费支出	Operating Expenses for Education	19.31	21.54
社会保障和就业	Social Security and Employment	5.80	11.28
医疗卫生与计划生育	Health Care and Family Planning	10.73	9.61
规模以上工业企业	Industrial Enterprises above Designated Size		
单位数(个)	Number of Units(unit)	31	27
资产总值(亿元)	Total Assets(100 million yuan)	760.06	773.89
主营业务收入(亿元)	Revenue from Principal Business(100 million yuan)	418.31	407.17
利润总额(亿元)	Total Pre-tax Profits(100 million yuan)	10.80	12.03
工业总产值(亿元)	Gross Output Value of Industry(100 million yuan)	415.31	406.38

22–6续表 *Continued*

指　　标	Item	2015	2016
全社会固定资产投资(亿元)	Total Investment in Fixed Assets(100 million yuan)	155.33	179.74
# 房地产开发	Real Estate Development	98.36	154.23
建筑业总产值(亿元)	Gross Output Value of Construction(100 million yuan)	102.14	116.58
社会消费品零售总额(亿元)	Retail Sales of Consumer Goods(100 million yuan)	240.65	260.25
限额以上批发和零售业商品销售额(亿元)	Total Sales of Wholesale and Retail Trade above Designated Size (100 million yuan)	567.29	663.78
外贸进出口总额(亿美元)	Total Value of Imports and Exports in Foreign Trade(USD 100 million)	19.22	23.46
# 出　口	Exports	6.99	5.95
实际直接利用外资(亿美元)	Actual Direct Utilization of Foreign Capital(USD 100 million)	2.60	0.80
实际利用内资(亿元)	Domestic Investment Actually Used(100 million yuan)	132.05	141.01
中资金融机构本外币存款余额(亿元)	RMB and Foreign Currencies Deposits of Chinese Financial Institutions(100 million yuan)	935.85	920.38
中资金融机构本外币贷款余额(亿元)	RMB and Foreign Currencies Loans of Chinese Financial Institutions(100 million yuan)	613.72	776.53
专利申请授权量(件)	Patent Applications Granted(item)	1524	1419
小学校数(所)	Number of Primary Schools(unit)	26	27
小学在校学生数(万人)	Students Enrollment of Primary Schools(10 000 persons)	2.40	2.52
普通中学校数(所)	Number of Regular Secondary Schools(unit)	23	22
普通中学在校学生数(万人)	Students Enrollment of Regular Secondary Schools(10 000 persons)	1.80	1.74
幼儿园数(所)	Number of Kindergartens(unit)	35	34
在园儿童数(万人)	Number of Children Enrolled in Kindergartens(10 000 persons)	1.00	0.98
卫生机构数(个)	Health Care Institutions(unit)	197	190
# 医院、卫生院	Hospitals and Health Care Centers	34	34
卫生机构床位数(张)	Beds in Health Care Institutions(unit)	4201	4389
# 医院、卫生院	Hospitals and Health Care Centers	3937	4098
每千人卫生机构床位数(张)	Beds in Health Care Institutions per 1 000 Persons(unit)	4.68	4.94
每千人执业（助理）医师数(人)	Number of Licensed (Assistant) Doctors per 1 000 Persons(person)	2.79	2.98
每千人注册护士数(人)	Number of Registered Nurses per 1 000 Persons(person)	2.58	2.74

22–7 红桥区基本情况

Basic Statistics on Hongqiao District

指　标	Item	2015	2016
常住人口(万人)	Permanent Population(10 000 persons)	56.15	56.69
户籍户数(万户)	Registered Households(10 000 households)	20.86	21.03
户籍人口(万人)	Registered Population(10 000 persons)	51.66	51.66
男　性	Male	25.94	25.93
女　性	Female	25.72	25.73
年平均人口(万人)	Average Annual Population(10 000 persons)	51.74	51.66
城镇非私营单位从业人员(万人)	Employment Personnel in Urban Non-private Units(10 000 persons)	3.59	3.96
新增就业人员(人)	Newly Increased Employment Personnel(person)	34466	34554
城镇非私营单位从业人员平均工资(元)	Average Remuneration of Employment Personnel in Urban Non-private Units(yuan)	84046	97113
地区生产总值(亿元)	Gross Domestic Product of District (100 million yuan)	192.35	208.16
第二产业	Secondary Industry	14.60	13.34
第三产业	Tertiary Industry	177.75	194.82
第三产业比重(%)	The Proportion of Tertiary Industry in GDP(%)	92.4	93.6
地区生产总值增速(%)	Increase Rate of Gross Domestic Product of District(%)	7.6	7.4
区级一般公共预算收入(亿元)	General Public Budget Revenue at District Level(100 million yuan)	27.63	28.76
# 税收收入	Revenue from Taxes	16.33	17.84
区级一般公共预算支出(亿元)	General Public Budget Expenditure at District Level(100 million yuan)	44.93	52.14
# 教育经费支出	Operating Expenses for Education	14.28	11.67
社会保障和就业	Social Security and Employment	4.21	8.43
医疗卫生与计划生育	Health Care and Family Planning	3.91	3.59
规模以上工业企业	Industrial Enterprises above Designated Size		
单位数(个)	Number of Units(unit)	12	11
资产总值(亿元)	Total Assets(100 million yuan)	15.25	15.91
主营业务收入(亿元)	Revenue from Principal Business(100 million yuan)	8.08	8.72
利润总额(亿元)	Total Pre-tax Profits(100 million yuan)	0.21	0.30
工业总产值(亿元)	Gross Output Value of Industry(100 million yuan)	8.65	9.00

22-7续表 *Continued*

指　　标	Item	2015	2016
全社会固定资产投资(亿元)	Total Investment in Fixed Assets(100 million yuan)	177.14	183.08
# 房地产开发	Real Estate Development	62.88	67.94
建筑业总产值(亿元)	Gross Output Value of Construction(100 million yuan)	22.25	65.83
社会消费品零售总额(亿元)	Retail Sales of Consumer Goods(100 million yuan)	176.82	199.46
限额以上批发和零售业商品销售额(亿元)	Total Sales of Wholesale and Retail Trade above Designated Size (100 million yuan)	58.73	102.18
外贸进出口总额(亿美元)	Total Value of Imports and Exports in Foreign Trade(USD 100 million)	1.78	1.29
# 出　口	Exports	1.13	1.06
实际直接利用外资(亿美元)	Actual Direct Utilization of Foreign Capital(USD 100 million)	0.22	0.20
实际利用内资(亿元)	Domestic Investment Actually Used(100 million yuan)	76.07	91.10
中资金融机构本外币存款余额(亿元)	RMB and Foreign Currencies Deposits of Chinese Financial Institutions(100 million yuan)	494.65	501.90
中资金融机构本外币贷款余额(亿元)	RMB and Foreign Currencies Loans of Chinese Financial Institutions(100 million yuan)	556.82	668.72
专利申请授权量(件)	Patent Applications Granted(item)	482	669
小学校数(所)	Number of Primary Schools(unit)	20	20
小学在校学生数(万人)	Students Enrollment of Primary Schools(10 000 persons)	1.62	1.74
普通中学校数(所)	Number of Regular Secondary Schools(unit)	15	16
普通中学在校学生数(万人)	Students Enrollment of Regular Secondary Schools(10 000 persons)	1.11	1.09
幼儿园数(所)	Number of Kindergartens(unit)	19	19
在园儿童数(万人)	Number of Children Enrolled in Kindergartens(10 000 persons)	0.75	0.73
卫生机构数(个)	Health Care Institutions(unit)	115	114
# 医院、卫生院	Hospitals and Health Care Centers	18	21
卫生机构床位数(张)	Beds in Health Care Institutions(unit)	3285	3841
# 医院、卫生院	Hospitals and Health Care Centers	2850	3441
每千人卫生机构床位数(张)	Beds in Health Care Institutions per 1 000 Persons(unit)	5.72	6.81
每千人执业（助理）医师数(人)	Number of Licensed (Assistant) Doctors per 1 000 Persons(person)	3.28	4.20
每千人注册护士数(人)	Number of Registered Nurses per 1 000 Persons(person)	3.20	4.71

22-8 东丽区基本情况

Basic Statistics on Dongli District

指　标	Item	2015	2016
常住人口(万人)	Permanent Population(10 000 persons)	75.37	76.04
户籍户数(万户)	Registered Households(10 000 households)	14.37	14.82
户籍人口(万人)	Registered Population(10 000 persons)	36.72	37.70
男　性	Male	18.34	18.83
女　性	Female	18.38	18.87
年平均人口(万人)	Average Annual Population(10 000 persons)	36.39	37.21
城镇非私营单位从业人员(万人)	Employment Personnel in Urban Non-private Units(10 000 persons)	27.12	24.66
新增就业人员(人)	Newly Increased Employment Personnel(person)	19382	19431
城镇非私营单位从业人员平均工资(元)	Average Remuneration of Employment Personnel in Urban Non-private Units(yuan)	76966	83253
地区生产总值(亿元)	Gross Domestic Product of District (100 million yuan)	875.00	927.08
第一产业	Primary Industry	4.17	4.07
第二产业	Secondary Industry	462.21	464.82
第三产业	Tertiary Industry	408.62	458.19
第三产业比重(%)	The Proportion of Tertiary Industry in GDP(%)	46.7	49.4
地区生产总值增速(%)	Increase Rate of Gross Domestic Product of District(%)	10.0	8.5
区级一般公共预算收入(亿元)	General Public Budget Revenue at District Level(100 million yuan)	101.62	78.79
# 税收收入	Revenue from Taxes	48.52	57.33
区级一般公共预算支出(亿元)	General Public Budget Expenditure at District Level(100 million yuan)	109.96	101.93
# 教育经费支出	Operating Expenses for Education	18.54	13.21
社会保障和就业	Social Security and Employment	8.39	9.12
医疗卫生与计划生育	Health Care and Family Planning	5.33	6.06
粮食产量(万吨)	Total Yield of Grain(10 000 tons)	1.26	1.84
肉类总产量(万吨)	Output of Meat(10 000 tons)	0.35	0.21
水产品产量(万吨)	Output of Aquatic Products(10 000 tons)	0.61	0.55
蔬菜总产量(万吨)	Total Yield of Vegetables(10 000 tons)	9.13	8.80
农村常住居民人均可支配收入(元)	Per Capita Annual Disposable Income of Rural Permanent Households (yuan)	22552	24521

22–8续表 *Continued*

指 标	Item	2015	2016
规模以上工业企业	Industrial Enterprises above Designated Size		
单位数(个)	Number of Units(unit)	316	312
资产总值(亿元)	Total Assets(100 million yuan)	2140.30	2237.83
主营业务收入(亿元)	Revenue from Principal Business(100 million yuan)	1608.93	1170.09
利润总额(亿元)	Total Pre-tax Profits(100 million yuan)	46.75	22.59
工业总产值(亿元)	Gross Output Value(100 million yuan)	1319.28	1370.04
全社会固定资产投资(亿元)	Total Investment in Fixed Assets(100 million yuan)	916.26	917.04
# 房地产开发	Real Estate Development	173.54	361.20
建筑业总产值(亿元)	Gross Output Value of Construction(100 million yuan)	195.57	216.31
社会消费品零售总额(亿元)	Retail Sales of Consumer Goods(100 million yuan)	226.74	287.88
限额以上批发和零售业商品销售额(亿元)	Total Sales of Wholesale and Retail Trade above Designated Size (100 million yuan)	2265.42	2317.98
外贸进出口总额(亿美元)	Total Value of Imports and Exports in Foreign Trade (USD 100 million)	35.83	32.66
# 出 口	Exports	21.89	20.08
实际直接利用外资(亿美元)	Actual Direct Utilization of Foreign Capital(USD 100 million)	8.83	1.90
实际利用内资(亿元)	Domestic Investment Actually Used(100 million yuan)	296.27	341.04
中资金融机构本外币存款余额(亿元)	RMB and Foreign Currencies Deposits of Chinese Financial Institutions(100 million yuan)	788.80	850.52
中资金融机构本外币贷款余额(亿元)	RMB and Foreign Currencies Loans of Chinese Financial Institutions(100 million yuan)	504.70	614.29
专利申请授权量(件)	Patent Applications Granted(item)	1463	1642
小学校数(所)	Number of Primary Schools(unit)	38	38
小学在校学生数(万人)	Students Enrollment of Primary Schools(10 000 persons)	2.44	2.54
普通中学校数(所)	Number of Regular Secondary Schools(unit)	16	17
普通中学在校学生数(万人)	Students Enrollment of Regular Secondary Schools(10 000 persons)	1.46	1.43
幼儿园数(所)	Number of Kindergartens(unit)	141	271
在园儿童数(万人)	Number of Children Enrolled in Kindergartens(10 000 persons)	1.24	1.76
卫生机构数(个)	Health Care Institutions(unit)	192	210
# 医院、卫生院	Hospitals and Health Care Centers	13	13
卫生机构床位数(张)	Beds in Health Care Institutions(unit)	1646	1646
# 医院、卫生院	Hospitals and Health Care Centers	1551	1551
每千人卫生机构床位数(张)	Beds in Health Care Institutions per 1 000 Persons(unit)	2.24	2.17
每千人执业(助理)医师数(人)	Number of Licensed (Assistant) Doctors per 1 000 Persons(person)	1.13	1.25
每千人注册护士数(人)	Number of Registered Nurses per 1 000 Persons(person)	0.96	1.08

22-9 西青区基本情况

Basic Statistics on Xiqing District

指　标	Item	2015	2016
常住人口(万人)	Permanent Population(10 000 persons)	84.24	85.37
户籍户数(万户)	Registered Households(10 000 households)	14.26	14.85
户籍人口(万人)	Registered Population(10 000 persons)	38.85	40.23
男　性	Male	19.14	19.85
女　性	Female	19.71	20.38
年平均人口(万人)	Average Annual Population(10 000 persons)	38.51	39.54
城镇非私营单位从业人员(万人)	Employment Personnel in Urban Non-private Units(10 000 persons)	31.43	26.38
新增就业人员(人)	Newly Increased Employment Personnel(person)	19367	19358
城镇非私营单位从业人员平均工资(元)	Average Remuneration of Employment Personnel in Urban Non-private Units(yuan)	80521	84507
地区生产总值(亿元)	Gross Domestic Product of District (100 million yuan)	1015.06	1040.27
第一产业	Primary Industry	13.13	14.00
第二产业	Secondary Industry	563.93	570.01
第三产业	Tertiary Industry	438.00	456.26
第三产业比重(%)	The Proportion of Tertiary Industry in GDP(%)	43.2	43.9
地区生产总值增速(%)	Increase Rate of Gross Domestic Product of District(%)	10.1	10.6
区级一般公共预算收入(亿元)	General Public Budget Revenue at District Level(100 million yuan)	106.42	116.55
# 税收收入	Revenue from Taxes	67.73	72.12
区级一般公共预算支出(亿元)	General Public Budget Expenditure at District Level(100 million yuan)	126.20	157.33
# 教育经费支出	Operating Expenses for Education	10.63	10.50
社会保障和就业	Social Security and Employment	5.26	7.78
医疗卫生与计划生育	Health Care and Family Planning	6.15	6.73
粮食产量(万吨)	Total Yield of Grain(10 000 tons)	3.11	3.24
肉类总产量(万吨)	Output of Meat(10 000 tons)	1.45	1.28
水产品产量(万吨)	Output of Aquatic Products(10 000 tons)	2.99	2.91
蔬菜总产量(万吨)	Total Yield of Vegetables(10 000 tons)	65.36	66.26
农村常住居民人均可支配收入(元)	Per Capita Annual Disposable Income of Rural Permanent Houscholds(yuan)	22829	24787

22—9续表 *Continued*

指　　标	Item	2015	2016
规模以上工业企业	Industrial Enterprises above Designated Size		
单位数(个)	Number of Units(unit)	644	546
资产总值(亿元)	Total Assets(100 million yuan)	1557.51	1568.18
主营业务收入(亿元)	Revenue from Principal Business(100 million yuan)	2325.82	1715.25
利润总额(亿元)	Total Pre-tax Profits(100 million yuan)	259.78	184.06
工业总产值(亿元)	Gross Output Value(100 million yuan)	2353.00	1760.53
全社会固定资产投资(亿元)	Total Investment in Fixed Assets(100 million yuan)	1060.48	1190.26
# 房地产开发	Real Estate Development	149.68	149.33
建筑业总产值(亿元)	Gross Output Value of Construction(100 million yuan)	113.87	149.25
社会消费品零售总额(亿元)	Retail Sales of Consumer Goods(100 million yuan)	212.90	226.45
限额以上批发和零售业商品销售额(亿元)	Total Sales of Wholesale and Retail Trade above Designated Size (100 million yuan)	1294.71	1407.53
外贸进出口总额(亿美元)	Total Value of Imports and Exports in Foreign Trade (USD 100 million)	51.16	41.95
# 出　口	Exports	20.97	22.53
实际直接利用外资(亿美元)	Actual Direct Utilization of Foreign Capital(USD 100 million)	11.52	5.90
实际利用内资(亿元)	Domestic Investment Actually Used(100 million yuan)	297.66	341.06
中资金融机构本外币存款余额(亿元)	RMB and Foreign Currencies Deposits of Chinese Financial Institutions(100 million yuan)	855.64	995.85
中资金融机构本外币贷款余额(亿元)	RMB and Foreign Currencies Loans of Chinese Financial Institutions(100 million yuan)	614.15	684.56
专利申请授权量(件)	Patent Applications Granted(item)	3502	5069
小学校数(所)	Number of Primary Schools(unit)	32	32
小学在校学生数(万人)	Students Enrollment of Primary Schools(10 000 persons)	2.78	2.90
普通中学校数(所)	Number of Regular Secondary Schools(unit)	15	15
普通中学在校学生数(万人)	Students Enrollment of Regular Secondary Schools(10 000 persons)	1.80	1.79
幼儿园数(所)	Number of Kindergartens(unit)	93	99
在园儿童数(万人)	Number of Children Enrolled in Kindergartens(10 000 persons)	1.37	1.49
卫生机构数(个)	Health Care Institutions(unit)	220	213
# 医院、卫生院	Hospitals and Health Care Centers	27	21
卫生机构床位数(张)	Beds in Health Care Institutions(unit)	2542	2390
# 医院、卫生院	Hospitals and Health Care Centers	2347	2195
每千人卫生机构床位数(张)	Beds in Health Care Institutions per 1 000 Persons(unit)	3.08	2.82
每千人执业(助理)医师数(人)	Number of Licensed (Assistant) Doctors per 1 000 Persons(person)	0.99	1.12
每千人注册护士数(人)	Number of Registered Nurses per 1 000 Persons(person)	0.81	0.94

22-10 津南区基本情况

Basic Statistics on Jinnan District

指　标	Item	2015	2016
常住人口(万人)	Permanent Population(10 000 persons)	88.74	89.41
户籍户数(万户)	Registered Households(10 000 households)	15.62	16.11
户籍人口(万人)	Registered Population(10 000 persons)	43.62	44.83
男　性	Male	21.75	22.35
女　性	Female	21.87	22.48
年平均人口(万人)	Average Annual Population(10 000 persons)	43.27	44.23
城镇非私营单位从业人员(万人)	Employment Personnel in Urban Non-private Units(10 000 persons)	11.53	10.21
新增就业人员(人)	Newly Increased Employment Personnel(person)	19371	19278
城镇非私营单位从业人员平均工资(元)	Average Remuneration of Employment Personnel in Urban Non-private Units(yuan)	61495	69546
地区生产总值(亿元)	Gross Domestic Product of District (100 million yuan)	742.54	810.16
第一产业	Primary Industry	5.81	6.05
第二产业	Secondary Industry	363.54	393.86
第三产业	Tertiary Industry	373.19	410.25
第三产业比重(%)	The Proportion of Tertiary Industry in GDP(%)	50.3	50.6
地区生产总值增速(%)	Increase Rate of Gross Domestic Product of District(%)	12.0	8.0
区级一般公共预算收入(亿元)	General Public Budget Revenue at District Level(100 million yuan)	85.95	61.25
# 税收收入	Revenue from Taxes	47.50	37.76
区级一般公共预算支出(亿元)	General Public Budget Expenditure at District Level(100 million yuan)	81.78	109.50
# 教育经费支出	Operating Expenses for Education	9.97	12.45
社会保障和就业	Social Security and Employment	4.16	5.11
医疗卫生与计划生育	Health Care and Family Planning	5.42	8.96
粮食产量(万吨)	Total Yield of Grain(10 000 tons)	2.51	2.90
肉类总产量(万吨)	Output of Meat(10 000 tons)	1.53	1.52
水产品产量(万吨)	Output of Aquatic Products(10 000 tons)	2.01	2.01
蔬菜总产量(万吨)	Total Yield of Vegetables(10 000 tons)	4.16	3.91
农村常住居民人均可支配收入(元)	Per Capita Annual Disposable Income of Rural Permanent Houscholds (yuan)	21312	23145

22-10续表 *Continued*

指 标	Item	2015	2016
规模以上工业企业	Industrial Enterprises above Designated Size		
单位数(个)	Number of Units(unit)	547	487
资产总值(亿元)	Total Assets(100 million yuan)	1167.98	1109.89
主营业务收入(亿元)	Revenue from Principal Business(100 million yuan)	1403.89	1444.25
利润总额(亿元)	Total Pre-tax Profits(100 million yuan)	105.89	154.36
工业总产值(亿元)	Gross Output Value(100 million yuan)	1531.56	1653.99
全社会固定资产投资(亿元)	Total Investment in Fixed Assets(100 million yuan)	811.89	862.91
# 房地产开发	Real Estate Development	198.46	187.29
建筑业总产值(亿元)	Gross Output Value of Construction(100 million yuan)	743.46	786.06
社会消费品零售总额(亿元)	Retail Sales of Consumer Goods(100 million yuan)	281.09	280.18
限额以上批发和零售业商品销售额(亿元)	Total Sales of Wholesale and Retail Trade above Designated Size (100 million yuan)	1868.81	2205.89
外贸进出口总额(亿美元)	Total Value of Imports and Exports in Foreign Trade(USD 100 million)	26.49	24.31
# 出 口	Exports	13.35	12.77
实际直接利用外资(亿美元)	Actual Direct Utilization of Foreign Capital(USD 100 million)	6.28	1.60
实际利用内资(亿元)	Domestic Investment Actually Used(100 million yuan)	297.63	341.06
中资金融机构本外币存款余额(亿元)	RMB and Foreign Currencies Deposits of Chinese Financial Institutions(100 million yuan)	662.47	750.47
中资金融机构本外币贷款余额(亿元)	RMB and Foreign Currencies Loans of Chinese Financial Institutions(100 million yuan)	439.46	468.28
专利申请授权量(件)	Patent Applications Granted(item)	2468	2685
小学校数(所)	Number of Primary Schools(unit)	33	33
小学在校学生数(万人)	Students Enrollment of Primary Schools(10 000 persons)	3.25	3.49
普通中学校数(所)	Number of Regular Secondary Schools(unit)	17	17
普通中学在校学生数(万人)	Students Enrollment of Regular Secondary Schools(10 000 persons)	1.82	1.80
幼儿园数(所)	Number of Kindergartens(unit)	203	265
在园儿童数(万人)	Number of Children Enrolled in Kindergartens(10 000 persons)	1.64	1.99
卫生机构数(个)	Health Care Institutions(unit)	254	324
# 医院、卫生院	Hospitals and Health Care Centers	33	35
卫生机构床位数(张)	Beds in Health Care Institutions(unit)	3230	3319
# 医院、卫生院	Hospitals and Health Care Centers	3230	3319
每千人卫生机构床位数(张)	Beds in Health Care Institutions per 1 000 Persons(unit)	4.05	3.73
每千人执业(助理)医师数(人)	Number of Licensed (Assistant) Doctors per 1 000 Persons(person)	2.29	2.18
每千人注册护士数(人)	Number of Registered Nurses per 1 000 Persons(person)	2.23	2.14

22-11 北辰区基本情况

Basic Statistics on Beichen District

指 标	Item	2015	2016
常住人口(万人)	Permanent Population(10 000 persons)	85.21	86.40
户籍户数(万户)	Registered Households(10 000 households)	15.55	16.06
户籍人口(万人)	Registered Population(10 000 persons)	39.37	40.39
男 性	Male	19.57	20.09
女 性	Female	19.80	20.30
年平均人口(万人)	Average Annual Population(10 000 persons)	39.03	39.88
城镇非私营单位从业人员(万人)	Employment Personnel in Urban Non-private Units(10 000 persons)	15.21	15.08
新增就业人员(人)	Newly Increased Employment Personnel(person)	18287	18333
城镇非私营单位从业人员平均工资(元)	Average Remuneration of Employment Personnel in Urban Non-private Units(yuan)	70507	74835
地区生产总值(亿元)	Gross Domestic Product of District (100 million yuan)	955.70	1058.14
第一产业	Primary Industry	11.25	11.93
第二产业	Secondary Industry	571.75	593.28
第三产业	Tertiary Industry	372.70	452.93
第三产业比重(%)	The Proportion of Tertiary Industry in GDP(%)	39.0	42.8
地区生产总值增速(%)	Increase Rate of Gross Domestic Product of District(%)	10.6	10.8
区级一般公共预算收入(亿元)	General Public Budget Revenue at District Level(100 million yuan)	81.61	93.12
# 税收收入	Revenue from Taxes	43.09	48.38
区级一般公共预算支出(亿元)	General Public Budget Expenditure at District Level(100 million yuan)	94.98	114.80
# 教育经费支出	Operating Expenses for Education	13.44	12.11
社会保障和就业	Social Security and Employment	19.44	15.29
医疗卫生与计划生育	Health Care and Family Planning	5.80	6.40
粮食产量(万吨)	Total Yield of Grain(10 000 tons)	5.69	5.74
肉类总产量(万吨)	Output of Meat(10 000 tons)	2.17	2.37
水产品产量(万吨)	Output of Aquatic Products(10 000 tons)	0.91	0.92
蔬菜总产量(万吨)	Total Yield of Vegetables(10 000 tons)	25.76	26.73
农村常住居民人均可支配收入(元)	Per Capita Annual Disposable Income of Rural Permanent Households(yuan)	21606	23433

22-11续表 *Continued*

指　　标	Item	2015	2016
规模以上工业企业	Industrial Enterprises above Designated Size		
单位数(个)	Number of Units(unit)	594	557
资产总值(亿元)	Total Assets(100 million yuan)	1753.97	1791.94
主营业务收入(亿元)	Revenue from Principal Business(100 million yuan)	2509.75	2592.86
利润总额(亿元)	Total Pre-tax Profits(100 million yuan)	246.10	244.70
工业总产值(亿元)	Gross Output Value(100 million yuan)	2390.67	2539.64
全社会固定资产投资(亿元)	Total Investment in Fixed Assets(100 million yuan)	1001.65	1154.59
# 房地产开发	Real Estate Development	98.26	118.88
建筑业总产值(亿元)	Gross Output Value of Construction(100 million yuan)	20.35	21.57
社会消费品零售总额(亿元)	Retail Sales of Consumer Goods(100 million yuan)	200.48	229.53
限额以上批发和零售业商品销售额(亿元)	Total Sales of Wholesale and Retail Trade above Designated Size (100 million yuan)	2229.88	2440.52
外贸进出口总额(亿美元)	Total Value of Imports and Exports in Foreign Trade (USD 100 million)	43.40	34.98
# 出　口	Exports	29.39	27.36
实际直接利用外资(亿美元)	Actual Direct Utilization of Foreign Capital(USD 100 million)	11.35	4.41
实际利用内资(亿元)	Domestic Investment Actually Used(100 million yuan)	296.59	341.04
中资金融机构本外币存款余额(亿元)	RMB and Foreign Currencies Deposits of Chinese Financial Institutions(100 million yuan)	731.28	837.20
中资金融机构本外币贷款余额(亿元)	RMB and Foreign Currencies Loans of Chinese Financial Institutions(100 million yuan)	540.01	680.80
专利申请授权量(件)	Patent Applications Granted(item)	2923	3015
小学校数(所)	Number of Primary Schools(unit)	39	39
小学在校学生数(万人)	Students Enrollment of Primary Schools(10 000 persons)	3.14	3.15
普通中学校数(所)	Number of Regular Secondary Schools(unit)	19	20
普通中学在校学生数(万人)	Students Enrollment of Regular Secondary Schools(10 000 persons)	1.61	1.59
幼儿园数(所)	Number of Kindergartens(unit)	120	122
在园儿童数(万人)	Number of Children Enrolled in Kindergartens(10 000 persons)	1.89	2.16
卫生机构数(个)	Health Care Institutions(unit)	174	190
# 医院、卫生院	Hospitals and Health Care Centers	8	13
卫生机构床位数(张)	Beds in Health Care Institutions(unit)	1605	2126
# 医院、卫生院	Hospitals and Health Care Centers	1445	1901
每千人卫生机构床位数(张)	Beds in Health Care Institutions per 1 000 Persons(unit)	1.93	2.48
每千人执业(助理)医师数(人)	Number of Licensed (Assistant) Doctors per 1 000 Persons(person)	1.55	1.84
每千人注册护士数(人)	Number of Registered Nurses per 1 000 Persons(person)	1.12	1.36

22-12 武清区基本情况

Basic Statistics on Wuqing District

指　　标	Item	2015	2016
常住人口(万人)	Permanent Population(10 000 persons)	118.11	119.96
户籍户数(万户)	Registered Households(10 000 households)	28.65	29.53
户籍人口(万人)	Registered Population(10 000 persons)	90.08	92.27
男　性	Male	44.79	45.86
女　性	Female	45.29	46.41
年平均人口(万人)	Average Annual Population(10 000 persons)	89.39	91.18
城镇非私营单位从业人员(万人)	Employment Personnel in Urban Non-private Units(10 000 persons)	25.69	26.31
新增就业人员(人)	Newly Increased Employment Personnel(person)	20917	20962
城镇非私营单位从业人员平均工资(元)	Average Remuneration of Employment Personnel in Urban Non-private Units(yuan)	60794	64212
地区生产总值(亿元)	Gross Domestic Product of District (100 million yuan)	1026.75	1151.65
第一产业	Primary Industry	39.88	40.90
第二产业	Secondary Industry	562.83	626.22
第三产业	Tertiary Industry	424.04	484.53
第三产业比重(%)	The Proportion of Tertiary Industry in GDP(%)	41.3	42.1
地区生产总值增速(%)	Increase Rate of Gross Domestic Product of District(%)	11.3	11.5
区级一般公共预算收入(亿元)	General Public Budget Revenue at District Level(100 million yuan)	115.11	126.01
# 税收收入	Revenue from Taxes	82.62	89.15
区级一般公共预算支出(亿元)	General Public Budget Expenditure at District Level(100 million yuan)	139.33	176.32
# 教育经费支出	Operating Expenses for Education	24.35	22.90
社会保障和就业	Social Security and Employment	7.61	10.05
医疗卫生与计划生育	Health Care and Family Planning	8.71	9.90
粮食产量(万吨)	Total Yield of Grain(10 000 tons)	49.22	52.69
肉类总产量(万吨)	Output of Meat(10 000 tons)	4.72	4.34
水产品产量(万吨)	Output of Aquatic Products(10 000 tons)	7.32	7.41
蔬菜总产量(万吨)	Total Yield of Vegetables(10 000 tons)	130.56	130.67
农村常住居民人均可支配收入(元)	Per Capita Annual Disposable Income of Rural Permanent Households (yuan)	18699	20361

22-12续表 *Continued*

指　　标	Item	2015	2016
规模以上工业企业	Industrial Enterprises above Designated Size		
单位数(个)	Number of Units(unit)	570	582
资产总值(亿元)	Total Assets(100 million yuan)	1206.47	1588.78
主营业务收入(亿元)	Revenue from Principal Business(100 million yuan)	2104.35	2387.44
利润总额(亿元)	Total Pre-tax Profits(100 million yuan)	284.94	311.07
工业总产值(亿元)	Gross Output Value(100 million yuan)	2126.60	2439.37
全社会固定资产投资(亿元)	Total Investment in Fixed Assets(100 million yuan)	1157.14	1281.44
# 房地产开发	Real Estate Development	152.75	208.69
建筑业总产值(亿元)	Gross Output Value of Construction(100 million yuan)	192.48	210.37
社会消费品零售总额(亿元)	Retail Sales of Consumer Goods(100 million yuan)	384.87	393.40
限额以上批发和零售业商品销售额(亿元)	Total Sales of Wholesale and Retail Trade above Designated Size (100 million yuan)	1521.85	1917.22
外贸进出口总额(亿美元)	Total Value of Imports and Exports in Foreign Trade (USD 100 million)	40.30	34.34
# 出　口	Exports	27.63	24.14
实际直接利用外资(亿美元)	Actual Direct Utilization of Foreign Capital(USD 100 million)	7.77	5.40
实际利用内资(亿元)	Domestic Investment Actually Used(100 million yuan)	298.32	341.07
中资金融机构本外币存款余额(亿元)	RMB and Foreign Currencies Deposits of Chinese Financial Institutions(100 million yuan)	842.05	916.77
中资金融机构本外币贷款余额(亿元)	RMB and Foreign Currencies Loans of Chinese Financial Institutions(100 million yuan)	432.62	516.16
专利申请授权量(件)	Patent Applications Granted(item)	4862	4433
小学校数(所)	Number of Primary Schools(unit)	109	112
小学在校学生数(万人)	Students Enrollment of Primary Schools(10 000 persons)	6.04	6.13
普通中学校数(所)	Number of Regular Secondary Schools(unit)	54	56
普通中学在校学生数(万人)	Students Enrollment of Regular Secondary Schools(10 000 persons)	5.33	5.20
幼儿园数(所)	Number of Kindergartens(unit)	284	290
在园儿童数(万人)	Number of Children Enrolled in Kindergartens(10 000 persons)	2.54	2.65
卫生机构数(个)	Health Care Institutions(unit)	678	707
# 医院、卫生院	Hospitals and Health Care Centers	47	48
卫生机构床位数(张)	Beds in Health Care Institutions(unit)	3720	3892
# 医院、卫生院	Hospitals and Health Care Centers	3681	3853
每千人卫生机构床位数(张)	Beds in Health Care Institutions per 1 000 Persons(unit)	3.21	3.27
每千人执业(助理)医师数(人)	Number of Licensed (Assistant) Doctors per 1 000 Persons(person)	2.01	2.07
每千人注册护士数(人)	Number of Registered Nurses per 1 000 Persons(person)	1.55	1.62

22-13 宝坻区基本情况

Basic Statistics on Baodi District

指　标	Item	2015	2016
常住人口(万人)	Permanent Population(10 000 persons)	91.39	92.98
户籍户数(万户)	Registered Households(10 000 households)	22.47	22.71
户籍人口(万人)	Registered Population(10 000 persons)	70.11	71.10
男　性	Male	35.25	35.72
女　性	Female	34.86	35.38
年平均人口(万人)	Average Annual Population(10 000 persons)	69.77	70.61
城镇非私营单位从业人员(万人)	Employment Personnel in Urban Non-private Units(10 000 persons)	7.38	7.04
新增就业人员(人)	Newly Increased Employment Personnel(person)	15801	15746
城镇非私营单位从业人员平均工资(元)	Average Remuneration of Employment Personnel in Urban Non-private Units(yuan)	69598	78256
地区生产总值(亿元)	Gross Domestic Product of District (100 million yuan)	605.04	684.07
第一产业	Primary Industry	37.51	36.12
第二产业	Secondary Industry	268.36	304.15
第三产业	Tertiary Industry	299.18	343.80
第三产业比重(%)	The Proportion of Tertiary Industry in GDP(%)	49.4	50.3
地区生产总值增速(%)	Increase Rate of Gross Domestic Product of District(%)	10.8	12.8
区级一般公共预算收入(亿元)	General Public Budget Revenue at District Level(100 million yuan)	58.01	64.72
# 税收收入	Revenue from Taxes	37.18	37.91
区级一般公共预算支出(亿元)	General Public Budget Expenditure at District Level(100 million yuan)	88.17	109.93
# 教育经费支出	Operating Expenses for Education	17.52	20.62
社会保障和就业	Social Security and Employment	5.80	7.09
医疗卫生与计划生育	Health Care and Family Planning	5.30	6.75
粮食产量(万吨)	Total Yield of Grain(10 000 tons)	44.56	43.49
肉类总产量(万吨)	Output of Meat(10 000 tons)	7.66	8.10
水产品产量(万吨)	Output of Aquatic Products(10 000 tons)	4.37	4.47
蔬菜总产量(万吨)	Total Yield of Vegetables(10 000 tons)	49.13	72.32
农村常住居民人均可支配收入(元)	Per Capita Annual Disposable Income of Rural Permanent Households (yuan)	17565	19094

22-13续表 *Continued*

指　　标	Item	2015	2016
规模以上工业企业	Industrial Enterprises above Designated Size		
单位数(个)	Number of Units(unit)	433	438
资产总值(亿元)	Total Assets(100 million yuan)	489.15	520.01
主营业务收入(亿元)	Revenue from Principal Business(100 million yuan)	895.26	1036.78
利润总额(亿元)	Total Pre-tax Profits(100 million yuan)	79.69	98.25
工业总产值(亿元)	Gross Output Value(100 million yuan)	913.09	1041.51
全社会固定资产投资(亿元)	Total Investment in Fixed Assets(100 million yuan)	738.42	830.61
# 房地产开发	Real Estate Development	21.69	37.96
建筑业总产值(亿元)	Gross Output Value of Construction(100 million yuan)	129.75	158.94
社会消费品零售总额(亿元)	Retail Sales of Consumer Goods(100 million yuan)	189.61	211.89
限额以上批发和零售业商品销售额(亿元)	Total Sales of Wholesale and Retail Trade above Designated Size (100 million yuan)	327.11	426.95
外贸进出口总额(亿美元)	Total Value of Imports and Exports in Foreign Trade (USD 100 million)	6.45	5.28
# 出　口	Exports	5.11	4.44
实际直接利用外资(亿美元)	Actual Direct Utilization of Foreign Capital(USD 100 million)	2.58	1.20
实际利用内资(亿元)	Domestic Investment Actually Used(100 million yuan)	296.93	341.05
中资金融机构本外币存款余额(亿元)	RMB and Foreign Currencies Deposits of Chinese Financial Institutions(100 million yuan)	431.16	557.91
中资金融机构本外币贷款余额(亿元)	RMB and Foreign Currencies Loans of Chinese Financial Institutions(100 million yuan)	212.36	299.74
专利申请授权量(件)	Patent Applications Granted(item)	1812	1671
小学校数(所)	Number of Primary Schools(unit)	80	80
小学在校学生数(万人)	Students Enrollment of Primary Schools(10 000 persons)	3.69	3.70
普通中学校数(所)	Number of Regular Secondary Schools(unit)	44	44
普通中学在校学生数(万人)	Students Enrollment of Regular Secondary Schools(10 000 persons)	3.26	3.27
幼儿园数(所)	Number of Kindergartens(unit)	102	101
在园儿童数(万人)	Number of Children Enrolled in Kindergartens(10 000 persons)	1.03	1.09
卫生机构数(个)	Health Care Institutions(unit)	445	436
# 医院、卫生院	Hospitals and Health Care Centers	41	45
卫生机构床位数(张)	Beds in Health Care Institutions(unit)	2668	2747
# 医院、卫生院	Hospitals and Health Care Centers	2508	2587
每千人卫生机构床位数(张)	Beds in Health Care Institutions per 1 000 Persons(unit)	2.94	2.98
每千人执业(助理)医师数(人)	Number of Licensed (Assistant) Doctors per 1 000 Persons(person)	1.35	1.30
每千人注册护士数(人)	Number of Registered Nurses per 1 000 Persons(person)	1.08	1.14

22-14 滨海新区基本情况

Basic Statistics on Binhai New Area

指　　标	Item	2015	2016
常住人口(万人)	Permanent Population(10 000 persons)	297.01	299.42
户籍人口(万人)	Registered Population(10 000 persons)	123.92	128.18
男　性	Male	63.86	66.04
女　性	Female	60.06	62.14
城镇非私营单位从业人员(万人)	Employment Personnel in Urban Non-private Units(10 000 persons)	74.91	76.12
新增就业人员(万人)	Newly Increased Employment Personnel(10 000 person)	10.90	10.89
城镇非私营单位从业人员平均工资(元)	Average Remuneration of Employment Personnel in Urban Non-private Units(yuan)	92125	98736
地区生产总值(亿元)	Gross Domestic Product of District(100 million yuan)		
第一产业	Primary Industry		
第二产业	Secondary Industry		
第三产业	Tertiary Industry		
第三产业比重(%)	The Proportion of Tertiary Industry in GDP(%)		
地区生产总值增速(%)	Increase Rate of Gross Domestic Product of District(%)	7.3	7.0
区级一般公共预算收入(亿元)	General Public Budget Revenue at District Level(100 million yuan)	648.09	672.98
# 增值税收入	Value-added Tax	68.71	97.93
区级一般公共预算支出(亿元)	General Public Budget Expenditure at District Level(100 million yuan)	761.10	905.53
# 教育经费支出	Operating Expenses for Education	87.10	91.20
社会保障和就业	Social Security and Employment	16.63	17.93
医疗卫生与计划生育	Health Care and Family Planning	28.85	32.39
粮食产量(万吨)	Total Yield of Grain(10 000 tons)	6.95	6.95
肉类总产量(万吨)	Output of Meat(10 000 tons)	2.68	2.52
水产品产量(万吨)	Output of Aquatic Products(10 000 tons)	7.74	7.62
蔬菜总产量(万吨)	Total Yield of Vegetables(10 000 tons)	9.94	7.89

22-14续表 *Continued*

指　　标	Item	2015	2016
规模以上工业企业	Industrial Enterprises above Designated Size		
单位数(个)	Number of Units(unit)	1259	1195
资产总值(亿元)	Total Assets(100 million yuan)	12252.04	11939.18
主营业务收入(亿元)	Revenue from Principal Business(100 million yuan)	12919.42	11553.85
利润总额(亿元)	Total Pre-tax Profits(100 million yuan)	996.79	866.78
工业总产值(亿元)	Gross Output Value(100 million yuan)	13452.58	12381.39
全社会固定资产投资(亿元)	Total Investment in Fixed Assets(100 million yuan)	4205.83	4609.00
社会消费品零售总额(亿元)	Retail Sales of Consumer Goods(100 million yuan)	1037.45	1103.09
限额以上批发和零售业商品销售额(亿元)	Total Sales of Wholesale and Retail Trade above Designated Size (100 million yuan)	12622.95	14453.93
外贸进出口总额(亿美元)	Total Value of Imports and Exports in Foreign Trade (USD 100 million)	792.23	716.34
# 出　口	Exports	324.25	264.67
实际直接利用外资(亿美元)	Actual Direct Utilization of Foreign Capital(USD 100 million)	138.23	71.13
实际利用内资(亿元)	Domestic Investment Actually Used(100 million yuan)	1000.75	1122.00
中资金融机构本外币存款余额(亿元)	RMB and Foreign Currencies Deposits of Chinese Financial Institutions(100 million yuan)	5227.41	5495.92
中资金融机构本外币贷款余额(亿元)	RMB and Foreign Currencies Loans of Chinese Financial Institutions(100 million yuan)	8411.72	9610.04
专利申请授权量(件)	Patent Applications Granted(item)	10781	12113
小学校数(所)	Number of Primary Schools(unit)	92	94
小学在校学生数(万人)	Students Enrollment of Primary Schools(person)	8.64	9.26
普通中学校数(所)	Number of Regular Secondary Schools(unit)	88	92
普通中学在校学生数(万人)	Students Enrollment of Regular Secondary Schools(person)	6.25	6.26
幼儿园数(所)	Number of Kindergartens(unit)	118	121
在园儿童数(万人)	Number of Children Enrolled in Kindergartens(10 000 persons)	2.93	2.82
卫生机构数(个)	Health Care Institutions(unit)	633	666
# 医院、卫生院	Hospitals and Health Care Centers	71	72
卫生机构床位数(张)	Beds in Health Care Institutions(unit)	8005	8077
# 医院、卫生院	Hospitals and Health Care Centers	7508	7587
每千人卫生机构床位数(张)	Beds in Health Care Institutions per 1 000 Persons(unit)	6.55	6.41
每千人执业（助理）医师(人)	Number of Certified Doctors per 1 000 Persons(person)	4.39	4.47
每千人注册护士(人)	Number of Registered Nurses per 1 000 Persons(person)	4.26	4.42

22-15 宁河区基本情况

Basic Statistics on Ninghe District

指 标	Item	2015	2016
常住人口(万人)	Permanent Population(10 000 persons)	49.16	49.57
户籍户数(万户)	Registered Households(10 000 households)	14.20	14.37
户籍人口(万人)	Registered Population(10 000 persons)	39.73	40.00
男 性	Male	20.09	20.21
女 性	Female	19.64	19.79
年平均人口(万人)	Average Annual Population(10 000 persons)	39.62	39.87
城镇非私营单位从业人员(万人)	Employment Personnel in Urban Non-private Units(10 000 persons)	6.61	6.08
新增就业人员(人)	Newly Increased Employment Personnel(person)	8622	8624
城镇非私营单位从业人员平均工资(元)	Average Remuneration of Employment Personnel in Urban Non-private Units(yuan)	71462	73840
地区生产总值(亿元)	Gross Domestic Product of District (100 million yuan)	522.52	525.37
第一产业	Primary Industry	32.00	34.17
第二产业	Secondary Industry	249.06	267.52
第三产业	Tertiary Industry	241.46	223.68
第三产业比重(%)	The Proportion of Tertiary Industry in GDP(%)	46.2	42.6
地区生产总值增速(%)	Increase Rate of Gross Domestic Product of District(%)	11.5	7.4
区级一般公共预算收入(亿元)	General Public Budget Revenue at District Level(100 million yuan)	40.56	29.46
# 税收收入	Revenue from Taxes	11.02	11.25
区级一般公共预算支出(亿元)	General Public Budget Expenditure at District Level(100 million yuan)	62.50	56.13
# 教育经费支出	Operating Expenses for Education	8.91	10.24
社会保障和就业	Social Security and Employment	3.55	4.87
医疗卫生与计划生育	Health Care and Family Planning	4.28	5.20
粮食产量(万吨)	Total Yield of Grain(10 000 tons)	11.32	16.99
肉类总产量(万吨)	Output of Meat(10 000 tons)	11.01	10.94
水产品产量(万吨)	Output of Aquatic Products(10 000 tons)	6.86	6.83
蔬菜总产量(万吨)	Total Yield of Vegetables(10 000 tons)	51.42	35.48
农村常住居民人均可支配收入(元)	Per Capita Annual Disposable Income of Rural Permanent Households (yuan)	17986	19495

22-15续表 *Continued*

指　　标	Item	2015	2016
规模以上工业企业	Industrial Enterprises above Designated Size		
单位数(个)	Number of Units(unit)	240	220
资产总值(亿元)	Total Assets(100 million yuan)	563.74	462.22
主营业务收入(亿元)	Revenue from Principal Business(100 million yuan)	793.19	630.50
利润总额(亿元)	Total Pre-tax Profits(100 million yuan)	68.76	49.00
工业总产值(亿元)	Gross Output Value(100 million yuan)	767.25	713.18
全社会固定资产投资(亿元)	Total Investment in Fixed Assets(100 million yuan)	697.09	720.37
# 房地产开发	Real Estate Development	10.69	23.79
建筑业总产值(亿元)	Gross Output Value of Construction(100 million yuan)	18.51	21.35
社会消费品零售总额(亿元)	Retail Sales of Consumer Goods(100 million yuan)	111.26	119.66
限额以上批发和零售业商品销售额(亿元)	Total Sales of Wholesale and Retail Trade above Designated Size (100 million yuan)	284.54	336.00
外贸进出口总额(亿美元)	Total Value of Imports and Exports in Foreign Trade (USD 100 million)	7.03	6.62
# 出　口	Exports	3.95	3.60
实际直接利用外资(亿美元)	Actual Direct Utilization of Foreign Capital(USD 100 million)	3.07	1.04
实际利用内资(亿元)	Domestic Investment Actually Used(100 million yuan)	161.01	179.00
中资金融机构本外币存款余额(亿元)	RMB and Foreign Currencies Deposits of Chinese Financial Institutions(100 million yuan)	258.12	286.93
中资金融机构本外币贷款余额(亿元)	RMB and Foreign Currencies Loans of Chinese Financial Institutions(100 million yuan)	135.56	149.31
专利申请授权量(件)	Patent Applications Granted(item)	259	313
小学校数(所)	Number of Primary Schools(unit)	55	60
小学在校学生数(万人)	Students Enrollment of Primary Schools(10 000 persons)	2.77	2.85
普通中学校数(所)	Number of Regular Secondary Schools(unit)	29	29
普通中学在校学生数(万人)	Students Enrollment of Regular Secondary Schools(10 000 persons)	1.72	1.69
幼儿园数(所)	Number of Kindergartens(unit)	109	114
在园儿童数(万人)	Number of Children Enrolled in Kindergartens(10 000 persons)	1.06	1.14
卫生机构数(个)	Health Care Institutions(unit)	304	309
# 医院、卫生院	Hospitals and Health Care Centers	22	22
卫生机构床位数(张)	Beds in Health Care Institutions(unit)	1230	1368
# 医院、卫生院	Hospitals and Health Care Centers	1210	1348
每千人卫生机构床位数(张)	Beds in Health Care Institutions per 1 000 Persons(unit)	2.55	2.77
每千人执业(助理)医师数(人)	Number of Licensed (Assistant) Doctors per 1 000 Persons(person)	1.34	1.21
每千人注册护士数(人)	Number of Registered Nurses per 1 000 Persons(person)	1.02	0.97

22-16 静海区基本情况

Basic Statistics on Jinghai District

指　　标	Item	2015	2016
常住人口(万人)	Permanent Population(10 000 persons)	78.21	79.29
户籍户数(万户)	Registered Households(10 000 households)	21.23	21.51
户籍人口(万人)	Registered Population(10 000 persons)	59.23	59.79
男　性	Male	30.09	30.35
女　性	Female	29.14	29.44
年平均人口(万人)	Average Annual Population(10 000 persons)	59.07	59.51
城镇非私营单位从业人员(万人)	Employment Personnel in Urban Non-private Units(10 000 persons)	7.00	7.53
新增就业人员(人)	Newly Increased Employment Personnel(person)	8632	8632
城镇非私营单位从业人员平均工资(元)	Average Remuneration of Employment Personnel in Urban Non-private Units(yuan)	74438	75509
地区生产总值(亿元)	Gross Domestic Product of District (100 million yuan)	616.69	667.83
第一产业	Primary Industry	24.02	25.26
第二产业	Secondary Industry	340.09	355.21
第三产业	Tertiary Industry	252.58	287.36
第三产业比重(%)	The Proportion of Tertiary Industry in GDP(%)	41.0	43.0
地区生产总值增速(%)	Increase Rate of Gross Domestic Product of District(%)	12.5	10.9
区级一般公共预算收入(亿元)	General Public Budget Revenue at District Level(100 million yuan)	59.38	64.87
# 税收收入	Revenue from Taxes	32.42	35.87
区级一般公共预算支出(亿元)	General Public Budget Expenditure at District Level(100 million yuan)	84.22	100.80
# 教育经费支出	Operating Expenses for Education	15.21	16.44
社会保障和就业	Social Security and Employment	6.39	6.25
医疗卫生与计划生育	Health Care and Family Planning	6.41	7.42
粮食产量(万吨)	Total Yield of Grain(10 000 tons)	20.16	27.71
肉类总产量(万吨)	Output of Meat(10 000 tons)	5.99	5.69
水产品产量(万吨)	Output of Aquatic Products(10 000 tons)	2.63	2.91
蔬菜总产量(万吨)	Total Yield of Vegetables(10 000 tons)	53.31	51.09
农村常住居民人均可支配收入(元)	Per Capita Annual Disposable Income of Rural Permanent Households (yuan)	18141	19665

22-16续表 *Continued*

指 标	Item	2015	2016
规模以上工业企业	Industrial Enterprises above Designated Size		
单位数(个)	Number of Units(unit)	567	533
资产总值(亿元)	Total Assets(100 million yuan)	1098.86	1069.60
主营业务收入(亿元)	Revenue from Principal Business(100 million yuan)	1967.95	2111.83
利润总额(亿元)	Total Pre-tax Profits(100 million yuan)	96.67	88.58
工业总产值(亿元)	Gross Output Value(100 million yuan)	1901.70	2033.15
全社会固定资产投资(亿元)	Total Investment in Fixed Assets(100 million yuan)	690.43	775.44
# 房地产开发	Real Estate Development	49.68	81.61
建筑业总产值(亿元)	Gross Output Value of Construction(100 million yuan)	71.66	75.99
社会消费品零售总额(亿元)	Retail Sales of Consumer Goods(100 million yuan)	133.84	151.52
限额以上批发和零售业商品销售额(亿元)	Total Sales of Wholesale and Retail Trade above Designated Size (100 million yuan)	1107.76	1150.18
外贸进出口总额(亿美元)	Total Value of Imports and Exports in Foreign Trade(USD 100 million)	25.53	22.87
# 出 口	Exports	15.86	15.02
实际直接利用外资(亿美元)	Actual Direct Utilization of Foreign Capital(USD 100 million)	2.58	1.21
实际利用内资(亿元)	Domestic Investment Actually Used(100 million yuan)	135.13	150.00
中资金融机构本外币存款余额(亿元)	RMB and Foreign Currencies Deposits of Chinese Financial Institutions(100 million yuan)	489.36	554.13
中资金融机构本外币贷款余额(亿元)	RMB and Foreign Currencies Loans of Chinese Financial Institutions(100 million yuan)	268.08	293.96
专利申请授权量(件)	Patent Applications Granted(item)	863	924
小学校数(所)	Number of Primary Schools(unit)	98	97
小学在校学生数(万人)	Students Enrollment of Primary Schools(10 000 persons)	5.98	6.08
普通中学校数(所)	Number of Regular Secondary Schools(unit)	49	49
普通中学在校学生数(万人)	Students Enrollment of Regular Secondary Schools(10 000 persons)	3.53	3.50
幼儿园数(所)	Number of Kindergartens(unit)	238	223
在园儿童数(万人)	Number of Children Enrolled in Kindergartens(10 000 persons)	2.79	2.65
卫生机构数(个)	Health Care Institutions(unit)	427	425
# 医院、卫生院	Hospitals and Health Care Centers	32	33
卫生机构床位数(张)	Beds in Health Care Institutions(unit)	1831	1919
# 医院、卫生院	Hospitals and Health Care Centers	1610	1698
每千人卫生机构床位数(张)	Beds in Health Care Institutions per 1 000 Persons(unit)	2.36	2.44
每千人执业(助理)医师数(人)	Number of Licensed (Assistant) Doctors per 1 000 Persons(person)	1.61	1.70
每千人注册护士数(人)	Number of Registered Nurses per 1 000 Persons(person)	0.99	1.02

22-17 蓟州区基本情况

Basic Statistics on Jizhou District

指　　标	Item	2015	2016
常住人口(万人)	Permanent Population(10 000 persons)	91.39	91.15
户籍户数(万户)	Registered Households(10 000 households)	27.32	27.91
户籍人口(万人)	Registered Population(10 000 persons)	85.66	86.24
男　性	Male	43.60	43.86
女　性	Female	42.06	42.38
年平均人口(万人)	Average Annual Population(10 000 persons)	85.56	85.95
城镇非私营单位从业人员(万人)	Employment Personnel in Urban Non-private Units(10 000 persons)	6.13	6.05
新增就业人员(人)	Newly Increased Employment Personnel(person)	11172	11211
城镇非私营单位从业人员平均工资(元)	Average Remuneration of Employment Personnel in Urban Non-private Units(yuan)	68635	76241
地区生产总值(亿元)	Gross Domestic Product of District (100 million yuan)	390.54	392.55
第一产业	Primary Industry	31.14	33.66
第二产业	Secondary Industry	120.39	130.45
第三产业	Tertiary Industry	239.01	228.44
第三产业比重(%)	The Proportion of Tertiary Industry in GDP(%)	61.2	58.2
地区生产总值增速(%)	Increase Rate of Gross Domestic Product of District(%)	12.7	7.5
区级一般公共预算收入(亿元)	General Public Budget Revenue at District Level(100 million yuan)	38.64	41.44
# 税收收入	Revenue from Taxes	15.76	15.65
区级一般公共预算支出(亿元)	General Public Budget Expenditure at District Level(100 million yuan)	71.73	94.83
# 教育经费支出	Operating Expenses for Education	15.70	20.76
社会保障和就业	Social Security and Employment	6.14	8.33
医疗卫生与计划生育	Health Care and Family Planning	6.82	9.72
粮食产量(万吨)	Total Yield of Grain(10 000 tons)	36.97	34.82
肉类总产量(万吨)	Output of Meat(10 000 tons)	7.97	8.49
水产品产量(万吨)	Output of Aquatic Products(10 000 tons)	1.41	1.43
蔬菜总产量(万吨)	Total Yield of Vegetables(10 000 tons)	42.62	46.97
农村常住居民人均可支配收入(元)	Per Capita Annual Disposable Income of Rural Permanent Households(yuan)	17650	19165

22-17续表 *Continued*

指　　标	Item	2015	2016
规模以上工业企业	Industrial Enterprises above Designated Size		
单位数(个)	Number of Units(unit)	174	179
资产总值(亿元)	Total Assets(100 million yuan)	156.66	166.45
主营业务收入(亿元)	Revenue from Principal Business(100 million yuan)	233.99	271.48
利润总额(亿元)	Total Pre-tax Profits(100 million yuan)	18.89	16.96
工业总产值(亿元)	Gross Output Value(100 million yuan)	262.56	309.68
全社会固定资产投资(亿元)	Total Investment in Fixed Assets(100 million yuan)	713.31	788.69
# 房地产开发	Real Estate Development	64.23	39.93
建筑业总产值(亿元)	Gross Output Value of Construction(100 million yuan)	74.05	90.69
社会消费品零售总额(亿元)	Retail Sales of Consumer Goods(100 million yuan)	178.58	184.35
限额以上批发和零售业商品销售额(亿元)	Total Sales of Wholesale and Retail Trade above Designated Size (100 million yuan)	136.20	139.50
外贸进出口总额(亿美元)	Total Value of Imports and Exports in Foreign Trade (USD 100 million)	1.39	3.54
# 出　口	Exports	1.14	3.35
实际直接利用外资(亿美元)	Actual Direct Utilization of Foreign Capital(USD 100 million)	1.61	0.40
实际利用内资(亿元)	Domestic Investment Actually Used(100 million yuan)	230.13	243.00
中资金融机构本外币存款余额(亿元)	RMB and Foreign Currencies Deposits of Chinese Financial Institutions(100 million yuan)	468.00	521.93
中资金融机构本外币贷款余额(亿元)	RMB and Foreign Currencies Loans of Chinese Financial Institutions(100 million yuan)	273.80	320.33
专利申请授权量(件)	Patent Applications Granted(item)	301	330
小学校数(所)	Number of Primary Schools(unit)	116	114
小学在校学生数(万人)	Students Enrollment of Primary Schools(10 000 persons)	5.04	5.28
普通中学校数(所)	Number of Regular Secondary Schools(unit)	62	61
普通中学在校学生数(万人)	Students Enrollment of Regular Secondary Schools(10 000 persons)	4.12	4.05
幼儿园数(所)	Number of Kindergartens(unit)	253	276
在园儿童数(万人)	Number of Children Enrolled in Kindergartens(10 000 persons)	2.45	2.74
卫生机构数(个)	Health Care Institutions(unit)	683	720
# 医院、卫生院	Hospitals and Health Care Centers	35	38
卫生机构床位数(张)	Beds in Health Care Institutions(unit)	1955	1999
# 医院、卫生院	Hospitals and Health Care Centers	1855	1899
每千人卫生机构床位数(张)	Beds in Health Care Institutions per 1 000 Persons(unit)	2.15	2.19
每千人执业(助理)医师数(人)	Number of Licensed (Assistant) Doctors per 1 000 Persons(person)	1.71	1.63
每千人注册护士数(人)	Number of Registered Nurses per 1 000 Persons(person)	1.01	1.21

中国统计出版社最新图书简目

(仅供参考，以实际出版为准)

统计资料

中国统计年鉴 中国统计摘要 中国发展报告
中国经济普查年鉴 国际统计年鉴 金砖国家联合统计手册
中国-东盟国家统计手册 中国农村统计年鉴 中国县域统计年鉴
中国城市统计年鉴 中国对外直接投资统计公报 中国地区经济监测报告
中国贸易外经统计年鉴 中国零售和餐饮连锁企业统计年鉴 中国商品交易市场统计年鉴
大中型批发零售和住宿餐饮企业统计年鉴 中国农产品价格调查年鉴 中国住户调查年鉴
中国价格统计年鉴 中国能源统计年鉴 全国农产品成本收益资料汇编
中国环境统计年鉴 中国建筑业统计年鉴 国外资源、能源和环境统计资料汇编
中国工业统计年鉴 中国城乡建设统计年鉴 中国县城建设统计年鉴
中国城市建设统计年鉴 中国科技统计年鉴 中国房地产统计年鉴
中国证券期货统计年鉴 中国劳动统计年鉴 中国第三产业统计年鉴
工业企业科技活动资料 中国社会统计年鉴 中国高技术产业统计年鉴
中国人才资源统计报告 中国教育统计年鉴 中国人口和就业统计年鉴
文化及相关产业统计概览 中国文化及相关产业统计年鉴 中国教育经费统计年鉴
中国民族统计年鉴 中国残疾人事业统计年鉴 中国民政统计年鉴
中国乡镇街道行政区域简册 中国基本单位统计年鉴 中国妇女儿童状况统计资料（英）

省级综合统计年鉴系列

北京 天津 河北 山西 内蒙古 辽宁 吉林 黑龙江 上海 江苏 浙江 安徽 福建 江西 山东 河南 湖北 湖南
广东 广西 海南 重庆 四川 贵州 云南 西藏 陕西 甘肃 青海 宁夏 新疆 新疆生产建设兵团

市(县)级综合统计年鉴系列

滨海新区 石家庄 唐山 邯郸 保定 沧州 邢台 廊坊 承德 衡水 秦皇岛 张家口 太原 大同 阳泉 长治 晋城
朔州 晋中 运城 忻州 临汾 吕梁 呼和浩特 呼和浩特新城区 鄂尔多斯 包头 沈阳 大连 长春 吉林 延吉 四平
通化 松原 哈尔滨 齐齐哈尔 黑龙江垦区 上海浦东新区 南京 无锡 徐州 常州 苏州 南通 连云港 淮安 盐城
扬州 镇江 泰州 宿迁 江阴 丹阳 海门 杭州 宁波 温州 嘉兴 湖州 绍兴 金华 衢州 舟山 台州 丽水 合肥
安庆 马鞍山 福州 厦门 宁德 漳州 龙岩 南昌 九江 上饶 新余 抚州 萍乡 赣州 吉安 景德镇 济南 青岛 潍坊
枣庄 日照 滕州 郑州 洛阳 平顶山 三门峡 商丘 信阳 济源 汝州 武汉 十堰 荆州 宜昌 荆门 咸宁 长沙 广州
深圳 惠州 东莞 汕尾 南宁 柳州 桂林 来宾 河池 防城港 海口 三亚 成都 贵阳 黔南 毕节 昆明 西安 咸阳
延安 宝鸡 安康 铜川 汉中 榆林 兰州 庆阳 银川 乌鲁木齐 兵团一师 兵团十师

调查年鉴系列

天津 山西 内蒙古 辽宁 吉林 上海 福建 江西 河南 湖北 湖南 广西 重庆 四川 云南 甘肃 宁夏 新疆

统计方法应用/实用手册

实用SAS统计分析教程 马克威统计分析与数据挖掘应用案例 统计公文知识问答
乡镇统计人员岗位知识培训系列教材：辅助调查员岗位基础知识 乡镇统计人员岗位基础知识
县级统计人员岗位知识培训系列教材：Excel在统计工作中的应用 简明统计分析
地市级统计人员岗位知识培训系列教材：统计报告与演示 Excel在统计工作中的应用

统计通俗读物/统计科普图书

国家统计局核心统计指标变迁 货架上的统计 账本里的统计

重点图书

砥砺奋进的五年——从十八大到十九大 新编英汉汉英统计大词典 中华医学统计百科全书
新常态下的中国服务业：理论与实践 新动能新产业发展报告-2017
挑大学选专业2018—考研择校指南 挑大学选专业2018—高考志愿填报指南